AF539063

आदिवासी दर्शन

डॉ. रामदयाल मुंडा जनजातीय कल्याण शोध संस्थान, राँची

आदिवासी दर्शन

सम्पादक

समर बसु मल्लिक
सन्तोष किड़ो
रणेन्द्र
मोनिका रानी टुटी
राकेश रंजन उराँव
अमृता प्रियंका एक्का

राजकमल प्रकाशन

ISBN : 978-93-6086-532-0

मूल्य : ₹995

पहला संस्करण : 2024
दूसरा संस्करण : 2026

प्रकाशक : राजकमल प्रकाशन प्रा. लि.
1-बी, नेताजी सुभाष मार्ग, दरियागंज
नई दिल्ली-110 002
शाखाएँ : अशोक राजपथ, साइंस कॉलेज के सामने, पटना-800 006
पहली मंजिल, दरबारी बिल्डिंग, महात्मा गांधी मार्ग, प्रयागराज-211 001
1, अनमोल सोराबजी सन्तुक लेन, धोबी तलाव, मरीन लाइंस, मुम्बई-400 002
वेबसाइट : www.rajkamalprakashan.com
ई-मेल : info@rajkamalprakashan.com

मुद्रक : बी.के. ऑफसेट
नवीन शाहदरा, दिल्ली-110 032

AADIVASI DARSHAN
Edited by Samar Basu Mallik, Santosh Kido, Ranendra, Monika Rani Tuti, Rakesh Ranjan Oraon, Amrita Priyanka Ekka

दो शब्द

हर धर्म की सैद्धान्तिकी दर्शन पर आधारित होती है। हर धार्मिक चिन्तन के पीछे दार्शनिक चिन्तन के अंकुर छिपे रहते हैं। सृष्टि की उत्पत्ति और उसका संचालन, विनाश आदि के स्पष्टीकरण की इच्छा समुदायों में प्राचीन काल से मौजूद होती है। जब कोई समुदाय धरती, आकाश, ब्रह्मांड, पराभौतिकी की परिकल्पना कथा- कहानी, मिथक गढ़ने के चरणों के बाद कल्पना से हटकर विवेक और चिन्तन के आधार पर करने लगता है तो दर्शन का स्वरूप विकसित होने लगता है।

स्पष्टतया दर्शन की उत्पत्ति तब होती है जब विवेक, कल्पना-शक्ति का तथा बुद्धि कल्पना का स्थान ले लेती है जब व्याख्या के सिद्धान्तों के रूप में अलौकिक माध्यमों का परित्याग कर दिया जाता है और अनुभव के तथ्यों को जाँच और व्याख्या का आधार बनाया जाता है। आदि धर्म, सरना धर्म, गोंडी धर्म, पूयेम धर्म या अन्य किन्हीं भी संज्ञा-रूपों से जनजाति धर्म को विभूषित किया जाए, उससे इस सत्य से मुँह नहीं मोड़ा जा सकता कि इनके पीछे एक सुचिन्तित दर्शन की परम्परा रही है। स्वाभाविक है कि वह मुख्य रूप से वाचिक रूप में ही रही है।

मुख्य रूप से आदिवासी वाचिकता में अज्ञात काल से उपस्थित आदिवासी-दर्शन के आधारभूत तत्त्व क्या हैं? देश के अलग-अलग भागों और विभिन्न समुदायों के दर्शन-चिन्तन की, उनकी सृष्टिकथा (Cosmology), तत्त्व मीमांसा/ब्रह्मांड विज्ञान (Metaphysics), सत्ता मीमांसा (Ontology), ज्ञानमीमांसा (Epistemology) आदि में सामान्यता क्या है और भिन्नता या विशिष्टताएँ क्या हैं? इसे जानने के लिए हमारे संस्थान ने 17 से 19 जनवरी, 2020 को राँची में एक तीन दिवसीय अन्तरराष्ट्रीय सेमिनार का आयोजन किया था।

यह आयोजन इस मामले में अत्यन्त विशिष्ट था कि न केवल देश के विभिन्न भागों से बल्कि विदेशों से भी आदिवासी दर्शन के व्याख्याता, विश्लेषक, विवेचक और आलोचक भी पधारे थे।

स्वाभाविक है कि अन्य सेमिनारों की तरह विद्वान वक्ताओं के आलेख हमें समय पर नहीं मिल सके और इस किताब के आने में देर होती चली गई। देर आए किन्तु दुरुस्त आए के रूप में अब यह पुस्तक आपके सामने प्रस्तुत है।

आदिवासी दर्शन के विभिन्न आयामों को जनजातीय समुदाय और गैर-जनजाति समुदाय के विद्वानों, भारतीय और गैर-भारतीय दार्शनिकों ने अपने अनुभवों, अध्ययन, चिन्तन-मनन के आधार पर हमारे समक्ष रखा है। यह उनकी आजादी थी कि वह आदिवासी दर्शन को जिस रूप में देख रहे हैं वह उसी रूप में हमारे सामने प्रस्तुत करें। इस कारण हो सकता है कि कई आलेख क्लासिकल दर्शनशास्त्र की परिभाषाओं पर खरे न उतरें। किन्तु जिनका जन्म ही जनजातीय समुदाय में हुआ है या जनजातीय इलाकों में हुआ है और चार-पाँच दशकों का जिनका जीवन-अनुभव है। जिन्होंने आदिवासी जीवन-शैली, उनके पूजा-पद्धति, मुख्य रूप से सगुण निराकार ईश्वर के प्रति उनकी आस्था को हृदय से महसूस किया है, उनके अनुभव आधारित (Empiricist) आलेख भी इसमें उपस्थित हैं।

आदिवासी दर्शन की सबसे महत्त्वपूर्ण बात यह है कि अन्य संस्थागत धर्म की तरह यह मानव केन्द्रित या ईश्वर केन्द्रित नहीं है। यह प्रकृति केन्द्रित है। आप यह कह सकते हैं कि यूनान से लेकर चीन तक और स्वयं भारतीय दर्शन की कई वैचारिकी प्रकृति केन्द्रित रही हैं। भारतीय सांख्य, वैशेषिक, न्याय और लोकायत जैसे भौतिक दर्शनों के केन्द्र में भी प्रकृति है, इसमें कोई शक नहीं है।

इस प्रकार यूनान की सभ्यता में भी प्रारम्भिक दार्शनिक, विशेषकर पूर्व-सोफिस्टवादी युग में जो 585 से लेकर ईसा पूर्व पाँचवीं शताब्दी के मध्य तक फैला हुआ है, उस काल के सारे दार्शनिक प्रकृतिवादी ही थे। चाहे थेल्स हों, एनेक्जीमेंडर-एनेक्जीमेनीस हों या पाइथागोरस-हेराक्लीटस हों या परमाणुवादी डेमोक्रीटस। किन्तु यूनान के दर्शन के कार्य-व्यापार और यूनानियों की आस्था प्रकृति पर ही केन्द्रित नहीं रहती, वह ऐतिहासिक परिवर्तनों के साथ परिवर्तित होती रहती है।

उसी प्रकार का हम कह सकते हैं कि चीन का प्राचीन दर्शन भी मूलतः प्रकृति केन्द्रित ही है। इस प्रकृति में भौतिक ब्रह्मांड तथा मनुष्य दोनों शामिल हैं उसके प्रति सरोकार वैज्ञानिक चिन्तन, सामाजिक नैतिकता, राजनीतिक दर्शनशास्त्र और ऐसे ही अन्य रूपों के रूप में सामने आता है। चीनी दर्शन की एक महत्त्वपूर्ण अवधारणा 'ताओ च्या' जिसका अर्थ होता है प्रकृति के अनुकरण का सिद्धान्त जो चीनी दर्शनशास्त्र का मूल प्रस्थान बिन्दु रहा है।

ऋग्वेद में भी 'ऋत' की अवधारणा प्रकृति के मूल्य और नियमों के पालन की अवधारणा ही है।

किन्तु आदिवासी दर्शन में प्रकृति अन्यत्व के भाव के साथ नहीं आती है बल्कि मनुष्य समस्त जीव-जगत और समस्त वनस्पति-जगत के साथ-साथ प्रकृति से एकत्व/एकात्मकता अनुभव करता है।

आदिवासी दर्शन का यह मानना है कि इस सृष्टि में मनुष्य कोई विशिष्ट प्राणी नहीं है बल्कि उसकी हैसियत घास के तिनके और एक छोटी-सी चींटी के बराबर है।

घास जैसी वनस्पति या चींटी जैसा जीव का जितना हक इस प्रकृति पर है उतना ही हक एक इनसान का इस प्रकृति पर है। समता का यह बोध इतना महत्त्वपूर्ण है कि इस बोध की अनुभूति मात्र ही धर्म-संस्कृति-समाज और राजनीति आदि सत्ता के हर तंत्र के पदानुक्रमों, श्रेष्ठता और निम्नता के विभेदकारी मूल भाव को ही समाप्त कर देती है।

नॉर्वे के एक दार्शनिक अर्ने नेस्स (Arne Naess) ने द्वितीय विश्वयुद्ध की विभीषिका से घबराकर बौद्ध दर्शन, गांधी दर्शन और मार्क्स के दर्शन का अध्ययन करने के बाद Deep Ecology की सैद्धान्तिकी दी। वर्षों के चिन्तन-मनन के बाद वे डीप इकोलॉजी से आगे बढ़ते हुए वह 'इकोलॉजी ऑफ विज़डम' तक पहुँचे। उनके अनुसार जब इनसान अपने आत्मन का विस्तार इस प्रकार कर लेगा कि उसके आत्मन में समस्त जीव-जगत और वनस्पति-जगत समाहित हो जाए तभी इस प्लेनेट को नष्ट करने के मानव-जनित आत्मविनाशकारी आन्दोलनों का चक्र उलटा घूम सकेगा। अर्ने नेस्स मानते हैं कि यह भविष्य में ही सम्भव होगा मानव अपने प्लेनेट की सुरक्षा के प्रति इतना चैतन्य हो कि अपने आत्मन के विस्तार के बारे में सोचे। किन्तु जनजातीय समुदाय आज भी सरहुल और करमा जैसे पूजा के अवसरों पर जो मंत्र-पाठ करता है उसमें समुदाय के साथ-साथ फसलों के साथ वनस्पति और घर के पशुधन के साथ सारे पशु-जगत की सुख-समृद्धि और कल्याण की कामना की जाती है।

जनजातीय समुदाय यहीं तक नहीं रुकता है बल्कि अपना गणचिह्न, अपना टोटम, अपना गोत्र वह जीव-जगत और वनस्पति-जगत से ही स्वीकार करता है। यह समता और सम्मान-बोध की अद्‌भुत मिसाल है। इसी प्रकार 'पाप-पुण्य' की परिभाषा का एकदम सरलीकृत होना कि समुदाय के हित में किया गया हर कार्य पुण्य है और समुदाय के अहित में किया गया हर कार्य पाप। यह अवधारणा भी कम विशिष्ट नहीं है।

इस धर्म-दर्शन में मृत्यु के बाद किसी स्वर्ग या नरक की कल्पना के अभाव का होना और मृतक का यह आह्वान कि आप आए, लौटे और हमारे घर के गृह देवता के कोने में आप निवास करें और अब हमारे समुदाय की रक्षा करें। यह भी कम अद्‌भुत नहीं है। मृत्यु के बाद के संसार की कल्पना का न होना एक तो पुरोहित वर्ग की स्वायत्तता या पुरोहित वर्ग के विशिष्ट होने के भाव को खत्म करता है। दूसरी ओर जब किसी दूसरी दुनिया में जाना ही नहीं है और मृत्यु के बाद भी इसी दुनिया में रहना है तो इस धरती, यहाँ की नदियाँ, यहाँ की वनस्पतियाँ, यहाँ के पशुधन, यहाँ के सारे-के-सारे जीव, सभी के प्रति अद्‌भुत लगाव, प्रेम और आनन्द के भाव से वह भर जाता है। यही प्रेम-लगाव उसे सहज रूप से सारे प्राकृतिक संसाधनों का संरक्षक बना देता है ताकि जब वह अपने पोते या नाती के रूप में जन्म ले तो उसे

नदियाँ ज्यादा मीठी और वनस्पतियाँ ज्यादा हरी-भरी प्राप्त हों। इसलिए हर पीढ़ी अगली पीढ़ी के धरोहर के रूप में प्राकृतिक संसाधनों को सुरक्षित करने का प्रयास करती है। यह भाव उसे उनके दर्शन से ही आता है। इस ढंग की अनेक विशेषताएँ हैं जो आदिवासी दर्शन को अन्य दर्शनों से अलग करती हैं, विशिष्ट बनाती हैं और धरती को बचानेवाले भविष्य के दर्शन के रूप में उसे स्थापित करती हैं।

प्रस्तुत पुस्तक के विभिन्न विद्वान लेखकों, दार्शनिकों ने अपने अनुभव, चिन्तन-मनन से निःसृत विशिष्टताओं के साथ अपना आलेख प्रस्तुत किया है। संस्थान का यह विश्वास है कि पुस्तक दर्शनशास्त्र के अकादमिक जगत में स्वीकार की जाएगी, सराही जाएगी। जहाँ तक हमें ज्ञात है कि दिल्ली विश्वविद्यालय के दर्शनशास्त्र के पाठ्यक्रम में आदिवासी दर्शन को शामिल किया गया है, इस पुस्तक के प्रकाशन के पश्चात् 'आदिवासी दर्शन' को विभिन्न विश्वविद्यालय के पाठ्यक्रमों में स्थान प्राप्त होगा यह हमारा विश्वास है।

—सम्पादक

क्रम

आदिवासी दर्शन

हिन्दी के विविध रूप और प्रयोजनमूलक हिन्दी सन्ताल समुदाय का दर्शन

भोगला सोरेन

परिचय

यह लेख सन्तालों के दर्शन को उजागर करने के लिए लिखा गया है। सन्तालों के प्राचीन कथाओं से ज्ञात होता है कि परम्परा, संस्कृति, पौराणिक कथाओं और धार्मिक विश्वासों का विकास सन्तालों के पूर्वजों ने प्रवास के दौरान और मानव जाति के विकास के दौरान किया है। इसे सन्ताल समुदाय के लोगों ने एक पीढ़ी से दूसरी पीढ़ी तक मौखिक रूप से संरक्षित किया है। इसे सन्ताली मौखिक साहित्य या सन्ताली लोककथा कहा जाता है। चूँकि सन्ताली साहित्य उन्नीसवीं शताब्दी से विकसित हुआ है, इसलिए सन्ताली लोक-कथाओं के प्रमुख भाग अब तक लिखित रूप में दर्ज किये गए हैं। सन्ताली लोक-कथाओं और धार्मिक पवित्र ग्रन्थों पर कुछ पुस्तकें बीसवीं शताब्दी से लेकर वर्तमान समय तक सन्ताली भाषा में लिखी और प्रकाशित की गई हैं। मैंने इस लेख में सन्ताली ग्रन्थों और परम्पराओं से सन्ताल दर्शन को उजागर करने का प्रयास किया है।

आम तौर पर सन्ताल अपने-आपको होर कहते हैं, जिसका अर्थ मानव होता है। वे स्वयं अपने वंश को खेरवार के रूप में प्रकट करते हैं लेकिन अब वे सन्ताल के रूप में जाने जाते हैं।

सन्ताली लोक-साहित्य में जो भी विवरण, प्राचीन और पारम्परिक आख्यान उपलब्ध हैं, जो उन्हें सन्ताली बिन्ती (कथा) के रूप में दर्ज किया गया है। सन्ताली लोक-साहित्य में कई ऐसे कारक हैं जो हजारों साल पहले की प्राचीनता को दर्शाते है। सन्ताल समुदाय ने उस समय से अपनी धार्मिक मान्यताओं और दर्शन के आधार पर सभ्यता के विकास की प्रक्रिया शुरू कर दी थी।

सन्ताली प्राचीन कथा हमें बताती है कि सन्ताल भारत के देशज लोग हैं। वे भारत में प्राचीन काल में एक स्थान से दूसरे स्थान पर प्रवास करते रहे थे।

सन्ताली प्रवास के प्राचीन आख्यान के अनुसार, सन्तालों के पूर्वज खोज खमार (शिवालिक) से हराता (अरता/अरावली), हराता (अरता/अरावली) से सासांग बेड़ा (हल्दी घाटी) में प्रवास कर रहे थे। वहाँ से वे आई ने दिसोम चम्पा (सिन्धु घाटी) आए। इसके बाद, सन्तालों के पूर्वज कैमूर पहाड़ी के आसपास गंग नाए-सोडा ने दिसोम (गंगा के मैदान और सोन के बेसिन का इलाका) में आए। वे अन्य समान जनजातियों के साथ रोहतासगढ़ के क्षेत्र में रहे और उसके बाद वे चाई-चम्पा (झारखंड राज्य का अविभाजित हजारीबाग जिला) आ गए। तब सन्तालों के पूर्वज प्राचीन काल में चाई-चम्पा से भारत के अन्य भागों और विदेशों में चले गए।

मनुष्य के निर्माण से लेकर वर्तमान समय तक के प्रवास की पूरी अवधि तीन जुगों (युगों) में विभाजित है, जिनके नाम हैं : सोथ जग (सत्य का युग), अर्ना जग (जंगलों का युग) और सोसनोक जग (सभ्य युग)। सन्तालों के पूर्वजों ने अपना 90% समय अर्ना जग में बिताया है। अब हम सन्ताली प्राचीन कथा के अनुसार सोसनोक जग में रह रहे हैं। अतः स्वाभाविक है कि सन्ताली परम्परा, संस्कृति, सभ्यता, धर्म और दर्शन का विकास उपर्युक्त युगों में हुआ है।

धर्म अपने-आपमें एक बहुत ही संवेदनशील मुद्दा है। मिथकों, सामाजिक परम्पराओं और मान्यताओं के साथ धर्म सदियों से चला आ रहा है। धर्म को किसी मापदंड से नहीं मापा जा सकता, यह लोगों के विश्वास पर आधारित है, इसलिए लोग सदियों से आस्था के साथ धर्म का पालन करते आ रहे हैं।

यह लेख पूरी तरह से प्रचलित सन्ताली बिन्ती (सन्ताली पारम्परिक प्राचीन कथा), सन्ताली लोक-कथाओं और सन्ताली ग्रन्थों और परम्पराओं पर ही आधारित है। इसलिए, मैं सबसे पहले सन्ताली बिन्तिओं के बारे में संक्षेप में चर्चा करने का प्रयास करता हूँ जिन्हें सन्ताली पारम्परिक प्राचीन कथा कहा जाता है।

सन्ताली बिन्ती

सन्ताली बिन्ती प्राचीन काल में सन्ताल पूर्वजों के साथ घटित प्राचीन घटनाओं का संस्मरण है, इसलिए, इसे प्राचीन कथा कहा जा सकता है। प्राचीन घटनाओं को याद करने के लिए सन्तालों के कुछ कर्मकांडों में प्राचीन कथाओं का पाठ किया जाता है। इन्हें सन्ताली भाषा में कहानी और गीतों की शैली में सुनाया जाता है, इसलिए इन प्राचीन आख्यानों को सन्ताली प्राचीन आख्यान कहा जा सकता है।

सन्ताली बिन्ती पारम्परिक प्राचीन आख्यान हैं जिन्हें आख्यान के विशेषज्ञ से सुनकर सीखा जा सकता है। सन्ताली प्राचीन आख्यान पूर्वजों द्वारा उनके प्रवास के दौरान अनुभव की गई घटनाओं का संस्मरण है। सन्ताली परम्परा के अनुसार, पारम्परिक रीति-रिवाजों के अलग-अलग आयोजनों में प्राचीन कथाओं का पाठ किया जाता है।

सन्ताली प्राचीन कथाओं के विषय : कैसे सर्वशक्तिमान ईश्वर ने ब्रह्मांड, देवताओं, ग्रहों, पृथ्वी, जीवित प्राणियों और मनुष्यों की रचना की। सर्वशक्तिमान ईश्वर की रचनाओं का वर्णन प्राचीन कथाओं में कहानी और गीतों के माध्यम से किया जाता है। उपर्युक्त के अलावा, सर्वशक्तिमान ईश्वर की आज्ञा, नैतिकता और पवित्र कार्य (कर्म) भी सन्ताली पारम्परिक प्राचीन कथाओं के विषय हैं।

आख्यानों में घटना की तारीख के बारे में कुछ नहीं बताया गया है, इसलिए सन्ताली प्राचीन आख्यानों को इतिहास नहीं कहा जा सकता, इसे प्राचीन सामाजिक कहानी या केवल प्राचीन आख्यान कहा जा सकता है।

प्राचीन काल में प्रवास के दौरान सन्तालों के पूर्वजों के अनुभव भी सन्ताली प्राचीन कथाओं के माध्यम से याद किये जाते हैं। अनुष्ठानों के विभिन्न अवसरों में प्राचीन कथाओं का पाठ किया जाता है, तदनुसार, सन्ताली प्राचीन कथाओं का नाम संस्कारों के नाम पर रखा गया है।

ये प्राचीन आख्यान सन्ताली लोक-कथाओं के प्रमुख हिस्सों में हैं। मुख्य रूप से पाँच प्रकार की कथाएँ पढ़ी जाती हैं, जिनके नाम हैं : जोमसिंग बिन्ती, छटियार बिन्ती, बापला बिन्ती, भंडन बिन्ती और करम बिन्ती। सन्ताली लोकगीतों, लोक-कथाओं, मिथकों और पहेलियों का स्थान सन्ताली लोक-कथाओं के अगले भागों में है। उपर्युक्त पाँच प्रकार की प्राचीन कथाएँ सन्ताल समुदाय में प्रचलित हैं, जिनमें से दो आख्यान क्रमशः जोमसिंग और करम पूजा के अवसरों पर पढ़े जाते हैं। शेष तीन कथाओं को समुदाय के सदस्यों के नामकरण, विवाह और मृत्यु की रस्मों के अवसरों पर सुनाया जाता है। प्राचीन कथाओं के नाम अवसरों के आधार पर रखे गए हैं जो इस प्रकार हैं :

छटियार बिन्ती : वह कथा जो किसी बच्चे के नामकरण संस्कार के अवसर पर सुनाई जाती है।

बापला बिन्ती : वह कथा जो विवाह समारोह के अवसर पर सुनाई जाती है।

भंडन बिन्ती : वह कथा जो किसी मृतक के शुद्धिकरण के कर्मकांड के अवसर पर सुनाई जाती है।

करम बिन्ती : कर्म पूजा के अवसर पर काम और धर्म की कथा का पाठ किया जाता है।

जोमसिंग बिन्ती : वह कथा जो जोमसिंह पूजा के अवसर पर पढ़ी जाती है।

लगभग सभी सन्ताली प्राचीन कथाओं में, सन्ताल धोरमो (सर्वशक्तिमान ईश्वर) को धन्यवाद देते हैं। उन्हें चन्दो बोंगा और ठाकुर के नाम से भी पुकारा जाता है। सन्ताल मानते हैं कि चन्दो बोंगा उन्हें हर पल देख रहे हैं, इसलिए वे बुरा करने से डरते हैं, इस प्रकार वे अपने सामाजिक जीवन में नैतिकता बनाए रखते हैं।

इसी कारण से कुछ अवसरों पर कर्मकांडों और पूजा-पाठों में प्राचीन कथाओं का पाठ किया जाता है।

यह भी स्पष्टीकरण की बात है कि कुछ सन्ताली लोकगीत और लोक-कथाएँ जो प्रवासन, ज्वालामुखियों के विस्फोट, भूकम्प, सौर तूफान, खराब मौसम और प्रागैतिहासिक काल के हिमयुग की कहानियों का वर्णन करती हैं।

संस्कृति और परम्पराओं का बदलना समय की घटना है। ये पानी की तरह ऊपर से नीचे की ओर बहते हैं। संस्कृति और परम्पराओं के संरक्षण के लिए समुदाय की लोक-कथाओं को संरक्षित करना बहुत आवश्यक है। यदि यह सोचा जाए कि लोक-कथाएँ अशिक्षित ग्रामीण लोगों की संस्कृति से सम्बन्धित हैं, इसलिए भविष्य में यह समुदाय इसे बर्बाद कर देगा, यदि ऐसा होता है तो, यह मानव-समाज के लिए बहुत बड़ी क्षति होगी। यदि किसी समुदाय की लोक-कथाओं की मृत्यु हो जाती है तो लोक-कथाओं की मृत्यु के साथ-साथ धार्मिक मान्यता, संस्कृति, परम्पराएँ, सदियों पुरानी पारम्परिक कृषि का ज्ञान, मौसम के परिवर्तन के समय की गणना का ज्ञान और पारम्परिक औषधियों की जानकारी भी मर जाती है। लेकिन यह जानकर आश्चर्य होता है कि सन्ताली लोक-कथाएँ पीढ़ी-दर-पीढ़ी मौखिक रूप से विरासत में मिली हैं। यह मौजूदा लोकगीतों और लोक-कथाओं के सम्बन्ध में चिन्तन और विस्तार का विषय है। इसलिए सन्ताली बिन्ती कहानी और गीतों की शैली के माध्यम से प्राचीन अतीत की घटनाओं के विवरण को याद रखने के लिए एक आख्यान है। यह हर्ष का विषय है कि सन्ताली लोक-कथाओं का अधिकांश भाग वर्तमान में सन्ताली साहित्य में दर्ज और प्रकाशित हो चुका है।

जोमसिंग पूजा और जोमसिंग बिन्ती

उपर्युक्त सन्ताली कथाओं में से केवल जोमसिंग बिन्ती का उल्लेख यहाँ किया गया है क्योंकि जोमसिंग की कथा हमें पृथ्वी, वनस्पति, जलीय जीव, सरीसृप, पशु, पक्षी, अन्य जीवित प्राणियों और मनुष्यों की रचनाओं के बारे में बताती है।

सन्ताल बहुल क्षेत्रों के विभिन्न स्थानों में जोमसिंग को कभी-कभी जोमसिम कहा जाता है। जोमसिंग और जोमसिम एक ही हैं और उनका अर्थ एक ही है। जोमसिंग एक धार्मिक कर्मकांड है। वर्तमान में, जोमसिंग पूजा सन्तालों के कुल के अनुसार की जाती है। प्राचीन काल में सन्तालों के पूर्वजों के बारह कुलों के सदस्य बड़े उत्साह के साथ जोमसिंग पूजा करते थे। लेकिन वर्तमान में, जोमसिंग पूजा अलग-अलग कुलों के सदस्यों द्वारा अलग-अलग की जाती है। जोमसिंग पूजा में शामिल होने के लिए बड़ी संख्या में रिश्तेदारों को आमंत्रित किया जाता है।

जोमसिंग पूजा पूरी होने के बाद सभा में जोमसिंग बिन्ती का पाठ किया जाता है। फिर पारम्परिक जोमसिंग डोंग गीत नृत्य के साथ गाए जाते हैं। डोंग गीत और नृत्य

मुख्य रूप से विवाह समारोह और मनोरंजन के अन्य अवसरों के दौरान किये जाते हैं। जोमसिंग बिन्ती के बाद डांस के साथ-साथ डोंग गाने भी गाए जाते हैं। बताया जाता है कि प्राचीन काल में जोमसिंग पूजा के बाद लोगों की भीड़ में विवाह योग्य कन्याओं को देखकर अभिभावकों के बीच विवाह की बातचीत शुरू हो जाती थी।

जोमसिंग पूजा के लिए कोई विशेष समय निर्धारित नहीं है, बल्कि यह पूजा सन्ताल समुदाय में समय-समय पर मनाई जाती है। जोमसिंग में देवताओं की पूजा की जाती है क्योंकि ऐसा माना जाता है कि सांडो की दया से सूर्य उदय हुआ था। यह पूजा कब और किस समय समाज में प्रचलित हुई, यह कहा नहीं जा सकता लेकिन इस पूजा के बारे में एक किंवदन्ती है।

प्राचीन काल में एक समय था जब सन्तालों के पूर्वज प्रवास की यात्रा के दौरान एक बड़े ऊँचे पहाड़ में रात में अपना रास्ता भूल गए। उन्हें वहाँ कोई रास्ता नहीं सूझ रहा था। जब वे कुछ समझ नहीं पा रहे थे कि क्या किया जाए तो उन्होंने मारंग बुरु से रास्ता दिखाने के लिए प्रार्थना की ताकि वे आगे बढ़ सकें। मारंग बुरु की कृपा से रात के समय आसमान में सूर्योदय हुआ। फिर, उन्हें आगे जाने का रास्ता मिल गया। उन्होंने पर्वत पार करने के बाद जोमसिंग पूजा की थी। पूर्वजों के प्रवास के दौरान प्राचीन काल में उनके साथ कई बार ऐसी घटनाएँ हुई थीं।

एक बार सन्तालों के पूर्वजों के देश के जंगल कीड़ों से पूरी तरह प्रभावित थे जिसकी वजह से वे शिकार करने में असमर्थ थे। पूर्वजों के देश की भूमि जड़ के कीड़ों से पूरी तरह प्रभावित थी जिसके लिए वे खाद्य-सामग्री इकट्ठा करने में असमर्थ थे। भूमि बंजर हो गई इसलिए, भूमि खाद्य-पदार्थों का उत्पादन करने में असमर्थ थी। पूर्वज उस विपदा के कारण बुरी तरह पीड़ित थे, इसलिए उन्होंने निवास के लिए नई भूमि की खोज करने का फैसला किया। उन्होंने चंडो बोंगा (भगवान) से उन्हें संकट से बचाने के लिए प्रार्थना की।

ओटे और बेली नाम के दो व्यक्तियों ने अपने सक्षम मार्गदर्शन में पूर्वजों का नेतृत्व किया था। जब वे रास्ता भूल गए, तो उन्होंने चन्दो बोंगा (भगवान) में मौजूद सूर्य देव को देखकर प्रार्थना की। चन्दो बोंगा (भगवान) की कृपा से देवता उनके सामने प्रकट हुए, इस प्रकार उन्होंने (दो) देवताओं की शक्ति से दिसोम (देश) का पता लगाया था, जिसका नाम सन्त दिसोम दिया गया था। उन्होंने वहाँ स्वयं को सन्त-होर (सन्त के लोग) के रूप में प्रकट किया। उन्होंने देवताओं की पूजा की, उस रस्म का नाम जोमसिंग था। बाद में, सन्ताल शब्द सन्त-होर (सन्त के लोग) > सन्थोर > सन्तोर > सन्तर से लिया गया था। तभी से उनका समुदाय दूसरों के बीच सन्ताल के नाम से जाना जाता है। समुदाय से सम्बन्धित एक व्यक्ति अपनी जाति को होर के बजाय सन्ताल के रूप में प्रकट करता है, जिसे पहले होर के नाम से जाना जाता था, अर्थात मानव।

"जंगल पूरी तरह से कीड़ों से भरे हुए हैं इसलिए वे दो (ओटे और बेली) शिकार के लिए नहीं जा सकते। मिट्टी पूरी तरह से जड़ के कीड़ों से भरी होती है, इसलिए वे भोजन एकत्र करने के लिए नहीं जा सकते। वे अपने भाइयों और बहनों के कल्याण के लिए रास्ता खोजने की ठान लेते हैं। ओटे और बेली आगे बढ़ते हैं। वे हर किसी को रहने के लिए जमीन खोजने का रास्ता दिखाते हैं।" ('होर सेरेन', 1993, पृ. 30)

"सामने एक पहाड़ है जिसके आगे कोई रास्ता नहीं है। वे वापस भी नहीं लौट सकते क्योंकि भूमि जड़ के कीड़ों से भरी हुई है। अनिश्चितता के कारण ओटे और बेली का जीवन दुख भरा है। सूर्य जीवन बनाते हैं और चंडो (भगवान), जो हर जगह मौजूद हैं, वे जीवन का पोषण करते हैं। ओटे और बेली रास्ता दिखाते हैं।" ('होर सेरेन', 1993, पृ. 31)

"वे (दो) दिन-रात चन्दो बोंगा (भगवान) से प्रार्थना करते हैं। सांडो (भगवान सूर्य में मौजूद है) उन पर दया करनेवाले एक शक्तिशाली देवता को भेजते हैं। शक्तिशाली देवता के पास रास्ता साफ करने के लिए कपि (युद्ध-कुल्हाड़ी) और रास्ता दिखाने के लिए सकवा (सींग का एक तुरही) है।" ('होर सेरेन', 1993, पृ. 31)

"वे नीचे आने के लिए पहाड़ से रेंगते हैं। फिर वे नदी का अनुसरण करते हैं। पहाड़ के समीप मैदानी भूमि है। भूमि में देवी माँ प्रकट होती हैं। वे संकट में देवी माँ से प्रार्थना करते हैं। देवी माँ उनका स्वागत करती हैं।" ('होर सेरेन', 1993, पृ. 31)

"ऐसा कहा जाता है कि एक बार पूर्वज देश में निवास की तलाश में निकले थे। ओटे और बेली नाम के दो युवकों ने रास्ता दिखाया। वे रास्ता भूल गए। उस समय वे सूर्य की ओर यह कहते हुए रो पड़े कि सूर्य में ईश्वर है। चन्दो बोंगा (भगवान) की कृपा से, देवता प्रकट हुए और पूर्वजों को देश मिला। देश का नाम सन्त पड़ा और पूर्वजों का नाम सन्त-होर (सन्त के लोग) हो गया। पूर्वजों द्वारा देवताओं को प्राप्त करने के बाद, वे उस देश में बस गए। उसके बाद उन देवताओं की पूजा की गई।" ('होर सेरेन', 1993, पृ. 31-32)

परमेश्वर ने लोगों की पुकार सुनी, अतः वह जीवन के प्रति दयालु थे। सूर्य लोगों का कष्ट देखता है, इसलिए वह जीवन बचाता है। सूर्य स्वयं धर्म के देवता हैं। सांडो (सूर्य देव में भगवान का अस्तित्व है) की दया से लोग सन्त की भूमि पर पहुँच गए। भूमि सांडो की थी, इस प्रकार, इसे सन्त की भूमि कहा जाता था। सांडो की कृपा से पूर्वजों ने वहाँ रहने के लिए सन्त पर कदम रखा। शक्तिशाली देवता और देवी माँ ने जीवन में मदद की। शक्तिशाली देवता ने धर्म का मार्ग प्रशस्त किया और देवी माँ ने पितरों का स्वागत किया। सन्ताल के पूर्वजों ने देवताओं को धारण किया जिन्होंने उन्हें जीवन में शान्ति दी।

प्रवास की कथा के अनुसार पूर्वज चम्पा (झारखंड का अविभाजित हजारीबाग जिला) से तीन दिशाओं की ओर निकले थे। कुछ लोग सीकर (झारखंड राज्य का

धनबाद जिला) के रास्ते गए, कुछ लोग सीर (राँची जिले के सिल्ली) के रास्ते गए और कुछ लोग सन्त (पश्चिम बंगाल राज्य के पुरुलिया, बाँकुरा और मिदनापुर जिले) के रास्ते गए।

जो लोग बड़ी मुश्किल से सन्त पहुँचे थे, ऐसा लगता है, पहले तो वहीं उन लोगों ने सन्त दिसोम में जोमसिंग पूजा शुरू की। प्रवास की यात्रा के दौरान, उनमें से कुछ अन्य दिशाओं से आ रहे लोग सन्त की भूमि पर फिर से मिले, तो भी, उनकी संस्कृति एक समान रही।

भूमि के सात अलग-अलग क्षेत्रों को एक साथ सन्त की भूमि कहा जाता है। झारग्राम जिले का सिल्डा क्षेत्र, यानी पश्चिम बंगाल राज्य का पूर्व मेदिनीपुर जिला, यह सन्त दिसोम का केन्द्र है। सन्ताली प्राचीन कथा में वर्णित है कि सन्तों के पूर्वजों ने प्राचीन काल में सन्त की भूमि पर पहला कदम रखा था।

ऐसा माना जाता है कि सूर्य देव के आशीर्वाद से सन्त की भूमि की खोज की गई थी। देवताओं को उनकी जान बचाने के लिए सूर्य देव द्वारा पूर्वजों के पास भेजा गया था। इस प्रकार, पूजा का नाम सूर्य देवता के नाम पर रखा गया है। सन्ताली भाषा में सूर्य को सिंग चंडो या सिंग बोंगा कहा जाता है। इस प्रकार, पूजा को जोमसिंग या जोमसिम कहा जाता है और पूजा के अवसर पर सुनाई जानेवाली कथा को जोमसिंग बिन्ती या जोमसिम बिन्ती कहा जाता है।

सन्तालों की धार्मिक मान्यताओं के अनुसार सन्त की भूमि रहने के लिए मिलने के बाद पूर्वजों द्वारा सामूहिक रूप से जोमसिम पूजा की गई थी। तब से देश-विदेश में जहाँ कहीं भी सन्ताल निवास करते हैं, वहाँ जोमसिंग की पूजा की जाती है।

जोमसिंग की पूजा पूरी होने के बाद जोमसिंग बिन्ती के विशेषज्ञों द्वारा जोमसिंग की बिन्ती (कथा) का पाठ किया जाता है। जोमसिम की कथा में पृथ्वी के निर्माण, जीवित प्राणियों और मनुष्यों के निर्माण के सम्बन्धित कहानी है। कहानी और गीतों की परम्परा के अनुसार जोमसिंग कथा का पाठ किया जाता है। जोमसिंग बिन्ती के बारे में सन्तालों की धार्मिक मान्यता है। सन्तालों की परम्पराएँ, संस्कृति, धर्म और दर्शन जोमसिंग बिन्ती में प्रकट होते हैं।

ब्रह्मांड का निर्माण

आदिम लोगों के बीच ब्रह्मांड हमेशा रहस्य का विषय रहा है। सन्तालों का पारम्परिक धर्म जिसका वे आधुनिक समय में पालन करते हैं, वह चन्दो बोंगा (भगवान) से डरना है। जब आदिम लोग गलत करते हैं तो उन्हें लगता है कि चन्दो बोंगा देख रहे हैं। जब वे ऊपर की ओर देखते हैं तो उन्हें दिन में नीला आकाश दिखाई देता है और रात में आकाश में बेशुमार तारे टिमटिमाते हुए दिखाई देते हैं। आकाश में बादल गरजने के साथ कभी-कभी पृथ्वी पर वर्षा होती है। जब वे समुद्र का नीला

पानी और दूर से देखते हैं तो ऐसा लगता है जैसे आकाश समुद्र में डूब रहा है। सभी प्राकृतिक घटनाएँ उनके लिए आश्चर्यजनक और रहस्यमयी थीं। वे सोचते हैं कि कोई है जो उनके आस-पास हो रही सभी चीज़ों को नियंत्रित करता है।

उन्होंने इसके पीछे के सच का पता लगाने का रास्ता खोजा। इस प्रकार सन्तालों के पूर्वजों ने उन सभी बातों को अपने दिमाग में दर्ज किया और पारम्परिक कथाओं में संगृहीत किया। फिर वे पारम्परिक आख्यानों को एक पीढ़ी से दूसरी पीढ़ी तक मौखिक रूप से पहुँचाने में सक्षम हुए। वे धोरमो (सर्वशक्तिमान ईश्वर) के सम्बन्ध में अपने पारम्परिक आख्यान को स्थापित करने में सक्षम हैं, जिसे समय के संक्रमण के साथ पारम्परिक धर्म भी कहा जाता था।

सन्तालों का अपना धर्म और अपनी परम्पराएँ हैं जो अलग और स्वतंत्र हैं। वे अनादि काल से अपने धर्म और परम्पराओं का पालन करते रहे हैं।

ब्रह्मांड के निर्माण के बारे में चर्चा करने के लिए, सन्ताली धार्मिक पाठ, हिताल, (पीपी.1-3), को यह जानने के लिए सन्दर्भित किया जाता है कि धोरमो द्वारा ब्रह्मांड कैसे बनाया गया है।

ब्रह्मांड का निर्माण और विनाश धोरमो की इच्छा पर निर्भर करता है। धोरमो जब चाहें ब्रह्मांड के सभी मौजूदा वस्तुओं और प्राणियों को नष्ट कर सकते हैं। यदि उन्हें लगे कि अब ब्रह्मांड की आवश्यकता नहीं है तो वह अपने भीतर ब्रह्मांड को अवशोषित कर सकते हैं।

जब अन्तरिक्ष में कुछ नहीं था, अँधेरे और शून्य में टॉम (स्थिर स्थिति) की स्थिति में धोरमो अकेले थे। वह हजारों और लाखों वर्षों तक अँधेरे और शून्य में अकेले रहे। वह अन्धकार के कण-कण में विद्यमान थे। वह निराकार के रूप में अस्तित्व में थे लेकिन वह सर्वशक्तिमान थे। शून्यता और अन्धकार दोनों ने उनकी प्रार्थना करके उन्हें उभारा।

धोरमो सर्वोच्च शक्ति धारण करने के बावजूद अँधेरे में जड़ता की स्थिति में थे। वह स्वयं को अनुपस्थित, निराकार और अस्तित्वहीन अनुभव करने लगे। उनकी माया (दयालुता) ने उन्हें जड़ता की स्थिति से जगाने के लिए उकसाया। शून्यता और अन्धकार ने भी उन्हें जड़ता की स्थिति से बार-बार जगाने के लिए उकसाया। धोरमो की माया अन्धकार के कण-कण में शून्य में फैली हुई थी। अन्तरिक्ष में अँधेरे के सिवाय कुछ भी नहीं था, इसलिए, वह उन मनुष्यों को बनाना चाहते थे जो उनकी पूजा करें।

ब्रह्मांड के निर्माण की प्रक्रिया के दौरान, धोरमो ने खुद को दो दैवीय शक्तियों, पिता और माता में विभाजित कर दिया। एक पिता की शक्ति जीवन बनाने के लिए थी और एक माँ की शक्ति जीवन को धारण करने के लिए थी। इसी तरह धोरमो ने खुद को मारंग बुरु और जहीरंगी के नाम से दो भागों में विभाजित किया। फिर उन्होंने ओंग की शक्ति से अपने-आप को दाहिनी ओर से मारंग बुरु के रूप में

और बाईं ओर से जहीरंगी के रूप में अन्तरिक्ष उड़ा दिया है। इसके बाद, ये दो गतिशील दिव्य शक्तियाँ अन्तरिक्ष में मिलीं।

ओंग धोरमो द्वारा उत्पन्न की गई दिव्य ऊर्जा है। सन्ताली में सृजन की दैवीय शक्ति को ओंग कहा गया है। ब्रह्मांड की रचना धोरमो के ओंग की दिव्य शक्ति द्वारा की गई थी। दो दिव्य महाशक्तियाँ, मारंग बुरु और जाहिरंगी, अन्तरिक्ष में टकराती हैं और फट जाती हैं। दो दिव्य महाशक्तियों के टकराने से आकाश में गड़गड़ाहट, प्रकाश, अग्नि और घूमनेवाले पदार्थों का जन्म होता है।

इस प्रकार आकाशगंगा, ग्रह, तारे और दूधिया जैसे गर्म लावा का जन्म होता है। ये सभी बवंडर के साथ अन्तरिक्ष में घूमने लगे। अँधेरे की जगह अन्तरिक्ष में प्रकाश भर जाता है। सभी परिक्रमा करनेवाले पदार्थ अपना स्थान ग्रहण कर अन्तरिक्ष में घूमने लगे। अग्नि की ऊष्मा सूर्य को दी जाती है। सूर्य सभी जीवों और सभी जीवों के पिता के समान है।

दूधिया गर्म लावा ब्रह्मांड के क्षितिज के अन्त में चला जाता है। धोरमो की ओंग शक्ति से दूधिया गर्म लावा ठंडा हो जाता है। फिर दूधिया ठंडा लावा हवा, मिट्टी, पत्थर और पानी में बदल जाता है। इस प्रकार पृथ्वी का जन्म होता है। पृथ्वी पर दिन और रात शुरू हुए। समय का जन्म दिन और रात के साथ होता है। पृथ्वी सभी जीवित चीज़ों और सभी जीवित प्राणियों की माँ के समान है। ब्रह्मांड में सूर्य और पृथ्वी के बिना जीवों की सृष्टि की कल्पना नहीं की जा सकती है। स्त्री और पुरुष के मिलन की शक्ति के बिना जीवन का निर्माण नहीं हो सकता। इस प्रकार, नर और मादा की दो दिव्य महाशक्तियों के मिलन से धोरमो द्वारा ब्रह्मांड का निर्माण किया गया था।

देवताओं का निर्माण

धोरमो (सर्वशक्तिमान ईश्वर) ने मनुष्यों के जीवन की देखभाल के लिए देवताओं की रचना की है। ब्रह्मांड के निर्माण के दौरान, धोरमो ने तीन देवताओं का निर्माण किया था : मारंग बुरु, जहीरंगी और लिता। दो सन्ताली शब्द मारंग बुरु और जहीरंगी से जुड़े हैं जो रंग और रंगी हैं। रंग का अर्थ अग्नि होता है और रंगी का अर्थ भी अग्नि होता है लेकिन रंगी शब्द रंग का स्त्रीलिंग रूप है। सन्ताली व्याकरण के अनुसार रंग शब्द अपने-आपमें एक तटस्थ लिंग है, लेकिन जब इन शब्दों का प्रयोग मारंग और जहीरंगी के रूप में किया जाता है तो रंग और रंगी नर और मादा की भावना को दर्शाते हैं।

मारंग का अर्थ बड़ा है लेकिन यहाँ मारंग का अर्थ महारंग है, वह सबसे बड़ी अग्नि का रूप है। बुरु नाम का मतलब पहाड़ होता है। इस प्रकार, मारंग बुरु आग के सबसे बड़े पर्वत की तरह लग रहे थे। वह सबसे बड़े हैं और आग के पहाड़ के समान बड़े हैं। मारंग बुरु सन्तालों के प्रमुख देवता हैं। उनका मुख्य कार्य मानव-जीवन की देखभाल करना है। उनका काम धोरमो के निर्माण को जारी रखना है।

जहीरंगी सृष्टि की देवी हैं। अन्तरिक्ष में मारग बुरु और जहीरंगी के टकराने पर ब्रह्मांड की रचना धोरमो ने की है। जन्म देने और पालन-पोषण करने की शक्ति रखनेवाली को सन्ताली में जाही के नाम से जाना जाता है। जहीरंगी ब्रह्मांड के निर्माण के लिए दिव्य महाशक्ति धारण करनेवाली देवी हैं। ब्रह्मांड की रचना के लिए जहीरंगी ने रंगी धारण की है, जिसका अर्थ है 'अग्नि की नारी-शक्ति'। वह पृथ्वी के ऊपर सृष्टि की देवी हैं जबकि वह जहेर-युग के नाम से पृथ्वी की देवी हैं। उनका काम पृथ्वी पर जीवों के जन्म में मदद करना, उनका पालन-पोषण करना और प्रकृति को विकसित रखना है।

सर्वशक्तिमान ईश्वर द्वारा बनाए गए दो चन्दो हैं : एक है सिंग चन्दो (सूर्य) और दूसरा है निन्दा चन्दो (चन्द्रमा)। सूर्य पृथ्वी को दिन के समय में गर्मी और प्रकाश देने के प्रति जिम्मेदार है जबकि चन्द्रमा रात में चाँदनी देने के प्रति जिम्मेदार है। इन दोनों को मनुष्य की आँखों से देखा जा सकता है।

सर्वशक्तिमान ईश्वर का नाम चन्दो बोंगा है जिसे मनुष्य की आँखों से नहीं देखा जा सकता है लेकिन उसे महसूस किया जा सकता है कि वह ब्रह्मांड में कहीं है। सन्ताली पारम्परिक धर्म के अनुसार पूरा ब्रह्मांड चन्दो बोंगा है। वह ब्रह्मांड में हर जगह है और वह हर पल सब कुछ देख रहा है।

"चन्दो बोंगा (सर्वशक्तिमान ईश्वर) की कोई शुरुआत नहीं है और इसका कोई अन्त नहीं है। पूरा ब्रह्मांड चन्दो बोंगा है। धरती चन्दो बोंगा के भीतर है और जीवन भी चन्दो बोंगा के भीतर है, सब उसके भीतर हैं"। ('होर सेरेन', 1993, पृ. 6)

सर्वशक्तिमान ईश्वर का दूसरा नाम लिता है। सन्ताली में सबसे छोटे पदार्थ या वस्तु को लिता कहते हैं। ब्रह्मांड के निर्माण से पहले, सर्वशक्तिमान ईश्वर अँधेरे में जड़ता की स्थिति में लिता के रूप में मौजूद सबसे शक्तिशाली थे। वह सबसे छोटे हैं और उनका कोई रंग नहीं है। इसलिए, लिता सर्वशक्तिमान ईश्वर का हिस्सा हैं और सृष्टि का स्रोत हैं। वह ब्रह्मांड के निर्माण के दौरान धोरमो के भीतर जड़ता की स्थिति में सबसे छोटे कण के रूप में थे और बाद में पृथ्वी पर जीवन के पोषण के लिए निर्माता के सहायक देवता के रूप में प्रकट हुए। लिता का काम मनुष्यों की देखभाल करना और सभी जीवित प्राणियों और मनुष्यों के जीवन को बचाना है।

मारंग बुरु सबसे बड़े हैं, वह आग का सबसे बड़ा पर्वत हैं। वह निर्माता, धोरमो के मददगार भी हैं। जब वह सभी के कल्याण के लिए काम करते हैं और सभी को दिखाई देते हैं, वह सांडो है। उनका दूसरा रूप सूर्य देव है। सूर्य के बिना सृष्टि की कल्पना नहीं की जा सकती।

लिता, मारंग बुरु और जहीरंगी धोरमो या ठाकुर के हिस्से हैं। देवी-देवता धोरमो के प्रतिनिधि हैं जिन्हें पृथ्वी के सभी जीवित प्राणियों की भलाई का काम दिया गया है।

इस प्रकार, सभी देवी-देवता पृथ्वी के सभी जीवित प्राणियों के जीवन की रक्षा करते हैं। सन्ताल अपने पूर्वजों से विरासत में मिली धार्मिक परम्परा के अनुसार देवताओं की पूजा करते हैं।

पंडित रघुनाथ मुर्मू ने पवित्र ग्रन्थ हिताल (पृ. 16-19) में देवताओं के प्रकट होने के बारे में स्पष्ट रूप से उल्लेख किया है, जैसा कि नीचे दिया गया है :

धोरमो की सलाह के अनुसार, पिल्चू हड़म और पिल्चू बुढ़ी, आदिम माता-पिता, युद्ध-कुल्हाड़ी और तीर का सिरा लाने के लिए हिहिरी गए। आश्चर्यजनक रूप से उन्हें युद्ध-कुल्हाड़ी और तीर का सिरा मिला। उन्होंने धोरमो को प्रणाम करके युद्ध-कुल्हाड़ी और तीर का सिरा उठाया। धोरमो ने उन्हें युद्ध-कुल्हाड़ी और तीर का उपयोग करने का ज्ञान दिया। धोरमो के निर्देशों के अनुसार, सबसे पहले उन्होंने युद्ध-कुल्हाड़ी को लकड़ी के हैंडल पर फिट किया। पिल्चू हड़म ने बाण बनाने के लिए एक बाँस के पेड़ को युद्ध-कुल्हाड़ी से काटा। उन्होंने युद्ध-कुल्हाड़ी की मदद से बाँस के पेड़ से धनुष और बाण तैयार किया और बाण के सिरा को बाँस की एक शाखा से जोड़ा।

उन्होंने आसमान से आ धोरमो की आवाज सुनी। धोरमो ने उन्हें हवा में तीर चलाने के लिए कहा। धोरमो की आवाज सुनकर पिल्चू हड़म ने उन्हें प्रणाम किया और बाण चला दिया। वे तीर चलाकर हिहिरी से पिपिरी उतर आए। धोरमो की ओंग शक्ति से तीर सरजोम वृक्ष के नीचे खड़ी स्थिति में सरजोम वृक्षों के एक उपवन में गिरा। उन्होंने उस स्थान पर आकर बाण और धोरमो को प्रणाम किया। उनके सामने प्रकट होकर धोरमो ने उन्हें आशीर्वाद दिया।

उन्होंने धोरमो को चमकता हुआ और सुन्दर देखा। वह दाहिनी ओर पिता के समान और बाईं ओर माता के समान है। वह निराकार है और हर जगह मौजूद है। वह मोरेको और तुरुयको के साथ है। वह एक तरफ माँ की तरह है और दूसरी तरफ पिता की तरह है। माता के पक्ष का नाम जहीरंगी और पिता के पक्ष का नाम बुरु बरंग है। मोरेको और तुरुयको धोरमो के बेटे और बेटियों की तरह हैं। वे मनुष्य को अच्छाई का रास्ता दिखाते हैं। उपर्युक्त देवताओं की पूजा करने से धोरमो की तृप्ति होगी। (मोरेको एक देवता है जिनके पास पाँच देवताओं की शक्ति है। तुरुयको छह देवी हैं। उनके नाम हैं : डांगी, पुंडगी, हिंसी, डुमनी, छिता और कपरा।

पिल्चू हड़म और पिल्चू बुढ़ी जानते थे कि अच्छाई और शान्ति का मार्ग धर्म है और धोरमो सर्वकालिक मार्गदर्शक हैं। उन्होंने सरजोम वृक्ष के नीचे जहेरथन की स्थापना की, जहाँ तीर गिरा था। वे प्रतिदिन जहेरथन में सभी देवताओं को प्रणाम करने लगे। जहेरथन के पास रहने के लिए उन्हें एक गुफा मिला और वे वहीं रहने लगे। वे झरने का पानी पी रहे थे और पास के जंगलों के फल खा रहे थे।

मानव के जीवन को बचाने के लिए धोरमो द्वारा बोंगा (देवता) बनाए गए हैं। देवता हमेशा मनुष्यों के पास रहते हैं क्योंकि धोरमो ने उन्हें मनुष्यों को सौंपा है। धोरमो ने खुद को दो दैवीय शक्तियों में विभाजित किया, एक है पिता और दूसरी है माँ। उन्होंने खुद को पाँच पुत्रों और छह बेटियों की दिव्य शक्तियों के रूप में विभाजित किया। पाँच पुत्र देवता हैं जबकि छह पुत्रियाँ देवी हैं। धोरमो ने इन देवताओं को पवित्र उपवन (ग्रोव) में स्थापित करने और उनकी पूजा करने के लिए आदिम माता-पिता को शिक्षित किया। बदले में देवता पृथ्वी पर मनुष्यों को सुरक्षित रखेंगे। देवताओं ने पिता, माता, पाँच पुत्रों और छह पुत्रियों के रूप में धोरमो के आशीर्वाद की शक्ति धारण की है। वे जहेरथन में स्थापित हैं। वे सन्ताल के बोंगा हैं।

जाहेरथन

सन्तालों के धर्म का मूल सिद्धान्त सत्य है। वे सारी-सरजोम वृक्ष के नीचे अपने देवताओं की स्थापना करते हैं। सारी का अर्थ सत्य होता है और सारी सरजोम, सरजोम वृक्ष की प्रजाति है जो सन्ताल बहुल क्षेत्रों के जंगलों और ग्रामीण इलाकों में उपलब्ध है। जिस स्थान पर सन्तालों के देवता स्थापित होते हैं, उसे जहेरथन कहते हैं। जहेरथन में सरजोम के पेड़ होना ज़रूरी है। जहेरथन में सरजोम के पेड़ों के एक छोटे समूह के कारण, इस स्थान को पवित्र उपवन (ग्रोव) कहा जाता है।

तोरे सुतम

सन्ताल, धोरमो या ठाकुर और अन्य देवताओं की धार्मिक मान्यताओं के अनुसार तोरे सुतम की मदद से धरती पर सेरमापुरी आकाश के ऊपर से उतरते हैं। तोरे सुतम रेशे जैसा सबसे पतला धागा है जिसे मनुष्य की आँखों से नहीं देखा जा सकता है। तोरे को बरगद के पत्तों के दूधिया रस से बना गोंद कहा जाता है। जब तोरे को लोचदार पदार्थ की तरह खींचा जाता है, तो यह सबसे पतला धागा पैदा करता है, जो तब लगभग दिखाई नहीं देता है। इस प्रकार, तोरे सुतम की अवधारणा ईथर से तुलनीय है जिसका उपयोग देवताओं द्वारा वाहक के रूप में किया जाता है। देवता पृथ्वी पर आते हैं और तोरे सुतम की सहायता से वापस सेरमापुरी चले जाते हैं।

देवताओं की उपस्थिति

बहा गीत में वर्णित है कि कैसे सूर्य आकाश में उदय होता है। सन्ताल लोग कैसे आसमान में उगते सूरज को देखते हैं और कैसे वे सूर्य के भीतर देवत्व को देखते हैं। देवताओं का प्रकट होना एक ऐसी घटना है जिसकी तुलना उगते सूर्य से की जाती है। इस सम्बन्ध में, एक सन्ताली बहा गीत नीचे दिया गया है :

जा-गोसाईं तोकोय में डो रकाब अकान?
ओट-दिगिर-दिगिर हेल सर्मा बरंग-बारंग।
जा-गोसाईं टोकोय मे डो नुपेल अकान?
ओट-दिगिर-दिगिर हेल सर्मा बरंग-बारंग।

जा-गोसाईं चिकनन्द चाँदो रकाब अकान,
ओट-दिगिर-दिगिर हेल सर्मा बरंग-बारंग।
जा-गोसाईं चिकारन्द चन्दो नुपेल अकान,
ओट-दिगिर-दिगिर हेल सर्मा बरंग-बारंग।

इसका अनुवाद :

हे देवता, वह तुम्हारे लिए कौन है, जो जाग गया है?
धरती पर धूल उड़ रही है और आकाश में चकाचौंध रोशनी है।
हे देवता, वह आपके लिए कौन है, जो उभरा है?
धरती पर धूल उड़ रही है और तेज रोशनी है
हे देवता, चमकदार सूरज उग आया है,
धरती पर धूल उड़ रही है और आकाश में चकाचौंध रोशनी है।
हे देवता, चमकदार सूरज निकला है,
धरती पर धूल उड़ रही है और आकाश में चकाचौंध रोशनी है।

उपर्युक्त गीत के इसी अर्थ में एक और सन्ताली बहा गीत नीचे दिया गया है :

ओत्मा डिगिर-डिगिर हेल सर्मा बरंग-बारंग।
हो, टोक्यो मंदोय रकाब एन?
ओत्मा डिगिर-डिगिर हेल सर्मा बरंग-बारंग।
हो, सिंग बोंगा रकाब एन?
ओटमा डिगिर-डिगिर हेल सर्मा बरंग-बारंग।
हो, टोकॉय मेडो उपेल एन?
ओत्मा डिगिर-डिगिर हेल सर्मा बरंग-बारंग।
हो, मारंग देवे रकाब एन?
ओत्मा डिगिर-डिगिर हेल सर्मा बरंग-बारंग।

इसका अनुवाद :

धरती पर धूल उड़ रही है और आकाश में चकाचौंध रोशनी है।
हे मानव, वह तुम्हारे लिए कौन है, कौन उगता है?

धरती पर धूल उड़ रही है और आकाश में चकाचौंध रोशनी है।
हे मानव, चमकता सूरज उगता है,
धरती पर धूल उड़ रही है और आकाश में चकाचौंध रोशनी है।
हे मानव, वह तुम्हारे लिए कौन है, जो उभरता है?
धरती पर धूल उड़ रही है और आकाश में चकाचौंध रोशनी है।
हे मानव, मारंग देव प्रकट होते हैं,
धरती पर धूल उड़ रही है और आकाश में चकाचौंध रोशनी है।

उपर्युक्त दो गीतों का सार

जब सूर्य उदय होता है तो वह पृथ्वी और आकाश की स्थिति को बदल देता है, इस प्रकार कहा जाता है कि पृथ्वी पर धूल उड़ती है और आकाश चमकता है। इसलिए, लोग देवता से पूछते हैं कि सूर्य के उगने पर पर्यावरण की स्थिति बदलने का कारण क्या है और लोगों का सूर्य से क्या सम्बन्ध है। सूर्य को तेजस्वी सूर्य कहा गया है। वह अपनी ऊष्मा और प्रकाश से आकाश और पृथ्वी को बदल देता है। सूर्य सभी जीवों की उत्पत्ति का स्रोत है, इसलिए, ब्रह्मांड के निर्माण की शुरुआत में धोरमो (सर्वशक्तिमान ईश्वर) ने सूर्य को गर्मी दी थी। इसलिए सूर्य को देवता कहा गया है।

दूसरे गीत में बताया गया है कि जब मारंग देव प्रकट होते हैं तो वही स्थिति आकाश और पृथ्वी में घटित होती है, जैसा कि ऊपर कहा गया है। मारंग देव सूर्य के समान शक्ति धारण करनेवाले देवता हैं। उन्हें मारंग बुरु के नाम से भी जाना जाता है। वह भगवान और धोरमो का हिस्सा हैं। इस प्रकार, धोरमो लोगों के लिए मारंग देव और मारंग बुरु हैं और लोगों के लिए किये जानेवाले कार्यों के अनुसार इन्हें मारंग देव और मारंग बुरु के नाम से भी जाना जाता है।

मारंग देव और मारंग बुरु इनसानों को धरती पर जीवित रखते हैं और मरंग बुरु मृत मनुष्यों की आत्माओं को तब तक अपने पास सुरक्षित रखते हैं जब तक कि आत्माओं को मोक्ष नहीं मिल जाता। मारंग बुरु हमेशा धरती पर इनसानों का खयाल रखते हैं, वह धोरमो के इशारे पर चलते हैं और हर पल इनसानों की मदद करते हैं।

धरती का टूटना

सन्ताली प्राचीन कथा में यह कहा गया है कि सभी सामग्री, जीवित प्राणी और मनुष्य मौजूदा पृथ्वी के निर्माण से पहले पिछली पृथ्वी में मौजूद थे। पिछली धरती में मनुष्यों के बीच कुकर्म और अनैतिकता अत्यधिक बढ़ गई थी। मनुष्य के बुरे व्यवहार को देखकर चन्दो बोंगा (भगवान) असन्तुष्ट हो गए।

एक बार पिछली पृथ्वी में, मनुष्यों की जनसंख्या में असामान्य रूप से वृद्धि हुई थी। पिछली पृथ्वी के कोने-कोने में अनगिनत संख्या में मनुष्य निवास कर रहे थे।

उस धरती में कदम रखने की कोई जगह नहीं बची थी। मानव ने पर्यावरण को नुकसान पहुँचाया, इस तरह पर्यावरण प्रदूषित हो गया। वे चन्दो बोंगा की कही बातों और नैतिकता के मार्ग को भूल गए। वे कड़ा बिटकिल (भैंसों की तरह अन्धे और मूर्ख) हो गए। वे पिता, माता, भाई-बहनों के पवित्र सम्बन्धों को भूल गए। उन्होंने जो चाहा वह किया। समाज में नैतिक अनुशासन पूरी तरह से समाप्त हो गया था। लोग अपने निकट सम्बन्धियों से विवाह करने लगे तो चन्दो बोंगा बहुत क्रोधित हो गए। चन्दो बोंगा ने पिछली पृथ्वी में कुछ घटनाओं के माध्यम से मनुष्यों को चेतावनी दी थी। लोगों में महामारी और भुखमरी बढ़ी और अकाल भी पिछली पृथ्वी में फैल गया। इसके बाद भी लोगों ने ध्यान नहीं दिया।

उन्होंने अपने भीतर पिछली पृथ्वी को समाहित कर लिया। भगवान के आदेश का पालन करने के लिए कोई नहीं बचा था। वह अकेले हो गए, इसलिए वह फिर से पृथ्वी, जीवित प्राणियों और मनुष्यों को बनाने के इच्छुक थे।

'जब पृथ्वी टूट गई और जब पृथ्वी बन्धन मुक्त हो गई तो, पूरी पृथ्वी चन्दो बोंगा (भगवान) में समा गई. चन्दो बोंगा के भीतर नर, मादा, बीज और अंकुर अवशोषित हो गए थे। उन्हें जानने और पूजा करने के लिए कोई नहीं था, क्योंकि सभी चीज़ें चन्दो बोंगा के भीतर थीं। उनकी ताकत किसके लिए है और वह किसके लिए काम करेंगे क्योंकि चन्दो बोंगा अकेले हैं। वह अपने-आपको रोक नहीं सकते क्योंकि उसके पास माया (दयालुता) है, वह चुप नहीं रह सकते क्योंकि उसके पास ताकत है। वह ऐसे प्राणियों को बनाने का निश्चय करते हैं जो उनकी पूजा करेंगे और उनकी आज्ञा का पालन करेंगे। चन्दो बोंगा जीवन की माया को बनाने का निर्णय करते हैं जो आगे बढ़ेगी। उन्होंने प्राणियों को बनाने का निश्चय किया ताकि जीवन में अच्छा और बुरा हो और जीवन चक्र में घूमता रहे। ('होर सेरेन', 1993, पृ. 7-8)

सन्तालों की धार्मिक मान्यता के अनुसार चन्दो बोंगा हर जगह निवास करते हैं। वह हर पल इनसान को देख रहे हैं। उनकी माया के बिना कुछ भी नहीं हो सकता। यदि मनुष्य उनकी आज्ञा का पालन नहीं करता है, तो भविष्य में भी पृथ्वी का विनाश होगा। पृथ्वी में जो कुछ भी पैदा हुआ है वह नाशवान है। पृथ्वी में पदार्थों का निर्माण और विनाश निरन्तर चलनेवाली प्रक्रिया है। जब रचयिता दुखी होता है या जब उसकी माया समाप्त हो जाती है, तो वह पृथ्वी को अपने भीतर समा लेता है। जब पृथ्वी के लोग उसके आदेश का पालन नहीं करते हैं, सृष्टिकर्ता दुखी हो जाता है। जब पृथ्वी पूरी तरह से मनुष्य के पाप से भर जाएगी, तब चन्दो बोंगा पृथ्वी को फिर से नष्ट कर देंगे।

मोनचोपुरी का आविष्कार

जोमसिंग बिन्ती (कथा) में पृथ्वी और मनुष्य की उत्पत्ति का वर्णन है। उसके सम्बन्ध में संक्षेप में चर्चा निम्नलिखित है :

मोनचोपुरी ब्रह्मांड में निर्जन ग्रह था। मोनचोपुरी में कोई वनस्पति और पानी का स्रोत नहीं था। इसका आविष्कार सेरमापुरी के देवता ने किया था।

प्रारम्भ में, ठाकुर ने बिना सिर और पैरों के दो मनुष्यों को बनाया था। सन्ताली भाषा में उन दो मनुष्यों को ना-गुड़िया और ना-मुडिया कहा जाता था। सेरमापुरी के देवताओं ने पानी के लिए मोनचोपुरी में कुआँ खोदने की कोशिश की, लेकिन यह व्यर्थ साबित हुआ। उन्होंने दिव्य भाले को कुएँ के गड्ढे में गाड़ दिया और गोजोमती हाथी को भाले पर खड़ा कर दिया। जब गोजोमोती हाथी ने अपना एक पैर हिलाया, तो मोनचोपुरी टूट गया और पानी में डूब गया। मोनचोपुरी में पानी भर गया और वह सागर बन गया। दो इनसान, ना-गुड़िया और ना-मुडिया, पानी की बाढ़ में डूब गए। उन दो इनसानों का कोई निशान समुद्र में नहीं मिला।

मोनचोपुरी में पानी भरा हुआ था। मोनचोपुरी के विनाश के बाद कोई भू-भाग नहीं बचा था। ठाकुर और ठकरान सेरमापुरी में रह रहे थे। ठाकुर बड़े सागर में स्नान किया करते थे। वह प्रतिदिन बड़े समुद्र में स्नान करने के लिए आते थे।

हंस और हंसलिक का निर्माण

एक दिन ठाकुर ने ठकरान के मैल से दो पक्षियों के पुतले बनाए। हंसली की हड्डियों के ऊपर की त्वचा से मैल निकाल दिया गया था। ठाकुर ने समुद्र के पानी पर दो पक्षियों के पुतले फेंके। ठाकुर ने जैसे ही दो पक्षियों के पुतले फेंके, वे जीवित हो गए और महासागर के पानी पर तैरने लगे। हंसली की हड्डियों को सन्ताली भाषा में हंसली जंग कहते हैं। हंसली जंग के नाम के अनुसार, पक्षियों का नाम हंस और हंसली रखा गया। नर पक्षी का नाम हंस और मादा पक्षी का नाम हँसली रखा गया।

एक दिन जब ठकरान नहा रही थी, उनके कुछ टूटे हुए बड़े बाल महासागर के पानी में तैर रहे थे। फिर तैरते बाल बहुत दिनों बाद पानी में समुद्री शैवाल बन गए। पानी में समुद्री शैवाल की मदद से कमल और अन्य जलीय पौधों का जन्म हुआ।

जलीय जीवों का निर्माण

ठाकुर ने महासागर के पानी में हंस और हंसली के भोजन के लिए कुछ जलीय जीव बनाए। फिर, उन्होंने महासागर के पानी में केकड़ा, कछुआ, घड़ियाल, मछलियाँ, सरीसृप आदि बनाए। हैरानी की बात है कि जलीय जीवों और सरीसृपों के जन्म के बारे में आधुनिक भूविज्ञान के बयान सन्ताली बिन्ती से मिलता-जुलता है।

"आधुनिक भूवैज्ञानिक हमें बताते हैं कि प्राथमिक युग में केकड़े से जुड़े जानवर प्रचुर मात्रा में थे, और कछुआ पैदा हुआ था और सरीसृप माध्यमिक युग के ट्रायेसिक काल में प्रमुख थे। लेकिन यह प्लियोसीन या इससे पहले तृतीयक युग के मिओसीन काल तक, हमारे पास किसी भी मनुष्य के समान जीव के पृथ्वी पर

अस्तित्व का कोई सकारात्मक सबूत नहीं है।" ('शरत चन्द्र रॉय : द मुंडास एंड देयर कंट्री', 1912, पृ. 12, कलकत्ता)

मनुष्य की रचना

हंसली ने कमल के पत्ते पर दो अंडे दिये। कुछ दिनों के बाद, कमल के पत्तों पर अंडे से मानव के दो शिशु पैदा हुए। शिशुओं के वजन के कारण कमल के पत्ते पानी में डूबनेवाले थे। पक्षी घबरा गए कि इस स्थिति में शिशु कैसे बड़े होंगे। इसलिए दोनों पक्षियों ने शिशुओं को पीठ पर बिठाया। हंसली ने शिशु को अपनी पीठ पर रखा जबकि हंस ने नर शिशु को अपनी पीठ पर रखा। फिर, पक्षी आकाश में उड़ गए। पक्षी लगातार आकाश में रोते रहे और आकाश में घूमते रहे। चिड़ियों ने दुख से रोते हुए विधाता से प्रार्थना की।

हंस और हंसली आकाश में उड़कर बड़े दुख से रो रहे हैं क्योंकि महासागर में पक्षियों के अंडे से दो शिशुओं का जन्म हुआ है। पक्षी सृष्टिकर्ता से प्रार्थना कर रहे हैं कि शिशुओं को कहाँ रखा जाएगा क्योंकि महासागर में मनुष्यों को रखने के लिए कोई भूमि नहीं है। कमल के पत्तों पर शिशुओं का जन्म हुआ है लेकिन शिशुओं के वजन के कारण कमल के पत्ते डूब रहे हैं। इसलिए पक्षी बच्चों को पीठ पर रखकर आकाश में उड़ रहे हैं।

पृथ्वी की रचना

ठाकुर और ठकरान ने सेरमापुरी से पक्षियों के रोने की आवाज सुनी। ठाकुर ने लिता को बुलाया और पक्षियों के रोने के बारे में पूछा। लिता सन्तालों के प्रमुख देवता हैं, वह ठाकुर का हिस्सा है। उनका काम मोनचोपुरी की सभी घटनाओं में तालमेल बिठाना था। इसलिए लीता को ठाकुर का गोडेट (दिव्य दूत) कहा जाता है।

लिता ने उन्हें बताया कि जो पक्षी उन्होंने समुद्र में स्नान करते समय बनाए थे, वे रो रहे थे क्योंकि उन्हें रहने के लिए जगह चाहिए। उन्होंने कहा कि पक्षियों ने कमल के पत्तों पर दो शिशुओं को जन्म दिया था। शिशुओं के वजन के कारण कमल के पत्ते डूब रहे थे। इसलिए हंस और हंसली शिशुओं को पीठ पर रखकर आकाश में उड़ रहे हैं और रो रहे हैं।

लीता और ठाकुर ने इस बारे में चर्चा की कि कैसे महासागर से मिट्टी को बाहर निकाला जाए। महासागर के राजा झींगा, केकड़ा, मगरमच्छ, कछुआ और केंचुआ थे, जिनका महासागर में राज्य था। सबसे पहले ठाकुर ने झींगे, केकड़े और मगरमच्छ को महासागर से मिट्टी निकालने का आदेश दिया। वे सभी महासागर से मिट्टी को बाहर निकालने में असफल रहे।

तब ठाकुर ने सोचा कि पानी से मिट्टी कैसे निकाली जाएगी। तो, उन्होंने लिता से पूछा कि कौन महान महासागर से मिट्टी को बाहर निकालने में सक्षम होगा। तब ठाकुर ने केंचुए को महासागर के पानी से मिट्टी निकालने का आदेश दिया। राजा केंचुआ ने अपने कूल्हे को कमल के पत्तों पर रखा और शरीर के बाकी हिस्सों को गहरे पानी में डुबो दिया। उसने महासागर की कीचड़ को अपने मुँह से मजबूती से पकड़कर कीचड़ को निगल लिया और कमल के पत्तों पर शौच किया। तो, कमल के पत्तों पर कीचड़ का ढेर बन गया। कीचड़ के कुछ हिस्से फिर से डूब पानी में पिघल रहे थे।

फिर, लिता ने राजा कछुआ को ठाकुर के पास बुलाया। ठाकुर ने राजा कछुआ को नेक काम के बारे में बताया। कछुआ ने कहा कि वह महासागर का सक्षम राजा है। उसने कहा कि महासागर के पानी पर तैरना है। उसकी पीठ पर सोने की थाली रखी जाएगी और सोने की थाली पर मिट्टी जमा की जाएगी। उसकी पीठ पर मिट्टी का ढेर होगा। इस तरह धरती बनाई जाएगी जहाँ दो बच्चों को रखा जाएगा।

राजा कछुआ इस शर्त पर काम करने के लिए तैयार हो गया कि यदि उसे आधा राज्य और एक बेटी दी जाए तो काम करेगा। ठाकुर ने राजा कछुआ के प्रस्ताव को मान लिया।

राजा कछुआ काम करने के लिए तैयार हो गया। इसके बाद ठाकुर ने सेरमापुरी के देवताओं को समुद्र के चारों कोनों में चार स्वर्ण स्तम्भ लगाने का आदेश दिया। फिर, उन्होंने देवताओं को राजा कछुआ के चार पैरों को सोने की जंजीरों से चार सोने के खम्भों से बाँधने का आदेश दिया। फिर, राजा कछुआ की पीठ पर सोने की थाली रख दी जाती है। राजा कछुआ ठाकुर से पूछता है कि उसे जीवित रहने के लिए भोजन कैसे मिलेगा। ठाकुर ने राजा कछुआ को चिन्ता न करने की सान्त्वना दी। वे पृथ्वी के चारों कोनों से उसके मुँह के पास चार खाँचें तैयार करेंगे। खाँचे से खाना उसके मुँह में आ जाएगा। मनुष्य अपना खाना खाने पहले उसे खाने के लिए भोजन देगा। कछुआ बारह वर्ष के प्रत्येक अन्तराल के बाद शरीर को शिथिल करने के लिए अपने पैर हिलाएगा।

इस तरह, राजा कछुआ के चार पैर सोने की जंजीरों से सोने के खम्भों से बाँध दिये जाते हैं। राजा कछुआ की पीठ पर सोने की थाली रखी जाती है। तब राजा केंचुए ने सोने की थाली में शौच किया। मिट्टी का भार राजा कछुआ की पीठ पर फैल गया और अनगिनत ऊँचे-ऊँचे और तराई क्षेत्र बन गए। इस तरह मिट्टी बनाने का काम पूरा हो जाता है। ठाकुर ने राजा केंचुआ और राजा कछुआ को धन्यवाद दिया।

ठाकुर ने राजा कछुआ को ब्रह्मांड में पृथ्वी के अस्तित्व तक हमेशा के लिए जीवन जीने का आशीर्वाद दिया। इसलिए सन्ताल कछुओं को खाने के लिए नहीं मारते। राजा कछुआ को सन्ताल भगवान के रूप में मानते हैं, इसलिए वे प्रतिदिन कछुआ राजा को भोजन कराते हैं।

सन्ताल समुदाय के सभी सदस्य हर दिन खुद भोजन करने से पहले राजा कछुआ को भोजन कराते हैं, क्योंकि राजा कछुआ ने पृथ्वी को जन्म दिया है। यह सन्तालों की धार्मिक परम्परा का हिस्सा है कि वे हर दिन भोजन करने से पहले राजा कछुआ को भोजन कराते हैं। यह सच है कि राजा कछुआ के नाम पर चढ़ाए गए भोजन को चींटियाँ, मक्खियाँ और अन्य कीड़े खा जाते हैं। हम जानते हैं कि हमारे घरों के आसपास तरह-तरह के कीड़े रहते हैं। इन कीड़ों को भगवान ने बनाया है, उन्हें भी मनुष्यों के साथ पृथ्वी पर रहने का अधिकार है।

लिता स्वर्ग से दो दिव्य बैलों को ले आए। फिर उन्होंने दिव्य बैलों की सहायता से मिट्टी की जुताई की। फिर उन्होंने अर्‌गोम (हैरो) से मिट्टी को समतल किया। परिणामस्वरूप, मिट्टी का कुछ भाग पहाड़ बन गया, कुछ भाग नदियाँ बन गईं और कुछ भाग घास के मैदान बन गए। पृथ्वी का बड़ा हिस्सा पानी में रह गया था। पानी ने समुद्र और महासागरों के रूप में पृथ्वी के बड़े हिस्से पर कब्जा कर लिया। लिता ने नरम मिट्टी में घास लगाई और फिर उन्होंने मिट्टी में वनस्पति बोई। इस प्रकार पृथ्वी के निर्माण का कार्य पूरा हुआ।

शिशुओं को पीठ पर बिठाकर हंस और हंसली आकाश में उड़ रहे थे। लिता ने हंस और हंसली को हिहिरी नाम के पहाड़ पर उतरने का निर्देश दिया। बच्चों के साथ हंस और हंसली हिहिरी पर्वत पर उतर आए। ठाकुर ने लीता को पृथ्वी पर शिशुओं का पोषण करने का निर्देश दिया।

लिता ने अपनी कृपा से इन हंसों और हंसली को समुद्र के जल में रख दिया। ठाकुर ने हंस और हंसली दोनों को अपने शरीर में समा लिया। उन्होंने इन दोनों शिशुओं को दूध पिलाने के लिए बैनी गाय नाम की एक दिव्य गाय को हिहिरी भेजा। बैनी गाय सेरमापुरी से आकर प्रतिदिन इन दोनों शिशुओं को दूध पिलाती थी। धीरे-धीरे ये दोनों बच्चे बड़े होने लगे। इस प्रकार शिशु बड़े होकर बच्चे बन गए।

बच्चों के मलमूत्र के कारण हिहिरी प्रदूषित हो गया। इसलिए, लिता ने उन्हें हिहिरी से पिपिरी स्थानान्तरित कर दिया। वह स्थान भी बच्चों के मलमूत्र से प्रदूषित हो गया। बच्चों के मलमूत्र के कारण स्थान प्रदूषित हो जाने पर लिता बच्चों को एक स्थान से दूसरे स्थान पर स्थानान्तरित कर देते थे। उन स्थानों के नाम निम्न प्रकार हैं : पिपिरी, जनुम धुन्ध, काशी टंडी, सगत बूटा, चेन्रे चिहिज, कहुकक, होहोलो, पोपोलो, बीरभूइन, ढिपचुई टुका, खोज खमार और हारा लतर। लिता ने नर बच्चे का नाम पिल्चू हड़म और कन्या का नाम पिल्चू बुढ़ी रखा। उपर्युक्त स्थानों में भटकने के दौरान बच्चों ने लिता से बातचीत की भाषा सीखी।

ऊपर बताए गए स्थान जंगल और घास के मैदान प्रतीत होते हैं। जिसका अर्थ इस प्रकार है : जानुमधुंड कँटीली झाड़ियों का जंगल है, काशी टंडी लम्बी घास का मैदान है, सगत बूटा सगत घास के नीचे का स्थान है, चेंरे चिहिज वह जगह है

जहाँ पक्षी चहकते हैं, 'कहुकक' वह स्थान है जहाँ कौवे रहते हैं, होहोलो, पोपोलो और बीरभूइन एनी स्थानों के नाम हैं, धिप्चुई तुका वह स्थान है जहाँ धिप्चुई पक्षी घोंसला बनाते हैं, खोज खमार एक जगह का नाम है और हारा लतर तलहटी के नीचे की जगह है।

बच्चों को अलग-अलग बारह जगहों पर स्थानान्तरित किया गया। इसके बाद, उन दोनों को उसी तरह वापस हिहिरी स्थानान्तरित कर दिया गया। यात्रा के दौरान वे दोनों बड़े हो गए। वे दोनों युवा हो गए। वे दोनों नग्न थे। सन्ताली प्राचीन कथा में यह भी कहा गया है कि यात्रा के दौरान लिता ने उन्हें कुशलता से भाषा सिखाई थी।

हड़िया का आविष्कार

पिल्चू हड़म और पिल्चू बुढ़ी वयस्क हो गए। उनका व्यवहार आश्चर्यजनक रूप से बदल गया। जानवरों की रोमांटिक हरकतों को देखकर दोनों का मन बेचैन हो गया। वे बचकाने स्वभाव को पूरी तरह से छोड़ चुके थे। ठाकुर का मुख्य उद्देश्य पृथ्वी पर मनुष्यों की जनसंख्या को बढ़ाना था। एक दिन लिता पिल्चू हड़म और पिल्चू बुढ़ी के पास आए और उन्हें जंगल में ले जाकर चावल की हड़िया बनाने के लिए जड़ी-बूटियाँ इकट्ठा करने लगे। कई जंगलों में भटकने के बाद भी जड़ी-बूटियाँ नहीं मिलीं। फिर वे एक नाले में पानी पीने के लिए आए। वहाँ उन्होंने देखा कि कुछ बन्दर नाले के किनारे सो रहे हैं। लिता ने उन्हें नींद से जगाया। उन्हें यह जानकर आश्चर्य हुआ कि बन्दर सो नहीं रहे थे बल्कि उन्होंने पास के नाले का पानी पिया था, इसलिए वे नशे के कारण एक साथ लेटे हुए थे।

इस प्रकार लिता ने अनुमान लगाया कि बन्दर उस नाले का पानी पीकर नशे में हो गए हैं, इसलिए नदी के किनारे जड़ी-बूटियाँ उपलब्ध हो सकती हैं। उन्होंने पिल्चू हड़म और पिल्चू बुढ़ी को नदी के किनारे चलने को कहा ताकि जड़ी-बूटियाँ मिल सकें।

कुछ दूर जाने के बाद उन्होंने देखा कि कुछ पौधे नाले के पानी में डूबे हुए थे। तब लिता ने पिल्चू हड़म और पिल्चू बुढ़ी को उन पौधों को तोड़ने के लिए कहा जो पानी में डूबे हुए थे क्योंकि वे पौधे चावल की हड़िया तैयार करने के लिए जड़ी-बूटी थे। पिल्चू हड़म और पिल्चू बुढ़ी लिता के साथ जड़ी-बूटियों को अपनी कुटिया में ले आए। लेकिन सवाल उठा कि चावल की हड़िया तैयार करने के लिए जड़ी-बूटियों का इस्तेमाल कैसे किया जाएगा। लिता के निर्देशानुसार, पिल्चू हड़म और पिल्चू बुढ़ी एक डोका पेड़ (एक प्रकार का पेड़) लाए और जड़ी-बूटियों को पीसने के लिए एक उखुर (पीसने का उपकरण) बनाया। फिर वे सगत घास (जंगली घास की प्रजाति) के बीज लाए। उन्होंने जड़ी-बूटियों को उखुर में पीस दिया। फिर उन्होंने सगत चावल बनाने के लिए उखुर की मदद से सगत के बीज से भूसी को अलग कर दिया।

लिता ने उन्हें सरजोम (साल का पेड़) के पत्तों के प्याले बनाना सिखाया। तब पिल्चू हड़म और पिल्चू बुढ़ी को लिता ने 'सगत चावल' लाने का निर्देश दिया। पिल्चू बुढ़ी ने सगत चावल को एक पत्ते के प्याले में रख दिया। फिर उन्होंने पत्ते के प्याले में सगत चावल के साथ पिसी हुई जड़ी-बूटियाँ मिला दीं और चावल से भरे पत्ते के प्याले को किण्वन के लिए झोंपड़ी के एक कोने में रख दिया। सगत चावल तीन दिनों के बाद किण्वित हो गया और चावल बियर बन गया।

तीन दिनों के बाद लिता उनके पास आए जब सगत चावल किण्वन के बाद चावल हड़िया बन गया। लिता ने उन्हें पानी से आँगन को शुद्ध करने के लिए कहा। लिता की सलाह के पर, पिल्चू बुढ़ी ने किण्वित चावल के हड़िया में थोड़ा-सा पानी डाला। फिर, लिता ने उन्हें सरजोम के तीन पत्तों के प्याले तैयार करने को कहा। पिल्चू बुढ़ी ने सरजोम के तीन पत्तों के प्याले तैयार किये। लिता ने उन्हें किण्वित चावल की बीयर आँगन में लाने के लिए कहा। फिर उन्होंने मारंग बुरु, पिल्चू हड़म और पिल्चू बुढ़ी के रूप में देवताओं के नामों का खुलासा किया।

चावल की हड़िया को पिल्चू बुढ़ी ने एक पत्ते के प्याले में भरकर पिल्चू हड़म को दे दिया। लिता के बताए अनुसार, पिल्चू हड़म ने पूजा के माध्यम से मारंग बुरु को चावल की हड़िया भेंट की। उन्होंने संयुक्त रूप से लिता के मार्गदर्शन में मंत्र का जाप किया।

"मारंग बुरु को प्रणाम, चावल की हड़िया के स्वाद का प्रयोग के तौर पर हम आपको चावल की हड़िया का भोग लगा रहे हैं, कृपया सहर्ष स्वीकार करें। चावल की हड़िया पीने में बेहतरीन स्वाद की हो सकती है। हम (दो) चावल का हड़िया पीएँगे, जिसकी वजह से हम (दो) नशे में धुत्त हो जाएँगे और एक-दूसरे पर गिर पड़ेंगे, हम एक-दूसरे के साथ एक स्थिर सम्बन्ध बनाएँगे।"

फिर उपर्युक्त मंत्र का जाप करके एक के बाद एक पत्तों के प्यालों में पिल्चू बुढ़ी और पिल्चू हड़म के नाम से चावल की हड़िया का भोग लगाया गया।

लिता ने चावल की हड़िया पी। फिर उन्होंने पिल्चू हड़म और पिल्चू बुढ़ी को पीने के लिए कहा। लिता की सलाह के अनुसार, पिल्चू हड़म और पिल्चू बुढ़ी ने चावल की हड़िया पी ली और परिणामस्वरूप वे नशे में हो गए। लिता ने उन्हें एक साथ झोंपड़ी के अन्दर भेज दिया और वहाँ से गायब हो गए। नशे के कारण वे अपने रिश्ते को भूल गए कि वे भाई-बहन हैं। उन्होंने रात में एक-दूसरे से अपनी कामुक भावना साझा की।

फिर, पिल्चू हड़म और पिल्चू बुढ़ी भाई-बहन के अपने रिश्ते को भूल गए। यह घटना ठाकुर द्वारा रची गई थी, ताकि धरती में इनसानों की बढ़ोत्तरी हो सके। इस प्रकार, चावल के हड़िया का आविष्कार शुरुआत में लिता ने किया था।

अगले दिन सुबह-सुबह, लिता उनकी हालात जानने के लिए उनके पास आए। उन्होंने उन्हें झोंपड़ी से बाहर आने के लिए कहा। पिल्चू हड़म और पिल्चू बुढ़ी झोंपड़ी से बाहर नहीं निकले क्योंकि उन्होंने गलत काम किया था। बार-बार लिता ने उन्हें झोंपड़ी से बाहर आने के लिए कहा। पिल्चू हड़म और पिल्चू बुढ़ी झोंपड़ी से बाहर नहीं निकले लेकिन उन्होंने झोंपड़ी के अन्दर से जवाब दिया कि उन्होंने रात में गलत काम किया है। वे बहुत शर्मिन्दा हैं, इसलिए वे शर्मनाक परिस्थितियों में बाहर नहीं आ पा रहे हैं और वे नग्न भी हैं। लिता ने उन्हें सान्त्वना दी और कहा कि उन्होंने कोई पाप नहीं किया है बल्कि बहुत अच्छा काम किया है। उन्होंने फिर उन्हें झोंपड़ी से बाहर आने को कहा। पिल्चू हड़म और पिल्चू बुढ़ी ने अपने शरीर को पत्तों से लपेट लिया और लिता से मिलने के लिए झोंपड़ी से बाहर आए।

लिता ने उनके लिए सान्त्वना व्यक्त की और उन्हें आँगन में चावल की हड़िया लाने को कहा। फिर उन सभी ने एक बार फिर चावल का हड़िया पिया। लिता ने उन्हें बताया कि वे उसी दिन से शादीशुदा जोड़े बन गए हैं। उन्होंने उन्हें विवाहित जोड़े के रूप में साथ रहने की सलाह दी। फिर वह वहाँ से गायब हो गए।

यह विचारणीय विषय है कि चावल की हड़िया बनाकर पिल्चू हड़म और पिल्चू बुढ़ी को क्यों दिया गया। हम जानते हैं कि राइस हड़िया में थोड़ा नशा होता है जो कि किण्वन के बाद बनता है। जब वे युवा थे तब लिता ने उन्हें चावल की हड़िया पिलाया। वे प्रजनन के लिए सम्बन्ध बनाने पर शर्मिन्दा महसूस करते थे क्योंकि वे भाई-बहन थे। लिता उन्हें चावल की हड़िया पिलाते हैं ताकि नशे में अपने भाई-बहन के रिश्ते को भूल सकें। उस समय उनके बीच साहस बढ़ाने के लिए उन्हें दवा की तरह चावल की हड़िया दी गई थी ताकि वे अपने रिश्ते को भूल सकें और प्रजनन के काम में खुद को लगा सकें।

सन्तालों के धर्म में चावल की हड़िया पीने के लिए संहिताबद्ध नियम है कि समाज के लोगों को कितनी मात्रा में चावल की हड़िया पीनी चाहिए। बच्चों को चावल की हड़िया पीने से मना किया गया है। केवल कुछ खास अवसरों पर वयस्कों को पत्तों के दो कप चावल की हड़िया पीने की अनुमति है। चावल की हड़िया को पवित्र पेय के रूप में माना जाता है जिसे बिना कारण नहीं पिया जा सकता। यह सन्तालों द्वारा अपने देवताओं और मृत पूर्वजों की पूजा में चढ़ाया जाता है। इसके अलावा, इसका उपयोग सभी शुभ अवसरों और सभी कर्मकांडों में किया जाता है।

ठाकुर ने पिल्चू हड़म और पिल्चू बुढ़ी की मदद करने के लिए सेरमापुरी में एक दिव्य दाई और दिव्य नाई की रचना की और उन दोनों को सेरमापुरी से धरती पर भेज दिया।

दिव्य दाई ने नवजात शिशु की गर्भनाल काट दी। उसने लार धागे (लता की छाल की रेशेदार नीचली परत का धागा) की मदद से शिशु की नाभि को बाँध दिया।

शिशु की शेष कटी हुई गर्भनाल को दिव्य दाई ने कुटिया की छत के नीचे दरवाजे के पास जमीन में गाड़ दिया।

दिव्य दाई ने शिशु को पानी से नहलाया और पिल्चू बुढ़ी के शरीर को पानी से धोया। फिर वह नहाने और पिल्चू बुढ़ी के गन्दे कपड़े धोने के लिए झरने पर गई।

दिव्य नाई पानी से भरे पत्ते के प्याले में एक सोसो बीज (अखरोट का बीज) रखती है। वह उस पानी को शिशु के सिर के उस स्थान पर थोड़ा-थोड़ा करके लगाती है जहाँ से बाल काटे जाने हैं। उसने शिशु के सिर के कुछ बाल काटकर पत्तों के प्याले में रख दिया। फिर वह पिसी हुई हल्दी को शिशु के सिर के उन स्थानों पर लगाया जहाँ से बाल काटे गए थे।

ऐसा माना जाता है कि अखरोट के बीज का उपयोग भविष्य में शिशु की बढ़ती उम्र में एलर्जी, कुष्ठ रोग और जहरीले कीड़ों के काटने के प्रभाव को नियंत्रित करता है। जब कोई व्यक्ति विसर्जन के लिए मृतक की हड्डी ले जाता है, तो उसे अखरोट के बीज और जंगली काँटा भी दिया जाता है ताकि अगर उस व्यक्ति के पैर में काँटा आ जाए तो उसके पैर से काँटा निकल सके। अखरोट के बीज का तेल घाव पर लगाने से दर्द नियंत्रित होता है।

दिव्य नाई नहाने के लिए झरने पर गई और शिशु के कटे हुए बालों को जलधारा में प्रवाहित कर दिया। इसके बाद, उसने झरने के पानी में स्नान किया और वापस पिल्चू हड़म और पिल्चू बुढ़ी की झोंपड़ी में आ गई।

पिल्चू बुढ़ी ने सगत चावल का आटा हूपू उखुर में पीसकर बनाया जबकि दाई ने दो पत्थरों की सहायता से हल्दी का लेप बनाया। पिल्चू हड़म अतनक के पत्ते ले आए। अतनक एक प्रकार का पेड़ है जो सन्ताली शब्द 'अतनगनाक' से बना है, जिसका अर्थ है 'हाथ की हथेली पर लेना'। फिर, पिल्चू हड़म ने अतनक के तीन बड़े आकार के पत्तों को चुना और उन्हें पिल्चू बुढ़ी को दे दिया।

तब पिल्चू हड़म ने शिशु को लिया, शिशु को अतनक के पत्तों पर रखा और शिशु को पिल्चू बुढ़ी को दे दिया। पिल्चू बुढ़ी शिशु को लेकर सूर्योदय की दिशा की ओर खड़े होकर ठाकुर को प्रणाम किया। शिशु को मनुष्य के रूप में पहचानने के लिए, पिल्चू हड़म ने शिशु के सीने पर पानी मिश्रित आटा छिड़का। फिर उसने वही पिल्चू बुढ़ी की छाती पर छिड़क दिया। उन्होंने खुद भी वही अपने सीने पर छिड़का। उसके बाद कुटी और आँगन की शुद्धि के लिए दिव्य दाई ने जल मिश्रित आटा छिड़का। दाई ने पिसी हुई हल्दी और तेल का मिश्रण शिशु के शरीर पर लगाया।

ऐसा कहा जाता है कि अतनक का पत्ता शिशु की त्वचा के पानी को सोख लेता है और शरीर को कीटाणुरहित कर देता है। बरसात के मौसम में जब घर की मिट्टी के फर्श से पानी बह जाता है, तो अतनक के पत्ते फर्श पर रख दिये जाते हैं और पानी को बहने से रोकने के लिए पत्तियों पर मिट्टी फैला दी जाती है।

शायद इसलिए पानी सोखनेवाले गुणों के कारण अतनक की पत्तियों का उपयोग शिशु को कुछ समय तक रखने के लिए किया जाता है। ऐसा कहा जाता है कि अतनक के पेड़ रेशमकीट की खेती के लिए सबसे उपयुक्त होते हैं क्योंकि अतनक के पत्तों द्वारा बनाए गए आरामदायक वातावरण के कारण रेशम के पतंगे कोकूनों को काटकर नहीं उड़ते हैं।

झोंपड़ी और आँगन के वातावरण की संक्रामकता को खत्म करने के लिए शुद्धिकरण की रस्म की गई। संक्रामकता को खत्म करने का कार्यक्रम लिता द्वारा निर्धारित किया गया था और उसी के अनुसार अन्य सदस्यों ने किया। उसके बाद पिल्चू हड़म ने झोंपड़ी के वातावरण की संक्रामकता को खत्म करने के लिए मरंग बुरु की पूजा के माध्यम से नीम डाकमडी (चावल का आटा, नीम के पत्तों और पानी का मिश्रण) का भोग लगाया। पिल्चू हड़म और पिल्चू बुढ़ी ने नीम की डाकमाड़ी एक-दूसरे को दिया। इसके बाद लिता ने दम्पती के साथ मिलकर नीम की डाकमाड़ी पीया। शुद्धिकरण की रस्म दम्पती की झोंपड़ी की संक्रामकता को खत्म करने के लिए की गई थी।

दाई ने लगातार पाँच दिनों तक शिशु और उसकी माँ की सेवा की। नामकरण संस्कार शिशु के जन्म के पाँचवें दिन किया गया। जड़ी-बूटियों और सगत चावल का मिश्रण एक बड़े आकार के पत्ते के प्याले में रखा गया था जो लार लता के एक पत्ते से बना था। तीन दिन बाद नामकरण संस्कार के दिन चावल किण्वन के बाद बियर बन गया। झोंपड़ी और आँगन की सफाई की जाती है और फिर नामकरण संस्कार की रस्म शुरू की जाती है।

तब पिल्चू हड़म ने संक्रामक रोग के खात्मे के लिए पूजा के माध्यम से मारंग बुरु को चावल की बीयर अर्पित की और शिशु को सभी प्रकार की बीमारियों और महामारी से बचाने की प्रार्थना की। उन्होंने उनसे शिशु की लम्बी उम्र और शिशु के घाव के सूखने की प्रार्थना की। उन्होंने यह भी प्रार्थना की कि प्रजनन क्षमता को बार-बार बनाए रखा जाए।

नीम डाकमाड़ी नीम के पत्तों और चावल के पानी का मिश्रण है। हो सकता है कि विभिन्न प्रकार के संक्रमणों से छुटकारा पाने के लिए आदिम पूर्वजों ने संक्रामकता को खत्म करने के रस्म के समय में नीम डाकमाड़ी लेने का चलन शुरू किया हो। इसलिए, उन्होंने रस्म के दौरान माता और परिवार के अन्य सदस्यों को नीम की डाकमाड़ी खिलाई होगी। पुराने जमाने में नीम की डाकमाडी को पिसी हुई नीम की पत्तियों को जंगली घास के चावल और पानी में मिलाकर तैयार किया जाता था। जब माँ शिशु को अपना दूध पिलाती थी, तब शिशु को नीम के औषधीय गुण दूध से प्राप्त होते थे। इस प्रकार शिशु को भी विभिन्न प्रकार के संक्रमणों से मुक्ति मिल जाती थी। प्राचीन काल में, पूर्वजों को पता था कि नीम में एंटीफंगल, जीवाणुरोधी और एंटीवायरल के औषधीय गुण होते हैं।

मानव शरीर

सन्तालों के दर्शन के अनुसार, मानव शरीर पाँच तत्त्वों से बना है जो हैं : वायु, मिट्टी, जल, अग्नि और ध्वनि। यह छह तत्त्वों द्वारा नियंत्रित होता है जो गर्मी, बारिश, गीला, शुष्क, सर्दी और वसन्त का समय है। मन को आन्तरिक अनुभूति द्वारा नियंत्रित किया जाता है जो त्वचा, नाक, जीभ, कान और आँखों से सम्बन्धित है। हाथ-पैर काम करने के लिए हैं। हाथ-पैर के सहारे काम करनेवाला इनसान धरती पर ज़िन्दा रह सकता है। मनुष्य तब तक जीवित रहता है जब तक शरीर में श्वास है। इसलिए, इसे 'होय-जीवि हस-होमो' कहा जाता है जिसका अर्थ है वायु जीवन है और शरीर मिट्टी है।

जीवन

धोरमो (सर्वशक्तिमान ईश्वर) सभी मनुष्यों को जीवन देते हैं। सन्ताली भाषा में जीवन को 'जीवी' कहते हैं। सन्तालों की धार्मिक मान्यता के अनुसार, जीवन धोरमो (सर्वशक्तिमान ईश्वर) से आता है और मनुष्य की मृत्यु के बाद उसके पास वापस चला जाता है। जीवन उसी के द्वारा ग्रहण किया जाता है और मनुष्य में नये शरीरों को नया जीवन दिया जाता है।

"अपने कष्टमय जीवन को देखने की कोशिश करो और अपने कष्टप्रद जीवन के बारे में सोचने की कोशिश करो। क्या तुम पर शासन करनेवाला कोई है? अपने कष्टप्रद जीवन की बुराई मत करो और अपने कष्टप्रद जीवन को मत भूलना। चाँदो (भगवान) सच है जो तुम पर शासन करता है।" ('होर सेरेन', 1993, पृ. 2)

"अच्छे के लिए जीवन अच्छा है और बुरे के लिए जीवन बुरा है। चन्दो (भगवान) का बन्धन ऐसा है जो अटूट है। दुख में अपना जीवन बर्बाद मत करो। दुखों के बीच अपने जीवन को मजबूती से बेहतर बनाओ। चाँदो खुश हो जाते हैं और आपको सचाई की अच्छाई देते हैं।" ('होर सेरेन', 1993, पृ. 2)

बापला बिन्ती (शादी की कथा) के अनुसार, पुरुष या महिला के जन्म के समय मनुष्य का जीवन आधा बना होता है। मनुष्य के जीवन को पूरा जीवन तभी कहा जाता है जब दो का आधा जीवन आपस में मिल जाता है। विवाहित व्यक्ति के जीवन को पूर्ण जीवन कहा जाता है।

पृथ्वी के निर्माण के बाद सृष्टि के समय में शुरुआत में धोरमो द्वारा जीवन का निर्माण किया गया था। ब्रह्मांड में हर जगह धोरमो मौजूद है, इस प्रकार, यह बताया गया है कि धोरमो सर्वव्यापी है। मनुष्य के जीवन को धोरमो द्वारा नियंत्रित किया जा रहा है और जीवन जन्म और मृत्यु के चक्र में घूमता है, सन्ताली में इस प्रक्रिया को हुलंग कहते हैं।

"चन्दो बोंगा (भगवान) अच्छे हैं क्योंकि वह जीवन बनाते हैं। वह अच्छे हैं क्योंकि वह जीवन को जोड़ते हैं। वह एक इनसान के लिए जीवन बनाते हैं जो एक पूरे जीवन का आधा है। वह एक पूर्ण जीवन के लिए जीवन के दो हिस्सों को फिर से मिलाते हैं।" ('होर सेरेन', 1993, पृ. 24)

सन्तालों के धर्म के अनुसार, जीवन धोरमो (सर्वशक्तिमान ईश्वर) से मानव शरीर में आता है। जीवन निश्चित नहीं है। जीवन वायु की तरह है और मानव शरीर मिट्टी की तरह है। इसलिए मानव शरीर के जीवन की तुलना 'होयजीवि हसा होद्मो' से की जाती है, जिसका अर्थ है कि जीवन हवा के समान है और शरीर मिट्टी के समान है। सन्ताली भाषा में जीवन को जीवी कहते हैं।

मन

मन चंचल है, इसलिए यह शरीर और जीवन को नियंत्रित करता है। मन जीवन और शरीर को अपने अनुसार ढालता है। मन जीवन की अन्तरात्मा के साथ रहता है लेकिन कभी-कभी विवेक से दूर हो जाता है। सन्तालों के धर्म में मन की नैतिकता है।

"जीवन इधर-उधर भटकता है, क्योंकि मन कहता है। शरीर गलत करता है, क्योंकि मन कहता है। तुम्हारे पास इतनी ताकत है कि तुम सब कुछ कर सकते हो। मन को स्थिर रखो और जीवन में आगे बढ़ो। मन को बलवान बनाओ और शरीर को आगे बढ़ाओ, जिससे तन और मन दोनों अच्छे बन जाएँ।" ('होर सेरेन', 1993, पृ. 2)

"मन, तुम इतने शक्तिशाली हो कि तुम जीवन को प्रकाशित करते हो। मन, तुम इतने मजबूत हो कि तुम जीवन को धक्का देते हो। जीवन अच्छाई से ऊपर उठता है जो सांडो (सूर्य देव में मौजूद भगवान) के अन्दर जगह लेता है। मन, भगवान के आदेश के अनुसार मुझे मोड़ो। मन, मुझे अच्छाई के रास्ते पर आगे ले जाओ। जीवन की शान्ति के लिए सही मायने में सांडो (भगवान) खुश होंगे।" ('होर सेरेन', 1993, पृ. 2-3)

आत्मा

धोरमो के आशीर्वाद से आत्मा मानव शरीर के भीतर आन्तरिक चेतना के रूप में रहती है। एक व्यक्ति के जीवन और आत्मा की देखभाल मारंग बुरु द्वारा की जाती है। सन्तालों की धार्मिक मान्यता है कि मारंग बुरु की अनुमति के बिना जीवन मनुष्य का शरीर नहीं छोड़ सकता।

सन्ताल समाज में जब किसी व्यक्ति की मृत्यु हो जाती है तो मृतक के शरीर को या तो दफना दिया जाता है या जला दिया जाता है। शव का दाह-संस्कार करने से पहले एक चूजे को मारकर मृत व्यक्ति के साथ रखा जाता है। ऐसा माना जाता है कि मृतक का जीवन चूजे के जीवन के साथ तब तक बना रहेगा जब तक कि दोनों जीवन को मोक्ष नहीं मिल जाता।

मृत व्यक्ति के दाह-संस्कार के बाद, दाह-संस्कार में शामिल होनेवाले सभी लोग मृत व्यक्ति के घर वापस लौट जाते हैं। फिर, वे मृत व्यक्ति और पूर्व मृत पूर्वजों के स्नान के नाम पर जलाशय में जाते हैं। वे मृत व्यक्ति को पूर्व मृत पूर्वजों के साथ स्नान करने के लिए मिट्टी (धोनेवाली मिट्टी) और तेल चढ़ाते हैं। प्रचलित अनुष्ठान के अनुसार, वे अपने सिर के बालों को मिट्टी से साफ करते हैं और स्नान करते हैं, फिर वे अपने शरीर में तेल लगाते हैं।

जलाशय से वापस लौटने के बाद, मृतक व्यक्ति की आत्मा को मृतक के रिश्तेदारों और ग्रामीणों द्वारा घर में प्रवेश करने के लिए बुलाया जाता है। कुछ लोग मृतक के परिवार के सदस्यों के साथ गाँव के बाहर जाते हैं और प्रतीकात्मक रूप से मृतक के घर को जला देते हैं। यह तब किया जाता है जब घर बुरी आत्माओं द्वारा आत्मा के लिए निर्धारित किया गया हो। आत्मा को अपने पिछले घर में जाने के लिए कहा जाता है। इस रस्म को सन्ताली भाषा में उमुल आदेर (आत्मा लाना) कहते हैं।

फिर, आँगन में मृत व्यक्ति की आत्मा के साथ मारंग बुरु को बुलाया जाता है। फिर रुमदाकाव (देवताओं का आह्वान) का कर्मकांड किया जाता है। मृतक व्यक्ति के घर में दो व्यक्तियों को रुमदाकाव के लिए तैयार किया जाता है। फिर, मारंग बुरु और मृत व्यक्ति की आत्मा को रुमदाकाव के लिए बैठे व्यक्तियों के शरीर में आने के लिए आमंत्रित किया जाता है।

जब रुमदाकाव के लिए बैठे लोग अवचेतन अवस्था (ट्रांस के तहत) को प्राप्त करते हैं, तो यह माना जाता है कि मारंग बुरु और मृत व्यक्ति की आत्मा रुमदाकाव के लिए बैठे आदमियों के शरीर में अलग-अलग प्रवेश कर चुके हैं। सबसे पहले अवचेतन पुरुषों को अपना परिचय प्रकट करने के लिए कहा जाता है कि वे कौन हैं। फिर मृतक की आत्मा से पूछा जाता है कि मृतक का प्राण शरीर से इतनी जल्दी क्यों निकल गया। वह शरीर छोड़ने का कारण बताता है।

फिर, मारंग बुरु से पूछा जाता है कि जब मृतक का जीवन शरीर छोड़ रहा था तो उसने जीवन को क्यों नहीं रोका। मारंग बुरु हमेशा लोगों के प्रति जवाबदेह होते हैं क्योंकि धोरमो ने उन्हें इनसानों के जीवन की देखभाल करने की जिम्मेदारी दी है। मारंग बुरु लोगों को मृतक के जीवन से शरीर छोड़ने के कारणों के बारे में जवाब देते हैं। फिर मृतक के परिवार के सदस्य और रिश्तेदार मृत व्यक्ति की आत्मा को खाने-पीने के लिए चावल से बने भोजन और पानी देते हैं। मारंग बुरु को केवल मृतक के परिवार के सदस्यों और रिश्तेदारों द्वारा ही जल चढ़ाया जाता है। इसके बाद उन्हें वापस लौटने के लिए कहा जाता है। फिर दो बैठे हुए व्यक्ति चेतना को बहाल करते हैं और सामान्य हो जाते हैं।

कुछ दिनों या महीनों के बाद, जिलिंग-होर का अनुष्ठान किया जाता है। जिलिंग-होर का शाब्दिक अर्थ सबसे लम्बा रास्ता है, यह पृथ्वी से सेरमापुरी तक है। मृतक का जीवन भगवान में लीन होने के सबसे लम्बे रास्ते के माध्यम से पृथ्वी से सेरमापुरी तक जाता है।

मृतक की अस्थि को धार्मिक रूप से स्थापित विसर्जन-स्थल पर नदी के पानी में विसर्जित कर दिया जाता है। अस्थि-विसर्जन से पहले मृतक के जीवन को पिंडदान दिया जाता है ताकि मृतक का जीवन रास्ते में आनेवाली कठिनाइयों को दूर कर सके। विदाई देने से पहले मृतक के जीवन को चावल और चावल से बना भोजन चढ़ाया जाता है, इस कर्मकांड को पिंडदान कहा जाता है।

शुरुआत में, भगवान ने समुद्र के पानी में जीवन का अवतरण किया था। सृष्टि के आरम्भ में समुद्र के जल में जलीय जीव और मनुष्य का जन्म हुआ। भगवान ने सबसे पहले जीवन को पानी में डाला था तो भगवान तक पहुँचने का रास्ता भी वहीं से है। अस्थि-विसर्जन के कारण यह अनेक नदियों की धाराओं के साथ बहकर समुद्र में पहुँच जाती है, समुद्र के पानी तक पहुँचने के लिए हड्डी को लम्बी दूरी तय करनी पड़ती है।

ऐसा माना जाता है कि मृतक का जीवन भी मृतक की हड्डी के साथ यात्रा करता है, इस प्रकार, जीवन समुद्र के पानी तक पहुँच जाता है। फिर जीवन को वहाँ से भगवान के पास जाने का रास्ता मिल जाता है। अन्ततः जीवन ईश्वर तक पहुँचता है और ईश्वर जीवन को अपने भीतर समाहित कर लेता है। इस प्रकार मृतक के जीवन को मोक्ष की प्राप्ति होती है। मृतक की आत्मा को देवता का स्थान दिया जाता है, इस प्रकार, आत्मा मृतक के घर के पवित्र स्थान में स्थापित होती है।

माया

धोरमो ने ब्रह्मांड को अपनी माया (दयालुता) से बनाया है, इसलिए, धोरमो ने सभी प्राणियों और मनुष्यों को माया दिया है, यह कुछ हद तक कम और ज्यादा हो सकता है। जब धोरमो ब्रह्मांड के निर्माण से पहले शून्य और अँधेरे में स्थिर स्थिति में अकेले होते हैं तो उनकी माया उन्हें स्थिर स्थिति से जगाने के लिए प्रेरित करती है। जब वह पृथ्वी में प्राणियों और मनुष्यों की रचना करता है, तो उसके द्वारा जीवों और मनुष्यों को माया दी जाती है ताकि माया के कारण सृष्टि को जारी रखा जा सके। माँ के पास अपने बच्चों के लिए माया है, इसलिए उसे अपने बच्चों पर दया है और एक पिता को अपने बच्चों के लिए माया और करुणा है। एक बच्चे को अपनी माँ और पिता के लिए प्यार होता है। जहाँ प्रेम, स्नेह और करुणा है, वहाँ माया है। इसी तरह, धोरमो में सभी जीवित प्राणियों और मनुष्यों के प्रति प्रेम, स्नेह, करुणा और माया है।

माया मानव-व्यवहार को बदल देती है, इसलिए मनुष्य में झगड़ा, पीड़ा, सहयोग, समझौता और साथी की भावना पैदा होती है। इनसान की हमेशा अधूरी इच्छाएँ होती हैं। यदि माया को मनुष्य द्वारा नियंत्रित किया जाए, तो वह महान मानव हो सकता है।

माया के कारण मनुष्य जीवन जीने का मार्ग भ्रष्ट कर देता है। "मनुष्य अधूरी इच्छाओं की माया को नहीं समझ सकता। वे अधूरी वासनाओं की एक और माया में लगे रहते हैं। वे अपने जीवन को अन्य तरीकों से जीते हैं। उनके द्वारा बुराई को अच्छा माना जाता है जबकि अच्छाई को उनके द्वारा बुरा माना जाता है। मनुष्य जैसा चाहता है, वैसा ही रहता है।" ('होर सेरेन', 1993, पृ. 6)

पुरियों की अवधारणा

सन्तालों की धार्मिक मान्यता के अनुसार ब्रह्मांड में तीन पुरी हैं, ये हैं : सेरमापुरी, मोनचोपुरी और पातालपुरी। सेरमापुरी आकाश के ऊपर एक अदृश्य स्थान है जहाँ तारे, ग्रह और देवता परिक्रमा करते हैं। मोनचोपुरी पृथ्वी है। पातालपुरी महासागरों के नीचे स्थित वह स्थान है जो अदृश्य और पृथ्वी से बहुत दूर है।

सेरमापुरी

सन्तालों के धर्म के अनुसार सेरमापुरी पूरे ब्रह्मांड में फैला हुआ अदृश्य स्थान है जो पृथ्वी से बहुत दूर है। यह आकाश के ऊपर स्थित है। सेरमापुरी में तारे, ग्रह और देवता घूमते हैं। ऐसा कहा जाता है कि धोरमो ब्रह्मांड में हर जगह मौजूद है, वह सर्वव्यापी है। इस प्रकार सन्तालों के दर्शन में स्वर्ग की कोई अवधारणा नहीं है।

मोनचोपुरी

मोनचोपुरी ब्रह्मांड में एक निर्जन ग्रह था। मोनचोपुरी में कोई वनस्पति और पानी का स्रोत नहीं था। इसका आविष्कार सेरमापुरी के देवताओं ने किया था।

मोनचोपुरी के विनाश के बाद कोई भू-भाग नहीं बचा, इस प्रकार, यह बड़ा महासागर बन गया। मोनचोपुरी में पानी भरा हुआ था। ठाकुर और ठकरान सेरमापुरी में रह रहे थे। ठाकुर महान महासागर में स्नान किया करते थे। फिर ठाकुर द्वारा महान महासागर की डूबी हुई मिट्टी से पृथ्वी की रचना की गई. इसलिए मोनचोपुरी को पृथ्वी भी कहा जाता है।

पातालपुरी

पातालपुरी समुद्र के नीचे स्थित वह अदृश्य स्थान है जो पृथ्वी से बहुत दूर है। देवता कभी-कभी पातालपुरी जाते हैं। एक बार, लिता पृथ्वी के निर्माण से पहले के

समय में वहाँ रह रहे थे। समुद्र में पाताल में जलीय जीव रहते हैं। कभी-कभी जब किसी व्यक्ति को बुलाया जाता है, यदि वह समय पर नहीं आता है तो उस व्यक्ति से कहा जाता है, "क्या तुम पाताल में थे? तो तुम जल्दी नहीं आए।"

इस प्रकार पाताल का अर्थ दूर का एक अदृश्य स्थान है जहाँ ध्वनि नहीं पहुँचती। सन्ताली में पाताल कुइन्दक के बारे में गीत हैं, जिसका अर्थ है 'गहरे कुएँ में स्थित पानी'। गहरे कुएँ का पानी जो पहुँच से बाहर है, उसे सन्ताली भाषा में पाताल कुइन्दक कहा जाता है।

जालापुरी

उपर्युक्त के अलावा, एक और पुरी भी है जो जालापुरी है। आपको बता दें कि जालापुरी का मतलब महासागर जहाँ प्राणी और मनुष्य पैदा हुए थे। सन्तालों के दर्शन के अनुसार मनुष्य के जन्म को दुख का विषय माना जाता है। जाला का अर्थ है पीड़ित और पुरी का अर्थ है जगह। यहाँ जालापुरी को महासागर कहा गया है। दूसरे शब्दों में, जालापुरी को दुखों का स्थान कहा जाता है। जालापुरी के बारे में एक विवाह गीत गाया जाता है जो नीचे दिया गया है :

होर दोको मेना करते हैं,
तिमिन संगिनज रेचो जलापुरी?
तिमिन संगिनज रेचो जलापुरी?
जूरियन खांगे जाला,
होपोनन खांगे जाला,
जंग फेड रेगे जलापुरी।

अनुवाद :

लोग कहते हैं,
दुख का स्थान कितना दूर है?
दुख का स्थान कितना दूर है?
शादी दुख की तरह है,
बच्चों का जन्म दुख की तरह होता है,
दुख का स्थान पैरों के पास है।

गीत का सार

लोग कहते हैं दुख की जगह कितनी दूर है। विवाह दुख की तरह है। बच्चों का जन्म दुख के समान होता है। दुख का स्थान पैरों के पास है।

सन्तालों के दर्शन के अनुसार मनुष्य का जन्म लेना ही दुख है। मनुष्य का जन्म महासागर के जल में हुआ है। महासागर का नाम जालापुरी है। इस प्रकार, जालापुरी दुख का स्थान है। गरीबी, बीमारी, परिवार में कलह आदि के कारण लोगों को कष्ट हो सकता है। दुख से बचने के लिए धर्म के नाम पर समाज में नैतिक मूल्यों की स्थापना की गई है ताकि दुख से बचा जा सके। दुख हमेशा लोगों के साथ रहता है। पृथ्वी में मनुष्य का जन्म स्वयं एक दुख है, फिर भी यह पश्चाताप की बात नहीं है क्योंकि धोरमो ने मनुष्य को बनाया है। उन्होंने जीवित रहने के लिए प्रकृति में खाद्य-पदार्थ दिये हैं। उन्होंने मनुष्यों के जीवन की देखभाल के लिए देवताओं की रचना की है।

सन्तालों की धार्मिक मान्यता के अनुसार मृतक की आत्मा नर्क में नहीं जाती, बल्कि आत्मा बोंगा दिसोम (देवताओं का देश) जाती है। सन्ताली भाषा में आत्मा को उमुल कहते हैं। मृत व्यक्ति की आत्मा मृतक के रिश्तेदारों द्वारा घर के पवित्र स्थान में स्थापित की जाती है। त्योहारों और अन्य अनुष्ठानों के अवसरों पर आत्माओं को भोजन और चावल की बियर चढ़ाई जाती है। मृतक की आत्मा को देवता की तरह माना जाता है। इस प्रकार सन्तालों के धर्म में नर्क की कोई अवधारणा नहीं है।

प्रकृति

प्रकृति में परिवर्तन प्राकृतिक घटना है। जब जंगलों और पहाड़ियों के पेड़ों में नये पत्ते और फूल लदे होते हैं, तो वातावरण में और लोगों के मन में नयापन आता है। जंगलों और पहाड़ियों में पक्षी जोर-जोर से चहकने लगते हैं। सन्तालों की मान्यता के अनुसार, कुछ पक्षी लोगों को देवताओं की पूजा करने का संकेत देते हैं क्योंकि पृथ्वी ने सूर्य के चारों ओर परिक्रमा पूरी कर ली है।

प्रकृति बदल गई है इसलिए कठफोड़वा पीपल के पेड़ के ऊपर से चहचहा रहा है। पृथ्वी ने परिक्रमा पूरी कर ली है इसलिए चील और उल्लू बरगद के पेड़ की लटकती जड़ों से आवाज के साथ साँस ले रहे हैं। ऐसा इसलिए हो रहा है क्योंकि देवता लोगों को निर्देश दे रहे हैं कि वे देवताओं को चढ़ाए बिना नये फूल और नये फल न लें।

प्राचीन काल में लुगुबुरु के इलाके में बड़े संकट के बाद जब खुशी लौटी तो सन्तालों के पूर्वजों द्वारा बहा पूजा असाधारण रूप से मनाई गई थी। लुगुबुरु सन्तालों के लिए पवित्र पहाड़ी है जहाँ प्राचीन काल में संस्कृति, परम्पराओं, रीति-रिवाजों और त्योहारों, पूजा के कर्मकांडों और धर्म की नैतिकता को सन्तालों के पूर्वजों द्वारा संहिताबद्ध किया गया था।

आगामी बाहा पूजा का समय आ रहा है इसलिए पंछी लोगों को संकेत दे रहे हैं। पक्षियों द्वारा देवताओं की दिशा के अनुसार संकेत दिया जाता है कि प्रकृति बदल गई है और पृथ्वी सूर्य के चारों ओर चक्कर लगा रही है, इसलिए लोगों को बहा पूजा मनाने की तैयारी करनी है।

बाहा और सोहोराई सन्तालों के सबसे महत्त्वपूर्ण त्योहार हैं। बहा पूजा वसन्त ऋतु में की जाती है जब पेड़ नये पत्तों, फूलों और फलों से लदे होते हैं। सोहोराई त्योहार नवम्बर के महीने में मनाया जाता है जबकि सन्ताल बहुल क्षेत्रों के उत्तरी हिस्सों में यह जनवरी के महीने में मनाया जाता है। बहा पूजा, सन्तालों का दूसरा सबसे महत्त्वपूर्ण त्योहार, फागुन के महीने में पूर्णिमा के दिन या पूर्णिमा से दो-तीन दिन पहले मनाया जाता है। फागुन माह वसन्त ऋतु में आता है। यह स्वाभाविक है कि आसपास के गाँवों के जंगलों और पहाड़ियों के पेड़ों पर पक्षी चहकते हैं। यह बहा पूजा के आगमन का संकेत भी है। इसलिए पक्षी चहचहाते हैं क्योंकि प्रकृति बदल गई है और पृथ्वी ने एक वर्ष में सूर्य का चक्कर पूरा कर लिया है।

बाहा पूजा के अवसर पर ही बाहा गीत गाए जाते हैं। बहा पूजा के अवसर को छोड़कर अन्य समय में बहा गीत गाना वर्जित है। जब पृथ्वी वर्ष में एक बार पूरी तरह से सूर्य के चारों ओर घूमती है, निम्नलिखित बहा गीत प्रकृति के परिवर्तनों के बारे में बताता है। इस प्रकार, यह माना जा सकता है कि सन्तालों के पूर्वजों को पता था कि पृथ्वी सूर्य के चारों ओर घूम रही है, इसलिए पृथ्वी पर प्रकृति का परिवर्तन हो रहा है।

निम्न बाहा गीत की कुछ पंक्तियों में लोगों को आगामी बाहा पूजा के बारे में कठफोड़वा और चील-उल्लू द्वारा संकेत दिया जा रहा है क्योंकि प्रकृति ने अपनी स्थिति बदल ली है।

हसाक मा छुटेरे जा-गोसाईं तूदे दो राग कान,
बरे मा लरे जा-गोसाईं गुटरूत दो सहेदा।
मिर्च जा मेने जा-गोसाईं तू दो रोष कान?
मिर्च जा मेने जा-गोसाईं गुटरूत दो सहेदा।
देस चोंग अचुरेन जा-गोसाईं टुडे डो रेज कान,
दिसोम चोंग बिहुरेन जा-गोसाईं गुटरूत डो सहेदा।
टोकॉय चोंग डंडे जा-गोसाईं टुडे डो रेज कान?
तोको चोंग नदेई जा-गोसैन गुटरुत डोए सहेदा?
मारंग देओए डंडे जा-गोसाईं तूदे दो राग कान,
जहेर नेरा नदेई जा-गोसाईं गुट्रुत दो सहेदा।

(गीत में आगे की पंक्तियों में अन्य देवताओं के नामों का उल्लेख किया गया है। गीत लम्बा है, इसलिए, यहाँ पूरा लिखने की आवश्यकता नहीं है)।

अनुवाद :

पीपल के पेड़ की चोटी पर, हे देव, कठफोड़वा चीख रहा है।
बरगद के पेड़ की लटकती जड़ों में, हे देव, चील-उल्लू साँस ले रहे हैं।

वहाँ कौन है? हे देवता, कठफोड़वा चीख रहा है।
वहाँ कौन है? हे देवता, चील-उल्लू साँस ले रहे हैं।
हो सकता है कि प्रकृति बदल गई हो, हे देवता, कठफोड़वा चीख रहा है।
हो सकता है कि पृथ्वी घूम गई हो, हे देवता, चील-उल्लू साँस ले रहे हैं।
बुद्धि कौन दे रहा है? हे देवता, कठफोड़वा चीख रहा है।
दिशा कौन दे रहा है? हे देवता, चील-उल्लू साँस ले रहे हैं?
मारंग देवा दे रहे हैं सद्‌बुद्धि, हे देवता, कठफोड़वा चीख रहा है।
निर्देशन दे रहा है जहेर युग, हे देवता, चील-उल्लू सांस ले रहे हैं।

गीत का सार

पीपल के पेड़ की चोटी पर कठफोड़वा चीख रहा है और बाज-उल्लू बरगद के पेड़ की लटकती जड़ों में साँस ले रहे हैं।

यह पूछा जाता है कि वहाँ कौन है जिसकी वजह से कठफोड़वा चीख रहा है और चील-उल्लू साँस ले रहे हैं। हो सकता है कि प्रकृति बदल गई हो, इसलिए कठफोड़वा चीख रहा है और पृथ्वी घूम गई होगी, इसलिए चील-उल्लू साँस ले रहे हैं।

यह पूछा जाता है कि कठफोड़वा को बुद्धि कौन दे रहा है जिसकी वजह से वह चीख रहा है। आगे पूछा जाता है कि बाज-उल्लू को कौन दिशा दिखा रहा है जिसके लिए वह साँस ले रहे हैं।

बताया जाता है कि मारंग देव वहीं हैं और वह कठफोड़वा को बुद्धि दे रहे हैं, तो वह चीख रहा है। जहेर युग है और चील-उल्लू को दिशा दे रहे है, इसलिए वह ध्वनि से साँस ले रहे हैं।

मारंग देव प्रमुख देवता हैं और जहेर इरा देवी माता हैं। दोनों देवताओं की पूजा जहेरथन (पवित्र उपवन) में सन्ताल करते हैं। जहेर इरा, मारंग देवा, लिटा, मोरेको और तुरुयको सन्तालों के देवता हैं जिनकी पूजा जहेरथन में बाहा उत्सव के अवसर पर की जाती है।

जहेरथन (सेक्रेड ग्रोव) आमतौर पर सन्ताल के हर गाँव के बाहर लेकिन गाँव की पारम्परिक सीमा के भीतर स्थापित किया जाता है। गाँव की स्थापना के समय सारि सरजोम वृक्षों के नीचे जहेरथन में स्थायी रूप से देवताओं की स्थापना की जाती है। बाहा पूजा करने से पहले जहेरथन की सफाई की जाती है। यह त्योहार लगातार तीन दिनों तक रस्म-रिवाज के साथ मनाया जाता है।

पीपल के पेड़ की चोटी पर कठफोड़वा बाँग दे रहा है। बरगद के पेड़ की जड़ें वहीं लटक रही हैं जहाँ चील-उल्लू बैठे हैं और साँस ले रहे हैं। कुछ हो रहा है, इसलिए कठफोड़वा चिल्ला रहा है और चील-उल्लू साँस ले रहे हैं।

देवता पक्षियों के माध्यम से लोगों को संकेत देते हैं कि प्रकृति बदल गई है क्योंकि पृथ्वी ने एक वर्ष में सूर्य की परिक्रमा पूरी कर ली है। पेड़ों पर फूल और फल लदे होते हैं जो धोरमो (सर्वशक्तिमान ईश्वर) की देन हैं। अतीत में, जब सन्तालों के पूर्वज पूरी तरह से शिकार और भोजन संग्रह पर निर्भर थे, फूल और फल उनके लिए मुख्य खाद्य-पदार्थ थे। सरजोम और मटकोम (महुआ) के फूल और फल खाने योग्य फल हैं जिन्हें पूर्व में पूर्वजों द्वारा भोजन के पूरक के रूप में खाया जाता था। सरजोम और मटकोम (महुआ) के पेड़ वसन्त ऋतु में फूल और फल देते हैं जो प्राचीन काल में पूर्वजों के खाद्य-पदार्थ थे।

यह प्रकृति और अन्य जीवों के साथ आदिवासी लोगों की सहानुभूति का सम्बन्ध है, इस प्रकार, वे यह जानने में सक्षम हैं कि खाने से पहले देवताओं को नये फूल और फल चढ़ाए जाने हैं, क्योंकि, निर्माता ने उन्हें प्राकृतिक खाद्य-पदार्थ उपहार के रूप में दिये हैं। देवता उनकी जान बचाते हैं, इसलिए उन्हें खाने से पहले नये फूल और फल चढ़ाए जाते हैं। यह हर्ष का विषय है कि सन्तालों के पूर्वज प्राचीन काल से जानते थे कि पृथ्वी सूर्य के चारों ओर चक्कर लगाती है।

सन्ताल लोगों को बारह कुलों में विभाजित किया गया है और बारह कुलों को लगभग 200 उप-कुलों में टोटेमिक प्रतीकों के अनुसार विभाजित किया गया है। कुलदेवता के प्रतीक वनस्पतियों और जीवों से सम्बन्धित हैं, इसलिए, सन्ताल अपने कुलदेवता के प्रतीकों को नुकसान नहीं पहुँचाते हैं। इस तरह वे प्रकृति को बचाते हैं।

सर्वशक्तिमान ईश्वर हर जगह मौजूद है, इसी तरह, देवता पृथ्वी में हर जगह रहते हैं। प्रकृति में देवताओं का वास है। इसलिए सन्ताल प्रकृति को नष्ट नहीं करते हैं। इसलिए सन्ताल जीववाद में विश्वास करते हैं। वे पेड़ों को काटने से पहले प्रणाम करते हैं, वे प्रवेश करने से पहले पहाड़ों और जंगलों को नमस्कार करते हैं और बलिदान से पहले जीवित प्राणियों को नमस्कार करते हैं।

ब्रह्मांड सर्वशक्तिमान ईश्वर द्वारा बनाया गया है। सर्वशक्तिमान ईश्वर ने सभी जीवित प्राणियों और मनुष्यों के जीवन के अस्तित्व के लिए देवताओं, ग्रह पृथ्वी, सूर्य, चन्द्रमा और सितारों का निर्माण किया है। ईश्वर की माया सभी जीवों और मनुष्यों में फैली हुई है और उससे सम्बन्धित है। ब्रह्मांड का अस्तित्व सत्य है और शाश्वत है।

सन्दर्भ सूची

1. पंडित रघुनाथ मुर्मू : होर सेरेन, 1993, एएसईसीए, ओड़िशा
2. पंडित रघुनाथ मुर्मू : हिताल, 1983, डंडबस (दहरडीह), मयूरभंज, ओड़िशा
3. एस.सी. रॉय : मुंडास एंड देयर कंट्री, 1912, कलकत्ता (अब कोलकाता)

जनजातीय दर्शन

सन्तोष किड़ो

1975 में, गेराल्ड ग्रीन द्वारा निर्मित एक अंग्रेजी फिल्म, 'मैन फ्राइडे' रिलीज़ हुई थी। फिल्म समीक्षकों ने इसे 'साहसिक फिल्म' करार दिया था। फिल्म समीक्षक दार्शनिक नहीं होते हैं, लेकिन अगर वे होते तो निश्चित रूप से इसे एक 'दार्शनिक फिल्म' कहते, क्योंकि फिल्म में दो दर्शनों में संघर्ष को स्पष्ट रूप से दर्शाया गया है। एक तरफ ईसाई दर्शन पर आधारित पश्चिम और दूसरी ओर कैरेबियन जनजाति। एक अंग्रेज व्यक्ति रॉबिन्सन क्रूसो, जिसका किरदार अनुभवी ब्रिटिश अभिनेता पीटर ओ 'टोले' द्वारा निभाया गया है, वह खुद को एक द्वीप में अकेला पाता है। वह हर दिन बाइबिल पढ़ता है और खुद को आश्वस्त करता है कि ईश्वर ने उसे सृष्टि पर शासन करने के लिए 'मालिक' नियुक्त किया है। उसे लगता है कि जिस द्वीप पर वह रह रहा है, वहाँ के किसी व्यक्ति समेत जीवों से मिलने का मौका मिल सकता है। एक दिन वह पाँच आदमियों को देखता है, जो कैरेबियन आदिवासी होते हैं। वह एक को छोड़कर सभी को मार देता है, जिसे वह दूसरों से बचाता है। वह इस 'बार्बरियन' को अपने साथ ले जाता है और उसे सभ्यता के तरीके सिखाता है। सही मायने में उसे 'बपतिस्मा' का दर्शन बताता है। इस मामले में वह उसे ईसाई दर्शन से अवगत कराता है जिसमें वह विश्वास करता है। वह कैरेबियाई जनजाति को बप्तिस्मा दर्शन समझाते हुए 'मालिक' और 'दास', 'मेरा और तुम्हारा', 'हार और जीत', 'ईश्वर का डर', 'सेक्स बुराई है', 'शक्ति', 'अपराध-बोध', 'श्रेष्ठ और निम्न' आदि मूल्यों को बताता है। कैरेबियन आदिवासी को इंग्लिश मैन द्वारा नाम दिया जाता है 'फ्राइडे', इंग्लिश मैन समझता है कि इस तरह की शिक्षाओं के माध्यम से वह उसे अलग दर्शन' का इंजेक्शन दे रहा है, और कैरेबियन आदिवासी जन्म से जिस दर्शन से जुड़ा हुआ था, जिससे वह प्यार करता था और जिसमें वह जीता था वह दूसरा दर्शन था। एक दर्शन दूसरे दर्शन के विपरीत है, उसमें 'सामुदायिक सम्पत्ति की भावना' है, 'मेरा और तुम्हारा' छोटी सोच है, 'समानता की भावना' है, 'हार या जीत' की भावना नहीं बल्कि खेल का पूरा आनन्द, 'प्राकृतिक सेक्स' में कोई अपराध नहीं।

एक सभ्यता एक दर्शन से निकलती है। पश्चिमी सभ्यता बाइबिल या ईसाई दर्शन से उत्पन्न हुई, भारतीय सभ्यता आदिवासी सभ्यता को छोड़कर, कम-से-कम इसका प्रमुख हिस्सा, वैदिक दर्शन से उत्पन्न हुआ है। ईश्वर, पुरुष, नैतिकता, प्रकृति के प्रति दृष्टिकोण, स्त्री-पुरुष सम्बन्धों के प्रति, भूमि सम्बन्ध, लिंग, जन्म और मृत्यु, मृत्यु के बाद आदि जैसी अवधारणाएँ सीधे उस दर्शन से उत्पन्न होती हैं जिसमें एक व्यक्ति अनजाने में पैदा होता है। उदाहरण के लिए, ईसाई दर्शन या वैदिक दर्शन में पुरुष स्त्री में समानता सम्भव नहीं हो सकता, क्योंकि स्त्री का जन्म पुरुष के बाद हुआ था। और स्त्री का जन्म पुरुष को साथ (या उसके लिए) देने के लिए हुआ था। दूसरी ओर उत्पत्ति की आदिवासी कहानी में, स्त्री-पुरुष में असमानता असम्भव है, क्योंकि दोनों एक साथ पैदा हुए थे। मुंडा किंवदन्ती के अनुसार दो अंडों से दोनों का जन्म एक साथ हुआ था। सूची लम्बी है। लेकिन यहाँ एक बात स्थापित हो जाती है कि मनुष्य उस 'दर्शन' की उपज है जिसका वह पालन करता है। यहाँ एक और उदाहरण, बाइबिल या ईसाई दर्शन सृष्टि के 'एक्स-निहिलो' सिद्धान्त में विश्वास करता है (शून्य से सृजन, आत्मा-सर्वोच्च आत्मा जिसे परमेश्वर शून्य से उत्पन्न करता है)। शुरुआत में कुछ नहीं था, और इसलिए चीज़ों को 'सृजित' करना पड़ता है। (आत्मा या मन द्वारा निर्मित)। इस दर्शन का परिणाम यह है कि पश्चिम का झुकाव अनुसन्धान, आविष्कार, खोज-दूसरे शब्दों में सृजन की ओर है। याद रखें कि शुरुआत में कुछ भी नहीं था और इसलिए चीज़ों को बनाना होगा।

वैदिक दर्शन के अनुसार, शुरू में पंचतत्त्व थे, और यह स्वयं भगवान के समान शाश्वत हैं। सृष्टि शाश्वत है, वह थी। वह आदिकाल से थी, वह है, बस उसे देखना है। इसलिए भारतीय मन का झुकाव सृजन, आविष्कार की ओर नहीं है। मन पदार्थ नहीं बनाता। यह मामला हर समय रहा है। दो दर्शन, दो अलग-अलग लोग।

लोगों का एक तीसरा समूह है, भारत की जनजातियाँ, जिनकी विश्वदृष्टि फिल्म में बोले गए कैरेबियन आदिवासी के दर्शन से बहुत मिलती-जुलती है। उनका दर्शन क्या है? क्या उनका एक दर्शन है? ऐसे प्रश्नों पर बाद के पैराग्राफों में जिक्र किया जाएगा।

आम आदमी सिर्फ गहराई से सोचने के लिए दर्द सहना पसन्द नहीं करता है वह कहता है कि दर्शन एक रोटी भी नहीं सेंक सकता है। लेकिन, विचारशील व्यक्ति अच्छी तरह से समझते हैं कि दर्शन क्या करता है, यह एक वैश्विक नज़रिया बनाता है। यह देवताओं या भगवानों को बनाता है, और पुरुष-स्त्री भगवान या देवताओं के रूप में जिसकी वे पूजा करते हैं उन्हें वर्गीकृत करता है। दर्शन से सभ्यता का निर्माण होता है और दर्शन से सभ्यता का नाश होता है। दर्शन क्या करता है या क्या नहीं करता है, इसकी सूची अन्तहीन है। इस महत्त्वपूर्ण भूमिका के कारण है कि एक दर्शन दुनिया और मानव-जीवन को धारण करता है, एक शक्तिशाली समाज हमेशा

अपने दर्शन की रक्षा करने के लिए किसी भी उस दर्शन के खिलाफ आक्रामक हो जाता है जो-जो उक्त समाज के स्वार्थ के लिए विरोधी मूल्य बना सकता है।

1. क्या जनजातियों का कोई दर्शन होता है?

कुछ लोग इस बात को सिरे से खारिज करते हैं, लेकिन अपने मत के पक्ष में तर्क नहीं देते हैं। उनका तर्क होता है कि आदिवासियों का कोई दर्शन नहीं हो सकता, क्योंकि वे आदिवासी हैं। या तो कोई आदिवासी है या उसके पास एक दर्शन है। इसे वे तार्किक रूप से देखते हैं। यदि कोई एक आदिवासी है इसलिए उसके के पास दर्शनशास्त्र नहीं है, और यदि किसी के पास दर्शनशास्त्र है, तो वह आदिवासी नहीं है। दरअसल, पिछले साल राँची में झारखंड सरकार और भारत सरकार द्वारा संयुक्त रूप से आयोजित आदिवासी दर्शन पर दो दिवसीय सम्मेलन के दौरान दर्शनशास्त्र के प्रोफेसरों का ऐसा विचार था। यह एक कथन है और इसका प्रमाण नहीं है। इस खेमे में आनेवाले लोग सोचते हैं कि दर्शनशास्त्र से जुड़ने का अधिकार केवल उन्हीं को है, औरों को नहीं।

कोई भी व्यक्ति या समाज बिना दर्शन के नहीं रह सकता। प्रसिद्ध लेखक और दार्शनिक एल्डस हक्सले (1894-1963) ने इसकी पुष्टि की है, उन्होंने कहा है, "मनुष्य अपने जीवन के दर्शन के अनुसार जीता है। यह सबसे विचारहीन व्यक्ति के लिए भी सच है। दर्शन के बिना जीना असम्भव है। हमारे पास विकल्प दर्शन के बिना होने या न होने का नहीं है, बल्कि अच्छे दर्शन और बुरे दर्शन के साथ होने का है।"

दर्शनशास्त्र जिसका अध्ययन अकादमिक रूप से विश्वविद्यालयों के व्याख्यान कक्षों में किया जाता है, चाहे वह भारतीय दर्शन (वेदान्त) हो या ईसाई दर्शन, अन्ततः शास्त्रों के अंशों से लिया गया है, विचारकों और विद्वानों द्वारा बौद्धिक रूप से विचार-विमर्श किया गया है और एक विशाल अवधि में बनाया गया है। कालान्तर में यह दर्शन लिखित रूप में एक विद्वान से दूसरे विद्वान तक, एक पीढ़ी से दूसरी पीढ़ी तक पहुँचा। जैसे-जैसे समय बीतता गया, और अधिक परिष्कृत विश्लेषण जोड़े गए, और उक्त दर्शन अपने-आप बढ़ता रहा। जनजातीय दर्शन, इसी तरह किंवदन्तियों, कहानियों, विद्या, प्रथाओं, विश्वासों, और उत्पत्ति की कहानियों से प्राप्त दर्शन है। अन्य दर्शनों के लिए यह प्रक्रिया इतिहास में काफी पहले शुरू हो गई थी, जनजातीय समाज के लिए 'दर्शन' उनकी किंवदन्तियों, कहानियों, विद्या, पौराणिक कथाओं, प्रथाओं, विश्वासों, विश्वदृष्टि, मूल्य-प्रणाली और उत्पत्ति की कहानियों में समृद्ध रूप से मौजूद है, उत्पत्ति की प्रक्रिया पहले शुरू नहीं हुई। हालाँकि यह प्रक्रिया अब शुरू हो गई है। तो यह कहा जा सकता है कि भारत में आदिवासी समाज का न केवल एक दर्शन था, बल्कि उन्होंने एक दर्शन जिया है और अब जबकि इस

पर विचार-विमर्श किया जा रहा है, यह अन्य स्थापित दर्शनों की भाँति लिखित रूप में आ रहा है। जिस तरह वेदान्त को वेदों से तैयार किया गया था, उसी तरह आदिवासी दर्शन को विशिष्ट ज्ञान के एक अलग निकाय के रूप में व्यवस्थित रूप से तैयार किया जाना चाहिए, जो आदिवासी दुनिया की कहानियों, विद्या, मिथकों और किंवदन्तियों और इसी तरह के दार्शनिक सिद्धान्तों के बारे में बताए।

भारत में, 'जनजाति' शब्द एक सजातीय समूह को नहीं दर्शाता है। यह सच है कि लद्दाख से कन्याकुमारी तक, गुजरात के कच्छ से लेकर सुदूर अरुणाचल तक, भारत में जनजातियाँ रंग और संस्कृति में समृद्ध हैं, विचारों और मूल्यों में भिन्न हैं। लेकिन कुछ बड़ी जनजातियाँ हैं जैसे मुंडा, भील, गोंड, उत्तर-पूर्व (उत्तर-पूर्व में ही, विषम जनजातियाँ हैं), को एक समूह में रखा जा सकता है। उनकी किंवदन्तियाँ और कथाओं, विद्या में भिन्नता है, लेकिन उनके दार्शनिक सिद्धान्त में भिन्नता नहीं है। उनके अधिकांश के भगवान, देवता प्रकृति पर केन्द्रित हैं, प्रकृति पर केन्द्रित जीवन और संस्कृति, सामाजिक-धार्मिक मूल्य सामुदायिक जीवन के इर्द-गिर्द घूमते हैं, 'हार और जीत', 'तुम्हारा और मेरा', 'स्वामी-दास', 'लिंग असमानता', 'उच्च-निम्न' जैसी अवधारणा का कोई महत्त्व नहीं है। छोटी भिन्नताओं के बीच समन्वय करना होगा और बड़ी समानताओं को जोड़ना होगा, इस तरह इससे बहुत अच्छी तरह से एक सामूहिक दर्शन बनेगा जिसे 'भारत में जनजातियों का दर्शन' कहा जा सकता है। दुर्भाग्य से, अकादमिक दार्शनिक इस ज़रूरी काम से पल्ला झाड़ने के लिए तैयार हैं, हालाँकि ठोस प्रयास चल रहे हैं।

2. ब्रह्मांड विज्ञान

ब्रह्मांड विज्ञान के बारे में, सभ्यताओं में दो अलग-अलग मान्यताएँ हैं। पहला, सृजन के बारे में 'आउट ऑफ़ नथिंग'—एक्स-निहिलो' यानी शून्य से सृजन की बाइबिल की कहानी, और दूसरा पंचतत्त्व से सृजन की कहानी। इन दोनों का उल्लेख पहले किया जा चुका है। लेकिन यहाँ इन दो प्रकारों का उल्लेख करने का उद्देश्य यह है कि 'आदिवासी समूह किस समूह से सम्बन्धित है?' ऑस्ट्रो-एशियाई समूह के ब्रह्मांड विज्ञान से पता चलता है कि यह दूसरा खेमा है जिससे जनजातीय समूह सम्बन्धित है। मछली, केकड़ा और केंचुए पृथ्वी को बनाने में सर्वोच्च आत्मा सिंगबोंगा भगवान के साथ अपनी भूमिका निभाते हैं। अन्त में, सिंगबोंगा ने पुरुष-स्त्री की रचना की। स्त्री और पुरुष दोनों एक साथ निर्मित होते हैं, कोई भी पहले या बाद में नहीं आता है।

जनजातियों में ब्रह्मांड विज्ञान की दन्तकथाओं के गहन दार्शनिक विश्लेषण से कई दार्शनिक सिद्धान्तों का पता चलेगा। लैंगिक समानता शुरू से ही सही है। सर्वोच्च आत्मा मनुष्य को पृथ्वी और सृष्टि के अन्य प्राणियों पर 'मालिक' के रूप में

'नियुक्त' नहीं करती है। मनुष्य को केवल 'बड़े भाई' का दर्जा दिया जाता है क्योंकि वह अधिक बुद्धिमान और तार्किक है, और 'अभिभावक' के रूप में उसकी भूमिका उसे सृष्टि में प्रकृति और प्राणियों की देखभाल करने के लिए बाध्य करती है। वह उन्हें अगली पीढ़ी को उसी तरह सौंपता है जैसे वह अपनी पिछली पीढ़ी से प्राप्त करता है। हालाँकि, वह संसाधनों का उपयोग केवल अपनी ज़रूरतों को पूरा करने के लिए कर सकता है, न कि अपने लालच के के लिए। उपभोक्तावाद की अनुमति नहीं है, बल्कि आदिवासी नैतिकता में यह एक 'अपराध' है। जनजातीय दर्शन के विपरीत, बाइबिल का दर्शन उपभोक्तावाद और सृष्टि पर नियंत्रण हासिल करने के लालच को बढ़ावा देता है। इस मामले में वैदिक दर्शन में कम-से-कम इस दर्शन का पालन करनेवाले लोगों से आर्थिक व्यवहार में कोई स्पष्ट रुख नहीं दीखता है।

जनजातीय समुदायों में पाई जानेवाली सृजन की दन्तकथाएँ, ब्रह्मांड विज्ञान के निर्माण के लिए कई और दार्शनिक सिद्धान्तों की खदानें हैं। उत्तर-पूर्व की एक कहानी के अनुसार, "मनुष्य अनिवार्य रूप से जन्म से दिव्य है"। एक दन्तकथा के अनुसार जो परिवार मूल रूप से स्वर्ग में रहते थे, वे एक सुनहरा पुल पार करते थे और कृषि करने के लिए पृथ्वी पर आते थे। किसी समय, कुछ परिवार वापस स्वर्ग जाने के लिए पुल को पार नहीं कर सके, और इस तरह वे वापस आ गए। स्वामी विवेकानन्द भी यही पंक्ति कहते हैं : "मनुष्य अनिवार्य रूप से दिव्य है"।

इस प्रकार, पृथ्वी पर ईश्वर के अस्तित्व या पृथ्वी पर उनके आने में प्रकृति का बहुत महत्त्वपूर्ण स्थान है। ईश्वर पृथ्वी पर मौजूद प्रकृति के अस्तित्व पर निर्भर करता है। यदि प्रकृति समाप्त हो जाती है, तो पृथ्वी पर ईश्वर का अस्तित्व समाप्त हो जाएगा।

3. जनजातीय धर्म-दर्शन

क्या आदिवासी धर्म, आदि धर्म, आदिवासी धर्म जैसा कुछ है? क्या भारत के आदिवासियों, जनजातीय समूहों का कोई ईश्वर (देवता) है?

विभिन्न आदिवासी समूह अपने धर्मों को विभिन्न नामों से पुकारते हैं, जैसे झारखंड में सरना धर्म, संसारी धर्म, गोंडी धर्म, भील धर्म, अभोर धर्म (असम और अरुणाचल प्रदेश), डोनी-पोलो (तिबेटो-बर्मन), हेम्फू-कार्बी आदि का मुकरंग धर्म। अधिकांश समूहों के लिए प्रकृति उनके ईश्वर और ईश्वर-पूजा का आधार है। इन आदिवासी समूहों के भगवानों की प्रकृति क्या है? क्या यह ईश्वर स्वयम्भू (स्व-निर्मित), सर्वशक्तिमान, सर्वव्यापी और सर्वज्ञ है? यह भगवान साकार है या निराकार?

जब हम जनजातीय धर्म की बात करते हैं, तो क्या द्वैतवाद और अद्वैतवाद का प्रश्न खड़ा होता है? क्या द्वैतवाद या अद्वैतवाद जैसी अवधारणाओं का जनजातीय धर्म या आदि धर्म से कोई सम्बन्ध है? जैसा कि सिंगबोंगा परम्परा है, भगवान प्रकृति है

और प्रकृति भगवान (पन्थवाद) है, क्या आदि धर्म को पन्थवाद जैसी दार्शनिक अवधारणाओं के अधीन किया जा सकता है?

उदाहरण के लिए सिंगबोंगा (ऑस्ट्रो-एशियाटिक) परम्परा में आत्मा (आत्मा)-जी, जिउ, अम्बुल, रोआ, जिओम आदि का प्रश्न आदिवासी धर्म-आदि धर्म के धर्मशास्त्र में एक और महत्त्वपूर्ण विषय है। क्या यह शाश्वत है? या इसकी रचना की गई है? क्या शरीर की मृत्यु नहीं होती है? आदि धर्म में शरीर-आत्मा का सम्बन्ध क्या है?

ईश्वर-प्रकृति का सम्बन्ध क्या है? जनजातीय धर्म के दर्शन में ईश्वर-आत्मा या आत्मा-शरीर का सम्बन्ध क्या है?

ये कुछ महत्त्वपूर्ण प्रश्न हैं जो दार्शनिक पड़ताल की प्रतीक्षा कर रहे हैं।

अधिकांश लोग जनजातियों को एनिमिस्ट (प्रकृति उपासक) बना देते हैं, और यह निष्कर्ष निकालते हैं कि जनजातियों के धर्म में ईश्वर का अस्तित्व नहीं है। कुछ आदिवासी विद्वान भी ऐसा सोचते हैं। लेकिन अगर आदिवासी धर्म में भगवान नहीं है, तो सिंगबोंगा, ठाकुर जीउ, और धर्मेश आदि कौन हैं?

एक दार्शनिक जाँच से पता चलता है कि आदिवासियों की मान्यता है कि सर्वोच्च आत्मा पेड़ों, पहाड़ों, नदियों आदि से प्यार करती है। झारखंड में सिंगबोंगा विशेष रूप से साल के पेड़ (शोरिया रोबस्टा) से प्यार करते हैं और जब सिरमा (स्वर्ग) से नीचे आते हैं, तो इस पेड़ पर विश्राम करते हैं। यही कारण है कि लोग एक पेड़ के नीचे उनकी पूजा करते हैं। कुछ विद्वानों का मत है कि आदिवासी धर्म में कोई 'पूजा' नहीं है, यह केवल 'प्रायश्चित' है। यह सही नहीं है, क्योंकि प्रायश्चित केवल आत्माओं (ऑस्ट्रो-एशियाई परम्परा में बोंगा) से होती है, और सिंगबोंगा, सर्वोच्च आत्मा की केवल 'पूजा' होती है।

सिंगबोंगा एक निर्माता भगवान है। वह सर्वशक्तिमान और सर्वज्ञ है। ये सभी गुण ईसाई धर्म के 'ईश्वर' और वैदिक परम्परा के 'ब्रह्मा' के लिए भी माना जाता है।

3.1. सिंगबोंगा : निर्माता, संरक्षक और विनाशक

'ऑस्ट्रो-एशियाटिक लेजेंड ऑफ क्रिएशन-सिर्जन कानी' यह कहानी बताती है कि कैसे स्व-निर्मित सर्वोच्च आत्मा सिंगबोंगा ने दुनिया का निर्माण किया। निश्चित रूप से समय की शुरुआत से उसकी पत्नी थी, और दन्तकथाओं में भी इसका जिक्र किया गया है। मुंडा 'सृजन कानी' का मौखिक इतिहास इस प्रकार है :

शुरू में चारों तरफ पानी था और हवा का झोंका एक छोर से दूसरे छोर बहता था। जलीय प्राणी जल में रहते थे लेकिन पृथ्वी या अन्य वस्तुएँ नहीं थीं।

एक दिन, सिंगबोंगा ने अपनी पत्नी से कहा, "हम केवल जलीय प्राणियों के साथ अकेले हैं। हमारे पास कोई ऐसा होना चाहिए जो हमारे साथ बैठ सके, बात कर सके। और इसलिए हमें इस पर पृथ्वी पर मनुष्य को बनाना चाहिए।"

उन्होंने मछली को बुलाया और उससे पूछा, "क्या तुम पृथ्वी बना सकती हो?"

मछली ने कहा, "मैं एक प्रयास करूँगी।" फिर उसने पानी में गहरी डुबकी लगाई और मिट्टी का एक टुकड़ा खोदा और ऊपर आने लगी। लेकिन रास्ते में सारा कीचड़ गायब हो गया। उसने कुछ और प्रयास किये और हर बार ऐसा ही हुआ। फिर वह आई और सिंगबोंगा को अपनी कहानी सुनाई।

तब सिंगबोंगा केकड़े के पास गए और पूछा, "क्या तुम पृथ्वी बना सकते हो?"

केकड़े ने कहा, "स्वामी, मैं कोशिश करूँगा।" जब तक मैं काम पर रहूँ, कृपया मेरे घर की देखभाल करें, और वह गहरे पानी में चला गया। उसने नीचे से मिट्टी खोदी और कुछ उठाकर ऊपर आने लगा। लेकिन जब तक वह ऊपर आया रास्ते में सारा कीचड़ घुल गया और उसके पास कुछ भी नहीं बचा। केकड़े ने कुछ और प्रयास किये लेकिन हर बार उसे असफलता ही हाथ लगी। अन्त में, केकड़े ने सिंगबोंगा को अपनी विफलता सुनाई।

सिंगबोंगा तब कछुए के पास गए और कहा, "क्या तुम पृथ्वी बना सकते हो?"

कछुए ने कहा, "मैं कोशिश करूँगा", और वह काम करने लगा। लेकिन उसे भी इसी तरह की विफलता का सामना करना पड़ा।

तब सिंगबोंगा अपनी पत्नी के साथ केंचुआ के पास गए और पूछा, "हम तुम्हारे पास एक बहुत ही महत्त्वपूर्ण काम के लिए आए हैं। क्या तुम मेरे लिए पृथ्वी बना सकते हो?"

केंचुआ ने कहा, "बेशक, मैं कोशिश करूँगा", और पानी में गोता लगा दिया। उसने गहराई तक जाकर जब तक मिट्टी खाया जब तक उसका पेट नहीं भर गया और वह तैरकर ऊपर आ गया। फिर उसने कीचड़ को पानी पर रख दिया। उसने अपने इस काम को तब तक दोहराया जब तक जल पर पृथ्वी का निर्माण नहीं हो गया।

सिंगबोंगा ने केंचुआ का काम देखा और खुश हुए। उन्होंने अपनी पत्नी से कहा, "अब यह तुम्हारा काम है, तुम्हें धरती को समतल करना होगा और इसे रहने लायक बनाना होगा।" उनकी पत्नी ने जमीन को समतल करना शुरू कर दिया और इस दौरान धरती कुछ जगह ऊपर हो गई और कुछ नीचे हो गई। चढ़ाव पहाड़ी और उतार नदी बन गई। उसके बाद सिंगबोंगा न पृथ्वी पर पेड़ और जड़ी-बूटियों की रचना की। फिर उन्होंने सोचा कि पृथ्वी की सुन्दरता बढ़ाने के लिए जानवर होने चाहिए।

उन्होंने सबसे पहले जानवरों को बनाया, उन्होंने घोड़े की रचना की।

लेकिन चूँकि घोड़ा सर्वशक्तिमान सिंगबोंगा से ज्यादा नहीं जुड़ सका, इसलिए उनकी इच्छा किसी ऐसे जीव को बनाने की हुई जो समझदारी से उनके साथ रह सके। फिर सर्वशक्तिमान ने कहा, "मुझे पुरुष और महिला बनाना चाहिए, वे बुद्धिमान होंगे, कुछ मेरे जैसे।" उन्होंने मिट्टी ली और दो मूर्तियाँ बनाईं—एक लड़के और

एक लड़की की, और कहा, "जब ये सूख जाएँगे, तो मैं हवा को उनमें बहने के लिए कहूँगा", और मूर्तियों को सूर्य के नीचे रख दिया।

घोड़ा ईर्ष्यालु था, वह नहीं चाहता था कि कोई उसके मालिक का ध्यान और प्रेम साझा करे। जब उस रात सर्वशक्तिमान सो गए, तो घोड़ा अस्तबल से चुपके से निकल गया और उस स्थान पर चल गया जहाँ दोनों मूर्तियाँ सूख रही थीं। उसने उन्हें लात मारी और उनके टुकड़े कर दिये।

जब सुबह हुई, तो सर्वशक्तिमान ने पाया कि लड़के और लड़की की मूर्तियों को तोड़ा गया था। उसने एक और जोड़ा तैयार किया और उन्हें धूप में सूखने के लिए रख दिया।

घोड़े ने फिर वही किया। अगले दिन, सर्वशक्तिमान मूर्तियों को देखने गए और पाया कि उन्हें फिर से तोड़ा गया था। सर्वशक्तिमान ने अपना कार्य दोहराया और घोड़े ने भी वैसा ही किया। सर्वशक्तिमान बहुत दुखी हुए।

उन्होंने कहा, "मुझे एक कुत्ता बनाना है जो मेरे सोते समय लड़के और लड़की पर नजर रखेगा।" और कुत्ते को बनाया। अगले दिन, सर्वशक्तिमान ने फिर से पृथ्वी से मिट्टी ली, लड़के और लड़की की मूर्तियों को तैयार किया और उन्हें धूप में सुखाया।

सर्वशक्तिमान ने कुत्ते को आदेश दिया, "आप यहाँ लड़के और लड़की के पास रहेंगे, और रात में रखवाली करेंगे, उनकी सुरक्षा सुनिश्चित करेंगे, और सो गए।"

उस रात जब घोड़ा लड़का और लड़की की मूर्तियों को नष्ट करने के लिए मौके पर पहुँचा, तो उसने कुत्ते को देखा।

जब सुबह हुई, तो सर्वशक्तिमान ने लड़के और लड़की की मूर्तियों को बरकरार और सूखी हुई पाया। उन्होंने लड़के और लड़की के नथुनों में एक साथ हवा मारी, और वे जीवित हो गए।

सर्वशक्तिमान ने पहले से ही हरियाली, फल और पेड़, पशु और पक्षी बनाए थे। लड़का और लड़की आनन्द के साथ सृष्टि में चारों ओर घूमने लगे।

सिंगबोंगा एक निर्माता भगवान हैं। लेकिन वे केवल सीमित अर्थों में सृष्टिकर्ता है, उन्होंने केवल संसार, पेड़, जड़ी-बूटियाँ, जानवर और पौधे बनाया है, न कि पानी और जलीय जीव। उन्होंने 'पृथ्वी'—एक आदि तत्त्व नहीं बनाया, बल्कि जलीय जीवों की मदद से इसका पता लगाया। आदि तत्त्व शाश्वत हैं। जनजातीय दर्शन, इस प्रकार, जल, पृथ्वी, वायु, आकाश और अग्नि जैसे आदि तत्त्वों के अस्तित्व को मानता है।

3.2. ऑस्ट्रो-एशियाई परम्परा में बोंगा और सिंगबोंगा

भारत में आदिवासी समाज में एक अच्छी तरह से विकसित व्यवस्था है जो लगभग हर दार्शनिक प्रश्न जीवन, मृत्यु, अस्तित्व और निर्माण के प्रश्न की व्याख्या करती है। बहुत से लोग यह भी सोचते हैं कि क्या आदिवासी समाज का कोई दर्शन है।

दर्शन के बिना किसी भी व्यक्ति या समाज का अस्तित्व नहीं हो सकता है। कुछ व्यक्ति का या समाज में अच्छी तरह से चर्चा और विचार-विमर्श किया गया दर्शन हो सकता है, जबकि कुछ के पास एक दर्शन है जिस पर पर्याप्त चर्चा नहीं हुई है और इसलिए वे सम्बन्धित समाज में प्रतिबन्धित और सीमित रूप में है। जहाँ तक भारत के आदिवासी समाज की बात है, दार्शनिक प्रश्नों पर दार्शनिक-दृष्टि से पर्याप्त चर्चा नहीं की गई है। जनजातीय समाज समृद्ध लोक-कथाओं, परम्पराओं और मिथकों से भरा हुआ है—इन सभी का विश्लेषण करने पर दार्शनिक सिद्धान्त मिलते हैं जो 'जनजातीय दर्शन' बनाते हैं।

लेकिन भारत में आदिवासी समाज विविधतापूर्ण और समरूप है, प्रत्येक का अपना दर्शन है। कई बार, यह प्रश्न उठाता है : क्या आदिवासी समाज में ईश्वर (देवताओं) की अवधारणा है? क्या इसका कोई दर्शनशास्त्र है? यह सवाल जो आमतौर पर 'मुख्यधारा' के समाज और 'मुख्यधारा के' बुद्धिजीवियों की तरफ से आता है, स्पष्ट है। क्योंकि, वे आमतौर पर आदिवासी समाज की बाहरी पूजा-प्रणाली को देखता है, पेड़ों, पहाड़ियों और पहाड़ों की पूजा या समग्र रूप से प्रकृति की पूजा। वे उनकी व्यवस्था को जीववाद (एनिमिज़्म) और जनजातियों को जीववादी (एनिमिस्ट) और प्रकृति उपासक कहते हैं।

हालाँकि, समस्या इतनी सरल नहीं है जितनी दिखती है। यदि जनजातियाँ केवल प्रकृति उपासक और खुद को एनिमिज़्म तक सीमित रखते हुए एनिमिस्ट हैं तो सिंगबोंगा और बोंगा कौन हैं? सिंगबोंगा और बोंगा एक जीवित परम्परा है, और दार्शनिकों ने इस प्रश्न पर बहुत कम ध्यान दिया है।

यह समझने के लिए कि सिंगबोंगा कौन है और बोंगा कौन हैं, असुर कनी (असुरों की कथा) को जानना महत्त्वपूर्ण है। यह न केवल एक लोक-कथा है, जैसा कि इसे मुख्यधारा के समाज द्वारा बनाया जा सकता है, बल्कि यह एक जीवित परम्परा है, जो आज भी बहुत व्यवहार में और विश्वास में है।

असुर कनी (असुर दन्तकथा)

संक्षेप में, यह इस प्रकार है :

सिंगबोंगा, जिन्होंने ब्रह्मांड, प्रकृति, जीव, पुरुष और स्त्री को बनाया, अपने सुनहरे राजदंड के साथ हमेशा चमकदार सिरमा (स्वर्ग) में रहते थे।

नीचे पृथ्वी पर, शक्तिशाली असुरों ने दिन-प्रतिदिन लोहे को गलाया, जिससे पूरी पृथ्वी गर्म हो गई, घास सूख गई, तालाब सूख गए, बैल, गायों और पुरुषों और महिलाओं सहित अन्य प्राणियों को खाने के लिए भोजन और पीने के लिए पानी मिलना बन्द हो गया। उन्होंने सिंगबोंगा से शिकायत की, याचना के साथ इसका कारण असुरों को बताया।

सिंगबोंगा ने निडर राजा कौवे को बुलाया और उसे दूत के रूप में असुरों के पास भेजा। राजा कौए ने असुरों को सिंगबोंगा का सन्देश सुनाया "सुनो! हम आपके लिए एक सन्देश लाए हैं, हम एक निवेदन लेकर आए हैं, 'रेंगनेवाले कीड़ों और उड़नेवाले कीड़ों और पक्षियों को अब पानी और भोजन नहीं मिल रहा है, धरती पर घास और जड़ी-बूटियाँ, पेड़-पौधे और झाड़ियाँ मुरझा रही हैं, स्वर्ग में सिंगबोंगा गर्मी महसूस करते हैं और झुलस जाते हैं।'"

असुरों ने राजा कौवे को पकड़ लिया और उनका अपमान किया। वे खुद को बचाने के लिए भाग गए।

तब सिंगबोंगा ने अपने दूत के रूप में स्वर्ण गिद्ध को भेजा। असुरों ने उसके साथ भी ऐसा ही किया। सिंगबोंगा ने असुरों के पास और भी कई दूत भेजे, लेकिन जब भी सिंगबोंगा के यहाँ से कोई दूत आया, तो असुरों ने उसका अपमान किया और उसका पीछा किया।

अन्त में, सिंगबोंगा, एक खुजलीवाले लड़के का रूप लेकर पृथ्वी पर उतरे, और शिल्प द्वारा अपनी पत्नियों की मदद से असुरों को नष्ट कर दिया।

जब सिंगबोंगा सिरमा (स्वर्ग) की ओर जा रहे थे, तो असुर महिलाओं ने उनके पैर और हाथ पकड़ लिये।

उसके बाद वे स्वर्ग की ओर बढ़ते हैं। असुर स्त्रियाँ उसके वस्त्र से लिपट जाती हैं। फिर सिंगबोंगा ने उनके बालों की चोटी से पकड़कर फेंक दिया। जो पहाड़ी पर गिरीं वे बुरु बोंगा (पहाड़ी आत्मा) बन गईं, जो गहरे पानी में गिरीं वे इकिर बोंगा (गहराई की आत्मा) बन गईं, जो ऊँची भूमि पर और नाले के सिर के पास गिरीं वे नगे बोंगा बन गईं, जो ऊँचे पर गिरीं वे करंग बुरु बोंगा बन गईं, जो लकड़ी की जगह पर गिरीं वे देसुली बोंगा बन गईं, जो झरने के पास लकड़ी की जगह पर गिरीं वे चोंडोर इकिर बोंगा बन गईं, जो कंकड़ या गोल पत्थर पर गिरीं वे चांडिल बोंगा बन गईं।

3.3. बोंगा (आत्मा) और सिंगबोंगा

जनजातियों को अक्सर विभिन्न अवसरों पर पहाड़ियों (बुरु), नदियों (इकिर), पेड़ों (दारु) आदि पर पूजा करते देखा जाता है। असुर कथा मुंडाओं के इस धार्मिक कार्य की पर्याप्त व्याख्या करती है। असुर दन्तकथा मौखिक रूप से सुनाई गई परम्परा का दस्तावेज़ है (अब लिखित रूप में लाया गया है) जिस पर आदिवासियों द्वारा मनाए जानेवाले धार्मिक उत्सवों और संस्कारों की वर्तमान प्रणाली आधारित है।

असुर किंवदन्ती में, जब सिंगबोंगा ने लगातार लोहे को गलानेवाले असुरों को नष्ट कर दिया था और स्वर्ग में अपने निवास स्थान पर वापस जा रहे थे, तो असुर महिलाएँ उनके शरीर के विभिन्न हिस्सों से चिपकी हुई थीं।

उन्होंने कहा, "हमने नहीं सोचा था कि आप ऐसा करेंगे। आपने हमें हमारे आदमियों को जलाकर मार डाला है।" उन्होंने ने उत्तर दिया, "मैंने दूत के रूप में चौकस चील और ऊर्जावान राजा कौवा भेजा। आपने उनके आदेशों का पालन नहीं किया।"

यह मूल घटना है जिसकी वजह से जनजातियों के लिए, पक्षियों और जानवरों के माध्यम से सन्देश आते हैं। आमतौर पर इसे शगुन कहा जाता है, और शगुन को समझना और उसके अनुसार कार्य करना महत्त्वपूर्ण होता है। और फिर सिंगबोंगा ने उनसे पूछा, "क्या आप सब मेरे सन्देश और आज्ञाओं का पालन करेंगी?"

"जब तक हम आज्ञा नहीं मानते, हम अपना भरण-पोषण कैसे पा सकते हैं?"

"ठीक है, तो मैं तुम्हें एक रास्ता दिखाऊँगा जिससे तुम लोग सहारा पाओगी।" उन्होंने उत्तर दिया, "दूर जाने से पहले मैं एक शिष्य के साथ एक डायन-खोजनेवाले को नियुक्त करूँगा। ये दोनों टूटे हुए चावल और दीपक की लौ के माध्यम से या हिबिस्कस कैनबिनस या क्रोटेलारिया जुनेशिया पौधों के एक जले हुए तने की लौ माध्यम से पता लगाने की कोशिश करेंगे। मैं आपको आदेश देता हूँ कि आप अपने-आपको डायन-खोजकर्ता और उसके सहयोगी से न छिपाएँ। हर गाँव के बीच में एक आदिवासी नरबलि देनेवाला होगा जो आपको एक पेड़ के नीचे बलि चढ़ाएगा।"

पहली नजर में ऐसा लगता है कि ईश्वर की आदिवासी अवधारणा केवल जीववाद और बहुदेववाद की है। हालाँकि इनमें से कोई भी पूरी तरह से सही नहीं है। आदिवासी केवल प्रकृति उपासक नहीं हैं। वे केवल सिरमा-स्वर्ग में रहनेवाले सिंगबोंगा, सर्वोच्च आत्मा की पूजा करते हैं। इस प्रकार, सिंगबोंगा परम्परा में बलिदान एक पेड़ के नीचे किया जाना है। यह, नंगी आँखों से, ऐसा प्रतीत होता है कि आदिवासी पेड़ की पूजा कर रहे हैं। मान्यता के अनुसार, सिंगबोंगा को एक शोरिया रोबस्टा (साल पेड़) पर आना और आराम करना पसन्द है, जब भी उसे आदिवासी पुजारी (पाहन) द्वारा बुलाया जाता है, पाहन को सिनबोंगा द्वारा एक पेड़ पर पूजा करने और बलिदान देने का निर्देश दिया गया है, आम तौर पर साल के पेड़ पर।

इस प्रकार, जनजातीय दर्शन प्रकृति के अभाव में सिंगबोंगा के अस्तित्व की कल्पना नहीं कर सकता है। सिंगबोंगा प्रकृति में व्याप्त हो जाता है और जब प्रकृति की पूजा की जाती है, तो सिंगबोंगा की पूजा की जाती है। सम्पूर्ण प्रकृति सिंगबोंगा का निवास-स्थान है, या दूसरे शब्दों में, सम्पूर्ण प्रकृति सिंगबोंगा, सर्वोच्च आत्मा की 'अभिव्यक्ति' है। इस अर्थ में जनजातीय दर्शन स्पिनोजा के दर्शन के समान है। सिंगबोंगा संसार है और संसार उसी में है। मुंडा दर्शन स्पिनोज़ा के 'पन्थवाद' के समान है, जिन्होंने सोचा था कि दुनिया ईश्वर की उपस्थिति है जो हर जगह व्याप्त है।

जब सिंगबोंगा स्वर्ग की ओर जा रहे थे, तब असुर स्त्रियाँ उनके वस्त्रों से चिपकी हुई थीं, फिर सिंगबोंगा ने उनके बालों की चोटी से पकड़कर फेंक दिया। जो पहाड़ी पर गिरीं वे बुरु बोंगा (पहाड़ी आत्मा) बन गईं, जो गहरे पानी में गिरीं वे इकिर बोंगा (गहराई की आत्मा) बन गईं, जो ऊँची भूमि पर और नाले के सिर के पास गिरीं वे नगे बोंगा बन गईं, जो ऊँचे पर गिरीं वे करंग बुरु बोंगा बन गईं, जो लकड़ी की जगह पर गिरीं वे देसुली बोंगा बन गईं, जो झरने के पास लकड़ी की जगह पर गिरीं वे चोंडोर इकिर बोंगा बन गईं, जो कंकड़ या गोल पत्थर पर गिरीं वे चांडिल बोंगा बन गईं।

आदिवासी परम्परा के अनुसार, जब इन बोंगा को उचित भोजन और पेय से सन्तुष्ट नहीं किया जाता है, तो वे सिंगबोंगा की अनुमति से मनुष्यों और जानवरों में बीमारी का कारण बन सकते हैं। इन बोंगों को खुश करने के लिए, मुंडाओं को बलिदान (भोजन और पेय) देना पड़ता है।

इस प्रकार, आदिवासियों को अक्सर इन बोंगा की खुशामदी में भोजन (मुर्गियों और बकरियों) और पेय की पेशकश करते देखा जाता है। हालाँकि, वे उनकी पूजा नहीं करते हैं, केवल खुश करने के लिए प्रसाद चढ़ाते हैं। ये बोंगा उन स्थानों की भी देखभाल करते हैं जहाँ वे सिंगबोंगा के फेंकने पर स्वर्ग से गिरे थे, साथ ही उनमें निवास करते हैं। इस प्रकार गलती से और मुंडाओं की असुर कथा के ज्ञान की कमी की वजह से आम लोगों को लगता है कि आदिवासी लोग पहाड़ियों, नदियों, पेड़ों आदि की पूजा कर रहे हैं।

यहाँ प्रश्न यह उठता है कि आदिवासी सिंगबोंगा की पूजा किस अवसर पर करते हैं? परम्परा के अनुसार, सिंगबोंगा की पूजा सामान्य रूप से प्रतिदिन और विशेष रूप से त्योहारों के दौरान की जानी चाहिए। जब सिंगबोंगा की पूजा करनी होती है, तो पूजा एक शोरिया रोबस्टा (साल/सखुआ पेड़) के नीचे की जानी चाहिए, क्योंकि ऐसा माना जाता है कि सिंगबोंगा स्वर्ग से नीचे आते हैं तब विशेष रूप से एक सरजोम दारु (सखुआ पेड़) पर रहते हैं। इसलिए प्रत्येक आदिवासी परिवार के आँगन में सरजोम का पेंड ज़रूर होना चाहिए। सरहुल—आमतौर पर वसन्त ऋतु में मनाया जानेवाला फूलों का त्योहार, जनजातियों का सबसे बड़ा त्योहार है, जिसके दौरान सिंगबोंगा की भव्य तरीके से पूजा की जाती है।

आदिवासी इस अर्थ में एकेश्वरवादी हैं कि वे केवल सिंगबोंगा, सर्वोच्च आत्मा की पूजा करते हैं। वे बहुदेववादी नहीं हैं जैसा कि आमतौर पर तब लगता है जब वे इतने सारे बोंगों (आत्माओं) को बलि चढ़ाते हैं। यह पूजा नहीं है बल्कि एक विशेष बोंगा (आत्मा) के खुशामदी में बलिदान (भोजन और पेय की पेशकश) का प्रदर्शन है, जिन्हें इसकी आवश्यकता हो सकती है।

मूल सिद्धान्तों के रूप में एकेश्वरवाद और सर्वेश्वरवाद, के रूप में आदिवासी दर्शन पर भी शंकराचार्य के अद्वैत दर्शन की तरह अच्छी तरह से चर्चा की जा सकती है।

परलोक सिद्धान्त : मनुष्य और आत्मा

मनुष्य

मनुष्य का स्वभाव उस ईश्वर के समान होता है जिसकी वह पूजा करता है। किसी व्यक्ति को समझने के लिए यह समझना होगा कि वह व्यक्ति किस प्रकार के ईश्वर में विश्वास करता है।

मुंडाओं के देवता सिंगबोंगा के बनाए जड़ और चेतन में मनुष्य सर्वोच्च है। सिंगबोंगा ने पुरुष और महिला को बुद्धिमान, जो सिंगबोंगा को दूसरों की तुलना में अधिक समझ सके, जिसके साथ सिंगबोंगा जुड़ सकें।

मनुष्य सृष्टि का स्वामी नहीं है, जैसा कि बाइबिल में है, जहाँ पर शासन करने के लिए सृष्टि को मनुष्य के सामने रखा गया है। चूँकि मनुष्य के पास बुद्धि है, उसे स्वभाव से सिंगबोंगा जैसा होना चाहिए, और सिंगबोंगा देखभाल कर रहे हैं, मनुष्य को सभी की देखभाल करना चाहिए। दूसरे अर्थ में, मनुष्य को सृष्टि के सभी प्राणियों के रखवाले के रूप में रहना है, न कि उसके संहारक के रूप में। जिस क्षण वह किसी भी सृजित प्राणी को नष्ट करने या उसके अस्तित्व में कठिनाई लाने का प्रयास करेगा, सिंगबोंगा विनाश लाएँगे। या विनाश स्वाभाविक रूप से होगा, जैसा कि असुर किंवदन्ती में हुआ था। मनुष्य को सृष्टि के रखवाले के रूप में अपनी भूमिका निभानी है, न कि सृष्टि के मालिक के रूप में। केवल सिंगबोंगा ही मालिक है और कोई नहीं।

यदि मनुष्य को रात-भर केवल अपने लोभ की पूर्ति के लिए ही काम करना पड़े, तो यह विनाश ही लाएगा। (असुर दन्तकथा)

मनुष्य को दिन में काम करना पड़ता है और रात में आराम करना पड़ता है। मनुष्य के विश्राम के लिए गीत और नृत्य बनाए गए हैं।

आत्मा

दूसरी ओर, आत्मा वह है जो किसी व्यक्ति की मृत्यु के बाद शरीर से बच जाती है, और उसे 'जी' (हसदा मुंडारी बोलते हैं) या 'जीउ' (नागुरी मुंडारी में) कहा जाता है। हालाँकि शरीर से अलग होने के बाद आत्मा के जीवित रहने के मामले में मुंडाओं का विश्वास अडिग और कट्टर है, वे इसके विभिन्न कार्यों में अन्तर करते हैं। वे 'रोआ' शब्द का भी प्रयोग करते हैं, जो अपने-आपमें जी (आत्मा) नहीं है। वे एक और शब्द का प्रयोग करते हैं, उम्बुल (साया), जो भी अपने-आपमें जी (आत्मा) नहीं है।

लेकिन सामूहिक रूप से, दोनों रोआ और उम्बुल, एक पूर्ण इकाई के रूप में जी (आत्मा) का निर्माण करते हैं। जिस व्यक्ति में रोआ और उम्बुल दोनों जी के रूप में रहते हैं, वह जीवित रहता है। जब व्यक्ति की मृत्यु हो जाती है, रोआ उम्बुल से अलग हो जाता है और या तो सिरमा (स्वर्ग) में जा सकता है या पुनर्जन्म ले सकता है। उम्बुल सिरमा में नहीं जाती, न पुनर्जन्म लेती है। यदि मरनेवाला व्यक्ति एक महान जीवन जीता है, तो उसके उम्बुल का वापस घर में का स्वागत किया जाता है और रहने के लिए एक कोना दिया जाता है। मृत पूर्वज का उम्बुल घर में ही रहता है और हर मिनट सदस्यों की रक्षा करता है।

जी (आत्मा) को शारीरिक जीवन की सभी प्रक्रियाओं का कुशल कारक माना जाता है। इसलिए ऐसा कहा जाता है कि यह पूरे शरीर में हर जगह मौजूद रहती है और कार्य करती है। स्वप्न में जी में उम्बुल नहीं होती, रोआ होता है, जो शरीर को छोड़कर इधर-उधर भटकता रहता है। बिना रोआ के शरीर में फिर से प्रवेश करने का समय दिये बिना लोगों को अचानक जगाना अच्छा नहीं होता है।

किसी व्यक्ति की मृत्यु के बाद, जब 'उम्बुल' को घर में वापस बुला लिया जाता है, तो उसे 'ओरह-बोंगा' (घरेलू आत्मा) कहा जाता है। मुंडा किसी व्यक्ति की मृत्यु के बाद उसके उम्बुल को वापस बुलाने के लिए जटिल प्रक्रिया करते हैं।

जी (आत्मा) के जीवन का सिद्धान्त न केवल पुरुषों में पाया जाता है, बल्कि जानवरों और पौधों में भी पाया जाता है। पौधों में हालाँकि केवल वानस्पतिक शक्ति होती है, जानवरों को इसके अलावा कामुकता और भूख लगती है, मनुष्य में, इन सबके अलावा तार्किकता या इक्छाशक्ति होती है। कारण और इच्छा से युक्त जी के पास सोम (मन) भी होता है।

आत्मा की अवधारणा में जी, रोआ, उम्बुल, बिटरपुर (आन्तरिक निवास स्थान), पोरोम डिशोम (पार देश), सिरमा (आकाश या स्वर्ग) की उपस्थिति मनुष्य और आत्मा की जनजातीय अवधारणा के अध्ययन को बहुत रोमांचक बनाती है।

4. नैतिकता

जनजातीय समाज में बहुत अच्छी तरह से विकसित नैतिकता है, और यह केवल किताब में या बात में नहीं है बल्कि वास्तविक व्यवहार में है। ऐसा दुनिया के अन्य समाज में नहीं देखा जा सकता है। जनजातीय दर्शन में नैतिकता केवल चर्चा या बात करने का विषय नहीं है बल्कि यह व्यवहार में लाने के लिए है।

आदिवासी समाज में नैतिकता दो स्तम्भों पर केन्द्रित है : (A) सामुदायिक जीवन, और (B) प्रकृति।

(A) सामुदायिक जीवन : यदि किसी व्यक्ति को नैतिक रूप से जीना है, तो उसे वैयक्तिकता से दूर रहना है। उसे एक समुदाय का आदमी होना है।

समाज के दुख और सुख उसके अपने दुख और सुख हैं, समुदाय की समस्याएँ और कठिनाइयाँ उसकी अपनी समस्याएँ और कठिनाइयाँ हैं। अपनी या अपनी रक्षा करने के लिए कोई अकेला नहीं बचा है। विधवा की समस्या समाज की समस्या है। इस मूल्य प्रणाली के कारण ही आदिवासी समुदाय में 'मदत' (सहयोग) की प्रथा थी। इसके तहत, यदि कोई काम है, जैसे कि घर की मरम्मत, तो गाँव के प्रत्येक परिवार का एक वयस्क सदस्य 'मदत' के लिए बताए एक दिन पर काम के लिए आएगा और काम पूरा करेगा। यह प्रथा कृषि में भी है। अत: कोई भी कार्य व्यक्तिगत कार्य नहीं है। प्रत्येक कार्य एक सामुदायिक कार्य है। और इस प्रकार जीवन बोझ नहीं है, बल्कि जीने का आनन्द है। एक व्यक्तिवादी जीवन जीना 'बुरा' या 'गलत' है, दूसरे शब्दों में अनैतिक। सामुदायिक जीवन जीना 'अच्छा' या 'सही' है; दूसरे शब्दों में, नैतिक।

(B) प्रकृति पर केन्द्रित नैतिकता : प्रकृति, जैसा कि पहले जिक्र किया गया है, प्रकृति जनजातीय जीवन और उनके वैश्विक नज़रिये के केन्द्र में है। प्रकृति के साथ सद्भाव 'अच्छा' है; प्रकृति के अनुसार नहीं रहना 'बुरा' है। यदि कोई व्यक्ति अपने लालच को पूरा करने के लिए प्रकृति का शोषण करता है, तो यह 'अनैतिक' है। मनुष्य को प्रकृति से उतना ही लेना पड़ता है, जितना उसे अपने भरण-पोषण के लिए चाहिए। यहाँ तक कि जब औषधीय जड़ी-बूटियों को जंगल से तोड़ना या उखाड़ना पड़ता है, तो पौधे का केवल एक हिस्सा काट दिया जाता है और बाकी पौधे को बरकरार रखा जाता है ताकि अगली पीढ़ी जड़ी-बूटियों के औषधीय लाभ ले सके। और जड़ी-बूटी पूरी तरह से पृथ्वी की सतह से नहीं मरती है। एक नियम के अनुसार, किसी व्यक्ति द्वारा अपना सुबह का नाश्ता पूरा करने से पहले औषधीय जड़ी-बूटियों को तोड़ना होता है। इस नियम का कोई तार्किक महत्त्व नहीं है, सम्भवत: यह सुनिश्चित करने के लिए बनाया गया है कि व्यक्ति औषधीय पौधे से उतना ही ले जितनी उसकी आवश्यकता है, और संग्रह करने के लिए ज्यादा संग्रह नहीं करता है। शायद बड़ों ने सोचा हो कि खाली पेट यह जीवन मूल्य सुनिश्चित कर देगा।

जनजातीय नैतिकता का एक विशाल क्षेत्र है और इसकी जाँच की जानी चाहिए। उपर्युक्त केवल दो मानकों को अन्तिम नहीं मानना चाहिए। सत्यता, ईमानदारी, सरलता, लोभ से दूर रहना, वासना और ईर्ष्या आदि जैसी चीज़ें भी नैतिकता का हिस्सा हैं। इसलिए विद्वानों को इसका अध्ययन करने की आवश्यकता है।

5. ज्ञानमीमांसा

ज्ञानमीमांसा ज्ञान का दार्शनिक सिद्धान्त है। जनजातीय ज्ञान विशाल है—कृषि से लेकर जड़ी-बूटी, औषधि, चींटियों, कीड़ों, जानवरों आदि जीवों के व्यवहार को

देखकर मौसम की भविष्यवाणी। लेकिन आमतौर पर इस ज्ञान को विज्ञान द्वारा 'ज्ञान' के रूप में स्वीकार नहीं किया जाता है। बीमारी का निदान एक अन्य क्षेत्र है, जिसके आधार पर ज्ञानमीमांसा के तहत चर्चा की जानी चाहिए।

किसी भी मामले में, दार्शनिक रूप से विज्ञान स्वयं सम्भव नहीं है। एक शरीर ज्ञान है जिसे 'विज्ञान' कहा जाता है जो अनुभवजन्य रूप से बना है। एक घटना, मान लीजिए 'ए' एक ही तरीके से 99 बार घटित होती है, और अनुभवजन्य प्रयोगकर्ता यह निष्कर्ष निकालता है कि घटना केवल 100वीं बार उसी तरह प्रतिक्रिया करेगी या घटित होगी। यह केवल एक 'विश्वास' है और इसमें कोई 'तर्क' शामिल नहीं है। यह निष्कर्ष निकालना कि 100वाँ कौवा काला होगा क्योंकि पहले देखे गए 99 अन्य कौवे काले थे, केवल विश्वास है, न कि 'तर्क'। विज्ञान हालाँकि इसे 'तर्क' के रूप में लेता है और तर्क के आधार पर खुद को स्थापित करता है। इसी तर्क के आधार पर, जनजातीय समाज में उपलब्ध ज्ञान के अनुभव को पीढ़ी-दर-पीढ़ी बढाया गया है।

किसी भी मामले में, घटना पहले होती है, और फिर वैज्ञानिक इसे समझाने के लिए एक सिद्धान्त की तलाश करते हैं। न्यूटन द्वारा अपने 'गुरुत्वाकर्षण के नियम' की खोज से पहले ही पेड़ से सेब जमीन पर गिर गया। इसलिए वैज्ञानिकों को जनजातीय ज्ञान को सिरे से खारिज करने के बजाय सैद्धान्तिक रूप से समझाने के लिए नियमों की तलाश करनी होगी। यदि विज्ञान इसे मान्य करना चाहे तो जड़ी-बूटियों के औषधीय ज्ञान जैसे ज्ञान पर प्रयोगशाला में प्रयोग किया जा सकता है। वास्तव में विज्ञान आदिवासी समाज से जड़ी-बूटियों का ज्ञान लेकर ऐसा करता है; फिर भी यह 'आदिवासी ज्ञान' के अस्तित्व को खारिज करता है। विज्ञान या तर्क से अधिक यह व्यवसाय या अर्थशास्त्र का मामला लगता है।

6. तत्त्वमीमांसा

तत्वमीमांसा, होने, न होने, अस्तित्व-रहित, शाश्वत, स्थायी, अस्थायी, सीमित और असीमित, के बारे में एक या कई, वास्तविकता और अस्तित्व पर विचार-विमर्श का दार्शनिक अध्ययन है।

क्या जनजातीय दर्शन में तत्त्वमीमांसा हो सकती है? वास्तविक जनजातीय दर्शन क्या है? जनजातीय दर्शन में मन-शरीर का सम्बन्ध कैसे काम करता है? इन सवालों की पड़ताल से ज्ञान का एक निकाय मिलेगा जिसे जनजातीय तत्त्वमीमांसा कहा जा सकता है।

निष्कर्ष

जनजातीय दर्शन अभी बौद्धिक पटल पर रखे जाने के लिए तैयार नहीं है। हालाँकि यह युगों से चला आ रहा है, लेकिन विद्वानों द्वारा आज तक इस पर कोई व्यवस्थित

कार्य नहीं किया गया। इस दर्शन में सभी आवश्यक मानक हैं जो इसे दर्शनशास्त्र के एक अलग इकाई के रूप में स्थापित होने के योग्य बनाते हैं।

लेख में अधिकांश उदाहरण लेखक के व्यक्तिगत प्रतिबन्ध के कारण जनजातियों के ऑस्ट्रो-एशियाई समूह से लिये गए हैं। अन्य भारतीय जनजातीय समूहों जैसे भील, गोंड, उत्तर-पूर्वी आदिवासी समूहों, द्रविड़ जनजातियाँ आदि में विस्तृत दार्शनिक अध्ययन, से विविध रंग को समेटे बौद्धिक रूप से समृद्ध और गहरा आदिवासी दर्शन मिलेगा जो ज्ञान के दायरे को बढ़ाएगा।

जनजातीय दर्शन आत्मा की समस्या, आत्मा की शाश्वतता, पुनर्जन्म, और आत्माओं को पुरस्कार और दंड की व्याख्या को व्यवस्थित करता है। दिलचस्प बात यह है कि आत्मा की आदिवासी अवधारणा सपने की व्याख्या करने में सक्षम है, जब कोई व्यक्ति सो रहा होता है तो उसकी मृत्यु क्यों नहीं होती है और उसकी आत्मा लोगों, जानवरों और चीज़ों से मिलती है, जिसे हम आमतौर पर 'स्वप्न' कहते हैं। अन्य दर्शन इस स्वप्न की घटना को स्पष्टीकरण के लिए मनोविज्ञान पर छोड़ देते हैं, लेकिन जनजातीय दर्शन इस पर प्रकाश डालता है। वास्तव में, जनजातीय समाज में एक व्यापक स्वप्न विश्लेषण है, लोगों ने एक-दूसरे के साथ सपनों और उनके परिणामों को वर्षों तक साझा किया और इसे दर्ज किया है। स्वप्न के बारे में आदिवासी व्याख्या पर पन्ने भर सकते हैं, लेकिन ये विषय इस कार्य में उचित नहीं है।

जनजातीय दर्शन भी लैंगिक समानता, कामुकता, गर्भपात आदि आधुनिक मुद्दों की व्याख्या करता है। इन मुद्दों पर जनजातीय दर्शन को 'आधार' बनाकर अन्य स्थापित दर्शनों जैसे कि तुलनात्मक अध्ययन के दो प्रमुख स्थापित दर्शन वैदिक और क्रिश्चियन की तरह विस्तृत चर्चा की जा सकती है।

जनजातीय दर्शन भी वैदिक और ईसाई दर्शन की तरह सृजनात्मकता और मौलिक वस्तुओं पर दार्शनिक प्रकाश डालता है। एक और महत्त्वपूर्ण दार्शनिक मुद्दा, भारत में जन्मे दो महत्त्वपूर्ण दार्शनिक अवधारणा वेदों का द्वैतवाद या अद्वैतवाद पर भी जनजातीय दर्शन के साथ चर्चा की जा सकती है। ईसाई और पश्चिमी दर्शन 'शरीर और आत्मा' (मन-शरीर सम्बन्ध) की समस्या पर भी आदिवासी दर्शन के साथ चर्चा की जा सकती है। जैसा कि पहले चर्चा की गई है, आदिवासी द्वैत-वड़ा (Dvaita-vada) के समान हैं, जिसमें वे आत्मा और पदार्थ दोनों को दो वास्तविक रूप में देखते हैं, वे यह बताने में सक्षम हैं कि रहस्यवाद कट्टर तर्क की तुलना में बेहतर व्याख्या कर सकता है। सृष्टि की कहानी में आदि तत्त्वों का पहले से अस्तित्व होने को शुरुआत में ही स्वीकार किया गया है। यह आत्मा (सिंगबोंगा) है जो मौलिक तत्त्वों और अपनी आत्मा का उपयोग करके सजीव प्राणी बनाने की कोशिश करती है।

आदिवासी दर्शन वर्तमान समय के सबसे ज्वलन्त मुद्दों में से एक, विशेष रूप से प्रकृति और पारिस्थितिकी के मामलों में मानवता का मार्गदर्शन करेगा। इस प्रकार यदि इसे विश्वविद्यालयों में एक अलग विषय के रूप में पढ़ाया जाए, तो यह केवल बुकशेल्फ में रहने के बजाय व्यवहार में भी अच्छा रहेगा।

वैदिक परम्परा और आदिवासी परम्परा साथ-साथ रही है, भारत में साथ-साथ विकसित हुई है। दोनों में कुछ समानताएँ हैं, कुछ अन्तर हैं। दोनों साथ-साथ रही हैं इसलिए दोनों ने एक-दूसरे को ज़रूर प्रभावित किया होगा। किस दर्शन को किससे किस स्तर पर क्या प्राप्त हुआ है, यह अध्ययन का विषय है। सरल अवलोकन से विषय के साथ न्याय नहीं होगा, वैदिक और आदिवासी परम्परा में से प्रत्येक का दावा है कि दूसरे ने उनसे बहुत कुछ लिया है। प्रसिद्ध विद्वान सुनीति कुमार चटर्जी ने अपनी पुस्तक 'भारतीय आर्य भाषा और हिन्दी' में विचार किया है कि आदिवासी परम्परा से वैदिक परम्परा ने कई अवधारणाओं, विश्वासों और प्रथाओं को अपनाया है और शुरू में कई मन्दिरों को आदिवासी पाहनों द्वारा शुरू किया गया था। चटर्जी कहते हैं कि गंगा जैसी पवित्र नदी को विवाहित स्त्री के माथे पर सिन्दूर, पेड़ों, चट्टानों, पत्थरों, नदियों के देवता की उत्पत्ति आर्य गोत्र-प्रणाली में मुंडा आदि की टोटेम-प्रणाली से आई हुई है, जिसे ऑस्ट्रो-एशियाई जाति से अपनाया गया है।

(लेखक सेंट जेवियर्स कॉलेज, राँची में पढ़ाते हैं। उन्होंने द इटरनल मिस्ट्री, लाइफ एंड टाइम्स ऑफ जयपाल सिंह, एंड मुंडा फोकटेल्स एंड एलीफेंट स्टोरीज लिखी हैं।)

सन्दर्भ सूची

Munda, Ram Dayal: Adi Dharam, Rajkamal Prakashan, New Delhi, 2009.

Hoffman, J.B.: Enclopaedia Mundarica, Gian Publishing House, New Delhi, 2009 (reprint).

Dungdung, Joakim: Khraia Jeevan Evam Parampara, Ranchi Jesuits, Ranchi, 1999.

Oreya, Menas: Singbonga Aundo Etc-etc Bongako, Ranchi Catholic Press, Ranchi, (year not available).

Sharma, Chandradhar: A Critical Survey of Indian Philosophy, Motilal Banarsidass, Delhi, 1997 (reprint).

Vatsyayana: History of Western Philosophy, Kedar Nath Ram Nath, Meerut, (year not available).

Sharma, Ram Nath: Problems of Western Philosophy, Kedar Nath Ram Nath, Meerut, (year not available).

Kumar, Anil: Jharkhand Me Mundaon ka Arthik Etihas, Patna, 2002.

The New Jerusalem Bible, Darton, Longman & Todd Ltd, UK, 2013 (Reprint).

प्रसन्नता : आदिवासी दर्शन का मूल भाव

(सन्दर्भ : मुंडा जीवन-दर्शन)

समर बसु मल्लिक

(इस आलेख में मुंडा भाषा समूह जैसे कि मुंडा, सन्ताल, हो, खड़िया आदि भाषा-भाषी सभी समुदायों को 'मुंडा' ही रेखांकित किया गया है।

"बीर बानो : दिसुम अले होदोको काले सुकुआ"। यह वाक्य सरवदा ग्राम के मुंडाओं ने एक बार रेवरेंड जॉन बैपटिस्ट हॉफमैन से कहा था। 19वीं शताब्दी के अन्त में वे उन दिनों जिस सरवदा मिशन में रह रहे थे वह खूँटी के घने जंगल के अन्दर था। खूँटी वर्तमान में झारखंड का एक जिला है। युवा पादरी इस बात से इतने प्रभावित हुए कि उन्होंने अपनी महान कृति, एनसाइक्लोपीडिया मुंडारिका में इस कथन का जिक्र किया है। इसका मतलब है, 'हम, मुंडा (होड़ोको) उस देश में खुश नहीं होंगे जहाँ कोई जंगल नहीं है' (हॉफमैन। 1950 : 555)।

यह भावना मुंडाओं के मन को दर्शाती है। वे प्रकृति को अपनी भलाई का हिस्सा मानते हैं। वे उसके साथ सह-जीवन में रहकर खुश थे। वे एक ऐसे देश में खुद को पराया और उदास पाते हैं जो वन जैव-विविधता से रहित हो। प्रकृति ने उनकी जीवन-शैली को आकार दिया जो उनसे अलग भौगोलिक परिस्थितियों में रहनेवालों से अलग था। उन्होंने प्रकृति की गोद में अपने वजूद को महसूस किया। उनकी खुशी इसी हकीकत पर टिकी थी। इस वास्तविकता के बारे में उनका ज्ञान गहरा और तर्कसंगत था, काल्पनिक और आदर्शवादी नहीं था। उनकी पसन्द और नापसन्द के बारे में उनकी चेतना का आधार उनकी भौतिक दुनिया थी। इस यथार्थ के बारे में उनका ज्ञान केवल वर्तमान का उत्पाद नहीं था, बल्कि यह अतीत की निरन्तरता थी, प्रकृति का एक पारम्परिक ज्ञान जो सुखदायक और देखभाल करनेवाला था। वन और वन की जैव-विविधता के बिना मुंडाओं के अस्तित्व की कल्पना नहीं की जा सकती थी। भौतिक प्रकृति ही उनके परम सुख का एकमात्र स्रोत थी। मुंडाओं के उपर्युक्त उल्लेखित कथन को उन्नीसवीं सदी

के ब्रिटिश औपनिवेशिक संरचना के विरोध के रूप में देखा जा सकता है, जिसके तहत बंगाल के वनक्षेत्रों को लाभ उत्पादक कृषि-क्षेत्रों और लकड़ी की खानों में तब्दील कर दिया गया। मुंडाओं ने प्रकृति माँ के इस परिवर्तन का इनसान के दुश्मन के रूप में हरसम्भव विरोध किया। यह दो परस्पर विरोधी विश्व दृष्टिकोणों के बीच संघर्ष को व्यक्त करता है।

यह नज़रिया अब लगभग एक शताब्दी पुराना है। हॉफमैन 1895 से 1914 तक सरवदा में थे। एक दुश्मन देश का नागरिक होने के नाते, उन्हें प्रथम विश्वयुद्ध (1984 : 33 और 127) के दौरान 1915 में जर्मनी भेज दिया गया था। तब से अब तक सुवर्णरिखा और दामूदा (दामोदर नदी) की पवित्र नदियों से जाने कितना पानी बह चुका है। मुंडा समुदाय समय के कठिन दौर से गुजरा है। जबरन कृषि-करण और बड़े पैमाने पर वनों की कटाई, जीवों का नियोजित विनाश (औपनिवेशिक राज्य द्वारा उन्मूलन कहा जाता है), बड़े पैमाने पर खनन और बड़े धातु उद्योगों की स्थापना, बड़े बाँधों के निर्माण और बड़े पैमाने पर शहरीकरण के औद्योगिक और घरेलू उद्देश्यों के लिए लकड़ी की बढ़ती माँग ने बंगाल वुडलैंड पर अपना असर डाला है, इसे शुरुआती दौर में अंग्रेज वुडलैंड कहते थे। (शिवारामकृष्णन, 1999; गाडगिल और गुहा। 2000)। इसके परिणामस्वरूप मुंडा देश का परिदृश्य खास तौर से बदल गया है। मुगलों का जंगल महल या 'वन देश' जिसे अब बर्बाद जंगलों और नग्न पहाड़ियोंवाले झारखंड के रूप में जाना जाता है। सही मायने में इस 'घने जंगलों की भूमि' ने अपने प्राचीन वनस्पतियों और जीवों को काफी हद तक खो दिया है और उसके साथ-साथ उसके अस्तित्व को मिटा दिया गया है, जिस पर मुंडा समुदाय का जीवन-दर्शन आधारित था। लेकिन इस सबके बावजूद जीवन और धरती, आत्मा और आकाश का अन्त नहीं हुआ है। हॉफमैन का दौर समय-समय पर पुनर्जीवित होता रहता है। मुंडाओं का मन उस गति से नहीं बदल रहा है जिस गति से उनकी भौतिक वास्तविकता बदल रही है। जीवन का मुंडा दर्शन अभी भी अतीत से जुड़ा हुआ है।

हॉफमैन के समय के मुंडा साक्षर नहीं थे। हालाँकि उनके पास समृद्ध भाषा थी, लेकिन फिर भी अपनी खुद की एक लिपि या किसी एक शासक को अपनाने की समझ का विकास बाकी था। इसलिए, प्रकृति के साथ अपने सम्बन्धों के बारे में उनकी चेतना उनकी सामूहिक याददास्त में कायम है। औपनिवेशिक काल के प्रारम्भिक नृवंश विज्ञानियों ने इसे लिखित रूप में फिर से प्रस्तुत किया। उनके सभी मिथक और किंवदन्तियाँ, गोत और कहावतें, कला और कलाकृतियाँ प्रकृति की उनकी धारणा पर आधारित पाई गईं। एक नवपाषाण काल के लोगों की तरह अपने पूर्वजों के जन्म के समय से, लगभग 4000 साल पहले दक्षिण चीन में (यूसुफ। 2018), और गंगा के नीचले मैदानी इलाकों में एक अलग जन समुदाय के रूप में उनका निर्माण। उनकी सुखी जीवन की यादें बिखरी हुई हैं,

उनके माता-पिता प्रकृति की गोद में रहते थे। 'आत्मत बीर को तलारे (घने जंगलों के नीचे हमारे पूर्वज रहते थे)' इस वाक्य ने मुंडाओं को फिर से इकट्ठा किया। यह विशाल उजाड़ जंगल, 'सेया सांडी बीर' था, जिसे दूसरी मुंडारी परम्परा ने जनजाति के मूल घर के रूप में नामित किया (रॉय। 1912 : 5)।

उनके पूर्वज पुराने दिनों (सिदा समय रे) में इस विशाल जंगल में लम्बे समय तक घूमते रहे, जब तक कि वे अन्ततः उस स्थान पर नहीं पहुँच गए, जिसे वे 'बीर कन्दरा दिसुम', घने जंगलोंवाला देश कहते थे (सिंह। 1978 : 31)। सन्ताल सामूहिक मान्यता में पाप बीर, मान बीर और हसा बीर (बीर का अर्थ वन है) में पहले बारह लड़के और पहली बारह लड़कियाँ (सन्ताल पूर्वज) रहते थे। ये अपनी लम्बाई के हिसाब से एक-दूसरे से मिले। और उनके दिल मिलने से बारह कुल बने। मारंग बुरु (महान पर्वत या सर्वोच्च आत्मा) ने उन्हें वन गीत, बाँसुरी बजाना और केटलड्रम और नृत्य सिखाया (एंडरसन एट अल। 2011 : 65)। वास्तव में, जनजातीय लोग सैकड़ों गीतों को गाते हैं, उनके गीतों में विभिन्न रूपों में प्रकृति की सराहना एक प्रमुख विषय होता है (मुंडा। 1981 : 28)। मुंडा क्षेत्र में गाँवों का नाम पेड़ों और फूलों के नाम पर रखा गया था। बुज़ुर्ग लोग अभी भी याद करते हैं कि कैसे उनके पूर्वजों ने जंगल में कई जगहों पर वन-आधारित जीवन-शैली विकसित की थी।

बीर कन्दरा दिसुम में, लोककथा कहती है कि मुंडा जनजातीय समूह जैसे कि मुंडा, सन्ताल, होस, खारिया और जुआंग जैसी जनजातियों ने गाँव बसाए थे। अपने लम्बे भ्रमण के दौरान लोग जहाँ कहीं भी बसे, उसकी अतीत की यादें उनके गतिहीन जीवन में बनी हुई हैं। जब एक गाँव बना था तब आदिम जंगल का एक टुकड़ा छोड़ दिया गया था। महिला आत्मा, जहर या जेर युग (महिला) के नाम पर इसे 'पवित्र ग्रोव', जहेर (सन्ताल) या जायर (मुंडा और हो) के नाम से जाना जाता है। यह नारी-प्रधान है जो धरती माता का प्रतीक है। ग्रोव की पवित्र जैव-विविधता को अत्यन्त श्रद्धा और देखभाल के साथ भावी पीढ़ी के लिए संरक्षित किया जाता है। आत्मिक दुनिया की प्रायश्चित पवित्र ग्रोव में होती है क्योंकि इसे लोगों के घरों में रहनेवाले पूर्वजों को छोड़कर सभी आत्माओं का निवास माना जाता है। इसलिए पवित्र ग्रोव मुंडा विश्वास-प्रणाली के मूल में हैं। इसकी तुलना हिन्दू मन्दिर से नहीं की जा सकती (दास। 2020)। लोग पूजा के उद्देश्य से इसमें कोई मानवरूपी मूर्ति नहीं रखते हैं। मन्दिर एक ऐसा शब्द है जो विशुद्ध रूप से प्रामाणिक धर्म से सम्बन्धित है। पवित्र ग्रोव जादू की दुनिया का एक हिस्सा है जिसे अक्सर अन्धविश्वास के रूप में उपहासित किया जाता है। यह उस आन्तरिक सम्बन्ध का प्रतीक है जिसे लोग प्राचीन काल से अलौकिक शक्ति से अपने विश्वास को प्रकृति के साथ बनाए हुए हैं (पाल। 2015)। वे समुदाय के स्वास्थ्य और खुशी के लिए प्रकृति में अलौकिक

शक्ति का प्रचार करते हैं। आज के सन्दर्भ में इसे प्रकृति संरक्षण के आदिवासी प्रयास के रूप में देखा जा सकता है (गाडगिल। 2018; खान। 2003), लेकिन जब वे आदिम वनों से बाहर हो गए थे तो प्रकृति का संरक्षण उस वक्त की माँग नहीं थी। यह विशुद्ध रूप से एक आध्यात्मिक संस्था थी।

गतिहीन जीवन-शैली ने गाँवों के आसपास के जंगल को भी अपने में समेट लिया। उपयोगी जगह को बढ़ने दिया गया। जैसे—जैसे जनसंख्या बढ़ी, अधिक-से-अधिक भूमि को हल की खेती के तहत लाया गया और निकटवर्ती गाँवों की संख्या कई गुना बढ़ती गई। प्रकृति और संस्कृति का मिलन हुआ। केवल पवित्र ग्रोव ही अतीत और वर्तमान के बीच की कड़ी बने रहे। बाद में, मुंडाओं ने अपने नये स्थापित निवास स्थान को जाएर कांडा, पवित्र ग्रोव की भूमि (खूँटी के मुंडा ऐसा कहते हैं) कहा। वर्तमान में यह जमीन शायद झारखंड के रूप में जाना जाता है।

इस प्रकृति-आधारित जीवन-शैली में भौतिक और मानव प्रकृति एक में विलीन हो गई और एक खास वैश्विक नज़रिये का आधार प्रदान किया, जो मुंडा ज्ञानमीमांसा का सदाबहार स्रोत बन गया। प्रकृति लोगों के मन और भौतिक अस्तित्व में इतनी गहरी जड़ें जमा चुकी है कि किसी भी आर्थिक और सामाजिक परिवर्तन को प्रकृति के अनुकूल होना पड़ता है। प्रकृति हर जगह व्याप्त है, यह विश्वास, पूर्वाग्रह, संस्कार, अनुष्ठान, प्रतीक और समारोहों को निर्धारित नहीं करती। एंटनी गिडेंस ने देखा कि ये प्रागैतिहासिक मानव अवधारणा की प्रतिक्रिया थी, और प्रकृति की सिलवन आत्माओं और देवताओं के प्रति कृतज्ञता के प्रतिबिम्ब थे, जिन्हें पर्यावरण के भीतर मानव-जाति के सामंजस्यपूर्ण अस्तित्व के लिए स्थायीकरण की आवश्यकता थी (गिडेंस। 2009 : 676)। हमारे समय के सबसे सम्मानित आदिवासी बुद्धिजीवियों में से एक, डॉ. निर्मल मिंज लिखते हैं, 'प्रकृति में आत्माओं की यह जीवन्त चेतना पर्यावरण पर आदिवासी दृष्टिकोण को दूसरों से अलग बनाती है। उनके (आदिवासी) वैश्विक नज़रिये में धर्मनिरपेक्ष और पवित्र के बीच का अन्तर नहीं रखा गया है। क्योंकि सारा अस्तित्व हमारे लिए आध्यात्मिक है। हम पुष्टि करते हैं कि हम आत्माओं की दुनिया में रहते हैं। भूमि हमारे व्यक्तित्व और पारस्परिकता को परिभाषित करती है। हमारे रिश्तेदार के रूप में प्रकृति की अवधारणा हमें अपने रिश्तेदारों के साथ सम्मान के साथ पेश आती है, और उनके साथ न्यायपूर्ण व्यवहार करती है, चाहे वे अन्य इनसान हों, पेड़, जानवर और कीड़े, पानी की हवा या धूप" (कुजुर और मिंज। 2007: 52-53)। यह अवलोकन अमेरिकी भारतीयों के डुवामिश जनजाति के चीफ सील्थ के चित्कार की गूँज है। "इस पृथ्वी का प्रत्येक भाग मेरे लोगों के लिए पवित्र है। हर चमकती हुई चीड़ की सूई, हर रेतीले किनारे, अँधेरे जंगल में हर धुन्ध, हर उजाला और गुनगुनाता कीट मेरे लोगों की स्मृति और अनुभव में

पवित्र है...बिना जानवरों के मनुष्य क्या है? यदि सभी जानवर समाप्त हो जाएँ तो मनुष्य अकेलेपन से मर जाएगा, क्योंकि जो कुछ जानवरों के साथ होता है वह मनुष्य के साथ भी होता है।"

प्रकृति ने उनके मौलिक दार्शनिक प्रश्नों मैं कौन हूँ, मैं कहाँ से आया हूँ और मृत्यु के बाद मेरा क्या होगा का उत्तर दिया है। जनजातियों की पहचान का दर्शन इससे निकलता है। वे खुद को इस दुनिया के वनस्पतियों और जीवों के हिस्से के रूप में पाते हैं, जिसमें वे रहते हैं। उनके लिए इस दुनिया में जड़ और चेतन के बीच कोई अन्तर नहीं है। भौतिक जगत में जीवित प्राणी हैं। मनुष्य उसमें सबसे ऊपर नहीं है और वे संसार को मानव-केन्द्रित नहीं कहते हैं। मुंडा मिथक यह नहीं कहते हैं कि दुनिया आदमी के लिए बनाई गई थी। इसलिए, मनुष्य को हर उस चीज़ का दोहन करने का अधिकार है जो पृथ्वी पर है या जिसे पृथ्वी पैदा करती है। स्त्री को भी पुरुष के फायदे के लिए बनाया गया है। इसके विपरीत मुंडा जगत जैव केन्द्रित है। "हम पृथ्वी पर असंख्य जीवों में से एक हैं। हमारी पहचान पशु और वनस्पति से जुड़ी हुई है और हम कुलदेवता के कुलों में बँटे हुए हैं" (मुंडा बड़ों के साथ साक्षात्कार के आधार पर)। "मैं कौन हूँ" की इस समझ के परिणाम के रूप में पक्षियों के अंडों से मानव के जन्म की मान्यता है, जो बताती है कि "मैं कहाँ से आया हूँ"। मुंडा जनजातियों के मिथकों में भिन्नता हो सकती है, लेकिन कहानी का मूल एक ही रहता है। मुंडा मन में स्वर्ग या नरक जैसी कोई दूसरी दुनिया नहीं है। जब मानव मरता है तो शरीर वापस प्रकृति के पाँच तत्त्वों में विलीन हो जाता है, केवल 'रो', 'ऊर्जा' मृतक की 'छाया' (उम्बुल) के रूप में रहती है। मुंडा का यह वैश्विक नज़रिया सबसे बेहतर पौराणिक रूपों में व्यक्त किया गया है।

मिथक और किंवदन्तियाँ

मुंडा विश्वदृष्टि का सन्दर्भ बिन्दु भौतिक संसार है। जिस दुनिया में वे रहते हैं और जिस दुनिया में उनके पूर्वज रहते थे। उनकी इस दुनिया के दो आयाम हैं, प्राकृतिक और अलौकिक। अलौकिक दुनिया बुरु और बोंगा, आत्माओं की दुनिया का क्षेत्र है। बुरु का शाब्दिक अर्थ है पहाड़ी लेकिन पहाड़ियाँ भी पूजनीय हैं, और उनकी आत्माएँ भी हैं। लोगों ने पृथ्वी पर अपने अस्तित्व की व्याख्या की, अपने अतीत की व्याख्या की, अपने वर्तमान को समझा और अपने भविष्य की कल्पना की, सभी खुद को इस दुनिया का एक अभिन्न अंग मानते हैं। मुंडाओं ने अपने नज़रिये को, कहानियों और गीतों को कानी और दुरंग के रूप में कैद किया है, पश्चिम के मानव विज्ञानी इसे मिथक कहते हैं। भारतीय सन्दर्भ में हिन्दुओं के महाभारत और रामायण मिथकों के दो विशाल काव्य-संग्रह हैं और उन्हें इतिहास कहा जाता है,

जिसका अनुवाद 'इतिहास' के रूप में किया जा सकता है। पुराणों के शेष संग्रह पुराण कहलाते हैं। मुंडा शब्दावली में मिथकों के लिए शब्द नहीं है, न ही इतिहास या पुराण के लिए। उनके लिए मिथक वास्तव में कविता यानी दुरंग है। कानी हिन्दी भाषा में कहानी है। इस प्रकार मुंडारी में जिसे कानी कहा जाता है वह वास्तव में कविता है जो कहानियों को बयान करती है। उदाहरण के लिए, असुर कानी एक पीढ़ी से दूसरी पीढ़ी में पारम्परिक काव्यात्मक रूप में याद किये गए एक लम्बे गाथागीत के रूप में प्रसारित होता है।

मुंडाओं के लिए मिथक 'कहानियाँ' हैं, अन्य कहानियाँ उन घटनाओं का वर्णन हैं जिन्हें किसी ने देखा है, या जो पौराणिक प्रसंगों की हैं। एक मिथक मोड़ "नांग नांग, जुगु-जुगु, काल्कलाते, में शुरुआत से, सभी युगों में हमेशा से क्या हुआ से सम्बन्धित है।" (वैन एक्सम 1982 : 16)। जैसे-जैसे दुनिया बदलती है, जीवन की वास्तविकताएँ बदलती हैं, लोगों को जीवित रहने की नई और नई चुनौतियों का सामना करना पड़ता है। बदलती वास्तविकताओं के साथ प्रासंगिक बने रहने के लिए नये मिथकों का निर्माण किया जाना है। दूसरे शब्दों में, मुंडा जगत का दर्शन प्रकृति में गतिशील है, लेकिन इसका सन्दर्भ बिन्दु स्थिर है जो केवल प्रकृति है और प्रकृति के अलावा कुछ नहीं है। मुंडा की बदलती दुनिया के साथ प्रकृति-पूर्वज-मानव को लगातार प्रासंगिक और अनुकूल बनाने के लिए मिथक बनाए गए हैं।

जीवन का मुंडा दर्शन मिथकों और किंवदन्तियों के माध्यम से शानदार ढंग से व्यक्त किया गया है। किंवदन्तियाँ अनिवार्य रूप से ऐतिहासिक यादें हैं और मिथक रूपक के रूप में यादें हैं। लेकिन मुंडा मन में वे एक-दूसरे के साथ जुड़े हुए हैं। उदाहरण के लिए, असुर किंवदन्ती में उनके पूर्वजों और असुरों (एक अन्य जनजाति जिसने लोहा गलाने का कौशल सीखा) के बीच ऐतिहासिक संघर्ष की स्मृति शामिल है। लेकिन साथ ही कहानी असुरों को सबक सिखाने के लिए दैवीय (अलौकिक) हस्तक्षेप के इर्द-गिर्द केन्द्रित है ताकि सर्वोच्च आत्मा, गाओ बोंगा द्वारा बनाई गई भौतिक प्रकृति को संरक्षित किया जा सके। यही कारण है कि वैन एक्जेम टिप्पणी करते हैं, "यह किंवदन्ती वास्तव में एक मिथक है, और हम इसका उपयोग इसके पौराणिक मूल्यों के लिए करेंगे" (वैन एक्सम 1982 : 14)। अशोक सेन हमारे समय के स्थापित मानव विज्ञानियों के मत 'मिथक की विशाल ज्ञानमीमांसात्मक क्षमता' पर जोर देते हैं। उनका तर्क है कि "आदिवासियों के लिए, मिथक केवल एक काल्पनिक कथा नहीं है, बल्कि एक ऐसी जगह है जहाँ वे अपने अतीत को दर्ज करते हैं" (सेन. 2018 : 57)। उन्होंने एल्विन को यह कहते हुए उद्धृत किया, "मिथक एक प्रकार के पारम्परिक ज्ञान या इतिहास के रूप में एक जादूगर से दूसरे जादूगर के पास जाते हैं" (एल्विन। 1968 : XXI-II)। कहीं और एल्विन ने उल्लेख किया,

"मिथक अपने सबसे अच्छे रूप में, मानव अस्तित्व के नाटक की मान्यता के रूप में माना जाना चाहिए। इसका अन्तिम उद्देश्य दुनिया की इच्छा के अनुरूप विकृति नहीं है, बल्कि इसकी मौलिक प्रकृति की गम्भीर समझ और परिकल्पना है। मिथक को आम तौर पर एक विश्व-चित्र और जीवन में अन्तर्दृष्टि का प्रतिनिधित्व करने के रूप में माना जाता है और इसलिए इसे आदिम दर्शन या आध्यात्मिक विचार माना जा सकता है" (एल्विन। 1957 : 81)। वेरियर एल्विन ने इस प्रकार एक अमेरिकी मानवविज्ञानी का हवाला दिया, हालाँकि, उन्होंने अपनी अत्यधिक प्रशंसित पुस्तक, द फिलॉसफी फॉर नेफा में इसका जिक्र नहीं किया।

स्पष्ट रूप से विरोधाभासी मिथक तभी समझ में आते हैं जब उन्हें उनके निर्माण के ऐतिहासिक सन्दर्भों को समझा जाता है (वैन एक्ज़म। 1982 : 17)। मिथकों की परतें स्पष्ट रूप से एक-दूसरे से असंगत हैं जो यह साबित करती हैं कि मुंडा आस्तिक नहीं बल्कि साधक हैं। भौतिक दुनिया में परिवर्तन के साथ, वे इसमें जीवन का अर्थ तलाशने की कोशिश करते हैं और नई बदली हुई सामाजिक स्थिति के लिए प्रासंगिक बने रहने के लिए नये मिथक बनाए जाते हैं। विश्वासी ऐसा नहीं करते। वे 'धार्मिक रूप से' अतीत के मिथकों का भार को ढोते हैं, भले ही वे वर्तमान में असंगत हों और भविष्य में प्रासंगिक होने की सम्भावना न हो। मुंडा ज्ञानमीमांसा मानव-प्रकृति सम्बन्धों के मिथकों से ली गई है और सत्तामीमांसा (आंकोलॉजी) इस रिश्ते की बदलती प्रकृति को प्रकट करती है।

अब हम कुछ सबसे लोकप्रिय मिथकों की पड़ताल करें जिन्हें मुंडा अपने जीवन और मृत्यु को समझने के लिए आवश्यक मानते हैं। सृजन मिथक या 'सृष्टि का गीत' जिसे सिरिजन दुरंग कहा जाता है और विनाश मिथक, 'आग की बारिश' (सेंगेल दा), जीवित पृथ्वी और जली हुई मिटटी के बीच जीवन और मृत्यु के बीच एक तीव्र अन्तर प्रस्तुत करता है। असुर किंवदन्ती लोहे को अपनाने के ज्ञान का वर्णन करती है और बरंडा बोंगा की मिथक में गोद लेने का विरोध की कहानी है। इन सभी मिथकों के मूल में 'अदृश्य ऊर्जा/शक्ति/आत्मा' है। इन मिथकों में जनजाति की बदलती सामाजिक व्यवस्था का तथ्य निहित है। 'परम आत्मा' उनमें एक महत्त्वपूर्ण भूमिका निभाती है और उस प्रक्रिया में स्वयं सर्वोच्च आत्मा की अवधारणा भी बदलती रहती है। यह प्रक्रिया इस कहानी के साथ शुरू हुई कि कैसे शुरू में सिंगबोंगा (सर्वोच्च आत्मा) ('बूढ़े आदमी' के रूप में कल्पना की गई) बच्चों की जोड़ी के साथ बनी रही जो अपने दादा के रूप में आग की बारिश से बचे थे। लेकिन आखिरकार उसने उन्हें हमेशा के लिए छोड़ दिया। इस बार उनकी गलती नहीं थी। मिथक व्यक्तित्ववाले सर्वोच्च आत्मा के अमूर्त रूप में परिवर्तन का वर्णन करता है। कहानी इस प्रकार है।

पहले जोड़े ने अपने बीमार बच्चे को ठीक करने के लिए आजा (दादा जी)

के रूप में सिंगबोंगा को एक सफेद मुर्गा का बलिदान दिया। उन्होंने जंगल में मांस पकाया और उनसे कहा कि वह उनके साथ भोजन साझा करें जिसे उन्होंने मना कर दिया। घर वापस जाते समय, जोड़े ने महसूस किया कि उन्होंने चाकू वहीं छोड़ दिया था जहाँ उन्होंने मांस पकाया था। जब वे वापस गए, तो उन्होंने देखा कि दादा जी उस पत्ते को चाट रहे थे जिसमें बलि का मांस था जिसे उन्होंने अपने लिए पकाया था। दादा जी इतने लज्जित हुए कि उन्होंने उन्हें अकेला छोड़ दिया और फिर कभी वापस नहीं आए।

बाद के चरण में, मुंडाओं के बीच, मारंग बुरु सिंग बोंगा में तब्दील हो गए और बोंगा को सर्वोच्च आत्मा से सिंग बोंगा या हिन्दू सूर्य भगवान के समान सूर्य आत्मा बन गए। इसी तरह, सन्तालों में मारंग बुरु चन्दो बोंगा और फिर ठाकुर जीउ या यहाँ तक कि महादेव (दोनों हिन्दू देवता हैं) बन गए। हालाँकि, सर्वोच्च आत्मा की प्रकृति में ये परिवर्तन अपनी मूल प्रकृति से बदलती नहीं हैं बल्कि एक-दूसरे से विकसित होती हैं। भले ही नाम हिन्दू पन्थ से चारित्रिक रूप से उधार लिये गए हों, लेकिन वे एक ही देवता नहीं हैं। मुंडाओं के दर्शन में निर्माता ईश्वर की कोई अवधारणा नहीं है। मारंग बुरु, चन्दो बोंगा या सिंग बोंगा भगवान नहीं हैं। सिंगी बोंगा (सूर्य देव), ठाकुर जीउ या महादेव (शिव) जैसी उधार की अवधारणाओं को भी भगवान के बराबर नहीं किया जा सकता है। मुंडा समूह की भाषाओं में ऐसा कोई शब्द नहीं है जो दूर से भी ईश्वर से मिलता-जुलता हो। मुंडा ज्ञानमीमांसा में ब्रह्मांड में दो आयाम होते हैं, ओटे और सिरमा, पृथ्वी और आकाश। दोनों जीवन्त हैं। ईश्वर की कोई अदृश्य चौकस आँख नहीं है जो मानव-क्रिया और व्यवहार का जायजा लेती रहे। कोई भी ईश्वर द्वारा भेजा गया 'वसीयतनामा' या स्मृति नहीं है जिसका पालन किया जाना है। मुंडा कहते हैं, सिरमरे सिंग बोंगा ओडो ओटेर पोंचो, सिंग बोंगा आकाश में है लेकिन पृथ्वी पर जो हो रहा है उससे उसका कोई लेना-देना नहीं है। पृथ्वी पर हमारे पास ग्रामसभा है जो हमारे कार्यों और व्यवहार को नियंत्रित करती है।

ईश्वर एक अब्राहमिक अवधारणा है। यह पाश्चात्य आदर्शवाद की उपज है। Orient ओरिएंट में देवत्व की अवधारणा अलग है। बौद्ध धर्म एक निर्माता ईश्वर में विश्वास नहीं करता है। यह मानव और ईश्वर के बीच के सम्बन्ध पर केन्द्रित नहीं है। गौतम ने गहरे जंगल में, उन लोगों की भूमि में ज्ञान प्राप्त किया, जो वन आत्मा के रक्षक थे (हन्न। 1997)। उनकी शिक्षा को अज्ञेयवादी कहा जाता है क्योंकि इसमें ईश्वर का कोई निश्चित अस्तित्व नहीं है। हिन्दू धर्म में भी भगवान 'निर्माता भगवान' का पर्याय नहीं है। हिन्दू त्रिमूर्ति में ब्रह्मा को निर्माता कहा जाता है, लेकिन वे बहुत समय पहले गुमनाम थे। पौराणिक हिन्दू धर्म में वह मौजूद नहीं है। दूसरी धारणा देव की है। असंख्य देव हैं, यहाँ तक कि मानव और जानवरों को

भी कभी-कभी देव माना जाता है। इसलिए, महादेव महान देव हैं न कि निर्माता भगवान। दरअसल, दोनों धर्मों में 'आत्मा' को देवत्व के रूप में व्यक्त किया गया है। मुंडा विश्वास-प्रणाली और पौराणिक हिन्दू धर्म के विचारकों को एक के रूप में देखा जा सकता है। इसे असंख्य देशज समुदायों से अपनाया गया जो उभरती हुई मिश्रित संस्कृति का संख्यात्मक रूप से प्रमुख हिस्सा बन गए। और फिर जब बौद्ध और पौराणिक हिन्दू धर्म प्राथमिक राज्य के गठन के पूर्व-औपनिवेशिक काल के दौरान आदिवासी क्षेत्रों में आए, उदाहरण के लिए झारखंड में, उन्होंने आध्यात्मिक उत्साह और जीवन के आदिवासी दर्शन की भावना, आदिवासी गीतों और संगीत के सौन्दर्यशास्त्र में इस हद तक डूब गए कि मैदानी इलाकों में उनके 'सच्चे अनुयायी' ने उन्हें अपमानित स्थिति में पाया। यहाँ तक कि देर से आनेवाले धर्मों जैसे इस्लाम और ईसाई धर्म का भी यही हाल हुआ।

हालाँकि, यह एकतरफा नहीं रहा है। मुंडा विश्वास-प्रणाली ने विशेष रूप से बौद्ध धर्म और पौराणिक हिन्दू परम्पराओं से कुछ संगत तत्त्वों को भी अपनाया है। पुराने मिथकों को फिर से बताया गया, या इन नये तत्त्वों के लिए नये मिथक बनाए गए।

मुंडा भाषाओं को बोलनेवाले प्रकृति की अदृश्य 'ऊर्जा' को 'बोंगा' के रूप में कल्पना करते हैं, जिसे आमतौर पर 'आत्मा' के रूप में अनुवादित किया जाता है। बोंगा का मूल अर्थ 'चन्द्रमा' था। चन्द्रमा रात का प्रतिनिधित्व करता है। रात के समय चीज़ें दिखाई नहीं देतीं लेकिन होती हैं। दिन के समय दिखाई देनेवाली प्रत्येक वस्तु का रात में भी अस्तित्व होता है, लेकिन छाया की तरह दिखती है। जब कोई व्यक्ति मर जाता है, तो वह चन्द्रमा या बोंगा के क्षेत्र में प्रवेश करता है और अपनी 'छाया' का रूप लेता है। वस्तुतः बोंगा दृश्य जगत और उसकी सभी वस्तुओं का एक 'चन्द्रमा रूप' है। इस प्रकार, जड़ और चेतन दोनों वस्तुओं का दोहरा अस्तित्व है, प्रकाश और छाया, एक सूर्य से जुड़ा है और दूसरा चन्द्रमा के साथ। जब वे समाधि में होते हैं तो केवल शेमस 'बोंगा' के दायरे में प्रवेश कर सकते हैं। मुंडा मिथक कहता है, शुरू में केवल चन्द्रमा था। सारा संसार चन्द्रमा था। जब सूर्य की रचना हुई और समय का आभास हुआ, तब मुंडाओं का प्रकाशमय संसार चन्द्रमा के अन्धकार से निकला, लेकिन आधे समय के लिए ही शेष आधा पहले की तरह चन्द्रमा बना रहा। जब केवल अँधेरा था, समय का पता नहीं था। इसलिए, दुनिया का दोहरा अस्तित्व है, एक दृश्यमान है और दूसरा अदृश्य है। एक सूर्य का क्षेत्र है और दूसरा चन्द्रमा का।

मेनसराम ओडिया ने अपनी पुस्तक 'सिंग बोंगा ओडोक एटा एटा बोंगाको' में इस धारणा को जोरदार तरीके से खारिज किया है कि सिंग बोंगा सूर्य की आत्मा है। व्युत्पत्ति के अनुसार, बोंगा चन्द्रमा है। वर्तमान में दिखाई देनेवाली दुनिया रात के

दौरान सर्वोच्च बोंगा या सिंग बोंगा द्वारा बनाई गई थी, जो चन्द्रमा द्वारा दिखाई गई प्राकृतिक ऊर्जा है।

नृवंशविज्ञानीयों ने चन्द्रमा की दुनिया को 'आत्मा की दुनिया' कहा, यह उनकी ओर से एक बड़ी गलती थी और इसके वजह से मुंडा दर्शन का पूरा वक्तव्य गलत दिशा की तरफ चला गया। वे अपने स्वयं के धार्मिक पूर्वाग्रह के कारण दुनिया की विकासवादी प्रकृति को स्वीकार करने में विफल रहे, उन्होंने मुंडाओं पर 'आत्मा की दुनिया' का विश्वास थोप दिया। बोंगा न तो 'आत्मा' है और न ही 'भूत' (शाब्दिक रूप से अतीत)। दोनों अवधारणाएँ अतीत को दर्शाती हैं। बोंगा अतीत नहीं है बल्कि वर्तमान में बहुत कुछ है, यह एक जीवित दुनिया, अँधेरे की दुनिया या अदृश्य दुनिया से सम्बन्धित है।

बोंगा की कल्पना नर और मादा दोनों के रूप में की जाती है। सृष्टि नर और मादा बोंगों के मिलन का परिणाम है। आकाश की ऊर्जा और पृथ्वी की ऊर्जा ने पृथ्वी पर विभिन्न रूपों में जीवन का निर्माण किया। जब कोई जीवन मरता है तो उसमें मौजूद ऊर्जा का अस्तित्व समाप्त नहीं होता है क्योंकि यह शाश्वत है। ज्ञान यहीं समाप्त हो जाता है और मिथक अज्ञात की व्याख्या करने लगते हैं। इस ऊर्जा के सर्वोच्च रूप को 'सिंग बोंगा' कहा जाता है। यह आकाश की ऊर्जा है और पुरुष के रूप में इसकी कल्पना की जाती है क्योंकि पृथ्वी नारी यानी महान माता है। बोंगा गाओ तो पिता या दादा है। इसलिए मुंडा उसे बूढ़ा आदमी 'हदम' कहते हैं।

सृष्टि के मिथक में हम पाते हैं कि धरती माता के सहयोग से वनस्पति और जानवरों के रूप में सृजन के आनन्द से जीवन बनाने की योजना 'सर्वोच्च ऊर्जा' की है। मनुष्य इसके अन्त में दो हंसों के अंडे से (सन्ताल मिथक) या मिट्टी के बाहर बनाया गया था (मुंडा-हो मिथक)। एक अन्य कथा में सृष्टिकर्ता की देह-मृदा है जिससे मानव की उत्पत्ति हुई. मनुष्य एक लम्बा जीवन जीते थे और जंगलों में रहते थे। लेकिन वे एक बार अपनी ही मूर्खता के कारण अपने निर्माता से पतित हो गए। विनाश का मिथक हमें बताता है कि कैसे निर्माता ने अपने क्रोध की आग से पूरी दुनिया को जला दिया। माँ केकड़े ने अपने ठंडे छेद में मनुष्यों की एक जोड़ी, एक लड़का और एक लड़की को छिपा दिया। एक अन्य कहानी में नागे एरा, एक छोटे से पूल के ठंडे पानी की पीठासीन महिला बोंगा ने उन्हें केकड़े के एक खोखले में छिपा दिया (हॉफमैन 1950 : 2906)। जब सिंग बोंगा का क्रोध शान्त हुआ, तो उन्होंने जीवन को वापस आने दिया और पृथ्वी पहले की तरह हरी-भरी और शानदार हो गई।

मुंडा मिथक में निर्माता और धरती माता दो अलग-अलग संस्थाएँ हैं। निर्माता को सर्वोच्च आत्मा बोंगा गाओ, और धरती माता को ओटे एंगा कहा जाता है। लेकिन सन्ताल मिथक में महान पर्वत, मारंग बुरु ने पृथ्वी पर जीवन का निर्माण किया।

पर्वत धरती माता का एक हिस्सा है और इसलिए, वे एक ही हैं, दो अलग-अलग संस्थाएँ नहीं हैं। मुंडा भी कभी-कभी सर्वोच्च आत्मा की तुलना महान पर्वत, मारंग बुरु से करते हैं। मुंडाओं के लिए, मारंग बुरु सिंग बोंगा से पहले थे। मुंडा देश के गढ़ में बुरु शब्द अभी भी देवत्व को दर्शाने के लिए सिंग बोंगा के पर्याय के रूप में प्रचलित है। हॉफमैन ने कहा, "मूल मुंडा हिमालय के आसपास के क्षेत्र में रहते थे। उनके लिए उन राजसी ऊँचाइयों को सृष्टिकर्ता के निवास के रूप में देखना स्वाभाविक है। इसलिए बुरु शब्द स्वयं देवत्व को निरूपित करता है" (हॉफमैन। 1950 : 606)। यह स्पष्ट रूप से विरोधाभासी है। लेकिन वास्तव में, यह वैसा नहीं है जैसा हमने पहले बताया था। जब ये समुदाय नवपाषाण युग में रहते थे तो पत्थर उनके लिए सबसे शक्तिशाली वस्तु थी। उन्होंने शिकार, बीज पीसने, मांस काटने के लिए पत्थर के औजार बनाए। उन्होंने अपने लिए पत्थर के घर बनाए और मृतकों के लिए मेगालिथ। लेकिन जैसे-जैसे वे आगे बढ़े और धातुओं के युग में प्रवेश किया, विशेषकर लोहे के युग में, जैसा कि असुर काणी बताते हैं, धीरे-धीरे उनकी पत्थर पर निर्भरता कम होती गई। नई स्थिति ने नये मिथकों की माँग की। लेकिन पुराने मिथकों का असर कम नहीं हुआ, इसे नये मिथकों के साथ मिला दिया गया। मारंग बुरु का सिंग बोंगा में मिलना इस तथ्य की व्याख्या करता है। सुप्रीम बीइंग का वर्णन करनेवाले निम्नलिखित सूत्र इस विसंगति को प्रदर्शित करते हैं।

उनमें से एक को पाहन या शान्तकर्ता कहते हैं,

नेतालंग सिंगबोंगा
तोलेकम तुर्तनाम्
दैलेकम हसुरतनामी
डिरिल्का कोरमटेमा
परंगीलेका सुपुतेमा।
हे मित्र गाओ बोंगा

आप दूध की तरह उफनते हैं
आप दही की तरह जमते हैं
आपका सीना पत्थर जैसा है
आपकी भुजा खम्भे की तरह है।

दूसरे सूत्र में पाहन कहते हैं :

सिरमरेन सिंग बोंगा
अमा? मोचेट, अमा? देताते
ताला निदा अन्दाजे, निदा सनुचर जोड़ना

निमतांग गौरीजादमेइंग!
उपुल बा किउतेमा
हुंडी बा डेटातेमा
तुरीसुतम बड़ी बार्ते
बोर्रकिब बोरागुंटनम!

आकाश का बोंगा गाओ!
अपने मुँह से, अपने दाँतों से
आधी रात के बाद, लगभग आधी रात के बाद
मैं आपसे गवाह बनने का अनुरोध करता हूँ!
आपके दाँत चमेली के फूल की तरह हैं
आपकी ठुड्डी कमल के फूल की तरह है
नीले धागे पर, घुमावदार रस्सी पर,
आप चढ़ते और उतरते हैं।

जबकि पहले सूत्र में सर्वोच्च आत्मा का चित्रण 'पत्थर' से जुड़ा है, दूसरे में ऐसा कोई सन्दर्भ नहीं है। पत्थर का बोंगा चन्द्रमा के बोंगा में बदल जाता है (बोसु मलिक। 1991 : 82)। सिंग बोंगा को दर्शानेवाले उपर्युक्त सूत्र लोगों के 'सहज दर्शन' की विकासवादी प्रकृति को प्रस्तुत करते हैं। विकासवाद का सिद्धान्त हमें बताता है कि आंकोलॉजी के क्षेत्र में कुछ भी शाश्वत और अपरिवर्तनीय नहीं है, वे एक ऐतिहासिक प्रक्रिया के परिणाम हैं।

मुंडा चेतना का सत्तामीमांसा (ऑटोलॉजी) इसे असुर किंवदन्ती (हसुर कानी) में बताता है। इसमें राख से प्रकृति के पुनरुत्थान को दर्शाया गया है। लेकिन इस बार इनसान लालची और धर्मी के बीच बँटा हुआ है। जीवन के 'अंडे' ने अहंकार के 'लोहे के गोले' को टुकड़े-टुकड़े कर दिया, दैवीय हस्तक्षेप से धन का लालच जलकर राख हो गया, और अन्त में प्रकृति की रक्षा के लिए पापियों को सजा दी गई। जीवन और न्याय के मूल्यों को बरकरार रखा गया। दूसरे शब्दों में, प्राकृतिक दुनिया को जीवित रहने के लिए अलौकिक शक्ति के हस्तक्षेप की आवश्यकता थी।

किंवदन्ती भी मुंडा दुनिया के कामकाज के पारम्परिक ज्ञान को बरकरार रखती है। भौतिक प्रकृति के जीवन को बनाए रखनेवाली प्रकृति की मुंडा चेतना और स्थायी आजीविका के संरक्षण और वृद्धि के बीच सन्तुलन बनाने की समझदारी इस किंवदन्ती में महामारी विज्ञान के सन्दर्भ में देखी जा सकती है। इस ज्ञान-आधार में अधिशेष उत्पादन और धन के सृजन के विरोध के मूल्य निहित हैं। सर्वोच्च आत्मा द्वारा पाप माने जानेवाले इस कार्य को करने के लिए असुरों की निन्दा की गई थी। इस प्रकार संचय को असामाज़िक गतिविधि के रूप में देखा जाता है।

दैवीय हस्तक्षेप की सामूहिक स्मृति युगों तक जीवित रही। औपनिवेशिक दमन के खिलाफ तीनों बड़े विद्रोह इसकी पहचान हैं। इस सन्दर्भ में इन आन्दोलनों को सही मायने में सहस्राब्दी आन्दोलन कहा जाता है। 19वीं शताब्दी के मध्य में सन्ताल हुल नेताओं, सिदो और कानू मुर्मू को उनके सपने में ईश्वरीय वादा मिला कि ब्रिटिश औपनिवेशिक राज्य के सैनिकों की आग्नेयास्त्रों की गोलियाँ पानी में बदल जाएँगी। बिरसा मुंडा के नेतृत्व में उलगुलान उसी दिव्य आशीर्वाद के साथ 19वीं शताब्दी के अन्त विदेशी शक्ति के खिलाफ उठ खड़ा हुआ। 20वीं शताब्दी की शुरुआत में उराँवों का ताना भगत आन्दोलन मंत्रोच्चार से सर्वोच्च व्यक्ति की सहायता के प्रति आश्वस्त था। मुंडाओं की भूमि पर औपनिवेशिक कब्जे और बाद में एक विदेशी शासन लागू करने का अनिवार्य रूप से विरोध किया गया था क्योंकि औपनिवेशिक शासन ने असुरों की तरह काम किया 'प्रकृति के अत्यधिक शोषण करके लाभांश संचय का प्रयास किया था।

असुर किंवदन्ती ने सिंग बोंगा को सर्वोच्च बोंगा के रूप में स्थापित किया, यह स्थान धीरे-धीरे पहाड़ी आत्मा मारंग बुरु ने ले लिया। सन्तालों में सर्वोच्च बोंगा के रूप में चन्द्रमा की छवि लम्बे समय तक रही और फिर बाद में ये स्थान ठाकुर जीउ ने ले लिया। लेकिन सन्ताल की स्मृति में वे सभी, मारंग बुरु, चन्दो बोंगा और सिंग बोंगा जीवित रहते हैं। मुंडाओं ने सन्ताल चन्द्रमा की आत्मा को सूर्य की आत्मा में बदल दिया। सिंग बोंगा सिंगी बोंगा (सिंगी का अर्थ सूर्य) बन गया। औपनिवेशिक शासन ने मुंडा देश की सामाजिक वास्तविकता को आक्रामक रूप से बदल दिया, जिसने मुंडा सत्तामीमांसा में एक समान परिवर्तन की माँग की। भगवान ने धर्मान्तरित लोगों के बीच सिंग बोंगा की जगह ली। मुंडा बिशप रेव। एस.ए.बी.डी. हंस ने अपनी पी-एच.डी. थीसिस में तर्क दिया है कि ईसाई मुंडाओं के लिए गॉड फादर और सिंग बोंगा चारित्रिक रूप से समान हैं। मुंडा कल्पना में सर्वोच्च आत्मा दादा हैं। लेकिन असल में धर्म-परिवर्तन का तात्कालिक कारण वह नहीं थे। यह मिशनरियों का वादा था कि वे औपनिवेशिक राज्य द्वारा शुरू किये गए जमींदारों के चंगुल से ग्राम समुदायों के अधिकार, उनकी पैतृक भूमि और जंगल पर बहाल करेंगे। इसी तरह, औपनिवेशिक युग के जमींदार जो मुंडा देश में लोकप्रिय हिन्दू धर्म के अग्रदूत थे, उन्होंने हिन्दुओं के पर्वत देवता महादेव को मुंडा विश्वास-प्रणाली में धकेल दिया, अन्ततः सिंग बोंगा को बदलने की कोशिश की। विश्वास के क्षेत्र में इन परिवर्तनों ने लोगों के पारम्परिक जीवन में नये मूल्यों और सामाजिक मानदंडों को लाया। प्रकृति को पीछे धकेल दिया गया और मुंडाओं पर एक विदेशी कृषि सामन्ती संस्कृति थोपी गई। इन समन्वित प्रयासों में मुंडा जो विश्वास की नई प्रणालियों में डूबे हुए थे, उन्होंने पुराने और नये के बीच संगतता के अवयवों को स्थापित किया। पुराने रीति-रिवाज, त्योहार और जीवन के अन्य पहलू जीवित रहे।

लेकिन जीवन का दर्शन विकृत हो गया। बदलती सामाजिक-राजनीतिक स्थिति में प्रासंगिक बने रहने के लिए पुरानी व्यवस्था में प्रकृति का केन्द्र में रहना लगातार संघर्षपूर्ण रहा। बरन्दा बोंगा का मिथक वर्तमान समय के शैववाद (महादेव पन्थ) और विष्णुवाद (राम और कृष्ण पन्थ) के उधार मिथकों से पहले का मामला है।

The myth of Baranda Bonga reveals the collective decision of the Munda peoples to keep the complete transition to sedentary plough agriculture at bay.

बरन्दा बोंगा का मिथक मुंडा लोगों के सामूहिक निर्णय को प्रकट करता है कि वे खाड़ी में खेती के लिए गतिहीन हल को पूरी तरह गुजारें। इस मिथक को असुर मिथक के साथ पढ़ना चाहिए। दोनों मिथक लोगों के जीवन में लोहे को हावी होने से रोकने की तरफ ले जाते हैं। सिंग बोंगा ने आदेश दिया, "आप दिन में या रात-भर में लोहे को पिघला सकते हैं, लेकिन निश्चित रूप से हर समय नहीं। बरन्दा बहिष्कृत था क्योंकि उसने महान तूफान के दौरान लौह स्मेल्टर (लोगे को गलनेवाला) के ढलाई खाने (फाउंड्री) में शरण ली थी, जबकि उसके छोटे भाई सिंग बोंगा ने शरण नहीं ली। उनके नाम से पुकारी जानेवाली पहाड़ी, बरन्दा बुरु, मुंडा देश के पूर्वी किनारे पर स्थित है, जिसे पंच परगना कहा जाता है, जहाँ अन्य भाषा समूहों के लोगों ने खेती किया है और किसान जीवन-शैली को अपनाया है। वहाँ के मुंडा उनसे काफी प्रभावित हैं। सिंग बोंगा ने अपने लोगों को जंगल में रहने के लिए प्रकृति को शान्त करने की पुरानी परम्परा का पालन किया और खाद्य उत्पादन बढ़ाने के लिए आंशिक रूप से लौह युग की नई तकनीक को अपनाया।"

उपर्युक्त चर्चा का उद्देश्य मुंडाओं के मन में एक अन्तर्दृष्टि विकसित करना है, जिस तरह से वे अपने निवास-स्थान के वनस्पतियों और जीवों के बीच पृथ्वी पर अपने अस्तित्व की व्याख्या करते हैं, जिस तरह से वे प्रकृति में पुनर्जनन के रहस्य ग्रहों की चाल, जीवन की क्षय और मृत्यु का कारण बताते हैं। हमने प्रकृति के साथ उनके सम्बन्धों को तोड़े बिना, बदलती आपत्तिजनक परिस्थितियों के साथ प्रासंगिक बने रहने के उनके प्रयासों को समझने की कोशिश की। जो कुछ भी एक साथ लिया गया वह उनके विश्व दृष्टिकोण, उनके जीवन-दर्शन को प्रस्तुत करता है। निम्नलिखित पैराग्राफ इसे चिह्नित करना चाहते हैं।

प्रसन्नता का दर्शन

जीवन का उद्देश्य इसका पूरी तरह से आनन्द लेना है, क्योंकि मृत्यु के बाद कोई जीवन नहीं है और आत्मा का कोई पुनर्जन्म या 'स्थानान्तरण' नहीं होता है।

मुंडा के लिए वर्तमान ही वह सब कुछ है जो मायने रखता है। अन्य (गैर-मुंडा) अक्सर आश्चर्य करते हैं कि मुंडा विश्व-दृष्टि में अतीत और भविष्य की तुलना में वर्तमान का इतना महत्त्व क्यों दिया गया है। इसका उत्तर मुंडा ज्ञानमीमांसा में समय की अवधारणा में है। मुंडा के लिए समय न तो रैखिक है और न ही चक्रीय है, क्योंकि प्रकृति में ऋतुएँ चक्रीय रूप से नहीं घूमती हैं। वनस्पति और जीव खुद को फिर से पैदा करते हैं और फिर मर जाते हैं। फिर से पैदा होने की गति सर्पिल (स्पाइरल) है। यह हर क्रान्ति के साथ आगे बढ़ता है। पुनर्जन्म चक्रीय है, यह आगे नहीं बढ़ता है, प्रत्येक चक्रीय गति के पूरा होने के बाद वही तत्त्व फिर से प्रकट होता है। मुंडाओं में नवजात शिशु को दादा का नाम देने की परम्परा है जो अतीत की स्मृति को वर्तमान से जोड़ती रहती है, लेकिन वर्तमान यह अतीत को दोहराने जैसा नहीं है। यह मुंडा हिन्दू और बौद्ध मान्यताओं से भिन्न हैं जो आत्माओं के स्थानान्तरण को मानते हैं। हालाँकि, चटर्जी का मत है, "टोटेमिज़्म, और शुरुआती विचारों ने आर्यों के आगमन के बाद स्थानान्तरण और कर्म के दार्शनिक सिद्धान्त को जन्म दिया, सभी सम्भावना प्रोटो-ऑस्ट्रेलॉयड योगदान थे"। इस धारणा को सही नहीं माना जा सकता (चटर्जी। 1951 : 8)। मूल रूप से, मुंडा मान्यताओं में आत्मा की कोई अवधारणा नहीं है। हिन्दू और बौद्ध मान्यता के अनुसार हर बात में एक आत्मा होती है, आत्मा बार-बार पुनर्जन्म लेती है, उसका अस्तित्व कभी समाप्त नहीं होता है। इसके विपरीत, मुंडा विश्वास-प्रणाली में आत्मा का पुनर्जन्म नहीं बल्कि जीवन का पुनरुत्पादन होता है। इसलिए, कर्म की कोई अवधारणा भी नहीं है। जीवन के समाप्त होने के बाद जीवन की आत्मा पुनर्जन्म नहीं लेती है। वह परिवार के सभी सदस्यों के बीच एक ही घर में छाया के रूप में ही रहता है। इस प्रकार, मुंडा तत्त्वमीमांसा से अधिक भौतिक या भौतिकवादी है!

मुंडा के लिए समय की इस सर्पिल (स्पायरल) गति में वर्तमान अतीत और भविष्य की तुलना में अधिक सार्थक है। मानव वर्तमान में रहता है, भविष्य या अतीत की परवाह किये बिना वर्तमान का पूरा आनन्द लेता है। उसके लिए भविष्य कल या अगला साल नहीं है, बल्कि मौत है। वर्तमान जीवन को पुन: उत्पन्न करता है, भविष्य नहीं। मुंडा के लिए भविष्य केवल वर्तमान की छाया है। कर्मकांड 'अम्बुल एडर', जिसका शाब्दिक अर्थ है 'मृतकों की छाया को घर वापस लाना', जो भविष्य का प्रतीक है। यदि जीवित व्यक्ति वर्तमान है, तो वह जानता है कि मृत्यु के बाद उसकी 'ऊर्जा' की 'छाया' के अलावा कुछ भी नहीं बचा है, जो कि उसका भविष्य है। मुंडा को भविष्य की चिन्ता नहीं है क्योंकि वह जानता है कि उसकी मृत्यु के बाद उसकी 'छाया' उसके वंशजों द्वारा घर वापस लाई जाएगी और इसे घर के

केन्द्रीय कमरे के एक कोने में रख दिया जाएगा जहाँ रसोई स्थित है। रसोई 'जीवन देनेवाली ऊर्जा' का प्रतीक है। रसोई में 'छाया' ज़िन्दा है। जब तक वंश चलता है, तब तक 'छाया' रहती है। इसे मानवशास्त्रियों द्वारा 'पूर्वज पूजा' कहा जाता है। जो लोग आत्मा के स्थानान्तरण में विश्वास करते हैं, उनका पुनर्जन्म भविष्य की बात है। उनके लिए भविष्य वर्तमान से कहीं अधिक महत्त्वपूर्ण है, क्योंकि वे मृत्यु के बाद आत्मा के धारण करनेवाले शरीर के बारे में चिन्तित रहते हैं। एक नया जीवन में जाने से पहले स्वर्ग या नरक में आत्मा के विश्राम स्थान के बारे में चिन्ताएँ कई गुना बढ़ जाती हैं और हमेशा एक औसत जीवन-रूप में पुनर्जन्म लेने का एक भयानक आशंका होती है। यह आशंका भविष्य के डर के बिना वर्तमान में जीवन का आनन्द लेने की तुलना में मन को भविष्य में उलझाए रखती है।

समय की गति दाएँ से बाएँ होती है। आधुनिक शब्द में यह घड़ी की विपरीत दिशा है। मानक-धर्म इसे ईश्वर विरोधी या शैतानी कह सकते हैं। उद्धारकर्ता बारोक चर्च, जो घड़ी की सूई के विपरीत स्पाइरल और उससे जुड़ी लोक-कथाओं से जुडी है। लेकिन मुंडा इसे प्रकृति में पाते हैं और प्रकृति शैतानी नहीं हो सकती। लताएँ बढ़ते समय दाएँ से बाएँ चलती हैं। क्या वे जानती हैं कि पृथ्वी भी घड़ी की विपरीत दिशा में घूमती है? नहीं, वे नहीं जानती हैं, लेकिन बढ़ती लताओं की गति ब्रह्मांड के नियम का पालन करती है। मुंडा नृत्य में नर्तकों का समूह उसी गति का अनुसरण करता है जो उन्होंने प्रकृति से सीखा है। इतना ही नहीं, लता की गति भी सर्पिल (स्पाइरल) होती है। स्पाइरल गति चक्रीय और रैखिक दोनों प्रगति को जोड़ती है। अतीत से वर्तमान होते हुए भविष्य की गति को एक ही शिरा में देखा जा सकता है। अतीत प्रारम्भिक बिन्दु है, और भविष्य अन्त है। जैसे-जैसे समय बढ़ता है मनुष्य का ज्ञान एक सर्पिल गति में बढ़ता जाता है। मुंडा ग्राम समुदाय में बुज़ुर्ग सबसे सम्मानित लोग हैं। पुराने दिनों में वे युवा शयनकक्ष के संरक्षक थे। उन्होंने युवाओं को जीवन के रहस्य और खुशियों के सूत्र को सिखाया। मुंडा वयस्क होने से पहले सीखते हैं कि जीवन के अन्त के बाद चिन्ता करने जैसा कुछ भी नहीं है। इस प्रकार, केवल वर्तमान को जीना है और इसे अत्यन्त खुशी के साथ जीना चाहिए। उनके सभी रीति-रिवाजों, संस्कारों और अनुष्ठानों, दावतों और त्योहारों की संरचना इसी मान्यता के अनुसार है। मुंडा के लिए जीवन का आनन्द लेना ही जीवन का एकमात्र उद्देश्य है। इसे ही डॉ. रामदयाल मुंडा ने 'खुशी का दर्शन' कहा है।

लेकिन जीवन को अकेले नहीं जीया और भोगा जा सकता है, सामूहिक रूप से धरती माँ की गोद में जीना होगा। प्रकृति उनके लिए ज्ञात जीवन के दूध का एकमात्र स्रोत है।

यदि प्रकृति के साथ सहजीवी सम्बन्ध वर्तमान है, तो प्रकृति का सतत उपयोग ही भविष्य है। प्रकृति को बिना नुकसान पहुँचाए जिस तरह से इसे पूर्वजों से प्राप्त किया गया था, आनेवाली पीढ़ी को आनन्द लेने के लिए उसी प्रकार सौंपने का यह दर्शन है। यह खुशी के दर्शन का एक औपचारिक आयाम है। आत्माओं की प्रसन्नता इसमें प्रमुख है। अतीत पूर्वज है। तथाकथित 'पूर्वजों की पूजा' के अनुष्ठान के माध्यम से अतीत को याद किया जाता है। अतीत की चिन्ता उस ज्ञान तक सीमित है जो मुंडाओं ने पूर्वजों से प्राप्त किया है। वे कृतज्ञता में ऋतुओं के एक चक्र के अन्त में पूर्वजों के परोपकारी 'रो' या 'आत्माओं' को प्रसन्न करते हैं। वे जीवन चक्र के महत्त्वपूर्ण अवसरों पर दुनिया के निर्माता को याद करते हैं। इस प्रकार, अतीत जीवन की शुरुआत से ठीक पहले का समय है, वे अतीत में नहीं रहते हैं। इसी तरह, भविष्य एक जीवन के अन्त और दूसरे जीवन की शुरुआत के बाद का समय है। यह उत्सव के योग्य है। वसन्त की शुरुआत में जब साल के पेड़ों में नये पत्ते निकलते हैं और फूलों के खिलने के बाद मुंडा प्रकृति के फैलाव का जश्न मनाते हैं। वे इसे 'फूल पर्व' (सन्ताल बहा), या 'बा पोरोब' कहते हैं। पवित्र ग्रोव में प्रकृति को प्रसन्न करने और नृत्य के मैदान में जीवन का जश्न मनाने की रस्म खुशी के दर्शन का प्रतीक है। अतीत और भविष्य के बीच इस सर्पिल (स्पाइरल) गति, आनन्द के साथ जीवन का दावा करता है। जीवन का मनोरंजन इस आनन्द का स्रोत है। इस प्रकार, इनसान जीवन में सेक्स एक महत्त्वपूर्ण भूमिका निभाता है। शादी से पहले और बाद में, विधवा होने के दौरान और पुनर्विवाह के बाद सभी को यौन-सम्बन्ध बनाने का अधिकार प्राप्त है। महिलाओं के प्रजनन अंग में भी एक आत्मा होती है। इस आत्मा में ही सन्तानोत्पत्ति का रहस्य छिपा है। सेक्स सिंगबोंगा का वरदान है।

हम पहले भी देख चुके हैं कि प्रारम्भ में मनुष्य की सन्तानों का एक ही जोड़ा होता था। जब परम शक्ति के क्रोध ने सभी मनुष्यों को भस्म कर दिया तो ठंडे पानी के केकड़े ने इन दोनों बच्चों को छिपा लिया। बाद में, उसने उन्हें अपनी रचना को नष्ट करने के लिए पश्चाताप करते हुए पाया। बच्चे उन्हें दादा कहते थे। वे भाई और बहन थे। जब वे बड़े हो गए, तो उसने लड़की को चावल की बीयर बनाना और लड़के के साथ मिलकर पीना सिखाया। उसने वैसा ही किया और जब वे गहरी नींद में थे, तो उसने बाँस के उस खम्भे को हटा दिया जिसने उन्हें बिस्तर में अलग कर दिया था। नशे में धुत होकर वे भाई-बहन का रिश्ता भूल गए और पति-पत्नी बन गए।

इस प्रकार, सेक्स गुप्त रखने का विषय नहीं है और लोगों को इसके लिए शर्मिन्दा नहीं होना चाहिए या इसके बारे में दोषी महसूस नहीं करना चाहिए।

सेक्स के प्रति मुंडाओं का नज़रिया अक्सर दूसरों के साथ संलिप्तता के बराबर होता है। प्रारम्भिक ईसाई मिशनरियों ने लोगों के यौन-जीवन को नीचा दिखाया। लेकिन जल्द ही उन्होंने अपने शुरुआती पूर्वाग्रह पर काबू पाने के बाद महसूस किया गया कि मुंडा बिना किसी अवरोध के एक संगठित यौन-जीवन का आनन्द लेते हैं।

खुशी के दर्शन की नींव समानता के आधार पर विविधताओं के मिलन के मूल्यों द्वारा रखी गई है। मूल रूप से, प्रकृति इन मूल्यों को सुराग प्रदान करती है जिन्हें जनजातियों ने अपने जीवन-दर्शन में अपनाया है। अभिवादन की संस्था 'जौहर' कहलाती है। इसका शाब्दिक अर्थ है 'मैं आपके व्यक्तित्व का सम्मान करता हूँ'। हर प्रकार की आत्माएँ, मानव, वनस्पति और जीव, और निश्चित रूप से परमात्मा सभी हाथ जोड़कर एक-दूसरे को जोहर से नमस्कार करते हैं। एक बुज़ुर्ग भी बच्चे को जोहर (मुन्दर जोआर) कहते हैं। एक बार इस लेखक ने गैर-आदिवासी समाज के स्तरीय संरचना के समर्थन में एक सन्ताल गाँव में बुज़ुर्गों के एक समूह के सामने प्रस्तुत तर्क की ओर इशारा किया। तर्क यह था कि अगर हमारे हाथ की पाँचों उँगलियाँ एक ही आकार की नहीं हैं तो एक समाज में इनसान एक-दूसरे के बराबर कैसे हो सकते हैं। उनमें से एक की ओर से जवाब आया कि सन्तालों को इस पर विश्वास नहीं करना चाहिए क्योंकि यदि आप अपनी उँगलियों से मुट्ठी बनाते हैं, तो उँगलियाँ समान स्तर पर आ जाती हैं। सन्ताल समाज ऐसा ही है। जिस क्षण उँगलियाँ अलग हो जाती हैं, वे असमान हो जाती हैं, जैसे कि दीकू (गैर-आदिवासी) समाज के लोग। 'हम खुश हैं क्योंकि हम साथ हैं'। जब लोग एक समूह में नृत्य करते हैं या जब वे खेतों में धान के पौधे रोपते हैं तो कतार में खड़े होते हैं, सभी समान होते हैं, वे एक साथ खुशी में गाते हैं। एकता आदिवासी समाज की रीढ़ है। मुंडा लोगों का समतावाद केवल भौतिक प्रकृति का प्रतिबिम्ब है। लोग आर्थिक भेदभाव से नफरत करते हैं क्योंकि यह समाज को अमीर और गरीब के बीच विभाजित करता है। हिसिंगा की संस्था इस प्रवृत्ति को खत्म करने के लिए कार्यरत है। यह धन के किसी भी प्रकार के असमान संचय के विरुद्ध कार्य करती है। ग्रामसभा अपराधी को अलग करती है और सजा देती है।

सुख के दर्शन में निहित मूल्यों में संचय से बचना शामिल है। लाभांश उत्पादन या अत्यधिक संग्रह को समुदाय के सदस्यों के बीच वितरित किया जाना है। मेहमानी या अतिथि बनाना इस लक्ष्य को प्राप्त करने में एक उपकरण के रूप में कार्य करती है। मेहमान न केवल आधिक्य (सरप्लस) खाते हैं बल्कि मेजबान परिवार द्वारा बनाए अतिरिक्त भोजन का एक हिस्सा घर ले जाते हैं। दिलचस्प बात यह है कि वे अपने आधिक्य का एक हिस्सा मेजबान परिवार के साथ साझा करने के लिए भी लाते हैं। कोई भी मेहमान खाली हाथ नहीं जाता। मेहमानों का आना हमेशा खुशी की बात होती है। कभी-कभी अधिक गम्भीर प्रकृति के

अपराधों के लिए वंश या ग्राम परिषद द्वारा निर्धारित दंड के भुगतान के लिए आधिक्य का उपयोग किया जाता है। आमतौर पर अपराधी को पूरे गाँव के लिए एक पार्टी देनी पड़ती है।

मदैती (सहकारिता) की संस्था द्वारा आर्थिक समानता सुनिश्चित की जाती है। कमज़ोर परिवारों को कृषि-कार्यों को सफलतापूर्वक पूरा करने के लिए दूसरों द्वारा मदद की जाती है। निर्णय लेने के क्षेत्र में भी एकता की यह भावना निहित है। मुंडा कहते हैं, "सिरमारे सिंग बोंगा ओडो ओटेर पोंचो"। सर्वोच्च आत्मा आकाश पर शासन करती है, और पृथ्वी पर मनुष्यों की सभा का शासन है।

शारीरिक-सुख, सुख का स्रोत है और रोग सुख का शत्रु है। बुरी आत्माओं, बीमारी के स्रोत को दूर करने के लिए संस्कार, कर्मकांड और सूत्र बनाए जाते हैं। महिलाओं के साथ-साथ पुरुषों को चुड़ैलों और जादूगरों के रूप में ब्रांडिंग करना ख़ुशी बढ़ाने की इस प्रक्रिया के एक भाग के रूप में देखा जा सकता है। सामाजिक मूल्य और रीति-रिवाज इस प्रक्रिया को निर्देशित करते हैं।

खुशी का दर्शन अनिवार्य रूप से जीवन और उसके आसपास की दुनिया को एक खुश दिमाग से देखना है। इसका अर्थ सुख की खोज नहीं है। इसका मतलब यह नहीं है कि समाज को अपने सदस्यों को भी इसे प्रदान करने के लिए कहें। मुंडा कभी नहीं कहते कि वह दुखी है। उनका जवाब हमेशा बुगिन गे, माजगे, नपे गे, भागे गे और इसी तरह का अर्थ है 'हम खुश हैं' जब पूछा जाता है, 'बेज अबू?', 'हम कैसे हैं?'। अगर बच्चों से पूछा जाए, 'चिकन उटू', आज घर पर क्या बनाया जा रहा है', तो वे अलग-अलग जवाब देंगे, 'जीलु उत्तु', 'मांस पकाया जा रहा है'। यह झूठ नहीं है। यह काल्पनिक खुशी की अभिव्यक्ति है। लोग हमेशा संकट में भी सुख की तलाश में रहते हैं। ईसाई मिशनरियों का पहला समूह जो राँची में आया था, वास्तव में मुंडाओं को देखकर अपने मन को बदलने के लिए प्रेरित हुआ, दोनों आदमियों और महिला ने कोरस में खुश नटों के साथ गाना गाते हुए कलकत्ता में मिट्टी खोदने की कड़ी मेहनत की। जर्मनी से बर्मा की यात्रा पर वे विश्राम के लिए कलकत्ता में रुके। उन्होंने बर्मा जाने के बजाय मुंडाओं की मातृभूमि राँची जाने का फैसला किया। खेतों में दिन-भर की मेहनत के बाद भी मुंडाओं को पूरी रात गाते और नाचते हुए देखकर 'अन्य लोग' अक्सर आश्चर्य करते हैं। मुंडाओं के एक वर्ग के बीच औपनिवेशिक काल के समय से विकसित हुई अधिक शराब पीने की आदत का इस परिप्रेक्ष्य में विश्लेषण किया जाना बाकी है। आदतन शराब पीने के कारण आजीविका संसाधनों और प्रियजनों की हानि निम्नलिखित गीत में व्यक्त की गई है।

हे जमींदार!
मैं अच्छी स्थिति में नहीं हूँ,
शराब खरीदने के लिए,
मुझे दो रुपये उधार दो।
तुमने मेरी जमीन छीन ली है
तुमने मेरी प्यारी बेटी को चुरा लिया है
मेरा मन दुखता है
शराब खरीदने के लिए,
मुझे दो रुपये उधार दो।

नशे की हालत में गहरे दुखों के बीच खुशी की तलाश करने की दयनीय कोशिश की यह काव्यात्मक अभिव्यक्ति है। यह विकृत संसार में विकृत 'सुख' का उदाहरण है। मुंडाओं को उनके आवास से लगातार अलग-थलग करके इस मन:स्थिति की ओर धकेला जाता है। इस तरह के उदाहरणों को कभी-कभी लोगों को बदनाम करने के लिए खुशी के दर्शन की अभिव्यक्ति के रूप में देखा जाता है।

मानव का स्वभाव भौतिक प्रकृति को आत्मसात करना है। भौतिक प्रकृति में सुख, मानव सुख के दर्शन का मार्गदर्शक सिद्धान्त है। शान्ति सुख का आधार है। प्रकृति मन को शान्ति प्रदान करती है। प्रकृति की शान्ति मनुष्य को शान्त और सरल हृदय बनाती है। एक खुश आदमी सबसे ईमानदार आदमी होता है। मुंडा की सादगी और ईमानदारी को मूर्खता माना जाता है और एक आम मुंडा को अन्य लोग सुस्त और भोला कहते हैं। मुंडा और इसी तरह के झारखंड के ऊपरी इलाकों में बसे अन्य पूर्व-राज्य के लोग सबसे अधिक ठगे गए लोग हैं।

एक बार वर्तमान लेखक एक सम्मानित मुंडा बुज़ुर्ग के साथ एक नदी के किनारे के ऊँचे पहाड़ी रिज पर बैठे थे, जहाँ से यह एक सुन्दर झरना। नीचे दूर-दूर के कस्बों से लोगों के कई समूह पिकनिक मनाने के लिए इकट्ठे हुए थे। मुंडा बुज़ुर्ग यह जानने के लिए उत्सुक था कि वास्तव में शहरवासियों के आकर्षण का क्या कारण है कि वे हर साल लम्बी दूरी की यात्रा करने की परेशानी उठाकर इस फॉल साइट पर आते हैं। उनका जवाब था, 'शान्ति, उन्हें इस जंगल में थोड़ी शान्ति मिलती है'। शान्ति और खुशी परस्पर सम्बन्धित अनुभव हैं। सुख का मूल शान्ति है जो प्रकृति अपने शुद्धतम रूप में प्रदान करती है। प्रकृति लोगों के मन को आकार देती है, इसकी शान्ति, इसकी खुशी की भावना, इसकी सादगी। मुंडा मन अपनी सम्पूर्णता में प्रकृति का प्रतिबिम्ब है। सुख का मुंडा दर्शन जीवन के इस शाश्वत स्रोत से निकलता है।

सन्दर्भ सूची

एंडरसन, पीटर बी. मरीन कैरिन और सन्तोष कुमार सोरेन। सोरेन फ्रॉम फायर रेन टू रिबेलियन : रेसेटिंग एथनिक आइडेंटिटी थ्रू नरेटिव। मनोहर, नई दिल्ली।

बोसु मलिक, समर। 1991। द कॉन्सेप्ट ऑफ सुप्रीम बीइंग इन (एड. बाय हिम) कल्चरल छोटा नागपुर : यूनिटी इन डायवर्सिटी। उप्पल प्रकाशक, नई दिल्ली

—2020। द क्रैडल ऑफ़ द मुंडा : बर्थ ऑफ़ अ न्यू ब्रांच ऑफ़ ऑस्ट्रोएशियाटिक। जर्नल ऑफ़ आदिवासी एंड इंडिजेनस स्टडीज

—फरवरी 2020, वॉल्यूम। X, नम्बर 1 (Academia.edu। पर पोस्ट की गई एक द्वि-वार्षिक सहकर्मी-समीक्षा ऑनलाइन पत्रिका)

—कैम्पबेल, जोसेफ, 1991। द पावर ऑफ मिथ। एंकर बुक्स, न्यूयॉर्क

—चटर्जी, सुनीति कुमार। 1965। द्रविड़ियन। अन्नामलाई विश्वविद्यालय। अन्नामलाई नगर

—1970। द ओरिजिन एंड डेवलपमेंट ऑफ़ द बंगाली लैंग्वेज, जॉर्ज एलन एंड उन्विन लंडन। पहली बार 1926 में कलकत्ता यूनिवर्सिटी प्रेस द्वारा प्रकाशित।

—1974। किराता-जन-कृति। एशियाटिक सोसाइटी, कलकत्ता

—चटोपाध्याय, डी. (1959) लोकायत : ए स्टडी इन एन्सेंट इंडियन मटेरिअलिज्म, पीपुल्स पब्लिशिंग हाउस, बॉम्बे

—दास, सुभाशीष, 2020। ए ब्रीफ स्टडी ऑफ़ द सेक्रेड ग्रोवेस ऑफ़ झारखंड एंड देयर नॉन-ब्राह्मण प्रीस्ट्स। मानविकी और कला के अन्तरराष्ट्रीय जर्नल, खंड 2; अंक 1; 2020; पृ. संख्या 24-28

—एल्विन, वेरियर। 1957। ए फिलासफी फॉर नेफा। (पुनर्मुद्रण 2016। ईशा बुक्स, दिल्ली)

1968। मिथ्स ऑफ़ नॉर्थ-ईस्ट फ्रंटियर एजेंसी। शिलांग : सूचना और जनसम्पर्क निदेशक, उत्तर-पूर्व सीमान्त एजेंसी

गिडेंस, एन्थोनी। 2009। सोशियोलॉजी। यूके : पोलिटी प्रेस

गाडगिल, माधव। 2018 सेक्रेड ग्रोव्स : एन एनसिएंट ट्रेडिशन ऑफ़ नेचर कांसेर्वेशन। साइंटिफिक अमेरिकन, 1 दिसम्बर, 2018

गाडगिल, माधव और गुहा, रामचन्द्र। 2000। द यूज एंड एब्यूज ऑफ़ नेचर। ऑक्सफोर्ड, नई दिल्ली

हान, थिच नहट। 1997। ओल्ड पथ वाइट क्लाउड्स : वाकिंग ओं डा फूटस्टेप्स ऑफ़ बुद्धा। फुल सर्कल, नई दिल्ली।

हॉफमैन, जे.बी. और एमेलन, आर्थर वैन। 1950। विश्वकोश मुंडारिका। गवर्नमेंट प्रिंटिंग प्रेस, पटना

जोसेफ, टोनी। 2018 अर्ली इंडियंस। जगरनॉट, नई दिल्ली

कुजुर, मारियानस एंड मिंज, सोनाझरिया। 2007। पर्ल्स ऑफ इंडिजिनस विजडम : सेलेक्टेड एसेज फ्रॉम लाइफटाइम कंट्रीब्यूशन बाय बिशप निर्मल मिंज। भारतीय सामाजिक संस्थान, नई दिल्ली

मुंडा, राम दयाल, 1989। द बेस ऑफ़ कल्चरल आइडेंटिटी ऑफ़ छोटा नागपुर। रिलीजन एंड सोसईटी, वॉल्यूम। XXXVI, नम्बर 2.सीआईएसआरएस, बैंगलोर

—2014। आदि धर्म : भारत के आदिवासियों की धार्मिक मान्यताएँ। आदिवासी, बिरसा और सरिनी, कोलकाता

—2002। आदिवासी अस्तित्व और जारखंडी अस्मिता के सवाल। प्रकाशन संस्थान, नई दिल्ली

पाल, तापस। 2015। ट्राइब्स एंड सेक्रेड ग्रोवेस इन वेस्ट बंगाल : जिओ-इनवानमेंटल इम्पोर्टेंस। इंडियन स्ट्रीम्स रिसर्च जर्नल, वॉल्यूम-5। अंक-4। मई-2015

रॉय, शरत चन्द्र। 1912। मुंडा एंड देयर कंट्री। सिटी बुक सोसाइटी, कलकत्ता
रॉय, शरत चन्द्र और रमेश चन्द्र रॉय। 1937। खरियास, वॉल्यूम I मैन इन इंडिया, राँची
सेन, अशोक कुमार 2018। इंडीजिनिटी, लैंडस्केप एंड हिस्ट्री : —आदिवासी सेल्फ-फैशनिंग। रूटलेज, न्यूयॉर्क
शिवरामकृष्णन। के. 1999। मॉडर्न फारेस्ट। ऑक्सफोर्ड, नई दिल्ली
सिंह, के.एस. 1978। पीटर पोनेट में मुंडा लैंड सिस्टम (सं.) द मुंडा वर्ल्ड। कैथोलिक प्रेस, राँची
टेटे, पीटर।1986। : ए मिशनरी सोशल वर्कर इन इंडिया : जे.बी. हॉफमैन, छोटा नागपुर द टेनेंसी एक्ट एंड कैथोलिक कोआपरेटिव्स 1893-1928। सत्य भारती, राँची
वैन एक्जेम, ए.1982। द रिलिजिअस सिस्टम ऑफ द मुंडा ट्राइब। कलेक्टोनिया इंस्टिट्यूट एन्थ्रोपोस, वॉल्यूम। 28। सत्य भारती, राँची

पांडुलिपियाँ

खान, एम. एल. सेंटर ऑफ कंजर्वेशन ऑफ बायोडायवर्सिटी : सेक्रेड ग्रोव्स इन इंडिया। बारहवीं वर्ल्ड फॉरेस्ट्री कांग्रेस, 2003, क्यूबेक सिटी, कनाडा को प्रस्तुत किया गया पेपर (fao.org में उपलब्ध)।

आदिवासी धर्म और दर्शन की सहजीविता

(मुंडाओं के जीवन सन्दर्भ में)

डॉ. अनुज लुगुन

सृष्टि की उत्पत्ति और धर्म का विचार

प्रकृति के एक जीव के रूप में मनुष्य ने अपने जीवन और जगत को दूसरे प्राणियों की अपेक्षा ज्यादा व्यापक एवं सूक्ष्म तरीके से महसूस किया है। उसने अपने दैनिक जीवन के संघर्ष में जिन अनुभवों का संकलन किया वे उसके ज्ञान के हिस्से में शामिल होते चले गए। उसके ज्ञान की श्रृंखलाओं ने दर्शन को जन्म दिया और दर्शन की संस्थागत मान्यताओं ने उसे धर्म का रूप दिया। आज हम जिन भी संस्थागत धर्मों को देखते हैं उनके निर्माण की प्रक्रिया यही रही है। भले ही दुनिया के सभी धर्मग्रन्थ अपनी उत्पत्ति की दैवीय व्याख्या करते हों, उनका निर्माण जनता की दैनिक क्रियाओं और संघर्ष के बीच से हुआ है। उन धार्मिक ग्रन्थों और शास्त्रों में उनके अनुभवों से निर्मित ज्ञान का संकलन ही है। धर्म के संस्थागत रूप में खड़े होने के बाद वह धीरे-धीरे सत्ता-संरचना का निर्माण करने लगा। धर्म के सत्ता में रूपान्तरित होने के बाद उसका दर्शन उसके कर्मकांडों में पीछे कहीं दब गया और सत्ता के विचार ही धर्म के नाम पर प्रसारित होते रहे। किसी भी समाज के विकास की प्रक्रिया में इस सत्ता के साथ कई वर्चस्ववादी मूल्य भी शामिल होते गए। शासन का हिस्सा बनने के बाद इसके स्वरूप में भी बदलाव आता गया और ईश्वर एवं मनुष्य के बीच पुरोहितों का एक बिचौलिया वर्ग खड़ा हो गया। भारत में भक्ति आन्दोलन और यूरोप में हुए धर्म-सुधार आन्दोलन में हम वर्चस्व के इन रूपों के खिलाफ संघर्ष का विचार पाते हैं।

मानव-समाज में धर्म के निर्माण की प्रक्रिया एक जैसी नहीं रही है। जिन समाजों में सामन्ती मूल्य विकसित नहीं हुए वहाँ धर्म न तो सत्ता-संरचना के रूप में विकसित हुआ और न ही उनका जीवन-दर्शन वर्चस्व के सिद्धान्तों पर आगे बढ़ा। आदिवासी समाज और उनके धर्म को हम इस श्रेणी में रख सकते हैं। अपने सामाजिक ढाँचे

के अनुरूप आदिवासी समाज के धर्म में कथित विकसित और सभ्य समाज के धर्मों की तरह वर्चस्व का संस्थागत रूप दिखाई नहीं देता है।

हम इस सवाल के साथ आगे बढ़ेंगे कि क्या आदिवासी समाज का धर्म और दर्शन हो सकता है? कथित मुख्यधारा के समाज में आदिवासी समाज के बारे में कई तरह की अफवाहें प्रचलित हैं। जैसे कि आदिवासियों का व्यवस्थित सामाजिक संगठन नहीं होता है, उनका कोई धर्म नहीं है, दर्शन के मामले में वे अनभिज्ञ हैं आदि। इसे आजकल दूसरे रूप में इस तरह से प्रचारित भी किया जा रहा है कि आदिवासी समाज मुख्यधारा के समाज के किसी प्रमुख धर्म का ही हिस्सा है। भारत जैसे देश में आदिवासियों को यहाँ की बहुसंख्यक हिन्दू जनता अपने 'हिन्दू' होने के दायरे में रखती है। ईसाई धर्मान्तरित खुद को ईसाई मानते हैं। भारत में आदिवासियों को उनके धर्म की पहचान का कोई आधार नहीं दिया गया है। यह मूलत: सांस्कृतिक औपनिवेशीकरण की प्रक्रिया का ही हिस्सा है। भारत में आदिवासी समाज की सामाजिक स्थिति और उपस्थिति को देखते हुए यह प्रतीत होता है कि उसके साथ विभिन्न स्तरों में जो भेदभाव किया गया है उसका विस्तार उनकी धार्मिक मान्यताओं तक है।

किसी समाज को उसके धार्मिक मान्यताओं से अलग कर देना लोकतांत्रिक व्यवहार नहीं है। चूँकि आदिवासी समाज के साथ ही सदियों से उपेक्षा का भाव रहा, तो स्वाभाविक है कि उनकी धार्मिक मान्यताओं को भी उपेक्षित किया गया। धार्मिक मान्यताओं की उपेक्षा का मतलब है उस समाज के अनुभवों, ज्ञान की परम्पराओं और दार्शनिक भावभूमि की उपेक्षा।

जैसा कि ऊपर कहा गया है कि धर्म या उसके शास्त्र की उत्पत्ति दैवीय नहीं है बल्कि जनता के अनुभवों, स्मृतियों और ज्ञान की श्रृंखलाओं का संकलन है। आदिवासी धार्मिक मान्यताएँ भी इसी तरह विकसित हुई हैं। उनके अनुभवों, स्मृतियों और ज्ञान की अभिव्यक्ति उनके प्राचीन गीतों, कथाओं, गाथाओं में रचनात्मक रूप से देखने को मिलती है। आदिवासी धर्म और दर्शन को समझने के लिए हमें इन्हीं माध्यमों से गुजरना होगा।

जनता अपने दैनिक जीवन में संघर्ष करती हुई ज्ञान की जो परम्परा विकसित करती है, उसे वह अपने जीवन में जन्म से मृत्यु तक के संस्कारों के रूप में अभिव्यक्त करती है। उसके ज्ञान से जो दर्शन विकसित होता है उसी से वह अपने जीवन को संचालित और निर्देशित करती है। आदिवासी समाज प्रकृति के बीच उसके साथ रहनेवाला समाज है इसलिए उसका ज्ञान और दर्शन उसी प्रकृति के अनुकूल विकसित हुआ है। प्रकृति से अटूट संघर्ष ने जहाँ उसे प्रकृति को समझने का अवसर दिया, वहीं उसकी सामूहिक जीवन-पद्धति ने उसे अपने दर्शन को लौकिक ही रहने दिया। निजी सम्पत्ति और श्रम के शोषण की जगह सामूहिकता

और सहजीविता ने उसकी दार्शनिक मान्यताओं को प्रकृति से अलग नहीं किया, न ही उन्होंने किसी दूसरी अलौकिक दुनिया की परिकल्पना की और न ही उसमें सामन्ती मूल्यों का समावेश किया। इस बात को समझने के लिए हम डॉ. रामदयाल मुंडा द्वारा प्रस्तावित आदिवासी समाज और धर्म-दर्शन की सैद्धान्तिकी को देखते हैं जो उन्होंने 'आदि धर्म' के लिए दिया है :

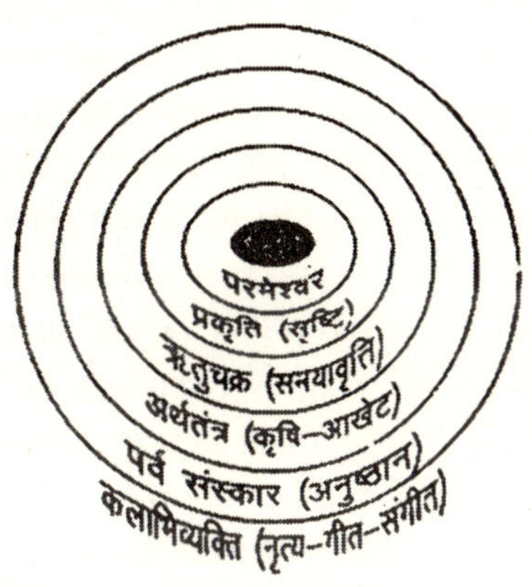

उपर्युक्त रेखांकन में हम देखते हैं कि परमेश्वर सर्वेसर्वा है। मुंडा उसे 'सिंगबोंगा' कहते हैं। मुंडाओं की सृष्टि कथा के अनुसार सिंगबोंगा ने ही इस धरती की सर्जना की है। उसने ही मनुष्य को बनाया है। प्रकृति का संचालक सिंगबोंगा ही है। मुंडारी आदि कथा 'सेंगेल दअ:' के अनुसार प्रकृति को संचालित करने के लिए मनुष्य है लेकिन मनुष्य ने जब अपनी भूमिका का सही निर्वहन नहीं किया और धरती में मनुष्य ने सभी जीवों को अपने स्वार्थ के लिए खत्म कर दिया, तब सिंगबोंगा ने 'सेंगेल' यानी 'अग्नि-वर्षा' की। उन्होंने फिर से सृष्टि की रचना की। अर्थात मुंडाओं के आध्यात्मिक जीवन में परमेश्वर यानी सिंगबोंगा सर्वेसर्वा है।

इसके बावजूद एक रोचक बात यह है कि मुंडा आध्यात्मिक मान्यताओं के अनुसार मृत्यु के पश्चात मुंडा 'स्वर्ग' नहीं जाते। सर्वोच्च सत्ता होने के बावजूद मुंडा मान्यता के अनुसार 'आत्मा का मिलन' सिंगबोंगा या परमात्मा या परमेश्वर में नहीं होता है। मुंडा आध्यात्मिक व्यवस्था में आत्मा को बहुत ज्यादा महत्त्व दिया गया है। लेकिन यह अद्वैतवादी सिद्धान्त की 'आत्मा' नहीं है जो 'परमात्मा' का अंश होकर उसी से मिलने का संघर्ष करती है। मायावाद की तरह यह आत्मा माया की वजह से परमात्मा से भटकी हुई नहीं है। परमेश्वर या सिंगबोंगा में एकेश्वरवाद की झलक दिखती है, वह है भी। लेकिन यह न इस्लाम के एकेश्वरवाद की तरह है, न ईसाई धर्म की तरह है और न ही अद्वैतवाद की तरह है। यह मौलिक एकेश्वरवाद है।

सिंगबोंगा एक है, वह सब जगह मौजदू है। वह शक्तिशाली है। उसका कोई एक रूप नहीं है। लेकिन वह आत्मा का अन्तिम लक्ष्य नहीं है। ऐसे में सवाल उठता है कि मुंडा मान्यताओं के अनुसार आत्मा और परमात्मा का स्वरूप क्या है?

आदिवासी आध्यात्मिक मान्यताओं के अनुसार सिंगबोंगा का अस्तित्व है। वह धर्मेश भी कहलाता है। उसके और भी कई नाम हैं। लेकिन वह स्वर्ग में नहीं रहता है। न ही उसके स्वर्ग का कोई निश्चित स्वरूप है, जहाँ उसका वैभव और विलास हो। न ही वह मनुष्य को अपने स्वर्ग राज्य के जीवन के लिए आमंत्रित करता है। इसकी दो वजहें हैं—एक तो यह कि आदिवासी समाज ने अपने सामाजिक ढाँचें में ऐसा कोई भी वर्ग-विभाजन तैयार नहीं किया जिसमें एक वर्ग-सुविधाओं का भोगी हो और दूसरा वर्ग उसका गुलाम। सामूहिकता और सहजीविता ने श्रम के शोषण का रास्ता रोका। दूसरा, उन्होंने जीवन को प्रकृति से विखंडित होने नहीं दिया। हम प्रेमचन्द की कहानी सवा सेर गेंहूँ, सद्गति या उपन्यास गोदान में धर्म के आतंक के साये में रहनेवाले पात्रों को देखते हैं। ये धर्म के खिलाफ या उसके द्वारा तय किये गए मूल्यों के खिलाफ आचरण करने की हिम्मत नहीं जुटाते बल्कि उसी के अनुसार चलने की बाध्यता के कारण दुर्गति के शिकार होते हैं। यह वर्ग विभाजित समाज का डर है। सत्ता-वर्ग ने श्रमिक-वर्ग पर धर्म की बेड़ियाँ घेर दी है। इन बेड़ियों का आधार अलौकिक दुनिया या स्वर्ग की दुनिया है। क्योंकि इस लौकिक दुनिया में सत्ता-वर्ग द्वारा निर्धारित मूल्यों के अनुसार आचरण नहीं करते हैं तो अलौकिक दुनिया या स्वर्ग की दुनिया में सुख नहीं मिलेगा। भवसागर पार नहीं होगा। धर्म का डर वर्ग विभाजित समाज में ही होता है। चूँकि अपनी सामाजिक संरचना की बुनियाद में आदिवासी समाज वर्ग-विभाजित नहीं रहा इसलिए उसकी धार्मिक मान्यताओं में स्वर्ग जैसी अलौकिक सत्ता आधार नहीं बना सकी। उनकी धार्मिक मान्यताएँ मनुष्य होने के रूप में उसके जन्म और मृत्यु को प्रकृति से अलग नहीं करती। यह प्रकृति दृश्य रूप में है।

सिंगबोंगा ने प्रकृति का निर्माण किया। यही प्रकृति मनुष्य के जीवन का आधार बनी। जीने की सभी बुनियादी ज़रूरतें प्रकृति से ही सम्भव होती हैं। ऐसे में प्रकृति के प्रति साम्मान और सहजीविता की भावना स्वाभाविक रूप से विकसित हुई। इसी भावना ने मारंग बुरु, जहेरथन, सरना, देसाउली आदि आध्यात्मिक प्रतीकों को जन्म दिया। इस भावना ने ही आदिवासी-दर्शन को प्रकृति से सम्पृक्त रखा। आदिवासी दर्शन के अनुसार प्रकृति के दूसरे जीवों की तरह ही उसमें मनुष्य का भी अस्तित्व है। उसका ताना-बाना प्रकृति के सभी जीवों से जुड़ा हुआ है। अगर उसने उस तंत्र को तोड़ दिया तो उसका जीवन संकटग्रस्त हो जाएगा। उसका अस्तित्व ही खतरे में पड़ जाएगा। मुंडारी आदि कथा 'सोसोबोंगा' में यह दार्शनिक विचार विस्तृत रूप में अभिव्यक्त हुआ है। इसलिए आदिवासी जीवन-दर्शन में केवल मनुष्य जीवन के

केन्द्र में नहीं है और न ही प्रकृति में वह श्रेष्ठ है। यह दार्शनिक विचार अमरीकी रेड इंडियंस में भी मजबूती से मौजूद है। सियटेथल का पत्र इसका उदाहरण है।

आत्मा की प्रकृति

आदिवासी जीवन में प्रकृति को आध्यात्मिक महत्त्व दिया गया है। डॉ. रामदयाल मुंडा द्वारा उपर्युक्त प्रस्तावित आदि धर्म दर्शन के अनुसार यह परमेश्वर या सिंगबोंगा के बाद का क्रम है। (यद्यपि यह पदानुक्रम नहीं है।) लेकिन यह सबसे ज्यादा व्यावहारिक महत्त्व रखता है। मारंग बुरु, जहेरथन, सरना, देसाउली आदि प्रकृति के ही रूप हैं। ये 'सिंगबोंगा' और 'बोंगा' को स्मरण करने के सबसे पवित्र स्थान हैं। मुंडा जिसे 'आत्मा' कहते हैं वह मृत्यु के पश्चात परमेश्वर में मिलन नहीं करती है बल्कि वह 'प्रकृति' में शामिल हो जाती है। यानी मृत्यु के पश्चात आदिवासी स्वर्ग नहीं जाते, न ही वे सिंगबोंगा में मिल जाते हैं बल्कि वे प्रकृति में शामिल हो जाते हैं। मुंडा जिन्हें 'पुरखा' कहते हैं वे प्रकृति के हिस्से होते हैं। वे मरने के बाद स्वर्ग या आसमान नहीं जाते उन्हें वापस घर में ही बुलाया जाता है। इसे निम्न रेखांकन से समझा जा सकता है :

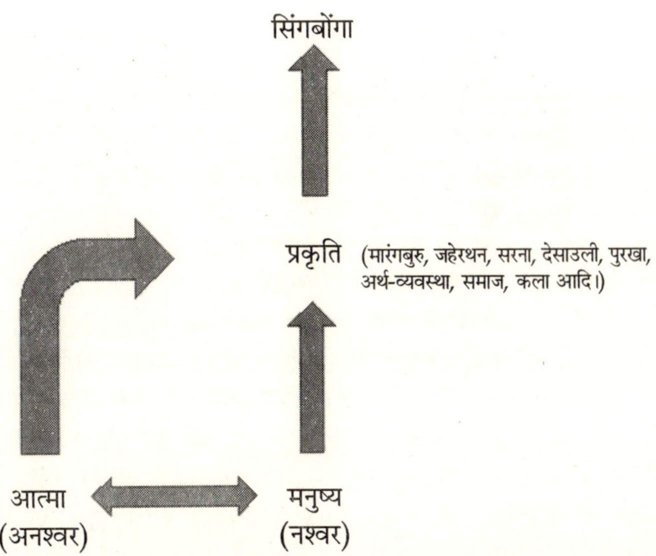

उपर्युक्त रेखांकन में देखा जा सकता है कि 'सिंगबोंगा' सर्वोच्च है। लेकिन 'आत्मा' परमात्मा या सर्वोच्च सत्ता के अंश के रूप में नहीं है और न ही आत्मा का 'मिलन' उससे हो रहा है। आदिवासी जीवन-दर्शन में आत्मा का अस्तित्व है।

आदिवासी समाज की मान्यताओं में 'आत्मा' का महत्त्व है। लेकिन यह आत्मा 'अहं ब्रह्मास्मि' की तरह नहीं है और न ही यह अद्वैतवादी है। वह अनश्वर है। वह स्वायत्त है और मृत्यु के पश्चात भी स्वायत्त ही रहती है। वह प्रकृति में शामिल हो जाती है और वहीं आदिवासियों के पुरखा के रूप में निवास करती है। आदिवासी आध्यात्मिक मान्यताओं में 'पुरखों' को महत्त्व दिया जाता है। मनुष्य चूँकि नश्वर है लेकिन आत्मा के अनश्वर होने से शरीर त्यागने के बाद वह 'पुरखा' बन जाता है। 'सिंगबोंगा ओड़ो: एटअ: एटअ: बोंगा को' पुस्तक के लेखक मेनास राम ओड़ेया लिखते हैं कि मृत्यु के बाद मनुष्य आत्मा रूप में प्रकृति में अदृश्य होकर रहते हैं। वे पुरखा बन जाते हैं और हमें देखते रहते हैं। इसलिए मृत्यु के बाद मुंडा आदिवासियों में आत्मा की 'मुक्ति' के लिए कोई अनुष्ठान या कर्मकांड नहीं होता है। कुशलतापूर्वक उसके 'स्वर्ग-गमन' या 'भव-सागर' पार करने के लिए कोई संस्कार नहीं होते हैं। मृत्यु के बाद 'आत्मा' को घर वापस बुलाया जाता है। इस क्रिया को 'उम्बुल अदेर' (छाया वापसी) कहा जाता है। मुंडा आदिवासियों में हर किसी की मृत्यु के पश्चात यह अनुष्ठान अनिवार्य होता है। मुंडा मान्यताओं के अनुसार यह अब हमारा पुरखा है। भले ही हम उसे न देख पाते हों, वह हमें देखता है और हमारी रखवाली करता है। पर्व-त्योहार में सिंगबोंगा के साथ उन्हें स्मरण किया जाता है। 'उम्बुल अदेर' के दौरान उसका आह्वान इस तरह होता है :

घर के गृह देवता
अन्तस्थल स्थित पूर्वज
तुम्हारी ही प्रतीक्षा कर रहे हैं
तुम्हारी ही राह देख रहे हैं
एक ही पीढ़े पर बैठने को
एक ही आसन पर विराजने को
मनुष्य के बच्चों की रक्षा को
मानव सन्तति की रखवाली को।

(आदि धरम, डॉ. रामदयाल मुंडा)

एक बात पर गौर करने की ज़रूरत है वह यह कि जिसे हम 'आत्मा' कह रहे हैं यह हिन्दी भाषा (मुख्यधारा के समाज) की भावना और अर्थ के अनुकूल है। आदिवासियों में उसी तरह 'आत्मा' नहीं कहा जाता है। मुंडारी शब्द 'रोआ' का भावानुवाद 'आत्मा' है। मुंडा 'रोआ' कहते हैं 'आत्मा' नहीं। इसी 'रोआ' को हम अर्थ की सुविधा के लिए 'आत्मा' कह रहे हैं। यह भी ध्यान देने की ज़रूरत है कि आत्मा के साथ परमात्मा का योग लगाया जाता है आदिवासी मान्यताओं में ऐसा नहीं होता है। आदिवासीतर मान्यताओं में हम देखते हैं कि आत्मा अंश है परमात्मा अंशी।

आदिवासी मान्यताओं में 'रोआ' के साथ 'मरंग रोआ' जैसी कोई अवधारणा नहीं है। जैसे ऊपर कहा गया है कि यहाँ 'रोआ' (अनुवाद की सीमा की वजह से जिसे हम 'आत्मा' कह रहे हैं।) की स्वायत्तता होती है। 'रोआ' के मूल रूप से दो प्रकार होते हैं : (1) बुगिन रोआ (अच्छी आत्मा)—वैसा 'रोआ' या आत्मा, जिसका 'उम्बुल अदेर' होता है, या, जिसे घर के अन्दर वापस बुलाया जा सकता है। इसके भी दो प्रकार होते हैं : (क) हम्बल रोआ यानी मजबूत आत्मा और (ख) रबल रोआ यानी कमज़ोर आत्मा। ऐसा माना जाता है कि इसी गुण के आधार पर ही प्रकृति की बुरी शक्तियाँ किसी व्यक्ति को परेशान कर सकती हैं या उससे डरती हैं। (2) मुअ मसनको (अप्राकृतिक या आकस्मिक)—वैसे 'रोआ' जिसे घर के अन्दर नहीं बुलाया जा सकता है। अप्राकृतिक, असामयिक या दुर्घटनाओं से मृत व्यक्ति को 'मुअ मसनको' कहा जाता है। ऐसे व्यक्तियों को सामूहिक कब्र से थोड़ा अलग दफनाया जाता है। उनके रोआ यानी आत्मा को घर के अन्दर वापस नहीं बुलाया जाता है। ये भटकती रहती हैं और लोगों को परेशान भी करती हैं। पूजा में इन्हें चढ़ावा नहीं दिया जाता है। इनकी नाराजगी दूर करने के लिए ही या इनके द्वारा प्रेरित रोग बाधा दूर करने के लिए ही इन्हें कुछ चढ़ावा दिया जाता है। इसके भी कुछ प्रकार हैं जैसे : चुरिन यानी गर्भवती स्त्री की आकस्मिक मृत्यु से जो आत्मा भटकती है उसे 'चुरिन' कहा जाता है। जो कटकर मर जाता है वह 'कटल मुअ'। जो आत्महत्या कर लेता है वह 'टंगल मुअ'। जो डूबकर मर जाता है वह 'डूबल मुअ'। वज्रपात से जिसकी मृत्यु हो जाती है वह 'बजर मुअ'। इसी तरह से 'मुअ' बनते हैं।

आत्मा के इन स्वरूपों को देखने से स्पष्ट होता है कि आदिवासी मान्यताओं में स्वायत्तता को महत्त्व दिया जाता है। आत्मा परमात्मा के बन्धन में नहीं है और न ही वह उससे मिलने के लिए बाध्य है। वह भी प्रकृति की ही वस्तु है और उसी में उसे रहना होता है। यहाँ हम आदिवासी जीवन-दर्शन के उस विचार को देख सकते हैं जिसमें मनुष्य न तो प्रकृति से निरपेक्ष है और न ही उससे अलग उसका अस्तित्व है। प्रकृति के ताने-बाने का ही एक अंश है मनुष्य और मृत्यु के पश्चात भी उसे उसी के साथ रहना है।

जीवन-पर्यन्त और जीवनोपरान्त प्रकृति को महत्त्व देने का कारण लौकिकवादी जीवन-दृष्टि है। प्रकृति के बीच रहते हुए, उससे संघर्ष करते हुए आदिवासी समाज की चेतना में यह विचार निर्मित हुआ कि प्रकृति के साथ सहजीवी सम्बन्ध से ही 'सिंगबोंगा' द्वारा प्रदत्त जीवन सम्भव है। सिंगबोंगा तो सिर्फ नियन्ता है। प्रकृति के साथ सम्बन्ध बनाना तो मनुष्य के विवेक का काम है। यह स्वायत्तता का ही विचार है। यह विचार उनके सामाजिक संरचना का ही प्रतिबिम्बन है। यह सर्वविदित है कि आदिवासी समाज किसी का वर्चस्व और हस्तक्षेप पसन्द नहीं करता है।

औपनिवेशिक काल के उनके इतिहास ने इस बात को साबित किया है। गुलामी के जिस काल में बड़े-बड़े राजे-रजवाड़े औपनिवेशिक शक्तियों के डर या प्रलोभन से अपनी आजादी छोड़ रहे थे, तब आदिवासी समाज उनके विरुद्ध बिना किसी समझौता के लगातार बगावत कर रहे थे। आजादी के बाद भी आदिवासी स्वायत्तता का सवाल मुखरता के साथ उठता रहा है। उनकी सामाजिक, राजनैतिक, आर्थिक और आध्यात्मिक क्षेत्र में मौजूद स्वायत्तता का विचार आदिवासी जीवन-दर्शन का ही प्रतिबिम्बन है।

स्वायत्तता और सामूहिकता

जब धर्म और दर्शन की बात होती है तो उसके संस्थागत रूपों का विश्लेषण करना ज़रूरी होता है। आदिवासी समाज की संस्थाओं को समझना भी ज़रूरी है। आदिवासी समाज की संस्थाओं का अध्ययन समाजशास्त्रियों ने किया है लेकिन उसकी संरचना के आधार पर धर्म और दर्शन का विश्लेषण किया जाना बाकी है। आदिवासी समाज के अपने आन्तरिक अन्तर्विरोध हैं लेकिन उसका सामाजिक रूपान्तरण सामन्ती समाज में नहीं हुआ है। इसलिए उसकी आध्यात्मिक मान्यताओं वाली संस्थाओं का भी सामन्ती स्वरूप में रूपान्तरण नहीं हुआ है। आज भी आदि समाज की धार्मिक मान्यताओं एवं संस्थाओं और गैर-आदिवासी समाज की धार्मिक मान्यताओं एवं संस्थाओं में फर्क को स्पष्ट देखा जा सकता है। अन्य धार्मिक मान्यताओं या उसकी संस्थाओं की तरह किसी भी आदिवासी समाज के सर्वोच्च धर्मगुरु या अधिकारी को चिह्नित नहीं किया जा सकता है। बैगा, पहान, पुजार, दिउड़ी आदि उनकी आध्यात्मिक मान्यताओं को संचालित करने के प्रतीक हैं लेकिन इनका कोई केन्द्रीय प्रतिनिधित्व नहीं है और न ही कोई केन्द्रीय सत्ता है। जैसे ईसाइयों के पॉप होते हैं, बौद्धों के लामा होते हैं, इस्लाम में उलेमा होते हैं या हिन्दुओं के शंकराचार्य होते हैं, वैसे ही इनका कोई एक सर्वोच्च अधिकारी नहीं होता है। और न ही यरूशलेम, मक्का, बोधगया या काशी-अयोध्या की तरह कोई केन्द्रीय सत्ता है। ये सभी अधिकारी सामन्ती सत्ता की श्रृंखला निर्मित करते हैं। आदिवासी समाज की मान्यताओं में ऐसे किसी धर्मगुरु या धर्म के अधिकारियों का अस्तित्व नहीं है। हर गाँव के बैगा, पाहन, पुजार, दिउड़ी आदि होते हैं। सबका एक-दूसरे से परिचय और सम्बन्ध होता है लेकिन उनका कोई पदानुक्रम नहीं होता है। ये अपने-अपने गाँव में अपने-अपने हिसाब से अपनी मान्यताओं को अभिव्यक्त करते हैं। सब गाँव का अपना-अपना सरना-स्थल या जहेरथन होता है जहाँ उस गाँव के लोग पूजा करते हैं। बैगा, पाहन, पुजार, दिउड़ी आदि सिर्फ उस खास समय का प्रतिनिधित्व करते हैं। बाकी उनका कोई सामाजिक पदानुक्रम नहीं होता है और न ही वे अपनी सामूहिकता के विरुद्ध जा सकते हैं।

ये किसी पर्व-त्योहार या अन्य सामाजिक अवसरों पर सामूहिक रूप से पूजन-अर्चन या रस्मों को निभाने के लिए जिम्मेदार होते हैं। बाकी प्रत्येक परिवार का व्यक्ति अपने घर की पूजा व्यक्तिगत तरीके से कर सकता है। इसके लिए वह किसी पुजारी या पुरोहित पर आश्रित नहीं होता है। यह विचार उनकी सामाजिक संरचना की ही अभिव्यक्ति है। आदिवासी समाज की लोकतांत्रिकता को समझने के लिए एक बात को रेखांकित किया जाना ज़रूरी है वह है कि अयोध्या, चार धाम, मक्का-मदीना या यरूशलेम की तरह उनकी आध्यात्मिक मान्यताओं का कोई केन्द्रीय स्थान नहीं है। उनकी आध्यात्मिकता के केन्द्र में प्रकृति है और उसका विस्तार सर्वत्र है। स्वायत्तता, विकेन्द्रीकरण, आदि उनकी सहजीवी जीवन-दृष्टि का परिणाम है।

आदिवासी धर्म और दर्शन को समझने के लिए निश्चित ही आदिवासी समाज की संरचना को समझना ज़रूरी है। मुंडा आदिवासी समाज अपनी मूल संरचना में सामूहिक और सहजीवी रहा है। उसकी इस सहजीविता की प्रवृत्ति के बारे में एक लोकोक्ति भी है जिसमें कहा जाता है—'मुंडा होन को ची म:द् गेंवड़ा।' अर्थात मुंडा हैं या बाँस के समूह। इसके दो अर्थ हैं। पहला, बाँस एक ही जगह समूह में होते हैं वैसे ही मुंडा भी हैं। दूसरा, बाँस के गट्ठर से यदि कोई एक बाँस निकल जाए तो उसकी एकता टूट जाती है और बाँस के गट्ठर भरभराकर बिखर जाते हैं। मुंडा आदिवासी भी अपने बारे में यही मानते हैं। अपनी सामाजिक संरचना में मुंडाओं ने सामूहिकता और सहजीविता को लम्बे समय तक बरकार रखा। औपनिवेशिक संघर्ष के हमलों के बीच भी वे अपनी सहजीविता को बनाए रखने की लड़ाई लड़ते रहे। अखड़ा, जदुर, सेन्देरा, मदाईत, गीति:ओड़ा: आदि संस्थागत व्यवस्था इसके सूचक हैं। मुंडा उत्पति कथा इसका बेहतर उदाहरण है। इस सम्बन्ध में डॉ. रामदयाल मुंडा द्वारा 'आदि धरम' पुस्तक में संकलित मुंडा उत्पत्ति कथा का जिक्र किया जाना ज़रूरी है। मुंडा उत्पत्ति कथा का संकलन डॉ. रामदयाल मुंडा के गुरु जगदीश त्रिगुणायत जी ने भी किया है। लेकिन दोनों के संकलन में बुनियादी अन्तर है। त्रिगुणायत जी द्वारा संकलित कथा में धरती के निर्माण का सामूहिक विचार नहीं है। वहाँ मछली, केकड़ा, कछुआ और जोंक अलग-अलग मिट्टी ढोने की कोशिश करते हैं, और अन्तत: जोंक ही उस काम में सफल होता है। लेकिन डॉ. मुंडा ने इस तरह कथा का सम्पादन नहीं किया है। उनके द्वारा संकलित कथा में मछली, केकड़ा, कछुआ, और जोंक सबके सामूहिक प्रयास से धरती का निर्माण होता है। एक कथा के दो स्वरूप उनकी अपनी सामुदायिक जीवन-दृष्टि का परिणाम है। हम कह सकते हैं डॉ. मुंडा ने अपने समाज में सामूहिकता के जिन मूल्यों को देखा है उसे उन्होंने अपने विचार का आधार बनाया। मुंडा समाज में मौजूद प्रथाएँ और संस्थाएँ इस विचार को प्रामाणिक आधार देते हैं।

मुंडाओं की पूजा-पद्धतियों का विवेचन कर हम उनकी धार्मिक मान्यताओं की सहजता को देख सकते हैं। मुंडाओं को रोज, हर घड़ी 'सिंगबोंगा' के स्मरण की ज़रूरत नहीं पड़ती है। 'सिंगबोंगा' के लिए अगर सरना-स्थल प्रतीकात्मक तरीके से निश्चित किया गया है तो इसका मतलब यह नहीं है कि उन्हें रोज स्मरण किया जाए और उन्हें चढ़ावा दिया जाए। 'सिंगबोंगा' सार्वभौम हैं, सृजनकर्ता हैं। लेकिन इसके बावजूद वे जीव या आत्मा से मुक्ति के लिए निवेदन की अपेक्षा नहीं करते। मुंडा सहज तरीके से 'सिंगबोंगा' को स्मरण करते हैं। वे उसे अपने पास बुलाते हैं। साथ पंक्ति में बैठाते हैं और एक दोना हँड़िया साथ में पीते हैं। कुछ महत्त्वपूर्ण अवसरों और त्योहारों को छोड़कर शायद ही कोई मुंडा उनके नाम का जाप करता है। मुंडाओं की पूजा-पद्धति की यह सहजता उनके जीवन-दर्शन से निःसृत है। यह उनकी स्वायत्तता का ही विचार है। चूँकि जीवन में ही अतिरिक्त की कामना नहीं है, चूँकि सम्पत्ति का निजी संचयन और संकलन नहीं है तो फिर किस बात की महत्त्वाकांक्षा के लिए 'नाम जपना'? किसलिए रोज का व्रत और चढ़ावा? क्यों माला फेरना? जिसे हम कथित तौर पर मुख्यधारा का धर्म मानते हैं उनकी पूजा-पद्धति और उनके दार्शनिक विचार के बीच भारी विरोधाभास दिखाई देता है। उनके धर्म का दर्शन तो वस्तुओं के त्याग, तप, संयम, सन्तोष आदि आदर्शमूलक बातें करता है लेकिन उनकी पूजा-पद्धति की जटिलता उनकी निजी महत्त्वाकांक्षाओं को प्रकट कर देती है। हम हिन्दू धर्म में नियमित किये गए व्रत-उपवास-सम्बन्धी नियम और उसके फल को, पाँच बेर नमाज अदायगी के विचार को और हर रविवार चर्च की उपसना को देख सकते हैं। इस तरह की धार्मिक क्रियाएँ और बाध्यताएँ धर्म को नहीं बल्कि धर्म की सत्ता को अभिव्यक्त करती हैं।

सेंगेलदअ:, सोसोबोंगा और सहजीविता

मुंडा आदिवासी समाज के जीवन-दर्शन और अध्यात्म को उनकी पुरखा कथा 'सेंगेलदअ:' और 'सोसोबोंगा' में देखा जा सकता है। ये पुरखा कथाएँ आदिवासी ज्ञान परम्पराओं की अभिव्यक्ति हैं। 'सेंगेलदअ:' यानी 'अग्निवर्षा' कहानी के अनुसार पूरी धरती इनसानों से भर गई थी। हर कदम में केवल इनसान ही मिलते थे। सृष्टि के सभी जीवों का मनुष्यों ने अपने स्वार्थ के लिए संहार कर दिया, तब 'सिंगबोंगा' ने धरती के जीवन को सन्तुलित करने के लिए आग की वर्षा की। फिर से धरती को नये सृजन के योग्य बनाया। मुंडा आदिवासियों की मान्यताओं और रीतियों पर आधारित ऐतिहासिक महत्त्व की किताब 'सिंगबोंगा ओड़ो: एटअ: एटअ: बोंगा को' में मेनास राम ओड़ेया 'मृत्यु क्या है?' सवाल का जवाब लिखते हैं कि 'आत्मा का शरीर से निकल जाना ही मृत्यु है।' उसी तरह 'मृत्यु क्यों होती है?' सवाल का जवाब लिखते हैं कि 'मनुष्य सिंगबोंगा की खेती है।

जिस प्रकार धान को पकने पर काट लिया जाता है उसी प्रकार मनुष्य भी है। यदि धान को सही समय पर काटकर नहीं लाया जाए तो धान के वही बीज फिर से उसी खेत में उग आएँगे। इससे खेत में धान के फसल के लिए जमीन नहीं होगी। कम जमीन पर ज्यादा धान के बीज बोए जाने पर फसल अच्छी नहीं होगी। उसी प्रकार यदि मनुष्य की मृत्यु न हो तो यह धरती मनुष्यों से भर जाएगी, तब जीवन मुश्किल हो जाएगा। इसीलिए सिंगबोंगा 'सेंगेल दअ:' या अग्नि वर्षा कर मनुष्यों की संख्या को सन्तुलित करते हैं।' इन दोनों कथनों में रेखांकित की जानेवाली बात है धरती में जीवन का सन्तुलन। यह जीवन मनुष्य के जीवन का सन्तुलन नहीं है बल्कि पूरी सृष्टि के जीवों के साथ जीवन का सन्तुलन है। धरती में जीवन के सन्तुलन की कथा मुंडाओं की महाकाव्यात्मक कथा 'सोसोबोंगा' में भी है। यह कथा 'असुर कहानी' के नाम से भी जानी जाती है। कुमार सुरेश सिंह ने इस पुरखा कथा को 'मुंडारी एपिक' कहा है। इस कथा का रचनाकाल लगभग 600 ई.पू. माना जा सकता है। ऐतिहासिक और नृतत्त्वशास्त्र के तथ्यों के अनुसार लगभग 600 ई.पू. मुंडा आदिवासी छोटा नागपुर (वर्तमान झारखंड) के प्रदेश में पहुँचे थे। एस.सी. रॉय के अनुसार मुंडा किसी समय में सिन्धु-घाटी सभ्यता के निवासी थे। आर्यों से संघर्ष के बाद उन्हें अपने मूलस्थान से विस्थापित होना पड़ा था। उसी विस्थापन की यात्रा के क्रम में वे छोटा नागपुर के वन प्रदेश में पहुँचते हैं। यहाँ पहुँचने पर उनका संघर्ष यहाँ पहले से रह रहे असुर समुदाय के साथ होता है। असुर उस समय शक्तिशाली समुदाय थे और उन्हें लोहा गलाने का ज्ञान था। मुंडाओं का इन्हीं असुर समुदाय के साथ संघर्ष होता है। इसी संघर्ष और समन्वय की कथा है 'सोसोबोंगा'। इस कथा के अनुसार असुर दिन-रात लोहा गलाते थे जिससे पूरी धरती गर्म हो गई थी। सब तरफ धुआँ फैल गया था जिससे सभी जीवों पर संकट आ गया था। तब सिंगबोंगा ने उनसे लोहा का उत्पादन कम करने के लिए कहा। उन्होंने कहा कि वे या तो दिन में लोहा गलाने का काम करें या रात में। दिन-रात लगातार लोहा गलाने से धरती का ताप बढ़ गया था और उसे कम करना ज़रूरी था। लेकिन असुरों ने नहीं माना। उन्हें अपनी शक्ति का गर्व था। तब 'सिंगबोंगा' ने असुरों को पराजित किया। मुंडा पुरखा कथा में यह पहली कथा है जिसमें 'सिंगबोंगा' के अवतार की कहानी है अन्यथा ईश्वर का अन्यत्र कहीं जिक्र नहीं है। न ही मुंडा अपनी मान्यताओं में किसी के अवतार की प्रतीक्षा करते हैं। कुमार सुरेश सिंह ने इसे ग्रामीण सभ्यता और शहरी सभ्यता का रूपक माना है और इन्हें दो भिन्न जीव-दृष्टि के रूप में विश्लेषित किया है। यह कथा प्रकृति में मनुष्य को उसके सहजीवी के रूप में चित्रित करती है न कि उसके श्रेष्ठ वर्चस्वकारी जीव के रूप में। बल्कि यह कथा किसी भी रूप में प्रकृति का अत्यधिक दोहन करने का प्रतिआख्यान रचती है।

सहजीविता के गीत

सहजीविता का यह विचार हम मुंडारी गीतों में भी देखते हैं। एक गीत है :

'सिंगी दोबू सियु: कमिया
अयुब नपंग दुमंग दंगोड़ी'

अर्थात

('हम दिन में हल चलाएँगे/काम करेंगे/और रात-भर/माँदल की ताल पर नाचेंगे।')

अदम स्मिथ के आर्थिक सिद्धान्त को माननेवालों को इस गीत का विचार ज़रूर अटपटा लगेगा। वे मान सकते हैं कि यह कैसा समाज है जो 'श्रम' के मूल्य की माँग करने के बजाय 'आनन्द' (माँदल) की माँग कर रहा है। मुंडाओं के पुरखा गीत का यह विचार कैसे आगे मुंडाओं की पीढ़ी में हस्तान्तरित हुआ है, इसका अच्छा उदाहरण डॉ. रामदयाल मुंडा की एक मुंडारी कविता है, जिसमें वे कहते हैं—'मैं गीतों की मजदूरी करता हूँ।' मार्क्सवादी विचारकों को भी यह अजीब लग सकता है कि एक मुंडा अपनी 'मजदूरी' में 'गीत' चाहता है। इस कविता में कवि कहते हैं कि बहुत खोजबीन के बाद वे पोकला गाँव पहुँचे हैं और वहाँ अखड़ा में शामिल हो रहे हैं। अखड़ा में गीतों का लेन-देन होता है। गीत दिया जाता है और झोका जाता है। जब किसी को गीत नहीं दिया जाता है तब यह अपनी उपेक्षा मानी जाती है। आदिवासियों को गीत चाहिए क्योंकि यह उनके सामाजिक होने का सबूत है। यह उनके जीवन के लिए ज़रूरी है। गीतों के इन विचारों का अर्थशास्त्र यह है कि यदि श्रम सामूहिक हो, श्रम का शोषण न हो, तो मूल्य के रूप में वस्तु या सम्पत्ति की ज़रूरत नहीं होगी,। ऐसी ज़रूरतों की जगह अखड़ा ले लेता है। अखड़ा सहजीविता का प्रतीक है।

सहजीविता के उपर्युक्त विश्लेषणों के आधार पर ही हम मुंडा धर्म, दर्शन, और अध्यात्म को समझ सकते हैं। सहजीविता का जीवन-दर्शन ही आदिवासी आध्यात्मिकता को पारलौकिक नहीं होने देता है। यही सहजीवी जीवन-दर्शन उनके मुंडा धर्म को भी पारलौकिक होने नहीं देता है। इसलिए हम आदिवासी समाज और धर्म में सत्ता की संरचना का सामन्ती ढाँचा नहीं पाते हैं। इसे हम इस उदाहरण के द्वारा भी समझ सकते हैं जिसे मेनास राम ओड़ेया ने अपनी पुस्तक 'मतु रअ: कहनि' में लिखा है। यह पुस्तक औपनिवेशिक समय में सरदारी आन्दोलन और उसके बाद बिरसा उलगुलान के दौरान का दस्तावेज़ है। अंग्रेजों, जमींदारों और दिकुओं के आतंक से परेशान होकर मुंडा उनके खिलाफ गोलबन्द होते हैं। वे उन्हें अपने 'दिसुम' से बाहर निकालने के लिए रणनीति बनाते हैं। गाँवसभाओं की बैठक होती है।

उसी सभा में एक उत्साहित युवक कहता है कि सरदारी आन्दोलन और उससे पहले मुंडा आन्दोलन के दौरान जिस तरह हमने दिकुओं को खदेड़ा था, उसी तरह इस बार भी खदेड़ेंगे। वह कहता है, "बोरोय रेयो मिसा गेम गोजो:। कम बोरोय रेयो: बरसा कम गोजो :।" अर्थात "डरोगे फिर भी एक बार ही मरोगे, नहीं डरोगे फिर भी दो बार नहीं मरोगे।" उस युवा का यह कथन आदिवासी जीवन-दर्शन की ही अभिव्यक्ति है। हमने गैर-आदिवासी समाजों में देखा है कि लोग या तो धर्म के लिए मरते हैं, या, धर्म के नाम पर मरते हैं, या स्वर्ग में हूर या अप्सराओं के लिए मरते हैं। ऐसे समाज में मृत्यु के साथ जुड़ी हुई इस तरह की मान्यताएँ इसलिए हैं क्योंकि उनका दर्शन पारलौकिक है। वे लौकिक दुनिया से इतर दूसरी अदृश्य दुनिया में मुक्ति या सुख की कल्पना करते हैं और उसके नाम पर क़ुर्वानी देते हैं। मुक्ति की परिकल्पना, भवसागर पार करना, क़यामत का दिन, फैसले का दिन आदि पारलौकिक दर्शन की ही निर्मितियाँ हैं।

हमें इस बात पर ध्यान देना चाहिए कि किन परिस्तिथियों में कोई धर्म पारलौकिकता की बात करता है। हम देख सकते हैं कि वर्तमान में जो धर्म संस्थागत रूप में मौजूद हैं और जो समाज सामाजिक विकास के चरणों में सामन्ती दौर से गुजर चुका है उन सभी धर्मों में पारलौकिकता मौजूद है। यह सामाजिक संरचना में मौजूद वर्चस्व का परिणाम है। आदिवासी समाज की सामूहिकता और सहजीविता ने न तो अपनी सामाजिक संरचना में इस वर्चस्व को जन्म दिया और न ही अपने आध्यात्मिक जीवन में धर्म को सामन्ती ढाँचे में रूपान्तरित होने दिया। वह पारलौकिक कल्पनाओं से मुक्त होकर जीवन की स्वच्छन्दता, स्वायत्तता का लौकिक जीवन जीता है। उसके यहाँ न तो अमरत्व की फिजूल तैयारी है, न अवतार की कायरतापूर्ण प्रतीक्षा है और न ही पुनर्जन्म के लिए कोई चिन्ता है। नये बदलते वैश्विक समाज में आदिवासी समाज अपने इन सहजीवी विचारों को कैसे सहेजकर रखेगा, यह सवाल उसके लिए चुनौती की तरह है।

आदि धरम और दीर्घकालिक विकास

डॉ. निकोलस लकड़ा

परिचय

धरम का अर्थ है धर्म। हालाँकि भारतीय समझ के मुताबिक धर्म एक ब्रह्मांडीय कानून और सामाजिक व्यवस्था है जो हर चीज़ को एक साथ जोड़ती है और दुनिया में सद्भाव बनाए रखती है। दूसरे शब्दों में धर्म का मर्म पूरे ब्रह्मांड की स्थिरता है। धर्म का अनादर असन्तुलन और वैमनस्य का कारण बनता है और अस्तित्व को कमज़ोर करता है। धर्म पृथ्वी, मनुष्य और पूरे मानव-समाज की पूर्णतावादी समझ की ओर उन्मुख है। यह रीति-रिवाजों, पारम्परिक कौशल और तकनीक, धार्मिक समारोह, अभिनय कला और कथा-वाचन के माध्यम से मनाया और व्यक्त किया जाता है। इस प्रकार तीन आयाम : (क) ब्रह्मांडीय व्यवस्था, (ख) सांस्कृतिक विरासत, और (ग) मानव विकास एक-दूसरे से आपस में जुड़े हुए हैं। ऐसा इसलिए है कि मानव-सामज अपनी सांस्कृतिक विरासत को विकसित करता और अपनाता है। बुनियादी ज़रूरतों और सामाजिक मुद्दों को हर समय और स्थान पर सम्बोधित करने के लिए इसमें प्रकृति से सम्बन्धित जानकारी और अमल के साथ-साथ सामाजिक रीतियाँ भी शामिल हैं।

सांस्कृतिक विरासत दीर्घकालिक विकास का रास्ता हमवार करती है। आमतौर पर, दीर्घकालिक विकास को ऐसे विकास के रूप में परिभाषित किया जाता है जो भविष्य की पीढ़ियों की ज़रूरतों से समझौता किये बिना आज की ज़रूरतों को पूरा करता है। दीर्घकालिक विकास बुनियादी तौर पर वर्तमान और भविष्य की पीढ़ियों की भलाई पर केन्द्रित होता है। इसका मुख्य मकसद आनेवाली पीढ़ियों के जीवन-स्तर को कमज़ोर किये बगैर आज के लोगों के जीवन-स्तर को ऊपर उठाना है खासतौर से समाज के सबसे वंचित लोगों के स्तर को। यह पर्यावरण सम्बन्धी सुरक्षा, भविष्य के लिए प्रावधान, जीवन की गुणवत्ता और निष्पक्षता सम्बन्धित मूल्यों को साथ लाता है। दूसरे शब्दों में यह पर्यावरणीय, विकासात्मक, आर्थिक और सामाजिक चिन्ताओं[1] को समाहित करने का प्रयास करता है।

इंटरनेशनल वर्क ग्रुप फॉर इंडीजिनस अफेयर्स (IWGIA) के अनुसार दुनिया-भर में 370 मिलियन मूलनिवासी लोग 70 देशों में फैले हुए हैं।[2] बहुत से देशों में मूलनिवासी लोग जनजातीय और आदिवासी हैं। आज की दुनिया के मूलनिवासी आबादी का बहुसंख्य भाग एशिया के विशाल क्षेत्रों में रहता है। सबसे ज्यादा आबादी भारत में है। आईडब्लूजीआईए बताता है कि 2001 की जनगणना में 84.33 मिलियन लोगों को जनजातीय समूहों के सदस्य के रूप में पहचाना गया था जो कुल आबादी के 8.2% के बराबर है। जनगणना 461 समूहों को जनजातीय के रूप में सूचीबद्ध करती है। वे बाकी भारतीय आबादी से अलग हैं। ऐसे बहुत से जनजातीय समुदाय संख्या, भाषा और रीति-रिवाज, ज़िन्दगी गुजारने के तरीकों में एक-दूसरे से भिन्न हैं। यह जनजातीय समूह सदियों से खुद अपने धर्मों का पालन करता है। धर्म जनजातीय संस्कृति और जीवन-पद्धति के केन्द्र में हैं। यह शोधपत्र पड़ताल करता है कि जनजातीय दर्शन और धर्म, जिसे आदि धर्म के रूप में भी जाना जाता है, पर्यावरणीय, आर्थिक और सामाजिक विकास को और अधिक मानवतावादी समझ की ओर उन्मुख है। ग्रह की स्थिरता और सामाजिक एकजुटता इस बात पर निर्भर करती है कि इनसानों की पर्यावरण, आर्थिक और सामाजिक विकास के प्रति समझ और नज़रिया कैसा है।

जनजातीय परम्परा : पर्यावरणीय स्थिरता का गीत

पर्यावरणीय स्थिरता दीर्घकालिक विकास का मूल तत्त्व है। पर्यावरणीय स्थिरता के लिए स्थिर जलवायु सुनिश्चित करने, प्राकृतिक संसाधानों का कायमी प्रबन्धन और जैव-विविधता की रक्षा करने की ज़रूरत है। धर्म का सार सद्भावपूर्ण ब्रह्मांडीय व्यवस्था को बनाए रखना है। ब्रह्मांडीय व्यवस्था, धर्म और सांस्कृतिक विरासत एक-दूसरे से बँधे हुए हैं। दूसरे शब्दों में, अस्पष्ट सांस्कृतिक विरासत जिसमें ज्ञान भी शामिल है, जैव-विविधता और पर्यावरण के स्थायित्व की रक्षा करने में मदद करती है। बहुत से स्थानीय समुदाय ऐसी जीवन-शैली और अस्पष्ट सांस्कृतिक प्रथाएँ विकसित कर लेते हैं जो प्रकृति के साथ बहुत मुश्किल से जुड़ी हुई होती हैं और पर्यावरण का सम्मान करती हैं।[3] समय बीतने के साथ संचित किये गए ज्ञान और प्रथाओं का उपयोग प्राकृतिक संसाधनों के दीर्घकालिक उपयोग और जलवायु परिवर्तन के प्रभाव को कम-से-कम करने के लिए किया गया है। अस्पर्शी सांस्कृतिक विरासत जैव-विविधता को बचाने और पर्यावरण की स्थिरता में योगदान देने में सहायता करती है।[4]

जनजातीय विरासत पर्यावरणीय स्थिरता के गीत से जुड़ी है। प्रकृति और मूलनिवासी एक-दूसरे से अलग नहीं किये जा सकते। प्रकृति ने उन्हें प्रकृतिवादी विश्व-दृष्टि दी है। जनजातीय देवकथा के अनुसार प्रकृति और जानवर दोनों धरती

माता देवी का थूक या बचा हुआ भोजन हैं। वह माँ है और पेड़, इनसान, जानवर उसके बेटे और बेटियाँ हैं जो एक-दूसरे पर निर्भर हैं। धरती माता देवी मिट्टी, हवा, पानी और जंगल जैसी सभी सुविधाएँ प्रदान करके अपनी सृष्टि का पालन पोषण करती हैं।

ऐ धरती माता,
हम प्राणी,
आपका थूक और बचा हुआ भोजन हैं,
आपकी पूजा करते हैं, हमें सभी खतरों से बचाएँ,
बारिश करवाएँ,
जंगल सदाबहार रहे,
बाघ और साँपों से कोई खतरा न हो,
भरपूर फसल हो,
चावल का एक टुकड़ा पर्याप्त हो, निःसन्तान को बच्चा हो,
राइज—देश उज्ज्वल रहे,
धरती स्वस्थ्य रहे। (etribaltribune.com)

जनजातीय लोग मानते हैं कि अलौकिक आत्मा जानवरों और बेजान चीज़ों दोनों में होती है। आत्माएँ हर जगह रहती हैं और मनुष्य को चाहिए कि बीमारी से मुक्ति और लम्बे जीवन का आनन्द लेने के लिए उनके साथ शान्ति से रहे। किसी के बीमार होने पर आमतौर से यह विश्वास किया जाता है कि किसी रिश्ते का अनादर किया गया है। आत्मा का आसन होने की वजह से सभी स्थान पवित्र हैं।[5] मूलनिवासी नज़दीकी जुड़ाव और एक-दूसरे पर निर्भरता से सीखते हैं। उनके प्रायोगिक ज्ञान ने उनमें प्राकृतिक माहौल को ग्रहण करने की क्षमता दी है। मिट्टी और जंगल, नदी, पहाड़ियाँ, चिड़ियाँ और जानवर मिलकर जनजातीय जीवन का निर्माण करते हैं। उन पर निर्भर रहते हुए वे अपने ज्ञान, व्यक्तित्व और लोकविद्या का निर्माण करते हैं।[6]

"जब हम जीवित हैं मिट्टी हम में है और जब हम मर जाते हैं हम मिट्टी में होते हैं। हर मायने में हम मिट्टी हैं।"[7]

जनजातीय वैश्विक नज़रिये में सृजन का स्थान या सम्पूर्णता की केन्द्रीय हैसियत है। उनकी सांस्कृतिक प्रथाएँ और विरासत, सृजन के गीत, ज्ञान और विवेक से सम्बन्धित हैं। हर चीज़ को सृजन के नज़रिये से समझा जाना चाहिए। खाली स्थान या सृष्टि के साथ सद्‌भावना उनकी आध्यात्मिकता और आज़ादी की तलाश का आधार बिन्दु है। सम्पूर्ण सृष्टि के साथ रहने का ज्ञान जनजातीय लोगों की आध्यात्मिक बुनियाद है।

आदिवासी सांस्कृतिक विरासत का सम्बन्ध समूहवाद से है। वे हर चीज़ को समावेशी बनाते हैं। वे पूरी दुनिया की भलाई के लिए दुआ करते हैं।

हवा ताज़ा हो, पानी बिना रोकटोक बहे, सब कुछ अच्छा हो, सब कुछ ठीक हो (फर्स्टपोस्ट)

वे अपने लिए अलग से कभी कुछ नहीं माँगते। आदिवासी-दर्शन की बुनियाद में समूहवाद हमेशा रहा है। समूहवाद के दर्शन की वजह से जनजातीय लोग प्रकृति का दोहन कभी नहीं करते बल्कि वे इसके खिदमतगार हैं। पर्यावरण का संकट इस स्तर तक पहुँच गया है कि लगता है कि अगले सौ सालों में पृथ्वी इनसानों के लिए अनिवास्य बना दी जाएगी। ऐसा इसलिए है क्योंकि मुख्यधारा के मानव-समाज ने समूहवाद के दर्शन का अनादर और उपेक्षा की है। निष्कर्ष यह कि समूहवाद का आदिवासी-दर्शन प्रकृति और उसके सभी तत्त्वों साथ अकेला खड़ा है जो अन्ततः धरती माता के दोहन चक्र को समाप्त करेगा। ग्रह पर मानव और इस पर रहनेवाले सभी जानदार विलुप्त होने के कगार पर हैं। इनसानों के लिए आदिवासी आखिरी उम्मीद हैं।[8]

समावेशी आर्थिक विकास का जनजातीय दर्शन

ब्रह्मांडीय व्यवस्था, स्थिरता, शान्ति और सद्भाव उसी समय प्राप्त किया जा सकेगा जब इस धरती पर आर्थिक विकास समावेशी होगा। समावेशी आर्थिक विकास में यह सुनिश्चित किया जाना शामिल है कि सभी वंचित और हाशिये पर खड़े समूह विकास-प्रक्रिया में हितधारक हों। आर्थिक विकास को पूरी आबादी की भलाई को यकीनी बनाना चाहिए। समावेशी विकास के लिए मानवाधिकार के प्रति पूर्ण सम्मान की ज़रूरत है। यह गरीबी और असमानता को घटाता[9] है और समाज में उनके लिए न्याय, आज़ादी, बराबरी और सुरक्षा को यकीनी बनाता है।[10] मानव-समाज की स्थिरता के लिए समावेशी आर्थिक विकास ज़रूरी है। सद्भाव और शान्ति के बिना पूरे मानव-समाज में स्थिरता नहीं आ सकती। दूसरे शब्दों में, बिना समावेशी आर्थिक विकास के सद्भाव और शान्ति नहीं लाई जा सकती। दीर्घकालिक (Sustainable) का मतलब होता है दीर्घकालिक या स्थायी और विकास (Development) का अर्थ है संसाधनों में बदलाव या बढ़ोत्तरी। इसलिए, निरन्तर विकास का अर्थ होता है स्थायी बढ़ोत्तरी या लोगों के जीवन में तब्दीली लाना, खासकर समाज के उस वर्ग में जो वंचित और पीछे छूट गया है। ऐसा विकास स्थायी नहीं है जो केवल धनी लोगों के और वर्तमान पीढ़ी के पक्ष में है और गरीब या उन लोगों की कीमत पर हासिल किया गया है जो अभी पैदा भी नहीं हुए है।"[11] समावेशी आर्थिक विकास का लक्ष्य गरीबी, भूख, अन्याय, गैर-बराबरी को खत्म करना और सबके लिए स्वास्थ्य, शिक्षा, लैंगिक बराबरी,

साफ पानी और स्वच्छता सुनिश्चित करना होना चाहिए। मुहावरा 'सबके लिए' समावेशी आर्थिक विकास का केन्द्र है।

समाजवादी मॉडल अपनाकर भारत ने समावेशी आर्थिक विकास प्राप्त करने का लक्ष्य रखा है। राज्य का बुनियादी किरदार कल्याण और न्याय को बढ़ावा देना है। इस मामले में जनजातीय लोगों का खास सन्दर्भ दिया जाता है। एक तरह से विकास-प्रक्रिया में जनजातीय लोगों ने खोया ज्यादा और पाया कम है। आज़ादी के बाद, भारत ने योजनाबद्ध और वैज्ञानिक विकास की नई शुरुआत की। अधिकांश परियोजनाएँ जनजातीय क्षेत्रों में कायम की गई थीं। जनजातीय क्षेत्रों में बड़ी परियोजनओं ने जनजातीय भूमि का अतिक्रमण किया और उनको सदियों पुराने निवास से विस्थापित कर दिया।[12] धीरे-धीरे कल्याणकारी और समाजवादी सिद्धान्तों पर बाज़ार की अर्थव्यवस्था, नया राजसी उदारीकरण, उपभोक्तावादी दर्शन का वर्चस्व हो गया। इसके नतीजे में गम्भीर पर्यावरणीय संकट आया। अस्थायी अल्पकालिक मुनाफा की बुनियाद पर चलनेवाली अर्थव्यवस्था वैश्विक जलवायु परिवर्तन का कारण बन गई. पर्यावरण की तबाही और बदहाली ने आर्थिक और राजनीतिक बाधा पैदा किया है। उदारवाद ने खनन के मुख्य मकसद के लिए अनुसूचित क्षेत्रों का अतिक्रमण किया है। आदिवासियों को सुरक्षा प्रदान करनेवाली पाँचवीं अनुसूची पर वैश्वीकरण का हमला हुआ है। ऐसा इसलिए कि देश के 80% संसाधन अनुसूचित इलाकों में पाए जाते हैं।[13] यह संसाधनों का व्यवसायीकरण और वैश्विक शक्तियों और वैश्विक कारपोरेट के मुनाफा हासिल करने के लिए है। यह बात अत्यन्त महत्त्वपूर्ण है। ऐसी राजनैतिक और आर्थिक विचारधारा, नियम और योजनाएँ सामाजिक न्याय और सामाजिक कल्याण पर आधारित नहीं बल्कि अधिकतम मुनाफा और संसाधनों के अधिक दोहन के लिए हैं।

मुख्यधारा की आर्थिक व्यवस्था के विपरीत जनजातीय और मूलनिवासी लोग निर्वहन, समुदाय आधारित आर्थिक-प्रणाली, समायोजक इतिहास और लोक उन्मुख कला और साहित्य को अमल में लाते हैं। वे मुख्यधारा के उस आर्थिक दर्शन के विपरीत खड़े हैं जो, जैसा कि बताया जा चुका है, बाज़ार, उपभोक्तावादी और प्राकृतिक संसाधनों के शोषण से प्रेरित और पश्चिमी खिलाड़ियों द्वारा संचालित है। प्रभावशाली सत्ता-संरचना की उपभोक्तावादी जीवन-शैली का हित इसे बनाए रखने में है। प्राकृतिक संसाधनों के प्रति उनका नज़रिया मानव-जनित है जबकि जनजातीय लोगों का नज़रिया जैव केन्द्रित है। प्रकृति के प्रति जैव केन्द्रित नज़रिया का मतलब पहाड़ी का अधिकार पहाड़ी रहना है और नदी का अधिकार बहने का है।[14] प्रकृति के ऐसे अधिकारों का उल्लंघन किसी हालत में नहीं होना चाहिए। जनजातीय धर्म और दर्शन प्रकृति के अधिकारों का ज्ञान देता है जिसका उल्लंघन प्रकृति में असंगति पैदा करता है और उसका प्रभाव सभी प्राणियों पर पड़ता है।

इस धरती को माँ के रूप में समझने का चलन मूलनिवासियों के लोक-दर्शन और जीवन-पद्धति से आता है। सेवा और रक्षा करने के बजाय धरती माता का दोहन करना जनजातीय दर्शन में नहीं है। प्रतिष्ठित भारतीय मानव विज्ञानी बी.के. रॉय बर्मन का कहना है कि जनजातीय लोग इस हद तक मूलनिवासी हैं कि वे पृथ्वी और प्रकृति के साथ एकता का वैसा ही वैश्विक दृष्टिकोण रखते आए हैं जैसा विचार और कार्य[15] में व्यक्त किया गया है। हालाँकि इस सद्भाव की जड़ सादगी, सन्तोष, गैर-संचयी और गैर-अधिशेषी सारतत्त्ववाली संस्कृति में निहित है। जनजातीय दर्शन में कोई ऐसी चीज़ है जिसने इन लोगों को भौतिक सम्पत्ति की अनुचित लालच से बचाए रखा है। ऐसी लालच उनके दर्शन में फिट नहीं बैठती। जैव केन्द्रित जनजातीय दर्शन मुख्यधारा की सत्ता-संरचना की समझ में नहीं आती। वनवासी होने की वजह से उसे पिछड़ा, असहाय और शोषण का पात्र माना जाता है। जब जनजातीय लोग प्राकृतिक संसाधनों का दोहन करनेवाली किसी बड़ी परियोजना का विरोध करते हैं तो विकास विरोधी माने जाते हैं। निष्कर्ष यह कि जैव केन्द्रित जनजातीय संसार का नज़रिया स्थायी विकास के लिए एक मजबूत वैकल्पिक दृष्टिकोण है। जनजातीय दर्शन प्रभावकारी और विश्वसनीय है। धरती पर जीवन के भविष्य पर इसका सीधा प्रभाव है और इसे नज़रअन्दाज़ नहीं किया जा सकता। जनजातीय विरासत और संस्कृति अधीनस्थ नहीं बल्कि श्रेष्ठ है। इसका आकर्षण किसी खास जातीय समूह तक सीमित नहीं है जिन्हें हम जनजाति[16] के रूप में जानते हैं।

सामाजिक विकास का जनजातीय दर्शन

दीर्घकालिक विकास का मुख्य उद्देश्य समावेशी सामाजिक विकास है। समावेशी सामाजिक विकास उसे कहते हैं जो सामाजिक समस्याओं, खासकर गरीबी, बेरोज़गारी और सामाजिक बहिष्करण को सम्बोधित करता है। आर्थिक विकास का फायदा आबादी के सभी वर्गों को मिलना चाहिए और समाज के सभी स्तरों तक ईमानदारी से पहुँचाया जाना चाहिए। विकास सामाजिक समरसता लानेवाला होना चाहिए। सामाजिक समरसता लाने के लिए गैर-बराबरी, अन्याय, सामाजिक बहिष्करण का उन्मूलन ज़रूरी है। अगर समाज में अन्याय और बराबरी है तो सद्भाव और शान्ति कभी नहीं हो सकती।

एक शोध अध्ययन में भारतीय समाज को सबसे गैर-बराबरीवाला समाज बताया गया है। अमीर और गरीब में बहुत बड़ी खाई है। कुछ लोग धनी पैदा होते हैं और कुछ गरीब। जोहानसबर्ग स्थित कम्पनी न्यु वर्ल्ड हेल्थ के अनुसार भारत दुनिया का दूसरा सबसे अधिक गैर-बराबरीवाला देश है। इसकी दौलत के 54 प्रतिशत भाग पर करोड़पतियों का कब्जा है। भारत में सबसे अमीर एक प्रतिशत लोग देश की 53 प्रतिशत दौलत के मालिक हैं। सबसे अमीर पाँच प्रतिशत के पास 68.6 प्रतिशत

जबकि टॉप 10 प्रतिशत के पास 76.3 प्रतिशत हिस्सा है।[17] भारत में असमानताओं के पीछे क्या कारण है? भारतीय समाज में गैर-बराबरी के अनेक कारक हैं। भारतीय समाज में असमानताओं का मूल कारण जातिवाद है। गैर-बराबरी जाति-व्यवस्था के भीतर तक है। जाति-व्यवस्था अपने दर्शन के हिसाब से भारतीय समाज को चार वर्णों में बाँटती है। विभिन्न जातियों के लोग कभी बराबर नहीं हो सकते। गैर-बराबरी की इस जीवन-पद्धति को धार्मिक स्वीकार्यता प्राप्त है। गैर-बराबरी इतनी अधिक है कि समाज के कुछ वर्ग अछूत माने जाते हैं। वे जाति व्यवस्था से बाहर हैं। भारतीय संविधान का अनुच्छेद 17 अस्पृश्यता को समाप्त करने का प्रावधान करता है। संविधान को अंगीकार करने के 70 साल बाद भी भारतीय समाज में असमानता प्रचलित है। सचाई यह है कि असमानताएँ विभिन्न रूपों में सामाजिक विकास के सामने चुनौती खड़ी करती हैं।

जनजातीय लोग, जो भारत की कुल आबादी का लगभग 8 प्रतिशत हैं, भारतीय समाज में अलग दर्शन के साथ डटे हुए हैं। वे जाति-व्यवस्था के विपरीत खड़े हैं। जनजातियों के बारे में कहा जाता है कि वे जाति-विहीन, वर्ग-विहीन होते हैं। वे समय की माँग के अनुसार अपने स्वभाव में समतावादी, प्रकृति के साथ जीनेवाले और लोकतांत्रिक हैं। कबीला जाति नहीं है। शब्द कबीला (Tribe) का प्रयोग सामाजिक रूप से एकीकृत इकाई के लिए किया जाता है। जनजातियों को अपने-आपमें मुकम्मल समाज माना जाता है। वे अपने-आपमें पूर्ण समाज हैं।[18] आदिवासी सांस्कृतिक जीवन मिली-जुली समुदायिक गतिविधि का हिस्सा है जिसमें गीत-गायन, नाच और जीवन के धार्मिक उत्सव शामिल हैं। प्रकृति के साथ आत्मीय जीवन ने अधिकांश जनजातीय संस्कृतियों को समानता, सहयोग और समुदायिक जीवन[19] के मूल्यों से मजबूती प्रदान किया है। हालाँकि, भारत जातिविहीन और समतावादी समाज बनने की चाहत रखता है लेकिन अब भी जाति-व्यवस्था पर जमा हुआ है। जाति-व्यवस्था गैर-बराबरी और भेदभाव का कारण बनती है। अन्त में, जनजातीय लोग जाति-विहीन समाज हैं। उनका दर्शन इनसान को समावेशी और एकजुट समाज के रूप में विकसित करने के लिए प्रबुद्ध कर सकता है।

निष्कर्ष

शोधपत्र यह उजागर करने का प्रयास करता है कि जनजातीय दर्शन और सांस्कृतिक पद्धतियाँ धरती माता, पर्यावरण, मानव-जाति और समाज को सही दृष्टिकोण अपनाने का सुझाव देती हैं। विकास का अन्तिम उद्‌देश्य मानव-जीवन को खुशहाल, सद्‌भावपूर्ण और एकजुट समाज बनाना है। जनजातीय दर्शन दीर्घकालिक विकास को प्रतिबिम्बित करता है और स्थिति का सही निर्धारण करता है। 'नव-जनजातिवाद' का दर्शन समाजशास्त्र के क्षेत्र में एक नया विकास है। समाजविज्ञानी महसूस

करते हैं कि इस सामाजिक दर्शन के अनुसार सद्‌भावपूर्ण मानव-समाज का निर्माण जनजातीय लोगों की प्रथा और उनकी संस्कृति और मूल्यों के मॉडल पर किया जाएगा। वे सुझाते हैं कि उत्तर-आधुनिक युग 'नव-जनजातीयवाद'[20] का युग होगा। फ्रांसीसी समाज विज्ञानी माइकल मफ्फेसोली शायद पहला व्यक्ति है जिसने शब्द 'नव-जनजातीयवाद' का प्रयोग किया है। मफ्फेसोली भविष्यवाणी करता है कि जैसे-जैसे संस्कृति और आधुनिकता के संस्थानों का पतन होगा समाज पुरानी यादों को अपनाएगा और मार्गदर्शन के लिए प्राचीन संगठनात्मक सिद्धान्तों की तरफ देखेगा। इसलिए उत्तर-आधुनिक युग नव-जनजातीयवाद का युग होगा। नव-जनजातीयवाद एक विचारधारा है जो प्रस्तावित करती है : "इनसान आधुनिक समाज के विपरीत जनजातीय समाज में रहने के लिए विकसित हुआ है और इसलिए वह वास्तविक खुशी तब तक हासिल नहीं कर सकता जब तक कि आदिवासी जीवन-शैली के कुछ अंशों को फिर से बनाया या अपनाया नहीं जाता"।[21] आधुनिकता के प्रतियोगी युग में यह एक तरह की स्वीकारोक्ति है कि पूँजीवाद, व्यवसायवाद, औद्योगीकरण, उपभोक्तावाद और उपनिवेशीकरण ने सामूहिक मानवता को पतित किया है। लेकिन आधुनिकतावाद के इन मूल्यों के विपरीत पूरी दुनिया में जनजातीय और मूलनिवासी लोगों ने अपनी संस्कृतियों को बनाए रखा है, हालाँकि वे पारम्परिक और दीर्घकालिक हो सकते हैं। बाज़ार, व्यावसायिक और संसाधन शोषक औद्योगिक अर्थव्यवस्था के विपरीत प्रकृति और संसाधनों के साथ सद्‌भावनापूर्ण अस्तित्व बनाए रखते हुए वे निर्वहन की आर्थिकी पर अमल करते हैं। भाषाओं, गीतों और कलाओं समेत जनजातीय सांस्कृतिक विरासत अपने अन्दर मनुष्य की यात्रा की कहानियों को समाए हुए है। किसी भी और चीज़ की तुलना में, मानव होने का मतलब जानने लिए उनको समझना ज़रूरी है। दुनिया के कुछ भागों[22] में पेश आनेवाले ऐतिहासिक संस्कृतिक ज़ख्मों की भरपाई के लिए इस विरासत की बहाली की शुरुआत हो गई है। इसलिए जनजातीय और मूलनिवासी लोगों के विवेक और ज्ञान, दर्शन, सांस्कृतिक विरासत की तलाश करने और उनको आत्मसात करने की ज़रूरत है। इससे धरती माता के घाव भरेंगे, उससे भी अधिक मानव-समाज प्रबुद्ध होगा और सही मायनों में विकास को प्रोत्साहित करेगा।

सन्दर्भ

1. डेविड बोर्डमैन और ग्राहम रेंजर, टीचिंग सस्टेनेबुल डेवलपमेंट, भूगोल शिक्षण, वलूम 21, संख्या 4 (अक्टूबर 1996), पेज 162
2. http://www.iwgia.org/en/indigenous-world.html
3. इनटैंजिबुल कल्चरल हेरिटेज एंड सस्टेनेबुल डेवलपमेंट, पेज 8,http://ich.unesco.org/doc/src/34299-EN.pdf
4. आइबिड. पेज 7

5. नदीम हस्नैन, ट्राइबल इंडिया, न्यु रॉयल बुक कम्पनी, लखनऊ 2007, पेज 63
6. महेन्द्र कुमार मिश्रा, सैक्रेड वर्ल्ड विव इन ट्राइबल मेमोरी, etribaltribune.com
7. वायसेज़ फ्राम रेलिजंस ऑफ सस्टेनेबुल डेवलपमेंट, पेज 87, partner-religion-development.org
8. आदिवासीज़ एंड इंडियन स्टेट्स : ट्राइबल फिलॉसफी ऑफ कलेक्टिविज्म इज़ ह्यूमेनिटीज़ बेस्ट चांस टू येंड साइकिल ऑफ एक्प्लॉयटेशन, firstpost.com, सितम्बर 20, 2019
9. इनक्लूसिव इकोनॉमिक ग्रोथ फॉर पावरटी एरैडिकेशन, https://www.sdgfund.org/thematic-area/inclusive-economic-growth-povery-eradication
10. सम्पादक डॉ. प्रकाश चन्द्र मेहरा, एथनोग्राफिक एटलस ऑफ इंडियन ट्राइब्स, डिस्कवरी पब्लिकेशन हाउस, नई दिल्ली, 2004, पेज 15
11. डेविड बोर्डमैन और ग्राहम रेंजर, टीचिंग सस्टेनेबुल डेवलपमेंट, भाग 21, संख्या 4 (अक्टूबर 1996), ज्योग्रैफिकल असोसिएशन, पेज 161
12. आईबिड़., पेज 6
13. ग्लोबलाइजेशन इन द शेड्युल्ड एरियाज़, समाता एंड माइन्स, सम्पादक एच.एस. सक्सेना, विनय कुमार श्रीवास्तव, सुकान्त के. चौधरी, शेड्युल्ड ट्राइब्स एंड डेवलपमेंट, सीरियल पब्लिकेशंस, नई दिल्ली, 2006, पेज 499
14. अपर्णा पल्लवी, ट्राइबल फिलॉसफी कांट बी इग्नोर्ड बियांड प्वाइंट, https://www.downtoearth.org.in 04 July 2015
15. प्रदीप प्रभू, इन द आई ऑफ द स्टॉर्म : ट्राइबल पीपुल ऑफ इंडिया, सम्पादक जॉन ए. ग्रिम, मूलनिवासी परम्पराएँ और पर्यावरण, विश्व धर्मों के अध्ययन का केन्द्र, हारवर्ड डिवाइनिटी स्कूल्स, संयुक्त राज्य अमरीका, 2001, पेज 50
16. अपर्णा पल्लवी, ट्राइबल फिलॉसफी कांट बी इग्नोर्ड बियांड प्वाइंट
17. भारत में असमानता : वास्तविक कहानी क्या है?, https://www.weforum.org/agenda/2016/10/inequality-in-india-oxfam-explainer
18. अनन्त कौशिक 'ट्राइबल सोशल मूवमेंट', http://www.lawstudent.in/bctribal.htm, पेज 1, इंटरनेट पर रिसाई 11 अगस्त, 2008
19. प्रदीप प्रभु, इन द आई ऑफ द स्टॉर्म : ट्राइबल पीपुल्स ऑफ इंडिया, सम्पादक जॉन ए. ग्रिम, मूलनिवासी परम्पराएँ और पर्यावरण, विश्व धर्मों के अध्ययन का केन्द्र, हारवर्ड डिवाइनिटी स्कूल्स, संयुक्त राज्य अमरीका, 2001, पेज 56-57
20. नवोट्राइबलिज्म, विकीपीडिया, फ्री इनसाक्लोपीडिया से, http://en.wikipedia.org/wiki/Neotribalism
21. न्युट्रीबालसिम, http://www.worldlingo.com/ma/enwiki/en/Neotribalsim
22. जय ताबर, ट्राइबलिज्म, http://www.scribd.com/doc/17701736/Tribalism

आदिवासी दर्शन के आधारभूत सूत्र

हरिराम मीणा

दार्शनिकों ने दर्शनशास्त्र के तीन मुख्य विभाग निर्धारित किये; तत्त्व मीमांसा, ज्ञान मीमांसा और मूल्य मीमांसा। सबसे जटिल प्रश्न तत्त्व मीमांसा का रहा है जिसके माध्यम से सृष्टि की उत्पत्ति को समझने का प्रयास किया जाता रहा। इस गूढ़ पहेली को सुलझाने के लिए सृष्टि के मूल तत्त्व की खोज के प्रयास किये गए। आध्यात्मवादियों ने ईश्वर को और भौतिक-वैज्ञानिकों ने पदार्थ को मूल तत्त्व माना। ज्ञानमीमांसा के अन्तर्गत ज्ञान के स्रोत, स्वरूप, सत्यापन व सीमाओं का विश्लेषण किया जाता है। इसके प्रमुख सिद्धान्तों में बुद्धिवाद, अनुभववाद व अन्त:प्रज्ञावाद हैं। मूल्य-मीमांसा मूल्य-व्यवस्था का अध्ययन है जिसमें शुभ-अशुभ, नैतिक-अनैतिक, सामाजिक-असामाजिक व्यवहार की परख की जाती है।

दर्शनशास्त्र का सबसे बड़ा सवाल सृष्टि की उत्पत्ति को लेकर किया जाता रहा है। इस रहस्य को उद्‌घाटित करने के लिए ब्रह्म बनाम पदार्थ की बहस प्राचीन काल से अब तक चली आ रही है। अध्यात्मवादियों ने परम ब्रह्म की इच्छा (Idea) को सृष्टि के उद्‌भव का मूल तत्त्व माना किन्तु उस विचार को व्यावहारिक स्वरूप देने के लिए पंच महाभूतों के उपयोग को भी स्वीकार किया गया। इसलिए विचार-तत्त्व की तुलना में 'पदार्थ तत्त्व' सृष्टि का मूल आधार रहा। यही अवधारणा आदिवासी दर्शन में हमें मिलती है। दुनिया के अधिकांश 'भद्र नायकों' ने विश्वासघात, छलछद्‌म, गृहभेद, दुष्कर्म, आतंक, युद्ध, हिंसा जैसे मनुष्य-विरोधी कृत्य करने में अपनी भूमिका निभाई है ठेठ ईश्वरों से लेकर देव-देवियों तथा नरपुंगवों तक ने। सहिष्णुता जैसे शीलों के सृजन, संरक्षण व संवर्द्धन का काम किया है परिश्रमी एवं बहुमुखी किन्तु संश्लिष्ट लोक ने, जिसके वेद-उपनिषद, पुराण, महाकाव्य, इतिहास एवं अन्य विषयक शास्त्र व विज्ञान के ग्रन्थ अभी लिखे जाने हैं। लोक के इस चिन्तन और व्यवहार के सूत्र हमें आदिवासी दर्शन और समाज में मिलते हैं।

कार्ल मार्क्स ने कहा है कि "अब तक दार्शनिकों ने समाज की व्याख्या की है, लेकिन सवाल इसे बदलने का है।" जब हम आदिवासी दर्शन की बात करते हैं

तो उस समाज में न दर्शन के सिद्धान्त गढ़े जाते हैं, न ही दर्शन के माध्यम से समाज को बदलने की घोषणाएँ की जाती हैं, बल्कि वहाँ तो दर्शन को जिया जाता रहा है। आदिवासी दर्शन के सारे सूत्र हमें उनके जीवन में मिलते हैं। प्रायः दर्शन को अनसुलझा रहस्य, जटिल पहेली अथवा गूढ़ ज्ञान के रूप में देखा जाता रहा है। उसी प्रकार से दार्शनिक व्यक्ति को किसी अतिविशिष्ट विभूति की छवि के रूप में स्थापित किया जाता रहा है जिसके साथ साधारण मनुष्य का उठना-बैठना अपवाद जैसा लगता हो। आदिवासी दर्शन और उसके ज्ञाता की अवधारणा ऐसी नहीं है। वहाँ दर्शन को जीवन में व्यवहृत करता रहा है। दर्शन के प्रति नितान्त बौद्धिक शास्त्रार्थ के दृष्टिकोण के साथ ही दर्शन को समझने का अन्तिम ध्येय तो मनुष्यों के बेहतर समाज की रचना ही होता है। दर्शन की अकादमिक परम्परा में प्रायः दार्शनिक सिद्धान्तों के आधार पर समाज को सीख दी जाती रही है। आदिवासी दर्शन को समझने के लिए आदिवासी समाज के जीवन में उपलब्ध दार्शनिक सिद्धान्तों की परख करनी होगी। कतिपय दृष्टान्तों से इस बात की पुष्टि की जा सकती है :

- ऋग्वेद का एक सूत्र हैं—'ऋतस्य यथा प्रेत' अर्थात प्राकृत नियमों के अनुसार जीओ'। आदिवासी जीवन इसी दार्शनिक सूत्र पर आधारित है।
- महावीर स्वामी के 'अपरिग्रह', भगवान बुद्ध का 'सम्पत्तिविहीन भिक्षु', कबीर की 'माया महाठगिनी' व महात्मा गांधी के 'लालची मनुष्य की भर्त्सना' में जो दर्शन निजी सम्पत्ति को सारे झगड़ों की जड़ बताता है, उसी समझ को लिए 'आदिम साम्यवाद' से अब तक आदिवासी समाज में चल रहा है।
- भर्तृहरि द्वारा मानव-दर्शन का जो सूत्र 'साहित्यसङ्गीतकलाविहीनः साक्षात्पशुः पुच्छविषाणहीनः' श्लोक में दिया है, उसे आदिवासी सांस्कृतिक परम्परा में देखा जा सकता है।
- भील समुदाय में ऐसे बुज़ुर्ग व्यक्ति आज भी मिल जाएँगे जो सुबह जागते ही धरती को छूकर यह प्रार्थना करते हैं कि 'हे धरती माता, जीवन-यापन की विवशता के कारण दिन-भर मुझे तुम्हारी देह पर पाँव रखकर चलना पड़ेगा। इस पाप के लिए मुझे क्षमा करना।'
- विभिन्न समुदायों के गणचिह्नों के माध्यम से आदिवासी समाज प्रकृति तत्त्वों व मानवेतर जीव-जगत के प्रति आत्मीय व संरक्षणीय दृष्टिकोण अपनाता रहा है।
- दिल्ली, पंजाब व हरियाणा जैसे समृद्ध व शिक्षित कहे जानेवाले क्षेत्रों में लिंगानुपात के असन्तुलन की समस्या है। इसके ठीक उलट सन्तोषजनक लिंगानुपात हमें आदिवासी अंचलों में मिलता है।
- गैर-आदिवासी शहरों अथवा देहातों के कुलीन तथा मध्य वर्गों के परिवारों

में घरेलू हिंसा अधिक मात्रा में मिलती है। यही स्थिति दुष्कर्म की घटनाओं की हैं। स्त्री के प्रति पुरुषवादी मानसिकता को दहेज-हत्याओं, लड़का व लड़की के प्रति असमान व्यवहार, महिला उत्पीड़न, वेश्यावृत्ति, देह-व्यापार, विज्ञापन आदि के लिहाज से भी देखा जा सकता है। कन्या भ्रूण हत्या व सती जैसी बर्बर प्रथाएँ उच्च वर्णों में प्रचलित रही हैं। आदिम समुदायों में यह स्थिति नहीं मिलेगी।

- आदिवासी भाषाओं के मौलिक स्वरूप में दुष्कर्म जैसा शब्द एवं स्त्री सूचक कोई गाली नहीं है।
- अंडमान के आदिवासी पेट भरने के लिए उन जीवों का आखेट करते हैं जो बहुतायत में हैं, और उनका संरक्षण करते हैं जो बिरले हैं।
- स्वायत्तता, समानता, सामूहिकता जैसे जिन नैतिक मूल्यों को दर्शनशास्त्र के 'मूल्य मीमांसा' विभाग में सम्मिलित किया जाता है वे सब आदिवासी जीवन का हिस्सा हैं।
- नाईजीरिया में व्यवसाय करनेवाले मेरे एक दोस्त ने जब वहाँ के आदिवासी मुखिया को यह सलाह दी कि "आपके यहाँ जंगली गायें काफ़ी हैं। इन्हें पालकर इनके दूध का व्यवसाय आपको करना चाहिए।" मुखिया ने जवाब दिया "क्या बेतुकी बात करते हो, इन गायों के दूध पर इनके बछड़ों का प्राकृतिक अधिकार है। हम उसे कैसे छीन सकते हैं?"
- ब्राजील की आवा जनजाति की महिलाएँ बन्दरों के अनाथ हो गए बच्चों का खयाल रखती हैं। दर्शन में जोड़ना है।
- रेड इंडियन आदिवासियों में सबसे लोकप्रिय कविता प्रकृति को समर्पित 'प्रार्थना गीत' है।
- मंगोलिया के 'दुखा' नामक आदिम समुदाय की मान्यता है कि सभी जानवरों के साथ उनका आध्यात्मिक रिश्ता है।
- बैगा आदिवासियों का अभी भी यह विश्वास है कि "जंगल व जमीन जीवन-यापन के लिए पर्याप्त हैं। पृथ्वी के साथ अन्य कोई छेड़खानी करना ईश्वर की इच्छा के विरूद्ध होगा।"

2

वैदिक दर्शन में स्थापित 'ऋत' की अवधारणा से दर्शन के सभी विद्यार्थी परिचित हैं जिसकी चर्चा आगे की जा रही है। ऐसा ही एक दार्शनिक सिद्धान्त गोंड आदिम समुदाय में प्रचलित है जिसे बहुत कम जानते हैं। इसका कारण केवल यह है कि हमने आदिवासी समाज में विकसित दर्शन को दर्शन माना ही नहीं। गोंडी भाषा का 'पुनेम' शब्द 'पुय' एवं 'नेम' से बना है। पुय का अर्थ है प्रकृति, सृष्टि (पुकराल),

सत्य और नेम से तात्पर्य जीवन-पथ है। इस तरह पुनेम अर्थात प्रकृति पर आधारित सत्य के मार्ग पर चलना। जिस तत्त्व पर जोर दिया गया है वह है प्रकृति-दर्शन को ग्रहण करना, प्राकृतिक गुणों का अनुसरण करना, सत्य को जीवन में उतारना। यहाँ महत्त्वपूर्ण है सच्चा और प्राकृतिक होना। सृष्टि की संचालिका-शक्ति के रूप में प्रकृति की प्रतिष्ठा है जिसके सृजनकर्ता 'बड़ादेव' हैं जिसमें गोंडों की आस्था है। ऐसा आदि-दर्शन सृष्टि, प्रकृति, जीवन व ईश्वर जैसी अवधारणाओं की समझ अपनी सहज प्रवृत्ति के आधार पर हजारों सालों से रखता आया है। प्रत्यक्ष व परोक्ष रूप से और न्यूनाधिक मात्रा में दार्शनिक ज्ञान की इस परम्परा को करीब-करीब सभी आदिवासी समुदायों में देखा जा सकता है।

वर्ष 2018 में उदयपुर विश्वविद्यालय के दर्शन विभाग द्वारा एक राष्ट्रीय सेमीनार आयोजित किया जिसका विषय था 'आदिवासी दर्शन के विविध आयाम'। भारतीय सामाजिक विज्ञान अनुसन्धान परिषद के पास जब इस आयोजन के लिए प्रस्ताव भेजा गया तो वहाँ के सम्बन्धित अधिकारी ने तत्काल यह सवाल किया कि "क्या आदिवासियों का भी कोई दर्शन होता है?" उसकी समझ में कुछ आया अथवा नहीं, यह दीगर मसला है। बहरहाल प्रस्ताव को अनुमोदित कर दिया गया। सेमीनार सफलतापूर्वक आयोजित हुआ। मुझे भी दो सत्रों में सम्मिलित होने का अवसर दिया गया था। प्रो. सुजाता मिरी ने आदिवासी चित्रकला, डॉ. मालिनी काले ने आदिवासी संगीत और प्रो. हेमेन्द्र चंडालिया ने आदिवासी कविता के माध्यम से एवं अन्य सहभागियों ने आदिवासी दर्शन के जिन अन्य आयामों पर जो प्रकाश डाला, वह आदिवासी दर्शन को लेकर उत्पन्न होनेवाले किसी भी प्रकार की भ्रान्ति व भ्रम का निवारण करने में सक्षम है।

सबसे बड़ी बात जिस पर गौर किया जाना चाहिए वह यह है कि आदिवासी दर्शन में मनुष्य की श्रेष्ठता का नकार है जबकि भारतीय ज्ञान-परम्परा में सृष्टि की चौरासी लाख योनियों में मनुष्य को सर्वश्रेष्ठ माना गया है। आदिवासी मान्यता है कि धरती पर जड़ व चेतन-जगत की जितनी भी सर्जना है उन सबकी अपनी महिमा है। किसी को भी कमतर, निरर्थक अथवा अनुपयोगी कहना नि:सर्ग (आस्तिकों के लिए ईश्वर) का अपमान होगा। विवेकानन्द जी ने कहा है कि "सर्वोच्च ईश्वर से लेकर मामूली घास तक में समान दिव्यशक्ति समाहित है चाहे वह प्रकट रूप में हो अथवा प्रच्छन्न अवस्था में।" इस सत्य के पश्चात भी जैसे ही आदिवासी नाम आता है तो सामान्यत: ऐसे मानव-समूहों की छवि दिमाग में उभरने लगती है जो जंगल व पहाड़ों में वन्य प्राणियों की भाँति विचरण करते रहते हैं, जिनका तन वस्त्रों की जगह वृक्षों की छाल एवं फूल-पत्तियों से ढँका हुआ होता है, जिनका जीवन वनोपज व आखेट पर निर्भर होता है, जो सभ्यता से अनजान हैं, जिनके लिए भौतिक विकास किसी अजूबा से कम नहीं, जिनकी जीवन-शैली, भाषा, व्यवहार,

नाच-गान, मानसिकता सब कुछ अनूठी होती है, जो बाहरी लोगों से बिदकते हैं, जो अकारण हमला कर देते हैं। वे वैसे ही दिखते हैं जैसे गणतंत्र दिवस की झाँकियों अथवा फिल्मों में दिखाया जाता है। आदिवासी समाज को देखने के कुल मिलाकर दो किस्म के नज़रिये सामने आते हैं; एक, इस समाज के लोग जंगली व बर्बर होते हैं। जैसे वे 'अमानुष' हैं। दो, आदिवासी लोग समृद्ध प्रकृति की गोद में मस्ती के साथ नाचते-गाते रहते हैं। जैसे उनके पास अन्य कोई काम नहीं होता।

आदिवासी समाज को देखने के उक्त दोनों ही दृष्टिकोण भ्रामक हैं। जंगल व पहाड़ों में निवास करने का यह अर्थ नहीं कि उन लोगों का व्यवहार जंगली जानवरों जैसा अथवा बर्बरता का होता है। जहाँ तक रोमांटिक दृष्टिकोण का प्रश्न है तो हमें यह समझना चाहिए कि 'आदिवासी की गति में नृत्य और वाणी में गीत फूटता है।' ऐसा स्वभाव आदिवासी की नैसर्गिक अभिव्यक्ति है जिसे हम नैसर्गिकता अथवा प्राकृत के अर्थ में वृत्तिमूलक (Instictual) व्यवहार कह सकते हैं। यदि हम 'निःसर्ग' अर्थात प्रकृति की अवधारणा को लेकर बात करें तो जितनी भी प्राकृतिक गतिविधियाँ अथवा घटनाएँ हैं उनके पीछे 'ऋत' एक नियामक परम तत्त्व के रूप में सामने आता है। साधारणत: यह मान लिया जाता है कि आदिवासी समाज आदिम जीवन-शैली अपनाते हुए अभी भी ठेठ प्राकृतिक जीवन जीते चला आ रहा है इसलिए उसके व्यवहार का बहुत कुछ वृत्ति-प्रवृत्तिमूलक है एवं बहुत कम विवेकयुक्त। विवेक उतना ही विकसित है जितना प्राक्ऐतिहासिक मस्तिष्क। यह अत्यन्त भ्रामक धारणा है। मानव के मस्तिष्कीय विकास को हम व्यक्तित्व-निर्माण की प्रक्रिया से जोड़कर देखने का भ्रम पाले हुए हैं। हमें इस दृष्टिकोण से बाहर आकर और आदिम समाजों के मन-मस्तिष्क के अन्दर प्रवेश करने की आवश्यकता है।

आदिम समाजों के पास भी एक ठोस वैचारिकी है जिसे हम आदि-दर्शन कह सकते हैं। इस दर्शन की पृष्ठभूमि में बौद्धिकता व मानव-जीवन का लम्बा अनुभव है जो किसी प्रकार से तथाकथित विकसित सैद्धान्तिकी से कम नहीं है। यहाँ कुछ दार्शनिक अवधारणाओं के सन्दर्भ में इस दर्शन का विश्लेषण करने का प्रयास किया जा रहा है। आदिवासी समाज को देखने के ये दोनों ही दृष्टिकोण भ्रामक हैं। जंगल व पहाड़ों में निवास करने का यह अर्थ नहीं कि उन लोगों का व्यवहार जंगली जानवरों जैसा अथवा बर्बरता का होता है। जहाँ तक रोमांटिक दृष्टिकोण का प्रश्न है तो हमें यह समझना चाहिए कि 'आदिवासी की गति में नृत्य और वाणी में गीत फूटता है।' ऐसा स्वभाव आदिवासी की नैसर्गिक अभिव्यक्ति है जिसे हम नैसर्गिकता अथवा प्राकृत के अर्थ में वृत्तिमूलक (Insltinctual) व्यवहार कह सकते हैं। ब्रह्मांड अर्थात सम्पूर्ण सृष्टि में यदि कोई अन्तिम सत्य है तो दो इकाइयों के रूप में उसका अस्तित्व मिलता है; एक, अणु (Particle) और दूसरा, शून्य (Vacuum) है। इन्हीं के स्वतंत्र व संयुक्त स्तर पर होनेवाले मिश्रण से अखिल ब्रह्मांड,

उसके एक पिंड के रूप में पृथ्वी, पृथ्वी के चर-अचर सहित समस्त पदार्थों एवं प्राणियों की रचना हुई है। यदि हम 'नि:सर्ग' अर्थात प्रकृति की अवधारणा को लेकर बात करें तो जितनी भी प्राकृतिक गतिविधियाँ अथवा घटनाएँ हैं उनके पीछे 'ऋत' एक नियामक परम तत्त्व के रूप में सामने आता है।

हमने अमूमन यह सुना है कि "जानवरों को ईश्वर अथवा प्रकृति ने सब कुछ दिया है, बस केवल वाणी नहीं दी है जिससे वे अपनी बात को शब्दों के माध्यम से सम्प्रेषित कर सकें। उनके पास भाषा नहीं है किन्तु कायिक व स्वर संकेत हैं जिनके बल पर वे अपने मन की बात को कहते रहे हैं। इसी प्रकार से हम किसी मानव शिशु के हावभाव से उसकी बातों को समझ सकते हैं।" यह एक किस्म की ग़लत फ़हमी है कि मानवेतर प्राणी और मानव-शिशुओं के पास 'विवेक' का अभाव होता है और वे केवल 'वृत्तिमूलक व्यवहार' पर ही निर्भर रहते हैं। यह सिद्धान्त मनुष्य ने ही स्थापित किया है कि "इस अखिल सृष्टि में मनुष्य मात्र ही विवेकयुक्त प्राणी है जो अतीत का निरूपण, वर्तमान के लिए विधि-विधानों के आधार पर विभिन्न प्रकार की व्यवस्थाओं का निर्माण व उनकी क्रियान्विति तथा भविष्य की योजनाएँ निर्मित कर सकने में सक्षम है।" हम यह भूल जाते हैं कि 'नि:सर्ग' अर्थात मानवेतर सृष्टि के समस्त चराचर तत्त्व एक सर्वव्यापी व सर्वोच्च 'ऋत' से नियमित एवं नियंत्रित हैं जिसे अनेक प्रकार की संज्ञाएँ दी जाती रही हैं। यह समीचीन होगा कि हम मानवेतर सृष्टि और मनुष्य के व्यवहार को क्रमश: प्राकृत और कृत्रिम सृजन की अवधारणाओं से समझें।

3

वैदिक साहित्य में 'ऋत' शब्द का प्रयोग सृष्टि की सर्वोच्च संचालक शक्ति के लिए हुआ है। संसार के सभी पदार्थ परिवर्तनशील हैं किन्तु परिवर्तन का यह नियम स्वयं अपरिवर्तनीय स्वभाव रखता है। इसी के कारण सूर्य-चन्द्र गतिशील हैं। संसार में जो कुछ भी है वह सब ऋत के नियम से बँधा हुआ है। ऋत को सबके व्यवहार का मूल कारण माना गया है। अतएव ऋग्वेद में मरुत को ऋत से उद्भूत माना है। (4.21.3) विष्णु को 'ऋत का गर्भ' माना गया है। द्यौ और पृथ्वी ऋत पर स्थित हैं। (10.121.1) सम्भव है, ऋत शब्द का प्रयोग पहले भौतिक नियमों के लिए किया गया हो लेकिन बाद में ऋत के अर्थ में आचरण सम्बन्धी नियमों का भी समावेश हो गया। उषा और सूर्य को ऋत का नियामक माना गया है। अखिल ब्रह्मांड में इस ऋत के नियम के तनिक भी उल्लंघन का अर्थ सब कुछ का असन्तुलित हो जाना अर्थात प्रलय का घटित होना है। वरुण, जो पहले भौतिक नियमों के रक्षक कहे जाते थे, बाद में 'ऋत के रक्षक' (ऋतस्य गोपा) के रूप में ऋग्वेद में प्रशंसित हैं। देवताओं से आराधना की जाती थी कि वे हम लोगों को ऋत के मार्ग पर ले चलें

तथा अनृत के मार्ग से दूर रखें। (10.133.6) सृष्टि की समस्त गतिविधियों का सर्वोच्च कारक होने के पश्चात भी ऋत को वेद में सत्य से पृथक् माना गया है चूँकि वह सत्य न होकर वस्तुत: 'सत्य का नियम' है। अत: ऋत के माध्यम से सत्य की प्राप्ति स्वीकृत की गई है। यह ऋत तत्त्व वेदों की दार्शनिक भावना का मूल रूप है। परवर्ती साहित्य में ऋत का स्थान सम्भवत: धर्म ने ले लिया जो प्रकारान्तर से अनुशासन या कर्तव्य अथवा नैतिकता का बोध कराता है।

पतंजलि योगसूत्र की मीमांसा के दौरान ऋत की व्याख्या करते हुए ओशो ने कहा है कि "ऋत का अर्थ है; जो सहज है, स्वाभाविक है, जिसे आरोपित नहीं किया गया है। जो अन्तस है आपका, आचरण नहीं। जो आपकी प्रज्ञा का प्रकाश है, चरित्र की व्यवस्था नहीं। जिसके आधार से सब चल रहा है, सब ठहरा है। जिसके कारण अराजकता नहीं है। बसन्त आता है और फूल खिलते हैं, पतझड़ आता है और पत्ते गिर जाते हैं। वह अदृश्य नियम, जो बसन्त और पतझड़ को लाता है। सूरज है, चाँद है, तारे हैं, यह विराट विश्व है और कहीं कोई अराजकता नहीं, सब सुसम्बद्ध है। सब एक तारतम्य में है। सब संगीतपूर्ण है। इस लयबद्धता का ही नाम ऋत है। इतने विराट विश्व के भीतर अकारण ही इतना सुनियोजन नहीं हो सकता। कोई अदृश्य ऊर्जा सबको बाँधे हुए है। सब समय पर हो रहा है। सब वैसा हो रहा है जैसा होना चाहिए अन्यथा नहीं हो रहा है। यह जो जीवन की आन्तरिक व्यवस्था है। न तो वृक्षों से कोई कह रहा है कि हरे हो जाओ, न ही पत्तों को कोई खींच-खींचकर उगा रहा है। बीज से वृक्ष पैदा होते है, वृक्षों में फूल लग जाते हैं। सुबह होती है, पक्षी गीत गाने लगते हैं। सब कुछ समायोजित ढंग से हो रहा है। कहीं कोई संघर्ष नहीं है, सहयोग है। ऋत शब्द में यह सब समाया हुआ है। यह सारा जीवन किसी एक अज्ञात सूत्र या अज्ञात ऊर्जा के सहारे चल रहा है। उस ऊर्जा का नाम ऋत है। उस अज्ञात सूत्र को खोज लेना ही सत्य को खोज लेना है। ऋत का मतलब होता है अस्तित्व का मूल आधार! ऋत का मतलब होता है अस्तित्व का गहनतम नियम!"

ऋत की अखंडता देश और काल से ऊपर की वस्तु है। दूरी और समय का कैसा भी व्यवधान ऋत के नियमों में परिवर्तन नहीं कर सकता। इसी आश्वासन से प्रेरित होकर वैज्ञानिक दिन-रात अपने प्रयोग और अन्वेषण में लगे रहते हैं। प्रकाश और ताप, विद्युत और चुम्बक, सृष्टि के इन तत्त्वों की सर्वत्र एकरस गति पाई जाती है। उषा हमारे आकाश में नित्य प्रति संचरण करने आती है। पृथिवी जिस संचार-पथ या क्रान्तिवृत्त पर घूमती है, वह पथ ऋत ने उसके लिए स्थिर किया है। सौरमंडल में एवं नक्षत्र समूह के सर्वत्र आकर्षण-प्रत्याकर्षणों का जो अन्तिम निर्णय हुआ उसी ने पृथिवी के लिए ऋत मार्ग की व्यवस्था की। सूर्य, चन्द्र, ग्रह, उपग्रह सभी ऋत पथ के अनुयायी हैं।

पश्चिम के महान विद्वान मैकडानल ने ऋत का अर्थ 'भौतिक और नैतिक' नियम लगाया है। कीथ के अनुसार यह "संज्ञा ब्रह्मांड की सुव्यवस्था और नैतिक नियमों के लिए थी।" डॉ. राधाकृष्णन ने बताया है कि "ऋत का शाब्दिक अर्थ है 'नियत घटनाक्रम।" ऋत के सिद्धान्त के विकास के पीछे निश्चय ही प्रकृति तत्त्वों का नियमित संचालन रहा होगा जिसे रात-दिन देखकर आदि-ज्ञानियों ने इस अवधारणा को प्रस्थापित किया होगा। यह ध्यातव्य है कि भाववादियों ने ऋत के सिद्धान्त को अदृश्य ब्रह्म अथवा ईश्वर की सत्ता से जोड़ दिया जबकि वैज्ञानिक इसे 'सुप्रीम लॉ ऑफ़ नेचर' की संज्ञा देते हैं।

मार्क्सवादी शब्दावली में जब हम 'आदिम साम्यवाद' की बात करते हैं तो उस जीवन-शैली में निजी सम्पत्ति की अवधारणा की अनुपस्थिति और सामूहिकता पाते हैं। वहाँ प्रत्येक मनुष्य के आचरण के पीछे जो नियामक शक्ति है वह एक प्रकार का अनुशासन है जिसे हम 'ऋत' की संज्ञा दे सकते हैं। उस प्रणाली में जीवन सहज व प्राकृतिक रूप में अपना रास्ता अपनाता है। समानता व सामूहिकता ऐसे तत्त्व हैं जो मनुष्य की अस्मिता व गरिमा का सम्मान करते हैं। कोई भेदभाव, वैमनस्य, स्पर्द्धा नहीं।

मानव-समाज की यह आदिम दशा हमें ऋग्वैदिक कालखंड के आरम्भिक चरण की याद दिलाती है जहाँ ऋत की महिमा का अच्छा बखान किया गया है। ऋग्वेद का एक सूत्र हैं—'ऋतस्य यथा प्रेत' अर्थात 'प्राकृत नियमों के अनुसार जीओ'। स्पष्ट है कि ऋत के पीछे प्राकृत दशा का भाव है।

ऋत की क्रिया गतिशील है और भाव स्थायी जो आदि काल से अस्तित्व में है जिसकी दशा प्राकृत है। यहाँ 'आदि' और 'प्राकृत'—ये दोनों शब्द अत्यन्त महत्त्वपूर्ण हैं। 'आदि' का अर्थ उस आदिमता की ओर संकेत देता है जो सृष्टि के आरम्भ से जुड़ी हुई है और 'प्राकृत' शब्द प्राकृतिकता का बोध कराता है जो मानव-सभ्यता के क्रमिक अथवा क्रान्तिकारी परिवर्तन की कृत्रिमता के विपरीत है। आदि व प्राकृत रुपी ये दोनों ही गुण हमें आदिम समुदायों के जीवन-दर्शन में दिखाई देते हैं जिसकी एक मात्र वजह है आदिम सरोकारों के संग उनका प्रकृति पर निर्भर जीवन। यह एक अनूठी जीवन-शैली है जिसकी तरफ हमें ध्यान देना चाहिए जो हमें भौतिक व नैतिक स्तर पर अनुशासित रहकर प्रकृति से जुड़े रहने का पाठ पढ़ाती है।

मेरे एक मित्र नाईजीरिया में कई वर्षों तक रहने के पश्चात वापस भारत लौटे। उन्होंने बताया कि जिस इलाके में वे रहे वहाँ एक आदिम कबीला वास करता है। मैंने उस अंचल में सैकड़ों जंगली गायों को यत्र-तत्र विचरण करते हुए देखकर कबीला के मुखिया को सलाह दी कि "आपके यहाँ इतनी दुधारू गायें हैं। इनको पालकर दूध का व्यवसाय क्यों नहीं करते?" मेरी बात सुनकर वह मुखिया आश्चर्यचकित होकर बोला, "आप क्या बात करते हो, इन गायों के दूध पर इनके

बछड़ों का हक़ है, हम कैसे उनके प्राकृतिक अधिकार को छीन सकते हैं?" एक अन्य उदाहरण अंडमान के द्वीपों का है। सन् 2004 में वहाँ भीषण सूनामी आया था। कई महीनों बाद राहत कार्यों के सिलसिले में वहाँ का एक प्रतिनिधिमंडल प्रधानमंत्री से मिलने दिल्ली पहुँचा। संयोग से मैं वहीं था। आदिवासियों के एक संगठन ने उन्हें रात्रिकालीन भोज पर आमंत्रित किया जिसमें मैं भी शामिल हुआ। चर्चा के दौरान प्रतिनिधिमंडल के सदस्यों ने हमें बताया कि "जारवा समुदाय का एक आदिवासी युवक पोर्ट ब्लेयर अस्पताल में इलाज करवाने आया था। वह पहली मंजिल के वार्ड में भर्ती था। उसका अटेंडेंट साथी किसी काम से नीचे गया। उसे कुछ आभास हुआ। उसने तारकोल की पक्की सड़क के किनारे लेटकर कच्ची जमीन से अपना कान सटाया। वह तुरन्त खड़ा हुआ। अपने साथी के पास गया। उसके कान में कुछ कहा। दोनों वहाँ से भागे। सीधे जंगल में गए जहाँ उनके समूह के लोग पहले से ही ऊँची पहाड़ियों पर चढ़ चुके थे। इस घटना के ठीक चौबीस घंटा बाद सुनामी का कहर टूट पड़ा। जंगलों में निवास करनेवाले अन्य आदिवासियों ने भी इसी तरह से अपना बचाव किया। अंडमान सेक्टर में हताहतों की संख्या अत्यल्प रही। निकोबार के द्वीपों में जानमाल का भयंकर नुकसान हुआ था जिसकी वजह यह बताई गई कि वहाँ पहाड़ियों की ऊँचाई अंडमान की तुलना में कम हैं।" (अंडमानी द्वीपसमूह की सर्वोच्च चोटी सेडल है जिसकी ऊँचाई 732 मीटर है जबकि निकोबार द्वीप समूह में सबसे ऊँची चोटी ग्रेट निकोबार में है जो 642 मीटर ऊँची है) उल्लेखनीय यह है कि आदिम समुदायों में प्राकृतिक संकेतों के आधार पर घटनाओं का पूर्वानुमान लगाने की क्षमता है जो उनके 'प्राकृत' जीवन के कारण सम्भव है। आदिवासी लोग पशु-पक्षियों के व्यवहार से भविष्यवाणी करने का कौशल रखते हैं, वे उनकी आवाजों के संकेतों को समझते हैं, इन लोगों का वनौषध ज्ञान आश्चर्यचकित करनेवाला है। दुर्भाग्य यह रहा कि हमने उनके आदिम-बोध व परम्परागत ज्ञान कोष को ठीक से नहीं पहचाना और उस धरोहर का विकास नहीं किया।

मनुष्य ने जैसे ही अपने तात्कालिक स्वार्थपूर्ति हेतु प्रकृति से छेड़छाड़ करना प्रारम्भ किया वहीं से बहुत सारी समस्याओं का प्रादुर्भाव सामने आने लगा है जो अन्ततः पर्यावरणिक असन्तुलन की उग्रता के साथ 'पृथ्वी के अन्त' की दुर्सम्भावना की तरफ़ इंगित करता है। *हावर्ड से सम्बद्ध कैम्ब्रिज हेल्थ अलायंस के जेरियाट्रिक साइकेट्री के निदेशक डॉ. जेसन स्ट्रा कहते हैं कि किसी भी उम्र के व्यक्ति को स्वास्थ से जुड़ी समस्या, अपनों को खोने की, स्मृति-लोप या फिर रिटायरमेंट के बाद का बदलाव आदि में से किसी भी कारण से मानसिक असन्तुलन की दशा उत्पन्न हो सकती है। ऐसे लोगों को किसी भी मेडिकेसन या थेरपी की आवश्यकता नहीं है। उन्हें सिर्फ़ स्वयं को प्रकृति के निकट ले आना चाहिए। प्रकृति के सान्निध्य में समय बिताने पर तनाव, चिड़चिड़ापन व अवसाद को नियंत्रित किया जा सकता है।*

शोध के निष्कर्ष हैं कि प्राकृतिक वातावरण में 90 मिनट पैदल चलनेवाले लोगों में प्रिफंटल कोर्टेस्ट की सक्रियता कम पाई गई। प्रिफंटल कोर्टेस्ट मस्तिष्क के अगर भाग का वह हिस्सा है जिसकी अनपेक्षित सक्रियता व्यक्ति की कार्य-योजना, अभिव्यक्ति, निर्णय-क्षमता व सामाजिक व्यवहार को नकारात्मक रूप से प्रभावित करती है। ऐसी प्रवृत्तिवाले लोगों को डॉ. स्ट्रा सलाह देते हैं कि उन्हें सप्ताह में कम-से-कम तीन दिन करीब आधा घंटा प्राकृतिक वातावरण में पैदल घूमना चाहिए। आदिवासी समाज आज भी ऐसे खतरों को पैदा करने की मानसिकता से भिन्न समझ रखता है। कई दफ़ा यह सवाल उठाना लाजिमी है कि फिर "क्या हम उसी आदिम युग की ओर लौट चलें जिसे त्यागकर मानव ने प्रगति की दीर्घ यात्रा तय की?" ऐसा कदम न तो सम्भव है और न ही उचित। बात कुल मिलाकर प्रकृति के साथ उस तालमेल की है जिसके अभाव में प्रकृति और विकास का सन्तुलन गड़बड़ा रहा है। इस विकल्प को कई लोगों ने 'प्रक्रति की ओर लौटना' कहा है जिसके मर्म को इस उत्तराधुनिक हाई-टैक ग्लोबल मनुष्य को समझने की आवश्यकता है।

4

अब हम 'नाद' के प्रत्यय की बात करें। वैदिक वांग्मय के अनुसार ब्रह्मांडीय चेतना के उद्‌गम स्रोत की खोज करते हुए वैदिक ऋषियों ने यह निष्कर्ष निकाला कि ब्रह्मांड की समस्त गतिविधियों का शक्ति स्रोत 'शब्द' है। अचिन्त्य, अगम्य, अगोचर, अनन्त परब्रह्म को जागतिक चेतना के साथ अपना स्वरूप निर्धारित करते हुए 'शब्द-ब्रह्म' के रूप में प्रकट होना पड़ा। सृष्टि से पूर्व यहाँ कुछ नहीं था। कुछ से सब कुछ को उत्पन्न होने का प्रथम चरण 'शब्द-ब्रह्म' था। उसी को 'नाद-ब्रह्म' कहते हैं। उसकी सर्वोच्चता का आदि-अवतरण इसी प्रकार होता है। उसके अस्तित्व एवं प्रभाव का परिचय प्राप्त करना सर्वप्रथम शब्द के रूप में ही सम्भव हो सका। सृष्टि से पूर्व शून्य था जिसमें गूँजें 'ब्रह्मनाद' से हलचलें उत्पन्न हुईं जो सघन होकर पदार्थ में परिवर्तित हुई। पदार्थ से पंचतत्त्व और पंचमहाभूत बने। इन्हीं के सम्मिश्रण से चराचर का उद्‌भव हुआ। इस सृष्टि के अभ्युदय के इस सिद्धान्त से सभी सहमत हैं चाहे वे ब्रह्मज्ञानी हों अथवा वैज्ञानिक।

सृष्टि की खोज करनेवाले विद्वानों के मतानुसार 'शब्द' का आरम्भ जिस रूप में हुआ उसी स्थिति में वह अनन्तकाल तक बना रहेगा। भारतीय ज्ञान-परम्परा में 'ओइम्' को आदिशब्द माना गया है। यह काँस्य पात्र पर हथौड़ा पड़ने से उत्पन्न झनझनाहट या थरथराहट की तरह का प्रवाह है। आत्मज्ञानियों ने ब्रह्मनाद को 'ॐ' अर्थात ओंकार की अवधारणा से समझने का प्रयास किया है। ॐ, नाद, नादब्रह्म, शब्दनाद, ब्रह्मनाद, ब्रह्मतत्त्व आदि की विस्तार से व्याख्या हमें वैदिक वांग्मय में मिलती है। भारतीय दर्शन व अध्यात्म की कोई भी धारा रही हो सभी ने 'शब्द'

की महिमा को स्वीकार किया है चाहे वह वैदिक परम्परा हो, बौद्ध व जैन-दर्शन हो, नाथ-सिद्ध हों, भक्तिकालीन कबीर हों या कि अन्य कोई हठयोग प्रदीपिका के अनुसार, "जिस प्रकार पुष्पों का मकरन्द पीनेवाला भ्रमर अन्य गन्धों को नहीं चाहता, उसी प्रकार नाद में रस लेनेवाला चित्त, विषय-सुखों की आकांक्षा नहीं करता। विषय रूपी बगीचे में मदोन्मत्त हाथी की तरह विचरण करनेवाले मन को नाद रूपी अंकुश से नियंत्रण में लाया जाता हैं।"

नाद की स्वीकृति और आराधना विश्वव्यापी है। पाश्चात्य विद्वानों तथा साधकों ने इसकी व्याख्या के लिए 'वर्ड लोगोस', 'व्हिस्पर्श', 'फ्रॉम द अननोन', 'इनर वायस', 'द लैंग्वेज ऑफ सोल', 'प्रिमार्डियल साउंड', 'द वायस फ्रॉम हैवन', 'द वायस ऑफ सोल' आदि संज्ञाओं का सहारा लिया है। बाइबिल में कहा गया है, "आरम्भ में शब्द था। शब्द ईश्वर के साथ था और शब्द ईश्वर था।"

नाद की महिमा के क्रम में ही संगीत का जन्म होता है। संगीत रत्नाकर ग्रन्थ में नाद-ब्रह्म की गरिमा पर प्रकाश डालते हुए कहा गया है कि "नाद-ब्रह्म समस्त प्राणियों में चैतन्य और आन्नदमय है। उसकी उपासना करने से ब्रह्मा, विष्णु, महेश तीनों की सम्मिलित उपासना हो जाती है। वे तीनों नाद-ब्रह्म के साथ बँधे हुए हैं।" महायोग विज्ञान के अनुसार "आदि में बादल के गरजने-बरसने, झरनों के झरने, भेरी बजने जैसे शब्द होते हैं। मध्म में मर्दल, शंख, घंटा, मृदंग जैसे, और अन्त में किंकिणी, बंशी, वीणा, भ्रमर-गुंजन जैसे शब्द सुनाई पड़ते हैं। यह अनेक प्रकार के नाद हैं जो समय-समय पर साधक को सुनाई पड़ते रहते हैं।" शास्त्रीय संगीत हो अथवा लोक-संगीत, ध्वनि का आरोह व अवरोह महत्त्वपूर्ण है जिसके मिश्रण व समन्वय से 'नाद के आनन्द' की अनुभूति होती है।

ऋत एवं नाद को लेकर की गई यह चर्चा हमें आदिम समुदायों के जीवन में उपलब्ध इन्हीं दोनों तत्त्वों की ओर आकर्षित करती हैं। आदिवासी समाज के विशेष परिप्रेक्ष में 'नाद' की अवधारणा के साथ 'ऋत' के प्रत्यय को यहाँ और विस्तार देने का प्रयत्न किया जा रहा है। आदिवासियों का जीवन प्राकृत है जो सहज, सरल, स्वाभाविक होता है। उस जीवन-शैली के पीछे एक अनुशासन होता है जिसे हम 'ऋत' की अवधारणा से समझ सकते हैं। यह जीवन-पद्धति हमें मार्क्स के 'आदिम साम्यवाद' और ऋग्वेद के 'ऋत-आधारित' मानव-युग की याद दिलाता है। जब हम कहते हैं कि आदिवासी की वाणी में संगीत होता है, तो इसका सीधा-सा अर्थ यह है कि आदिवासियों के जीवन में संगीत की महिमा है। जैसे जंगल के बिना आदिवासी की कल्पना नहीं की जा सकती ठीक उसी प्रकार संगीत के बिना आदिवासी आदिवासी नहीं हो सकता। ऋत का अनुशासन और सुर व लय के सौन्दर्य का बोध, ये दोनों तत्त्व जीवन को उच्च स्तर पर ले जाने में सहायक होते हैं। जो लोग स्वयं को विकसित, शिक्षित, भद्र, सुसंस्कृत वगैरह कहते हैं वे इन तत्त्वों को बाहर

तलाशते हैं चूँकि ये तत्त्व उनके भीतर नहीं हैं। उस मानसिकता ने आदिमता के आगे समाज की रचना की। समाज के आगे सभ्यता के पथ पर अग्रसर हुए। सभ्यता की यात्रा को ज्ञान-विज्ञान एवं तकनीकी के सहारे समृद्ध बनाने का प्रयास किया। इस यात्रा में यंत्र और पूँजी के अधीन हो जाने तक की समस्या पैदा कर डाली। वे लोग आदिमता को 'कबीलाई बर्बरता' कहते हैं जबकि आज देखा जाए तो ऐसा कहनेवाले तत्त्व कितने मनुष्य-विरोधी हैं, इसका अन्दाज लगाना बहुत कठिन नहीं है। अमरीका जैसे विश्व में सबसे विकसित और साधन-सम्पन्न राष्ट्र के आधुनिक इतिहास पर दृष्टिपात किया जाए तो पता चल जाता है कि अपने स्वार्थ की खातिर उसने द्वीतीय विश्वयुद्ध के दौरान जापान के निर्दोष नागरिकों पर किये आणविक हमलों से लेकर इराक व अफ़गानिस्तान में जो तबाही मचाई, उसके कहीं पासंग में भी वह कथित 'कबीलाई बर्बरता' नहीं ठहरती!

भौतिक विकास सुविधाएँ उपलब्ध करा सकता है, जिसे 'सुखी जीवन' कहने का भ्रम पाला जा सकता है लेकिन 'आनन्द' का लेशमात्र भी वहाँ नहीं है। इसीलिए अमरीका जैसे समृद्ध देशों और अन्यत्र के सम्पन्न परिवारों के भीतर जीवन की असंगतियों के जो अन्तर्विरोध फैलते जा रहे हैं उनका हिसाब लगाना बहुत मुश्किल है। जब ये विडम्बनाएँ अपनी अतियों को छूने लगती हैं तब ये स्थितियाँ खतरनाक व बड़ी घटनाओं के रूप में हमारे सामने आने लगती हैं, चाहे किसी स्कूल में अन्धाधुन्ध गोलीबारी हो, पारिवारिक हिंसा हो, आतंकवाद हो, वातावरण में व्याप्त चिन्ता, आशंका, अनिश्चय, सन्देह, असुरक्षा, गलघोंटू प्रतिस्पर्द्धा, प्रदूषण, पर्यावरणिक असन्तुलन एवं यत्र-तत्र पसरती जा रही नाना प्रकार की आधि-व्याधि इत्यादि हों। प्राकृत जीवन-शैली से बहुत दूर निकल चुके कृत्रिमता से भरपूर इस उत्तराधुनिक युग में हमें यह पता नहीं लगता कि क्या खा रहे हैं, क्या पी रहे हैं, किस वायु में श्वाँस ले रहे हैं? जीवन में जितनी औपचारिकतायें हैं वे सब जटिलताओं के जाले बुनती चली जा रही हैं जिसका अन्दाज हम नहीं लगा सकते हैं। जितने किस्म के सलीका, सऊर, तमीज हैं, वे सब बदतमीजियों से भरी हुई हैं। सजे-धजे ड्राइंग रूम हैं, रंगमंच हैं, कलादीर्घाएँ हैं, आमोद-स्थल हैं, पर्यटन केन्द्र हैं लेकिन सब कुछ फीका, नीरस, बेनूर और उबाऊ। कुल मिलाकर यहाँ अनुशासन बनावटी है और सौन्दर्यबोध स्वाँग!

आज जिन समुदायों को हम आदिवासी लोगों के समाज के नाम से जानते हैं उनके जीवन में एक ऋत है, एक अनुशासन है, एक संस्कृति है, कुछ संस्कार हैं, एक किस्म का सलीका और तमीज हमें दिखाई देती है। जीवन में सामूहिकता बची हुई है। निजी सम्पत्ति के प्रति मोह नहीं के बराबर है। व्यक्तिवाद और स्वार्थवाद की मनोवृत्ति से यह समाज कोसों दूर है। अपने होने पर इन लोगों को गर्व है। ये किसी के आगे हाथ नहीं फैलाते। अपनी धरती से बेहद प्यार करते हैं।

उसे माँ का दर्जा देते हैं। आकाश को पिता मानते हैं। हवा को बहन और पानी को भाई कहते हैं। पहाड़ों को दोस्त का दर्जा देते हैं। इन प्रकृति तत्त्वों को कोई छेड़ता है तो ये उसका वैसा ही विरोध करते हैं जैसे कोई अपने किसी सगे-संगी की सुरक्षा के लिए आगे बढ़ता है। इनके यहाँ सब कुछ सहज होता है। कुछ भी असहज व जटिल नहीं होता। सब कुछ प्रिय है, अप्रिय कुछ भी नहीं। सब कुछ सुन्दर है, असुन्दर कुछ भी नहीं। प्रकृति तत्त्वों के प्रति आत्मीयता का भाव है इन लोगों के दिलों के भीतर। मानवेतर जीव-जगत के प्रति सह-अस्तित्व की भावना इन लोगों के रक्त में रची-बसी हुई होती है। इसीलिए आदिवासी समाज में 'मनुष्य की श्रेष्ठता' का नकार है। वे इस प्रस्थापना को जड़ से अस्वीकार करते हैं कि 'चौरासी लाख योनियों में मनुष्य सर्वश्रेष्ठ है।' जिस तरह से इस विराट ब्रह्मांड में प्रखर सूर्य जितना महत्त्वपूर्ण है उससे कम महिमा किसी नन्हे से नक्षत्र की नहीं। हमें यह समझना चाहिए कि इस अखिल सृष्टि में 'अनावश्यक' कुछ भी नहीं। आदिवासियों के लिए दुनिया बहुत खूबसूरत होती है। प्रकृति के सौन्दर्य को ये लोग पहचानते हैं। इनके हृदय के भीतर एक नैसर्गिक सौन्दर्य-बोध होता है जिसकी अनौपचारिक शिक्षा इन्हें अपने पुरखों और प्रकृति से मिलती रही है। यही कारण है कि इनके पुरखे ही इनके देवता होते हैं। इनके ईश्वर किसी सातवें आसमान में नहीं रहते। इनके देवता इन्हीं जैसा निवास करते हैं, इन्हीं के जैसा खाते-पीते हैं, इन्हीं के जैसा ओढ़ते-पहनते हैं। भव्य देवालयों, सोलह श्रृंगारों और छप्पन भोगों का ताम-झाम आदिवासी समाज में नहीं दिखाई देता। अपने देव-देवी से ये लोग महाज्ञानी या धनपति अथवा राजा-महाराजा बनने की मनौती नहीं माँगते। इनके जंगल, जमीन, जल व जीव बचे रहें, बस इतनी-सी कामना होती है इनकी। ये ऐसे भले और भोले लोग होते हैं जो छुटपुट विवादों की गाँठ नहीं बाँधते। साँझ को अगर कोई झंझट हुआ तो सुबह भूल जाएँगे। इनके दिलों में ईसा मसीह मिलेंगे, सुकरात मिलेंगे, बुद्ध मिलेंगे, महात्मा गांधी मिलेंगे।

'ऋत' के जिस गूढ़ रहस्य और सृष्टि के संचालन के परम तत्त्व को जानने के लिए वैदिक ऋषियों सहित अन्य ज्ञानी, प्रबुद्ध व बुद्ध विभूतियों ने जितना गहन व लम्बा चिन्तन, मनन, ध्यान, साधना, तपस्या वगैरह का उपक्रम किया था, उसे अशिक्षित व पिछड़ा कहे जानेवाले आदिम कबीलों ने अपनी पुश्तैनी और नैसर्गिक समझ के आधार पर सहज रूप में प्राप्त कर लिया था तथा अब तक सँजोए रखा है। यह दीगर बात है कि उन ज्ञानियों ने उस 'सत्य' के कुछ सिद्धान्त गढ़ लिये, उसका शास्त्र रच लिया, उसका दर्शन प्रस्थापित कर दिया, उसके मंत्र-तंत्र-यंत्र विकसित कर दिये, इसलिए 'सत्य' के उस ज्ञान को 'गूढ़' व 'सनातन' होने की बौद्धिक व आध्यात्मिक स्वीकृति मिलती रही और वे उसके खोजी, प्रस्थापक एवं साधक सिद्ध होते रहे। दूसरी तरफ़ इन तत्त्वों के प्रति पैदा हुई आदिवासी की समझ को नजरन्दाज किया जाता रहा।

यहाँ मुझे बरबस वह फक्कड़ सन्त कबीर याद आते हैं जो कहते हैं कि "सन्तो, सहज समाधि भली"। यह सहज होना क्या है जिसके बल पर समाधिस्थ हुआ जा सकता है? इस 'सहज-बोध' (रोबस्ट कॉमन सेन्स) को हमें समझने की आवश्यकता है।

5

सृष्टि के अभ्युदय को भाववादियों ने 'ब्रह्मनाद' और वैज्ञानिकों ने 'बिग-बैंग' के सिद्धान्त से जोड़कर देखने का प्रयास किया है। इस दृष्टि से ठेठ 'ॐ' की अवधारणा से संगीत के लघुतम अंश की प्रस्तुति तक में स्वर के उतार-चढ़ाव का महत्त्व होता है अन्यथा उस उच्चारण को संगीत नहीं कहकर पहचानी जा सकनेवाली आवाज से लेकर जोरदार हल्लागुल्ला की संज्ञा देनी होगी। यही संगीत का अनुशासन है जिसे हम युग्म रूप में 'नाद-ऋत' कह सकते हैं। ऋत के सिद्धान्त की तरह नाद अथवा ध्वनि को आदि से अनादि के सनातन सत्य के रूप में समझा जा सकता है। यहाँ 'नाद' के प्रत्यय को समझने के लिए हमें संगीत की महिमा पर ध्यान देना चाहिए। स्वर का सौन्दर्य और प्रभाव उसके आरोह एवं अवरोह के संयोजन से प्रकट होता है। सृष्टि के अभ्युदय को भाववादियों ने 'ब्रह्मनाद' और वैज्ञानिकों ने 'महा विस्फोट' (Big-Bang) के सिद्धान्त से जोड़कर देखने का प्रयास किया है। इस दृष्टि से ठेठ 'ॐ' की अवधारणा से संगीत के लघुतम अंश की प्रस्तुति तक में स्वर के उतार-चढ़ाव का महत्त्व होता है अन्यथा उस उच्चारण को संगीत नहीं कहकर पहचानी जा सकनेवाली आवाज से लेकर जोरदार हल्लागुल्ला की संज्ञा देनी होगी। यही संगीत का अनुशासन है।

जब हम स्वर सौन्दर्य को लेकर चर्चा करते हैं तो उसमें मनुष्य सहित किसी प्राणी की कंठ-ध्वनि एवं वाद्ययंत्र से उत्पन्न दोनों सम्मिलित होते हैं। स्वर की सीमा श्रवण सौन्दर्य तक ही नहीं ठहर जाती, प्रत्युत इसका प्रभाव बहुत दूर तक जा सकता है। संगीत के प्रभाव से हिंस्त्र वन्यजीवों तक को मोहित किये जाने के उदाहरण हमारे समक्ष उपस्थित हैं। भारत ही नहीं बल्कि विश्व की प्राचीन सभ्यताओं से जुड़े मिथकों से लेकर अत्याधुनिक दृष्टान्त हमें मिलते हैं। ध्वनि-तरंगों की अन्यान्य क्षमताओं की बात यहाँ नहीं करते हुए केवल संगीत की बात की जाए तो हम देखते हैं कि यह विधा व्यक्ति की मानसिकता को परिवर्तित करने की अकूत ताकत रखता है। गोंड आदिम समुदाय तो यहाँ तक मानता है कि उनके हीरा सुका नामक एक आदिपुरखा ने सात सुरों से दुनिया का परिचय कराया है।

संगीत-शास्त्र कला ही नहीं बल्कि एक विज्ञान भी है जिस पर प्राचीन काल से नित-नये शोध किये जा रहे हैं। अद्यतन शोध निष्कर्षों के अनुसार संगीत से अनेक जटिल रोगों का निदान किया जा सकता है। चाहे लोक-संगीत हो, अथवा शास्त्रीय संगीत, दोनों में ही महिमा तीनों सप्तकों के सप्त-स्वरों की होती है।

'ऋषभ' स्वर निम्न रक्तचाप को उच्च स्तर पर ले जाकर सामान्य बनाने में सहायक होता है। 'मध्यम' स्वर का प्रभाव इसके ठीक उल्टा होता है। 'पंचम' स्वर के श्रवण से रक्तचाप को सन्तुलित रखा जा सकता है। 'धैवत' स्वर में यह क्षमता है कि वह रक्तचाप की भावी बाधाओं को दूर कर सकता है। इसी तरह भिन्न-भिन्न रागों का पृथक-पृथक प्रभाव अनुभूत किया जा सकता है। डॉ. बाला जी ताम्बे ने अपने अध्ययन से यह निष्कर्ष निकाला है कि राग बागेसरी, भीमपलासी, दरबारी, भूपाली एवं तोड़ी के देर संध्या-कालीन (रात्रि नौ बजे करीब) गायन-वादन से उच्च रक्तचाप एवं अनिद्रा के रोग से मुक्ति प्राप्त की जा सकती है। राग जोगिया व आनन्द भैरव के प्रातःकालीन श्रवण से उच्च रक्तचाप को नीचे लाया जा सकता है। राग भैरव व ललित के आलापों एवं राग मालकोस व आसावरी को भोर के समय सुनने से कम रक्तचाप को उच्च कर सामान्य किया जा सकता है। रक्तचाप को सदैव सामान्य बनाए रखने के लिए अहीर भैरव, भैरवी, बहार एवं मल्हार जैसी रागों का आश्रय लिया जा सकता है। राग भैरवी की सावचेत प्रस्तुति से उच्च रक्तचाप, सिज्योफ्रेनिया, अनिद्रा तथा मिर्गी जैसे रोगों के उपचार किये जा सकते हैं। राग सारंग को मिर्गी की बीमारी के लिए प्रभावकारी माना गया है। सबसे कम अर्थात केवल पाँच स्वरों के मिश्रण से गाई-बजाई जानेवाली राग मिश्रशिवरंजिनी मनोविश्लेषण, ध्यान एवं अन्य बौद्धिक क्रियाओं के लिए अत्यन्त उपयोगी सिद्ध हुई है। शास्त्रीय संगीत की विभिन्न रागों की चिकित्सीय उपयोगिता के इस प्रसंग में यह निर्विवाद निष्कर्ष हमारे समक्ष आया है कि विश्व-भर में जितने भी वाद्ययंत्रों का अब तक आविष्कार हुआ है उनमें बाँसुरी को चिकित्सा की दृष्टि से सर्वश्रेष्ठ माना गया है। हम देखते हैं कि बाँसुरी के प्रति जितना मोह आदिवासी समाज में रहा है उतना अन्य किसी मानव-समूह में नहीं। कम-से-कम भारत में मुझे कोई भी आदिम समुदाय ऐसा नहीं दिखता जहाँ बाँसुरी के प्रति आकर्षण नहीं हो।

लोक की बहुआयामी मानसिकता के मूल में आदिमता की उपस्थिति होती है। आदिम समुदायों के सामूहिक उल्लास को उनकी परम्परा के संगीत में खोजा जा सकता है। आप किसी भी आदिवासी अंचल में चले जाइए, बाँसुरी की स्वर लहरियाँ यत्र-तत्र सुनाई देने को मिल जाएँगी। आदिवासियों का दूसरा अत्यन्त प्रिय वाद्ययंत्र है माँदल, किन्तु इसका वादन सामान्यतः सामूहिक आयोजन के अवसर पर ही होता है। बाँसुरी केवल ऐसा यंत्र है जिसे सामूहिक आयोजन के साथ एकल वादन में भी प्रयुक्त किया जाता रहा है। दूर किसी पहाड़ी की तलहटी में अपनी गाय-बकरियों को चरानेवाला आदिवासी युवक भी टेकरी पर बैठा हुआ बाँसुरी पर मोहक धुन छेड़ता हुआ मिल जाएगा। किसी युवक द्वारा अपनी प्रेमिका को आमंत्रित करने का सबसे बढ़िया और सुलभ तरीका है बाँसुरी की टेर छेड़ देना, जैसे भगवान कृष्ण राधा को बुलाया करते थे।

जरा कल्पना कीजिए कि आप किसी वनांचल में हैं जहाँ नितान्त एकान्त है। नाना प्रकार की वनस्पतियाँ उगी हुई हैं। फूल खिले हुए हैं, नदियाँ, झील, झरने, सरोवर यत्र-तत्र दृश्यगत हैं। भोर हो अथवा साँझ, पक्षियों का कलरव सुनाई दे रहा है जिनमें कोयल का पंचम स्वर प्रधान है। मन्थर गति में स्वास्थ्यप्रद व सुखद वायु संचारित हो रहा है। पृथ्वी प्रदूषणविहीन और आकाश पूर्णत: निर्मल है। जलवायु समशीतोष्ण है। इस वातावरण में कौन होगा जिसका चित्त शान्ति का अनुभव नहीं करेगा? यह वातावरण 'प्रकृति का संगीत' है जिसके सान्निध्य में आदिम समुदाय रहते हैं। यह एक बड़ी वजह है जिसके प्रभाव में आदिवासी नैसर्गिक उल्लास की अनुभूति करता रहा है। इसीलिए पुन: यह रेखांकित किया जाता है कि 'आदिवासी की गति में नृत्य और वाणी में गीत का प्रस्फुटन सहज रूप में होता रहा है। यही आदिवासियों की वह 'मस्ती' है जिसके रहते वे सैकड़ों किस्म के भौतिक अभावों के बावजूद ज़िन्दगी से कभी नहीं हारते। इस अल्हड़ मस्ती में एक अनुशासन (ऋत) है। इस अल्हड़ मस्ती में एक संगीत है। आदिवासी समाज में अल्हड़ मस्ती का अर्थ 'उच्छृंखलता' नहीं होता बल्कि एकल अथवा सामूहिक स्तर पर मनाए जानेवाला एक प्रकार का उत्सव होता है जिसके आयोजन में अनेक प्रकृति तत्त्व प्रेरणा व आलम्बन की भूमिका निभाते हैं। इसीलिए जंगल व पहाड़ों के बगैर आदिवासी की कल्पना नहीं की जा सकती।

मुझे यहाँ आदिवासी विद्वान रामदयाल मुंडा जी का स्मरण हो रहा है जो राँची विश्वविद्यालय के उपकुलपति रहे, संयुक्त राष्ट्र संघ में मूलवासियों के भारतीय प्रतिनिधि रहे, अमरीका में अध्यापक रहे और अन्त में राज्यसभा के सदस्य रहे फिर भी अपनी बाँसुरी को सदैव संग रखा करते थे। यहाँ उल्लेखनीय और ध्यातव्य बिन्दु यह है कि संगीत विज्ञान के जिन महान अध्येताओं ने बाँसुरी जैसे वाद्य-यंत्र को सर्वश्रेष्ठ यंत्र के रूप में मान्यता दी है उन्होंने इस प्रस्थापना से पूर्व निश्चित रूप से बहुत लम्बा और गहन शोध किया होगा। प्रश्न खड़ा होता है कि जिन आदिवासियों को हम जंगली-गँवार-अशिक्षित-पिछड़ा आदि संज्ञाएँ देते नहीं अघाते, उन आदिवासियों में बाँसुरी जैसे वाद्य-यंत्र की महिमा की शास्त्रीय व वैज्ञानिक दोनों स्तर की इतनी बड़ी समझ कहाँ से आती रही है? जहाँ तक आदिवासी समाज में बंशी-वादन की परम्परा का सवाल है तो यह उनका प्राकृतिक व पुश्तैनी अभ्यास है। जंगल में उगे हुए बाँस के झुरमुटों में होकर वायु का संचरण हुआ और पोले बाँसों में से बाँसुरी की-सी ध्वनि उत्पन्न हुई तब किसी ने बाँस को काटकर उसमें छिद्र बनाकर बाँसुरी का आविष्कार किया होगा। आदिवासी बाँसुरी में मूलत: दो या तीन छिद्र ही होते हैं। उन्हीं में से संगीत की समस्त धुनें निकाली जाती हैं। वैसे शास्त्रीय संगीत में भी मूलत: तीन ही स्वर हुआ करते थे यथा मन्द्र सप्तक का 'नि' एवं मध्य सप्तक के 'सा' व शुद्ध 'रे'।

इनके संग श्रुतियों का प्रयोग किया जाता रहा था। इन्हीं में से कालान्तर में तीन सप्तकों के सप्तकों का विकास हुआ।

6

ऋत और नाद के प्रत्ययों पर चर्चा करते हुए हमारा ध्यान स्वत: ही ब्रह्मांड विज्ञान (Cosmology) की ओर जाता है जिसके अनुसार ब्रह्मांडीय सर्वोच्च शक्ति द्वारा संचालित अखिल सृष्टि एवं सार्वकालिक गति का व्यवहार चक्रीय होता है जिसके पीछे अब तक के शोधस्वरुप गुरुत्वाकर्षण केन्द्रीय तत्त्व के रूप में सामने आया है। सब कुछ वृत्त में घटित होता हुआ दिखाई देता है।

आदिवासी समाज के जीवन में वृत्त का अत्यधिक महत्त्व देखा जा सकता है जो प्रकारान्तर से सामूहिकता का प्रतीक है। किसी भी मुद्दे को लेकर होनेवाली पंचायतों का बैठक-स्वरूप वृत्तीय होता है। यह मूलत: आदिम कबीलों की देन है। आदिवासियों में नृत्य का कलात्मक महत्त्व सर्वाधिक है। उनके करीब-करीब सभी नृत्य चक्रीय स्वरूप में प्रदर्शित होता हैं अर्थात आमने-सामने दो समूह अर्द्ध-वृत्ताकार में नाचते हुए भी अन्तत; वृत्त का आकार ग्रहण करते रहते हैं। डॉ. मालिनी काले ने दक्षिणी राजस्थान के भील, मीणा व गरासिया आदिम समुदायों के नृत्य व संगीत पर गहन शोध कार्य किया है। मैंने इस विषय को लेकर उनसे लम्बी चर्चा की। उनका मत है कि नृत्यों में वृत्त के महत्त्व की पृष्ठभूमि में बस्ती अथवा पर्वोत्सव के दर्शकों का गोलाकार रूप में बैठने की सुविधाजनक परम्परा रही होगी जिसके लिए नृत्य दलों को बीच में नाचना होता रहा होगा। आदिवासी सांस्कृतिक आयोजन उनके जीवन का अनिवार्य भाग होता है। उसके लिए पृथक से कोई मंच नहीं बनाया जाता। मंचीय कार्यक्रमों में दर्शकों को सामने बैठना होता है और कलाकारों की प्रस्तुति मंच से। गति की बात की जाए तो सभी आदिम नृत्यों में गति का नैरन्तर्य ध्यातव्य है। एक ही स्थान पर खड़े होकर नृत्य की भाव-भंगिमाएँ प्रदर्शित नहीं की जातीं। एकल अथवा रेखीय नृत्य मुश्किल से मिलते हैं। इसी तरह उनकी चित्रकलाओं में वृत्त की आकृति की बहुलता गौर करने लायक है। इसी क्रम में गति की दिशा-केन्द्रित अवधारणा अर्थात वेग (Velocity) को समझा जा सकता है। हम देखते हैं कि ब्रह्मांड के ज्ञात समस्त नक्षत्र परस्पर दूरी, दिशा व वेग के अनुशासन में गतिशील हैं। तनिक भी विचलन भयंकर प्रलय का कारण बन सकता है। इसी सिद्धान्त को अन्तरिक्ष विज्ञान अपनाता रहा है। किसी भी अन्तरिक्ष यान के प्रक्षेपण में यही प्रविधि लागू की जाती है। आदिवासियों के परम्परागत 'वेग-ज्ञान' को उनके युद्ध-कौशल, आखेट कर्म व अन्य क्रीड़ाओं में देखा जा सकता है। खासकर धनुष से छोड़ा जानेवाले तीर को कुशलता के साथ लक्षित करने के लिए दूरी, दिशा व वेग के जिस गणित-ज्ञान की अनिवार्यता होती है उसका ध्यान इन गतिविधियों में किया जाता है।

धनुर्विद्या में बिना किसी गुरु की दीक्षा के एकलव्य आज तक महानतम योद्धा माना जाता है। छोटा नागपुर की ऐतिहासिक आदिवासी उराँव महिलाओं ने सिनगीदई संग्राम में खिलजी की फौजों को चने चबाए थे। अकबर की सेना के सामने महाराणा प्रताप को महान योद्धा सिद्ध करने में भील व मीणा आदिवासी धनुर्धर शूरवीरों की भूमिका रही। पलामू, बिरसा मुंडा, हूल क्रान्ति, ताना भगत, टंट्या भील, मानगढ़ संघर्ष से लेकर अंडमानी अबेर्दीन का युद्ध आदि को शृंखलाबद्ध द्रष्टान्तों के रूप में देखा जा सकता है। यह सारा-का-सारा रणकौशल 'वेग' के आदिम ज्ञान की महिमा के कारण सम्भव हो सका। मुद्दे की बात यह है कि किस दूरी पर अवस्थित अथवा गतिमान लक्ष्य पर किस वेग और दिशा में अस्त्र को छोड़ना है, यह गणित विकसित वेग-विज्ञान का आदिम स्वरूप रहा है जो अभी भी आदिम समुदायों की धरोहर है।

पूर्व व पश्चिम की दार्शनिक परम्पराओं में दर्शन को अत्यन्त रहस्यमय विषय बनाने का आग्रह रहा है। जीवन को समझने के लिए दर्शन का विकास हुआ। उसी दर्शन को अकादमिक, शास्त्रीय, जटिल बनाते हुए सातवें आसमान का विषय बना दिया गया। यही कारण है कि दर्शनशास्त्र जनसाधारण का विषय नहीं होकर प्रकांड विद्वानों के क्षेत्राधिकार तक सीमित होता गया। ब्रह्म, आत्मा-परमात्मा, ब्रह्मांड, क्षितिज, नक्षत्र, अन्तरिक्ष, शून्य, आदि-अनादि, सूक्ष्म चेतना, तत्त्व मीमांसा, तर्क, भाषिक गूढ़ता वगैरह के ऐसे जार्गन स्थापित कर दिये गए जिनसे आम आदमी बिदकने लगता है। दर्शन का ध्येय सृष्टि के व्यवहार का विश्लेषण करते हुए उसे समझना है न कि दार्शनिक सिद्धान्त, प्रत्यय, अवधारणा, सूत्र वगैरह प्रस्थापित करने के पश्चात इनके मानदंडों पर सृष्टि को 'फिट' कर देना। दर्शन के प्रति यह दृष्टिकोण भाववादी, विचारवादी, अमूर्त एवं वायवीय है। वस्तुजगत के पर्यवेक्षण व परख से दार्शनिक निष्कर्ष निकालने से ही दार्शनिक यथार्थ से साक्षात्कार सम्भव हो सकता है। तभी दुनिया को बेहतर बनाया जा सकता है। इसीलिए कार्ल मार्क्स ने अपने दर्शन द्वारा दुनिया को बदलने की बात कही। यह दर्शन अपनी तरह का एक मात्र दर्शन है। जब हम आदिवासी दर्शन की बात करते हैं तो वह दर्शन-सृष्टि की समझ, दुनियादारी में बेहतर बदलाव से आगे जाकर सृष्टि के अन्य तत्त्वों यथा मानवेतर प्राणी जगत व प्रकृति तत्त्वों के संग आत्मीयता, सह-अस्तित्व, सामंजस्य, परस्पर अनुपूरकता की भावना से मानव समाज को जीने के सूत्र देता है। भील समुदाय का बुजुर्ग आज भी सुबह जागते ही धरती पर पाँव रखने से पहले उससे क्षमा माँगता है। बैगा आदिम समुदाय में 'चल खेती' की परम्परा है। इसके पीछे इनकी मान्यता है कि धरती हमारी माँ है। माँ की छाती के एक ही स्थल को दूहकर बार-बार पेट नहीं भरना चाहिए। ऐसा करने से माँ कमज़ोर होती है। वे अपनी माता को किसी भी प्रकार का कष्ट नहीं पहुँचाना चाहते। चल खेती में हर साल अथवा फसलवार जगह में तबदीली की जाती है। आज यहाँ तो कल वहाँ।

झारखंड का मुंडा या उराँव पेड़ की हरी टहनी तोड़ने से पूर्व पेड़ की परिक्रमा करते हुए उससे अनुमति लेता है। अंडमान का जारवा बिरली ब्लू स्टार फिश का संरक्षण अपनी आदि-प्रकृति माँ मानते हुए करता है। नाईजीरिया का आदिवासी मुखिया यह तीखी प्रतिक्रिया व्यक्त करता है कि "तुम क्या मूर्खतापूर्ण सलाह दे रहे हो कि हम जंगली गायों के दूध का व्यवसाय करें! अरे, उस दूध पर तो उन गायों के बछड़ों का प्राकृतिक अधिकार है!" ऐसे हजारों दृष्टान्त हैं जिनके आधार पर आदिवासी दर्शन को समझा जा सकता है। इस समझ के लिए किसी गुरु अथवा ग्रन्थ की आवश्यकता नहीं है। यहाँ दर्शन का सीधा जुड़ाव जीवन से है। इससे यह भी प्रमाणित होता है कि आदिवासी समाज-दर्शन को समझते हुए जीवन में उतार रहा होता है। आदिवासी दर्शन के केन्द्र में मनुष्य के साथ सम्पूर्ण सृष्टि है, प्रकृति है, पृथ्वी है। एक बात और दर्शन की स्थापित अवधारणा में मनुष्य के शरीर का एक तरह से नकार है। शरीर को सौ बुराइयों का कबाड़खाना मान लिया गया। आदिवासी दर्शन में शरीर का उत्सव देखने को मिलता है। काया की सज्जा वहाँ जीवन का हिस्सा है जबकि गैर-आदिवासी तथाकथित 'सभ्य' समाज में इसे फैशन समझा जाता है। भद्रजन के दर्शन में चौरासी योनियों में मनुष्य की श्रेष्ठता का दम्भ है जबकि आदिवासी दर्शन में इस सिद्धान्त का स्पष्ट नकार है।

आदिवासी दर्शन को समझने के लिए प्रख्यात विद्वान निर्मल कुमार बोस के इन शब्दों को उद्धृत करना उचित होगा "औद्योगिक समाज की सभ्यताओं को समझना आसान है, उसकी तुलना में उससे पूर्व की सभ्यताओं को समझना अत्यन्त कठिन है। इन प्राक-आधुनिक सभ्यताओं को समझना आरामकुर्सी पर बैठे-बैठे सोच में लगे विद्वानों के बस की बात नहीं। यह उनका काम है जो स्वतंत्र चिन्तन के साथ साथ फील्ड वर्क के अथक परिश्रम और धरातली लोगों के जीवन के निरन्तर निरीक्षण को अपने सम्पूर्ण जीवन के लक्ष्य के रूप में स्वीकार करने के लिए तैयार हैं।"

ग़ालिब का शेर भी याद आ रहा है :

उमर भर गालिब यही भूल करता रहा
धूल चहेरे पे थी और आईना साफ करता रहा!!

आदिवासी समाज की ज्ञानमीमांसीय दृष्टि
एक वैकल्पिक ज्ञानतंत्र

प्रो. सुधा चौधरी

> जो समाज शेष समाज व दुनिया से अलग-थलग पड़ा हो उस समाज के शब्द एवं अभिव्यक्ति उसके इर्द-गिर्द के परिवेश की उपज हैं।
>
> **—गार्डन चाइल्ड**[1]

क्या आदिवासी समुदाय का अपनी परिवेशीय दुनिया को जानने, समझने, सीखने-सिखाने का अपना कोई बुनियादी ज्ञानशास्त्र है? उसके लिए ज्ञान क्या है? ज्ञान कैसे उत्पन्न होता है, बदलता है और विकसित होता है? उनके पास जानकारी के लिए कौन-से साधन हैं? ज्ञान और विश्वास में अन्तर करने की उनकी कसौटी क्या है? उनके पास ज्ञान की प्रामाणिकता का आधार क्या है? उनके लिए ज्ञान केवल एक अभिव्यक्ति है या कोई सृजन? दुनिया को जाननेवाले और जिसे जाना जाता है अर्थात ज्ञाता और ज्ञेय के बीच क्या सम्बन्ध देखते हैं?

ये कुछ ऐसे बुनियादी प्रश्न हैं जिनके इर्द-गिर्द ज्ञानमीमांसीय विमर्श चलता है। दर्शनशास्त्र की ज्ञानमीमांसीय शाखा 'ज्ञान और उसके स्वरूप सम्बन्धी' इन्हीं प्रश्नों को अपने अध्ययन का विषय बनाती है।

जब हम आदिवासी समाज की संज्ञानात्मक दुनिया को इन्हीं सवालों के आलोक में जानने-समझने का प्रयास करते हैं तो हमारा सामना एक ऐसी यथार्थवादी ज्ञान-दृष्टि से होता है; जो न केवल उनके समाज की विश्व-दृष्टि को प्रतिबिम्बित करती है अपितु मानव-ज्ञान की शैशवावस्था को समझने के ठोस सूत्र भी प्रदान करती है। इस सम्बन्ध में हमारी समझ को व्यापक बनाने के लिए आलेख को तीन भागों में बाँटा गया है। प्रथम भाग, में ज्ञान के स्वरूप सम्बन्धी आदिवासी संकल्पनाओं को जानने का प्रयास किया गया है। दूसरे भाग में, ज्ञान के स्रोतों पर अध्ययन किया गया है। तीसरे भाग, में सत्य सम्बन्धी प्रश्नों पर आदिवासी रुख को देखने का प्रयास किया गया है।

1

ज्ञान क्या है?

सामान्य बोध में ज्ञान का अर्थ किसी वस्तु, घटना, स्थिति अथवा प्रकिया को जानना, समझना, पहचानना, प्रकाशित होना, अनुभव होना है। हालाँकि सन्दर्भानुसार इनमें अन्तर देखा जा सकता है। उदाहरण के लिए एक तरह का 'जानना' इन्द्रियों से विशेष रूप से सम्बन्धित होना है जैसे मैं सुरेश को जानता हूँ, और दूसरी तरह का जानना बुद्धि से सम्बन्धित होता है जैसे मैं विज्ञान के नियमों को जानता हूँ या मैं गणित के इस नियम को जानता हूँ कि दो और दो चार होते हैं। हमारे मानवीय ज्ञान की परिधि जहाँ एक ओर इन्द्रिय संवेदन से बँधी है वहीं दूसरी ओर बुद्धिजन्य व्यापार से भी सम्बद्ध रहती है। यद्यपि ज्ञान को इन्द्रियात्मक, बौद्धिक, निरपेक्ष, सापेक्ष, स्व-ज्ञान आदि कई रूपों में समझ सकते हैं किन्तु यह विश्वास, मान्यता, आदत, वैयक्तिक मत से भिन्न है क्योंकि ये केवल मानसिक अवस्थाओं के व्यक्त-अव्यक्त रूप हैं। ज्ञान में किसी विषय का वस्तुगत प्रकाशन अवश्य होता है जिसे हम पहले नहीं जानते हैं। इस सन्दर्भ में यह अनावृत्त को आवृत्त करने की प्रक्रिया है। इसलिए, नवीनता, तथ्यात्मकता, विषयगतता, यथार्थता और वस्तुनिष्ठता ज्ञान के स्वभावगत लक्षण हैं। जो उसे अन्य मानसिक क्रियाओं से अलग करते हैं। ज्ञान यथार्थ का प्रकटीकरण है। अनुभव द्वारा प्रमाणित और परीक्षित अवधारणाओं तथा प्रस्थापनाओं की सैद्धान्तिक समझ ज्ञान है। किसी विषय, स्थिति, प्रक्रिया को समझकर उसे सही जगह, सही तरीके से उपयोग करने की क्षमता भी ज्ञान है। यह योग्यता भी है जिससे आप अन्य किसी चीज़ को बनाने व मिटाने के रास्ते बताते हैं। ज्ञान साहस, निडरता, आत्मविश्वास, स्वतंत्रता भी है जो आपको विषय की सही जानकारी देकर उसे भिन्न तरीके से कर देने के लिए प्रेरित करता है। यह मानव के मष्तिष्क में वस्तुगत जगत और उसके नियमों का सक्रिय, सोद्देश्य प्रतिबिम्ब भी है। अपने परिवेशीय जीवन-स्थितियों को जो व्यक्ति जितना जानता व समझता है वह अन्य की अपेक्षा ज्ञानी माना जाता है। अर्थात प्रकृति, समाज और विचार के बुनियादी नियमों को समझना ही ज्ञान है। यह एक प्रक्रिया भी है जिसमें हम अज्ञात से ज्ञात की तरफ बढ़ते हैं।

आदिवासी समाज की भौतिक-सामाजिक दशाएँ 'पदार्थवादी' दृष्टि आधारित ज्ञान की पुष्टि करती हैं। समस्त ज्ञान उस सम्पूर्ण परिवेश की ही संज्ञानात्मक अभिव्यक्ति है जिसमें वे रहते और जीते हैं। इन्द्रियों से संचित

सामूहिक अनुभव ज्ञान है। इनकी सभी क्रियाएँ अपनी प्रकृति में सहकारी हैं। जीवन से इसका निर्माण होता है और जीवन में ही अपनी सार्थकता स्थापित करता है। ज्ञान उनकी सामूहिक चेतना के विस्तार के प्रतिबिम्बन के रूप में एक स्थिति है। यह कोई अलग से विधा न होकर सामाजिक उत्पाद और सामूहिक क्रिया है। यह सृजन का उपकरण है। जिसकी सहायता से किसी कार्य को बेहतर ढंग से करता है अर्थात यथार्थता के परावर्तन का माध्यम और उनके क्रिया-कलापों का निदेशक बनता है। यह आत्मविश्वास है जो व्यक्ति को काम करने की ऊर्जा देता है। ज्ञान वही है जो व्यवहार को सफल करे। इनके जीवन के तमाम क्षेत्रों की गतिविधियों में शारीरिक एवं मानसिक श्रम के बीच अपृथकता का सम्बन्ध मिलता है इसलिए जो 'ज्ञाता है वह कर्ता भी है और जो कर्ता है वह ज्ञाता भी है।' यहाँ ज्ञान एक सम्बन्धात्मक स्थिति है। यह मनुष्य का वस्तुनिष्ठ जगत के साथ सम्बन्ध व जानकारी को दर्शाता है। यह समाज ज्ञान को परलोकवादी शक्ति (विशुद्ध चेतना, निर्मल अन्त:करण, प्रकाश पुंज, ब्रह्म, ईश्वर, इत्यादि) की प्रकटन नहीं मानता है और न ही ज्ञान ब्रह्मानुभूति, आत्मोपलब्धि, किसी दिव्य चेतना का रहस्योद्‌घाटन, आत्म-साक्षात्कार, स्वानुभूति का पर्याय है। आदिवासी समुदाय का ज्ञानात्मक जगत मुख्यधारा के इन तमाम मापदंडों को खारिज करता है और अपने जीवन व अनुभव से निकली जानकारी के अपने भिन्न मापदंड रखता है। उसके लिए ज्ञान प्रकृति के कार्य-व्यापार और उसके व्यवहार-सम्बन्धी नियमों की जानकारी है। ज्ञान जीवन को बेहतर तरीके से जीने का रास्ता है न कि मोक्ष-प्राप्ति का साधन। यह जानकारी ज्ञान है कि कौन-सी फसल किस मिट्टी, कितने पानी में अच्छी होगी, जंगली जानवर से किस तरह रक्षा की जा सकेगी, कौन-सा जानवर कितना खतरनाक और नुकसान देनेवाला है। तूफान, वर्षा से कैसे बचाव किया जा सकता है। किसी कीड़े-मकोड़े के काटने पर कौन-सी जंगली वनस्पति से इलाज किया जा सकता है, यह अनुभव ज्ञान है। किस बीमारी में कौन-सी जड़ी-बूटी का इस्तेमाल करना है, यह जानना ज्ञान है। बच्चों को क्या सिखाना है। उनको संस्कृति, आपसी व्यवहार के तौर-तरीकों के बारे में कैसे जानकारी देनी है। पारिवारिक काम का बँटवारा कैसे करना है। कुटुम्ब की एकता व सामूहिकता को कैसे बनाए रखना है। अर्थात पारस्परिक व्यवहार से लेकर एक-दूसरे के जीवन का सम्मान करते हुए सन्तोष के साथ जीवन जीने की समझ ही असली ज्ञान है। 'अन्य' के साथ अपनत्व की भावना व सदिच्छा के साथ जीना ज्ञान है। क्या होने पर क्या करना है, का आत्मविश्वास ज्ञान है। यह ठोस वास्तविकता का संज्ञान है

जो ऐतिहासिक-सामाजिक व्यवहार द्वारा परीक्षित होकर उनकी चेतना में विषय की असली जानकारी, धारणा, मान्यता और निर्णय है। इनके लिए ज्ञान सचाई है। ज्ञान अच्छाई है। ज्ञान ईमानदारी व दूसरे के काम आना है। ज्ञान चीज़ों के असली स्वरूप को समझना है। उसको भलाई के लिए इस्तेमाल करने की योग्यता है।

2

ज्ञान-प्राप्ति के स्त्रोत

किसी भी समाज की सीखने-सिखाने, जानने-समझने की प्रक्रिया कोई स्वायत्त परिघटना नहीं है। उसकी जड़ें उन ठोस सामाजिक व प्राकृतिक दशाओं में होती हैं जहाँ वह रहता और जीता है। आदिवासी समाज के ज्ञान का स्त्रोत उनके चारों ओर की परिवेशीय दुनिया है। उनके सीखने-सिखाने की निर्माणक एवं वाहक यही जीवन-दशाएँ हैं। वह वनों, खेतों और पर्वतों को देखता है, सूर्य के ताप और प्रकाश का अनुभव करता है, पक्षियों के गीत सुनता है, फूलों की सुगन्ध लेता है। जिसकी प्रतिक्रिया होती है। वह उसके साथ अन्त:क्रियात्मक व्यवहार करता है जिसमें उसकी ज्ञानेन्द्रियों माध्यम बनती हैं। 'व्यवहार' और उसके रोजमर्रा के कार्यकलाप ज्ञान की प्रक्रिया के प्रारम्भिक व प्राथमिक आधार हैं। *व्यवहार के दौरान हुआ अनुभव अपने परिवेश से नालबद्ध रहता है। इसके उत्पादन के स्त्रोत बाह्य जगत से प्राप्त होते हैं जो मस्तिष्क में इन्द्रिय प्रत्यक्ष से आते हैं। ज्ञानेन्द्रियों से प्राप्त अनुभव और उसके अवलोकन से वह उस विषय से सम्बन्धित अपनी एक धारणा बनाता है और यह धारणा जब वस्तुनिष्ठ स्वरूपवाली हो जाती है तो वह ज्ञान-प्राप्ति का स्त्रोत बन जाती है। व्यवहार से उत्पन्न 'अनुभव' ज्ञान का प्राथमिक स्त्रोत है। जिसकी स्वीकृति लगभग सभी चिन्तनधाराओं में दिखाई देती है। 'अनुभव' का माध्यम हमारी ज्ञानेन्द्रियाँ होने के कारण इसे प्रत्यक्ष ज्ञान भी कहते हैं* और इन सम्बन्धों के विस्तारण में हम सबसे पहले इन्द्रियों के माध्यम से प्राप्त संकेतों पर आश्रित होते हैं। जिसका निर्माण लोगों की सामाजिक अन्त:क्रिया एवं उनके रोजमर्रा के क्रिया-कलापों के परिणाम के रूप में होता है। किन्तु इन्द्रियाँ व्यक्ति के शरीर की हिस्सा होती हैं और इस रूप में वे व्यैक्तिक होती हैं। इस सन्दर्भ में महत्त्वपूर्ण सवाल उठाया जाता है कि इन्द्रिय ज्ञान न केवल वैयक्तिक होता है अपितु भ्रामक भी होता है। (साँप को रस्सी, पीतल को सोना समझना इत्यादि) ऐसी स्थिति में ज्ञान को विश्वास, मान्यता निजी राय से पृथक कैसे करेंगे? अर्थात प्रत्यक्ष ज्ञान से तर्कसंगत ज्ञान तक कैसे पहुँचे? इस प्रश्न का उत्तर अवचेतन में निरीक्षण, सामान्यकरण, जाँच, इत्यादि इसके हिस्से बनते हैं।

अनुमान जिसका एक रूप है। नि:सन्देह प्रत्यक्ष ज्ञान वस्तुओं के अलग-अलग पहलुओं से बाह्य आकृतियों, वस्तुओं के बाहरी सम्बन्धों से सम्बन्धित होता है; दूसरी ओर, तार्किक ज्ञान वस्तुओं तथा वस्तुओं की समग्रता और तार्किक सम्बन्धों तक पहुँचने की लम्बी छलाँग लगाता है, आस-पास की दुनिया के आन्तरिक अन्तर्विरोधों को उद्घाटित करता है, और इस प्रकार अपनी परिवेशीय दुनिया के विकास को उसकी समग्रता में उसके सभी पहलुओं के बीच आन्तरिक सम्बन्धों के सन्दर्भ में समझने की, ग्रहण करने की क्षमता रखता है। *इस प्रक्रिया में ज्ञान आनुभाविक और द्वन्द्वात्मक स्वरूपवाला है। जो बताता है कि एकल व्यक्ति के मनस में ज्ञान के विकास तथा व्यक्तिगत अनुभव में उसकी जड़ें खोजने की कोशिश व्यर्थ का प्रयास है। कोई व्यक्ति जो अकेले ही काम करता हो, दूसरे लोगों के सम्पर्क से बिलकुल कटा हुआ और सिर्फ अपने भरोसे रहता हो, कदाचित् कोई ज्ञान हासिल नहीं कर सकता।*

ज्ञान-प्राप्ति का अपना एक भौतिक आधार होता है और उसकी प्राप्ति की प्रक्रिया बाहरी दुनिया के साथ मनुष्य के नानाविध सम्बन्धों का अंग होती है। आदिवासी समाज का आजीविका स्रोत प्रधानत: कृषि, मछली पकड़ना, मुर्गीपालन, पशुधन, जंगली उत्पाद है। इसलिए, प्रकृति के साथ अन्त:क्रिया करना इस समाज की अस्तित्वगत ज़रूरत है और प्रकृति से उत्पादन एक सामूहिक क्रिया है। यह सामूहिक ज़रूरत व्यक्ति-व्यक्ति को एक-दूसरे के साथ एक खास तरह के सम्बन्धों में बाँधता है। यही सम्बन्ध समाज के निर्माण और उसके सामाजिक जीवन का आधार बनते हैं। महत्त्वपूर्ण बात यह है कि मनुष्य केवल विश्व की वस्तुओं और व्यापारों को इन्द्रियों द्वारा अनुभूत ही नहीं करता अपितु सक्रिय एवं व्यावहारिक रूप से उन्हें प्रभावित भी करता है। यहाँ ज्ञान बौद्धिक निर्माताओं द्वारा अन्त:करण की प्रकटन न होकर सम्प्रेषित सामाजिक संरचना है।

> आदिवासी जीवन में प्रकृति, समाज और विचार के बीच अन्तरंग रिश्ता रहता है। इसलिए यहाँ की ज्ञान-प्रक्रिया में ज्ञाता, ज्ञान, ज्ञेय के तिर्यक सम्बन्ध पाए जाने के बावजूद उनमें रिश्ता आन्तरिक रहता है। ज्ञान जीवन में रचा-बसा होने के कारण अपनी संज्ञानात्मक दुनिया रचने-गढ़ने, सँवारने व विकसित करने का सचेतन प्रयास दिखाई नहीं देता है। और न ही ज्ञान अन्य समुदाय को वैचारिक रूप से निहत्था कर देना का अस्त्र है जैसा कि मुख्यधारा के विचारक अपनी ज्ञानमीमांसीय प्रस्थापनाओं के माध्यम से करने की कवायद करते हैं।
>
> ज्ञान का विषय अपने स्वरूप में मुख्यधारा के दर्शन में पाए जानेवाले विषय से गुणात्मक रूप से भिन्न है आदिवासी ज्ञानमीमांसा का केन्द्र प्रकृति, बाह्य परिवेश तथा अन्य लोग हैं न की कोई दैवीय प्रकटन, विशुद्ध चेतना या आत्मदर्शन।

बेशक, अन्य लोगों की तरह आदिवासी समाज की संज्ञानात्मक दुनिया के निर्माण का बुनियादी स्रोत भी इन्द्रियानुभव हैं किन्तु वह जो कुछ भी प्राप्त करता है वह केवल इन्द्रिय-ध्वनि, गन्ध, इत्यादि बाह्य जगत से ही प्राप्त नहीं करता है बल्कि उस प्रशिक्षण से भी प्राप्त करता है जो समाज द्वारा प्रचलित लोक-कलाएँ, लोक-गाथाएँ, लोक-कहानियाँ, विश्वास, मिथक, प्रतीक, गीत और नृत्य, सामाजिक समारोह-उत्सव, सांस्कृतिक मूल्यों, बड़ों-छोटों के साथ आचार-विचार के तौर-तरीकों, सामूहिक कार्यक्रमों सम्बन्धी मर्यादाओं, सामाजिक पंचायतों के निर्णयों के माध्यम से अनौपचारिक रूप से दिया जाता है। अर्थात आदिवासी व्यक्ति का ज्ञान प्राप्त करने का रास्ता उनकी संस्कृति से होकर जाता है। यही पाठशाला ज्ञान-प्राप्ति का मौलिक आधार है। मेरी इन्द्रियाँ तभी काम करती हैं जब समाज द्वारा मुझे बताया गया है। जिसके बुनियादी रूपों को निम्न तरह से देखा जा सकता है : जैसे कि आदिवासी ज्ञानमीमांसा के अध्येता हेरी फ्रांसिस एरिना अपने आलेख 'ट्राइबल एपिस्टेमोलोजी' में कहते हैं :

"अग्रजों की आवाज :

"बड़ों की आवाज बहुत ही सत्तात्मक और शक्तिशाली होती है। बड़ों के शब्दों द्वारा ही प्रचलित नियम और व्यवहार प्रभावित होते हैं। युवकों के लिए यह लगभग असम्भव है कि वे जाति-बहिष्कृत व निन्दा के भय से बड़े की आवाज की अवहेलना कर दे। जो उन्हें भविष्य में किसी भी तरह के दुर्भाग्य से बचाने में मदद नहीं करेगा। बड़े अपनी सत्ता को परम्परा और सांस्कृतिक व्यवहारों द्वारा अभ्यास में लाते हैं। बड़ों द्वारा सामाजिक रूप से स्वीकृत मूल्यों एवं धारणों को परिभाषित करना एक भिन्न प्रकार का ज्ञान है जो भविष्य की पीढ़ियों को हस्तान्तरित किया जाता है। ज्ञान का संचार सांस्कृतिक व्यवहार एवं स्वीकृत परम्परागत मूल्यों के प्रतिमान के अन्दर ही किया जाता है। इस तरह के व्यवहार से भिन्न किसी भी प्रकार का विचलन लोगों द्वारा खारिज कर दिया जाता है और परम्परागत विश्वासों को एक चुनौती के रूप में लिया जाता है। जो यह दिखाता है कि मनुष्य का सामाजिक व्यवहार केवल उत्पादन के क्रियाकलाप तक सीमित नहीं रहता। वह समाज के सभी क्रिया-कलापों में भागीदारी करता है। इस प्रकार अपने संज्ञान के अनुसार मनुष्य अपने भौतिक उत्पादक क्रियाओं के माध्यम से वस्तुओं को जानने के अलावा राजनीतिक जीवन तथा सांस्कृतिक जीवन के जरिये मानवीय अन्त:सम्बन्धों के विभिन्न रूपों से विभिन्न अंशों में परिचित होता है।

'अच्छा' का विचार बड़ों के मनोविज्ञान में अपनी सत्ता का उपयोग करते समय गहरे रूप से अन्त:स्थित होता है। किसी भी सार्वजनिक मंच, भीड़ या

वार्तालाप, दृष्टिकोण इस रूप में प्रस्तुत किया जाता है कि दूसरे लोग उसके स्वयं के और दूसरों के बारे में अच्छा महसूस करे। इसलिए 'अच्छे' की धारणा सामाजिक सम्बन्धों में अल्पकालिक नहीं है। उल्टा, सम्पूर्ण समुदाय के अच्छे से सम्बन्धित है।

इस सन्दर्भ में, बड़ों के ज्ञान और बुद्धि के नित्य शब्द प्रत्येक सदस्य के कल्याण को उन्नत करनेवाला होता है। बड़ों के नित्य शब्द युवा दिमागों में ज्ञान और बुद्धि को आरोपित करने के सशक्त माध्यम हैं। कहानियाँ भी बच्चों को अपनी संस्कृति, सोच, जीवन-दृष्टि से परिचित करवाना है। आमतौर पर कहानियाँ हम उम्र समूह, वंश सदस्यों और परिवारों के बीच कही जाती है। नौजवान न केवल इन कहानियों के साथ बहादुराना कहानियों को सुनना चाहते हैं बल्कि इन्हें बड़ों से भी सुनना चाहते हैं और जब व्यक्ति कहानियों को सुनाने में और रुचि दिखाता है तो कभी-कभी खराब समाज की कहानियों को भी वयस्क होने पर लोकगीतों के माध्यम से अपने ज्ञान को परिमार्जित करता है। इस कौशल से वह अन्य साधारण लोगों से उसे ज्ञानपरक व्यक्ति के रूप में भिन्न कर देता है।

पूर्वजों के प्रतिसम्मान :

"बड़ों द्वारा अपने पूर्वजों की कही गई प्रत्येक बात को बड़ी लगन व सम्मान से पूरा किया जाता है जिसका एक रूप मौखिक रूप अपने से अनुजों को बताकर या कहकर जानकारी देना है। अग्रज बुद्धि के भंडार हैं। अग्रजों की वाणी, समुदाय के लोगों की अपने जीवन की वस्तुओं के बारे में जानने में अनेक ज्ञान और बुद्धि-प्राप्ति का असली साधन है। क्योंकि कथन नियंत्रण का आह्वान करते हैं और अनुभवों से श्रद्धा प्राप्त करते हैं जो सामाजिक नैतिक व्यवहार में मार्गदर्शन के मानक के रूप में व्यवहार करते हैं।

माँ की वाणी :

आदिवासी मुख्यत: पितृसतात्मक समाज है। किन्तु समाज और परिवार के निर्माण में महिलाओं की भूमिका बहुआयामी है। माँ की सीख युवाओं में ज्ञान-प्राप्ति का महत्त्वपूर्ण स्रोत के रूप में मानी जाती है। माँ कई प्रकार की भूमिका निभाती है जैसे बच्चों का पालन-पोषण, अच्छे तौर-तरीके सीखना और परिवार के सदस्य के रूप में जीना सिखाती है। समाज में परम्परागत अभ्यास से माँ अपनी बेटियों को सलीका, नैतिकता एवं संस्कृति सिखाती है। बच्चे विशेषरूप से लड़कियाँ अपने जीवन के बारे में सीखने की शिक्षा प्रधानत: माँ से लेती हैं। माँ ही वर्जनाओं के पीछे रहे विवेकपूर्ण कारणों को स्पष्ट करती है जिसमें पुरुष अग्रज सोचते हैं कि इस तरह की शिक्षा में माँ का विशेषाधिकार है।

वर्जनाएँ मूल्यों के साथ स्त्री सदस्यों के लिए 'अच्छे' के रूप में अन्त:स्थित रहती हैं, जैसे यह लड़कियों के लिए यह वर्जना है कि :

1. वे लड़कों से आगे नहीं निकलें।
2. अविवाहित लड़कियाँ लम्बे बाल नहीं रखेंगी।
3. शादी के समय लड़की सात टोकरियों से ज्यादा नहीं ले जाएगी।
4. गर्भवती महिला साँप को नहीं मार सकती है।

इस प्रकार माँ की भूमिका बच्चों-युवाओं को पढ़ाने और अपनी परम्पराओं तथा सांस्कृतिक अभ्याओं के बारे में जानकारी देने में महत्त्वपूर्ण होती है। सांस्कृतिक वर्जनाओं को स्पष्ट करने में स्वयं माँ से बेहतर दूसरा व्यक्ति नहीं हो सकता। इसलिए माँ का दायित्व और कर्तव्य समाज द्वारा उसके लिए निधारित कर्तव्यों एवं दायित्वों से कहीं व्यापक आयाम रखता है।"[2]

गड्डे-गमेती की वाणी :

गड्डे-गमेती आदिवासी समाज के स्थानीय किस्म के पंच-मध्यस्थता करनेवाले लोग होते हैं। इनकी वाणी अग्रजों की वाणी अंगीकार किये हुए है। अग्रज समाज में हर प्रकार के क्रिया-कलाप में अपने ज्ञान, बुद्धि और अनुभव के बारे में बोलते और सलाह देते हैं। किन्तु गड्डे-गमेती अग्रजों से भी ज्यादा दायित्व व कर्तव्य रखते हैं जो सामाजिक आचरण के मेरुदंड का काम करता है। इस सन्दर्भ में गड्डे-गमेती की वाणी सामान्य लोक की आचार-संहिता से बँधी हुई होती है। और उनकी वाणी अग्रजों की सामूहिक वाणी होती है जो परम्पराओं के जरिये वैध और अभ्यासजन्य रहती है। गड्डे-गमेती की कार्य-प्रणाली और उसके परम्परागत ज्ञान व बुद्धि की अवहेलना चुनौती है। उनकी शक्तियाँ और कार्य परिभाषित हैं और उसके दर्जे को उन्हीं के गोत्र से सम्बन्धित व्यक्ति के अलावा किसी को भी प्रतिस्थापित करने की स्वीकृति नहीं हो सकती। प्रत्येक गाँव एक तरह का छोटा गणतंत्र हैं जिसके मुखिया के रूप में गड्डा-गमेती होता है। जो उस क्षेत्र के लोगों के जीवन-व्यवहार, सोच व क्रिया-कलापों पर नियंत्रण रखता है।

लोककथाएँ और लोकवार्ताएँ :

"उत्पति, निर्वासन और प्रसारण सम्बन्धी कहानियाँ जो ऐतिहासिक तथ्यों और मिथकों से बनी हुई होती हैं, लोगों द्वारा उनके अर्थ लोकवार्ताओं और गीतों द्वारा समझे जाते हैं। बहुत-सी बार जब वृत्तान्त-कहानियाँ असंगत पाई जाती हैं तो कथाकार लोकवार्ताओं पर भरोसा करता है। जब अग्रज वृत्तान्त की प्रक्रिया से अपने-आपको जोड़ नहीं पाते हैं तो लोकवार्ताएँ मौखिक वर्णन

के सही अर्थ को पकड़ने का स्रोत बनती हैं। लोकवार्ता और लोक-कहानियाँ एक-दूसरे के साथ सहजीवी सम्बन्ध रखती हैं। इस तरह के वृत्तान्त उनके विश्वदृष्टिकोण के इतिहास, विवेक और ज्ञान को सूचित करते हैं। लोक-कथाएँ अपने में कई रोचक गीत रखती हैं।

मानचित्रपरक ज्ञान :

आदिवासी समाज में ज्ञान के रूपों को दो आयामों—सक्रिय और निष्क्रिय की दृष्टि से देख सकते हैं। इसका आगे विभाजन परम्पराओं और सांस्कृतिक अभ्यासों द्वारा सीखना हो सकता है। औपचारिक रूप से लड़के-लड़कियों को सामूहिक प्रशिक्षण द्वारा भी ज्ञान दिया जाता है।"

इस सन्दर्भ में आदिवासी ज्ञान-प्राप्ति के स्रोतों की प्रधान विशेषताओं को निम्न बिन्दुओं में लिख सकते हैं :

(1) "आदिवासी संस्कृति में मानव के पास कोई अन्तर्जात ज्ञान नहीं होता है। ज्ञान-प्राप्ति पूरी तरह सामाजिक प्रक्रिया है। शिक्षा देने का मसला कही हुई आवाजें (जीवित, मृत्यु या अध्यात्म) हैं। संक्षेप में, परम्परागत या पूर्वजों का ज्ञान तथाकथित वैज्ञानिक ज्ञान से ज्यादा महत्त्वपूर्ण है।

(2) आदिवासी समाज के लिए ज्ञान तभी प्रासंगिक है यदि यह सीधे रूप में स्वयं के बारे में, आज के सन्दर्भ में महत्त्वपूर्ण, आज की ठोस समस्याओं से सम्बन्धित है। भविष्य एक कल्पना है। आदिवासी दृष्टि इस बात को खारिज करती है कि किसी ज्ञान के स्रोत के वर्तमान में महत्त्वपूर्ण होने का इन्तजार करो और फिर उसके अनुसार कार्य करो। इसलिए, यह आवश्यक नहीं है कि सच्चा ज्ञान हमें सच्ची भविष्यवाणी करवाए।

(3) यहाँ कारणात्मक ज्ञान औपचारिक के बजाय अनौपचारिक ज्यादा होता है।

(4) ज्ञान को अन्तरसमुदायात्मक ढंग से जोड़ने की ज़रूरत नहीं है। प्रत्येक समुदाय अपने समुदाय के लिए प्रासंगिक होनेवाले ज्ञान के लिए पूर्वजों का ज्ञान रखता है। समुदाय अपने ज्ञान का पुनरुत्थान करने के लिए भिन्न-भिन्न मान्यताएँ रखती हैं। ज्ञान की प्रकृति सामान्य के बजाय वैयक्तिक होती है। यह सार्वभौमिक के बजाय स्थानीय प्रकृति का होता है। पश्चिम में बहुत से दार्शनिकों का विशेषाधिकार है जो प्राक्कल्पना—निगमनात्मक-पद्धति द्वारा परिघटनाओं का विश्लेषण करते हैं।

इसके विपरीत, समाजवैज्ञानिक आत्मनिष्ठ दुनिया को अभिव्यक्त करते हैं। और उनके द्वारा निर्माण के तरीके भी भिन्न होते हैं। यदि हम इस तर्क के साथ जाते हैं तो यह स्पष्ट होता है कि औपचारिक (आकारिक) ज्ञान प्राक्कल्पना-निगमनात्मक-प्रक्रिया द्वारा प्राप्त किया जाता है। जबकि परम्परागत ज्ञान सामाजिक-सामूहिक अनुभवों और प्राकृतिक संसाधनों के साथ अन्तर्क्रिया के दौरान संचित प्रत्यक्ष से निगमित होता है। आकारिक ज्ञान-ज्ञान की सार्वभौमिकता पर जोर देता है जबकि परम्परागत ज्ञान स्थान-विशेष केन्द्रित, मजबूत मानवीय तत्त्वों को समाहित किये हुए सामाजिक मुक्ति पर जोर देता है। इस प्रकार जनजातीय समाज का ज्ञान सार्वभौमिक के बजाय स्थानीय प्रकृति का होता है।

(5) प्रत्येक ज्ञान आत्मनिष्ठ है। 'ज्ञाता और ज्ञान का विषय' के बीच कोई ठोस विभाजन रेखा नहीं है। इन दोनों के बीच एक द्वन्द्वात्मक सम्बन्ध रहता है। आदिवासी समाज पर किये गए ऐतिहासिक अध्ययन आनुभविक विश्लेषण के लिए यथेष्ठ सामग्री उपलब्धि करवाते हैं। ये अध्ययन आदिवासी संस्कृति को जानने के लिए अपरिहार्य हैं।"[3]

मौखिक दर्शन :

"यह दर्शन हमें उनकी ज्ञानमीमांसा को समझने का आधार देता है। वैदिक समाज में भी ज्ञान हजारों वर्षों तक मौखिक परम्पराओं के माध्यम से मौखिक रूप से ही बिखरा हुआ था। ज्ञान प्राप्त करने की खोज पूर्णतया आध्यात्मिक थी। सत्य के व्यावहारिक साक्षात्कार की आवश्यकता पर बल दिया जाता था। 'सत्य' के इस साक्षात्कार या परमानन्द के लिए श्रमण, मनन, निदिध्यासन जैसे आत्मनिष्ठ ज्ञान थे। निश्चय ही आन्तरिक आत्मन की अनुभूति ध्यान और साधना आधारित पद्धति की माँग करती है। मौखिकता की भूमिका सम्प्रेषित ज्ञान में अहम होती है। वैसे वैदिक, लोकायत अथवा बौद्ध दर्शन की पूरी सामग्री कंठस्थ कर पीढ़ी-दर-पीढ़ी हस्तान्तरित की जाती रही थी और काफी बाद में जाकर उसे लिपिबद्ध किया गया।

परम्परागत आदिवासी समाज में ज्ञान और बुद्धि का बिना किसी लिखित पांडुलिपि के अपने पूर्वजों द्वारा अपने वंशजों को व्यवहार द्वारा हस्तान्तरित होती है। यह ज्ञान और बुद्धि जनजातीय समाज की मौखिक परम्परा में इस हद तक अन्त:स्थित होते हैं कि वे भविष्य की पीढ़ियों के लिए आदर्श के रूप में जीवित रहते हैं। लोक-कथाओं/गीतों के माध्यम से यह सदियों तक

हस्तान्तरित होती रहती है। विरासत श्रद्धापरक होती है और भविष्य की पीढ़ियाँ सांस्कृतिक व्यवहार द्वारा अपने मौखिक ज्ञान के द्वारा जीती हैं।

बड़ों के शब्दों की अवहेलना करना निषिद्ध माना जाता है। किसी भी तरह का प्रतिबन्धित कार्य डाँटने जैसा होता है। इसलिए लोग ज्ञान से पवित्रता की वस्तु की तरह बँधे रहना और बने रहना चाहते हैं। निषिद्ध ईश्वर की तरह आदेशात्मक होता है। इसलिए, क्यों, क्या, कैसे, कब के प्रश्न निषिद्धों की पालना करने में नहीं उठते हैं। सांस्कृतिक व्यवहार में, 'विश्वास' ज्ञान को एक पवित्र वस्तु की तरह मानने में महत्त्वपूर्ण भूमिका रखता है इसलिए, जीवन में वस्तुओं को जानने की दार्शनिक अन्तर्दृष्टि में आदर, विस्मय और श्रद्धा का भाव है।

ज्ञान जो ब्रह्मांड और नैतिक दृष्टियों को समझने में अच्छे के रूप में माना जाता है, वह विश्वदृष्टिकोण के निर्माण में महत्त्वपूर्ण आधार देता है। इस तरह का ज्ञान प्राय: समुदाय के विश्वास तंत्र के लिए अविभेद्य आयाम है। ज्ञान और विश्वास की अभेद्यता निषेधों द्वारा संरक्षित की जाती है और समुदाय के लिए अतिपवित्र रहती है। जनजातीय समुदाय के ज्ञान की जड़े लोगों के सामाजिक मनोविज्ञान में गहरे रूप से अन्त:स्थित हैं। ज्ञान हस्तान्तरण का कोई एक तरीका नहीं है। औपचारिक रूप से स्कूलों के माध्यम से सीखने के बजाय जनजातीय समुदाय सीखने का परम्परागत रूप रखता है। किन्तु उनकी दृष्टि सहभागिता के द्वारा सीखने पर आधारित है। प्रत्येक सामाजिक कार्यों, मूल्यों, विश्वासों और क्रिया-कलापों को जानने की अपेक्षा रखता है जिनको पूर्वजों ने आदर्श माना और उन्हें अच्छे के रूप में बनाए रखा। जब प्रत्येक व्यक्ति, परिवार, गोत्र और ग्रामीण सामाजिक क्रिया-कलापों में अपने-आपको प्रदर्शित करते हैं तो सामाजिकता और सामुदायिक भावना जीवन्त हो उठती हैं। सार्वजनिक मूल्यों और विश्वासों में भागीदारी की एकता तथा समरूपता समुदाय के लोगों को बाँधे रखने में सबसे महत्त्वपूर्ण साधन होती है। यधपि ज्ञान के स्रोतों की वैधता सामाजिक रूप से स्वीकृत सत्ता से आती है। किन्तु ये सताएँ कौन-सी हैं? इस सम्बन्ध में कुछ उदाहरण देखे जा सकते हैं।

आदिवासी समाज को निर्धारित करते हुए ज्ञानी व्यक्ति में तीन तरह की विशेषताएँ होनी चाहिए :

1. प्रचलित लोक-कथाओं, लोक-साहित्य-वार्ता, लोकगीत, लोकनृत्य, लोकमिथक इत्यादि को उनकी भाषा में स्पष्ट करने की क्षमता महत्त्वपूर्ण है। विचारों को स्पष्ट करने के लिए शब्दों की स्पष्टता केन्द्र बिन्दु है।

2. कहानी और नित्य शब्दों के अर्थों को अवधारणात्मक रूप में लाने की योग्यता जो उसको सम्पूर्ण रूप से अलग बनाती हैं। उदाहरण के लिए, जब लोकगीत गाया जाता है तो गायक को उसमें उपयोग किये गए शब्दों के अर्थ, भाव और महत्ता को स्पष्ट करने की क्षमता होनी चाहिए।
3. सुननेवाले गीत से सम्बन्धित अपनी जिज्ञासाओं को भी रखते हैं इस तरह के वृत्तान्तों में अपने सम्प्रेषण कौशल और अभिव्यक्ति की क्षमता में परिपक्वता दिखाए। इसलिए सुनानेवाले में आनुभविक उदाहरणों और गीत की सौन्दर्यात्मक लय और ताल के साथ अर्थ बताने की क्षमता होनी ज़रूरी है।
4. वाचक के उसी के अनुरूप कपड़े, शैली और हाव-भाव दिखे जो लोगों के बीच सामाजिक स्वीकृति दिलाता है। उद्देश्य है ज्ञान सुननेवाले के दिमाग में बैठ जाना चाहिए।

इस सन्दर्भ में, वाचक की कहानियों, लोकवार्ताओं और लोकगीतों को कहने-गाने में कौशल-क्षमता दूसरे लोगों से ज्यादा होनी चाहिए। कहानियों को कहने का एक सामाजिक आयाम भी है जो मूलत: समुदाय में एकता और एकरूपता को दिखाने का अप्रत्यक्ष कार्य भी है। कहानी और लोकगीतों के इस तरह के वृत्तान्तों को कोई भी आदिम या पारम्परिक कह सकता है किन्तु यही सम्प्रेषित करने का सहज व सरल तरीका है जो लोक समाज को प्रदर्शित करता है।

अर्थात आदिवासी समाज में युवा मस्तिष्कों को शिक्षित करने के लिए कोई प्रशिक्षित अध्यापक या प्रशिक्षित व्यक्ति जो औपचारिक अध्यापक बनकर शिक्षा दे, का चयन नहीं करते हैं और न ही कोई लोगों का समूह इसके लिए प्राधिकार रखता है।"[4]

फलत: आदिवासी लोग अपने प्रेषित ज्ञान के लिए न कोई लिखित रिकॉर्ड रखते हैं और न ही नामवर पुस्तकों की सूची है। विश्वासों और मूल्यों का तंत्र गहन एकता के साथ व्यवहार में लाया जाता है। और कोई भी उसके विपरीत आचरण समाज के द्वारा आसानी से सहनीय नहीं है। आदिवासी समाज को अन्य उन्नत, सभ्य और औधोगिक समाजों से भिन्न करनेवाला तथ्य यह है कि उनके सीखने, निर्णय करने के आधार उनकी परम्परागत संस्थाएँ और जीवन्त अनुभव हैं। यह मनोविज्ञान उन स्रोतों पर विश्वास करने की इजाजत नहीं देता है जो अमूर्तिकरण की भूलभुलैया में सैर करवाता है या यह प्रचार कि ज्ञानी व्यक्ति विशेष बौद्धिक सम्पदा के धनी हैं, रहस्य भेदने की क्षमता रखते हैं या किसी विशेष दैवी सत्ता

ने उन्हें विलक्षण अलौकिक शक्ति प्रदान की है। यह ज्ञानमीमांसीय दृष्टि बताती है कि हमारी वैचारिक दुनिया के रचने-गढ़ने और विकसित करने का आधार परिवेशीय स्थितियाँ हैं। ज्ञान-प्राप्ति का स्रोत जीवन-व्यवहार और अनुभव से निरपेक्ष कोई ब्रह्मवादी प्रकाशना नहीं है। यहाँ के ज्ञानकोश में शंकराचार्य का प्रातिभाषिक, व्यावहारिक और पारमार्थिक ज्ञान का विभाजन भी देखने को नहीं मिलता है। आदिवासी ज्ञानमीमांसा की विलक्षणता इसमें है कि यह ज्ञान की प्रक्रिया को व्यवहार और जीवन के भौतिक उत्पादन सम्बन्धी कार्य-कलाप पर आधारित अनुभव पर केन्द्रित करती है। खेल, संगीत, वाद्ययंत्र की शास्त्रीय जैसी समझ से लेकर औषधीय ज्ञान, तक के अनूठेपन की जड़ें यहीं विद्यमान हैं। इस प्रक्रिया के दौरान लोग वस्तुओं और उनके गुणों-धर्मों की जानकारी प्राप्त करते हैं। यधपि उनकी सुदूरवर्ती भौगोलिक-भौतिक स्थिति और कमज़ोर औपचारिक शिक्षातंत्र के कारण शैक्षिक रूप से अपने 'अनुभव' का 'सैद्धान्तिकीकरण' कर उसे बौद्धिक व अवधारणात्मक ज्ञान का स्वरूप देने की चेतना का अभाव दिखाई देता है।

3

सत्य

आदिवासी समाज सत्य और उसके स्वरूप की बात कैसे करता है? वे कैसे जानते हैं कि उनके द्वारा सत्य माने जानेवाले विचार सचमुच सत्य हैं? वस्तुगत यथार्थता के साथ उसकी अनुरूपता कैसे स्थापित करते हैं? उनके अनुसार मनुष्य का मनस किस सीमा तक सत्य को हासिल करने और उसे प्रमाणित करने में सक्षम है? व्यक्ति में पूर्ण, परम शुद्ध, अन्तिम सत्य और सम्पूर्ण सत्य को जानने की क्षमता के बारे में वे क्या सोचते हैं?

> सत्य की संकल्पना अनेकार्थक है और अक्सर विभिन्न अर्थों में प्रयुक्त की जाती है। लोग सच्चे दोस्त, सच्चे कवि, सच्चे व्यक्ति, आदि के बारे में बात करते हैं। अपने दार्शनिक अर्थ में यह शब्द ज्ञान की अन्तर्वस्तु तथा बाह्य जगत के मध्य एक निश्चित सम्बन्ध को व्यक्त करता है। यह शब्द चिन्तन में वास्तविकता के सही परावर्तन को इंगित करता है। सत्यता स्वयं वस्तुओं का अपना अनुगुण नहीं है अपितु मनुष्य के मन में उनका प्रामाणिक परावर्तन है। यह ध्वनित करता है कि वस्तुओं, घटनाओं और प्रक्रियाओं के स्वभाव को उसी रूप में समझना सत्य है जिस रूप में वे वास्तव में विद्यमान हैं। (प्रमा) प्राचीन यूनानी दार्शनिक सत्य को सही ज्ञान के साथ जोड़ते थे जो यथार्थता के अनुरूप होता था। इसका विलोम था भ्रम या मिथ्या ज्ञान, जो यथार्थता को विरूपित करता है। (अप्रमा) अरस्तु ने अपने एक निबन्ध में लिखा था

कि "वही मनुष्य सच्चे ढंग से सोचता है जो अलग को अलग और संयुक्त को संयुक्त समझता है।"[5] सामान्य बोध में विचारों और वस्तुगत यथार्थ के बीच अनुरूपता अथवा संगति ही सत्य है। (संवादिता सिद्धान्त) अर्थात हमारी चेतना में वस्तुनिष्ठ यथार्थ का प्रतिबिम्बन सत्य है जो लोगों की चेतना, इच्छा से स्वतंत्र अपने-आपमें अस्तित्व रखता है। सत्य वही है जिसके अनुरूप व्यवहार सफल होता है। प्रामाणिकता इसका रूप है।

आदिवासी समाज में सत्य को सच, सचाई, सही, असली, ऋत, झूठ के विपरीत के रूप में जाना जाता है। इसे उनके आपसी व्यवहार व बातचीत में देखा जा सकता है। सच क्या है? इस सम्बन्ध में उनके साथ बात करने पर बताया कि सच वही है जो सही की जानकारी देता है। उदाहरण देते हुए कहा कि यह सच है कि रात और दिन होते हैं, यह सच है कि कोई अमर नहीं है, जो जन्मता है वह मरता है। परिवर्तन सच है। जीवन सच है। आदमी सोचता है, यह सच है। समाज में रहता है, यह सच है। प्रकृति, नदी, पहाड़, जंगल, जल सहित हमारे चारों ओर विद्यमान परिवेशीय दुनिया सच है। यह सच है कि विकास के नाम पर कॉरपोरेट लूट के चलते आदिवासी समाज के सामने अस्तित्वगत संकट खड़े हो गए हैं। यह सच है कि पूँजी, सत्ता, धर्म और सामन्ती ताकतों का गठजोड़ आमजन को संकट में धकेल रहा है। यहाँ का युवा सच को किसी वस्तु का ऐसा ज्ञान समझते हैं जो उस वस्तु को सही-सही प्रतिबिम्बित करता हो। अर्थात ऐसा ज्ञान सत्य है जिसमें बाह्य जगत से सम्बन्धित निर्णय सही हैं। यही मापदंड सत्य को पौराणिक मिथकों, जादू-टोना, झाड़-फूँक, अन्धविश्वासों, इत्यादि से अलग करता है। परलोक केन्द्रित ये मनोक्रियाएँ महज तत्काल संकट से आभासी छुटकारा दिलाती हैं जबकि सत्य के लिए यह आवश्यक है कि उसका बोध हो। यह हमारे क्रिया-कलापों का उत्पाद है। यह यथार्थता के साथ चिन्तन की और जो हम जानते हैं उसके साथ ज्ञान की अनुरूपता है। सामाजिक व्यवहार में अपेक्षाओं की पूर्ति के माध्यम से सत्य का परीक्षण होता है। आदिवासी संस्कृति में, सामाजिक और अन्तर्वैयक्तिक मामलों में, सच की धारणा बहुत महत्त्व रखती है। यहाँ सिद्धान्त और व्यवहार के बीच एक द्वन्द्वात्मक रिश्ता पाया जाता है। सत्य की परीक्षा व्यवहार से होती है। व्यवहार से गुजरकर वैचारिक-सैद्धान्तिक स्तर तक पहुँचता है जो हमें संसार के नियमों को समझने के योग्य बनाता है। यह पूछने पर कि सत्य को जाना कैसे जा सकता है और क्या एक ही बार में जान सकते हैं? तो बताया कि सत्य को प्रेक्षण करते हुए व्यवहार में सफल होने से जान सकते हैं। यही दृष्टि आदिवासी ज्ञान को ब्रह्मवादी ज्ञान से इतर वैज्ञानिक ज्ञान के निर्माण का माध्यम बनाती है।

लोक-कथाओं, लोक-कहानी-किस्सों, वार्तालापों, बड़ों के उपदेशों, भगत के भजनों, सांस्कृतिक परम्पराओं, मान्यताओं इत्यादि से जान सकते हैं। किन्तु एक बार में ही नहीं जाना जा सकता है। हमारा परिवेशीय जगत समृद्ध और विविधतापूर्ण है। फलतः सत्य का विषय बहुगुणी और बहुस्तरीय होता है इसकी कई डिग्री हो सकती हैं जिसकी जानकारी क्रमशः धीरे-धीरे स्थूल से सूक्ष्म की ओर जाती है। इस अर्थ में सत्य सापेक्षिक होता है। सापेक्षिक सत्य में त्रुटि, आंशिकता, अपूर्णता जैसे लक्षण रहते हैं। सत्य की प्रगति होती है। वह अक्षय नहीं है, उसका विकास करना, उसे गहरा करते जाना जिससे कि यथार्थ के नये-नये पहलुओं का पता लगता रहे, एक अनन्त प्रक्रिया है। यही दृष्टि वैज्ञानिक और विशिष्ट ज्ञान के लिए आगे बढ़ने का प्राथमिक आधार है। जब व्यवहार और विज्ञान दोनों को आगे बढ़ाते हैं तो लोग धीरे-धीरे सही को जानने लगते हैं। इसीलिए सत्य का सिद्धान्त ऐसे विचार को अमान्य करता है कि सत्य का अस्तित्व प्रमाणित होने के बाद सनातन और शाश्वत होता है। आदिवासी समाज में संस्कृति का वैविध्य सत्य को जानने के लिए उर्वरा भूमिका प्रदान करता है। जैसा कि सामाजिक परिघटनाओं पर केन्द्रित विशेष अध्ययन दिखाते हैं।

भारतीय दर्शन में सत्य की प्रामाणिकता की कई कसौटियाँ बताई गई हैं मसलन: अबाधिकता, अनौपाधिकता, शाश्वतता, नित्यता आदि। किन्तु उस तरह की कसौटियाँ आदिवासी समाज की चेतना में दिखाई नहीं देती हैं। यहाँ पर सत्य का मतलब ही जीवन-व्यवहार में सफल होना है। लोगों का जीवन-व्यवहार ही यह दिखाता है कि सत्य वही है जो व्यवहार में सफल हो जाए। इस दुनिया में सत्य के स्वरूप को लेकर सापेक्ष व निरपेक्ष सत्य जैसा कोई सावचेत विभाजन नहीं है। ज्ञान की मुख्यधारा की दृष्टि का दावा है कि कोई भी विशिष्ट ज्ञान तर्कमूलकता की अनदेखी नहीं कर सकता है। वे यह मानते हैं कि केवल इस प्रकार का ज्ञान हमें सत्य की ओर अग्रसर कर सकता है। इसलिए उनके लिए बुद्धि के अलावा किसी भी अन्य स्रोत से प्राप्त ज्ञान अतार्किक है। आदिवासी अध्ययन दर्शनशास्त्री सुजाता मिरी कहती हैं कि "यही कारण है कि क्यों लोग आदिवासी समुदाय को आदिम, म्लेच्छ और बर्बर मानते हैं। ब्रह्मवादी नजर से सत्य को देखने का यह नज़रिया दूसरी ज्ञान धारणाओं के लिए बहुत ही सीमित स्थान उपलब्ध करवाता है जिन्हें बैद्धिकता की परिभाषा में नहीं समेटा जा सकता। यह दृष्टि दिखाती है कि आदिवासी समाज के विचार और व्यवहार को समझने के लिए पश्चिमी आधुनिकता और ब्रह्मवादी दर्शन की आत्म-केन्द्रित दृष्टि को सन्दर्भित करने की कोई आवश्यकता नहीं है।"[6] आदिवासी सत्य की धारणा यह दर्शाती है कि किसी वस्तु, स्थिति व प्रक्रिया के ऋतरूपी स्वरूप

को समझना ही सत्य को जानना है। यह अनिवार्य रूप से सामाजिक उत्पाद होता है और इसकी जड़ें सामाजिक व्यवहार में होती हैं। जैसा कि मार्क्स कहते हैं, "मनुष्य का केवल सामाजिक व्यवहार ही बाहरी दुनिया के विषय में उसके ज्ञान की सत्यता की कसौटी होता है। सामाजिक जीवन मूलतः व्यावहारिक है। उन तमाम रहस्यों का, जो सिद्धान्त को रहस्यवाद की भूल-भुलैया में भटका देते हैं, मानवी व्यवहार में तथा इस व्यवहार की समझदारी में बुद्धि संगत समाधान मिलता है।"[7] व्यवहार से सिद्धान्त और सिद्धान्त से व्यवहार, सतही निर्णयों से अधिक गम्भीर निर्णयों तक, यही द्वन्द्वात्मक समझ हमें सच के निकट ले जाती है। वास्तव में मनुष्य का ज्ञान उसी स्थिति में सत्यापित होता है, जब सामाजिक व्यवहार की प्रक्रिया में वह प्रत्याशित परिणाम प्राप्त करता है। मानव ज्ञान का इतिहास हमें बताता है कि बहुत से सिद्धान्तों की सचाई अपूर्ण होती है और यह अपूर्णता व्यवहार की कसौटी से ही दूर की जाती है। बहुत से सिद्धान्त गलत होते हैं और व्यवहार की कसौटी से उन्हें दुरुस्त किया जाता है। व्यवहार द्वारा अनवरत रूप से सत्य का पथ प्रशस्त करता है। किन्तु इस सन्दर्भ में 'व्यवहार' शब्द पाश्चात्य दर्शन के जान ड्युई और विलियम जेम्स के व्यवहारवाद के अर्थ में नहीं है। यहाँ व्यवहार विचार के साथ वस्तुगत अनुरूपता है जबकि व्यवहारवाद में जो भी चीज़ व्यवहार में उपयोगी है वह सत्य है। सत्य 'यथार्थ' जो बाह्य जगत में है, के साथ संगति का अवधारणात्मक पुनर्निर्माण है।

संक्षेप में

(1) सत्य स्वरूप से सापेक्ष व निरपेक्ष दोनों होता है। आदिवासी समाज के लिए सत्य समय-समय पर बहुआयामी रूपों में अभिव्यक्त होता है। समाज में सत्य का प्रश्न उसी सत्तामीमांसीय तरीके से नहीं उठाया जाता है जिस तरह से वह ब्रह्मवादी दर्शन में उठाया जाता है। सत्य व्यवहार का प्रेरक रहता है।

(2) आदिवासी सामाजिक ज्ञानमीमांसा में सत्य की अवधारणा, स्वरूप, प्रकार व कसौटी मुख्यधारा की ज्ञानमीमांसीय दृष्टि जैसी सचेतन ढंग से विकसित रूप में नहीं है। सामाजिक व्यवहार में अपेक्षाओं की पूर्ति के माध्यम से सत्य का परीक्षण होता है। सत्य वस्तुगत रूप में विद्यमान विश्व को प्रतिबिम्बित करता है। यह व्यक्ति की चेतना या इच्छा पर निर्भर नहीं है। सत्य हमारे ज्ञान की अन्तर्वस्तु है जो न मनुष्य पर निर्भर है और न मनुष्य जाति पर निर्भर करता है। सत्य की अन्तर्वस्तु उन वस्तुगत प्रक्रियाओं द्वारा पूर्णतया निर्धारित होती है जिनको वह प्रतिबिम्बित करता है। आप सफेद इसलिए नहीं हैं कि हम सत्यतः आपको सफेद समझते हैं बल्कि आप सफ़ेद हैं इसलिए हम सत्यतः यह कहते हैं कि

आप सफेद हैं। अर्थात वास्तविकता ही सत्य है। इस दृष्टि से सत्य दो आयाम हैं : पहला स्वयं वस्तु के वास्तविक स्वभाव को जानना और दूसरा विषय की संकल्पना और व्यवहार में एकरूपता का होना।

(3) सत्य बदलता है। वह शाश्वत या सदा-सर्वदा के लिए स्थिर नहीं हो सकता। शाश्वत सत्य एक मिथ है। संसार में कुछ भी शाश्वत नहीं है, संसार में प्रत्येक वस्तु क्षणिक और अस्थिर होती है; प्रकृति परिवर्तित होती है, समाज परिवर्तित होता है, आदतें और रिवाज बदल जाते हैं, न्याय की अवधारणाएँ बदलती हैं, तदनुरूप स्वयं सत्य भी परिवर्तित हो जाता है। यह प्रक्रिया स्वयं विकसित होती है। जिन अवस्थाओं में वह सत्य होती है, जब वे बदल जाती हैं तो स्वभावत: उसे प्रतिबिम्बित करनेवाला सत्य भी परिवर्तित हो जाता है। जो चीज़ किन्हीं अवस्थाओं में सत्य थी, वह अन्य परिवर्तित अवस्थाओं में असत्य बन जाती है।

(4) व्यवहार सत्य की कसौटी है जो वर्तमान की आधुनिक दुनिया द्वारा निर्मित अमूर्त किस्म के सत्य की धारणा में अपनी प्रासंगिकता को तीव्रता से खोता जा रहा है। 'सही' की संकल्पना व्यवहार को प्रथम स्थान पर रखता है। किसी भावना या वैज्ञानिक मत के सच्चे स्वरूप के बारे में हम यह चाहे कितनी बहस कर लें, पर विवाद का निपटारा व्यवहार ही कर सकता है। उदाहरण के लिए, यदि कोई यह दावा करता है कि राडार, हवाई जहाज हमारे यहाँ ऋग्वेद के समय ही इजाद कर लिये गए थे तो आज आप उसी हवाई जहाज में बैठकर यात्रा क्यों नहीं करते हैं? यदि नौ मिनट घर की रोशनी बन्द करने या थाली बजाने से कोरोना वायरस से बचने की शिक्षा देते हैं तो कोरोना होने पर अस्पताल में भर्ती होने से लेकर उन तमाम वैज्ञानिक सुरक्षा साधनों का इस्तेमाल क्यों करते हैं? कथनी और करनी का ये विरोधाभास यह बताता है कि उनके दावे सत्य नहीं हैं। इनकी व्यवहार में विफलता इनके मिथ्याचार का प्रमाण देती है। आदिवासी सत्य में इस तरह के ढोंगी मिथ्याचारों के लिए कोई जगह नहीं है। यह मानता है कि मानव ज्ञान को व्यवहार से पृथक नहीं किया जा सकता है। इसी दृष्टि से हमारे सोद्‌देश्य क्रिया-कलाप सफल होंगे और हम अपेक्षित परिणाम हासिल कर लेंगे। सत्य और मिथ्या ज्ञान के मध्य विभाजक रेखा केवल व्यावहारिक क्रिया-कलाप के दौरान ही खींची जा सकती है। फलत: आदिवासी सत्य का सिद्धान्त उन सभी सिद्धान्तों को तिरस्कृत करता है जो व्यवहार के महत्त्व से इनकार करते हैं अथवा ज्ञान को व्यवहार से अलगाते हैं। व्यवहार से अलगाए सत्य को एक दिन इतिहास के पन्नों में दफन हो

जाना होगा। वे नहीं मानते हैं कि सत्य 'शुद्धचिन्तन' की प्रक्रिया से उत्पन्न होता है या सत्य के सन्धान के लिए इन्द्रियों के बजाय 'प्रज्ञा' की शरण लेनी चाहिए। यहाँ शंकराचार्य के ब्रह्मवादी दर्शन के अनुसार 'ब्रह्म सत्य जगत मिथ्या' के विचार के लिए कोई स्वीकृति नहीं है। कोई सनातन सत्य नहीं है। यहाँ सत्य किसी पारलौकिकता से नहीं जुड़ा हुआ है। सत्य किसी युक्ति की ज़रूरत नहीं रखता है। यहाँ करने और कहने के बीच कोई अन्तर नहीं किया गया। इन्द्रिय द्वारा प्रत्यक्ष में भ्रम और विभ्रम होते हैं। किन्तु वे बाह्य जगत में व्यवहार द्वारा सही अथवा गलत ठहराए जाते हैं। ज्ञान को तब तक विश्वास से अलग नहीं किया जा सकता जब तक की उसके औचित्य को अनिवार्य शर्त के रूप में नहीं लेते हैं। वस्तुतः औचित्य की माँग दरअसल और कुछ नहीं अपितु उसके दावे की वैध शर्त है।

(5) सत्य किसी शास्त्रार्थ, बौधिक संवाद या अभ्यास की उत्पति नहीं है और न ही कोई लिखित ग्रन्थ है। सत्य मिलता है उनकी जीवन-शैली में, उनके आचार-विचार में, आपसी व्यवहार में। ज्ञान स्वरूपतः व्याख्यात्मक (हरमेंयूटीकल) अर्थ को ध्वनित करता है।

निःसन्देह, आदिवासी ज्ञानमीमांसा पाश्चात्य आधुनिकता और मुख्यधारा की ज्ञानमीमांसा जो अवधारणों, ज्ञाता और ज्ञेय के बीच भेदता, बौद्धिकता, प्रमाणिकरण, तार्किकता पर आधारित है, से अपने स्वरूप व प्रयोजन में गुणात्मक रूप से भिन्न है। आदिवासी ज्ञानमीमांसा अपने बुनियादी स्तर में प्रत्यक्षानुभव आधारित परिचयात्मक ज्ञानवाली है। जो यह तो जानती है कि कौन-से वनस्पति से क्या ठीक होता है, कौन-सी फसल के लिए कौन-सी मिट्टी व कितने पानी की ज़रूरत है, कौन-सी बीमारी का इलाज कौन-सी औषधि से किया जा सकता है किन्तु ऐसा क्यों है? उसके क्या गुण होने के कारण ऐसा होता है, अच्छी मिट्टी में वह कौन-सा तत्त्व है जो अच्छी फसल देता है। अनुभव व निरीक्षण से दो वस्तुओं के बीच सम्बन्ध तो जानता है लेकिन ऐसा 'क्यों' होता है, उसके आन्तरिक गुण-तत्त्व क्या हैं, वह उनके अंगभूत रसायनशास्त्र को नहीं जानता है। 'क्यों' की कारणात्मक पड़ताल वहाँ नहीं मिलेगी। एक कृषि वैज्ञानिक और खेती करनेवाले किसान के ज्ञान में, डिग्री का यही अन्तर है। भले ही कृषि वैज्ञानिक को उसके अध्ययन का सटीक आधार खेत में काम करनेवाला किसान ही दे रहा है। किन्तु कृषि वैज्ञानिक किसान के अनुभव पर अनुसन्धान कर उनके बीच विद्यमान कारणात्मक व्याख्या से आगे के सिद्धान्तों का निर्माण करता है। यही तथ्य आदिवासी

ज्ञान के अन्य तमाम क्षेत्रों में देखा जा सकता है। अर्थात आदिवासी अपने देशज ज्ञान का सैद्धान्तिकीकरण नहीं कर पाते हैं। सैद्धान्तिकीकरण एक सचेतन व प्रजोजनमूलक प्रक्रिया है जिसमें बौद्धिकता की अहम भूमिका होती है। प्राचीन आयुर्विज्ञान और आधुनिक चिकित्सा विज्ञान के बीच अन्तर इसका जीवन्त रूप है। जिनकी प्रामाणिक सटीकता में अन्तर रहता है। आदिवासी आनुभाविक ज्ञान की इन तमाम सीमाओं के बावजूद विवेक-सम्मत, वस्तुनिष्ठ व वैज्ञानिक ज्ञान के रास्ते से आगे बढ़ने का ठोस आधार एवं बीजसूत्र यहीं अन्तस्थ हैं। यही यथार्थ दृष्टि अमूर्तिकरण की भूलभुलैया में सैर करवानेवाले ब्रह्मवादी, रहस्यात्मक व परलोकवादी दर्शन से बाहर निकलने का मार्ग प्रशस्त करेगी। इस अर्थ में यह निर्देशात्मक है।

सन्दर्भ

1. वी. गार्डन चाइल्ड, सोसाइटी एंड नॉलेज, पृ. 57
2. Dr. Heni Francis Ariina, Epistemological Study on Tribal Philosophy, p. 123
3. Ibid, p.124
4. SUNEPSUNGLA, An Understanding of Tribal Epistemology, JICPR VOL. XX111 January-March, 2006
5. अरस्तु, एथिक्स, पृ.संख्या, 87
6. Sujata Miri, AO Naga World—View A Dialogue, P. 56
7. कार्ल मार्क्स, फायरबाख पर निबन्ध, थीसिस, 12

ईसाई मिशनरियों के आगमन से पहले नागा जनजाति सूमी के स्वदेशी धर्म को परिभाषित करते हुए

प्रो. टोली अचूमी

भारत के उत्तरपूर्वी भाग में स्थित नागालैंड एक खूबसूरत राज्य है। यह चार पड़ोसी राज्यों से घिरा हुआ है। इसके पश्चिम में असम, उत्तर में अरुणाचल प्रदेश, दक्षिण में मणिपुर राज्य हैं। पूरब में म्यांमार है। कोहिमा नागालैंड की राजधानी है जबकि दूसरा महत्त्वपूर्ण शहर दीमापुर नागालैंड का व्यावसायिक केन्द्र है। मोकोकचुंग यकीनी तौर पर नागालैंड का सबसे साफ-सुथरा शहर है; त्यूंसांग का अपना आकर्षण है; वोखा में पर्याप्त मात्रा में मौसमी फल और सब्जियाँ मिल सकती हैं और ज़ुन्हेबोटो घोसू पक्षी विहार (बड्र्स सैंक्चुअरी) के लिए मशहूर है। यह जगह अपने प्रवासी पक्षियों के लिए जानी जाती है। नागालैंड में 11 जिले हैं उनके नाम दीमापुर, किफिरे, कोहिमा, लाँगलेंग, मोकोकचुंग, मोन, पेरेन, फेक, त्यूनसंग, वोखा और ज़ुन्हेबोटो हैं। नागालैंड 93 से 96 पूर्वी देशान्तर पर स्थित है।

सूमी नागा नागालैंड की सोलह प्रमुख जनजातियों या जातीय समूहों में से एक प्रमुख जनजाति है। सूमी नागा भारत की मान्यता प्राप्त अनुसूचित जनजातियों में से एक है। सूमी लोगों का मुख्यालय ज़ुन्हेबोटो जिला है। सूमी अधिकांशत: किफेरे और दीमापुर शहर में रहते हैं हालाँकि वर्तमान समय में वे पूरे नागालैंड में पाए जाते हैं। सूमी झूम/चल खेती करते हैं। सूमी लोग अपनी दानशीलता और मेहमान नवाजी के लिए जाने जाते हैं। ईसाई मिशनरियों के आगमन से पहले अन्य नागा जनजातियों की तरह वे सिर काटने की प्रथा को मानते थे। सूमी लोग पुराने सिर काटने की प्रथा के दिनों के दौरान अपनी बहादुरी और साहस के लिए जाने जाते हैं। इसलिए, सूमी लोगों को 'नागालैंड की योद्धा जनजाति' कहे जाने का प्रमुख कारण शायद बहादुरी का यही कारनामा है।

अन्य नागा जनजाति की तरह सूमी का पैतृक धर्म आदिम था। बाहरी मानव विज्ञानियों और मानव-जाति वेत्ताओं ने आमतौर पर गलत व्याख्या किया है कि सूमी लोग जीववाद की प्रथा को माननेवाले थे लेकिन यह गलत धारणा रही है। यह शोधपत्र इस बात पर चर्चा करता है कि सूमियों की पारम्परिक आस्था आत्माओं, कई स्थानीय देवताओं और जीवन की घटनाओं से जुड़ी हुई अलौकिक शक्तियों में थी। इसलिए जीवन की सभी व्याख्याओं का अपना प्रतीकात्मक और कर्मकांडीय पक्ष था और यह क्रिया-कलाप सामान्य घरेलू गतिविधि से शुरू होकर नृत्य और भोज तक सभी का बृहद धार्मिक महत्त्व और निहितार्थ था। आत्माएँ नागा जीवन की वास्तविकता, गाँव की उर्वरता, पुरुषों की जनन-क्षमता, और साथ-साथ फसल और बारिश सबको नियंत्रित करती थीं। यहाँ मानव शीर्ष केन्द्रीय स्थान और शक्ति का संवाहक था। यह धार्मिक कर्मकांडों का भी ज़िम्मेदार था। किसी व्यक्ति या गाँव की प्रतिष्ठा सिर के शिकार से जानी जाती थी। प्राचीन समय में विवाह के लिए किसी पुरुष की पात्रता उसके द्वारा लाए गए सिरों की गिनती से होती थी।

प्रमुख शब्द : सूमी, नागा, सिर लाना, आत्मा, कर्मकांड

परिचय

ईसाई धर्म के आने से पहले नागा सिर के शिकार की प्रथा का पालन करते थे। अनन्त समय से नागा सिर के शिकारी थे। यह उनकी संस्कृति का हिस्सा था। इस प्रकार, नागाओं के बारे में कोई अध्ययन इसके उल्लेख के बिना अधूरा रहता है। इस प्रथा का मुख्य कारण गाँव की उर्वरता, पुरुषों की जनन-क्षमता और फसलों का उपजाऊपन था। यह धार्मिक कर्मकांडों का भी हिस्सा था। किसी गाँव या व्यक्ति की प्रतिष्ठा का पता सिर के शिकार के माध्यम से चलता था। पुराने ज़माने में किसी व्यक्ति की शादी की पात्रता उसके द्वारा लाए गए सिरों की गिनती से भी तय होती थी।

यह सिर दुश्मन गाँवों से हासिल किये जाते हैं। पुरुष के सिर की तुलना में महिला के सिर का मूल्य अधिक था। चूँकि महिला का सिर केवल गाँव के अन्दर से लिया जा सकता था इसलिए उसका सिर लाना बहादुरी का संकेत माना जाता था। किसी बच्चे के सिर की कीमत महिला के सिर के बराबर थी। सिरों की ज़रूरत तब पड़ती जब ज़मीन के साथ-साथ आबादी की उर्वरता की दर गिर जाती थी। लेकिन सिर के शिकार की प्रथा नागा पहाड़ियों में ईसाइयत के दाखिल होने के बाद खत्म हो गई और इस तरह से सामाजिक, सांस्कृतिक, आर्थिक और राजनीतिक समेत जीवन के हर क्षेत्र में नये क्षितिज तक पहुँच रही है। हालाँकि सिर के शिकार की प्रथा को नागाओं द्वारा गौरवशाली संस्कृति माना जाता था।

ईसाई मिशनरियों के आने से पहले नागा लोग प्राकृतिक परिघटनाओं में आस्था रखते थे और परम्परागत धर्म को मानते थे। इसी तरह, नागाओं की सूमी जनजाति किसी उच्च अदृश्य शक्ति पर विश्वास करती थी जिसे जन्मसिद्ध माना जाता था। इस प्रकार, वे शक्ति के उच्च अदृश्य प्राधिकरण को महत्त्व देते थे और उसका सम्मान करते थे।

एडविन डब्लू क्लार्क और उसकी पत्नी दोनों क्षेत्र में ईसाई धर्म लेकर आए थे। ईसाइयों की कोशिशों से मूलुंग ईसाइयत अपनानेवाला पहला गाँव बना। इस प्रकार, तब से नागालैंड में ईसाइयत मुख्य आधार और छा जानेवाला धर्म है। वास्तव में, भारत में नागालैंड अकेला राज्य है जहाँ ईसाई आबादी 90% है। हालाँकि वहाँ कैथोलिक, पेंटेकोस्ट, रिवाइवलिस्ट और असेम्बली ऑफ गॉड जैसे दूसरे धार्मिक पन्थ हैं लेकिन नागालैंड में 75% बैप्टिस्ट ईसाई हैं। नागालैंड में हिन्दू और मुसलमान भी रहते हैं लेकिन वहाँ वे छोटे अल्पसंख्यक समूह हैं। नागालैंड की आबादी का 7.7% हिन्दू और 1.8% मुसलमान हैं।

लेकिन ईसाई धर्म अपनाने के बावजूद नागा लोग विभिन्न सांस्कृतिक क्रिया-कलापों, उत्सवों और परम्पराओं की समृद्ध विरासत को खुशी-खुशी निभाते हैं। हर जनजाति को समृद्ध सांस्कृतिक परिधानों से पहचाना जा सकता है और उनकी डिज़ाइनों, आभूषणों और कपड़ों से फर्क को समझा जा सकता है। हर जनजाति के त्योहार मनाने के अपने नियम होते हैं। इन त्योहारों में लोगों का गीतों और परम्परागत लोक-नृत्यों से मनोरंजन किया जाता है। वास्तव में, युद्ध-नृत्य महत्त्वपूर्ण कला है जो प्रत्येक जनजाति की जीवन-शैली को दर्शाता है।

प्राचीन सूमी जीवन

प्राचीन सूमी जीवन मिट्टी, बुवाई और फसल की कटाई पर केन्द्रित था जो कुछ हद तक आज का भी सच है। गाँव की धार्मिक और उत्सवी गतिविधियाँ और त्योहार सीधे तौर पर खेतों से जुड़ी हुई हैं। देवताओं और आत्माओं को खुश किया जाता है ताकि फसलों को नुकसान न पहुँचाएँ बल्कि अच्छी फसल के साथ गाँव सुखी और समृद्ध रहे। कर्मकांडीय विश्वास और प्रथाएँ सूमी लोगों के क्रिया-कलापों के इर्द-गिर्द घूमते हैं। हालाँकि इसका मतलब यह नहीं है कि व्यक्ति मिथकीय अनुभव के भ्रम में भटकता रहता है। अधिकांश सूमी व्यावहारिक होते हैं। कर्मकांड दुनिया को जानने और उसे बदलने की सम्भावना प्रस्तुत करते हैं। लोग बलिदान देते हैं। इस माध्यम से अक्सर बड़ी मात्रा में फसलों की उर्वरता, स्वस्थ्य बच्चों, जनन-क्षमता को बढ़ाने के रूप में लाभकारी हस्तक्षेप के लिए निवेदन किया जाता है। सूमी कर्मकांडीय प्रथा का महत्त्वपूर्ण भाग बलिदान और जेना है। बलिदान पहले आता है और जिस देवता को बलिदान दिया जाता है वह सृष्टि के रचयिता ईश्वर—अल्हू या जंगल की कोई आत्मा हो सकती है, हालात के एतबार से जो फिट बैठता हो।

सूमी लोगों का विचार था कि कोई वैश्विक उद्देश्य अवश्य होना चाहिए जिसके प्रति सभी चीज़ें अपने अस्तित्व के लिए ऋणी हों। ऐसा प्रतीत होता है कि संसार के रचयिता और सभी कामों को व्यवस्थित करनेवाले के रूप में किसी दैवीय शक्ति के प्रति कृतज्ञता दिखाने का भी मामला था। उसी वे परम आत्मा (अल्हू) का नाम देते हैं। उन्होंने अपने पूर्वजों के धार्मिक विचारों को जीवित रखा है। हालाँकि, उसके बारे में उनके विचार अस्पष्ट और भ्रमित करनेवाले हैं और उसके गुणों से वे पूरी तरह अनजान हैं।

सूमी के धर्म-परिवर्तन में कठिनाई

ऐसा अनुभव किया गया कि एओ नागा क्षेत्र (नागाओं की प्रमुख जनजाति में से एक) की तुलना में सूमी क्षेत्र में ईसाई धर्म का फैलना ज्यादा मुश्किल था। इस अनुभव के मद्देनज़र मिशनरियों ने पहले गाँव के मुखियाओं से दोस्ती बनाई। सूमी लोग पैतृक मुखिया प्रणाली पर अमल करते थे जो निरंकुश और ताकतवर थे। मिशनरियों का मज़बूत तर्क यह था कि अगर मुखिया पहले धर्म-परिवर्तन कर लेते हैं तो पूरे गाँव को आसानी से ईसाई धर्म में समाहित किया जा सकता है। इसलिए, सूमी क्षेत्र के महत्त्वपूर्ण लोगों के धर्म-परिवर्तन के बाद मिशनरियों के लिए सूमी आबादी का धर्म-परिवर्तन कराने का काम आसान हो गया।

धर्म-परिवर्तन के बाद बहुत-सी पारम्परिक और प्रचलित प्रथाओं का प्रयोग सीमित हो गया हालाँकि वे पूरी तरह से खत्म नहीं हुईं। बहुत से सुमियों ने अपनी पारम्परिक जीवन-शैली को आंशिक रूप से छोड़ दिया। शुरू में मिशनरियों का मकसद केवल शिक्षित करना नहीं बल्कि उनका मुख्य लक्ष्य उन्हें ईसाई बनाना था। परन्तु उनके व्यक्तित्व का चौमुखी विकास करना कभी नहीं था। वास्तव में, उन्होंने पहले उनको शिक्षित करके धर्म-परिवर्तन का प्रयास नहीं किया बल्कि मामला इसका उलटा था। इसी कारण से, धर्म-परिवर्तन कर ईसाई बने बच्चों को मिशन के स्कूलों में शिक्षा दी गई लेकिन संस्कृति का सन्दर्भ दिये बिना ईसाइयत के सिद्धान्त पढ़ाए गए। चूँकि बहुत लोग अपने पारम्परिक मूल्य, संस्कृति और आचार-नीति से अवगत नहीं थे इसलिए नागा समाज में यह चीज़ कई तरह के भ्रम लेकर आई। लेकिन ईसाइयत और शिक्षा के प्रसार से एक नये वर्ग का जन्म हुआ जिसे मध्य वर्ग कहा जाता है। इस मध्य वर्ग ने शिक्षा, सरकारी नौकरी, वाणिज्य एंव व्यवसाय, तकनीकी और चिकित्सीय शिक्षा पर नियंत्रण हासिल कर लिया जो सूमी समाज में बदलाव के कारक बने।

नागा विश्वास-प्रणाली की उत्पत्ति और विकास

सूमी नागा लोग अनन्त समय से धार्मिक थे। उनके धर्म की उत्पत्ति के सम्बन्ध में सही समय और स्थान की जानकारी नहीं है। इसलिए, सूमी धर्म उन्हीं लोगों तक

सीमित रह गया जिन लोगों ने उसको शुरू किया था। उन्हें संस्थापक का नाम भी याद नहीं है। उन लोगों में स्पष्ट व्यावहारिक अभिव्यक्ति की कमी है लेकिन देवताओं और शक्तियों को लेकर नीतिपरक समझ यकीनन मौजूद है। चूँकि समुदाय की आस्थाओं, समारोहों, कर्मकांडों और त्योहारों में सभी लोग सक्रिय रूप से भाग लेते हैं इसलिए सामान्य रूप से यह सामुदायिक धर्म है। चूँकि वे तहरीरी दस्तावेज़ों से समबद्ध नहीं थे जिसकी वजह से इसका अध्ययन और समझदारी बहुत जटिल हो गई। सूमी लोग कुछ अदृश्य और शक्तिशाली अस्तित्व को लेकर तनावग्रस्त रहते थे। हालाँकि, यह जटिलता किसी अशीर्वाद की प्राप्ति के लिए कृतज्ञता के मुकाबले में किसी आसन्न बुराई के भय के बजाय मानसिक विकार का संकेत देती है। शायद इसी तरह बुरी आत्माओं को खुश करने की शुरुआत हुई। सूमियों और शोधकर्ताओं में प्रकृति का संचालन करनेवाली शक्ति को लेकर और अधिक तार्किक और समुचित धारणा के हल्के-से संकेत मिलते दिखाई देते हैं। सूमी नागाओं का धर्म जीववाद बताया गया है। इसका मतलब है कि उनका आत्मिक जीवन के अस्तित्व और प्राकृतिक संसार पर उनके आधिपत्य पर विश्वास था। होकिशे सूमी विस्तार से बताते हैं कि प्राचीन सुमियों की आस्था या धर्म के स्वरूप से स्पष्ट है कि वे अपने स्वभाव में जीववादी थे। वह कहते हैं 'जीववादी होने की हैसियत से सूमी लोग जीव या इस मामले में प्रेत आत्मा के वजूद में विश्वास रखते थे। हालाँकि, इस बात का सामान्यीकरण करना जटिल काम है कि क्या सूमी जीववादी थे, आरम्भिक मिशनरी आसानी से सभी गैर-ईसाइयों को मूर्तिपूजक, नास्तिक और जीववादी कह देते थे। जे.एच. हटन का भी मत है,

> *भारत में जनगणना और अधिकारिक प्राधिकरण द्वारा आमतौर से सूमी धर्म को 'जीववादी' का नाम दे दिया गया। लेकिन 'गोल्डेउ बफ' में कहीं अंकित है कि जब कुछ खास देवता अपने विशिष्ट नामों और कार्यों से मान्यता हासिल कर लेते हैं तो जीववादी बहुदेववादी में बदल जाते हैं और बाद में शब्द जीववादी सख्ती से लागू नहीं हो सकता। अगर ऐसा होता है, और अगर अभी तक उसने 'जीववादी' होना नहीं छोड़ा है तो यह समाप्त होने की प्रक्रिया में है। यहाँ से इस बात की पड़ताल की जा सकती है कि हटन ने सूमियों पर जीववादी होने की पट्टी नहीं लगाई थी। इस मामले में गलत अवधारणा को स्पष्ट करने के लिए ए. वाटी लाँगचर को उद्धत कर सकते हैं,*
>
> *"जनजातीय धर्म की दूसरी खास बात यह होती है कि अन्य धर्मों की तरह इसमें पवित्र धर्मग्रन्थ नहीं होता है। धार्मिक लोकाचार लोगों के दिल, दिमाग, मौखिक इतिहास और कर्मकांडों में होता है...जनजातीय धर्म की एक और विचित्र बात यह होती है कि दुनिया के दूसरे धर्मों के विपरीत इसका कोई*

संस्थापक या सुधारक नहीं होता। जनजातियों में दिव्य जन्म और अभिव्यक्ति की परम्परा है लेकिन उनकी पूजा नहीं की जाती है। आस्था के निकाय और देवकथाओं में पुरोहित, अलौकिक शक्ति प्राप्त व्यक्ति, प्रतिष्ठित पुरुष और महिलाएँ भी होती हैं। यह सम्मानित लोग होते हैं और मिलकर धार्मिक वातावरण का अभिन्न अंग बनते हैं। लेकिन उनकी कभी पूजा नहीं की जाती या दैवीय प्रतिनिधि के रूप में इनकी आराधना नहीं की जाती है।"

प्रकृति की धार्मिक अभिव्यक्ति

हालाँकि सुमियों द्वारा प्रकृति की शक्तियों को पक्के तौर पर पवित्र घोषित नहीं किया गया था लेकिन आमतौर से उन्हें आत्माओं की अभिव्यक्ति या निवास माना जाता था। सूरज या चाँद की पूजा नहीं की जाती थी या उनका दैवीकरण नहीं हुआ था। इसलिए, उनके स्वभाव की कोई स्पष्ट धारणा नहीं थी। इसके बजाय उन्हें परिघटना माना जाता है और उनके अस्तित्व की वास्तविकता को स्वीकार किया जाता है। सशपथ गवाही देने और शपथपूर्वक कुछ कहने के लिए उनका नाम लिया जाता है और गलत तरीके से उनका आह्वान नहीं किया जा सकता है, यह क्षमा-योग्य नहीं है। सूमी लोगों का विश्वास है कि सूर्य और चन्द्रमा के काम आज जिस तरह से हैं पहले इसके ठीक विपरीत थे। सूरज रात में चमकता था और चाँद दिन में। लेकिन चाँद की गर्मी इतनी असहनीय थी कि ज़मीन और उसमें जो कुछ भी है पूरी तरह से झुलस रहा था। अन्त में एक व्यक्ति ने एक मुट्ठी गाय का गोबर लिया और यह कहते हुए उसे चाँद के चेहरे पर फेंक दिया कि केवल रात में चमका करे। वह भी तब जब इसका प्रकाश सहन करने योग्य हो जाए और इसके बजाय सूरज को दिन में चमकने दे। उनका विश्वास है कि गाय का गोबर अब भी चाँद के चेहरे पर चिपका हुआ है।

देवता

देवताओं को धरती पर रोज़मर्रा के जीवन का हिस्सा माना जाता था। लोग समारोहों, कर्मकांडों का निबाह करते थे और देवताओं को चढ़ावा चढ़ाते थे। माना जाता था जब उन्हें ठीक तरीके से मनाया जाए तो कि मनुष्य पर उसका सकारात्मक प्रभाव पड़ता है। इसी तरह, अगर उन्हें नहीं मनाया गया तो वे तबाही ला सकते हैं क्योंकि उनके पास अलौकिक शक्ति है। ईसाई प्रस्तुतियों में सभी स्थानीय देवताओं को एक परम ईश्वर की अभिव्यक्ति कहा गया था। इन सभी स्वीकारोक्तियों में यह कहा गया था कि सूमी अल्हू की शक्ति और पृथ्वी के मालिक परम ईश्वर को मानते और स्वीकार करते थे। जब भी खेती के लिए किसी जगह का चयन किया जाता है तो वे ईश्वर की सुरक्षा, आशीर्वाद और भरपूर फसल के लिए प्रार्थना करते हैं।

वे उसे ज़मीन का मालिक समझते हैं हालाँकि इसका मतलब यह नहीं होता कि ईश्वर एक खास ज़मीन या खेत तक सीमित है। इससे साफ जाहिर होता है कि देवी-देवता ईश्वर का रूप और अभिव्यक्ति हैं।

सूमी आत्माओं को श्रद्धेय मानते हैं जो तीन अलग-अलग वर्गों में विभाजित हैं। पहली अल्हू (या तिमिल्हू) जिसे आमतौर पर दयालु माना जाता है मनुष्यों के मामलों में बहुत कम हस्तक्षेप करनेवाला। अल्हू को परम ईश्वर माना जाता था। यहाँ परम ईश्वर का तात्पर्य अन्तर्यामी, सर्वव्यापी और सर्वशक्तिमान से है। हालाँकि जिन सूमियों का ज़िक्र यहाँ हो रहा है वे शिक्षित नहीं थे या अर्ध ईसाई भी नहीं थे। सृष्टि का रचयिता अल्हू बहुत दूर और पहुँच से परे है। ऐसा लगता है कि वह सबसे अच्छा, सर्वशक्तिमान और सब कुछ जाननेवाला है। अल्हू अच्छाई और बुराई का वितरक है और यह भी माना जाता है कि वही है जो मनुष्यों को गरीब या अमीर बनाता है।

जनजातीय धर्मों में परम अस्तित्व की कुछ समानताएँ

हालाँकि कई शोधकर्ताओं का विचार है कि धर्म का प्राचीन रूप प्रकृति में जीववाद, बहुदेववाद है। हालाँकि परम अस्तित्व के ज्ञान की सबसे विकसित अवधारणा के बारे में जानाना बहुत दिलचस्प है।

1. तकरीबन सभी उसके अनन्त होने के आधार को स्वीकार करते हैं। आमतौर से कहा जाता है कि जब कुछ नहीं था वह तब भी था और वह कभी नहीं मरेगा। उसका स्वभाव उत्कृष्ट रूप से नैतिक है।
2. उसी परम अस्तित्व को ब्रह्मांड के रचयिता और पालनहार के रूप में माना जाता है।
3. परम अस्तित्व अलौकिक और निराकार है। वह हमारे अन्दर और हमारे चारो तरफ है। वह अनन्त और अभाज्य है। वह एक है।
4. वह परम अस्तित्व सभी शक्तियों और आत्माओं में सबसे शक्तिशाली है।
5. माना जाता है कि परम अस्तित्व मानव-जीवन के हर क्षण और हर गतिविधि में मौजूद है। परम अस्तित्व इनसानों और तमाम प्राणियों में पवित्र नैतिक कानून और न्याय का ज़मानतदार और वितरक है तथा जीवन में और मृत्यु के बाद मनुष्यों का सर्वोच्च न्यायकर्ता है।
6. भारत के अन्दर पूर्वोत्तर भारत में गारोओं के अलावा परम अस्तित्व को सभी में पुरुष या लिंग शून्य माना जाता है। गारो देवी माता में आस्था रखते हैं।
7. अधिकांश जनजातियाँ निराकार परम अस्तित्व में यकीन रखती हैं लेकिन कुछ जनजातियाँ ऐसी हैं जो परम अस्तित्व की शिनाख्त प्राकृतिक वस्तुओं में करती हैं जैसे सूर्य, चन्द्रमा और धरती।

दूसरे, आकाश की आत्माओं को सूमी बोली में कुंगुमी कहा जाता है। कुंगुमी ऊँचाई पर रहता है लेकिन अलग-थलग नहीं रहता। अगर प्राचीन मिथकों पर भरोसा किया जाए तो उन्होंने हेबरिव प्रथाओं की तर्ज पर ईश्वर के बेटों की तरह एक से ज्यादा बार मनुष्यों की बेटियों से पत्नी के रूप मिलन किया है। मिसाल के तौर पर लिलिथ एक नश्वर पति था। यह विवरण काफी हद तक हमारे बचपन की परियों की कहानियों में अच्छाई और बुराई दोनों की जगह पर परी राजकुमार, राजकुमारियाँ और धर्म माता से मिलता है। इन परियों की जगह यकीनी तौर पर आसमान में होती है। और ईसाई धर्म उन्हें अब तक स्वर्ग से बाहर निकालने के काम में नहीं लग पाया है।

तीसरे, तेघामी धरती पर रहनेवाली आत्माएँ हैं। इन्हें मनुष्य के निरन्तर सम्पर्क में रहनेवाली आत्माओं के रूप में जाना जाता है। पृथ्वी की सच्ची आत्माएँ अक्सर दुर्भावनापूर्ण होती हैं। यह आत्माएँ केवल तभी लाभकारी होती हैं जब उन्हें प्रसन्न या सन्तुष्ट किया जाता है। तेघामी में जंगल की आत्माएँ भी शामिल हैं जिनके बारे में अक्सर सुना जाता है हालाँकि देखा नहीं जाता। आमतौर पर जंगल की तेघामी आत्माओं में अघाऊ शामिल होती है। अघाऊ व्यक्तियों और घरों और शायद गाँवों से जुड़ी आत्माएँ हैं। हालाँकि इनके सटीक विवरण की आशा बहुत दुर्बल है और शायद आमतौर से अघाऊ के बारे में तेघामी से अलग कोई तसवीर बन नहीं पाती है। अघाऊ घर की आत्मा है जिसे पुरुषों द्वारा कभी-कभी अचानक खाली पड़े घरों में दाखिल होते देखा जाता है। यह बन्दर या वनमानुष की तरह लगती है लेकिन जल्द ही लापता हो जाती है। कहानी कुछ इस तरह से चलती है कि "एक बार एक आदमी अपने दोस्त के खाली पड़े घर में गया और पीने के लिए शराब की टंकी में डुबकी लगाई। उसके दोस्त के अदृश्य अघाऊ ने उसका हाथ कलाई से पकड़ लिया और लुटेरे को तब तक पड़ककर रखा जब तक कि उस घर के मालिक ने शाम में लौटने के बाद उसे छोड़ नहीं दिया।"

सामान्यतः जनजातियों का आत्माओं में विश्वास

परम अस्तित्व के अलावा, आत्माओं या आत्मा के होने का विश्वास जनजातीय लोगों के रोज़मर्रा के जीवन में अहमियत रखता है। जनजातीय लोगों के लिए आत्माओं का संसार वास्तविक संसार है। वे बहुत-सी आत्माओं में आस्था रखते हैं। जनजातीय समुदाय के ग्रामीण आधार की वजह से उन सबकी अपनी आत्माएँ होती हैं जो बीमारी, महामारी, फसल, तूफान और बाढ़ जैसे प्राकृतिक विनाश से रक्षा करती हैं। वे इन आत्माओं को खुश करते थे जिसकी वजह से मानवविज्ञानी, समाजशास्त्री, ईसाई मिशनरियों के लेखकों ने गलत तरीके से जनजातीय धर्म को जीववाद के तौर पर प्रस्तुत कर दिया। इस प्रकार वे गलतफहमी में भी पड़ गए कि

तमाम आत्माएँ द्वेषपूर्ण, शरारती और खतरनाक होती हैं। हालाँकि, आत्माओं को दो भागों में बाँटा जा सकता है। आमतौर पर, जनजातीय लोग बहुत-सी आत्माओं में विश्वास रखते हैं। उनमें से हर एक दूसरी से भिन्न होती है। इसलिए, उनके साथ अलग-अलग स्तर पर व्यवहार किया जाता है, उनसे डरा जाता है, उनकी पूजा की जाती है और मनाया जाता है।

हितकारी आत्मा

आमतौर से मानवों के कल्याण और खुशहाली के लिए आत्माओं को ज़िम्मेदार माना जाता है। अच्छी आत्मा केवल सृजन का काम ही नहीं करतीं बल्कि धरती को सँभालती और नियंत्रित भी करती हैं। इसी वजह से हितकारी आत्माओं का सम्मान किया जाता है और लोग डर की वजह से बलि नहीं चढ़ाते बल्कि उनकी पूजा सम्मान और प्रेम से की जाती है। आत्माओं की पूजा उपयुक्त बलिदानों के माध्यम से की जाती है। डर होता है कि कहीं आत्मा द्वेषी न हो जाए और लोगों की रक्षा करना छोड़ दे और इसके नतीजे में गाँव को बीमारी, महामारी और फसलों की नाकामी झेलना पड़े।

द्वेषपूर्ण आत्मा

द्वेषपूर्ण आत्मा हितकारी आत्मा के विपरीत होती है। मान्यता है कि ये मनुष्यों की गतिविधि के लिए खतरनाक और विनाशकारी होती हैं। मिसाल के तौर ये उन लोगों की आत्माएँ हैं जिनकी बच्चे के जन्म के समय या गर्भावस्था में मौत हो गई और बच्चों की माँ के गर्भाशय में या सफाई समारोह के पूर्ण होने से पहले मृत्यु हो गई या जो लोग दुर्घटनाओं में मर गए-जैसे डूबने से, पेड़ से गिर जाने से या दूसरे शब्दों के अस्वाभाविक मौत मर गए। माना जाता है कि यह आत्माएँ गाँव से बाहर सड़क के किनारे, खेतों, नदियों, तालाबों, पेड़ों और पत्थरों में रहती हैं। यह भी माना जाता है कि हर प्रकार की मानव-पीड़ा जैसे सम्पत्ति को नुकसान, बीमारी, हर तरह की दुर्घटनाएँ और पागलपन सब कुछ इन्हीं आत्माओं का काम होता है। इन आत्माओं के साथ इन नकारात्मक विशेषताओं के जुड़े होने की वजह से लोगों को पालतू जानवर, भोजन और चावल की मदिरा का चढ़ावा चढ़ाना पड़ता था। मान्यता थी कि ऐसा न करने पर आत्माएँ उन्हें नुकसान पहुँचाएँगी। इसलिए द्वेषपूर्ण आत्माओं को मनाना और सन्तुष्ट करना उनकी धार्मिक व्यवस्था का कर्मकांड बन गया।

निष्कर्ष

हालाँकि नागाओं के मामले में पैतृक 'पूजा' शब्द का इस्तेमाल बहुत दुरुस्त नहीं है क्योंकि नागा अकेले परम अस्तित्व की पूजा करते थे किसी और की नहीं।

इसलिए शब्द 'पूजा' ईश्वर तक सीमित है। नागाओं की यह धारणा भी है कि वे अब भी परिवार के सदस्य हैं। मिसाल के तौर पर, चखेसंग नागा पैतृक आत्मा के वजूद को स्वीकार करते हैं खासकर त्योहारों के दौरान उन्हें याद किया जाता है और उनका सम्मान किया जाता है। मगर ईश्वर की तरह उनकी पूजा नहीं की जाती है। लेकिन उनके द्वारा शुरू की गई प्रथाएँ नागा समाज में सामाजिक नियंत्रण का अहम ज़रिया हैं जहाँ माना जाता है कि मृत पूर्वज वंश समूह के पूरी तरह से सक्रिय सदस्य होते हैं। नागाओं के सम्बन्ध में सबसे श्रद्धेय शब्द 'पैतृक सम्मान' है। वास्तव में किसी सम्मानित बुज़ुर्ग की मौत को समूह से अलगाव के बजाय उसके अलौकिक अस्तित्व के स्तर में उन्नयन माना जाता है। पूर्वजों का सम्मान अक्सर बलिदानों और उचित व्यवहार से किया जाता है जो जीवित सदस्य इन दायित्वों का निर्वाह करते हैं उनको उसी आधार पर पुरस्कृत किया जाता है। नागाओं का मत है कि व्यक्तिगत या सामूहिक त्रासदियाँ सामाजिक नियमों के खिलाफ किये गए कार्यों का नतीजा होती हैं जैसे मृत बुज़ुर्गों के प्रति असम्मान व्यक्त करना, व्यभिचार या आक्रमण करना आदि।

यह मानना भी गलत होगा कि प्रत्येक जनजाति के अपने अलग विश्वास होते हैं जो व्यापक रूप से एक-दूसरे से भिन्न और मामूली जनजातीय सीमाओं से बँधे होते है। शमानवाद, जीववाद, प्रकृति की पूजा, आत्मावाद जैसे जनजातीय धर्म या उनको जो भी नाम दे दिया जाए प्राय: सब एक जैसे होते हैं। यह सही है कि द्विभाजन है लेकिन बुनियादी सिद्धान्तों के बजाय फर्क प्रथा या व्याख्या का है। सूमी धर्म को मूर्ति-पूजा या शुद्ध रूप से जीववादी मान लेना गलत होगा। बेहतर होगा कि सूमी धर्म को आदि धर्म के रूप में मान्यता दी जाए।

‘हो’ आदिवासी में प्रकृति पूजा
मागे पोरोब के सन्दर्भ में

श्रीमती आशा रानी सुंडी

सारांश

प्रस्तुत लेख ‘हो’ आदिवासी समुदाय के प्रकृति प्रेम, प्रकृति पूजा एवं प्रकृति के संरक्षण की विचारधारा को परिभाषित एवं विवेचना करता है। यह प्रकृति और मानव के बीच आध्यात्मिक सम्बन्ध की व्याख्या एवं प्रकृति के कण-कण में व्याप्त ईश्वर की पूजा-अर्चना की परम्परा की वकालत भी करता है। ‘हो’ अस्ट्रोएशियाटिक भाषा परिवार की जनजातीय समूह है जो झारखंड और उड़ीसा में मूल रूप से बसती है। इनकी भाषा ‘हो’ है और वे सरना धर्म में विश्वास रखते हैं। हो आदिवासी का प्रकृति से गहरा नाता रहा है वे प्रकृति की गोद में रहते आ रहे हैं और प्रकृति की पूजा और उपासना करते आ रहे हैं। वे प्रकृति को ही सिंहबोंगा (ईश्वर) मानते हैं। अन्य देवी-देवताओं के रूप में भी वे प्रकृति को ही पूजते हैं। ‘हो’ आदिवासी समुदाय में पर्व-त्योहार, रीति-रिवाज एवं पूजा-पाठ का विशेष महत्त्व है। उनका सबसे बड़ा त्योहार मागे पोरोब है, जिसे सृष्टि के त्योहार के रूप में मनाया जाता है। मागे पोरोब में धरती माँ की पूजा की जाती है। ‘हो’ समुदाय में माँ का स्थान बहुत ऊँचा है। उनके अनुसार माँ के बिना न सृष्टि हो सकती है, न वंश-वृद्धि और न ही लालन-पालन एवं शिक्षा प्राप्त की जा सकती है। मागे पोरोब में ‘देशाउलि’ में पूजा किया जाता है जो ग्राम का अति पवित्र स्थल होता है। देशाउलि को पिता एवं जहेर एरा को माता समतुल्य माना जाता है। उनका यह मानना है कि मानव का जन्म स्थान माँ का गर्भाशय है। इसलिए वे माँ के गर्भाशय कि जय-जयकार करते हैं। मागे पोरोब में देशाउलि में दिउरी द्वारा मुर्गा एवं मुर्गी की बलि चढ़ाते समय धरती माँ के जय-जयकार आह्वान करने का रिवाज है। ‘हो’ समुदाय के मतानुसार मनुष्य एवं जीव-जन्तुओं की सृष्टि, पोषण एवं उद्धार के लिए मागे पोरोब में धरती माँ की पूजा की जाती है और यह भी मान्यता है कि प्रकृति के साथ छेड़छाड़ करने

पर प्राकृतिक आपदा के रूप में प्रकृति अपना नाराजगी दर्शाती है। 'हो' समुदाय के प्रकृति प्रेम, प्रकृति-पूजा एवं प्रकृति के संरक्षण की परम्परा का अध्ययन साहित्य के पारिस्थितिक स्त्रीवाद सिद्धान्तों के आधार पर किया गया है। विश्व का समस्त आदिवासी समुदाय ही है जो प्रकृति पूजा एवं उनकी रक्षा करते हैं। प्रकृति पूजा ही एक ऐसी धागा है जो विश्व के सभी आदिवासी धर्मों, रीति-रिवाजों, पर्व-त्योहारों में समान रूप से पाया जाता है। 'हो' आदिवासी मानव और प्रकृति के बीच अन्योन्याश्रय सम्बन्ध पर विश्वास करते हैं और वे जीवन के इस कटु सत्य को भी स्वीकारते हैं कि प्रकृति के बिना उनका कोई अस्तित्व नहीं है। विश्व में सिर्फ आदिवासी समुदाय ही है जो प्रकृति के साथ हो रहे दोहन के खिलाफ आवाज बुलन्द करने की प्रेरणा देती है। यह लेख प्रकृति-पूजा रूपी धागा से विश्व के सभी आदिवासी धर्मों को विश्वास के एक सूत्र में पिरोकर उनके अस्तित्व एवं अस्मिता बनाए रखने का प्रयास करता है।

बीज शब्द

सरना, मागे पोरोब, हो, देशाउलि, जहेर एरा, सिंहबोंगा।

आदिवासी समुदाय आदिकाल से ही प्रकृति की गोद में रहते आ रहे हैं और प्रकृति की पूजा और उपासना करते आ रहे हैं। वे प्रकृति को सिंहबोंगा (ईश्वर) मानते हैं। अन्य देवी-देवताओं के रूप में भी प्रकृति को ही पूजते हैं। वे प्रकृति से भली-भाँति परिचित ही हैं। विभिन्न प्रकार के पेड़-पौधों, जंगल के लताओं, कन्द-मूलों के स्वाद, अनेक गुणों, फल-फूलों एवं उनसे प्राप्त होनेवाली दवाओं से अवगत हैं साथ ही जंगल के सभी पशु-पक्षियों से भी परिचित हैं। इस तरह जनजातीय समुदाय का प्रकृति से गहरा नाता रहा है एवं उनका प्रकृति के साथ अन्योन्याश्रय सम्बन्ध रहा है।

'हो' आदिवासी अस्ट्रो-एशियाटिक भाषा परिवार की एक जनजातीय समूह है जो मुख्यत: झारखंड, उड़ीसा, पश्चिम बंगाल, बिहार और असम में निवास करती है। इनकी भाषा 'हो' है और वे सरना धर्म में विश्वास रखते हैं। 'सरना' अर्थात सरी या सच्चा धर्म। 'हो' आदिवासी समुदाय में पर्व-त्योहार, रीति-रिवाज एवं पूजा-पाठ का विशेष महत्त्व है। उनका सबसे बड़ा त्योहार मागे पोरोब है, जिसे सृष्टि के त्योहार के रूप में मनाया जाता है। मागे, माँ और गे दो शब्दों से बना है, मा का अर्थ है माँ और गे का अर्थ है तुम ही हो। अर्थात माँ तुम ही हो। इस तरह मागे पोरोब में धरती माँ की पूजा-अर्चना की जाती है। हो समाज में माँ का स्थान बहुत ऊँचा है। उनके अनुसार माँ के बिना न सृष्टि हो सकती है, न वंश-वृद्धि और न ही लालन-पालन एवं शिक्षा प्राप्त की जा सकती है।

'हो' आदिवासी समुदाय में मागे पोरोब एक सामूहिक त्योहार के रूप में मनाया जाता है। सृष्टि के इस त्योहार को माघ के महीने में ढोल-नगाड़े की धुन

पर नाच-गान करते हुए पूरे हर्षोल्लास के साथ मनाया जाता है। इस त्योहार को आठ दिनों में सम्पन्न किया जाता है—अनादेर, गउ महरा, ओते इलि, हे: सकम, गुरि:लोयो, मागे मरंग पोरोब, जतरा पोरोब और हर मगेया के रूप में मनाया जाता है। मागे पोरोब में 'देशाउली' में दिउरी द्वारा पूजा किया जाता है। 'देशाउली' ग्राम का अति पवित्र स्थल होता है। देशाउली ग्राम देवता का निवास-स्थल माना जाता है और जहेरथन में जहेर एरा का निवास स्थल माना जाता है। 'देशाउली' को पिता और 'जहेर एरा' को माता समतुल्य माना जाता है। गुरि: लोयो और मागे मरंग पोरोब के दिन प्रत्येक घर में अदिंग (रसोईघर) में भोग चढ़ाने का रिवाज है जिसे परिवार का कोई भी व्यक्ति (स्त्री/पुरुष) द्वारा पूजा किया जाता है। भोग के रूप में दाल-चावल एवं हँड़िया को रुउङ सकम (सियाली पत्ता) में चढ़ाया जाता है। यह भोग 'हाम-दूम हो को' के लिए चढ़ाया जाता है। ये चार देवी-देवताओं—आदि वंशज देवता, आदि वंशज देवी, आदि वंशज देवता पुत्र और आदि वंशज देवता/देवी पुत्री के लिए अर्पित किया जाता है। उनके विश्वासानुसार 'हाम-दूम हो को' या 'ओवा बोंगा को' (पूर्वज-देवता) बनकर अदिंग (रसोईघर) में निवास करते हैं और उनके सुख-दुख के साझेदार होते हैं एवं उनके साथ जीवन व्यतीत करते हैं, साथ ही उन्हें बुरी आत्माओं के प्रकोप से भी बचाते हैं। इसलिए 'हो' समुदाय में भी विभिन्न पर्व-त्योहारों में पूर्वजों की आत्माओं का अदिंग में पूजा-अर्चना किया जाता है।

अनादेर पवित्र मागे पोरोब का पहला चरण होता है। प्रत्येक वर्ष अनादेर के दिन 'देशाउली' एवं 'जाहेर' थान को साफ-सफाई किये जाने का रिवाज है। इस दिन से 'देशाउली' एवं 'जहेर एरा' पूजा-पाठ के लिए तैयारी किया जाता है। 'जहेरथन' की साफ-सफाई एवं उनके निवास थान की छावनी आदि करना ही अनादेर के नाम से प्रसिद्ध है। 'हो' समुदाय के मान्यतानुसार अनादेर के दिन नई चीज़ों को घर लाना या खरीदना आदि शुभ माना जाता है। इस दिन कोई नई चीज़ों को खरीदने से 'जहेर एरा' एवं 'देशाउली' अति खुश होते हैं। इसलिए 'हो' समुदाय में अनादेर के दिन औरतें अपने लिए साड़ी, गहने, कपड़े, बर्तन आदि खरीदती हैं और पुरुष अपने लिए गाड़ी, हल-बैल, तीर-धनुष, जाल, कपड़े और कृषि में उपयोग होनेवाली वस्तुओं की खरीदारी करते हैं।

'गउ महरा' मागे पोरोब का दूसरा चरण होता है। इसका आयोजन बुरु बगिया (वनदेव) को खुश करने के लिए होता है। गाँव के बाहर एक टीले में गउ महरा का आयोजन होता है। इस दिन गाय चरानेवाला गउ (ग्वाल बालक) को टीले के चारों ओर सात चक्कर लगाते हुए गाय की इक्कीस हुंकार करते हुए उस टीले को वह सींग से तोड़ता है। गउ को वनदेव का सवारी माना जाता है। उसके बाद 'दिउरी एरा' (दिउरी की पत्नी) गउ और उनकी पत्नी को भोजन, एवं नये कपड़े देकर सम्मानित करती है।

'हो' आदिवासी में यह मान्यता है कि गउ जो वर्ष-भर उनके पशुओं को जंगलों में चराते हैं, उनको जंगली पशुओं से वनदेव ही बचाते हैं। वनदेव के नाखुश होने से जंगली पशु आदि उनका शिकार करते हैं, इसलिए बुरु बगिया (वनदेव) को खुश करने के लिए 'मागे पोरोब' में प्रत्येक वर्ष 'गउ महरा' का आयोजन होता है।

'ओते इलि' पवित्र मागे पोरोब का तीसरा चरण होता है। 'ओते इलि' का अर्थ होता है धरती माता को हँड़िया अर्पण करना। इस उपलक्ष्य में उपवास एवं व्रत का पालन करते हुए नये हंडी में बना हुआ अरवा चावल का पवित्र हँड़िया का ही उपयोग होता है।

'हो' समुदाय में 'ओते इलि' के दिन प्रत्येक घर से हँड़िया लाकर दिउरी के हाथ के दोने में डाला जाता है और उस हँड़िया को दिउरी अपने हाथों से धरती माता को अर्पित करते हैं और धरती माता से अपनी उर्वरता बनाए रखने की कामना करते हैं तथा गाँव की खुशहाली के लिए पूर्वजों एवं सिंहबोंगा से प्रार्थना करते हैं।

'हे: सकम' मागे पोरोब का चौथा चरण होता है। "'हे: सकम' का अर्थ होता है पत्ता तोड़ना। 'हो' समुदाय में मागे पोरोब के अनुष्ठानों एवं घर आए मेहमानों के आदर-सत्कार और खिलाने-पिलाने के लिए पत्तों की आवश्यकता होती है जिसके लिए गाँव की स्त्रियाँ जंगलों में पत्तियाँ तोड़ने जाती हैं। जंगल में असावधानी से बड़ी घटनाएँ होती हैं। जंगली पशुओं आदि विपत्तियों से बचने के लिए ही 'हे: सकम' का आयोजन होता है। इसके लिए गाँव किनारे 'गइँश्री' में हँड़िया का माया अर्पित किया जाता है और जंगल के किनारे वनदेव को आदर एवं सम्मान देने के लिए पेड़ की डाली, पत्थर या पत्ता अर्पण करने का रिवाज है ताकि जंगल में होनेवाली विपत्तियों से वनदेव उनकी रक्षा करें।"

गुरि:लोयो मागे पोरोब का पाँचवाँ चरण होता है। गुरि: का अर्थ है गोबर का लेपन और लोयो का अर्थ होता है गोबर लेपन के रात का शुभ वाणी। अर्थात मागे पोरोब के आयोजन के लिए मागे मरं पोरोब की पूर्व संध्या शुभ वाणी जानना। इस दिन अपने-अपने घर एवं आँगन को लोग गोबर लगाते हैं। इस रात को विशेषकर दिउरी, दिउरी की पत्नी, ओरोंग षकोवा, ल: गुरि:, गो: बहरि, डाकुवा आदि निशि पालन का व्रत करते हैं।

'मागे मरंग पोरोब' मागे पोरोब का छठवाँ चरण होता है। मागे मरंग पोरोब के दिन धरती माता की पूजा-अर्चना की जाती है। हो समुदाय के अनुसार हम सबको जन्म देनेवाली धरती माँ ही है। हो समुदाय के मतानुसार इस धरती में दो शक्तियाँ होती हैं। एक नर शक्ति होती है और दूसरी नारी शक्ति होती है। हो समुदाय में नर शक्ति को देशाउलि और नारी शक्ति को जहेर एरा माना जाता है। इस दिन देशाउलि में दिउरी द्वारा लाल मुर्गा (अरा: सांडी) एवं जहेर एरा के लिए लाल मुर्गी (अरा: कलुटी) की बलि चढ़ाई जाती है।

मागे पोरोब को सृष्टि के त्योहार के रूप में मनाया जाता है इसलिए हो समुदाय में उस दिन माँ की जय-जयकार की जाती है। इस दिन माँ के जननांगों की एवं उनके गर्भाशय की जय-जयकार होती है। यह जय-जयकार दिउरी मुर्गा एवं मुर्गी की बलि चढ़ाते समय ही किया जाता है जैसे;

"कुइहोनकोअः मागे दो अइया कुंटु बिडो:अ!
अउ मागे!!"
"कोवाहोनको अः मगेदो अइया बंगला दलोबो:अ:!
अउ मागे!!" (बारदा 32)

इस प्रकार के जय-जयकार आह्वान करने का रिवाज सिर्फ जहेरथन और देशाउलि में ही होता है। देशाउलि के बाहर, रास्ते एवं घर में नहीं। लेकिन आज कल इस जय-जयकार आह्वान को लोग दूसरे अर्थ में लेने लगे हैं जो गन्दी बात बकने के रूप में प्रचलन शुरू हो गया है। हो समुदाय के मतानुसार मनुष्यों एवं सारे जीव-जन्तुओं की सृष्टि-पोषण एवं उद्धार के लिए सृष्टि के त्योहार के रूप में मागे पोरोब के त्योहार को मनाया जाता है।

जतरा पोरोब मागे पोरोब का सातवाँ चरण होता है। हो समुदाय में मागे पोरोब के उपलक्ष्य में पूजा करनेवाला वंशज अर्थात पूर्वज से दिउरी का काम करनेवाला जो किसी कारणवश मागे पोरोब में पूजा करना बन्द कर दिया हो। जतरा पोरोब में ग्रामवासी कोई सहयोग नहीं करते हैं। जतरा दिउरी वंशज दिउरी होता है जिसे जतरा पूजा करना अनिवार्य होता है। इस दिन दिउरी के आँगन से चुरुई उतारा जाता है। हो समुदाय के मान्यतानुसार इसी दिन लुकु व लुकुमी दम्पती बने थे।

'हर मगेया' मागे पोरोब का आठवाँ और अन्तिम चरण होता है। हो समुदाय के मतानुसार 'हे: सकम' के दिन बुरु बगिया (वनदेवता) को निमंत्रण देकर गाँव बुलाया जाता है 'हर मगेया' के दिन उसे विदा किया जाता है। वनदेव को अपने निवास-स्थल सघन वन की ओर विदा करते समय 'काली मुर्गी' अर्पण करने का रिवाज है। इसी दिन दुष्ट आत्माओं को भी गाँव से भगाया जाता है। गाँव के युवक मिलकर डंडे लेकर पूरे गाँव में घूम-घूमकर दुष्ट आत्माओं को भगाते हैं और हर घर से चावल एकत्र कर गाँव के बाहर पकाकर खाते हैं।

इस प्रकार पूरे हर्षोल्लास के साथ मागे पोरोब सम्पन्न होता है। 'हो' समुदाय के मतानुसार मनुष्य एवं जीव-जन्तुओं की सृष्टि, पोषण एवं उद्धार के लिए मागे पोरोब में धरती माँ की पूजा की जाती है और यह भी मान्यता है कि प्रकृति के साथ छेड़छाड़ करने पर प्राकृतिक आपदा के रूप में प्रकृति अपनी नाराजगी दर्शाती है। क्योंकि आज विकास के नाम पर प्रकृति के साथ छेड़छाड़ एवं उसका दोहन हो रहा है। सिर्फ आदिवासी समुदाय ही है जो प्रकृति से प्रेम, प्रकृति की पूजा एवं उसके

संरक्षण के बारे में सोचती है। उनका प्रकृति के साथ आध्यात्मिक सम्बन्ध है और प्रकृति के कण-कण में व्याप्त ईश्वर की पूजा-अर्चना करते हैं तथा प्रकृति के साथ हो रहे छेड़छाड़ एवं दोहन के खिलाफ़ आवाज बुलन्द करने की प्रेरणा देती है।

'हो' समुदाय के प्रकृति-प्रेम, प्रकृति-पूजा एवं प्रकृति के संरक्षण की परम्परा का अध्ययन साहित्य के पारिस्थितिक स्त्रीवाद सिद्धान्तों के आधार पर किया गया है और 'हो' आदिवासी के पूर्वजों की आत्मा में विश्वास, उनके साथ प्रत्यक्ष जीवन एवं उनकी पूजा-अर्चना की विचारधारा का अध्ययन एडवर्ड टेलर के जीववाद (एनिमिज़्म) सिद्धान्त के आधार पर किया गया है। डॉ. के. वनजा 'साहित्य का पारिस्थितिक दर्शन' नामक पुस्तक में लिखती हैं कि, "पारिस्थितिक स्त्रीवाद एक अन्तर अनुशासनात्मक आन्दोलन है जो प्रकृति, राजनीति, स्त्री आध्यात्मिकता के सम्बन्ध में नये ढंग से सोचने के लिए प्रेरित करता है।"

आज आदिवासी समुदाय अज्ञानतावश एवं आधुनिकता की आड़ में हिन्दू, मुस्लिम, ईसाई और अन्य धर्मों की पूजा-पद्धति को अपनाने की वजह से बिखरकर अपने अस्तित्व एवं अस्मिता के लिए संघर्ष कर रही है। आज विश्व के समस्त आदिवासियों के 'आदिधर्म' का रहस्य हमारे समक्ष एक चुनौती के रूप में खड़ा है। विश्व का समस्त आदिवासी समुदाय ही है जो प्रकृति की पूजा एवं उनकी रक्षा करते हैं। प्रकृति पूजा एवं अपने पूर्वजों की आत्माओं में विश्वास, उनके साथ प्रत्यक्ष जीवन एवं उनकी पूजा-अर्चना ही विश्व के सभी आदिवासी समुदायों में समान रूप से पाया जाता है। यह लेख प्रकृति पूजा एवं पूर्वजों की आत्माओं की पूजा-अर्चना रूपी धागा से विश्व के समस्त आदिवासी धर्मों को विश्वास के एक सूत्र में पिरोकर उनकी गरिमा, अस्मिता, अस्तित्व एवं उनके रीति-रिवाज को बनाए रखने का प्रयास करता है।

सन्दर्भ सूची

पुरती, धनुर सिंह (2011), हो-दिसुम हो होनको, चाईबासा : जॉन डीनी सेंटर फॉर हो स्टडीज

पिंगुवा, लक्ष्मी (2018), हो लोक-साहित्य इलाहाबाद : के.के. पब्लिकेशंस

बारदा, दास राम, हो संस्कार, चाईबासा : आदिवासी हो समाज महासभा

सिन्हा, आदित्य प्रसाद (2006), हो लोककथा : एक अनुशीलन, वाराणसी : किशोर विद्या निकेतन

भारत के मध्य क्षेत्र के आदिवासियों में धर्म की अवधारणा एवं पूजा-विधि

(छत्तीसगढ़ राज्य के बस्तर क्षेत्र के विशेष सन्दर्भ में)

डॉ. विश्वासी एक्का

डॉ. प्रदीप कुमार एक्का

भारत में आदिवासियों की एक बड़ी संख्या बसती है, लेकिन उनकी आबादी के आँकड़े कभी प्रामाणिक रूप से उपलब्ध नहीं हो पाते, इसके अपने कारण हो सकते हैं। भारतीय जनजाति की एक बड़ी संख्या मोटे तौर पर विभिन्न भौगोलिक क्षेत्रों में विभक्त है, पहला उत्तर-पूर्वी क्षेत्र, दूसरा मध्य क्षेत्र और तीसरा दक्षिण-पश्चिमी क्षेत्र, मध्य वर्ग के आदिवासी विंध्याचल, सतपुड़ा, महादेव, मैकल एवं अजन्ता के समीपवर्ती हिस्से हैदराबाद के जंगलों से लेकर उत्तर-पश्चिम में अरावली पर्वत तक फैले हुए हैं। नर्मदा एवं गोदावरी के मध्यवर्ती प्रदेश में अधिक आदिवासी विद्यमान हैं। (भारतीय आदिवासी : उनकी संस्कृति और सामाजिक पृष्ठभूमि, डॉ. ललितप्रसाद विद्यार्थी, पृ. 30-31)[1] केन्द्रीय वर्ग के पूर्वी भाग में गंजामजिले की सबरा, गड़वा और बोपड़ों जनजातियाँ, उड़ीसा के अन्य पहाड़ियों की कोठ और खड़िया, सिंहभूम तथा मानभूमि की 'हो', नागपुर के अन्य हिस्सों की सन्ताल, उराँव, मुंडा, बिरहोर, खड़िया, टमरिया इत्यादि जनजातियाँ प्रमुख हैं। केन्द्रीय पर्वतीय प्रदेश के पश्चिमी और मध्यवर्ती भाग के प्रमुखत: कोल, गोंड़ और भील आदिवासियों की घनी आबादी है। बैगा जनजाति प्राय: कवर्धा से मंडला तक केन्द्रित है तो बस्तर में मारिया और हल्बी जनजाति विशेष रूप से बसी हुई हैं।

आदिवासियों के धार्मिक जीवन में मिथक और लोक-कथाएँ बहुत महत्त्व रखती हैं। ऐसा कहा जा सकता है कि मिथक लाक्षणिक रूप से उनके जीवन में अन्तर्दृष्टि एवं बौद्धिक विचार का प्रतिनिधित्व करता है। आदिवासियों के लिए मिथकों एवं गाथाओं का वैसा ही महत्त्व है जैसा हिन्दुओं के लिए पुराणों और वेदों का। ये मिथक, आदिवासियों के धार्मिक मन को राह दिखाते हैं, और उनकी क्रियाओं को अनुमोदित करते हैं। (वही पृ. 171)[2]

पूरे विश्व के आदिवासी समुदाय में उनकी संस्कृति को लेकर बड़ी समानता दिखाई देती है जो अदभुत है, जैसे—सामूहिकता, निवास, खान-पान, रहन-सहन, एक अपनी बोली, जीवन-मूल्य और धर्म-दर्शन आदि। भारत में धर्म के सम्बन्ध में आदिवासियों की सामान्यतः तीन स्थितियाँ दिखाई देती हैं, एक आदिवासी वर्ग वह है जिसने हिन्दू धर्म को स्वीकार कर लिया है, दूसरा वह वर्ग है जिसने ईसाई धर्म को स्वीकार कर लिया है और तीसरा वर्ग वह है जो अपने मूल धर्म अर्थात प्रकृति-पूजा में यथावत है। इन स्थितियों के अपने कारण हैं। लम्बे समय तक हिन्दू धर्मावलम्बियों के साथ रहते हुए उन्होंने उनकी संस्कृति से कई तत्त्वों को ग्रहण किया। त्योहारों में दशहरा, दीपावली, आदि के साथ उनके आराध्य राम-कृष्ण से वे परिचित हुए। पहले गाँव-गाँव में रामलीला और भागवत कथाएँ प्रचलित थीं, आदिवासियों ने देखा कि प्रभु जातियाँ इनके उपासक हैं और उनके त्योहारों ने भी उन्हें आकर्षित किया और वे धीरे-धीरे उनके उपास्य देव बन गए। जब उन्हें मन्दिरों में प्रवेश करने से रोका गया तो उन्होंने अपने लिए अलग मन्दिर बना लिये अपने घरों में पूजा कराने, बैगा के स्थान पर पुजारी बुलाने, विवाह संस्कार भी ब्राह्मण पुजारी सम्पन्न कराने लगे, इस तरह हिन्दू धर्म में उनका प्रवेश हो गया।

दूसरा वर्ग जिसने ईसाई धर्म को स्वीकार किया उसके भी अपने कारण थे। ईसाई धर्म, दया और करुणा पर आधारित है। ईसाई मिशनरियों ने भारत की आदिवासियों की स्थिति देखी और उनके रहवास तक पहुँचकर गाँव-गाँव में सेवा-कार्य करने लगे, उन्हें चिकित्सा और शिक्षा देने का कार्य प्रारम्भ किया, ग्रामीण और दूरस्थ आदिवासी अंचल में उन्होंने शिक्षण संस्थाओं के साथ डिस्पेंसरी की सुविधा मुहैया कराई। ईसाई मिशनरियों की इस संवेदना और सेवा-कार्य से प्रभावित होकर कुछ आदिवासी उनकी ओर आकृष्ट हुए और धीरे-धीरे ईसाई धर्म से प्रभावित होकर उसे स्वीकारने लगे। हालाँकि आलोचकों ने इसे ईसाई मिशनरियों द्वारा आदिवासियों का धर्म-परिवर्तन कराए जाने के रूप में देखा, लेकिन अभावग्रस्त जीवन जी रहे आदिवासियों के लिए धर्म से ज्यादा भूख, गरीबी, और अपनी स्थिति बेहतर बनाने की इच्छा प्रबल साबित हुई।

आदिवासियों का तीसरा वर्ग वह है जो हिन्दू धर्म और ईसाई धर्म के सम्पर्क में नहीं आ सका। वह धर्म को लेकर अपने आदिम रूप अर्थात विशुद्ध प्रकृति-पूजक के रूप में ही अपनी पहचान बनाए रख सका। लेकिन ध्यातव्य है कि जिन आदिवासियों ने हिन्दू या तो ईसाई धर्म को स्वीकार किया उन्होंने अपने पूर्वज संस्कृति की अनेकानेक विशेषताओं को अपने वर्तमान समय तक बचाए रखा जैसे त्योहारों में वे दशहरा दिवाली, क्रिसमस, ईस्टर के साथ करमा, छेरता, नवाखाई या तो अपनी

बोली, वेशभूषा, खान-पान, रीति-रिवाज, विचार-मूल्यों को बचाए रखने में सफल रहे जिसने आदिवासी समुदाय के रूप में उनकी पहचान को बरकरार रखा, अतः कहा जा सकता है कि आदिवासी मूल रूप में आज भी प्रकृति-पूजक हैं।

छत्तीसगढ़ आदिवासी बाहुल्य राज्य है जहाँ उराँव, कँवर, गोंड, बैगा, बिरहोर, असुर, कोरवा, पंडो आदिवासी निवासरत हैं, इन सभी आदिवासियों की संस्कुति एक-दूसरे से थोड़े अन्तर के साथ मिलती-जुलती है। बस्तर छत्तीसगढ़ राज्य का दक्षिणी भाग है जो अपने इतिहास एवं विशेषताओं के कारण अपनी अलग पहचान बनाए हुए है यहाँ गोंड, मारिया, भथरा, दोरला आदिवासी निवास करते हैं।

अन्य क्षेत्र के आदिवासियों की तरह बस्तर के आदिवासियों के लिए भी मिथक और लोक-कथाएँ बहुत महत्त्व रखती हैं वही उनके धार्मिक जीवन को संचालित करते हैं। यहाँ मुख्यतः बड़ादेव की पूजा की जाती है। यहाँ महादेव, आदिदेव माने जाते हैं ये अनार्यों के देव हैं जिन्हें प्रकारान्तर में आर्यों ने पूजना प्रारम्भ किया। मोहनजोदड़ो और हड़प्पा संस्कृति में शिव (महादेव) को पूजे जाने के संकेत मिलते हैं वहाँ वे पत्थर के रूप में पूजे जाते थे। आदिवासियों में पत्थर को पूजने की परम्परा रही है यहाँ यह स्पष्ट कर देना आवश्यक है कि आदिवासी पत्थर की मूर्ति बनाकर महादेव की पूजा नहीं करते थे वरन् अनगढ़ पत्थर को अपने मूल रूप में ही पूजते थे। छत्तीसगढ़ के सरगुजा जिले में एक उक्ति प्रचलित है :

सरगुजा गाजय गूजा माटी कर देव पहार कर पूजा।

यहाँ भी महादेव को कई रूपों में पूजा जाता है।

सरगुजा क्षेत्र के उराँवों में वीर राजा एक मिथकीय नायक है, उसी के नेतृत्व में उराँव आदिवासी सिन्धुघाटी से बहिर्गमन कर छत्तीसगढ़ आए। कुडुखडंडी (उराँव का गाथा महाकाव्य) में इसका उल्लेख बार-बार हुआ है :

की नम्है पुरखर रहेचर रे
सिन्धुघाटी ती इत्तियर। सरगुजा बरेचर रे...।

(हमारे पूर्वज सिन्धु से उतरकर सरगुजा आए)

बस्तर के 'लिंगोपाटा' नामक गाथा महाकाव्य में भी वर्णित है कि गोड़ों के मिथकीय नायक लिंगो के नेतृत्व में गोड़ बस्तर आए थे। चक्रकोर (बस्तर) के छिन्दक नाग (760-1324) भी अपनी उत्पत्ति सिन्धुघाटी से मानते हैं। (छत्तीसगढ़ का जनजातीय इतिहास, हीरालाल शुक्ल, पृ. 31)[3] गोड़ो की कथा अनुसार महादेव (शिव-लिंगों) ही सृष्टि के सर्जक हैं।

आदिवासियों के धर्म में जीववाद में विश्वास एक सार्वजनिक विशेषता है। उनके लिए सभी स्थान धार्मिक हैं क्योंकि वे स्थान जीवात्माओं के स्थान हैं।

जानवरों, पौधों, वृक्षों, तालाबों, नदियों, पत्थर, पहाड़ सब में जीव का निवास है। मृतक इनके अपवाद नहीं हैं क्योंकि वे आत्मा के रूप में रहते हैं या सन्तानों के रूप में उनकी पुन: उत्पत्ति होती है। सम्पूर्ण वातावरण चाहे गाँव हो या वन जहाँ आदिवासी लोग निवास करते हैं जीवात्माओं से भरा होता है। सन्ताल, मुंडा, हो, बिरहोर, चेंचु या जंगल में शिकार करनेवाली दक्षिण भारत की आदिवासियों हो, पूरा संसार जीवात्मामय है। (भारतीय आदिवासी : उनकी संस्कृति और सामाजिक पृष्ठभूमि, डॉ. ललितप्रसाद विद्यार्थी, पृ. 175)[4]

बस्तर के आदिवासियों की बात की जाए तो वे भी अन्य आदिवासियों की तरह बहुदेववादी हैं। दैवी शक्तियों को ऐसे देवताओं में स्थान दिया गया है जो समुदाय के जीवन की घटनाओं पर प्रभाव डालती है एवं उस पर नियंत्रण करती है। बस्तर में कई देवियाँ हैं जो अलग-अलग ग्रामों में अलग-अलग नाम से पूजी जाती हैं जैसे—मावली, कराना कोटिन, हिंगलाजिन, गंगादाई, कोदई बूढ़ी, परदेसिन, शीतलादई, गोदनामाता, कारी तेलंगिन, घाटमुडीन, पेंडरावडीन, सतबहिनी, झाबरदई, पुरलादई, कुकड़ा, नारिन, केशरपालिन, आमाबालिन, बंजारिन, बहुरिया, जलनीबूढ़ी, लोहराज माता आदि की आराधना की जाती है। समहनेतामी, कलमूमी, इच्छामी, वारसे, कड़ती, कोरसा, लेकाम, होड़ी, मरकाम, कवासी, बंजारी, अतरा, ताती, पोड़ियामी, आलम, कोर्राम ओयामी, मिड़ियानी, पोयामी, मुच्चामी, मड़काम, वेट्टी, पूनेम, हपका आदि। सभी देवियों को बकरा, मुर्गा, हंसा, कबूतर, भेड़ आदि की बलि दी जाती है। बस्तर में इसके अलावा पाटदेवों का भी बड़ा प्रभाव है जैसे—बड़ेपाट, पीलापाट, बाराभुजा, नरसिंहनाथ, कुडुमतुल्ला, गंगाराम, घुटाल, कोलरपाट, पाइकसरापार, उसेंडीदेव, इंगेहुगादेव, अंक्कलकारों, रामबाड़ा, भूमिहिरिया पाट, नंगाभीमा, कुँअरपाट, खंडापाट आदि 18 पाट माने जाते हैं यहाँ बिना पाटदेव के मेला नहीं होता है। (बस्तर के गोड़ जनजाति की धार्मिक अवधारणा, डॉ. किरण नरूटी, पृ. 07)[5]

बस्तर के गाँवों में धार्मिक अनुष्ठान हेतु एक व्यक्ति निर्धारित होता है, आदिवासी समुदाय में उसका महत्त्वपूर्ण स्थान होता है, इसे गायन्ता कहा जाता है, कई स्थानों में गायन्ता को पेरमा भी कहा जाता है। गाँव का गायन्ता आदिवासी ही होता है, धार्मिक अनुष्ठानों को सम्पादित किये जाने हेतु इसका विभाजन किया गया है जो इस प्रकार है :

1. **भूम गायन्ता**— यह कृषि योग्य-भूमि को तैयार किये जाने से लेकर फसल पकने तक के अनुष्ठान कराता है। इसे कसेर गायन्ता भी कहा जाता है।
2. **पेन गायन्ता**— यह गोत्र देवता का पुजारी होता है, इसे पेन वड्डे या पेन धुरवा भी कहा जाता है।
3. **सिरहा**—देवताओं की मर्जी का पता लगानेवाले व्यक्ति को हल्बी में 'सिरहा' कहा जाता है। '**लेस्की**' सिरहा का सहायक होता है।

4. **गुनिया/पंजियार—** गुनिया जादुई नुस्खे जानता है, रोगियों को चंगा करने, खोई वस्तु ढूँढ़ने और चोरी आदि का पता लगाता है। पंजिया वह व्यक्ति होता है जो घास को नाप-नाप कर उससे तब तक प्रश्न करता जाता है जब तक उसे सही उत्तर नहीं मिल जाता। कुछ महत्त्वपूर्ण धार्मिक कार्य जो विभिन्न प्रकार के विघ्न-बाधाओं को दूर करने के लिए किया जाता है जैसे खटला, टर्पर हियाना, कूट पश्चानना, तोरमुंडा पूजा, चुहका पूजा आदि। भीमा देव वर्षा कराते हैं। भीमादेव को बस्तर भूमि का खेतिहर देव माना जाता है।

मावली माता

बस्तर के आदिवासी साधारणतया पृथ्वी माता, ग्राम माता और कुल देवी की पूजा करते हैं। मावली माता को गोंड आदिवासी मातृदेवी के रूप में पूजते हैं। एक बहु प्रचलित मान्यता के अनुसार मावली माता बस्तर की दन्तेश्वरी देवी की बुआ है, इसलिए वे दन्तेश्वरी देवी से भी बड़ी हैं। मावली माता की प्रतिमा एक झूले के रूप में बनाई जाती है जिसे 'माता झूला' कहा जाता है। इस झूले में सबसे ऊपर दो शेरों की आकृति बनी होती है, उसके नीचे मावली माता की प्रतिमा को झूला झूलती हुई मुद्रा में बनाया जाता है, इसी झूले के नीचे सहायक माता की प्रतिमा होती है। (भारत के आदिवासी, मधूसूदन त्रिपाठी, आमेगा पब्लिकेशन, दिल्ली, पृ. 122)[6] बस्तर में जलपरियों की पूजा भी प्राचीन काल से प्रचलित है। ''आदिम जातियों के देवी-देवता और प्रेतात्माएँ इस प्रकार कल्पित हैं कि सब महत्त्वपूर्ण विधियों में वे मानवीय रूप से समान है, उनका आकार-प्रकार मानवीय आत्मा के समान है। कुछ देवी-देवता के बारे में धारणा है कि वे मनुष्य की प्रतिमूर्ति और कुछ देव प्रतिपादित हो सकते हैं। आदिमजातीय देवताओं की शक्ति इस पर निर्भर है कि वे स्वभाव में मनुष्य से भिन्न हैं और इस भिन्नता के आधार पर उनकी धार्मिक सेवा की जाती है। (हैरी ऐल शेपीरो 1986 मानव संस्कृति और समाज, म.प्र. हिन्दी ग्रन्थ अकादमी, भोपाल, पृ. 314)[7]

बड़ा देव

भारत के अन्य आदिवासियों की तरह बस्तर का आदिवासी समुदाय भी देव संस्कृति से अनुप्राणित है। आदिवासियों के देवों का प्रमुख, बड़ादेव हैं वहीं सृष्टि के रचयिता हैं। बड़ा देव देवों का देव हैं, यह निराकार एवं अजन्मा है, यह मूल शक्ति है तथा तत्त्वों का उत्पतिकर्ता है। उसका साक्षात्कार देवों से होता है, वह कण-कण में विराजमान है। गोड़ आदिवासी समाज गोड़ी बोली में बड़ादेव को 'सल्ले-गागरा' के नाम से स्तुति करता है, जिसके धनात्मक एवं ऋणात्मक शक्ति के जागृत होने के कारण सृष्टि का निर्माण हुआ तथा इसी शक्ति के कारण ही सृष्टि के ग्रह-नक्षत्रों

का संचालन होता है। सल्ले-गागरा की शक्ति समस्त जड़-चेतन में विद्यमान है। सल्ले-गागरा शक्ति ही नर-मादा शक्ति है अर्थात उत्पत्ति की शक्ति ही सल्ले-गागरा अर्थात बड़ादेव हैं एवं वही तथा आदि एवं अन्त का घोतक है।

गोंड़ आदिवासियों की परम्परा में बूढ़ादेव कुल/कुनबा का देव है। परम्परानुसार बूढ़ादेव को प्रतीक के रूप में साजा वृक्ष के मूल में स्थापित किया जाता है।

इस प्रकार बस्तर सहित सम्पूर्ण देश-देशान्तर के आदिवासियों में प्रचलित धार्मिक विश्वासों में प्रकृति के दर्शन होते हैं जो अपने-आपमें जीववाद से लेकर बहुदेववाद तक को सम्मिलित करती है। मिथक एवं गाथाएँ उन्हें समृद्ध करती हैं। आदिवासी सभी प्रकार की जीवात्माओं की चाहे वे हितकारी हों या अहितकारी, जड़ हों या चेतन, पूजा करते हैं। इन्होंने किसी प्रतिमा को नहीं बल्कि पंचतत्त्व को पूजनीय माना है, हिन्दू धर्मावलम्बी (सनातन धर्म) उनके निकट पड़ोसी रहे हैं इसलिए आदान-प्रदान की प्रक्रिया के तहत् इन्होंने उनकी संस्कृति से, धर्म से जो संस्कृति का ही एक अंग है और अन्य सांस्कृतिक तत्त्वों से प्रभावित हुए, वहीं हिन्दू धर्मावलम्बियों ने भी जनजातीय संस्कृति से प्रभावित होकर उनके सांस्कृतिक तत्त्वों को ग्रहण किया, आदान-प्रदान की यह प्रक्रिया बहुत प्राचीन है और आज भी वह निरन्तर है। आदिवासियों का स्वधर्म हिन्दू या तो अन्य किसी भी धर्म से सर्वथा भिन्न है। परिवर्तन और परसंस्कृतिग्रहण के हर दौर में आदिवासी समुदाय, अपनी सांस्कृतिक विशेषता और स्वधर्म की रक्षा करते हुए प्रकृतिपूजक समुदाय के रूप में अपनी अलग पहचान बनाए रख पाने में सक्षम रहा है, अपनी अलग पहचान के लिए उसे भविष्य में भी अपनी समुत्थान शक्ति को बनाए रखना होगा।

सन्दर्भ

1. भारतीय आदिवासी : उनकी संस्कृति और समाजिक पृष्ठभूमि—डॉ. ललितप्रसाद विद्यार्थी, पृ. 30-31
2. वही पृ. 171
3. छत्तीसगढ़ का जनजातीय इतिहास—हीरालाल शुक्ल, पृ. 31
4. भारतीय आदिवासी : उनकी संस्कृति और सामाजिक पृष्ठभूमि—डॉ. ललितप्रसाद विद्यार्थी, पृ. 175
5. बस्तर के गोड़ जनजाति की धार्मिक अवधारणा—डॉ. किरण नरूटी, पृ. 07
6. भारत के आदिवासी—मधूसूदन त्रिपाठी, आमेगा पब्लिकेशन, दिल्ली, पृ. 122
7. हैरी ऐल शेपीरो 1986 मानव संस्कृति और समाज—म.प्र. हिन्दी ग्रन्थ अकादमी, भोपाल, पृ. 314

आदिवासी प्रकृति धर्म-परिवर्तन

प्रो. डॉ. जयश्री गावित

सर्वप्रथम आदिवासियों को ब्रिटिश सरकारने ट्राईब तो सन् 1950 के बाद स्वतंत्र भारतीय संविधान ने इन्हें अनुसूचित जनजातियाँ इस नाम से अनिहित किया। गांधीवादी परिभाषा में गिरिजन, तो हिन्दुत्ववादी शक्ति ने इनका अत्यन्त संकुचित परिचय 'वनवासी' इस संज्ञा द्वारा प्रचलित कराना चाहा। लेकिन इन सबसे परे झारखंड के आदिवासी नेता जयपाल सिंह मुंडा द्वारा प्रचलित 'आदिवासी' यह शब्द अधिक सम्पर्क, सर्वसमावेशक एवं सर्वमान्य माना जाता है। आदिम निवासी आदिवासी यह शब्द 'अस्मिता दर्शक' इस अर्थ में सटीक लगता है।

आदिवासी जन-जातियों यानी कई जनजातियों का सम्मुचय जो अत्यन्त आदिम, प्राचीन निवासी है इनमें व्याप्त कई आदिम तत्त्व ऐसे हैं जो आज तक उजागर नहीं हो पाए हैं, जो अप्रकाशित है, अनछुएँ हैं! साथ ही इनकी भाषा, संस्कृति, इनकी धर्मसंल्कपना आदि के बारे में भी जान ल्र्ाेना देश के प्रबुद्ध वर्ग के लिए हमेशा से के ही जिज्ञासा का विषय रहा है।

यही जिज्ञासा देश के मानववंशशात्री, समाजशात्री एवं भाषावैज्ञानिकों में भी सदैव बनी रहती है।

आदिवासियों की अपनी स्वतंत्र बोलियाँ हैं, भाषाएँ है, उनका अपना स्वतंत्र धर्म है और इन सबसे मिलकर उनकी अपनी सुदीर्घ, सम्पन्न एवं समृद्ध संस्कृति है। और इसी संस्कृति का प्राणतत्त्व है धर्म यानी प्रकृति धर्म—अर्थात आदिवासियों का धर्म यानी प्रकृति जो अपने-आपमें अत्यन्त अनुपम, अनूठा एवं सम्पन्न तथा आचरण-योग्य है।

धर्म के बारे में रुसो ने कहा है "In the natural order of things all men being equal, their common vocation is manhood" प्रकृति की योजनानुसार सभी मानव समान हैं, समानता यही प्रकृति का संकेत है। उसके अनुसार जीवन का मुख्य धर्म, मुख्य व्यवसाय यानी मानवतायुक्त व्यवहार यही सन्देश एवं यही संकेत प्रकृति को धर्म मानते हुए, सभी आदिवासी जनजातियाँ सदियों से विश्व-भर में दे रही हैं।

प्रकृति के अनुरुप सभी को स्वतंत्रता, सभी से सहयोग, सभी के साथ न्यायरूप व्यवहार, आपसी भाईचारा, समानता, आदि जैसे अनुपम तत्त्वों से सम्पन्न प्रकृतिधर्म में वर्चस्ववाद, ईर्षाद्वेष आदि निषिद्ध माना गया है।

प्रकृतिपुत्र आदिवासी जन्मत: ही सर्वप्रथम प्रकृति के ही सन्निकट अधिक होता है, मायावी दुनिया के छलकपट से कोसों दूर होने के कारण उस पर पहला संस्कार, उसका पहला साक्षात्कार प्रकृति से ही होता है। इसलिए उसकी आस्था का, श्रद्धा का केन्द्र असीम शक्ति का केन्द्र प्रकृति ही होती है उसके सारे देव-देवता प्रकृति में ही प्रतीकों के रूप में विद्यमान होते है, चराचर सृष्टि में व्याप्त होते हैं, जिनसे उनका जीवन सुचारु रूप से सम्पन्न होता है, जिनके आशीर्वाद की कामना सदैव उसके दिलो-दिमाग में पर छाई रहती है, बिना किसी कर्मकांड, वह सीधे अपने आराध्य को अपने सम्मुख, अपनी प्रकृति में पाता है। इसलिए प्रकृति को ही भजता है। क्योंकि इन मूल-निवासियों के सम्पूर्ण जीवन में ही प्रकृति परिव्याप्त है। अपने जन्म से लेकर वे सुदूर बियाबान जंगल में अपना जीवन बड़ी शान्ति से जी रहे हैं। प्रकृति को संचालित करनेवाली किसी अदृश्य प्राकृतिक शक्ति की ही वह उपासना करते हैं उसे भजते हैं, उसे प्रसन्न करने की कोशिश करते हैं, उसके प्रकोप से डरते हैं। इश्वर दिखता नहीं, लेकिन उनका ईश्वर ऐसा है, जो उनके सम्मुख साक्षात है। उनका प्रकृतिरूपी ईश्वर उनसे बतियाता है, उन्हें सतर्क, सजग करता है, प्रकृति के हर बदलते मोड़ की सूचना वह उन्हें पहले मिलती है। प्रकृति की बदलती हर अवस्था को ताड़ने की शक्ति इन्हें प्रकृति के आशीर्वाद से प्राप्त होती है, यही वजह है कि ये आसमाँ में उड़ते पंछियों की फड़फड़ाहट से ये जान जाते हैं कि, बारिश कब और कितनी होनेवाली है। 'घड़ी को न देखते हुए वे आसमाँ के सूरज के स्थान पर से कितने बजे होंगे इस बात सटीक अन्दाजा ले सकते हैं।

रक्तिम रंग के पलाश खिलते हैं, तो इनके मन में मेलों में जाने की लालसा उमड़ पड़ती है, आम पर खिले सुवर्णमयी महकते बौर इन्हें शादी-ब्याह की घड़ी निकट आने की सूचना देता है। अर्थात हर तिथि का अन्दाजा इन्हें पत्रा-पंचाग से नहीं प्रकृति के विभिन्न आयामों को देखकर आता है। प्रकृति जब-जब अँगड़ाई लेती है, तब हर अँगड़ाई के पीछे का राज जाननेवाले यह प्रकृति के पुत्र ही होते हैं।

प्रकृति में प्राप्त वनौषधि की सम्पूर्ण जानकारी इनके पोटले में आज भी सुरक्षित है। इन्हीं वनौषधियों के कारण इनका जीवन निरोगी, निरामय रहता है। अब तो प्राकृतिक अंचलों की यह वनौषधि शहरों में भी पहुँच गई है। और अपना असर दिखने में कोई कसर नहीं छोड़ रही है।

इसलिए प्रकृति में भरपूर संसाधन है, सम्पदा है आदिवासियों की सभी ज़रूरतों की पूर्ति यही प्रकृति करती है। पेट भरती है, निरोगी-निरामय जीवन भेंट करती है, आनन्द देती है, संकटों से सतर्क करती है—धर्म का यही तो कार्य होता है।

और देते समय भेदाभेद भी नहीं, हर किसी को समान रूप से न कोई छोटा न कोई बड़ा, न ऊँचा-नीचा सभी के साथ समानता का व्यवहार, प्रकृति के इसी समानता का अनुपालन आदिवासी संस्कृति में भी दिखाई देता है। स्त्री-पुरुष समानता, कन्या-जन्म का स्वागत, दहेज बलि की संख्या नहीं के बराबर होना। यह समानता प्रकृति ने ही सिखाई है। धर्म माने सदाचरण, सबके साथ अच्छा आचरण, सद्व्यवहार जिस प्रकार प्रकृति करती है, अगर हम सब भी प्रकृति धर्म का अवलम्ब करें तो निश्चित ही चित्र कुछ और होगा। प्रकृति को भजना कितना सहज, सरल है देखिए, जहाँ आये दिन धर्म के नाम पर खून के पाट बहते हैं, बड़े-बड़े दंगे-फसादों की मूल जड़ धर्म तक पहुँचती है, मन्दिर कहाँ, मस्जिद कहाँ के झगड़े सालों से अबाधित रूप से अखंड भारत की आत्मा को ठेस पहुँचाते हैं, ऐसे में सुदूर पहाड़ी अंचलों में बसनेवाली यह आदिवासी जनजातियाँ खालिस परमात्मा, ईश्वर के रूप में केवल-केवलमात्र प्रकृति को भजती हैं, ये कौन जानता है?

अर्थात जहाँ प्रकृति के सुरम्य और अलभ्य उपादान हैं, अपनी तमाम आवश्यकताओं का समाधान जो प्रकृति करती है, बिना कुछ कर्मकांड किये हम सीधे उसका साक्षात्कार कर पाते हैं, उस प्रकृति के प्रति नतमस्तक होना, अपने-आपको उसके चरणों में समर्पित करके प्रकृति के विभिन्न उपादानों को भिन्न-भिन्न अवसर-पर्वों पर भजना आदिवासियों की पूजा, उपासना की अपनी खासियत है, न मन्दिर, न मस्जिद, न चबूतरा, न देवघर बस पूजा का अवसर है—भगवान बना लिये गए हैं कभी लाल-काली मिट्टी के या फिर काले-चिकने पत्थर उठा लिये हैं वहीं पेड़ के नीचे स्थापित कर दिये हैं। उसी पेड़ पर फूल हो तो फूल या दो-चार पत्तों से पूजा सम्पन्न की गई है—पूजा सम्पन्न हुई तो भगवान बने पत्थर वही पास पानी में प्रवाहित कर दिये। वहीं बैठकर महुआ के दो-चार बूँदे साक के रूप में धरती, जमीन धरित्री को समर्पित की गई है।

यही पूजा का तरीका, यही पूजा की सामग्री सालों से, बरसों से उपयोग में लाई जाती है। सादगी से बिना किसी आडम्बर से की गई इस पूजा से भी प्रकृतिरूपी भगवान प्रसन्न हो रहे हैं। पूजा इतनी सादगी से क्यों? कभी भी प्रश्न नहीं किया गया। प्रकृति का कोप भी नहीं हुआ। हाँ एक कर्मकांड अभी भी चल रहा है। पशुबलि का केवल अज्ञान के कारण।

इस प्रकार आदिवासी बड़ी ही सादगी से अपने आराध्य की पूजा-अर्चा, उपासना करके समाधान पा रहे हैं। जो देता है उसके प्रति जो श्रद्धा भाव है उसे अभिव्यक्त कर रहे हैं। ऐसे आराध्य से दूर होने के भय से भयभीत हैं। देखिए प्रकृति और आदिवासी एक अभिन्न-सा समीकरण है। इस सन्दर्भ की कवि मनोज सोनकर की शहर नामक कविता की कुछ पंक्तियाँ उद्धृत करना चाहूँगी, जिसमें कवि लिखते हैं :

एक जवान जंगल ने
एक बूढ़े जंगल से पूछा

द्दा हमारे काटे जाने पर आदिवासी रोते क्यों हैं
तब हफनी सँभालते हुए,
बूढ़े जंगल ने कहाँ,
क्योंकि, बिटुवा ये जानते हैं कि
हमारे (जंगलों) काटे जाने पर
यहाँ जो शहर आकर बसेगा
वह हमारी छत्रछाया में पलनेवाले हिंस्र
जानवरों से भी अधिक खतरनाक होगा।

अर्थात प्राकृतिक गोद ही इन मासूम, भोले-भाले आदिवासी जनों को सुरक्षित लगती है।

यह प्रकृतिपुत्र इसी प्रकृति में व्याप्त पंचमहाभूतों को पूजना अपना उत्तरदायित्व मानते हैं उनकी सांस्कृतिक धरोहर में वृक्ष-पूजा का अपना विशेष महत्त्व है। इन्दल पर्व के अवसर पर वे कदम्ब वृक्ष की पूजा करते हैं, शादी-ब्याह के अवसर पर हेंगोल वृक्ष (शमी वृक्ष) की पूजा करते हैं, डोंगरदेव के नाम पर पर्वत की पूजा, कणसरी, यानी नवान्न की पूजा, नागोबीज यानी नागदेव, दुर्जन प्रथम वन्दे के अनुसार हिंस्रपशु बाघदेव की पूजा, खलपूजा, उनके अनुसार धरती या पृथ्वी ही जीवन का स्रोत है। इसलिए धरती की पूजा।

इस प्रकार आदिवासियों का पत्रा-पचांग, या उनके देव-देवता कुछ मिलाकर उनका धार्मिक जीवन, उनकी धर्म संकल्पनाएँ निश्चित ही असाधारण एवं जिज्ञासा का विषय हैं। जो कहीं पर लिखित रूप में नहीं है, न ही कोई धर्मगुरु या धर्मग्रन्थ है न ही कोई धार्मिक स्थल है। न ही वह मन्दिरों-मस्जिदों में कैद हैं, न ही किन्हीं पंडे-पुरोहितों के उपजीविका साधन बने हुए हैं बिलकुल स्वतंत्र स्वच्छन्द, कर्मकांड से कोसो दूर हैं।

सभी धर्मधारणाएँ सीधी, सरल एवं प्रकृति की पक्षधर हैं, उन्हीं के समान अनादि, अनन्त हैं, असीम हैं कोई विशिष्ट संस्थापक नहीं है—कहीं भी आक्रोश नहीं है, विद्रोह नहीं है—सभी विधियाँ मौखिक परम्परा से पीढ़ी-दर-पीढ़ी चली आ रही हैं, कोई श्रेष्ठ-कनिष्ठ नहीं है, हर किसी को पूजन का समान अधिकार है, पाड़ों-पाड़ों पर, बस्ती-बस्तियों पर, पहाड़ों-जंगलों में यह पूजन-अर्चन सदियों से अबाधित रूप से चला आ रहा है, यह मार्ग अपने पूर्वजों पर उनकी नितान्त श्रद्धा पर आधारित, पूर्वज पूजा उनके धार्मिक जीवन का अभिन्न अंग है। खाम्बदेव के रूप में अपने पूर्वजों की मनभावन पूजन उनके जीवन का महत्त्वपूर्ण पहलू है।

आदिवासी समाज में सहयोगिता, सामूहिकता, सामुदायिकता और सहजीविता का दर्शन

सावित्री कुमारी बड़ाईक

संसार के हर आदिवासी समुदाय के पास इस सृष्टि के सजीव-निर्जीव को देखने का अपना दृष्टिकोण है। नदी, पहाड़, जंगल के परिवेश में रहते हुए आदिवासियों ने सामूहिकता, सहभागिता, सामुदायिकता और सहजीविता के विचार पर चलते हुए अपने अस्तित्व और आदिवासियत को बचाकर रखा है। आदिवासी दर्शन में सृष्टि और समष्टि के प्रति कृतज्ञता का भाव होता है। आदिवासी धरती को संसाधन के बजाय माँ मानकर उसके बचाव के लिए स्वयं को उसका संरक्षक मानते हैं। आदिवासी किसी भी प्रकार के ब्राह्मणवादी, सामन्ती, बाजारवादी प्रतीकों, मिथकों, व्यक्तिगत महिमामंडन से दूर रहते हैं। वस्तुतः आदिवासी दर्शन में सह-अस्तित्व, समता, सामूहिकता, सहजीविता, सहभागिता और सामंजस्य को अपना दार्शनिक आधार माना जाता है। आदिवासियों के धार्मिक आचरण में प्रकृति के संरक्षण पर जोर दिया जाता है। किसी भी पर्व-त्योहार में प्रकृति के किसी भी अंश की हानि नहीं होती। सन्ताल आदिवासी लुगुबुरु घंटा बारी को सदियों से अपनी धार्मिक आस्था का केन्द्र मानते हैं तो मुंडा आदिवासियों के लिए सिङ्‌बोंगा, इकिर बोंगा, मरांग बुरु धार्मिक आस्था के केन्द्र हैं। सह-अस्तित्व, सामूहिकता, सहयोगिता, सामुदायिकता आदिवासियों के जीवन-दर्शन के केन्द्र में है।

आदिवासी से इतर व्यक्तिवादी, भोगवादी समाज ने विश्व-भर के प्राकृतिक संसाधनों को बर्बाद करके धरती के समक्ष अस्तित्व का संकट खड़ा कर दिया है। धरती का फेफड़ा कहे जानेवाले आमेजन के जलते जंगल इसका प्रमाण हैं। वैश्विक ताप, पर्यावरण प्रदूषण वर्तमान विश्व की ज्वलन्त समस्या है। आखिर इन सबसे बचने का उपाय क्या है। मनुष्य की श्रेष्ठता में दम्भ नहीं करनेवाला आदिवासी समाज के पास ही सुन्दर दुनिया का विकल्प है। आज भी आदिवासी समाज के संस्कृति, धर्म और आर्थिकी के केन्द्र में प्रकृति है।

आदिवासी धार्मिक परम्परा में प्रकृति निर्मित जंगल, पहाड़ और नदियाँ ही परमेश्वर के घर के प्रतीक के रूप में मौजूद हैं इसे आदि धर्म की विशिष्ट पहचान कही जा सकती है। मरने के बाद आदिवासी धार्मिक परम्परा के अनुसार अपने पुरखों के साथ अपने घर में ही रहते हैं। इसके कारण आदिवासी के आचरण पर गहरा प्रभाव पड़ता है। आदिवासियों के व्यवहार में अधिक ईमानदारी और सचाई के पीछे यही वजह है।

सांस्कृतिक अगुवा और दार्शनिक रामदयाल मुंडा 'आदि धर्म दर्शन' आलेख में अत्यन्त बौद्धिकता के साथ आदिवासियों के धार्मिक विश्वास को स्पष्ट करते हैं—किसी भी धार्मिक व्यवस्था में मुख्यत: तीन पक्ष होते हैं—(क) दर्शन (सिद्धान्त) पक्ष, (ख) अनुष्ठान (कर्मकांड) और (ग) व्यवस्था (संगठन) पक्ष। ये तीनों पक्ष विवेचना के दृष्टिकोण से अलग होते हुए भी आपस में संयुक्त हैं और एक-दूसरे के परिपूरक हैं।

उपर्युक्त तत्त्वों का एक-दूसरे के प्रति अन्योन्याश्रयी और पारस्परिकता का सम्बन्ध है और ये सारे मिलकर एक 'धार्मिक' आदिवासी का निर्माण करते हैं। मात्र एक पक्ष को पकड़कर यह कहना कि आदिवासी जीवन संगीतमय, अनुष्ठानमय है या कर्ममय है, अपूर्ण ही होगा।[1]

आदिवासी की धार्मिक पहचान की मान्यता नहीं मिल पाई है। केन्याई आदिवासी लेखक और दार्शनिक जॉन सामुएल म्बिती (1969 : 4) कहते हैं, "आदिवासी धर्म और दर्शन के अध्ययन में बाहरी दुनिया को सबसे बड़ी कठिनाई यह होती है कि इस बारे में कहीं कुछ लिखित नहीं है। यह सिर्फ आदिवासी समुदाय के प्रत्येक लोगों के दिल, दिमाग, अनुष्ठानों और रीति-रिवाजों में संरक्षित है, जिसका वाहक पूरा समुदाय है। इस परम्परा के वहन की सचेत जिम्मेदारी उन लोगों पर होती है जो समुदाय के अगुआ हैं, समुदाय और ग्राम के प्रधान हैं, और जो अनुष्ठानिक व ज्ञान-परम्पराओं के सामुदायिक प्रमुख हैं।"[2]

सांस्कृतिक अगुवा रामदयाल मुंडा ने इस परम्परा के वहन की सचेत जिम्मेदारी आदि धरम लिखकर निभाई है। उनके अनुसार—सृष्टिकथा का मूल अभिप्राय है व्यष्टि के ऊपर समष्टिपरकता। व्यक्ति अपने-आपमें अपूर्ण है। सामूहिकता में ही उसकी सार्थकता पूरी होती है। सिंङबोंगा को अपना प्रारम्भिक अकेलापन अखरता है। अपने सादृश्य सहृदय के साथ सम्बद्धता को विस्तार देना ही सृष्टि का मूल कारक है। अथाह पानी की गहराई से पृथ्वी को ऊपर लाने के लिए दूतों (मछली, केकड़ा, कछुआ और केंचुआ) से सम्पर्क साधना और सबके सम्मिलित प्रयास द्वारा पृथ्वी का निर्माण, मनुष्यों के आदि दम्पती और उसके रक्षकमित्र कुत्ते (चौंरा-भौंरा) और इस तरह के अनेक अवयवों की सृष्टि इसी सम्बद्धता को रेखांकित करती हैं। सृष्टि के मूल तत्त्वों (मिट्टी, पानी, हवा और ताप) से उत्पन्न वनस्पति और

जीव-जन्तुओं के साथ सम्बद्धता को स्थापित करना, इन दोनों कथांशों का सहगामी उद्‌देश्य लगता है।[3]

जिस सामूहिकता, सहयोगिता, सामुदायिकता, सहभागिता, सहजीविता को आदिवासी दर्शन, जीवन-मूल्यों से जोड़कर देखा जाता है उसे रामदयाल मुंडा ने सांस्कृतिक अवधारणा, सांस्कृतिक चिन्तन में सूत्रबद्ध किया है। सांस्कृतिक अवधारणा के तहत रामदयाल मुंडा ने झारखंड के सांस्कृतिक मूल्यों और अवरोधक तत्त्वों की एक तालिका बनाई थी जिसमें अभिव्यक्ति क्षेत्र के अन्तर्गत भौगोलिक, ऐतिहासिक, आर्थिक, राजनीतिक, धर्म, दर्शन और कला, साहित्य, संगीत हैं। सांस्कृतिक मूल्य में क्रमशः सन्तुलन समायोजन, सामूहिकता, जनवाद, प्रकृतिवाद, नैतिकता, सहभागिता है और इनके अवरोधक तत्त्व क्रमशः असन्तुलन, शोषण/दोहन, वैयक्तिक, प्रभुत्ववाद, साम्प्रदायिकता, अनैतिकता और दर्शक वृत्ति हैं।

प्रकृति से प्रेम आदिवासी दर्शन और सहजीवी जीवन का मूल तत्त्व है। आदिवासी जीवन-दर्शन को पुरखा गीतों, कविताओं के द्वारा स्पष्ट किया जा सकता है। वस्तुतः आदिवासी दर्शन आदिवासियों के हजारों गीतों और पुरखा कथाओं में मौजूद है। करम पूजा अनुष्ठान में ये मन्तर-गीत गाया जाता है :

सबको हम जोहार करते हैं
सबको हम गुजार करते हैं
तुम छोटा मन न करना
तुम आनन्दित रहना
पेड़-पौधे, घास-फूल
बाँध-पोखर, नदी-नाले
सभी जीव छोटे-बड़े
मानव सन्तान, मानव सन्तति।[4]

रामदयाल मुंडा ने आदिवासी समाज में असामाजिक काम को भी पाप माना है—असामाजिक काम करना ही 'पाप' है, समाज-हित में काम करना ही 'पुण्य' है; और चूँकि आदमी अमर है, उसे देहान्त के बाद 'स्वर्ग/नरक' कहीं जाना नहीं है। वह 'वापस' आता है अपने घर। देहान्त के बाद वह मात्र दिखाई नहीं देता, किन्तु रहता है अपने ही घर, अपने पूर्वजों के साथ। मृतक की छाया भितारना और पत्थल-गड़ी का यही अर्थ है। सामाजिक बनकर रहना ही स्वर्ग है। असामाजिक बनना नरक में रहने जैसा है। यह आदमी की पुनर्वापसी है, पुनर्जन्म नहीं।[5]

आदिवासी दर्शन का सबसे महत्त्वपूर्ण पहलू है—उनकी प्रकृति से जुड़ी हुई आस्था। आदिवासियों के आभार के केन्द्र पहाड़ (मरांग बुरु), लुगुबुरु, सरना स्थल, जहेरथन, नदी होते हैं। धार्मिक क्रिया-कलाप पहान सम्पन्न कराते हैं।

सांस्कृतिक अगुवा रामदयाल मुंडा ने आदिवासियों के 'आदि धरम' की विशेषताएँ बतलाई हैं—"(क) प्रकृति के विशिष्ट स्वरूपों (पहाड़, जंगल, नदी इत्यादि) को ही ईश्वर के घर/प्रतीक के रूप में स्वीकार करना। कृत्रिम संरचनाएँ (मन्दिर, मस्जिद, गिरजा) आवश्यक नहीं। (ख) मनुष्य की अमरता (प्रतीक रूप) में विश्वास करना। यह प्रतीकात्मक अमरत्व प्रतिबिम्बित हुआ है। मृत व्यक्ति की आत्मा के छाया के रूप में घरवापसी के अनुष्ठान में जो कि थोड़ा-बहुत अन्तर के बाद सभी समुदायों में सम्पन्न होता है। (ग) बिना किसी मध्यस्थता (पंडित, मौलवी, पादरी इत्यादि) के ईश्वर के सीधे जुड़ने की स्वतंत्रता और सम्भावना। (घ) सृष्टि के अन्य अवदानों (सजीव-निर्जीव) के साथ समानता और पारस्परिक सम्मान-बोध के आधार पर सह-अस्तित्व की समानता। (ङ) परमेश्वर (सिंगबोंगा, चन्दो बोंगा, धर्मेश) का समाजीकृत स्वरूप (पिता, पितामह) अपेक्षाकृत अधिक साहचर्यपूर्ण है। परमेश्वर और पितरों के अत्यन्त नजदीक और हमेशा उनकी नजरों के सामने होने के बोध का ही परिणाम है आदिवासी के आचरण में झूठ और छल का अपेक्षाकृत अभाव जो इन्हें अन्य समुदायों के व्यक्तित्व से अलग करता है।"[6]

मुंडा समुदाय के धर्म को सरना धर्म कहते हैं। सरना उस स्थान को कहते हैं जहाँ मुंडा पूजा करते हैं। यह स्थान गाँव के किनारे शाल वृक्षों का झुंड होता है। सरना धर्म के तत्त्व उस जमाने में संगठित हुए थे जब मुंडा आदिवासी पूरी तरह प्रकृति पर निर्भर रहते थे। इसलिए यह धर्म प्रकृति की शक्तियों की उपासना व कृतज्ञता का धर्म है। प्रकृति की शक्तियाँ को मुंडारी भाषा में 'बोंगा' कहते हैं। धरती जल, पहाड़, सूर्य, जंगल से मनुष्य समाज ज़िन्दा है। मुंडा आदिवासी इनके प्रति कृतज्ञ हैं, अत: वे इनको अपने आभार का केन्द्र मानते हैं। प्रकृति मुंडाओं को नुकसान भी पहुँचाती रहती है। गहरे जल में डूबकर या किसी महामारी से आदमी मर जाता है। इसलिए मुंडा आदिवासी प्रकृति की विनाशकारी शक्तियों से डरता भी है। अत: प्रकृति की विनाशकारी शक्तियों से डरकर वह उन्हें प्रसन्न करने के लिए बलि भी देते हैं :

झरती झिल-मिल, आसमान झुका हुआ
हे सृजनहार, तुम्हें हमारा जोहार॥
घोंसले में चिड़िया, खोह में शेर
पानी का झरना, हवा का बहना।
हे सृजनहार, तुम्हें हमारा जोहार॥[7]

संसार-भर के आदिवासी अपने परिवेश, अपनी धरती से प्रेम करते हैं। आदिवासी संसार को नकारते नहीं, क्योंकि अपने गाँव बसाने, अपने हिस्से की धरती को बसने लायक बनाने के लिए उनके पूर्वजों ने खून, पसीना बहाया।

सन् 1854 में 'सिएटल के रेड इंडियन के मुखिया' (1780-7 जून, 1866) ने अमेरिका के राष्ट्रपति को एक पत्र लिखा। अमरीकी राष्ट्रपति ने आदिवासियों की जमीन खरीदने की इच्छा प्रकट की थी। जिसके जवाब में यह पत्र था। इस पत्र में सिएटल के मुखिया ने आदिवासी दर्शन के आलोक में बहुत गम्भीर प्रश्न उठाए और धरती, प्रकृति व आत्मिक दुनिया यानी सृष्टि के साथ आदिवासियों के सहजीवी रिश्ते की ओर ध्यान आकृष्ट किया। वस्तुतः यह पत्र आदिवासी दर्शन का सार है और सम्पूर्ण विश्व के लिए विरासत है :

> कोई आकाश या पृथ्वी की ऊष्मा कैसे खरीद या बेच सकता है? हमें तो यह बात ही विचित्र लगती है। हवाओं की ताजगी या जल की चमक के जब हम मालिक ही नहीं हैं, तो तुम उन्हें हमसे कैसे खरीद सकते हो?
>
> भूमि का प्रत्येक हिस्सा हमारे लोगों के लिए पवित्र है। जंगल के पेड़ों के बीच से गुजरती पगडंडिया हमारे पुरखों की याद से भरी हैं। हमारे झरनों और नदियों में कलकल बहता चमकीला पानी सिर्फ पानी नहीं है। यह तो हमारे पूर्वजों का रक्त है। यदि हम अपनी भूमि आपको बेचें तो आपको यह याद रखना होगा कि यह पवित्र भूमि है।[8]

आदिवासी दूसरे धर्म के निवृत्तिमूलक दर्शन—'रहना नहीं देश बेगाना है' के विपरीत अपने गाँव, अपने देश, अपने हिस्से की धरती के साथ लगाव रखते हैं। परिवेश और सांसारिक सम्बन्धों के प्रति वितृष्णा का भाव किसी आदिवासी समुदाय में नहीं होता है।

आदिवासी दर्शन प्रवृत्तिमूलक दर्शन है। अधिकतर मुंडारी गीतों में अपने क्षेत्र, अपने दिसुम (मातृभूमि) के प्रति लगाव व्यक्त किया गया है। मुंडारी कवि विश्वनाथ ने अपनी एक कविता क सेनोः सेनो मोनिञ में इसी लगाव को अपने तरीके से व्यक्त किया है। इस कविका का हिन्दी अनुवाद इस प्रकार है :

हे भगवान, हे राजा
तुमने मुझे दो दिन के लिए जन्म दिया
धरती की सुन्दर लीला और सुख देखकर
जाने को मन नहीं करता
यहीं रह जाने को जी करता है
उठने का मन नहीं करता।[9]

अमेरिका के रेड इंडियन, उड़ीसा के नियमगिरि के डोंगरिया कौंध, नेतरहाट के पाट के आदिम आदिवासी असुर अपने परिवेश, अपने हिस्से की धरती से अत्यन्त प्रेम रखते हैं। सुषमा असुर जो आदिम आदिवासी असुर समुदाय से

आती हैं वे भी परिवेश और असुर दिसुम के प्रति अपने लगाव को इन शब्दों व्यक्त करती हैं :

हे धरती के पुरखो, हे आसमान के पुरखो
ओ हमारे माता-पिता, ओ सभी असुर बूढ़ा-बुढ़िया
हम सीखेंगे तुम्हारी तरह बोलना
हम सीखेंगे तुम्हारी तरह नाचना
...।
हम ज़रूर जिएँगे तुम्हारी तरह ही
पठार की तरह निश्चिन्त निश्छल
तुम्हारे रचे इस असुर दिसुम में। [10]

आदिवासी परिवार सिर्फ घर के लोगों से नहीं बनता। नियमगिरि के डोंगरिया कौंध हों या झारखंड के असुर, उनके परिवार में घर के सदस्यों के साथ घर में रहनेवाले पशु-पक्षी भी होते हैं। आदिवासी परिवार के हिस्से आँगन के वृक्ष में रहनेवाले तोता, मैना, पंडुक, मधुमक्खी, गिलहरी वगैरह भी होते हैं। घर की मुर्गियाँ, बत्तख, सूअर, कुत्तों, बकरियाँ, गाय-बैल, भैंस सभी को आदिवासी अपने परिवार का हिस्सा मानते हैं। अत: किसी भी हालत में विस्थापन की स्थिति में मुआवजा और पुनर्वास सम्भव हो ही नहीं सकता।

सामूहिकता, सहभागिता, सहजीविता, आदिवासियों के जीवन-दर्शन की विशेषता है। खेत जोतना हो या छप्पर बनाना, ये अकेले के वश की बात नहीं है। आदिवासियों में मदइत पाँचा की सहयोग आधारित प्रणाली मौजूद है। मदइत की प्रथा में खेती, रोपनी, कटनी, दौनी, छप्पर बनाने, खेत बनाने, हल चलाने में कम-से-कम पाँच लोग एक-दूसरे का सहयोग करते हैं। मदइत पाँचा की यह प्रथा मैंने उड़ीसा और झारखंड में देखी है। मदइत पाँचा की प्रथा के कारण जीवन में एकान्तिकता नहीं होती है। सामूहिकता अवसाद से भी बचाता है और श्रम का आनन्द सामूहिकता में ही सम्भव है। किसी के घर में मृत्यु होती है तो पूरे गाँव में चूल्हा नहीं जलता। सामूहिक मदद की परम्परा जीवन्त समाज का लक्षण है।

आदिवासी समाज में कर्म, श्रम के साथ आनन्द का समन्वय है। पुजार पाहन, पड़हा राजा, मुंडा मानकी भी खेत जोत के खलिहान में काम करते नजर आते हैं। सामूहिकता, सहयोगिता के कारण पड़हा राजा सिमोन उराँव ने अपने क्षेत्र बेड़ो में बाँधों और तालाबों से 51 गाँवों में हरियाली ला दी है। अब कई तरह की फसलें सालों-भर लहलहाती हैं। किसानों का जीवन-स्तर ऊपर हुआ है। गाँववालों की मदद से जंगलों को भी नया जीवन प्राप्त हुआ है।

गाय घाट बाँध का निर्माण सबसे पहले किया गया था उसके बाद देसावली बाँध का निर्माण किया गया। समूह में काम करने से आनन्द प्राप्त होता है और यही विकास का आधार भी है।

आदिवासी सह-अस्तित्व, सामंजस्य के आदर्श के आधार पर जीवन जीते हैं। गाँव में कई समुदाय के लोग रहते हैं। परन्तु दंगे नहीं होते। ये समुदाय अपने रीति-रिवाजों के प्रति सतर्क रहते हैं परन्तु दूसरों के प्रति घृणा का भाव नहीं रखते हैं। प्रेम सद्भाव, भाईचारा, सहयोग इन आदिवासी समुदायों की पहचान है।

झारखंड के आदिवासी समाज सामुदायिकता, सामूहिकता, सहभागीता पर आधारित होने का प्रतिबिम्ब उनकी कला एवं साहित्य में सामूहिक सहभागिता के रूप में दिखाई देता है। झारखंड की भाषाओं में उपलब्ध विशाल लोक-साहित्य मुख्यत: लोक-कथाएँ और लोकगीत तथा उसकी कलात्मक अभिव्यक्ति के रूप में सामूहिक संगीत-नृत्य की सशक्त परम्परा है। यह परम्परा आदिवासी समुदायों के सहभागिता, सामुदायिकता, सामूहिकता के बिना सम्भव नहीं है।

प्रसिद्ध मुंडारी कहावत है 'सेनगी सुसुन कजिगी दुरंग' अर्थात नृत्य और बोलना ही गीत है। सांस्कृतिक अगुवा रामदयाल मुंडा भी कहते थे, "जे नाची से बाँची" अर्थात जो समुदाय अपने संस्कृति, कला से प्रेम करेंगे और सामूहिक होकर अपनी कलात्मक अभिव्यक्ति के लिए अखड़ा में जुटेंगे। एक साथ नाचेंगे, एक साथ गाएँगे, वही बचेंगे। आदिवासियों के हजारों गीतों को अलग-अलग समय में किसी एक व्यक्ति ने नहीं बल्कि पूरे समुदाय ने रचा है। सामूहिक होकर अपनी माँगों और समस्याओं को सामने रखने से उसका शीघ्र प्रभाव पड़ता है।

आदिवासियों का यह धार्मिक विश्वास है कि मृत्यु के बाद आदिवासी, स्वर्ग या नरक नहीं जाते। अपने पूर्वजों के साथ अपने ही घर में वापस आते हैं। मृत्यु के बाद मनुष्य के रूप में उनका पुनर्जन्म अंशत: हो ही जाता है क्योंकि बच्चों के नामकरण में पूर्वजों के नाम को रखा जाता है। इस प्रकार आदिवासी मृत्यु के बाद कीड़े-मकोड़ों के रूप में जन्म नहीं लेते। मृत्यु के बाद आदिवासी का छाया के रूप में भीतर घर में वापसी होती है।

सासाङदिरि (पत्थलगड़ी) के अवसर पर मृतक के नाम से सासाङदिरि में पत्थल गाड़ने के पश्चात आसपास का झाड़ साफ करके पत्थर पर हल्दी लगाई जाती है और उस पर उस मृतक आदमी के नाम से लाए गए कपड़े बिछाए जाते हैं। 'अस्थि फुल' रखा चुक्का पत्थर के नीचे तीर मारकर सरकाया जाता है। ये मन्तर-गीत गाकर मृतक को समुदाय में पुन: शामिल किया जाता है।

एक पीढ़ा एक बैठक में
एक चटाई, एक पटिया में
इसे तुम साथ बैठाओ

इसे तुम पाँति में रखो
लोग तुम्हें जो कुछ दें
लोग तुम्हें जो कुछ बाँटें
उसे तुम उसे भी दो
उसे तुम उसे भी बाँटो। [11]

आदिवासी दर्शन में वर्तमान के प्रति ठोस जीवन-दृष्टि अपनाई जाती है। इससे जीवन में उमंग और उल्लास उत्पन्न होता है और निराशा, अवसाद, विषाद के लिए कोई जगह नहीं होती। आदिवासी प्रायः डिप्रेशन, अवसाद के शिकार नहीं होते और आत्महत्या भी नहीं करते जो आधुनिक जीवन की बहुत बड़ी विडम्बना है। राँची में जो मानसिक आरोग्यशाला है, उसे अंग्रेजों ने अपने लिए बनवाया था। उस मानसिक अरोग्यशाला में कई दशकों तक किसी भी आदिवासी का उसमें प्रवेश नहीं हुआ था।

आदिवासी संसार को नकारते नहीं क्योंकि संसार को बसने लायक बनाने के लिए उनके पूर्वजों ने खून-पसीना बहाया। मुख्यधारा के समाज में अवसाद, डिप्रेशन, आत्म-हत्या की प्रवृत्ति, देश-दुनिया को छोड़ जाने की प्रवृत्ति (निवृत्तिमूलक दर्शन की अधिकता है परन्तु यहाँ साफ तौर पर मुख्यधारा की संस्कृति और आदिवासी संस्कृति, समाज में अन्तर दिखाई देता है। झारखंड का आदिवासी समाज अपने परिवेश, अपने समुदाय, अपने जल-जंगल, जमीन के प्रति उतना ही लगाव रखता है जितना की रेड इंडियन या नियोमगिरि के डोंगरिया कौंध। मुंडारी में एक गीत है जिसका अनुवाद है :

हम दोनों ने अपने देश में जन्म पाया
हम दोनों की पंडुक के समान जोड़ी हुई
हम दोनों अपने देश में बढ़े और
हम दोनों कबूतर के समान साथी हुए
हम दोनों की जो पंडुक की जोड़ी हुई
तो हम एक साथ नाचेंगे-गाएँगे। [12]

आदिवासी समाज में आदिकाल से ही जंगल के परिवेश में तीव्र वाद्य नगाड़े, माँदर, ढोल, बाँसुरी के द्वारा उत्सवधर्मिता के साथ संगीत का मोह रहा है :

मैं धान-चावल नहीं खोजता
मैं अरखी-इलि नहीं चाहता
मै गीतों की मजदूरी करता हूँ
बाजे की गूँज सुनकर

मैं जोगी की तरह पहुँच गया
बाजे की गूँज सुनकर। [13]
हमारे गाँव का अखरा
इमली की सघन छाया।
नाचनेवाले आनन्दित झूम रहे।
हम तुम्हारी राह देखते रहे।
पाड़िया-पिछोरी शिशिर से भींग गए॥ [14]

अखड़ा डॉ. मुंडा के लिए जीवन व विकास के आधार के साथ-साथ सृजन के चरम आनन्द का भी प्रतीक था। उनका मानना था कि सामूहिकता का आनन्द किसी काम को एक्सलेंस के सर्वोच्च शिखर पर पहुँचाने से प्राप्त हो सकता है। इस सामूहिकता के कारण ही जापान एवं जर्मनी तबाही के बाद और मजबूत होकर उभरे जबकि भारत साधन सम्पन्न होते हुए भी पिछड़ता चला गया।

आदिवासी दर्शन में समानता को महत्त्वपूर्ण स्थान प्राप्त है। स्त्री-पुरुषों में दूसरे समाज की अपेक्षा समानता दिखाई देती है। लड़कियों के जन्म को गोहार भरने से जोड़ा जाता है। मुंडारी एक गीत है जिसका भावार्थ है, "इस गाँव में लड़कियाँ नहीं हैं, और लोग कहते हैं इमली जैसे खट्टे हैं क्या?" लड़कियों की बुद्धिमता को सयानी बेटी के रूप में मान्यता दी जाती है। दहेज की प्रथा न होने के कारण बेटियाँ बेटों के समान घर-परिवार में स्वीकार की जाती हैं। मुंडारी में एक गीत है जिसमें खेती के समय मर्द के बिना हल-फाल और धान-बुनी नहीं हो सकता, महिला के बिना खेत का घास-फुस निकालना, धान रोपनी, घर और बच्चों की देखभाल नहीं हो सकती।

स्त्रियाँ आदिवासी समुदायों में निर्भय होकर समूह में जंगल जाती हैं। अखड़ा के सांस्कृतिक कार्यक्रमों में हिस्सा लेती हैं। जल, जंगल, जमीन के प्रश्न पर निरन्तर धरना-प्रदर्शन में हिस्सा लेती हैं क्योंकि उनका समुदाय उनके साथ होता है। यही सामुदायिकता विकास का आधार भी होना चाहिए। किसी एक व्यक्ति का विकास पूरे समुदाय के विकास का प्रतीक नहीं हो सकता।

आदिवासियों में प्रेम, सद्भाव, भाईचारा, दुख-सुख में सहभागिता, सामूहिकता की भावना है। इस गीत के माध्यम से यह स्पष्ट होता है :

इस देश के अन्दर हम पैदा हुए
हे मित्र बन्धुओं
हे दोस्त भाइयों
आओ हम-तुम प्रीत जोड़ें
मेलों और बाजारों में

हम बात करे मिलें,
हे मित्र बन्धुओं
हे दोस्त भाइयों
हम फूल माला बदलें। [15]

झारखंड में रहनेवाले विभिन्न आदिवासी समुदायों के बीच सहिया जोड़ने की प्रथा है। युवतियाँ भी एक-दूसरे के साथ सहिया का सम्बन्ध जोड़ती रही हैं वे एक-दूसरे के वस्त्र को अदला-बदली कर पहन सकें। एक-दूसरे को फूलों के नाम से बुलाती हैं जिन फूलों को वे एक-दूसरे को दे चुकी हैं। फूल करमडाईर, सहिया आदि नामों का प्रयोग मित्रता की परिधि में ही किया जाता जाता है, लेकिन मित्रता का जो बन्धन है उसे दोनों तरफ के परिवार जीवन-भर मानते हैं और एक-दूसरे के प्रति प्रेम, सद्भाव और सम्मान का भाव रखते हैं।

रामदयाल मुंडा ने सेलेद (विविधा) में 'इतने बड़े आकाश के नीचे' गीत-कविता के माध्यम से इसी सद्भावना, सामूहिकता, सहयोगिता, सहभागिता को अपने अन्दाज में स्पष्ट किया है :

इतने बड़े आकाश के नीचे
कोई पूरब का
कोई पश्चिम का।
जोतना-कोड़ना एक ही जमीन पर।
नदी अलग, पानी एक ही।
नाचने-गाने का अखरा एक ही
खेलने की धूल एक ही॥[16]

हम युगों से साथ हैं
हम ही काम के समय, हम ही नाच के समय
हम ही बन्धु, हम ही कुटुम्ब हैं।
आपस में फूल बदलें
आपस में फूल बदलें।
हम एक साथ गाएँगे, एक साथ नाचेंगे
साथ नहीं छोड़ेंगे, साथ नही छोड़ेंगे॥ [17]

अखड़ा, सरना-स्थल और जतरा, इन्द में गए बिना आदिवासी नहीं हुआ जा सकता है। व्यक्तिवादी समाज में इनकी अनुपस्थिति पाई जाती है। आदिवासी समाज में अखड़ा, सरना-स्थल और जतरा, इन्द उनकी सामूहिकता और उनकी उत्सवधर्मिता का भी सूचक है। इसी सामूहिकता के बल पर ये कई दिनों तक

संघर्ष (जन आन्दोलन) कर पाते हैं। लगभग डेढ़ लाख लोग नेतरहाट फिल्ड फायरिंग रेंज के आन्दोलन में इसी सामूहिकता, एकजुटता के कारण कई दिनों तक जल, जंगल, जमीन हमारा है का नारा लगाते रहे और गीत गाते रहे। इसी सामूहिकता के कारण डोंगरिया कौंध आदिवासी नेता भगवान माँझी ने बड़ी कम्पनी के खिलाफ लोगों को एकजुट कर पाने में सफलता पाई और लगातार संघर्ष के लिए योजना बनाई।

आदिवासी समाज में ईश्वर और व्यक्ति के बीच कोई मध्यस्थ नहीं है। आदिवासी समाज से ही पहान पैदा होते हैं जो बिना किसी ब्राह्मण के सरल तरीके से धूप, धुवन, सिन्दूर, अरवा चावल, इलि (तपान) से आभार, कृतज्ञता (पूजा) विधि सम्पन्न कराते हैं। सरना स्थल में सखुआ पेड़ों का झुरमुट होता है जहाँ के पेड़ नहीं काटे जाते हैं और सरहुल के समय सखुआ के फूलों को प्रसाद स्वरूप पाहन प्रदान करते हैं :

पुरोहित पाहन ने जोहार किया
पूरब में उगनेवाले सूर्यदेव को।
ध्यानी-पुजारी ने ध्यान किया
पश्चिम में डूबनेवाले चन्द्रदेव॥ [18]

राम दयाल मुंडा का एक महत्त्वपूर्ण गीत है 'एक ही खून की नाड़ी है' इस गीत में वे परस्पर प्रेम, सद्भाव, सौहार्द्र बढ़ाने की बात करते हैं। व्यक्तिवादिता के बदले वे सामूहिकता, सहयोगिता, सामुदायिकता को आवश्यक मानते हैं :

एक ही खून की नाड़ी है
एक ही साँसों का खिंचना है
एक ही गाने को कड़ी हैं
एक ही माँदर की थाप है
आओ सब हम दोस्ती करें
हम प्रेम बढ़ाएँ। [19]

आदिवासियों में सामूहिकता के स्थल है अखड़ा जतरा और इन्द

इन्द जतरा छोटा नागपुर के गुमला जिला के अलावा बेघिमा, सिमडेगा, लचड़ागढ़ इत्यादि क्षेत्रों में इन्द जतरा का आयोजन कुंवार पूर्णिमा के समय किया जाता है। गुमला में इन्द जतरा की तैयारी करम त्योहार के दूसरे-तीसरे दिन से ही शुरू हो जाती है। तीन सिमानों में खूँटा गाड़ा जाता है। सखुआ डाँग के शीर्ष पर सफेद कपड़ा को छत्तर के समान डाला जाता है। आदिवासी पुरखा के ज्ञान अनुसार उत्तर-पश्चिम दिशा में वर्षा का भंडार कोना है। तीन दिन तक के इन्तजार के बाद छत्तर का

झुकाव देखने के बाद खूँटा उतार दिया जाता है यदि सफेद छत्तर का उत्तर-पश्चिम दिशा की ओर झुकता अच्छी बारिश का संकेत प्राप्त होता है।

सिंङबोंगा (सूरज), मारंग बुरु (पर्वत), बिरबुरु (जंगल), इकिरबोंगा (जल स्रोत), सरना-स्थल के पेड़ इनके आस्था के केन्द्र हैं जो दिखाई देते हैं जो प्रत्यक्ष हैं और सूरज पूरी सृष्टि, पूरी धरती के लिए आवश्यक है। उसी प्रकार पहाड़, विशेषकर मध्य भारत के पहाड़ भंडारकोना हैं यानी बादलों के घर हैं जो मानसून के बादल को रोकते हैं और जिससे बारिश होती है। आदिवासी जंगल और पहाड़ को आस्था का केन्द्र मानते हैं और बड़पहाड़ी पूजा (अनुष्ठान) करते हैं। बुरु बोंगा या बड़पहाड़ी पूजन में बादलों से पानी को किसानों तक पहुँचाने के लिए प्रार्थना की जाती है।

आदिवासी दर्शन की विशेषता यह है कि आदिवासी स्वयं को प्रकृति से ऊपर या बड़ा नहीं मानते हैं। पेड़, जंगल, पहाड़, जीव-जन्तु, पशु-पक्षी सभी के प्रति लगाव का भाव रहता है। इतना तक की निर्जीव पत्थर-पहाड़ों को भी महत्त्व देते हैं। मुंडा आदिवासियों में बुरु (पहाड़) पर्व अगहन पूर्णिमा के दिन मरांङ बुरु में सोमवार या शुक्रवार से प्रारम्भ होता है। इस पर्व को मनाने के पीछे पहाड़-पहाड़ियों के प्रति कृतज्ञता समर्पित करना है और जंगल, पहाड़ों को सुरक्षित रखना है। खूँटी क्षेत्र के मुंडा आदिवासी बुरु पर्व के अवसर पर जो गीत गाते हैं इसका हिन्दी अनुवाद इस प्रकार है :

> *"ओ! पहाड़ शक्ति या देवता...बड़ा पहाड़,*
> *कुटाम पहाड़, सुकुअन पहाड़, आकदा पहाड़, हुमटाः पहाड़...।*
> *घने बादल समेटते, सँवारते-सजाते हुए लावें।*
> *घने बादल न उड़ाएँ*
> *और अच्छी वर्षा हो।*[20]

आदिवासी दर्शन प्रकृति के अन्धाधुन्ध दोहन में नहीं बल्कि विवेक-सम्मत इस्तेमाल में विश्वास रखता है। पेड़ों को जड़ से नहीं काटा जाता। जड़ से डेढ़-दो हाथ ऊपर 450 के कोण पर प्रायः काटने की परम्परा है। ताकि फिर से पेड़ की डालियाँ पनप पाएँ। प्रसिद्ध समाजवादी विचारक सच्चिदानन्द सिन्हा और किशन पटनायक की भी यही मान्यता है। समाजवादी चिन्तक किशन पटनायक प्रकृति के समुचित और कम मात्रा प्रयोग पर बल देते आए हैं जिससे मनुष्य का काम भी चले और प्रकृति भी बची रहे।

आदिवासी समाज अपने आदिवासियत के साथ सामुदायिकता, सहयोगिता, सहभागिता के कारण अवसाद, डिप्रेशन और आत्महत्या की प्रवृत्ति से बचता आया है। अतिशय लाभ की आकांक्षा आदिवासियों में नहीं होती।

सन्तोष की प्रवृत्ति ने दुनिया-भर के आदिवासी रिहाइशों में प्राकृतिक संसाधनों को अब तक बचाकर रखा है, परन्तु विश्व पूँजीवाद के इस दौर में अतिशय लाभ कमाने की आकांक्षा ने सृष्टि के अस्तित्व को भी खतरे में डाल दिया है ऐसे में आदिवासी दर्शन को समझने, आदिवासी दर्शन के सूत्रों को स्वीकार करने की नितान्त आवश्यकता है। आदिवासी में प्रकृति के साथ दर्शन समस्त जीव-जगत की प्रति भी गहरी आस्था व्यक्त की जाती है। वस्तुतः जल, जंगल, जमीन की सुरक्षा इस धरती पर सबसे अधिक आदिवासी ही करते हैं। जिनके जीवन-दर्शन में प्रकृति की लय-ताल और संगीत का स्वतः अनुसरण होता आया है। आदिवासी प्रकृति के साथ आत्मीय सम्बन्ध तो रखते ही हैं, धरती प्रकृति की गरिमा का सम्मान भी करते हैं। सामूहिकता, सहजीविता, सामुदायिकता और सहयोगिता आदिवासी दर्शन का उज्ज्वल पक्ष है। आदिवासी दर्शन में पूरे समुदाय के विकास की बात होती है। वस्तुतः इस धरती को और पूरी सृष्टि को बचाए रखने का दम-खम सिर्फ आदिवासी दर्शन के पास है।

सन्दर्भ

1. आदिधरम, रामदयाल मुंडा, रतन सिंह मानकी, राजकमल प्रकाशन, तीसरा संस्करण 2007, पृ. 11-12
2. वाचिकता आदिवासी दर्शन, साहित्य और सौन्दर्यबोध, वन्दना टेटे, संस्कृति प्रकाशन, प्रथम संस्करण 2016, पृ. 41-42
3. आदिधरम, रामदयाल मुंडा, रतन सिंह मानकी, राजकमल प्रकाशन, तीसरा संस्करण 2007, पृ. 47
4. आदिधरम, रामदयाल मुंडा, रतन सिंह मानकी, राजकमल प्रकाशन, तीसरा संस्करण 2007, पृ. 237
5. आदिधरम, रामदयाल मुंडा, रतन सिंह मानकी, राजकमल प्रकाशन, तीसरा संस्करण 2007, पृ. 14
6. आदिवासी अस्तित्व और झारखंडी अस्मिता के सवाल, प्रकाशन संस्थान, नई दिल्ली, पृ. 35-36
7. सेलेद, रामदयाल मुंडा, रूम्बुल, 2017, पृ. 240
8. आदिवासी दर्शन, सं. वन्दना टेटे, विकल्प प्रकाशन, प्रथम संस्करण 2015, पृ. 160-161
9. झारखंड में मेरे समकालीन, वीर भारत तलवार, अनुज्ञा प्रकाशन, प्रथम संस्करण, 2019, पृ. 128
10. कवि मन, जनी मन-आदिवासी स्त्री कविताएँ, सम्पादाक वन्दना टेटे, राधा कृष्ण प्रकाशन प्रथम संस्करण, 2019, पृ. 34
11. आदिधरम, रामदयाल मुंडा, रतन सिंह मानकी, राजकमल प्रकाशन, तीसरा संस्करण 2007, पृ. 444
12. बाँसुरी बज रही, जगदीश त्रिगुणायत, बिहार राष्ट्र भाषा परिषद, पटना, 2000, पृ. 107
13. सेलेद, रामदयाल मुंडा, रूम्बुल, 2017, पृ. 24

14. सेलेद, रामदयाल मुंडा, रूम्बुल, 2017, पृ. 120
15. बाँसुरी बज रही, जगदीश त्रिगुणायत, बिहार राष्ट्र भाषा परिषद, पटना, 2000, पृ. 317
16. सेलेद, रामदयाल मुंडा, रूम्बुल, 2017, पृ. 198
17. सेलेद, रामदयाल मुंडा, रूम्बुल, 2017, पृ. 202
18. सेलेद, रामदयाल मुंडा, रूम्बुल, 2017, पृ. 138
19. सेलेद, रामदयाल मुंडा, रूम्बुल, 2017, पृ. 254
20. झारखंड की विरासत एवं विकास, डॉ. सत्यनायाण मुंडा, प्रकाशक साइल-राकाब पुथि सेंटर, कलकत्ता, प्रथम संस्करण, 2000, पृ. 14

आदि धर्म बोन और आदिवासी जीवन-दर्शन

(विशेष सन्दर्भ किन्नौर)

डॉ. स्नेह लता नेगी

हिमालय की गोद में बसा किन्नौर अपनी प्राकृतिक सौन्दर्य के साथ-साथ यहाँ के लोगों की खूबसूरती के लिए भी जाना जाता है। यहाँ खूबसूरती तन की नहीं बल्कि मन की सरल-सहज खूबसूरती से है। समय-समय पर बाहर के लोगों का आवागमन किन्नौर में रहा है। जिसको जैसा लगा उसने उसे वैसा नाम दिया इसलिए किन्नौर को कई नामों से जाना जाता है। जैसे—कनौर, कानावर, कुनावर, खूनू, किन्नर देश और यहाँ के स्थानीय लोग इसे कनौरिडं कहते हैं। ग्राहम बैली ने लिखा है "जहाँ तक मैं जानता हूँ कनावर नाम यूरोपियन के कारण है। मैंने कभी किसी स्थानीय व्यक्ति को इस तरह उच्चारण करते नहीं सुना है।"[1] (So far as I know the form Kanawar is due to Europeans I have never heard a native pronounce the word in that way.)

कनौरिड॰ शब्द स्थान विशेष के लिए प्रयुक्त किया जाता है। राहुल सांकृत्यायन ने इस क्षेत्र को 'किन्नर देश' कहा है और यहाँ के लोगों को 'किन्नर या किंपुरुष देवयोनि'[2] मानते हैं। जिसका हमें इतिहास नहीं मिलता। यह बात डॉक्टर सम्पूर्णानन्द के इस कथन से पुष्ट होता है। वह लिखते हैं कि "हिन्दुओं के प्रथम तथा प्राचीनतम ग्रन्थ ॠग्वेद में किन्नरों का वर्णन नहीं आया है"[3] लेकिन 'वायु पुराण में महानील पर्वत पर किन्नरों का निवास स्थान बताया गया है।'[4] डी.सी. सरकार के अनुसार गन्धर्व तथा किन्नर आदिम जातियाँ थी पर बाद में वे पौराणिक कथाओं में इस रूप में प्रयुक्त न होकर पौराणिक देव योनियों मेथेलॉजिकल बींगं के रूप में आए। उनका कथन है कि सम्भवत किन्नर और यक्ष हिमालय की आदिम जातियाँ थीं और गन्धर्व गान्धार के निवासियों को कहा जाता है। भारवि ने 'किरातार्जुनीय' महाकाव्य के हिमालय वर्णन खंड में 'इनके दर्शन मात्र से पाप समूहों का नष्ट होना स्वीकार किया है।'[5] इसी हिमालय में किन्नर गन्धर्व यक्ष तथा अप्सराओं आदि देव योनियों के निवास स्थान होने के सम्बन्ध में अनेक संकेत मिलते हैं।

हिमालय की पवित्रता के कारण यहाँ निवास करनेवाले लोग भी श्रद्धास्पद बन गए होंगे ऐसा मालूम पड़ता है। "धर्म के आधार विश्वास एवं श्रद्धा होते हैं अत: अलौकिक कथाओं को पढ़ते और सुनते समय पाठकों एवं श्रोताओं तक का प्राय: अभाव रहता है अनेक पौराणिक जातियाँ तथा देवता किसी समय वास्तविक रूप में पृथ्वी पर निवास कर चुके होते उनके कार्यों को अलौकिक प्राणियों के कार्य के समकक्ष बिठाया जाता है और उनके द्वारा असम्भव को सम्भव होना बताया जाता है।"[6]

जितने भी अध्ययन किन्नौरवासियों के सम्बन्ध में आज तक हुए सभी एक-दूसरे के विरुद्ध दिखाई देते हैं। एक तरफ उसे देवयोनि या अप्सराओं की श्रेणी में रखा गया तो दूसरी तरफ निम्न संस्कृति की श्रेणी में रखा गया। डी.सी. सरकार लिखते हैं कि "किम्पुरुष/खश तथा किन्नरों को न्यून संस्कृति का तथा वन्य जातियों के साथ सम्बन्धित मानते हैं।"[7] पी. थोमस "गन्धर्व, किन्नर तथा अप्सराएँ स्वर्ग में नहीं रहते बल्कि पौराणिक पर्वतों पर निवास करते हैं। इन पर मनु के नियम लागू नहीं होते।"

डॉ. ग्रियर्सन ने किन्नौर के बोलियों पर मुंडा प्रभाव सिद्ध करने की कोशिश की है। डॉ. बंशीराम शर्मा यह सिद्ध करने की कोशिश करते हैं कि "निश्चित ही किन्नर क्षेत्र के प्राचीन निवासी 'मोन' जाति से सम्बन्धित हैं। क्योंकि जैसा कि अन्यत्र भी बताया गया है कि किन्नौर के महत्त्वपूर्ण गाँव कामरु जहाँ प्रागैतिहासिक कालीन दुर्ग में स्वतंत्रता-प्राप्ति के पूर्व तक रामपुर बुशहर के राजाओं के अभिषेक की प्रथा रही है तथा स्थानीय नाम 'मोने' रहा है। मोने शब्द का स्पष्ट 'मोन' जाति से सम्बन्धित है।"[8]

ज़ंस्कार के सभी वर्ग को मोन कहा जाता है। ए.एच. फ्रेके के अनुसार "मोन भारतीय आदिम जाति थी तथा इस प्रजाति के लोगों के मुख्य व्यवसाय पशु 'क्याङ' (जंगली बकरा तथा जंगली याक) पश्चिमी क्षेत्रों की चरागाहों में काफी दूर तक विचरण करते थे"[9] यह सम्भावना देखी जा सकती है कि बौद्ध धर्म के आगमन से पूर्व तिब्बत के साथ इस जाति के सम्बन्ध रहे होंगे। क्योंकि इस संस्कृति के प्राचीन अवशेष आज भी किन्नौर ज़ंस्कार और अरुणाचल में देखे जा सकते हैं।

वर्तमान में ज़ंस्कार में इस जाति के लोग अछूत समझे जाते हैं तथा बढ़ई आदि के कार्य करते हैं। यह विचित्र संयोग है कि किन्नर क्षेत्र के एक देवकथा सम्बन्धित गीत में बाणासुर तथा हिरमा के एक-दूसरे के अचानक मिलने पर बाणासुर हिरमा से पूछता है। कि वह कहाँ से आ रही है तो हिरमा उत्तर देती है। कि वह कुल्लू शहर से आ रही है। हिरमा द्वारा बाणासुर को वही प्रश्न पूछने पर बाणासुर कहता है वह 'गुगे' प्रदेश से आ रहा है। जो पश्चिमी तिब्बत का किन्नौर के साथ लगनेवाला क्षेत्र है तथा चंडंथडं क्षेत्र पर भारतीय हिन्दू राजाओं का पर्याप्त समय तक अधिकार रहा है।

इस प्रकार यह स्पष्ट हो जाता है कि 'मोन' आरम्भ में तिब्बत के साथ लगनेवाला भारतीय क्षेत्र में प्रमुखत: प्रभुत्व सम्पन्न थे तथा बाणासुर उनका महान नेता था।

उपर्युक्त अध्ययन से ज्ञात होता है कि किन्नौर में किन्नर, खश, मोन और कुनिद आदि आदिम समुदाय के लोग रहे हैं। जिन्हें वर्तमान में भारतीय संविधान द्वारा 'Kinnaura Tribe' से चिह्नित किया गया है। अन्य आदिवासी समाज की तरह यहाँ के स्थानीय निवासी का प्रकृति के प्रति गहरी आस्था और विश्वास है जिसे यहाँ बोन धर्म कहा गया है। वह वास्तव में प्रकृति की सत्ता अपने पूर्वजों के प्रति आस्था और विश्वास के आधार पर टिका हुआ है। यहाँ कहा जाता है कि बौद्ध धर्म से पूर्व किन्नौर लद्दाख और स्पीति आदि हिमालय क्षेत्रों में प्रकृति के प्रति जो आस्था है उसी को धर्म माना जाता था। जब बौद्ध धर्म सातवीं शताब्दी में पदम सम्भव के समय किन्नोर में आया, ऐसा माना जाता है और 10वीं 11वीं शताब्दी में रिंगचेन ज़ंगम्पो के समय इसका प्रचार-प्रसार होने लगा। पदम सम्भव से पहले बौद्ध धर्म के किन्नौर, लद्दाख और लहौल आदि क्षेत्रों में होने का प्रमाण नहीं मिलता है। कालान्तर में बौद्ध धर्म का प्रचार-प्रसार इन क्षेत्रों में बढ़ने लगा और यहाँ के लोगों ने भी बौद्ध धर्म को सहर्ष अपनाया।

इसके पीछे बहुत बड़ा कारण यह रहा कि आदि धर्म बोन और बौद्ध धर्म में बहुत-सी समानताएँ थी। और बौद्ध धर्म ने स्थानीय समाज की आदि धर्म बोन की बहुत-सी परम्पराओं को ग्रहण किया है। जैसे शुरकू लगाना (जंगल में मिलनेवाला एक प्रकार का धूप), सुर लगाना (सत्तू और घी का मिश्रण जो शाम के समय किसी पत्थर पर कोयला रखकर जलाया जाता है), लुथेप लगाना (नाग को पूजना), आदि आज भी प्रचलन में है। इसी तरह प्रकृति के तत्त्वों में जीवन के उत्स को खोजने की कला आदिवासी जीवन की अनूठी शैली है। प्रकृति के कण-कण से आदिवासी जीवन और जीवन-दर्शन निर्मित होता है। किन्नोर के बोन परम्परा के अन्तर्गत आनेवाली कुछ विशेषताओं में से हम यहाँ आदिवासी जीवन-दर्शन को देख सकते हैं।

पहला सुर लगाने की परम्परा के अन्तर्गत सुर अर्थात सत्तू और घी के मिश्रण से बना पदार्थ होता है जिसे अँधेरा होने से पहले इस मिश्रण को पत्थर के ऊपर रखे कोयले पर डाला जाता है और उसमें से धुआँ उठने लगता है। यह माना जाता है कि सुर का धुआँ एक तरह से भोजन है उन आत्माओं और बिना शरीर वाले जीवों के लिए। सुर लगाना अपनी आस्था को भी प्रकट करता है। यहाँ इस परम्परा के पीछे का दर्शन यह है कि प्रकृति के भीतर ऐसे भी जीव-जन्तु न दिखनेवाले तत्त्व भी हैं जिनका भोजन खाने से नहीं बल्कि उनका पेट सुगन्ध से भर जाता है उनके लिए और पूर्वजों के भोजन के रूप में सुर लगाने की परम्परा है। यहाँ आदिवासी दर्शन यह है कि वह स्वयं तक केन्द्रित नहीं है।

बल्कि निराकार तत्त्वों के प्रति भी उतना ही संवेदनशील है। यहाँ हम आदिवासी जीवन-दर्शन के विस्तार को देख सकते हैं। उसी तरह प्रातःकाल में शुरू का लगाना भी इसी तरह की मान्यता से जुड़ा हुआ है। जंगल में मिलनेवाला प्राकृतिक धूप को जलाकर सुबह-सुबह बड़े-बड़े पहाड़, पर्वत श्रृंखलाओं, नदी-नाले, आत्माओं और पूर्वजों के प्रति आभार व्यक्त कर श्रद्धा सुमन अर्पित करने की परम्परा है यहाँ की समृद्ध परम्परा को दर्शाता है।

दूसरा दरछोद लगाना : घर के छत के किनारे और छत के चारों ओर झंडा लगाने की परम्परा से है। हिमालय के सभी बौद्ध क्षेत्रों में छत पर दरछोद लगाने की परम्परा है जो बोन परम्परा से ही बौद्ध धर्म में आया है। सफेद, लाल, नीला, पीला आदि कपड़े पर छोइ (भोटी भाषा में बौद्ध मंत्र) की छपाई होती है। अधिकांश लोग लुगन्ता का दरछोद लगाते हैं। यहाँ लुडं का अर्थ मन से है और मन को हवा की तरह माना जाता है और ता का अर्थ घोड़ा है। दौड़ता हुआ घोड़ा जो प्रतीक है रफ्तार का बहाव का दरछोद में दौड़ता हुआ घोड़ा भी होता है। जिस सन्दर्भ में यह मान्यता है कि घोड़ा रफ्तार के साथ मन के सभी विकार और परिवार के ऊपर आनेवाली सभी तरह की बुराइयों को दूर करने में समर्थ होता है और सभी बुराइयाँ हवा में विलीन हो जाती हैं। इसलिए दरछोद हमेशा ही ऊँची जगहों पर जहाँ हवा का बहाव तेज़ हो, पुल पर या नदी-नालों के आसपास लगाया जाता है। ताकि हवा और पानी के तेज़ बहाव के साथ सभी तरह की बुराइयाँ बह जाएँ।

किन्नोर में लोसर (नववर्ष) के दिन और बड़े शुभ अवसरों पर घर में पुराना दरछोद को बदलकर नया लगाया जाता है। किन्नौर में लोसर (नववर्ष) दिसम्बर माह में शुरू होते हुए जनवरी तक अलग-अलग गाँव में अलग-अलग दिन मनाया जाता है। दरछोद को लगाने के पीछे का दर्शन यह है कि व्यक्ति के भीतर के बुरे लक्षण और बुरे ग्रह सब उस हवा के बहाव में बह जाते हैं और पानी की चमक अपने में सोकर कहीं खत्म कर लेता है। दूसरा यह कि दरछोद लगाने के पिछले एक वैज्ञानिक सोच भी है। दरछोद एक तरह घर का पारम्परिक अर्थिंग भी है। दरछोद के ऊपर लोहे का बना तीखा त्रिशूल जैसा वस्तु जब आसमान में बिजली कड़कने पर या बिजली के गिरने पर बिजली उसी लोहे के बने तीखे वस्तु से टकराकर उसकी ऊर्जा वहीं नष्ट हो जाती है और मकान को किसी प्रकार का नुकसान नहीं पहुँचता। इससे हमें ज्ञात होता है कि हमारे पूवर्जों की सोच कितनी वैज्ञानिक थी।

चान सोलमा : चान का अर्थ है लाल रंग का तिकोना पत्थर, सोलमा का अर्थ है पूजना। जिसे यहाँ के लोग अपने घर के छत अग्रभाग के कोने पर रखते हैं। चान को यहाँ के लोग उनके रक्षक मानते हैं। चान को छत पर रखने के पीछे की मान्यता यह है कि बड़े-बड़े पहाड़ पर्वत श्रृंखलाएँ हमारी जीवनदायिनी हैं।

वह है तो हमारा जीवन सुरक्षित है। चान सोलमा के पीछे की एक मान्यता यह भी है जीवन के जो भी स्रोत हैं उन्हें हमेशा प्रसन्न रखना और उसके प्रति आभार का भाव व्यक्त करने का किन्नौर के लोगों का अपना तरीका है। चान कहीं-न-कहीं बड़े-बड़े पहाड़ों का एक छोटा प्रतिरूप है जो रक्षक के रूप में घर के छत पर विराजमान है। चान को लाल रंग की मिट्टी से मंगलवार के दिन पूजा जाता है यहाँ लाल रंग को चुनने के पीछे का कारण मुझे लगता है कि सूरज जब उदय होता है तो बर्फीली पहाड़ियों पर अलग तरह की लालिमा लिये आती है और चान भी सुबह-सुबह ही पूजा जाता है। उसी दृश्य से जुड़ा हुआ हो सकता है।

लुमो/लुथेप : लुमो (नाग) को धरती के भीतर की सत्ता के रूप में देखा जाता है और जहाँ भी चश्मे का पानी निकलता है माना जाता है कि वहाँ लुमो का वास है। इसलिए चश्मे के पानी को लुमो ती कहा जाता है जो सर्दियों में गर्म और गर्मियों में ठंडा होता है। जब सर्दियाँ होती है और बर्फ पड़ती है सब कुछ जम जाता है लेकिन लुमो ती (चश्मे का पानी) नहीं जमता। सर्दियों में लुमो ती पानी का महत्त्वपूर्ण स्रोत है। कहते हैं कि लुमो सर्दियों में उस गर्म जगह पर रहता है और पानी को प्रवाहित करता है। लुमोवाली जगह को हमेशा ही लीप-पोतकर साफ रखा जाता है। हर घर में भी लोगों के लिए विशेष स्थान है। जहाँ लुमो को पूजने के लिए लुथेप लगाया जाता है। लुमो कहीं-ना-कहीं पानी के स्रोत के रूप में पूजनीय है। इसलिए उसके साथ छेड़छाड़ करने की गलती यहाँ के लोग नहीं करते। लुमोवाली जगह पर कोई खुदाई भी नहीं की जाती है यह मान्यता है कि खुदाई करने पर लुमो को नुकसान पहुँचता है और वह नाराज होकर और पानी को सोख लेता है। लुमो बोन परम्परा का अभिन्न हिस्सा है और आज समानान्तर रूप में बौद्ध धर्म का भी अभिन्न हिस्सा है। लुमो के प्रति यहाँ के लोगों में गहरी आस्था है।

छवारमिग/दगपातीमा : इसका अभिप्राय है जब मनुष्य की मृत्यु हो जाती है तो छत पर या कहीं साफ जगह पर समतल पत्थर के ऊपर मृत व्यक्ति को जो भोजन या पय पसन्द हो वह उस पत्थर पर रख दिया जाता है। मान्यता यह है कि पशु-पक्षी के माध्यम से यह भोजन उसे पहुँचता है। दूसरा दर्शन यह भी है कि बाहर भोजन लगाने के बहाने हम प्रकृति के जीव-जन्तु, पशु-पक्षी, का भी भरण-पोषण कर रहे हैं। यह सब व्यक्ति को प्रकृति के अन्य प्राणियों के प्रति जिम्मेदारी के भाव को भी प्रकट करता है। इस तरह बड़े त्योहार-पर्व में भी निर्धारित पहाड़ी पर जाकर अपने पूर्वजों को फल-फूल आदि उत्तम भोजन अर्पित कर उनके प्रति श्रद्धा और समर्पण का भाव व्यक्त करने की परम्परा यहाँ के समाज में है।

सावनी : सावनी (अप्सराओं के रूप में) को निराकार माना है और वह पहाड़ों में जहाँ कोई नहीं हो वहाँ उनके होने की बात कही गई है। कहा जाता है अगर आप

पहाड़ की चोटियों पर कहीं जाते हैं तो सबसे पहले सावनी को पूजना ज़रूरी है। हमारे यहाँ एक लोकगीत है जिसमें एक भेड़-बकरी चरानेवाली स्त्री पहाड़ पर बकरी चराते हुए सावनी को पूजते हुए कहती है कि आपके लिए यह सब पूजा सामग्री अर्पित है और आप हमारे भेड़-बकरियों की रक्षा करना। शुरकू और सुर लगाकर कहती है जो कुछ है आप सभी को अर्पित कर रही हूँ स्वीकार करें। यह भी माना जाता है कि सावनी हवा की तरह गतिमान होती है। माघ के महीने में लामोथ त्योहार में सावनी का पन्द्रह दिन दोपहर में जूते, (फाफरा के आटे का बना नमकीन जलेबी के आकार का व्यंजन), खुरा (पूरी), पोली (फाफरा का चीला), (मार कोन) जौ के सत्तू का बना व्यंजन घी के साथ खाया जाता है) से पूजा जाता है और कहा जाता है कि जब पहाड़ों पर अत्यधिक बर्फ पड़ती है तो यह सावनी भी नीचे उतरती है। गाँव के लोग अलग-अलग पारम्परिक व्यंजनों से उनका आदर-सत्कार करते हैं। इसी तरह सूर्यग्रहण और चन्द्रग्रहण के समय भी यहाँ के लोग बड़े-बड़े परात, पतीला, तवा और थाली आदि को बजाते हुए जोर-जोर से शोर मचाते हुए सूर्य और चन्द्रमा को ग्रहण से मुक्त करने की कोशिश करते हैं। जो पुन: प्रकृति की सत्ता को स्वीकारते हुए उसकी रक्षा करने की परम्परा को ही दर्शाती है। यह माना जाता है कि सूर्य और चन्द्रमा जीवन में ऊर्जा प्रदान करने का स्रोत हैं जो जीवन को संचित और सिंचित और संवर्धित करती है, अगर वह है तो जीवन है इसलिए उसके प्रति भी आभार व्यक्त करते हुए सूर्य चन्द्रमा के उस ग्रहण के समय उसे मुक्त करने की आदिवासी समाज की एक अभिन्न अनूठी परम्परा देखी जा सकती है।

जीवन की अन्तिम यात्रा हर समाज में महत्त्वपूर्ण होता है। किन्नौर में भी अन्तिम संस्कार विशेष महत्त्व रखता है, जिसमें शुभ-अशुभ का भी विचार किया जाता है। अन्तिम संस्कार के समय किन्नौर के कुछ क्षेत्रों में शव को लेटाकर अन्तिम यात्रा पर नहीं ले जाया जाता है। शव को लेटाकर ले जाना अशुभ माना जाता है। बल्कि शव को बैठाकर पालकी में ले जाया ज़ाता है। इसके पीछे यह मान्यता है कि मृत्यु के पश्चात मनुष्य पुन: मनुष्य के रूप में ही जन्म ले। यहाँ यह आदि धर्म बोन बौद्ध धर्म और दर्शन से अलग हो जाता है। आदि दर्शन मोक्ष नहीं बल्कि जीवन को महत्त्व देता है। जबकि बुद्ध का दर्शन हमें जीवन-चक्र से मुक्त होने की प्रेरणा देता है। इसीलिए शव को लेटाकर अन्तिम संस्कार के लिए नहीं ले जाते। बल्कि मनुष्य जैसे बैठता है उसी स्थिति में उसे अन्तिम विदाई दी जाती है। ताकि वह पुन: उसी तरह अपने जीवन में लौट आए, अपनी प्रकृति, अपनी व्यवस्था में पुन: शामिल हो सके।

उपर्युक्त सभी तथ्य जो आदिवासी जीवन से जुड़ा हुआ है उसके मूल में प्रकृति और जीवन के प्रति अतुल्य आस्था और प्रकृति के साथ समतुल्यता के दर्शन को देखा जा सकता है, जो यहाँ के लोगों का धर्म भी है। इसीलिए किन्नौर में बौद्ध धर्म

में आदिवासी जीवन के अनेक तत्त्व, परम्पराएँ जो सतत आदि धर्म की परम्पराओं से लिया गया है जो यह दर्शाता है कि आदिवासी जीवन में वह सब है जो बड़े-बड़े धर्म भी उसकी जीवन-शैली को उसकी विशेषताओं को अपनाने से पीछे नहीं हटे। इसीलिए किन्नौर, लाहौल स्पीति, लद्दाख आदि क्षेत्रों में बौद्ध धर्म के प्रचार-प्रसार के साथ-साथ बोन धर्म की अपनी परम्पराएँ भी निरन्तर चलती रही हैं। लोगों का बौद्ध धर्म के प्रति अगर आस्था है तो वही अपनी आदि धर्म बोन उनके जीवन का आधार है और आदि धर्म बोन का आधार प्रकृति के भीतर की वह अदृश्य शक्तियाँ हैं, जो आदिवासी जीवन को संचालित करती हैं इसीलिए बौद्ध धर्म और बोन धर्म समानान्तर रूप में इन क्षेत्रों में देखा जा सकता है।

सन्दर्भ

1. एशियाटिक सोसाइटी मोनोग्राफ वॉल्यूम-xiii, कनारी वोकैबुलरी, बाय रेव, ग्राहमवेल, 191, पृ. 2
2. किन्नर देश में, राहुल सांकृत्यायन, पृ. 1
3. हिन्दू देव परिवार, डॉक्टर सम्पूर्णानन्द, पृ. 47
4. कल्चरल हिस्ट्री फ्रॉम वायु पुराण, 1940, पृ. 81
5. किरातार्जुनीय, भारवि, पाँचवाँ सर्ग, श्लोक-17
6. किन्नर लोक-साहित्य, डॉ. बंशीराम शर्मा, पृ. 7
7. स्टडीज इन द ज्योग्राफी ऑफ इन एनशिएंट एंड मिडवल इंडिया, पृ. 62-63
8. किन्नर लोक-साहित्य, डॉ. बंशीराम शर्मा पृ. 22
9. हिस्ट्री ऑफ वेस्टर्न तिब्बत, ए.एच. फ्रेंक, पृ. 20-21

आदिवासी धर्म की विवेचना

बसन्त चाकी

संसार में मानव किसी-न-किसी धर्म का पालन करते हैं। प्राकृतिक नियमों के अनुकूल जीवन-शैली को स्थापित करना ही धर्म है। संसार में अनेक प्रकार के धर्म स्थापित किये गए हैं। सभी धर्म अपने सिद्धान्त के अनुकूल सही माने गए हैं। धर्म मानव समुदाय के अन्तर्गत विश्वास पराशक्ति के साथ सम्बन्ध स्थापित करता है। इस शक्ति से मानवीय मूल्यों को संरक्षण प्राप्त होता है। जीवन की शैली को एक नियम या सिद्धान्त के अनुकूल बनाता है। इसी प्रकार सभी धर्म में अपने सिद्धान्त होते हैं। इससे अपने सिद्धान्त के अनुकूल मानवों को एकता स्थापित करता है। धर्म का आदर्श स्वरूप का विकास किया जाता है। धर्म सगुण हो या निर्गुण एक शक्ति या अनेक शक्ति, समाज के लोग अपने परम्परागत रूप से समाज में बनाए रखता है। लेकिन कौन-सा धर्म सर्वश्रेष्ठ है यह कहना तर्कसंगत नहीं है। सभी अपने धर्म को ही श्रेष्ठ मानते हैं। सभी धर्म की उत्पत्ति एवं विकास पर अध्ययन किया जाए तो इस तरह की समस्याओं का कुछ तर्कसंगत समाधान नहीं निकलता है।

भारत में अनेक प्रकार के धर्म माननेवाले लोग रहते हैं। अर्थात् भारत धर्मनिरपेक्ष देश है। सभी धर्मों को एक-दूसरे का विरोधी नहीं माना गया है। लेकिन सभी धर्म ईश्वर से ही सम्बन्ध रखता है। कुछ धर्म सगुण भक्तिधारा और कुछ निर्गुण सन्त धारा के हैं। इस देश में सरना, हिन्दू, इस्लाम, ईसाई, बौद्ध, जैन, यहूदी, फारसी आदि के अनेक उपधर्मों का भी विकास हुआ है। धर्म की श्रेष्ठता के नाम पर प्राचीन काल से साम्प्रदायिकता की लड़ाई होती रही है। धर्म से मानव-समाज और संस्कृति विकसित होती है।

भारत में जनजातीय या आदिवासी धर्मों का अध्ययन किया जाए तो इसके धर्म प्रकृति के साथ सम्बन्धित पाए जाते हैं। भारत में लगभग 32 से अधिक प्रकार की आदिवासी जनजातियाँ निवास करती हैं। इनकी पूजा-पद्धति प्रकृति पूजा से है। प्रकृति पूजा-पद्धति के सिद्धान्त को सरना, आदि संस्कृति, आदिधर्म, सनातन धर्म आदि अनेक

नामों से पुकारा जाता है। लेकिन मूल रूप से सरना धर्म के नामकरण को सर्वमान्य माना जाता है। सरना का अर्थ सृजन करना, वृद्धि करना, सृष्टि करना आदि से किया जाता है। सरना धर्म का स्थान अनेक पेड़ों के झुंड वाला स्थान होता है। वही पवित्र स्थान माना जाता है और वहाँ मान्यता के अनुसार बुरु बोंगाओं (जंगल में निवास करनेवाले देवी-देवताओं) का वास-स्थान होता है। प्रत्येक खूँटकट्टी ग्राम सीमा के अन्दर सरना-स्थल स्थापित किया जाता है। यह सरना-स्थल दो प्रकार के होते हैं। पहला स्थल, 'जयरा' और दूसरा 'देशाउलि' स्थल होता है। जयरा स्थल में स्त्री देवी-देवताओं और देशाउलि स्थल में पुरुष देवी-देवताओं की पूजा की जाती है।

आदिवासियों का धर्म पूर्णत: प्राकृतिक माना गया है, क्योंकि प्रकृति में वास करनेवाले देवी-देवताओं की ही पूजा होती है। जैसे नदी, पहाड़, खेत, पेड़-पौधे आदि की पूजा की जाती है और साथ ही वर्षा, वायु, सूरज, चन्द्रमा, ग्रहों आदि को ईश्वरीय शक्ति का रूप मानते हैं। सरना धर्म के अनुसार, धर्म का पालक प्रकृति में रहनेवाले मानव, जीव-जन्तु, पक्षी आदि हैं। धरती में रहनेवाले सभी जीव-जन्तुएँ मानव के किसी-न-किसी रूप से सम्बन्ध रखते हैं और इन सबों पर प्रकृति का नियंत्रण रहता है।

विद्वानों के अनुसार, धर्म की परिभाषा देने का प्रयास किया गया है, जो इस प्रकार है :

> मजूमदार और मदन के अनुसार, "धर्म किसी भय की वस्तु अथवा शक्ति का मानवीय प्रमाण है, जो परालौकिक है और इन्द्रियों के परे है। यह व्यावहारिक अभिव्यक्ति है तथा अनुकूलन का रूप है, जो लोगों के अलौकिक शक्ति की धारणा से प्रभावित है।"
>
> मेलिनोवस्की के मतानुसार "धर्म के अन्तर्गत मानवीय व्यवहार के वह सभी प्रतिमान आते हैं, जिससे वह अपने दैनिक जीवन की अनिश्चितता को दूर करता है और उस संकट की क्षतिपूर्ति के लिए भय को दूर करता है। जो अनपेक्षित है। धर्म पहले मनुष्य की आशा और आकांक्षा का परिणाम न होकर उस भय का परिणाम है, जो उसे सदा लगा रहता है।"

इस प्रकार उपर्युक्त परिभाषा के आधार पर धर्म का निर्माण विभिन्न विश्वासों और संस्कारों द्वारा होता है। धर्म के लिए तर्क की अपेक्षा विश्वास आदि उपयोगी है। इसलिए विज्ञान की प्रगति ने धार्मिक विश्वासों को कमज़ोर किया है। विज्ञान तथ्य पर आधारित है लेकिन धर्म दर्शन पर आधारित है।

आदिकालीन धर्म की उत्पत्ति के सिद्धान्त के अनुसार, आदिकालीन धर्म की उत्पत्ति के सम्बन्ध में विभिन्न विद्वानों ने विभिन्न प्रकार से इसका विवेचन किया है। हर्बट स्पेंसर और टायलर ने धर्म उत्पत्ति का विकासवादी प्रतिपादन किया है।

उनके अनुसार, "आदिकालीन समाज में प्रत्येक व्यक्ति अपने पूर्वजों की पूजा करते थे, इसलिए कालान्तर में धर्म का जन्म हुआ है।" अभी भी आदिवासी समाज में इस तरह की पूजा का प्रचलन है। इस विश्वास से करते हैं कि मनुष्य के मरने के बाद आत्मायें विचरण करती हैं। विधिवत् मृत्यु-संस्कार एवं अनुष्ठान के द्वारा आत्मा को घर में बुला लिया जाता है और अगले पीढ़ी में पुनर्जन्म का विश्वास रखता है। इसलिए आदिवासी समाज में जन्म-संस्कार के बाद अपने बच्चों का नामकरण अपने पूर्वजों के नाम पर रखते हैं।

> गैरेट के अनुसार, "धर्म उत्पत्ति का मूल कारण जीव-सत्तावाद माना है। उनका मत है आदिम समाज में मनुष्य प्रकृति जड़ और चेतन पदार्थों की जीव-सत्तायुक्त माना है। जीवित सत्ता का यह विचार पृथक आत्मा के विचार से पहले पैदा हुआ है। यह सत्ता प्रत्येक वस्तु में विद्यमान एवं सर्वव्यापक है।"

इसलिए मैरेट ने जीव सत्तावाद को धर्म की उत्पत्ति माना है। आदिवासी लोगों की पूजा पद्धति-प्रकृति के प्रत्येक चीज़ को ईश्वरीय देन समझते हैं और उससे सम्बन्धित देवी-देवताओं का पूजन करते हैं।

डॉ. मजूमदार के अनुसार छोटा नागपुर के हो तथा मुंडा जनजाति के 'बोंगावाद' को धर्म की उत्पत्ति मानते हैं। यह बोंगावाद को व्ह-बुरु, बोंगा-बुरु भी कहते हैं। इसमें जंगल, पहाड़, नदी, खेत, पेड़-पौधे आदि में निवास करनेवाले देवी-देवताओं की पूजा की जाती है। इन देवी-देवताओं पर अलौकिक शक्ति होती है। इनसे वे अपने रोग, भय, किसी आकस्मिक घटनाओं से रक्षा करने का गुहार करते हैं।

'मैक्स मूलर' ने धर्म उत्पत्ति का प्रमुख कारण प्रकृतिवाद को माना है। मनुष्य पर प्रकृति के प्रभाव के फलस्वरूप पूजा-आराधना शुरू किया और पूजा की यह परम्परा धर्म के रूप में प्रचलित हुआ। आदिकालीन मानव प्राकृतिक घटनाओं को देखकर सम्पूर्ण प्रकृति को प्राणवान मानता था। उसके अनुसार सूर्य, पृथ्वी, चन्द्र, वायु, जल, अग्नि इत्यादि सभी जीवन से परिपूर्ण थे। इस आधार पर आदिकालीन मनुष्य के मन में जीवित अथवा चेतन सत्ता की धारणा उत्पन्न हुई। इस प्रकार धर्म की उत्पत्ति का आदि स्रोत प्रकृति को माना है।

गुरु लको बोदरा के अनुसार, आपने नाट्यशास्त्र "सार होरा भाग-2" में लिखा है कि धर्म की उत्पत्ति मनुवाद या मनु-संस्कृति से माना है। इस मनु-संस्कृति को "मुनु दोषतुर" या "मातृ संस्कार" भी कहा जाता है। शास्त्र के अनुसार इसकी व्याख्या इस प्रकार की है :

1. स्वयम्भू मनु (उप्पदुब मुनु)	जल देवी (नगे-बिन्दि एरा)	काल (काड़)
2. स्वारोक्षिष मनु (उँदुब मुनु)	केंचुवा (लेंडाड)	काल (काड़)
3. औत्तमि मनु (उपन मुनु)	मेढक (चोके)	काल (काड़)
4. तामस मनु (उतराव मुनु)	केकड़ा (कहकोम)	काल (काड़)
5. रैवत मनु (वेरेड मुनु)	दीमक (निंदिर)	काल (काड़)
6. चाक्षष मनु (विरिङ मुनु)	सूर्य-चन्द्र (सिंगि-चंडु)	काल (काड़)
7. वैवस्वत मनु (वॉयबुसुः मुनु)	 (उतुर्)	काल (काड़)
8. सावर्णि मनु (जाते मुनु)	इष्ट देवता (दुप्पुब दिषुम मरं बोंगा)	काल (काड़)
9. दक्ष सावर्णि मनु (जोतोन मुनु)	गोवाल देवता (गोवा बोंगा)	काल (काड़)
10. ब्रह्म सावर्णि मनु (गितिल तकड मुनु)	ग्राम देवता (देषाउलि)	काल (काड़)
11. धर्म सावर्णि मनु (दे दोन होम मुनु)	ग्राम देवी (जयरा)	काल (काड़)
12. रूद्र सावर्णि मनु (राका मुनु)	पाँउणी देवता (पाँउणि)	काल (काड़)
13. रौक्षदेव सावर्णि मनु (जगाति मुनु)	बगिया देवता (बगिया)	काल (काड़)
14. इन्द्र सावर्णि मनु (कोल मुनु)	आदि पुरुष-स्त्री (लुकु-लुकुमि)	काल (काड़)

उपर्युक्त काल मनु संस्कार के आधार पर आज भी प्रकृति के देवी-देवताओं की पूजा सरना-स्थल में परम्परागत रूप से आदिवासी धर्म के आधार पर होती है।

इस तरह की पूजा-परम्परा आदिवासियों में प्रचलित है। सरना-स्थल की स्थापना खूँटकट्टी ग्राम स्थापना के पूर्व किसी जंगल क्षेत्र में सुकह कलुटि (मटमैला मुर्गी) और अरः संडि (लाल मुर्गा) को जंगल के देवी-देवताओं से मन्नत करके उस स्थान पर रात-भर बाँधकर छोड़ दिया जाता है और अगर अगले सुबह तक दोनों

मुर्गा-मुर्गी को सही सलामत रहे या उन पर किसी जानवर का हमला नहीं हुआ तो उक्त स्थान को ग्राम स्थापना के लिए शुभ माना जाता है। इसके उपरान्त उस जंगल क्षेत्र में एक जयरा स्थल और एक देशाउलि स्थल बनाकर खूँटकट्टी ग्राम का सीमांकन किया जाता है। उस स्थान में सामाजिक व्यवस्था के तहत् प्रत्येक वर्ष सामूहिक रूप से परम्परागत त्योहारों का आयोजन किया जाता है। इस प्रकार जनजातीय समाज के लोग सरना स्थल का निर्माण करते हैं। इस सरना स्थल में ग्राम के नायके और नायक-स्त्री विधिवत् पूजा-अनुष्ठान करते हैं। समाज में किसी व्यक्ति का जन्म, विवाह या मृत्यु-संस्कार बहुत पवित्र ढंग से मनाया जाता है।

इस प्रकार आदिवासियों की धर्म-व्यवस्था में छूटवटी व्यवस्था के तहत सरना-स्थल की स्थापना करते हैं और इस स्थान पर सम्पूर्ण मानव जाति के कल्याण की कामना करते हैं। साथ ही कृषि, पशुधन आदि सुख-समृद्धि की कामना करते हैं। इस प्रकार आदिवासियों के धर्म उत्पत्ति का सम्बन्ध मनु-संस्कार या मातृ-संस्कार से है।

गोंड देवलोक

(हिन्दुआ जीवैं नेम के बल में आदिवासी जीवैं देव के बल मा)

धर्मेन्द्र पारे

भीलों के बाद गोंड जनजाति भारत की दूसरी सबसे बड़ी जनजाति है। इस जाति का भारत में विस्तार प्रान्त-प्रान्तर तक है। मध्य प्रदेश, महाराष्ट्र, छत्तीसगढ़, आन्ध्र प्रदेश में प्रमुख तथा आसपास लगे प्रान्तों में भी गौण रूप से यह जनजाति निवास करती है। इन प्रान्तों की समस्त जनजातियों में यह जनजाति तुलनात्मक रूप से अधिक सबल है। अधिक सबल से आशय है शिक्षा, राजनैतिक शक्ति, राजनैतिक सत्ता में हिस्सेदारी, आर्थिक और शैक्षणिक आधारों पर। न केवल स्वतंत्रता परवर्ती भारत में बल्कि इसके पूर्व के भारत में भी जनजातियों के इतिहास में यह जनजाति अपेक्षाकृत शक्तिशाली रही है। इस जनजाति में राजपाट भी रहा है। इनके एक वर्ग को तो राज गोंड के नाम से ही जाना जाता है। अन्य जनजातियों को यह अवसर मयस्सर कम ही हुआ। झारखंड तथा उत्तर-पूर्व के राज्यों में कई छोटी-बड़ी जनजातीय भाषा और संस्कृति को स्कूल से लेकर विश्वविद्यालय तक के पाठ्यकमों में पढ़ाया जाता है। कुछ राज्य विश्वविद्यालयों में वहाँ की जनजातीय भाषाओं के विभाग भी हैं किन्तु मध्य प्रदेश, छत्तीसगढ़, राजस्थान, गुजरात जैसे राज्यों में प्राय: इसका अभाव है।

जनजातीय समाज में देवी-देवताओं का क्या स्थान है? उनका मनोजगत दैवीय संसार को किस रूप में देखता है। इसे एक गोंड कहावत से जाना जा सकता है—'हिन्दुआ जीवैं नेम के बल में आदिवासी जीवैं देव के बल मा' अर्थात हिन्दू लोग नियम के बल पर जीते हैं जबकि जनजातीय लोग देव के बल पर अपना जीवन व्यतीत करते हैं। गोंड जनजाति ही नहीं मेरे द्वारा जिन जनजातियों के संसार को देखा-परखा गया, वे सभी आपादमस्तक दैवीय विश्वासों और दृढ़ मान्यताओं में पगी हुई हैं। उनका जीना-मरना और सृष्टि के समस्त उपादानों का होना-न होना उनके लिए दैवीय है। देवी-देवताओं की उपस्थिति जनजातीय संसार में एक गहन भय का संचार भी करती है। वे कहते भी हैं—'मानै देव गो सैया ला खाय' अर्थात

जिन देवी-देवताओं को समुदाय मानता है यदि उन्हें वह भूल गया तो वे देवी-देवता रुष्ट होकर घर के लोगों को ही खा जाते हैं।

भारत की जनजातियाँ कुल-गोत्र पर गर्व नहीं करती। बल्कि वे अपने मनुष्य होने पर गर्व करती हैं। कई जनजातियों के नाम का शाब्दिक अर्थ ही मनुष्य होता है। गोंड जनजाति भी उनमें से एक है। गोंड शब्द तेलुगु के कोंड से निकला हुआ माना जाता है। तेलुगु में 'कोंड' का अर्थ पर्वत होता है। मध्य प्रदेश के पूर्व मुख्य सचिव स्वर्गीय आर.पी. नरोन्हा ने शुक्ल अभिनन्दन ग्रन्थ में अपने लेख 'गोंडी बोली' में लिखा है कि "...जान पड़ता है कि उनके प्रधान साम्राज्यों का पतन हो जाने पर वे पहाड़ियों में चले गए और वहीं रहने लगे। तब वे अपने को 'कोंडा दोरूल' कहने लगे। 'कोंडा' यानी पहाड़ी और दोरुल अर्थात अधिपति'। यह बात उचित जान पड़ती है। वैसे गोंड अपने-आपको 'कोईतूर' कहते हैं। 'कोईतूर' का मतलब ही मनुष्य होता है। एक विदेशी विद्वान पादरी हिस्लाप ने 'गोंड' शब्द को 'कोंड' का बदला हुआ रूप माना है। उन्होंने आन्ध्र प्रदेश के तेलंगाना क्षेत्र को इनकी उत्पत्ति का स्थान माना है। गोंड शब्द का जिक्र प्राचीन साहित्य में नहीं मिलता। तुलसीदास ने अपनी कृति 'दोहावली' में गोंड शब्द का जिक्र किया है। किन्तु तुलसीदास से बहुत पहले ही गोंड जनजाति मंडला और नर्मदा के आसपास अपना साम्राज्य स्थापित कर चुकी थी।"

हरदा, होशंगाबाद, बैतूल, खंडवा जिले के लोगों से जब मैंने गोंडों के प्रकार जानने चाहे तो उन्होंने मुझे कई रोचक प्रकार बताए—राजगोंड, परधान गोंड, नाड़ी गोंड, ठाठिया गोंड, लानिया गोंड, क्षत्रिय गोंड, तोप गोंड, गोंड गवार, ग्वाल गोंड, नहाल गोंड, ओझा गोंड, घास गोंड, जड़ी काईतूर आदि। राज गोंड अपने नाम से ही स्पष्ट होता है कि वे राजकुल से सम्बन्धित हैं। राजगोंड अन्य प्रकार के गोंडों में रिश्ते नहीं करते। परधान गोंड वे हैं, जो गायन-पूजन-पाठ आदि का काम करते हैं। राजगोंड इनके हाथ का खाना-पीना तो स्वीकार करते हैं किन्तु वैवाहिक-सम्बन्ध नहीं करते। परधान गोंडों के देव खलिहान नहीं होते। परधान गोंड किसी भी देव खलिहान में जाकर पूजा और जात मिलौनी कर सकते हैं। परधान गोंड देव खलिहान के 'दीवान जी' भी कहे जाते हैं। जब धुर गोंड देव खलिहान में जाते हैं तो साथ में परधान गोंड जिसे 'दीवान जी' कहा जाता है, को ले जाना आवश्यक होता है। ठाठिया गोंड—वे गोंड कहलाते हैं जो पशु चराने का काम करते हैं। ठाठिया गोंड और धुर गोंडों में भोजन तो आपस में किया जा सकता है किन्तु वैवाहिक रिश्ते नहीं होते। ठाठिया गोंड को ग्वाल गोंड भी कहा जाता है। इनकी उत्पत्ति के सम्बन्ध में गाँव दीदमदा, जिला हरदा के श्री मनोहरलाल परते ने एक कथा सुनाई, जिसके अनुसार—एक बार सब लोग कुवासी बाबा अर्थात बड़ा देव की पूजा करने गए। बुज़ुर्ग लोग पूजा कर रहे थे। वह नवा पूजा थी। नये धान को चढ़ाया जा रहा था।

इतने में कुछ पशु चरते हुए वहाँ आने लगे। किसी ने कहा—अरे! जाओ इन ढोरों को भगाकर आओ अन्यथा ये अपनी पूजा को अपवित्र कर देंगे। कुछ लोग पूजा को अधूरा छोड़कर ढोरों को भगाने दौड़ पड़े। तभी से वे लोग ठाठिया गोंड कहलाने लगे और उनको पशु चराने का काम दिया गया। ओझा गोंडों से भी अन्य प्रकार के गोंड वैवाहिक सम्बन्ध नहीं करते। ओझा लोग हरदा, होशंगाबाद, खंडवा और बैतूल जिले में गोंड तथा कोरकू जातियों में वैवाहिक और मृत्यु संस्कार के अवसर पर गायन करते हैं। ओझा लोगों को मूंगिया भी कहा जाता है। ये लोग गोंडों और उनके कुल तथा देवी-देवता और राजाओं की विरुदावली भी गाते हैं। ओझा लोग गुदना गोदने और गुदड़ी सिलने का भी काम करते हैं। गोंडों में एक प्रकार के गोंड घास गोंड या जड़ी कोईतूर कहलाते हैं। यहाँ रोचक तथ्य यह है कि वे स्वयं इस नाम से अपने-आपको पहचाना जाना पसन्द नहीं करते, बल्कि वे स्वयं को राजगोंड कहते हैं तथा अन्य लोगों को दरोई गोंड कहते हैं। गोंडों की इस उपजाति के विषय में प्रायः नहीं के बराबर लिखा गया है। घास गोंड या जड़ी कोईतूर उन्हें इसलिए कहा गया क्योंकि यह जाति दवा और जड़ी-बूटी बेचने का काम करती है। ये लोग प्रायः शहरों के बाहर डेरा बनाकर रहते हैं। खंडवा जिले का सिहाड़ा गाँव जड़ी कोईतूर लोगों का ही गाँव माना जाता है। इनके वैवाहिक रिश्ते भी अन्य प्रकार के गोंडों में नहीं होते। एक अन्य विशेषता यह है कि जब गोंडों की मूल बोली कई क्षेत्रों में लगभग समाप्त-सी हो रही है। जड़ी कोईतूर लोगों के डेरों में वह बची हुई है। गवार गोंड या धुर गोंड या साधारण गोंड वे लोग हैं जो बेहद गरीब हैं। ये लोग प्रायः श्रमपरक कार्यों में रत होते हैं। इनके पास आजीविका के रूप में अंग मेहनत ही होती है। इनके वैवाहिक रिश्ते अन्य प्रकार के गोंडों में नहीं होते।

गोंड सम्भवतः इकलौती जनजाति है जो अपना वर्गीकरण ही देव संख्या के आधार पर करती है। इनमें एक से लेकर बारह तक के देववाले लोग मिलते हैं। इस देव संख्या के आधार पर गोत्र एवं निषेध व्यवस्था देखने में आती है।

एक देव — बरियार देव।
दो देव — हरजंगो और हरलिंगो।
तीन देव — नुरमल पेन, सोमा पेन तथा डोमा पेन।
चार देव — लाल देव, कालादेव, माल देव, पाल देव।
पाँच देव — अहराउड़, महराउड़, रेवाराउड़, मालराउड़, दोपलराउड़।
छह देव — अहे ओदल, महे ओदल, अपय ओदल, टिपई ओदल, भंडेसुर ओदल और कोयदल ओदल।
सात देव — धनबाई, धनठाकुर, पडंचेजंगा, रायमुदा, चिकटसार भंडेसार और भुईमलसार।
आठ देव — भुमका को आठवाँ देव माना गया है।

नौ देव — भगत को नौवाँ देव कहा जाता है।
दस देव — पड़िहार को दसवाँ देव कहा गया है।
ग्यारह देव — पाटारी को ग्यारहवाँ देव कहा गया है।
बारह देव — गुनिया को बारहवाँ देव कहा जाता है।

गोंड देवी-देवता

गोंड जनजाति में प्रचलित और मान्य देवी-देवताओं के विषय में रोचक तथ्य यह है कि बैतूल, हरदा, खंडवा और होशंगाबाद में जहाँ इनकी संख्या कम है, वहीं मंडला डिंडौरी की ओर इनकी बड़ी संख्या है। कुछ देवता तो पूरी गोंड जनजाति में जाने जाते हैं, कुछ स्थानीय-क्षेत्रीय हैं तो कुछ निहायत ग्राम्य। कुछ देवताओं का अस्तित्व केवल घर-परिवार में ही है। कुछ देवताओं के नाम देखकर ही पता चल जाता है कि ये अन्य जातियों से अन्तरित हैं। कुछ बहुप्रचलित हैं। कुछ देवियों के नाम व्याधियों और बीमारियों पर आधारित हैं। कुछ दैनिक दिनचर्या और समाज में घटित घटनाओं पर आधारित हैं। समस्त देवी-देवता एक गहरी करुणा, एक गहन याचना, एक लम्बी प्रार्थना की निर्मिति हैं। कुछ प्रसन्नता और हर्ष में, कुछ उल्लास और मस्ती में याद किये जानेवाले देवी-देवता हैं जिनके लिए नृत्य और गीतों की सृष्टि पूरे आदिम आलोक में चली आती प्रतीत होती है तो कुछ देवी-देवता भय और संकट का प्रकटीकरण हैं। कुछ बेहद सांसारिक हैं। समस्त देवता भोले-भाले आदिम मानस में एक गहरे रहस्य और जिज्ञासा को उत्पन्न करते प्रतीत होते हैं। प्रकृति और संसार की जिस भी चीज़ में शक्ति और संहार का तत्त्व विद्यमान देखा, वहीं आदिम मनोजगत उसे देवत्व की गरिमा प्रदान कर देता है।

क्षेत्रानुसार इनमें बहुत अन्तर देखने को मिलता है। हर कुल का एक गोत्र होता है। यह गोत्र किसी-न-किसी पशु-पक्षी या वनस्पति पर आधारित होता है। कुल के लोग इसकी पूजा करते हैं। गोंड गोत्रों के इन प्रतीकों के साथ निषेध भी जुड़े होते हैं। जैसे—अहाके गोत्र का गोंडी में अर्थ होता है ककड़ी। उइके गोत्र के लोग साजा को अपना कुल वृक्ष मानते हैं और इस वृक्ष को काटते नहीं हैं। करपेती गोत्र का आशय मेंढक होता है। ये लोग मेढक नहीं मारते। कुमरे गोत्र में भी कई उपभेद होते हैं। एक ऐटी कुमरे कहलाते हैं। गोंडी भाषा में ऐटी का अर्थ बकरा होता है। ये लोग बकरे का मांस नहीं खाते, न बकरी का दूध पीते हैं। इस सम्बन्ध में एक कथा भी सुनने को मिलती है—"एक बार कुमरे गोत्र के लोग देव खलिहान में पूजा के लिए गए थे। उन दिनों देव खलिहान में लड़के और लड़की की बलि देने की प्रथा थी। उन लोगों ने गाँव के ही एक बालक का अपहरण कर लिया और उसकी बलि दे दी। जिस व्यक्ति का वह बालक था, जब वह ढूँढ़ता हुआ आया तो उन लोगों ने झूठ बोल दिया कि बालक यहाँ नहीं है। सन्देह होने पर उस व्यक्ति ने

राजा को शिकायत कर दी। राजा ने अपने सिपाही सचाई पता करने के लिए भेज दिये। सिपाही जैसे ही आए पूजा कर रहे लोगों ने बालक की मुंडी और कटे हुए हाथ-पैरों पर टोकरी ढँक दी। सिपाहियों ने पूछा इस टोकरी के नीचे क्या है। लोग घबरा गए और बड़ा देव को सुमरने लगे। एक बुजुर्ग ने कहा कि इसमें तो बकरा है। सिपाही ने जैसे ही टोकरी हटाई, वहाँ सचमुच बकरे का पाँव और मांस रखा था। सिपाही चले गए। सब लोग राजदंड से बच गए। उसी दिन से कुमरे लोगों ने सोचा कि इस बकरे के कारण हम सबकी जान बची है। हमें आज से इसका मांस भी नहीं खाना चाहिए। तभी से कुमरे गोत्र में बकरी का दूध वर्जित है और बकरे का मांस भी नहीं खाया जाता।" इसी प्रकार भालावी गोत्र के लोग न तो घोड़े पर बैठते हैं न ही भाला रखते हैं। टेकाम गोत्र का अर्थ सागौन होता है। टेकाम लोग कछुए को अपना पुरखा मानते हैं और कछुए का मांस नहीं खाते। मरावी गोत्रवाले पीपल के फल को नहीं खाते। कन्नौद तहसील के गाँव अम्बाड़ा में मरकाम गोत्र के लोग हाथी को अपना कुल देवता मानते हैं तो काकोडिया गोत्र के लोग सोना नहीं पहनते, न ही छूते हैं।

सत्तापुर चारखेड़ा जिला खंडवा के लोगों के अनुसार कौड़िला गोत्र में विवाह मंडप में नहीं होता। बाड़ीवा गोत्र के लोग जिकड़ी नामक पशु को देखते भी नहीं, न ही उसका मांस खाते हैं। खोज करने पर हर गोत्र के पीछे एक मिथ कथा और एक निषेध की जानकारी मिलती है।

गोंड जनजाति में हर गोत्र में दो प्रकार के गोत्र होते हैं—बड़ा चूड़ावाले और छोटे चूड़ेवाले। बड़े चूड़ेवाले की विधवा स्त्री से छोटे चूड़ेवाला व्यक्ति विवाह कर सकता है, किन्तु बड़े चूड़ेवाला ऐसा नहीं कर सकता क्योंकि मान्यता के अनुसार वह उनकी बहू होती है। उदाहरण के लिए बड़े चूड़ेवाले धुर्वा पाठ मुख धुर्वा और कंगाली धुर्वा कहलाते हैं। जबकि खंडावाले धुर्वा छोटे चूड़ेवाले माने जाते हैं। इसी प्रकार इरपाची बड़े चूड़ेवाले और सेही इरपाची छोटे चूड़ेवाले माने जाते हैं। भालावी गोत्र में भाला भालावी और सूर भालावी बड़े चूड़ेवाले माने जाते हैं। किन्तु कोड़ा भालावी और सेई भालावी तथा भौर भालावी छोटे चूड़ेवालों में गिने जाते हैं। इसी प्रकार कुमरे भी कई प्रकार के होते हैं। ऐटी कुमरे, गाय चाटिया कुमरे बड़े चूड़ेवाले माने जाते हैं तो छींद सूर कुमरे और साबे कुमरे छोटे चूड़ेवाले माने जाते हैं। न केवल छोटे और बड़े चूड़ेवाले बल्कि गोंड जनजाति में हर गोत्र के भीतर भी कई गोत्र होते हैं—जिनकी अपनी विशेषता होती है। जैसे—उइके आठ प्रकार के माने जाते हैं। हालाँकि आठ प्रकार बतानेवाले पूरे आठ प्रकार भी नहीं बता पाते। दूसरी ओर क्षेत्र बदलते ही उइके के प्रकार भी नये-नये मिलने लगते हैं। बहरहाल रांई उइके, तुमड़ीसार उइके, बाघमारे उइके, उरुम उइके और कोसारिया उइके हरदा, बैतूल, खंडवा, होशंगाबाद में मिलते हैं। इन गोत्रों में भी गोत्र के एक एक प्रतीक का निषेध होता है।

जैसे रांई उइके गोत्र के गोंड न तो रांई को खेतों में लगाते हैं न छूते है, न ही रांई का अचार खाते हैं। कोसारिया उइके कोसा को हाथ भी नहीं लगाते। तुमड़ीसार उइके अर्थात टेमरु का फल। वे इतना ही परहेज़ टेमरु के फल और पत्ते से करते हैं। कुमरे गोत्र के लोग न तो बकरी को हाथ लगाते हैं, न उसका दूध पीते हैं, न ही उसका मांस खाते हैं। छिन्दवाड़ा सिवनी जिले में उइके लोगों में कुडो उईका, उर्रम उईका, तेन्दूसार उईका, राय भंडार उईका, बाघपाले उईका मिलते हैं।

घर के देवता

गाडवा देव— यह देव प्रत्येक घर में तो विराजमान नहीं होता किन्तु कुल या गोत्र के एक प्रमुख व्यक्ति के घर में यह प्रतिमा में विराजमान होते हैं। बैतूल और हरदा जिले के सीमावर्ती गाँवों में इस स्थान को झोपा भी कहा जाता है। गाडवा देव प्राय एक मटकी में रखे जाते हैं, यह मटकी रस्सी के किसी सींके में रखी रहती है। जिस घर में ये देव रखे जाते हैं, उस घर में प्रायः उनकी पूजा-अर्चना होती है। इन गाडवा देव की पीतल और लकड़ी की प्रतिमाएँ होती है। अलग-अलग क्षेत्रों और गाँवों में इन प्रतिमाओं को अलग-अलग नामों से जाना जाता है।

हरदा जिले में निवासरत गोंड जनजाति के सर्वेक्षण के दौरान गाँव जडकऊ और रसलपुर में निवास करनेवाले श्री गजराजसिंह पदम से ज्ञात हुआ कि गोंड जनजाति में गाडवा या गढ़वा देव ही कुल का देवता होता है। गाडवा देव का स्थान गाडवा झोंपड़ी होती है। यह गोंड घरों में बाहर प्रायः पीछे की ओर बनी होती है। मिट्टी का एक घड़ा ही गाडवा कहलाता है। गाडवा देव की पूजा वर्ष में दो बार होती है। पहली बैसाख सुदी चौदस तक, दूसरी पौष माह में 'गाडा नोवा' के रूप में होती है। पौष माह में गाडवा भरा जाता है। इस गाडवा पूजा में डेढ़ पाई चावल, डेढ़ पाई गेहूँ, आटा, नारियल, गूगल, राल, धूप-अगरबत्ती, घी, गुड़, तिल्ली का तेल, गुल्ली अर्थात महुए का तेल, सफेद तिल्ली साफ करके तेल हाथ से निकाला जाता है। गाडवा भरने की विधि पौष माह की चाँदनी में सम्पन्न होती है। तिल्ली का तेल निकालकर गाडवा में भरा जाता है। गाडवा भरने के समय उस कुल के जितने भी लोग होते हैं, लगभग वे सभी एकत्रित होते हैं। सभी लोग बहुत श्रद्धा के साथ उसका पूजन करते हैं। फिर गाडवा अर्थात घट को निकालकर देखा जाता है कि उसमें कितना तेल शेष है। यदि गाडवा तेल से पूरा भरा निकलता है तो पूरा कुल बहुत खुश होता है यह सोचकर कि ऐसा होने से पूरा कुल इस वर्ष बहुत फलेगा-फूलेगा। कोई अनिष्ट नहीं होगा। फसल अच्छी होगी। धन-दौलत में वृद्धि होगी। अगर गाडवा को खोलने पर उसमें तेल कम मिलता है तो अनुमान लगाया जाता है कि इस वर्ष फसल या परिवार में कुछ नुकसान हो सकता है। पुनः गाडवा अर्थात घट की पूजा करके रख दिया जाता है। ऐसा कहा जाता है कि पुरखों को

गाडवा में लाने के लिए पहले मृतक की रसोई अर्थात तेरहवीं के बाद चबूतरे पर पत्थर स्थापित होता है। इस प्रतीक की हर त्योहार एवं पर्व पर पूजा की जाती है। इसे 'साना डोमा' भी कहा जाता है। इस प्रकार चबूतरे पर तीन पीढ़ी तक के पुरखे स्थापित किये जाते हैं। फिर उन्हें गाडवा में स्थापित मान लिया जाता है। ऐसा माना जाता है कि इसके बाद उन्हें मोक्ष प्राप्त हो जाता है, फलस्वरूप उन्हें पवित्र नर्मदा में विसर्जित कर दिया जाता है।

हाथा देव—इस देव का स्थान दीवार के ऊपर चौखट पर बना होता है। इसे सेमल के पत्ते के रंग से बनाया जाता है। जिस घर में जितने देववाले निवास करते हैं, उतनी संख्या में गेहूँ के आटे से घोल बनाकर देव बने होते हैं। जितने देव होते हैं उतनी संख्या में ही अनुष्ठान अवसर पर पातल रखी जाती है। फिर जोड़े से पातलों की पूजा की जाती है।

पाँच पांडव—कहीं-कहीं इनकी पीतल की मूर्तियाँ देखी जाती हैं। इनकी पूजा हरी जिरोती के दिन की जाती है।

नुरमल पेन—पेन अर्थात देव। इसे लोहे के चूड़े में माना जाता है। इसे बरियार देव के बायें हाथ का चूड़ा भी कहा जाता है। गाडवा रानी, पाँच पांडव, दूल्हादेव, नारायण देव, सकराई देव, दुर्गा माता, लोई, धन ठाकुर, खोरिया छतरपाल इन्हें बूढ़ा देव आदि देवी-देवताओं का स्थान घर के भीतर माना जाता है। घर के भीतर ही विविध अवसरों पर्वों-त्योहारों पर इनकी पूजा, भेंट और भोग दिया जाता है।

घर के बाहर स्थित देवता

बड़ा देव इन्हें फड़ापेन और शम्भू शेक तथा कुछ जगह माटिया देव भी कहा जाता है। नारायण देव इन्हें सूर्यदेव भी कहा जाता है। भीमसेन देव, हरदौल देव, मुठवा देव, पनघट देव, सामा डूमा आदि देवता घर के बाहर किसी पहाड़, जंगल, नदी आदि स्थानों पर विराजमान होते हैं। ये देवता घर से दूर स्थित देव खले में भी हो सकते हैं। अधिकांश देवताओं की पूजा में स्त्रियों की भूमिका नहीं होती। न ही वे इनका प्रसाद खाती हैं। व्यक्तिगत रूप से यात्रा आदि में इन स्थानों पर से गुजरते वक्त स्त्रियाँ इनके दर्शन-नमन और आशीर्वाद ज़रूर प्राप्त कर सकती हैं।

बड़ा देव को गोंड जनजाति में सब देवों का देव माना जाता है। इसे कहीं-कहीं शम्भू सेक भी कहा जाता है। इस देवता की पूजा सम्पूर्ण गोंड जनजाति में होती है। 'माटिया देव' को लोहे के घुंघरू के रूप में पूजा जाता है। ये कच्चे लोहे के ढले हुए घुंघरू होते हैं जो किसी लोहे की साँकल में लगे रहते हैं। ये घुँघरू काफी बड़े होते हैं। 'मुठवा देव' यह देव कोरकू जनजाति में तो सबसे प्रमुख देव माना जाता है किन्तु गोंड जनजाति में यह केवल एक देवता के रूप में पूज्य है। इस देवता की पूजा दीपावली और बिदरी पूजा में अवश्य की जाती है।

'पनघट देव' पानी भरने के स्थान पर विराजमान होने के कारण ही इसे पनघट देव कहा गया है। इस देवता की पूजा बिदरी पूजा में अवश्य होती है। 'भीमसेन देव' प्रायः इस देवता का स्थान खेड़ापति देव के पास होता है। यह देव एक पत्थर में विराजमान होता है। बिदरी पूजा में इस देव की पूजा ज़रूर की जाती है। इसकी पूजा के पश्चात ही फसल बोने का कार्य प्रारम्भ होता है। 'हरदौल देव' यह देवता बुन्देलखंड के प्रसिद्ध लोक देवता हरदौल ही हैं। शादी-विवाह आदि अवसरों पर इस देवता की पूजा अवश्य की जाती है। गोंड जनजाति में इसके अलावा कुड़ोपेन, श्री पेन, बाघदेव, सँजोई देव, घाट देव की भी पूजा की जाती है। इन सबकी पूजा आषाढ़ माह में करने के बाद ही फसल बोई जाती है। नाम से ही स्पष्ट होता है बाघदेव जंगल के राजा शेर को कहा जाता है। इस देवता की पूजा इसलिए की जाती है कि कोई जंगली जानवर आदमियों और पशुओं को नुकसान न पहुँचाए। घाटदेव प्रायः किसी घाटी पर स्थित होते हैं, जहाँ दुर्घटना की आशंका बनी रहती है। ऐसे स्थानों पर दुर्घटना न हो यात्रा निर्विघ्न सम्पन्न हो, इस हेतु घाट देव की पूजा-आराधना की जाती है। इसके अलावा परिवारों के अपने चबूतरे होते हैं जो बुज़ुर्गों की स्मृति में बने होते हैं, यहाँ पर परिजन पूजा-अर्चना कर प्रसाद आदि ग्रहण करते हैं।

नराईन देव

किसी-किसी गाँव में शंख को नारायण देव या नराईन देव कहा जाता है। इसे ही सूर्य देवता भी माना गया है। मान्यता है कि इस देव का स्थान घर के मुख्य-द्वार पर होता है। द्वार पर विराजमान यह देव हर समय उस घर में रहनेवाले लोगों की रक्षा करता है। यदि समय पर इस देव की पूजा नहीं होती तो यह देव नाराज होकर उस परिवार पर कोई-न-कोई विपत्ति लाता है। दंड से अवगत होने पर परिवार के लोग क्षमा माँगते हुए इस देव की प्रार्थना कर तुरन्त पूजा करते हैं। इस देव की पूजा तीन वर्ष में एक बार अवश्य की जाती है। इस देव की पूजा में सभी परिजनों को बुलाया जाता है। नराईन देव की पूजा में एक सूअर की बलि दी जाती है। नराईन देव की पूजा के दिन दरवाजे पर एक गड्ढा खोदा जाता है और उस गड्ढे में सूअर का सिर नीचे करते हुए गाड़ दिया जाता है। कुछेक लोगों का कहना था कि पहले इस दिन जीवित सूअर ही गाड़ने की परम्परा थी। इस अवसर पर गीत भी गाए जाते हैं। ऐसी मान्यता है कि इससे नराईन देव प्रसन्न होते हैं। जब गड्डे में सूअर को दबाया जाता है और दबाते-दबाते वह खत्म हो जाता है तब नराईन देव को सूअर के कलेजे, शराब और चावल का भोग दिया जाता है। विश्वास किया जाता है कि ऐसा करने से वे आगामी तीन वर्षों तक पूरे घर की रक्षा करते हैं। नराईन देव की पूजा को 'लाडू काज' भी कहा जाता है।

देवलोक में अटल विश्वास— जनजातीय जीवन में अपनी आस्थाओं, विश्वासों को लेकर रंचमात्र भी संशय नहीं होता। जितना वे स्वयं के अस्तित्व पर भरोसा करते हैं लगभग उतना या उससे कुछ अधिक ही ईश्वर और देवताओं पर वे यकीन करते हैं। एक अद्‌भुत गीत मैं यहाँ उद्धृत करना चाहूँगा। गोंडी भाषा का यह गीत है। इस गीत में भाई और बहन बात कर रहे हैं। यह जनजातीय गीत बाजारवाद के विरोध में खड़े किसी आन्दोलनकारी का नहीं है, यह गीत किसी पढ़े-लिखे और बोलने-लिखने की खानेवाले किसी मनीषी चिन्तक का भी नहीं है। यह गीत बेहद आदिम मानस से निःसृत है, जिसको इस दुनिया पर इसके तथाकथित विकास पर गहरा आश्चर्य है...जहाँ तमाम चमक-दमक और भोग-विलास की सामग्री तो भरपूर बिखरी पड़ी है, पर नहीं है तो उसके मनोजगत में अटूट रूप से मौजूद दैवीय दुनिया...वह कभी स्वीकार ही नहीं पाता कि ऐसा भी संसार हो सकता है, जहाँ बहुत बड़ा बाजार हो और उसमें देवताओं के लिए कोई जगह न हो...मुझे ऐसा लगता है यह बात स्थूल रूप से देवताओं की ही नहीं है वह यह भी पूछता है इसमें आत्मीयता कहाँ है? मनुष्यता कहाँ है? ज़िन्दगी कहाँ है? आशय यह है कि उसके लिए ऐसी भूमि और ऐसे भूमिज बेगाने हैं जहाँ सर्वप्रथम देव और देवत्व के लिए जगह है।

अमोला शहर लम्बो बाजारे
बेके न दिसोले ओले बाजाजी ने टूरल
पड़ा त साई बरा सिवेना
अमोला शहर लम्बो बाजारे
बेके न दिसोले ओले बाजाजी ने टूरल
पड़ा त साई बरा सिवेना
अमोला शहर लम्बो बाजारे
अमोला शहर लम्मो बाजारे नावो बायेना
बेके न दिसोल ओले दरजी नो टूरल
चोलना ता साई बरा चोलना ता साई सिवेना
अमोला शहर लम्बो बाजारे
अमोला शहर लम्मो बाजारे नावो बायेना
बेके न दिसोल ओले दरजी नो टूरल
चोलना ता साई बरा चोलना ता साई सिवेना
अमोला शहर लम्बो बाजारे
अमोला शहर तोरो लम्बो बाजारे
बेके न दिसोल ओले बरेवा नो टूरल
घुँघरु ता साई बरा घुँघरु ता साई सिवेना

मावा बायेना बेके न दिसोल बरेवा न टूरल...।
अमोला शहर तोरो लम्बो बाजारे
बेके न दिसोल ओले बरेवा नो टूरल
घुँघरु ता साई बरा घुँघरु ता साई सिवेना
मावा बायेना बेके न दिसोल बरेवा न टूरल...।
आमोला शहर लम्बो बाजारे...।
नावा बायेना बेके न दिसोल गाडरी न टूरल
सेली ता साई बरा सेली ता साई सिवेना
नावा बायेना...।
अमोला शहर लम्बो बाजारे
नावा बायेना बेके न दिसोल गाडरी न टूरल
सेली ता साई बरा सेली ता साई सिवेना
नावा बायेना...।
अमोला शहर लम्बो बाजारे
नावा बायोना बेके न दिसोल ओले खाती नो टूरल
बाजूट ता साई बरा बाजूट ता साई सिवेना
नावो बायेना...।
नावा बायोना बेके न दिसोल ओले खाती नो टूरल
बाजूट ता साई बरा बाजूट ता साई सिवेना
नावो बायेना...अमोला शहर लम्बो बाजारे

भाई और बहन के बीच संवाद है। इसमें देवों के परिधान और सामग्री की अप्राप्ति की चर्चा है। एक शहर का बाजार इतना लम्बा है, इतना लम्बा है कि उसका बखान नहीं किया जा सकता। पर इतना बड़ा होने के बाद भी बहुत आश्चर्य है कि उसमें कहीं भी वस्त्र-परिधान बेचनेवाले बजाज का वह लड़का नजर नहीं आता, जो हमें देवों के परिधान के लिए वस्त्र दे दे। इतना बड़ा शहर और इतना लम्बा बाजार किस काम का बहन? जहाँ कहीं-से-कहीं तक दर्जी का लड़का नहीं दिखता। ऐसा दर्जी जिससे देवों को पहनाने का पायजामा सिलवा सकें। बहन कुछ समझ नहीं आता, इतना...लम्बा बाजार और इतना बड़ा शहर...मेरी बहन कुछ समझ नहीं आता...एक भी भरेबा की दुकान नहीं। एक भी भरेबा का लड़का नहीं जो घुँघरू बेचता हो। ऐसे घुँघरू जो देवों के हाथ-पाँव में झंकृत होते हों। इतना बड़ा शहर और इतना लम्बा बाजार...मेरी बहन इस शहर में एक भी गाडरी का लड़का नहीं दिखता जो देवों की सेली बेचता हो। मेरी बहन यह शहर बहुत बड़ा है, इसका बाजार दूर-दूर तक फैला है, पर इसमें काष्ठ-कला को जाननेवाले खाती का एक भी लड़का नहीं जो देवों को बैठाने का बाजूट बनाता हो? बहन यह बाजार है तो

बहुत लम्बा, यह शहर भी है तो बहुत बड़ा, पर अपने किसी काम का नहीं, इसमें सब कुछ मिल सकता है पर अपने देवों के आसन, परिधान और सामग्री नहीं...।

दंड-विधान—जनजातीय जीवन के दंड-विधान आत्मशुद्धि, और हृदय के परिष्कार को अपनी भावना में समाए रहते हैं। यहाँ सजा का अर्थ शारीरिक यातना नहीं मानसिक विकार को दूर करना अधिक होता है। जनजातीय समुदायों में व्यक्ति के विरुद्ध व्यक्ति के अपराध उतने संगीन नहीं माने जाते जितने समुदाय के विरुद्ध किये गए अपराध। गोंड जनजाति में तीन तरह के दंड प्रमुखता से प्रचलित हैं :

(1) **राजदंड**—राजदंड वह दंड कहलाता है जब गाँव के किसी व्यक्ति को शासन द्वारा पकड़ लिया जाए अर्थात उसे हथकड़ी लग जाए, ऐसे व्यक्ति को समुदाय अपने से बहिष्कृत कर देता है।

(2) **देवदंड**—देवदंड उसे कहा जाता है जब व्यक्ति को कोई संक्रामक और असाध्य बीमारी हो जाए, उसे भी समुदाय रक्षा के लिए जाति और गाँव से बहिष्कृत कर दिया जाता है।

(3) **यौनिक वर्जनाओं को तोड़ना**—यदि कोई व्यक्ति सगोत्री या रिश्तों के पवित्रता को भंग करता है तो उसे भी इस दंड का भागी बनना पड़ता है।

वाचिकता की आरसी में गोंड देवलोक—जननातियों का देवलोक मेरे लिए सदैव जिज्ञासा का विषय रहा है। इसे समझने के लिए मैंने पुस्तकों का रास्ता नहीं चुना। मैंने इनकी वाचिक परम्परा को अपना माध्यम बनाया है। गोंड जनजाति का समूचा वाचिक लोक देवलोक है। गोंड जनजाति का देवलोक कहीं गहरे अर्थों में उनका आदिम राग है। वह भवितव्य के प्रति भारी आशंका और उनके वर्तमान का प्रत्युतर भी प्रतीत होता है। उनका यह देवलोक प्रामाणिक और पुष्ट कहे जानेवाले प्रचलित इतिहास से बहुत सुदूर है। इतना सुदूर कि जब 'प्रामाणिक' और 'पुष्ट' कहलानेवाली कल्पनाओं, संकल्पनाओं, अवधारणाओं और 'विश्वासों' का जन्म ही नहीं हो पाया था। यह कहें कि आज के प्रचलित सर्वग्राह्य और मान्य समझे जानेवाले मानदंड विकसित ही नहीं हो सके थे। गोंड जनजाति का देवलोक उसका महालोक है। उसके देवलोक में चिरसंचित दैवीय शक्तियों और उनके चरित में ही उसके लिए सनातन सत्य और सनातन आनन्द, सनातन कल्याण छुपा है। इन शक्तियों, चरितों को वे अपनी वाचिक परम्परा के आलोक में नित प्रति देखते हैं। महसूस करते हैं। गोंड जनजाति की वाचिक परम्परा को सुनकर ऐसा प्रतीत हुआ है, मानो कोई जल महल हो जो आधा ऊपर और उससे कहीं दुगुना भीतर जल में ही समाया हो। उनका मानस उनका अन्तस जितना इस लोक में है, उतना ही दूसरे लोक में भी, बल्कि वे लोकालोक में सदा उपस्थित हैं। वे लोक से 'अ-लौक' में आते-जाते रहते हैं। उनका आवागमन सूक्ष्मतर है। यदि आप उनके प्रति उपहास और घृणा से भरे नहीं हैं, बल्कि उनके संवेदनात्मक तल तक डुबकी लगाने की

'साँस' रखते हैं तो उनकी वाचिकता की आरसी में यह सब पा सकते हैं और यदि नहीं तो, दूर खड़े वह सब कुछ प्रतीत कर सकते हैं 'कुछ' जो आप चाहते हैं, जिसे आपने अपनी तथाकथित उच्च बतानेवाली शिक्षा से अर्जित किया है।

मेरे लिए यह कह सकना अब मुश्किल है कि वे देवत्व कहाँ नहीं देखते? कण-कण सुन रखा था। यदि इससे कुछ ज्यादा हो तो वहाँ तक भी। शायद यही कहना ठीक होगा। घर में, द्वार पर, आँगन में, फाटक और किवाड़ी में, छत पर, घर के डांडों में, खटिया में, खटिया के पायों और पाँव तले आनेवाली रस्सियों में जिसे 'अदवान' भी कहा जाता है, अन्न की कोठी में, चूल्हे में, सार अर्थात पायगा या पशुगृह में, पशुओं में, पक्षियों में, पेड़ों पर, जड़ में, बेल में, जल में, तट पर, तट के भीतर, वायु में, आकाश में, मेड़ों पर, काँकड़ अर्थात गाँव की सीमा पर, खेतों में, खेत के दानों में, बीजों में, बालियों में, दिनों में, तिथियों में, घडियों में, पलों में, पहाड़ों पर, टीलों पर, राहों पर, मोड़ों पर, गुफाओं में, गड्ढों में। चहुँओर। दस दिशाओं में। कहाँ-कहाँ? और कहाँ नहीं? ज्ञात तो ज्ञात, हर अज्ञात में भी। बड़ी रहस्यमय सृष्टि है गोंडों के इस आदिम देवलोक की।

जन्म-मृत्यु-विवाह, फसल का बोना और अंकुरित होना, नये अन्न का आना, बहुत आना या फसल का नष्ट हो जाना, जल जाना, बीमारी लग जाना, कम होना, जन्म का होना-न होना, देर से होना, विवाह का सफल और असफल होना, मृत्यु का असमय आना, पशुओं का दूध उतरना-न उतरना। आमोद-प्रमोद हो, उत्सव हो, त्योहार हो। त्योहार न हो पाना हो। सिर या कमर का दर्द हो। चक्कर आते हों। आँख और पेट दुखता हो। बच्चा खूब रोता हो। सब कुछ उनके लिए दैवीय ही है। उनके मन में कहीं कोई सन्देह नहीं है। वे अक्सर और हमेशा ही वर्तमान से दूर हटकर अज्ञात किन्तु बेहद विश्वास से लबरेज अतीत में बल्कि काल में प्रवेश करते रहते हैं। आते-जाते हैं। वही आदिम उनका अखंड और अजस्र स्रोत है। आदि देव और देवियाँ ही उनके अनुशासन हैं। उनके मार्ग हैं। उनके संयम हैं। वे ही उन्हें अधुनातन माने जानेवाले पापों से दूर रखते हैं। उनके कई दुखों और कष्टों का कारण होकर भी।

गोंडों के इस आदिम लोक में विगत और आगत के प्रति प्रबल जिज्ञासा है। कई कालों की ध्वनियाँ हैं। ध्वनियाँ और प्रतिध्वनियाँ हैं। उनकी भी प्रतिध्वनियाँ हैं। जो उनकी वाचिकता में धड़कन की भाँति सुनाई देती रहती है। यदि हम डॉक्टर के गले में लटका 'आला' लगाकर सुनें तो और भी ज्यादा स्पष्ट। उसमें कई कालों की छाँई और परछाई उसकी भी परछाई, पीछे परछाई, दीखती है। अभिमन्यु माँ के गर्भ में ही सीख रहा था। सबने सुना है यह। कहा गया है कि, बुद्ध को अपने विगत जन्म स्मृत थे। ऋग्वेद में ऋषि वामदेव भी ऐसा ही कहते हैं। पाइथोगोरस के विषय में भी ऐसा ही पढ़ा है। गोंडों का मानस भी अपने अतीत में, अपने काल में, अपने महाकाल में डूबता-उतरता तैरता गोते लगाता रहता है।

पर्वत-नदी-वनस्पति-जीव-जन्तु सब उसके सगोत्री हैं। कोई गैर नहीं है वहाँ। खून के ही नहीं आत्मीय रिश्ते भी हैं उनसे। ये सब परम आराध्य हैं उसके। इस सबमें से कोई एक उसका परम निषेध भी है। पशु-पक्षियों की भाषा और वेदना-संवेदना को वे बहुत सहज ही महसूस कर लेते हैं। गहरी कृतज्ञता और करुणा से विगलित होते हैं वे। प्राय: सबके आगे अकिंचन हैं वे। अहंकार और अस्तित्व क्या होता है? नहीं जानते कभी। उनकी वाचिकता में कहीं भी सख्य भाव नहीं है। वे दास्य और दीन भावों से आप्लावित हैं। सबसे विनय करते हैं। अप्रतिम विनय। सिर्फ और सिर्फ विनय। विनय के ऐसे पद कहाँ-कहाँ देखे होंगे भला आपने? गोंडों के आदिम मन में गहन करुणा है। वह किसी का भी अनिष्ट और अहित नहीं चाहता। अनिष्ट हुआ, अनुशासन टूटा तो देवों का दंड तय है। राज्यापराध हो, जातीय अनुशासन तोड़कर बाहर का गमन या रमण हो। तय है इसके लिए देवदंड। देव के खलिहान में पुरखों की साक्षी में, हर हाल में उपस्थित होना ही होगा। अधिकांश देवता बलि से प्रसन्न होते हैं। बलि अर्थात सर्वस्व न्योछावर। बलि उनके लिए हिंसा नहीं है। वे 'बलि' से पूर्वानुमति-सहर्ष पूर्वानुमति स्वीकृति प्राप्त करते हैं। उस 'बलि' में पहले पुण्य प्रतीक खोजते हैं। तब ही अर्पित करते हैं देवता को अन्यथा नहीं। ऐसा करने में उनकी चेतना को हिंसा का कहीं भी अहसास नहीं होता। उस घड़ी उन पर तारी और आविष्ट हो जाता है पुण्य। देव-देवता उनके परम रक्षक हैं, पूरक हैं, शुभेच्छुक हैं तो वे ही उनके संहारक भी।

स्वर्ग की प्राप्ति जैसी कोई बात नहीं करते गोंडों के वाचिक कथा और गीत। बस वे तो मुक्ति चाहते हैं। प्रेतों से अभय होना चाहते हैं। सुख-शान्ति, भोजन-स्वास्थ्य, देवों की प्रसन्नता आदि उनके ऐसे आग्रह हैं कि वे हर अनहोनी बातों-घटनाओं, करिश्मों-जादुओं पर विश्वास करते हैं। भुमका भगत पंडा गुनिया परिहार नहीं उनके जीवन में तो देवता-ही-देवता बोलता है। घर में भोजन है—नहीं है। चिन्ता नहीं। कल नहीं, परसों नहीं वर्षों, नहीं। काल जब भी अवसर देगा वे अनुष्ठान करेंगे। वे देंगे मुर्गी, चिवना, कारी पाठी सूअर, खैरी बकरी, बकरा, नारियल, अगरबत्ती, खारिख, अपनी 'कल' या दारू। अलमस्त हो आनन्द में डूब जाते हैं वे। चिलम पीते हैं वे भी और देव भी। बीच में खड़े पंडा, गुनिया, भगत, भुमका, पड़िहार, पाना और पटाऊ भी। क्यों करते हैं वे यह सब? उत्तर भी उतना ही सरल। देवताओं के प्रिय बने रहने के लिए। उनकी प्रसन्नता के लिए उनके कोप से बचने के लिए। देवत्व में मिलने के लिए। और ये एक-दो देवता-देवी नहीं हैं वे सैकड़ों नहीं हैं हजारों में हैं यही उनके लिए परमतत्त्व है। परमात्मा है।

गोंड जनजाति के इस देवलोक में आदिम अवस्था से लेकर आज तक के बौद्धिक विकास की स्थिति में, गीत-ही-गीत हैं। कथाएँ-ही-कथाएँ हैं। अनुष्ठान-ही-अनुष्ठान हैं। कथाओं में अवान्तर कथाएँ हैं। क्षेपक हैं। ये गीत, कथाएँ, अनुष्ठान हमें कई

बार पुरातन मिस्र तो कभी ग्रीक और कभी चीन की आदिम सभ्यता तो कभी वैदिक समय में प्रचलित परम्पराओं, कथाओं, अनुष्ठानों से साम्य दर्शाती मिल सकती हैं। कई बार तो ऐसा लगता है—नाम, भाषा, स्थान वाचक संज्ञा ही बदलती है। वस्तुतः कुछ नहीं बदलता। गोंड जनजाति में सूर्य और उसकी दिशा बहुत पूज्य है। सूर्य की पूजा गोंड जनजाति ही नहीं कई प्राचीन सभ्यताओं में भी होती रही है। यहाँ जितने देव हैं उनसे कहीं ज्यादा देवियाँ हैं। देव और देवियाँ सृजन और संहार दोनों शक्ति से सम्पन्न हैं।

गोंड जनजाति के देवी, देवता, सृष्टि और जाति-गोत्र उत्पत्ति विषयक लगभग समस्त कथाएँ कहीं-न-कहीं वैदिक देवलोक के आसपास मिलती-जुलती प्रतीत होती हैं। ऐसा प्रतीत हुआ है कि गोंड ही नहीं तमाम जनजातीय देवलोक और वैदिक देवलोक में परस्पर अन्तरण हुआ है। वैदिक देवलोक के अन्तर्गत मुख्य रूप से तीन प्रकार के देवता स्वीकारे गए हैं—द्यु स्थानीय, अन्तरिक्ष स्थानीय और पृथ्वी स्थानीय। इसके अलावा भावनात्मक देवी-देवता भी माने जाते हैं। मुख्य रूप से इन तीन प्रकारों में माना जाता है कि कुछ देवता द्यु स्थान अर्थात पृथ्वी के ऊपर का सारा स्थान अन्तरिक्ष है, अन्तरिक्ष के ऊपर का स्थान जो अदृश्य है वह 'द्यु' स्थान है। वेदों में प्रकाश और देवताओं का स्थान वही माना गया है। वरुण, सूर्य, विष्णु, उषा, आदित्य गण आदि का स्थान यहीं माना जाता है। कुछ देवता अन्तरिक्ष स्थानीय माने जाते हैं, जैसे—इन्द्र, रुद्र, मरुत आदि तो कुछ पृथ्वी स्थानीय जैसे—अग्नि, नदियाँ, बृहस्पति आदि। इसके अलावा भावनात्मक देवता होते हैं जो किसी कर्म और मानवीय भावना के प्रतीक होते हैं। गोंड जनजाति में तो इनकी बहुतायत है। गोंड जनजाति की ज्यादातर देवियों का वास समुद्र के तट पर बताया गया है। फौरी तौर पर यह विश्वास गोंड देवलोक और वैदिक देवजगत में भिन्नता दर्शाता है। किन्तु वास्तव में ऐसा है नहीं। ऋग्वेद में समुद्र को भी बहुधा अन्तरिक्ष बताया गया है। वहीं से सात नदियों का उद्गम माना गया है। इसी प्रकार सृष्टि की उत्पत्ति के सम्बन्ध में वेदों में भी माना गया है कि पहले यहाँ कुछ नहीं था। अन्धकार और शून्य था। जल तत्त्व से ही सृष्टि और देवता उत्पन्न हुए हैं। गोंड जनजाति की मिथ कथाओं में बताया गया है कि, कौए पहले सफेद होते थे। कौआ आदि देवता के पास था। ऋग्वेद में कहा गया है कि पृथ्वी से द्युलोक तक जाने में हरित हंस अर्थात सूर्य के पंख लगाकर उड़ने पर एक हजार दिन लगते हैं। गोंड देवजाति का यह कौआ भी तीन बार पृथ्वी की खोज में असफल होकर चौथी बार में सफलता पाता है। देवताओं के परस्पर सम्बन्ध उनके युग्म, उत्पत्ति कथाएँ, गीत आदि कई बातों का साम्य वैदिक और गोंड देवलोक में एक-सा प्रतीत होता है।

अरुणाचल प्रदेश के तानी समुदाय की दार्शनिक मान्यताएँ

डॉ. जमुना बीनी

भारत के सुदूरपूर्व में स्थित अरुणाचल प्रदेश एक सीमान्त राज्य है, जिसकी सीमाएँ भूटान, चीन और म्यांमार के साथ लगती हैं। यह एक आदिवासी बहुल राज्य है, जहाँ लगभग छब्बीस प्रमुख आदिवासी समुदाय निवास करते हैं। न्यीशी, आदी, गालो, आपातानी, तागिन, वांचो, नोक्टे, तांग्सा, मोन्पा, शेरदुक्फेन, अका, मिजी, मेम्बा, खाम्बा, सिंग्फो, खाम्ती, ईदु-मिश्मी, दिगारु-मिश्मी, मिजु-मिश्मी आदि यहाँ के प्रमुख आदिवासी समुदाय हैं। इन आदिवासी समुदायों की अपनी अनूठी परम्परा, रंग-बिरंगे पर्व-त्योहार और सरसपूर्ण जीवन-शैली है। भाषा-बोली की दृष्टि से इन आदिवासी समुदायों की भाषाएँ तिब्बती-बर्मी परिवार के अन्तर्गत आती हैं।

सांस्कृतिक और भाषिक-साम्यता तथा धार्मिक विश्वास-आस्था के आधार पर उपर्युक्त आदिवासी समुदायों को मोटे तौर पर तीन वर्गों में बाँटा जा सकता हैं :

प्रथम वर्ग तानी समुदाय

इस समुदाय के अन्तर्गत जो आदिवासी समूह आते हैं, वे हैं—न्यीशी, आपातानी, आदी, गालो, तागिन इत्यादि। मुख्यत: ये लोग अरुणाचल प्रदेश के मध्य भाग में निवास करते हैं। ये लोग प्राकृतिक उपादान यथा सूर्य और चन्द्र की उपासना करते हैं। मिथकीय पुरुष 'आबोतानी' को ये अपना आदिम पूर्वज बताते हैं।

द्वितीय वर्ग बौद्ध समुदाय

मुख्य रूप से बौद्ध समुदाय को दो शाखाओं में विभक्त किया जा सकता है—महायान और हीनयान। महायान शाखा के अन्तर्गत मोन्पा और शेरदुक्फेन समूह आते हैं, जो वस्तुत: तिब्बती मूल के हैं। अरुणाचल के पश्चिमी भाग में इनकी बसाहटें हैं।

खाम्ती और सिंग्फो समूह की गिनती हीनयानी अथवा थेरावदा बौद्धों के रूप में की जाती है। ये समूह अरुणाचल के पूर्वी भाग में रहते हैं और ऐसा माना जाता है कि इनका सम्बन्ध म्यांमार के शाण वंश से है। उक्त समूहों के अलावा भी कई अन्य छोटे-छोटे बौद्ध मतानुयायी समूह हैं जो अरुणाचल के उत्तर-पूर्वी छोर पर बसे हुए हैं। जैसे मेम्बा-खाम्बा, मेयोर और चाक्मा।

तृतीय वर्ग वैष्णव, रांगफ्रावादी तथा अन्य

मुख्यत: अरुणाचल के पूर्वी भाग में बसनेवाले समूह जैसे नोक्टे, वांचो, तांग्सा, मुक्लोम, तुत्सा, तिखाक, मोस्सांग आदि इस वर्ग के अन्तर्गत आते हैं। वर्तमान समय में इनमें से अधिकांश समूह ईसाई धर्म में धर्मान्तरित हो गए।

अरुणाचल के पश्चिमी भाग में रहनेवाले अका, मिजी, खोवा एवं पुरोईक समूहों में आज भी अपना विशिष्ट लोक-विश्वास एवं लोक-आस्थाएँ प्रचलित हैं।

साल 2011 के जनगणना के आधार पर अरुणाचल प्रदेश की कुल जनसंख्या को धार्मिक दृष्टि से निम्नलिखित प्रतिशतों में बाँटा गया है :

धार्मिक कुल आस्था वर्ग	प्रतिशत जनसंख्या	क्षेत्र/समूह	
(क) ईसाई	418, 732	30.26%	अधिकांशत: तानी समुदाय और पूर्वी अरुणाचल के समुदाय जो धर्मान्तरित हो गए
(ख) हिन्दू धर्मावलम्बी	401, 876	29.04%	गैर-आदिवासी लोग जो व्यवसायी, कामगार के रूप में अस्थायी तौर पर बसे हुए हैं।
(ग) स्थानीय	362, 553	26.20%	दोन्यी-पोलोवाद, रांगफ्रावाद और इन्तायावाद के श्रद्धालु जैसे तानी समूह, तांग्सा समूह तथा मिश्मी समूह
(घ) बौद्ध	162, 815	11.76%	प्रदेश के पश्चिमी भाग में निवास करनेवाले महायानी बौद्ध जैसे मोन्पा, शेरदुक्फेन तथा पूर्वी भाग के हीनयानी बौद्ध जैसे खाम्ती, सिंग्फो
(ङ) मुस्लिम	27,045	1.96%	व्यवसायी, कामगार
(च) सिख, जैन आदि	3, 081	0.1%	से कम व्यवसायी, कामगार

प्रस्तुत आलेख में तानी समुदाय की दार्शनिक मान्यताओं का अध्ययन किया गया है—

ब्रह्मांड विज्ञान

संसार के सभी समाजों में सृष्टि की उत्पत्ति के सम्बन्ध में भिन्न-भिन्न मान्यताएँ दृष्टिगोचर होती हैं। जड़ और चेतन संसार का सृजन किसी अदृश्य शक्ति के हाथों हुई, अमूमन ऐसी अवधारणाएँ बहुत प्रचलित हैं। संसार का सृजन, मानव-मानवेतर जीवों की उत्पत्ति, भौतिक जगत के अन्य वस्तुओं की निर्मितियाँ आदि के प्रति सदा से ही मानव-जाति जिज्ञासु रही है। संसार की उत्पत्ति के बारे में जानने की ललक ने कई वैज्ञानिक तथा पौराणिक मान्यताओं को जन्म दिया।

अरुणाचल प्रदेश के तानी समुदाय में भी सृष्टि के आरम्भ को लेकर कई रोचक मिथकथाएँ प्राप्त होती हैं। तानी समाज में प्रत्येक वस्तु के उद्‌भव की कथा मौजूद है। तानी लोगों का मानना है कि प्रत्येक वस्तु के सृजन के पीछे कोई-न-कोई रोचक रहस्य अवश्य होता है। तानी समाज में एक ही वस्तु की उत्पत्ति-विषयक अनेक धारणाएँ विद्यमान हैं। सृष्टि, मानव, जल, जंगल, ज़मीन, देवी-देवता, भली व दुष्ट शक्तियाँ, पूजा-अनुष्ठान, पर्व-त्योहार, जीव-जन्तु, पशु-पक्षियों, जन्म-मृत्यु, रोग-उपचार, मानव-जीवन के दैनिक कार्यों में प्रयुक्त होनेवाली वस्तुओं आदि की उत्पत्ति के विषय में लोकगाथा एवं लोककथा प्रचुर मात्रा में उपलब्ध है।

सृष्टि की उत्पत्ति

तानी समुदाय के आदी समूह में सृष्टि की रचना-सम्बन्धी लोकगाथा को सोलुङ पर्व के दौरान प्रथम चरण में प्रस्तुत किये जाते हैं। सृष्टि की उत्पत्ति को लेकर अलग से सेदी-मेलो आबाङ यानी सृष्टि-सम्बन्धी उत्पत्तिपरक गाथा मौजूद है। गाथाकार किसी भी गाथाओं को गाने हेतु पहले 'आसी-आमोङ' (ब्रह्मांड) की रचना-सम्बन्धी गाथा को अवश्य गाते हैं। गाथाकारों का यह तर्क है कि पहले ब्रह्मांड फिर अन्य वस्तु की उत्पत्ति हुई। आसी-आमोङ नहीं होता तो तानी (मनुष्य) का अस्तित्व भी नहीं होता।

सृष्टि की उत्पत्ति की आदी लोककथा बहुत विस्तृत है। आदी समाज में यह मान्यता है कि सृष्टि की उत्पत्ति रिक्तता से हुई है। आदी गाथाओं के अनुसार प्रारम्भ में ब्रह्मांड में कुछ भी नहीं था चारों ओर अँधेरा-ही-अँधेरा था। रिक्तता की इस स्थिति को आदीगाथा में 'कयुम करो' कहते हैं। 'कयुम' का शाब्दिक अर्थ पुराना और करो 'शून्य' को कहते हैं। आदी मिथकों के अनुसार रिक्तता से ही सृष्टि रचना की शुरुआत हुई है। गाथाओं के अनुसार मक्खीनुमा आकाशी आध्यात्मिक जीव जिसे गाथा के शब्दों में कयुम मोने कामाङ मोने कहा जाता है

वह रिक्तता की उस अवस्था में उड़ती रही और उस जीव के रहने के लिए कोई स्थान नहीं था, वह बस निरन्तर उड़ती ही रहती है। उस जीव के शरीर से निकलनेवाला मल-मूत्र, थूक, बलगम आदि किसी आध्यात्मिक धूल के साथ मिलकर एक गोलाकार रूप ले लेता है जिसे 'युमकाङ' कहते हैं। गाथा की कुछ पंक्तियाँ इस प्रकार हैं :

कयूम कामाङ अ यायाङ को
करो तातमाङ अ यायाङ को
कयुम सेदी अ नाने को
करो मेलो अ बाबू को
कयूम कासी अ मोने को
करो कामाङ अ मोने को
कासी तायीङ अ ग्यापीत दाकला
कामाङ तागाङ अ गीनपीत दाकला
सेदी आने गीतम गीते बलि अ पीलनतो
कोने बलो अम याल्लेन तो
गीते यायुम अ सुमबुम लनत

गोलाकार आकृति को पृथ्वी का पूर्व रूप देने के लिए 'कयुम मोने कामाङ मोने' कयुम दीने और सेदी दीने का रूप ले लेता है :

कयुम मोने कामाङ मोने अ तायीङ अ ग्यापीत दाकला
कयुम दीने कोपे सेदी दीने कोपे मोने पापुक अ ललीक लनकाकू

युमकाङ से फिर 'कासी' बना, जिसका कोई स्वरूप या आकार नहीं था, एक रोशनी की छोटी-सी किरण बनकर अन्धकार के मध्य से आता है। 'कासी' के बाद की अवस्था 'सीयाङ', जहाँ वह छोटी-सी किरण धीरे-धीरे विकसित होकर अपना प्रकाश फैलाता जाता है। उस रोशनी से आबो की अवस्था विकसित होती है। आबो यानी कोहरे का एक विकसित रूप जो कालान्तर में जन के रूप में संचारित हुआ जो वाष्प बनकर वायुमंडल में जाता है फिर संघनित होकर पूरे ब्रह्मांड में बादल की आकृति का रूप धारण कर लेता है। इस चरण को 'बोमुक' कहा गया, तत्पश्चात बादल ठोस रूप में वर्षा के रूप में बरसता है जिसे 'मुकसेङ' कहते हैं। 'मुकसेङ' से सेदी एवं मेलो भी अस्तित्व में आया। सेदी पृथ्वी और मेलो आकाश का रूप धारण करती है। सेदी पुरुष और मेलो स्त्री के रूप में है, गाथा में भी दोनों को 'सेदी बोकूब बाबू मेलो बोलात अ लातने' नाम से सम्बोधित करते हैं।

सृष्टि की उत्पत्ति कई चरणों में पूरी होती है। प्रसिद्ध विशेषज्ञों द्वारा 'सेदी जेमी अ म्याने मेलो जेम्याङ अ म्याने' दोनों को आमंत्रित किया जाता है जिससे रिक्तता की अवस्था में खड़े होने की जगह बन जाए :

सेदी तायीङ अ लापकी दाकलाङका
मेलो तादान अ लापदान दानला
आने गीते सीम
गीते बरीअम पीरब कीतो
आबो कोने सीम कोने योकमो अम
मोरब कीतो
गीते रमकी अम पीङो दोला
कोने योकमो अम मोङोदोला
सेदी जेमी अ मीने
मेलो जेम्याङ अ म्याने
ञी तागीर अम दीर ञोकाय
कयूम दीगीन अ दीन्ने
सेदी दीगीन अ दीन्ने
करो जेम्याङ अ म्याने
मेलो जेम्याङ अ म्याने
गीते रमकी अम मोङो दोला
कोने योकमो अम दीरन्यो गकाय

कयुम करो का कार्य सम्पन्न करने से पहले उनकी मृत्यु हो जाती है फिर कार्य पुनः शुरू करने हेतु 'कासी कामाङ' को बुलाया जाता है :

कयुम कासी अ मोने
सेदी कासी अ मोने
करो कामाङ अ योकमो
मेलो कामाङ अ योकमो
आने गीते सीम, गीते बलि अम पीरब कीतुङ आई
आबो कोने सीम, कोने योकमो अम पीरब कीतुङ आई
आसी रगुल अ रगाल बोमदुङ
आमो रपीन अ रप्योम बोमदुङ

इस प्रक्रिया के पश्चात भूमि के ऊपर का आकार सामने आता है परन्तु उस पर पानी फैला हुआ था जिससे जमीन ढीला और दलदली हो गया था।

पहले उल्लेख किया गया है कि रिक्तता से कयूम मोने कामाङ मोने, युमकाङ के रूप में एक गोलाकार रूप ले लेते हैं। इस गोलाकार आकृति को सेदी सेपाङ अ योकमो दो टुकड़े करता है :

सेदी गीते म
गीते पाङगङ अम योप्पान सूतो
सेदी पाङगोक अ बिङु सुकाय
सेदी बोकूब अ तालेङ कूबने कोला
मेलो बोलात अ लातने को
गीते दालम तुलपान सूतो।

टुकड़े हुए दो हिस्सों में से ऊपरवाले हिस्से को सेदी और नीचेवाले दूसरे हिस्से को मेलो नाम देते हैं। सेदी मेलो बाद में पति-पत्नी के रूप में रहने लगे और दोनों के सम्भोग से भिम्न-भिम्न सन्तानों की उत्पत्ति होती है। यहीं से सृष्टि की अन्य वस्तुओं की रचना की कथा आरम्भ होती है। सेपी और सेदी मेलो ने मिलकर सपोङ योकमो (लोहे की देवता), कोख में बच्चे को नियंत्रित करनेवाला कोङकी कोमाङ, अन्न देवी किने नाने, पूमू (बाढ़) तोन्ने (भूकम्प) आदि को पैदा किया। सेदी के मित्तीङ लाबलोङ लोङ (बाल से सीरी सीलोक आदि पेड़-पौधे, घास) सेदी मीकसी अ आङगीने (आँसुओं से पानी की उत्पत्ति) सेदी दीमूल अ मोने (अर्थात साँस से वायु की उत्पत्ति) तुङगी ताबे (भविष्यवाणी करनेवाला ज्योतिषि, धर्मगुरु) सेदी के शरीर की गन्दगी और मैल से कीड़े-मकोड़ें आदि की उत्पत्ति हुई। सेदी ने दीलीङ को जन्म दिया। दीलीङ से लीतुङ लीमाङ। लीतुङ लीमाङ से पदोङ नाने ने जन्म लिया। बाद में पदोङ नाने और यीदूम बोते विवाह करते हैं जिससे मनुष्य, अच्छी-बुरी आत्माएँ, देवी-देवता आदि कई सन्तानों की उत्पत्ति होती है।

इस तरह उस गीली-ढीली भूमि पर आध्यात्मिक प्राणियों के लिए खेलने, शिकार करने तथा रहने की जगह नहीं थी, आध्यात्मिक विशेषज्ञ के मध्य इस विषय को लेकर कई बैठकें आयोजित की जा चुकी थीं। अब उस दलदली गीली जमीन को कैसे ठोस बनाया जाए इस पर चिन्तन शुरू हुआ :

सेकोई आने गीते सीम गीते पीलीङ अम पीमोयने
आबो कोने सीम कोने तालकुअम तोलकी बोने

अर्थात भूकम्प आता है, गीली जमीन भूकम्प के हजारों झटके झेलती है। परन्तु वह जमीन अब भी रहने योग्य नहीं था। ऐसे में सेदी की आँखों की रचना 'इरकी योकमो' करता है। दाई आँख से सेदी दीगीर इरकोङ कोजी जीने मोने (बोमोङ-सूर्य) और बाईं आँख से सेदी दीगीर इरकोङ कोमोङ पोलो (बो-चन्द्रमा) की उत्पत्ति होती है।

चारों तरफ रोशनी फैलती है। गीली भू को बनाने में जो कार्य अधूरा रह गया था उसे पूरा करने के लिए बोमोङ और बो को बुलाया जाता है—दोनों दिन-रात धरती को ठोस बनाने में लग जाते हैं जिससे वहाँ की प्राणियों को परेशानी होने लगती है। पूरी धरती तप रही थी। सूर्य सुबह-शाम बिना अस्त हुए सुखाने का कार्य कर रहा था। सूरज की गरमी से सब जल रहा था। परेशान होकर लोग दोनों सूर्यों में से एक को मारने की योजना बनाते हैं। अत्तुङ तीगलुङ बोमोङ पर निशाना साधता है परन्तु निशाना चूक जाता है और बो की आँखों में लग जाती है। उस घटना से दोनों सूर्य छिप जाते हैं। उसके बाद संसार में चारों तरफ अँधेरा छा जाता है, लोग परेशान होने लगते हैं। अँधेरे में जीया नहीं जाता है। कौवा को दोनों के पास भेजा जाता है परन्तु दोनों दोबारा उगने से मना कर देते हैं। वे कहते हैं कि उगने से फिर मारा जाएगा इसलिए दोबारा उगने से इनकार कर देता है। कौवा लाख मिन्नतें करता और दोनों को सुनिश्चित करता है कि अब उन्हें कोई नहीं मारेगा। दोनों शर्त रखते हैं कि जब-जब सूर्य का उदय और अस्त होगा वह पाँच सौ लोगों को खा जाएगा। लोगों को उजाला चाहिए, अँधेरे में नहीं रहना इस वजह से कौवा शर्त मान लेता है। कहते हैं उसी दिन से लोगों की मृत्यु होने लगी।

सूरज के दोबारा उगने के बावजूद जमीन (धरती) गीली रही, गीलापन दूर नहीं हुआ। ऐसे में बुकुजुजुक/बुकुन्यून्यूक को जमीन को ठोस करने को कार्य सौंपा गया। इसे ताङको न्योये भी कहते हैं। यह छोटी-सी पक्षी है जो लयबद्ध ढंग से चलता है। उसकी चाल को देखकर ऐसा प्रतीत होता है कि वह बार-बार जमीन को ठोस बना रही है। कहते हैं इसे सेदी सेपाङ योकमो (लोहे की देवता) ने अच्छे औजार से बनाया था। ताङको न्योने भी धरती को कठोर नहीं बना पाती है। काम को पूरा करने के लिए सेदी मेलो जोजीङ (छिपकली) को कार्य सौंपना चाहता है परन्तु वह आलसी था। वह आराम करता रहता था। तंग आकर लोग उसकी पूँछ के तरफ प्रहार करते तो पूँछ का टुकड़ा स्वयं हिलते-डुलने लगता है, लपकने लगता है। उसकी पूँछ के छटपटाने से धरती ठोस बन जाता है। इस गाथा में सृष्टि की निर्माण प्रक्रिया का वर्णन करता है। इस तरह आदी जनजाति में यह मान्यता है कि सेदी मेलो ने सृष्टि की रचना की।

धर्मशास्त्र

आदिवासी समाज में संस्थागत धर्म की कल्पना नहीं है, परन्तु अपनी आध्यात्मिक शान्ति के लिए वे भी प्रकृति के विभिन्न उपादानों की उपासना करते हैं। इनका धार्मिक स्थल तो खुला आकाश है। प्रकृति ही इनका मन्दिर-मस्जिद है। आदिवासी समाज आकृति का नहीं बल्कि प्रकृति के पुजारी है। ये आकृति और मूर्तिपूजक नहीं हैं। प्रकृति के साथ तानी समुदाय का सम्बन्ध उतना ही पुराना है जितना मानव सभ्यता।

तानी समाज अच्छी और बुरी आत्माओं (शक्तियों) पर विश्वास करती है। तानी समुदाय का धर्म प्रकृति की अच्छी-बुरी आत्माओं और अपने पूर्वजों से सम्बन्धित है। तानी जन अपने दिवंगत पूर्वजों को हितैषी परमात्मा के रूप में स्वीकार करती है। इस तरह तानी समाज में परम्परागत विधि-विधान के अनुसार पूजा-पद्धति निर्धारित है। तानी लोग एक अलौकिक शक्ति में विश्वास करते हैं। तानी समाज में धर्म अथवा ईश्वर के लिए कोई समानान्तर शब्द नहीं है। दैनिक प्रथाओं में दोन्यी-पोलो यानी सूर्य-चन्द्र से जुड़ी आस्था को देख सकते हैं।

तानी लोगों का जीवन दोन्यी-पोलो द्वारा संचालित होता है। तानी समाज में यह मान्यता है कि दोन्यी-पोलो से ही आत्मा की उत्पत्ति हुई है और आत्मा का घर दोन्यी-पोलो ही है। दोन्यी-पोलो के द्वारा ही आत्मा शरीर में आती है और मरणोपरान्त उसी के पास चली जाती है। तानी लोग दोन्यी-पोलो को एक सुन्दर भूमि मानती है। एक ऐसी भूमि जहाँ सदैव सुख, शान्ति और सुन्दरता विद्यमान रहती है। इसलिए तानी समाज में मृतक की आत्मा को दोन्यी-पोलो लोक तक पहुँचाने के लिए शोक गाथा गाने की प्रथा है।

दोन्यी-पोलो पर आस्था एवं विश्वास की स्थापना किसी ने नहीं की। इसका कोई प्रचारक या पैगम्बर नहीं है। यह लोक-आस्था का क्रमिक विकास का ही परिणाम है। तानी समाज को देखें तो लोगों में दोन्यी-पोलो के प्रति असीम आस्था है। अनुष्ठानों, विश्वासों, मूल्यों आदि का संगठित रूप है—'दोन्यी-पोलो'। दोन्यी-पोलो वही है जिसकी आराधना आदी समाज में युगों से होती आ रही है। इनके प्रति भक्ति इस समाज की जीवन-शैली में झलकती है। इस समाज में शिशु के जन्म, विवाह, त्योहारों, खेती करने से पूर्व अच्छी फसल की कामना, पारम्परिक अनुष्ठानों, किसी के बीमार होने आदि पर वे दोन्यी-पोलो की कृपा-दृष्टि और दिव्य सहायता के लिए अपनी आस्था को बनाए हुए हैं। दोन्यी-पोलो का आध्यात्मिक अर्थ ईश्वर है, भौतिक अर्थ सूर्य (दोन्यी) और चन्द्रमा (पोलो), दार्शनिक अर्थ धार्मिक निष्ठा है। सर्वशक्तिमान दोन्यी-पोलो अर्थात सूर्य और चन्द्र के अलावा और भी अन्य लोक देवी-देवताएँ हैं जिनकी उपासना तानी लोग आत्म-कल्याण तथा जन-कल्याण के भाव से करते हैं—सेदी मेलो-सृष्टि के रचनाकार, कोजे नाने-समृद्धि व वैभव की देवी, कीने नाने-अन्न देवी, पदोङ नाने-वर्षा देवी, दादी बोते-पशुओं की देवता, दीमू ताया-पर्वतों के देवता, नोम्पू नोम्नाङ-जंगली पशुओं का रखवाला, बीरी बीक-पानी का रखवाला, मीली मिनाम-महामारी, रोग की दुष्ट आत्मा, गुमीन सोयीन-गृह देवता आदि।

तानी समाज में पुजारी को न्यीब, मीरी, न्यीबू, ताबे कहा जाता है। ऐसा मानना जाता है न्यीब ईश्वरीय शक्ति का प्रतिनिधि होता है। पूजा-अनुष्ठान, पर्व-संस्कार की व्यवस्था न्यीब द्वारा ही सम्पन्न होती है। मयिब आध्यात्मिक जगत और मनुष्य

जगत के बीच कड़ी का कार्य करता है। न्यीब वंशगत या निर्वाचित नहीं होता। वह तो जन्मजात होता है। न्यीब द्वारा ही सारे धार्मिक कार्य सम्पन्न होते हैं। वे आध्यात्मिक मार्गदर्शक एवं संसूचक हैं।

ज्ञान-मीमांसा

तानी मौखिक परम्परा में लोक चिकित्सा-पद्धति भी है। तानी समाज में यह मान्यता है कि बीमारी देवी-देवताओं के प्रकोप, निषेध तोड़ने, भूत प्रेत की बाधा आदि का परिणाम है। तानी समाज में अनुष्ठानों द्वारा अपने आराध्य स्थानीय देवी-देवताओं को सन्तुष्ट करना और जड़ी-बूटी के द्वारा रोगों का इलाज का परम्परागत चिकित्सकीय व्यवहार है। प्राचीन काल से पर्यावरण मनुष्य को प्रभावित करती आ रही है। इस तरह मनुष्य उपलब्ध प्राकृतिक संसाधनों का उपयोग करना सीखता चला गया। यह ज्ञान-परम्परा एक पीढ़ी से दूसरी पीढ़ी तक हस्तान्तरित होती रहती है। हम कह सकते हैं कि यह समाज द्वारा प्राप्त सामाजिक औषधीय प्रणाली है। यह प्रणाली तानी समाज द्वारा गहरे अवलोकन, गहरी समझ एवं अनुभव पर आधारित है। यह तानी जनों का पारम्परिक और देशज ज्ञान-प्रणाली है। ग्रामीण क्षेत्रों में रहनेवाले तानी जन आज के आधुनिक युग में भी आधुनिक पद्धति की अपेक्षा पारम्परिक चिकित्सा-पद्धति पर अधिक निर्भर है। पौधों के प्रत्येक भागों—पत्ते, जड़, छिल्कों, फल, फूल, आदि का प्रयोग कर चिकित्सकीय लाभ प्राप्त किया जाता रहा है। औषधीय पौधों और उनके उपयोग निम्न तालिका में प्रस्तुत है :

क्रम	स्थानीय नाम	वानस्पतिक नाम	भागों का उपयोग और बीमारियों का इलाज
1.	रीनको	कोपतीस तीता वाल (Coptisteetawall) या रैननकुलेसी (Ranunculaceae)	इसके जड़ों को खाया जाता है जिससे उल्टी, दस्त, पेट दर्द, बुखार ठीक होता है।
2.	लोकयो	टर्मी नालिया (Terminalia bellerica) (बहेड़ा)	इसके पत्तों और फल का सेवन सर्दी, खाँसी, बुखार और कब्ज का इलाज हेतु किया जाता है।
3.	मारसाङ	स्पिलेंथम पैनकिलाटा (Spilanthes pani culata) अकरकरा	इसके फूल को सीधा चबाने पर दाँत दर्द ठीक होता है।
4.	कोंपी	(Solanam) सोलेनाम	इसके फल को खाने पर दाँत दर्द से राहत मिलता है।

5.	पादू इन्यीङ या नामयीङ ईङ	एगरेटम कोन्वाइजाइड्स (Ageratum conyzoides) जंगली पुदीना	पत्तों को पीसकर घाव, चोट लगने पर लगाया जाता है जिससे रक्त बहाव रुकता है।
6.	केकीर	जीनगीबर जेरुमलेत (Zingiber zerumlet)	पेट दर्द, उल्टी, दस्त और खासी का इलाज इसके कन्द और पत्तों के सेवन से होता है।
7.	सोमपा	डिलीनिया इंडिका (Dillenia Indica)	फल को कच्चा या उबालकर खाने पर पेट दर्द ठीक होता है।
8.	रुकजी	अमपीनेरोन ओपुलेनतम (Amphineuron opulentum)	पत्तों को मुर्गों के चिचड़ी मारने हेतु प्रयोग में लाया जाता है।
9.	ओयीक	पोजोलजीया बेनेतीआना वीग्त (Pouzolzia bennettiana wight)	पत्तों को कोमल टहनियों के संग उबालकर स्तनपान करानेवाली महिलाओं को खिलाया जाता है।

इस प्रकार से तानी समुदाय रोगों के निदान हेतु वनस्पतियों के विभिन्न भागों एवं जीव-जन्तु का लोक-चिकित्सा के रूप में प्रयोग किया जाता है। तानी लोग काली चींटी का उपयोग दस्त, मलेरिया आदि के इलाज में भी करते हैं। खाज और दाँत दर्द में भी इसका प्रयोग किया जाता है। इसका प्रयोग पीसकर करते हैं। पशुओं को विशेष रूप से मिथुन या गाय के मुँहपका-खुरपका रोग के इलाज के प्रयोग में प्रचलित है। दो या तीन चींटियों को पत्तों में बाँधकर नमक मिलाकर खिलाया जाता है। रोगों के उपचार से सम्बन्धित वनौषधियों का भंडार है परन्तु यहाँ कुछ ही का विवेचन किया गया है। तानी समुदाय के लिए पारम्परिक लोक-चिकित्सा-पद्धति अत्यन्त महत्त्वपूर्ण एवं प्रभावकारी माना गया है।

लोक-चिकित्सा-पद्धति के अलावा इनकी ज्ञान-परम्परा का जीवन्त मिसाल इनकी सामाजिक संस्थाओं में भी है परिलक्षित होती है। प्रत्येक समाज की अपनी सामाजिक संस्थाएँ होती हैं। ये संस्थाएँ भवन या स्थल नहीं हैं अपितु सामाजिक संकल्पना का आचरण है, जिसमें ज्ञानात्मक स्वरूप भी संयुक्त है। ये संस्थाएँ संस्कृति को बचाए रखने में अहम भूमिका निभाती हैं साथ ही लोक-कल्याण का दायित्व भी इन संस्थाओं के हाथों है। अरुणाचल के प्रत्येक जनजाति की अपनी अलग-अलग सामाजिक संस्थाएँ हैं। इन्हीं संस्थाओं के माध्यम से उन्नत परम्पराएँ, संस्कृति आदि एक पीढ़ी से दूसरी पीढ़ी तक स्थानान्तरित होती हैं। जैसे अपनी भाषा, वेश-भूषा, संस्कृत-परम्परा, जीवन-मूल्य, रीति-रिवाज आदि से एक व्यक्ति

अभ्यस्त होता जाता है। धार्मिक संस्था, आस्था, आराधना के तरीकों को भावी पीढ़ी को सिखाना। समाज में कानून और व्यवस्था बनाए रखना। तानी समुदाय के आदी और गालो समूह के कुछ सामाजिक संस्थाएँ हैं—मुसुप, रासेंग, केबांग इत्यादि।

मुसुप आदी और गालो समाज की पारम्परिक संस्था है। मुसुप को डेरे भी कहते हैं। मुसुप आदी एवं गालो समाज की एक अद्वितीय विशेषता है। यह अत्यधिक विकसित सामाजिक संस्थान आदी तथा गालो जनजाति का सांस्कृतिक केन्द्र है। मुसुप की उत्पत्ति के सम्बन्ध में कई मिथक हैं। पादाम उप-जनजाति के मिथक के अनुसार मुसुप तानी मनुष्य की पहली कुटिया है, जिसका निर्माण गृह देवता 'गुमीन सोयीन' ने ज्ञान के देवता 'दोयीङ बोते' और समृद्धि की देवी 'किने नाने' के लिए बनाया जिसे बाद में सामाजिक कार्यों के लिए प्रयोग में लाया गया था। जब प्रत्येक व्यक्ति अपने आवास गृह बनाने लगे तो मुसुप सामाजिक स्थल बन गया। वस्तुत: मुसुप अविवाहित युवकों का रात्रि शयनशाला है। गाँव के सभी दस वर्ष से ऊपर के लड़के मुसुप के सदस्य होते हैं। वे रात्रि को मुसुप में सोते हैं। मुसुप को प्रशिक्षण केन्द्र कह सकते हैं। मुसुप में नवयुवकों की भावी जीवन की तैयारी की जाती है। आदी लोगों की यह मान्यता है कि यह व्यवस्था युवकों में हमदर्दी, उदारता, संवेदना, समूह में काम करने की प्रवृत्ति, पारम्परिक श्रद्धा, लिहाज एवं आत्मसम्मान की भावना को विकसित करने में सहायक होती है। मुसुप और रासेङ शयनागार की जो व्यवस्था है वह तानी समुदाय में केवल आदी एवं गालो जनजाति में प्रचलित है। मुसुप के सदस्यों की महत्त्वपूर्ण भूमिका रहती है। सम्पूर्ण गाँव के समाज-सेवा में संलग्न विभिन्न कार्य, किसी भी प्रकार की सूचनाएँ आदि 'मुसुप' के द्वारा ही करते हैं। जैसे केबाङ का निर्णय का पालन करवाना, किसी भी प्रकार का जुर्माना, गाँव में सामूहिक रूप से आयोजित होनेवाले कार्यक्रमों, उत्सवों की तिथि, गाँव में निषेधों का पालन करने की तिथि, सभी सामूहिक कार्यों आदि सभी प्रकार की सूचनाओं को गाँव में प्रचारित-प्रसारित करने का कार्य 'मुसुप को' 'गोगईङ' के माध्यम से करते हैं। केबाङ की बैठक मुसुप में आयोजित की जाती है। मुसुप गाँव प्रशासन के प्रमुख अंग हैं। मुसुप आदी और गालो समाज की संरचना का मेरुदंड है। 'आदी' समाज का आर्थिक, सामाजिक एवं धार्मिक विकास मुसुप पर ही अवलम्बित है।

मुसुप की ही भाँति रासेङ का भी आदी समाज में अहम भूमिका है। इसे मुसुप का ही समकक्ष मान सकते हैं। यह नवयुवतियों की शयनागार है। मुसुप सार्वजनिक होता है, किन्तु रासेङ सार्वजनिक नहीं है। यह मात्र गाँव की युवतियों की शयनशाला है। जहाँ वे रात्रि भोजन के पश्चात सोने आती है। यहाँ लड़कियों के अलावा किसी और का प्रवेश वर्जित है। परन्तु लड़कियाँ चाहें तो लड़के यहाँ प्रवेश कर सकते हैं। वे अपनी भावी जीवनसाथी का चुनाव रासेङ की व्यवस्था रहते हुए कर सकती हैं। अत: आदी समाज में स्वीकृत सामाजिक प्रथा है,

जिस पर कोई आपत्ति नहीं करता। मुसुप की ही भाँति रासेङ भी एक महत्त्वपूर्ण प्रशिक्षण केन्द्र है। यहाँ अविवाहित युवतियाँ बुनाई की कला, कपास के कार्य, पारम्परिक नृत्य पोनुङ करने की कला आदि का अपने सखियों के संग सीखती हैं। इसके अतिरिक्त मैत्र, कर्तव्य, अनुशासन, अगुआई आदि का प्रशिक्षण भी वे रासेङ जीवन के दौरान ही सीखती हैं। इन शयनशालाओं में खुला छूट होने के बावजूद प्रत्येक युवक और युवतियों को नियंत्रण में रहकर नियम-कानूनों का पालन करना होता है। कृषि-कार्यों में भी रासेङ दलों को बुलाया जाता है। पासी गाँव सीबूक में भी वरिष्ठ रासेङ दल है जो बहुत ही सक्रिय है। आखेट जाने के रास्तों को भी वे साफ कर देते हैं। गाँव से निकलनेवाले रास्तों से लेकर घने जंगल तक जो रास्ता जाता है वहाँ तक वे साफ करते हैं। यह बहुत ही मेहनत भरा कार्य है। बदले में उन्हें गाँव के पुरुषगण आरान और पीमे पर्वों के उपलक्ष्य पर किये आखेट से प्राप्त शिकार यथा—जंगली चूहे, जंगली जानवर, पक्षी आदि देते हैं।

परलोक विद्या

तानी समुदाय की परलोक-सम्बन्धी अवधारणाओं को 'पङे' नामक शोकगीत के द्वारा भली प्रकार से समझा जा सकता है। उक्त शोकगीत में तानी (सृष्टि के प्रथम मानव) की उत्पत्ति, मनुष्य के मृत्यु के कारणों की कथाओं, मृतक के जीवन के प्रत्येक पक्षों का लेखा-जोखा प्रस्तुत किया जाता है। मृतक की आत्मा के साथ मीरी यानी पुजारी की आत्मा भी आध्यात्मिक यात्रा करता है। यह मान्यता है कि 'दोदक ङेलेक' नामक एक अन्तिम स्थान है जहाँ तक मृतक की आत्मा का मीरी मार्गदर्शन करता है। मीरी यहाँ पहुँचकर मृतक की आत्मा से कहता है कि तुम अपनी दुनिया में चले जाओ मैं तुम्हारे लिए खुश हूँ परन्तु मुझे वहाँ नहीं जाना है तुम खुश रहो, तुम्हारे दिवंगत पूर्वज तुम्हारा स्वागत कर रहे हैं, सांसारिक वस्त्रों को उतारकर दिवंगत पूर्वजों की तरह कपड़े पहन लो। तुम अपने सांसारिक जीवन के परिवारजनों की चिन्ता न करो।

'दोदक ङेलेक' दिवंगत पूर्वजों के कृषि-कार्य का क्षेत्र है। यह 'पासू दीनो' पर्वत को पार कर स्थित है। पासू दीनो मनुष्य और आत्माओं के देश की सीमा है। पङे के अनुसार मीरी की आत्मा पासू दीनो से पमी यानी बाज का रूप लेकर वापस उड़कर मनुष्य लोक में मृतक के घर वापस आता है। तानी जनों में यह मान्यता है कि यदि मीरी बाज का रूप न ले तो मृतक की आत्मा भी मीरी के साथ वापस घर आ जाएगी। उसकी आत्मा को एक मनुष्य की तरह मार्गदर्शन कर आध्यात्मिक यात्रा मीरी द्वारा सम्पन्न किया जाता है। 'बाज' बानजी-बानमाङ यानी बुरी आत्मा है उससे मृतक की आत्मा भयभीत होगी इसी कारण मीरी बाज का रूप ले लेता है।

'तानी' जनों को मृत्यु के बाद दोन्यी-पोलो लोक जाने की अनन्त इच्छा है। इसी इच्छा की पूर्ति हेतु पडेः गायन का अनुष्ठान किया जाता है। मीरी ही मृतक की आत्मा को मार्गदर्शन कर इस नश्वर संसार से दोन्यी-पोलो लोक में सुरक्षित पहुँचाता है। तानी लोगों में यह मान्यता है कि आत्मा वहाँ सदैव के लिए चली जाती है, वे आत्मा की अमरता पर विश्वास करते हैं। पडेः में भी इसी कारण मृतक के शव को 'बायुक' सम्बोधित करता है। बायुक का अर्थ रूप-परिवर्तन है। शरीर से आत्मा का रूप ले लेना।

पडेः अनुष्ठान केवल सामान्य मृत्यु में ही आयोजित करते हैं। पडेः मृत्यु के तुरन्त बाद गाते हैं परन्तु यदि शव को दो-तीन दिनों तक किसी सगे-सम्बन्धियों के अन्तिम दर्शन के लिए रखने पर मीरी अपने सुविधानुसार गाते हैं।

'कपीङ ताबे' या मीरी अर्थात पुजारी उच्चतम कोटि का होता है। ये प्रेत विद्या में दक्ष होता है। इसे 'आईत मीरी' भी कहा जाता है 'कपीङ ताबे' को कई उयू यानी आत्माओं का मार्गदर्शक माना जाता है।

सन्दर्भ सूची

1. न्येदर नामलो : न्यीशी जनजाति के स्वदेशी धर्म की पुनर्प्राप्ति, ताना शोरेन, अरुण प्रभा, अंक दो, संयुक्तांक 2002-2003
2. न्यीशी जनजाति की पूजा-पद्धति और उसके प्रकार, डॉ. नन्दकिशोर पांडेय, वही
3. अरुणाचल की जनजातियों की जन्म, विवाह एवं मृत्यु सम्बन्धी मान्यताएँ, अनन्त कुमार नाथ, वही
4. आदी लोक-साहित्य का सामाजिक-सांस्कृतिक अध्ययन, सुश्री ईङ परमे, अप्रकाशित शोध प्रबन्ध
5. मूल्यवान एवं दुर्लभ वनस्पतियों का खज़ाना अरुणाचल, रमेश चन्द्र चतुर्वेदी, जनपथ, अंक दिसम्बर 2009

लिम्बू कर्मकांडों में देवकथा

संसार की उत्पत्ति की कहानी का बयान

बुद्धी एल. खामधक

परिचय

शुरुआती मानव विज्ञानियों द्वारा मिथक का विश्लेषण संस्कारों की विषयवस्तु के रूप में किया गया (टेलर 1871; फ्रेज़र 1890)। बाद के शोधार्थियों ने दिखा दिया कि कुछ समाजों में मिथक और संस्कारों को अलग किया जा सकता है (क्लूकहोन 1942)। इस शोध-पत्र में, मैंने येहंग मुनधूम में संसार की उत्पत्ति और सामाजिक व्यवस्था और साथ ही सिक्किम के लिम्बू समुदाय के संस्कारों में येहंग मुनधूम के विषय में चर्चा की है।

लिम्बू संस्कृति में मिथक को मुनधूम कहा जाता है। सरल भाषा में, मुनधूम कसा हुआ मौखिक काव्यात्मक घटनाक्रम है जो एक पीढ़ी से दूसरी पीढ़ी तक लिम्बू संस्कारों के विशेषज्ञों द्वारा हस्तानान्तरित किया गया है। ये विशेषज्ञ फेदंगमा, सामबा, येटचाम्बा, येबा/येमा हैं और नौसिखिया मुनधूम विशेषज्ञ तूमेइहंग कहे जाते हैं। मुनधूम की रचना दोहों की तरह की जाती है। दो पंक्तियों में एक जैसी लय होती है।

और अक्षरों की संख्या बराबर होती है। मुनधूम में पंक्तियाँ अर्थ के एतबार से एक-दूसरे की पूरक होती हैं। इसे स्मरण-शक्ति, भाषा पर पकड़ और मुहावरों, तालमेल, तुकबन्दियों के बेहतरीन इस्तेमाल के साथ मधुर स्वर द्वारा संगत होना चाहिए।

वर्तमान में लिम्बू और गैर-लिम्बू शोधार्थियों के बीच मुनधूम नई चर्चा का विषय बना हुआ है। विभिन्न शोधार्थियों द्वारा "मुनधूम" को समझने के कई प्रयास किये गए हैं। लेकिन नई अकादमिक चर्चा में यह अब भी अज्ञात और अपरिभाषित विषय है।

पहली बार लिम्बू शोधार्थी इमान सिंह चेमजोंग ने अपनी किताब 'हिस्ट्री एंड कल्चर ऑफ किरत पीपुल' (1948 और 2003, पेज 18) में मुनधूम को 'महान शक्ति

के सामर्थ्य' के रूप में परिभाषित किया। एक अन्य शोधार्थी बिरंगी कैनला (2011) कहता है, "मौखिक या लिखित मुनधूम का सम्बन्ध ब्रह्मांड, धरती, विभिन्न देवी देवताओं और मनुष्य और बाकी नश्वर संसार से है"।

ए. वीडर्ट और बी. सुब्बा की 'कंसाइज़ लिम्बू ग्रैमर एंड डिक्शनरी' (1985) मुनधूम को 'लिम्बू धर्म, लिम्बू धार्मिक साहित्य' के रूप में समझती है। इसके अलावा "दन्तकथा, लोककथा, इतिहास पूर्व व्याख्या, या कविता की भाषा में उपदेश, मौखिक परम्परा में ज़िन्दगी गुज़ारने" के रूप में वे मुनधूम को परिभषित करते हैं।

मार्टिन गायेंज़ले अपनी किताब 'ऐंसेस्ट्रल वायसेज़ : ओरल रिचुअल टेक्स्ट्स एंड देअर सोशल कांटेक्स्ट्स अमंग द मेवहंग राय ऑफ ईस्ट नेपाल' (2002) में वह मेवहंग 'मुद्दुम' पर चर्चा करते हैं और मुद्दुम को 'मौखिक परम्परा, पैतृक ज्ञान' या सामान्य रूप से 'जीवन-यापन के पारम्परिक तरीके' के रूप में परिभाषित करते हैं।

चैतन्या सुब्बा अपनी किताब 'कल्चर एंड रेलिजन ऑफ लिम्बस' (1995) में मुनधूम की व्याख्या लिम्बू लोगों के लिए प्रोत्साहन, सूचना और ज्ञान के रूप में करते हैं और इसके द्वारा संचालित जीवन-पद्धति, वेशभूषा और संस्कार के बारे बताते हैं। मुनधूम की भाषा प्राचीन और धर्म से परिपूर्ण है। मुनधूम का सही और विश्वसनीय अनुवाद बहुत मुश्किल है।

एम.एम. गुरुंग और आर.पी. लामा (2004) के अनुसार, "मुनधूम इतिहास पूर्व युग की दन्तकथा या लोककथा है जो बयान करनेवाले के मुख से झरने से गिरते हुए पानी की तरह निकलती है"।

जे.आर. सुब्बा के अनुसार, "मुनधूम एक पवित्र विवरण है। यह विस्तारपूर्वक बताता है कि दुनिया और मानवता वर्तमान शकल में कैसे पहुँची। यह एक प्रकार का धार्मिक गीत है जो पीढ़ियों से चलता आया है। इसमें दन्तकथाएँ, मिथक, पारम्परिक विश्वास और लिम्बू के दार्शनिक विचार शामिल हैं। यह लिम्बू जनजाति का बहुत समृद्ध लोक-साहित्य है जहाँ इस महान जनजाति का इतिहास मौजूद है" (1999, पेज 303)।

लिम्बू रीति-रिवाजों के विभिन्न पहलुओं से सम्बन्धित मुनधूम बहुत विशाल और व्यापक है। 1940 के दशक से मुनधूम को वर्गीकृत करने के प्रयास होते रहे हैं। 1948 में इमान सिंह चेमगाँग ने मुनधूम को दो भागों थुंगसप मुनधूम और पेसप मुनधूम में बाँटा है। उन्होंने आगे चलकर पेसप मुनधूम को [a] सोकसोक मुनधूम, [b] येहंग मुनधूम, [c] सापजी मुनधूम और [d] साप मुनधूम में वर्गीकृत किया। बैरागी कैनला और जे.आर. सुब्बा ने लिम्बा मुनधूम को फिर से विवरण के आधार पर वर्गीकृत किया। शोधकर्ताओं द्वारा लिम्बा मुनधूम के वर्गीकरण के कई प्रयासों

के बावजूद अब भी अकादमिक क्षेत्र में मात्र चर्चा तक सीमित है। आमतौर पर इसे समझने के लिए चार भागों में बाँटा जा सकता है : येहंग मुनधूम, येसिक मुनधूम, ई-इंग मुनधूम और एगप मुनधूम।

इस शोधपत्र के पहले भाग में मैं संसार की रचना के लिम्बू मिथक के मुख्य अंशों को प्रस्तुत करूँगा जिसे येहंग मुनधूम कहा जाता है। उसके बाद मैं सामाजिक व्यवस्था और आध्यात्मिक संसार से लोगों के सम्बन्ध को दर्शाऊँगा। तीसरे, मेरा तर्क है कि मिथक कर्मकांडों का अभिन्न अंग हैं। ऐसा पहली बार है कि यह कर्मकांड की विषयवस्तु के एतबार से रस्मों की मौलिकताओं की व्याख्या करता है और रस्मों का हिस्सा भी है।

भाग : I

संसार की उत्पत्ति का लिम्बू मिथक

येहंग मुनधूम के विवरण के मुताबिक :

इकसा हो: प्टेरो खमबे: क हो: प्टेरो
तारानन हो: प्टे तंसानन हो: प्टे
कोहित तन हो: प्टे कम्भन—एन हो: प्टे
वेमेनन होप्ते हो: नगुअन होप्ते
नुंगतन होप्ते वेरातन होप्ते
मेंचामन होप्ते यपमिअन होप्ते
मुहोन लिंमगा होंबरत पाटचे
मूदन लिंमगा तनबरत पाटचे
कोमीसंगरा चोई:त चोदारो
कुंदागंगरा तागेला: नदारो
तागेरा मागा निवा फूमारो

येहंग मुनधूम के अनुसार न तो ज़मीन थी न आसमान, न पहाड़-पहाड़ी थी और न घाटी, न समुद्र और सागर थे, न मानव, नीचे और ऊपर सब कुछ खाली था। ऐसी शून्यता में तगेरा निवाफूमा आग की लपट के रूप में भौतिक संसार की रचना के लिए अपनी अलौकिक या दैवीय शक्ति के साथ प्रकट हुई। जब वह खालीपन में आग की लपट के रूप में निराश और दुखी सवालिया अन्दाज़ में घूम रही थी तभी इजुम्भो इदाखा—मंग प्रकट हुई और खालीपन में मकड़ी का जाल बना दिया जहाँ तगेरा निवाफूमा खड़ी हो सकी और संसार की रचना की कल्पना कर पाई। खालीपन को देखकर तगेरा निवाफूमा ने निराशा और

दुख महसूस किया। उसकी आँखों से आँसू की बूँदें टपक पड़ीं। इसके नतीजे में तगेरा निवाफूमा की एक अन्य विश्वरूप में तुंगूजेन वेरोक—मंग प्रकट हुई और [पानी] सागर अस्तित्व में आया। सागर में बड़ा पत्थर वदिंगलुंग उभरकर आया जहाँ तगेरा निवाफूमा खड़ी हो सकती थी। जब वदिंगलुंग घड़ी की सूई की दिशा में घूमने लगा जिससे विभिन्न देवी-देवता प्रकट हुए और जब वदिंगलुंग घड़ी की सूई के विपरीत घूमा तो मनुष्य अस्तित्व में आया। वेदिंगलुंग तेज़ी से चलता रहा, पत्थर से रेत निकलने लगी। धीरे-धीरे, खाली जगह रेत और फिर मिट्टी से भर गई जो धरती के निर्माण का कारण बनी। लेकिन धरती पर मिट्टी कोमल, कीचड़युक्त और दलदली बनी रही। तगेरा निवाफूमा वहाँ से अदृश्य हो गई। उसके बाद तगेरा निवाफूमा के अन्य विश्वरूप में पोरोकमी—होंगभामीमा धरती पर आई।

पोरोकमी—होंगभामिमा ने सोचा कि बिना पौधों, जानवरों और इनसानों के धरती खाली—खाली और दुखी दिखाई देगी। उन्होंने पौधों, जानवरों और मनुष्यों के सृजन की कल्पना की। पहले, वे परामर्श के लिए तगेरा निवाफूमा के आँगन में प्रकट हुए। तगेरा निवाफूमा ने उनको फिटचा सुमबो:क दूब का नन्हां पौधा दिया और उसको धरती पर लगाने का निर्देश दिया। यह कीचड़युक्त दलदली ज़मीन को मज़बूती से पकड़ सकता था। उन्हें उस स्थान पर जाने का निर्देश भी दिया जहाँ देवी-देवता गोला फेंकने के खेल में मुकाबला कर रहे थे और उस खेल भाग लेने का निर्देश भी दिया। निर्देश का पालन करते हुए वे धरती पर आए फिटचा सुमबो:क को धरती पर दलदली ज़मीन पर रोपाई की। यह मिट्टी को बहुत सख्ती और मज़बूती से पकड़ सकता था। वहाँ से, देवी-देवताओं के स्थान पर गए जहाँ उन्होंने गोला फेंकने की खेल प्रतियोगिता में भाग लिया। प्रतियोगिता में, पोरोकमी—होंगभामिमा ने अपनी पूरी ताकत से गोला फेंका। गोला बहुत बड़ी चट्टान 'मुघोनल लूंग खोंगभा लूंगमा' से टकरा गया। बड़ी चट्टान में धमाका हुआ जो आसमान में धूलयुक्त बादल (काला बादल), कोहरा, और तेज बहनेवाली हवा और गरज पैदा होने का कारण बना। इस अद्भुत घटना के नतीजे में धीरे-धीरे धरती पर बारिश का पानी, ओला, बर्फबारी दिखाई पड़ी। इस तरह से धरती पर हर जगह चट्टानें खिसकने लगीं और परिणामस्वरूप पहाड़ियाँ, घाटियाँ, जलप्रपात, झरने, छोटे नाले और नदियाँ बनीं। जिन क्षेत्रों में चट्टानें खिसकी थीं वहाँ पौधे उगना शुरू हो गए। धरती पर उस जगह कीड़े-मकोड़े, चिड़ियाँ और जानवर प्रकट हुए। चट्टानों के टुकड़ों से नक्षत्र, उपग्रह, एनेरॉयड और दूसरी आकाशीय चीज़ें उत्पन्न हुईं जो तेज़ी से चलने लगीं।

नक्षत्रों, उपग्रहों, एनरॉयड्स और दूसरे आकाशीय निकायों और हवा, बारिश, पहाड़ियों, घाटियों, जलप्रपातों, झरनों, छोटे नालों, नदियों, पौधों, कीड़ों

मकोड़ों, चिड़ियों और जानवरों को बनाने के बाद भी इनसानों के बिना धरती बहुत निराशाजनक और खाली लगती थी। पोरोकमी—होंगभामिमा ने सोना और चाँदी जैसी कीमती चीज़ों से इनसानों को पैदा करने का फैसला किया। उसने इनसान के नमूने बनाए लेकिन वह न बोल सकता था और न साँस ले सकता था। उनको घोर अप्रसन्नता हुई। जब वे मनुष्यों को पैदा करने में नाकाम हो गए तो एक बार फिर राय लेने के लिए तगेरा निवाफूमा के आँगन में गए। तगेरा निवाफूमा ने उन्हें अपने पैरों पर सोने के लिए कहा और यकीन दिलाया कि उनके सपनों के मुताबिक बनाया गया इनसान यकीनन कामयाब होगा। जब वे विस्मयकारी सपने से आधी रात में जागे तो उन्होंने पाया कि तगेरा निवाफूमा नग्न थी और उसके शरीर के गुप्तांग खुले हुए थे।

दुनिया में वापस आने के बाद पोरोकमी—होंगभामिमा ने यौन-सम्भोग के माध्यम से एक बार प्रयास किया जिसने अन्त में उन्हें महिला और पुरुष दोनों मनुष्यों को बनाने में कामयाबी दिलाई। लेकिन गुस्से में उन्होंने उनके चेहरे पर थूककर श्राप दे दिया। इससे वे बीमार हो गए। जब पोरोकमी—होंगभामिमा ने अपनी परेशानी तगेरा निवाफूमा से बताया तो उसने मनुष्यों के उपचार और बुराई से रक्षा के लिए उन्हें एक विशेष कर्मकांड 'मैंगेन्ना' करने का निर्देश दिया। जब मैंगेन्ना की रस्म अदा हो गई वे ठीक हो गए और मानव-जीवन में लौट आए।

कई पीढ़ियों बाद जब मानवता का विकास हो गया और आबादी बढ़ गई तो वे बीमारी, मौत जैसी कई तरह की समस्याओं से घिर गए। ऐसी हालत ने उनको सभा बुलाने और तगेरा निंगवाफूमा से उपचारात्मक उपाय के बारे परामर्श हेतु सम्पर्क करने के लिए मजबूर कर दिया। जवाब में तगेरा निंगवाफूमा ने सिगेरा यभूनडिम्मा को उपचार एवं दवा-इलाज के लिए नीचे भौतिक संसार के मनुष्यों के पास भेजा। सिगेरा यभूनडिम्मा ने लिम्बू मूराबंग्स, शमन या आध्यात्मिक चिकित्सकों (फेदांग्मा, समबा, येटचमबा, येबा/येमा) की रचना की। यह लोग मनुष्यों और भगवान, देवी-देवताओं के बीच और सदृश्य और अदृश्य संसार के बीच मध्यस्थ के रूप में काम कर सकते थे। तगेरा निवाफूमा ने औषधि ज्ञाताओं लसीदा कुबेदंगबा—नमसिदा कुबेदंगबा को भौतिक उपचार (दवा-इलाज) के लिए धरती पर भेजा।

भाग : II

येहंग मूनधूम में सामाजिक व्यवस्था

लिम्बू समुदाय में येहंग मुनधूम सृजन की कहानी नहीं है बल्कि लिम्बू जनजातियों के लिए मार्गदर्शन और सामाजिक व्यवस्था है। यह एक धुरी की तरह काम

करता है जिसके चारों तरफ पूरी लिम्बू संस्कृति, धर्म और विश्वास-प्रणाली और संस्कार घूमते और संचालित होते हैं। एकलेक साँगदोक पोकमा मुनधून विस्तार से बताता है कि तेतलारा लहादोंगना और सुहांगबेमबा अर्थात एक ही माँ-बाप से पैदा भाई-बहन जब सम्भोग के बारे में नहीं जानते थे, व्यभिचार कर बैठे। एक ही परिवार में व्यभिचार की खबर सवाजेन येथंग पंगभे में आग की तरह फैल गई और खबर उनके पितामह तक पहुँची, सोदुनजेन लेकमुहंग, सभा बुलाई गई। तमयेहंग्स (वरिष्ठ नागरिकों और प्रमुख लोगों) ने उसमें भाग लिया। परिषद में निर्णय लिया गया कि एक ही उप-वंश के, एक ही रक्तवाले या रक्त-सम्बन्ध वाले लड़के या लड़की का विवाह आपस में नहीं हो सकता। ऐसे नियम का उल्लंघन करना अवैध माना जाएगा। 'एकलेक सोंगदोक' लिम्बू जनजाति और समाज में सामाजिक बहिष्कार के दंड की ओर ले जाता है। उसके बाद से लिम्बू जनजाति में एक ही रक्तवाले या रक्त-सम्बन्ध में विवाह वर्जित है इसका उल्लंघन करने पर तूमइहंग्स (प्रमुख व्यक्तियों) की मौजूदगी में लिम्बू शमन द्वारा खास कर्मकांड 'खा-यूमा' करना होता है। यह कर्मकांड मृत्यु के कर्मकांड के बराबर होगा और सामाजिक बहिष्कार पाँच पीढ़ियों से अधिक तक का हो सकता है। यहाँ तक कि शादी से पहले किसी महिला के गर्भवती हो जाने को अवैध माना जाता है। समाज में ऐसा बच्चा अवैध सन्तान 'खोसा' अपवित्र और वर्जित माना जाता है।

खोंग पोकमा मुनधून में ताबूत की शुरुआत; जब भाई मंगाई लोरामेप्पा अपनी बहन इरेरे इन्धिनद्रुकमा पर गुस्से में फूल फेंकता है तो वह अचानक बीमार पड़ जाती है जिससे उसकी मौत हो जाती है। जब गाँव में इसकी खबर फैली तो सभा बुलाई गई और भाई को 'सामाजिक समबन' की सज़ा सुनाई गई। लिम्बो संस्कृति में भाई-बहन दोनों को महत्त्वपूर्ण और समकक्ष 'मंगेन्ना' (रक्षक) माना जाता है। माना जाता है कि एक-दूसरे के सशक्तीकरण और सुरक्षा के बिना दोनों में से कोई नहीं रह सकता। उसके बाद से, परिषद में तय किया गया कि भाई और बहन के बीच फूलों का आदान-प्रदान या फेंकने और पैर का अँगूठा/पैर छूने (पैर से मारने) अनुमति नहीं है। इसका उल्लंघन करने का मतलब है दंडित किया जाना। यहाँ तक आज भी लिम्बू संस्कृति में भाई और बहन बराबर और महत्त्वपूर्ण हैं और फूल का आदान-प्रदान या फेंकना और पैर या अँगूठे से छूना वर्जित है। ऐसे परम्परागत कानून के उल्लंघन पर सामाजिक समबन और खूमदिंग की सज़ा है। इसके अलावा, लिम्बू समाज में महिलाओं की स्थिति और स्तर बहुत अहम माना जाता है। उनको देवी, रक्षक, माँ, बहन की हैसियत हासिल है। उनके साथ भेदभाव और निर्दयता को परम्परा का उल्लंघन और अवैध माना जाता है।

तेतलारा लहादोंगा और सुहंगबेम्बा मुनधूम में जब लहादोंगना ने लगातार किगिदोंगना खया (पहला पालतू कुत्ता) को यातना दी और दुर्व्यवहार किया, पैर से मारा और झाड़ू से पीटा तो एक दिन कुत्ते ने तगेरा निवाफूमा से शिकायत किया। उसने विस्तार से बताया कि उसके साथ किस तरह से दुर्व्यवहार किया गया और यातना दी गई बावजूद इसके कि वह लहादोंगना के आवास पर अपनी सभी ज़िम्मेदारियों और कर्तव्यों का निर्वहन कर रहा था। इसके बाद लहादोंगना को बुलाया गया और दुर्व्यवहार करने और यातना देने, पैर से मारने और झाड़ू से छूने से विरत रहने का निर्देश दिया गया। इसका उल्लंघन करने पर पाप को जन्म देनेवाले के रूप में बड़ा दंड देने के लिए चेताया गया। यहाँ तक कि आज भी, महिलाओं द्वारा कुत्ते को पैर से छूना या मारना और झाड़ू से मारने को 'सिकयम' बड़ा गुनाह माना जाता है और प्रतिबन्धित है।

भाग : III

येहंग मुनधूम के कर्मकांड

लिम्बू मुनधूम न केवल रचना और सामाजिक व्यवस्था का वर्णन करता है बल्कि इस तर्क की भी व्याख्या करता है कि कर्मकांड क्यों किये जाते हैं। यापोन पोकमा मुनधूम बताता है कि जब मूजिकना खेयोंगना अदृश्य संसार से अपनी सन्तान को देखने के लिए सदृश्य संसार में आई तो उसने पाया कि हर कोई सूखे के कारण भूख और अकाल की चपेट में आकर मर रहा है। जब उसने सदृश्य संसार में अपनी सन्तानों की ऐसी पीड़ा और समस्याओं को देखा तो उसने दुखी और अपमानित महसूस किया। ऐसी सामाजिक परिघटनाओं से बचाने के मकसद से तगेरा निवाफूमा के आशीर्वाद और परामर्श के लिए वह तुरन्त अदृश्य संसार वापस लौट गई। ऐसा उसने अकाल और भुखमरी की चपेट से अपनी सन्तान की रक्षा के लिए किया। तगेरा निवाफूमा से परामर्श के बाद एक मुट्ठी अनाज के साथ एक बार फिर वह मानव-संसार में आई। उसने उनमें से प्रत्येक को अपने खेतों में अलग-अलग मौसम में अनाज बोने की सलाह दी। उसके परामर्श को मानते हुए सन्तानों ने खेतों में अनाज बोने और जब मौसम बदला तो अनाज की भरपूर फसल पक गई। सन्तानों ने फसल की कटाई की और उसका उपभोग शुरू कर दिया। क्रमशः उनके खेतों में पके हुए अनाजों ने भुखमरी से सभी का जीवन बचा लिया। इसी वजह से लिम्बू समुदाय में अब भी फसल की कटाई के हर मौसम में नई फसल के अनाज को घरेलू देवी 'यूमा मंग' को चढ़ाने की रस्म अदा की जाती है।

नाहेन मुनधूम और सकमरा पोकमा मुनधूम में सोरा—इंग कंगला—इंगमा ने फौरन अपने बेटे सवागेन युकपूंग केमबा को सलाह दिया कि अगर भव्य जंगल में शिकार करते हुए उसे कोई खूबसूरत कुँवारी लड़की मिलती है तो वह हरगिज़ उसके प्यार में न पड़े। सवागेन युकपूंग केमबा ने अपनी माँ के निर्देश पर कान नहीं धरा। इस तरह से जब वह निवास के दक्षिण दिशा में शिकार के लिए गया तो उसकी मुलाकात येसूलूंग फियामलूंगमा से हुई और उसके प्यार में डूब गया। उसके बाद जब उत्तर दिशा में पहुँचा तो फिर दूसरी खूबसूरत कुँवारी लड़की थोसूलूंग मुकूमलूंगमा से मिला और प्रेम कर बैठा। नतीजे के तौर पर, जब उत्तर और दक्षिण की रहनेवाली दोनों कुँवारी लड़कियों को पता चला कि सवागेन युकपूंग केमबा उनमें से दोनों [येसूलूंग फियामलूंगमा और थोसूलूंग मुकूमलूंगमा] से विवाह के लिए वचनबद्ध होने की बात पता चली तो उन्होंने ने ईर्ष्या में सवागेन युकपूंग केमबा को नज़रअन्दाज़ किया। दोनों कुवारियाँ नाराज हो गईं। उन्होंने सवागेन युकपूंग केमबा को न केवल ठुकरा दिया बल्कि उन्होंने उसे शरण, भोजन, प्रेम और सेवा देने से भी मना कर दिया। इसके कारण उसका अपमान हुआ, वह भूखा रहा और अन्त में मर गया। लिम्बू मुनधूम के अनुसार सवागेन युकपूंग केमबा की मौत दो महिलाओं के श्राप, जलन और ईर्ष्या के कारण हुई थी। आज भी, लिम्बू जनजाति में श्राप, जलन और ईर्ष्या को बुराई के रूप में माना जाता है जो परिवार या लिम्बू समुदाय को नुकसान पहुँचा सकती है, बाधा डाल सकती है और अहित कर सकती है। इसके लिए 'पांडो', 'नाहेन', और 'सकमरा' कर्मकांड किया जाता है।

इसी प्रकार, नेहंगमा मुनधूम भी उल्लेखनीय है क्योंकि लिम्बू संस्कृति में यह महत्त्वपूर्ण भूमिका निभाती है। उक्त मुनधूम के अनुसार एक दिन तिगेदिम्मा का भाई मंगयंगबूंग अपनी बहन तिगेदिम्मा से प्रतियोगिता में हार जाने के बाद इस प्रण के साथ अपना आवास छोड़कर चला गया कि कभी वापस नहीं आएगा। उसने घने जंगल की भव्य गुफा में रहने का निर्णय किया। लेकिन निराशा और मानसिक तनाव के कारण उसे बहुत गम्भीर बीमारी हो गई। सन्देश सुनने के बाद तिगेदिम्मा अपने भाई की तलाश में निकली और अपने आवास पर वापस लाई। निराशा और मानसिक तनाव के कारण हुई बीमारी से अपने भाई के जीवन को बचाने के लिए नेहंगमा ने कर्मकांड किया। अन्ततः जब बहन तिगेदिम्मा ने अपने भाई मंगयंगबूंग ऐसे कर्मकांड आयोजित किये तो उसे भयानक बीमारी और मौत से बचाया जा सका। आज तक, परिवार के मुखिया के लिए नेहंगमा कर्मकांड किया जाता है जैसा कि नेहंगमा मुनधूम द्वारा निर्धारित किया गया है।

खोंग पोकमा मुनधूम में है कि इररे इनधिनद्रूकमा की मौत हो गई, उसकी लाश को उसके भाई मंगा-ई लारम्मेप्पा द्वारा जलप्रपात के ठीक नीचे डाल दिया गया।

जब लाश सड़ना शुरू हुई और पूरे गाँव में बदबू फैल गई तो जिसकी वजह से महामारी आई। बस्ती के लोगों ने शिकायत किया। वहाँ से जब गाँव वाले और मंगा-ई लारम्मेप्पा लाश को निकालने के लिए उस स्थान पर पहुँचे, वे अचानक डर गए और अपनी आत्मा खो बैठे। नतीजे के तौर पर, वे बीमार पड़ गए। बाद में गाँववालों ने तगेरा निवाफूमा से सम्पर्क किया। उन्हें बताया गया कि जीवित आत्मा को मृत्यु द्वारा ले जाया गया है जिसकी वजह से वे बीमार पड़ गए हैं। मृत व्यक्ति के अन्तिम संस्कार के बाद उन्हें अपनी आत्मा को तुरन्त निकलवाने का मशविरा दिया। यहाँ तक आज भी लिम्बू जनजाति में मृत्यु के हर कर्मकांड के अन्त में खोंगसिंग ककमा कर्मकांड किया जाता है। मृत्यु कर्मकांड के दौरान जीवित लोगों की आत्माओं को निकालकर मृत्यु आत्मा से अलग कर दिया जाता है। लिम्बू जनजाति में कर्मकांड करने के तर्क को मुनधूम द्वारा सटीक तरीके से बताया जा रहा है। वे कर्मकांड जिनका ज़िक्र ऊपर किया गया है लिम्बू समाज में अब भी प्रचलित कर्मकांडों के केवल कुछ उदाहरण हैं।

अगला मुनधूम गर्भवती महिला के बारे में है। तिजेनजोंगना जब गर्भवती हुई तो बीमार पड़ गई। एक दिन उसने तगेरा निवाफूमा से सम्पर्क किया और अपनी समस्या बताई। तगेरा निवाफूमा ने उससे बताया कि वह देवी-देवताओं द्वारा खड़ी की गई समस्या के कारण बीमार है। इनके नाम लोकफागेन सिहकिम मंग, दोसू सिंगला मंग, और योसू वामे मंग हैं। इसलिए जब तक लिम्बू शमन द्वारा कर्मकांड सापोक चोमेन नहीं किया जाता है उसे प्रसव में दिक्कतों का सामना रहेगा और वह बीमार रहेगी। तिजेंजोंगना ने अपने आवास पर वापस आने के बाद सूदायूमे और लिम्बू शमन को विशेष कर्मकांड 'सापोक चोमेन' करने के लिए बुलाया। सापोक 'चोमेन' कर्मकांड किया गया, वह ठीक हो गई और उसका प्रसव आसान हो गया। इस प्रकार जिसने भी कर्मकांड को देखा तो समझ लिया कि जब महिलाएँ गर्भवती होती हैं तो 'सापोक चोमेन' करना ज़रूरी होता है और गाँव में सभी ने यह कर्मकांड करना शुरू कर दिया। बाद में लिम्बू समाज में जब महिलाएँ गर्भधारण करती थीं तो 'सापोक चोमेन' की परम्परा सामाजिक जीवन की पद्धति बन गई। आज भी, गर्भवती महिलाओं को उसे नुकसान पहुँचानेवाली बुराइयों और देवी-देवताओं से बचाने के लिए और आसान प्रसव के लिए लिम्बू समुदाय में 'सापोक चोमेन' किया जाता है।

निष्कर्ष

लिम्बू समाज में मुनधूम कर्मकांडों के महत्त्वपूर्ण भाग के रूप की तरह है या कहा जा सकता है कि मुनधूम के बिना किसी कर्मकांड पर अमल नहीं किया जा सकता।

लिम्बू समुदाय में ऐसा मान लिया गया है। लिम्बू शमन या कर्मकांड के विशेषज्ञ फेदंगमा, समबा, येतचम्बा और येबा/येमा ऐसी मुनधूम क्रिया के मुख्य स्रोत हैं। वे सदृश्य और अदृश्य संसार के बीच, पैतृक और भौतिक के बीच और मानवों और देवी-देवताओं के बीच माध्यम या मध्यस्थ के रूप में काम करते हैं। इस प्रकार मुनधूम को शोधकर्ताओं द्वारा नज़रअन्दाज़ नहीं किया जा सकता। इसकी व्यापक पड़ताल करने और व्यावहारिक ज्ञान के माध्यम से समझने की ज़रूरत है। मुनधूम की विषयवस्तु को केवल मुनधूम को व्यवहार में लाने से समझा जा सकता है। मुनधूम का कर्मकांड पर अमल के साथ भावनात्मक लगाव है। किसी लिम्बू कर्मकांड के भाग के रूप में मुनधूम के पठन और अमल को मिलाकर साथ साथ चलना पड़ता है।

सन्दर्भ सूची

1. थुंगसप मुनधूम मौलिक है और लिखने की कला के ज्ञान से पहले तक मौखिक रूप से चलता आया है और इसे किताबों में मौखिक मुनधूम कहा गया है। यह एक महाकाव्य है जिसका पाठ समबाओं या कवियों द्वारा किया जाता था।
2. पेसप मुनधूम धर्म के बारे में लिखित पुस्तक है।
3. सोकसोक मुनधूम: सोकसोक मुनधूम में ब्रह्मांड की रचना की कथाएँ शामिल हैं। मानवता, पाप के कारण और प्रभाव जैसे दुष्ट आत्माओं की उत्पत्ति, ईर्ष्या, जलन और क्रोध की दुष्टात्माएँ और बचपन में मौत के कारण और प्रभाव।
4. येहंग मुनधूम: येहंग मुनधूम में मानवता के पहले नेतृत्वकारी की कहानी है जिसने मनुष्यों के विकास के लिए आध्यात्मिक दर्शन प्रदान करते हुए पशु जीवन के चरण से बाहर ज्ञान-सम्पन्न जीवन और तौर तरीके को नियंत्रित करने के कानून बनाए। इस पुस्तक में नेता ने शादी-विवाह, पंच न्याय, शुद्धता और धर्म के नियम बनाए हैं। जलप्रलय से मानव-विनाश की कहानी और किरत लोगों में बहुत-सी भाषाओं के वजूद का कारण, और ईश्वर की मौसम के एतबार से पूजा की सामाजिक रस्मों, शिशु के जन्म और मृत्यु के बाद शुद्धता के नियमों का उल्लेख लेपमुहंग मुनधूम में किया गया है।
5. सापजी मुनधूम: सापजी मुनधूम अच्छी आत्माओं और बुरी आत्माओं के बारे में बताता है।
6. साप मुनधूम: वर्तमान में लिम्बू इतिहास के रूप में साप मुनधूम का सन्दर्भ दिया गया है।
7. लिम्बू संस्कारों में मुनधूम खुद की व्याख्या कैसे करता है।
8. परम शक्तिशाली
9. मकड़ी के जाल जैसी देवी।
10. समुद्र, सागर, और अन्य जलस्रोतों की देवी।
11. उत्पत्ति के बाद के चरणों में कई देवी–देवता प्रकट हुए।
12. वे मानव धरती पर वर्तमान मानव-जाति के पूर्वज माने जाते हैं जो वर्तमान मानव-जाति के वजूद में आने के बाद धरती से अदृश्य हो गए।
13. यह पोरोकमी द्वारा लगाया गया पहला पौधा है। उस समय धरती कीचड़ युक्त थी।
14. लिम्बू आध्यात्मिक चिकित्सक [शमनो] औषधि ज्ञानियों का रचयिता।

15. खाद्य अनाज पैदा करने के बारे में मुनधूम।
16. लिम्बू के शब्दों में यहाँ 'यूमा मंग' का मतलब है 'महान देवी'। चूँकि मूजिकना खेयोंगना अदृश्य संसार से अनाज लेकर आई, अपनी सन्तानों को अपने खेतों में बोने का निर्देश दिया उस समय जब वे भूख से मर रहे थे। इसलिए खेतों से फसल के कटने के बाद वे अपनी 'महान माता' को चढ़ाते थे। बाद में उनकी 'महान माता' को 'यूमा मंग' के रूप में माना गया जिसका मतलब 'महान देवी' या घरेलू 'अभिभावक देवी' है।
17. Limbu mundhum dealing with origin of jealousy and curses.
18. घर के देवी–देवता।
19. पठारों पर रहने वाले देवी–देवता।
20. वह देवी देवता जो सागरों, समुद्रों और दलदली क्षेत्रों में रहते हैं।
21. सम्बन्धी और गाँव के आम आदमी।

जयन्तिया के धार्मिक मान्यताओं में भगवान, देवत्व और आत्माएँ

श्री दावमनचुह लमरी

प्रस्तावना

जयन्तिया लोग मेघालय राज्य के पूर्वी हिस्से के आसपास के इलाके में फैली पहाड़ियों के बाशिन्दे हैं। इन लोगों को उस पहाड़ी के नाम से जाना जाता है जिसकी गोद में ये निवास करते हैं। ये समान पूर्वजों, रीति-रिवाजों और परम्पराओंवाले लोगों का समुदाय है जो जयन्तिया पहाड़ियों के मूल निवासी हैं। ये अनादि काल से इन पहाड़ियों में रहनेवाले आदिवासी हैं। इसमें जनजातियाँ और उप-जनजातियाँ शामिल हैं। इनमें खास समूह जो बीच की ऊपरी भूमि पर रहते हैं, उन्हें 'पनार' के नाम से जाना जाता है। जो लोग जयन्तिया पहाड़ियों के दक्षिणी भाग की गहरी घाटी में रहते हैं, उन्हें 'वार' कहा जाता है। जयन्तिया खासी की तरह एक ही वंशज हैं और माना जाता है कि वे 'की हिन्नीव्ट्रेप' की सन्तान हैं, जिसका शाब्दिक अर्थ है 'सात झोंपड़ी'। जयन्तिया पहाड़ियों में पाए जानेवाले 'वार' को अक्सर खासी पहाड़ियों के 'वार' से भेदभाव में 'वार जयन्तिया' के रूप में जाना जाता है। अन्य जनजातियाँ भी जयन्तिया पहाड़ियों में रहती हैं, जैसे, 'कार्बी' जिन्हें अक्सर 'द भोइस' कहा जाता है और 'हदेम' को 'द बिएट्स' भी कहा जाता है।

जयन्तिया पहाड़ी लगभग 3819 वर्ग किलोमीटर के क्षेत्र में फैली है और इसे स्थानीय रूप से 'का री खाद-अर डोलोई' के रूप में जाना जाता था, जिसका अर्थ है 'बारह डोलोइस का साम्राज्य' क्योंकि यह परम्परागत रूप से बारह प्रान्तों से बना था जिन्हें 'एलाका' के रूप में जाना जाता था और बारहों द्वारा शासित था। आदिवासी प्रमुखों को 'यू डोलोई' कहा जाता है। वे भारतीय संविधान के पिछड़े समूहों से सम्बन्धित हैं और उन्हें अनुसूचित जनजातियों की श्रेणी में रखा गया है। इस सामाजिक-सांस्कृतिक संरचनाओं में से एक मातृवंशीय प्रथा को माननेवाले 'बायट' समुदाय ने शायद ही कभी इसका पालन किया है। धर्म के सम्बन्ध में, आज तक कोई साहित्य मौजूद नहीं है जो विशेष रूप से जयन्तियों

के धार्मिक विश्वास पर लिखा गया हो। उनके बारे में जो कुछ भी जानकारी मिल सकती है वह पत्रिकाओं और अन्य प्रकाशनों में प्रकाशित लेखों, पांडुलिपियों आदि से ही मिलती है। इसका मुख्य कारण यह है कि विश्व के प्रमुख धर्मों के विपरीत इनका पारम्परिक धर्म संस्थागत नहीं है। इसलिए लोगों की धार्मिक मान्यता लोगों के साथ रहती है और धार्मिक संस्कारों और कर्मकांडों की जिम्मेदारी एक समूह यानी परिवार के रूप में कबीले-समुदाय में लोगों के पास रहती है। लोग 'ओरेशन' या बोले गए शब्दों के माध्यम से एक पीढ़ी से दूसरी पीढ़ी तक अपने धर्म को आगे बढ़ाते हैं। अतीत की विरासत को आगे बढ़ाने के लिए, आज जो कुछ भी है उसे व्यावहारिक रूप से अगली पीढ़ी के लिए बता दिया जाता है ताकि जन्म, विवाह, बीमारी या मृत्यु के समय क्या और कैसे करना है इसका ज्ञान को जारी रखा जा सके। इसकी वजह से इन्होंने अपने धर्म और अपने अनूठे भगवान के प्रति अपनापन खो दिया है और अन्य धर्मों के लिए इसे छोड़ रहे हैं।

आज, अधिकांश जयन्तियों ने ईसाई धर्म अपना लिया है, इसलिए नहीं कि इनकी परम्परा और इनके धर्म में कोई वास्तविकता नहीं है, बल्कि ज्ञान की कमी ने आध्यात्मिक अवसरों और सुविधापूर्ण जीवन की लालसा ने अन्य धर्म में परिवर्तित करने के लिए मजबूर किया। खासकर उन्हें अपने व्यवसाय से दूर रहना पड़ता था। किसी ने भी जयन्तिया धर्म का गहन अध्ययन नहीं किया है। उनके धार्मिक विश्वास के बारे में जानकारी की कमी की वजह से बाहरी लोगों ने उनके धार्मिक विश्वासों को गलत समझा और उनके लिए आदिम, जंगली, बुत, जूजू, बुतपरस्त, मूर्तिपूजक, बहुदेववादी आदि जैसे भ्रामक शब्दों का इस्तेमाल किया। समुदाय से जुड़ी सामाजिक वर्जनाएँ, विशेष रूप से अपने कबीले के भीतर विवाह, उनकी धार्मिक संरचना के प्रति अत्यधिक श्रद्धा, दूसरे लोगों को अन्धविश्वास के रूप में दिखा। और वे इस विश्वास में अन्धे हो गए कि वे परम्परागत शिक्षा और देशज धर्म को बर्बाद करके उन्हें धर्मान्तरित करके सच्चे धर्म की दीक्षा देंगे, जिसे उन्होंने अपना लिया था। सबसे बुरा आमतौर पर अपने ही खून से होता है, जो धर्मान्तरित हुए उन्होंने उस भगवान के नाम पर जो उन्हें बनाया है, अपमानित किया, निन्दा की और अपमानजनक टिप्पणियाँ की। यह अक्सर सुना जाता है कि उन्हें पारम्परिक धर्म को आस्तिक के रूप में सन्दर्भित किया जाता है 'की ब्रू खलेम ब्लै' जिसका अर्थ है 'भगवान के लोग' अपनी अज्ञानता को महसूस नहीं करते हैं कि वे जो शब्द 'यू ब्लै' कहते हैं वह उन लोगों के लिए सच है जो अपने धर्म को मानते हैं। धर्म जैसा कि स्वयं ईश्वर ने दिया है, न कि उन्हें विदेशी धर्म।

जयन्तिया धार्मिक मान्यता में ईश्वर, देवताओं और आत्माओं की अवधारणा बहुत स्पष्ट है। लेकिन इसे शाब्दिक रूप से प्रस्तुत करने और सही तरीके में

प्रस्तुत करने की आवश्यकता है, ताकि यह न केवल अपने तक रहे बल्कि दूसरे के लिए भी ज्ञान का स्रोत हो जो इसके बारे में जानना चाहते हैं। इसे जिस तरह से समझा गया, जिस तरह से यह अब है, आनेवाली पीढ़ियों में आस्तिकों के लिए महत्त्वपूर्ण है और एक धर्म के रूप में दूसरों द्वारा इसकी मान्यता के लिए महत्त्वपूर्ण मानक है। हालाँकि अधिकांश जयन्तिया अन्य धर्मों में परिवर्तित हो गए हैं, फिर भी बड़ी संख्या में अपने देशज, पारम्परिक, प्राचीन विश्वास का पालन करते हैं। इस शोध-प्रबन्ध का यह एक महत्त्वपूर्ण दावा है कि उनकी स्थिति अल्पसंख्यक की है। जयन्तियों का समूह जो अपनी सदियों पुरानी पारम्परिक धार्मिक आस्था को मानते और उसका पालन करते हैं, राज्य में ईसाई प्रभुत्व (अल्पसंख्यक के भीतर अल्पसंख्यक) के भीतर तथ्यात्मक रूप से वे धार्मिक अल्पसंख्यक हैं। यदि हमें देश में अनेकता में एकता के सामाजिक ताने-बाने को बनाए रखना है तो उनके संवैधानिक संरक्षण की तत्काल आवश्यकता है। यह पत्र, उन सभी लोगों का ध्यान आकर्षित करने का एक प्रयास है, जिन्हें पारम्परिक धर्म के बारे में गलत ज्ञान है। जिसे वे एक शैतानी पन्थ के रूप में सोचते हैं। क्योंकि जयन्तिया अपने सच्चे भगवान 'यू ट्रे किरोट-यू ब्लाई किनराड' के नाम से जिन की वे पूजा करते हैं, वे उनके लिए अजनबी नहीं हैं। जयन्तिया पारम्परिक धर्म में ईश्वर की अवधारणा को सर्वोच्च व्यक्ति के रूप में उसकी रचना, उनकी इच्छा और उनकी सेवा के साथ व्यक्त किया गया है। इसलिए जयन्तिया धार्मिक मान्यताओं में भगवान, देवताओं और आत्माओं के स्थान को दिखाने पर ध्यान केन्द्रित किया गया है।

देशज पारम्परिक जयन्तिया धर्म

'का नियम' शब्द 'धर्म' शब्द के समतुल्य है और यह मेघालय के खासी और जयन्तिया पहाड़ी के जिलों में रहनेवाले लोगों के अनुष्ठानों, प्रथाओं और विचारों से जुड़ा हुआ है। इसे मूल रूप से अक्सर 'का नियाम टिपब्रू-टिपबलाई' के रूप में जाना जाता है और आज की दुनिया में 'का नियामत्रे' के रूप में जाना जाता है, जिसे वे ईसाई धर्म के लिए 'का नियामकुर' कहते हैं। 'का नियामत्रे' जयन्तिया के साथ लोगों की जातीय पहचान, भाषा और संस्कृति की अवधारणा से जुड़ा हुआ है। वे केवल अलौकिक प्राणियों (भगवान और आत्माओं) की पूजा के कर्मकांडों में विश्वास तक सीमित नहीं है, बल्कि खेती से शिकार तक, यात्रा से प्रेमालाप तक जीवन के सभी पहलुओं को प्रभावित करते हैं। अधिकांश धार्मिक प्रणालियों की तरह (ईसाई, इस्लाम, यहूदी धर्म सहित) जयन्तिया देशज धर्म 'या का नियामत्रे' मानव होने का अर्थ के शाश्वत प्रश्नों पर ध्यान केन्द्रित करता है, आध्यात्मिक शक्तियों, और प्राकृतिक दुनिया के साथ जीवन का अर्थ क्या है, और मनुष्यों के

बीच सही सम्बन्ध क्या हैं? जयन्तिया धर्म भी बुराई और पीड़ा की व्याख्या करता है और दुनिया को कुछ हद तक आदेश और भविष्यवाणी के साथ संचालित करना चाहता है। जयन्तिया कुछ नैतिक व्यवहार को बनाए रखते हैं। इन पवित्र विचारों और परम्पराओं को वे मौखिक रूप से व्यक्त करते हैं। जो क्रमश: परिवार, कबीले, गाँव और मुखिया (एलका) के भीतर कर्मकांडों (नृत्य और संगीत) के प्रदर्शन के माध्यम से पीढ़ी-दर-पीढ़ी सौंपते हैं। 'निमात्रे' अनोखा है जिसे धर्मशास्त्र, घटना-विज्ञान और धार्मिक-अध्ययन के एक अलग नज़रिये से समझने और समझाने की आवश्यकता है। अन्यथा, केवल सतही घटनाओं को देखने से गलतफहमी और भ्रामक होगा। जिस तरह मिशनरियों और कई अन्य लेखकों का खासी पनार आदिम धर्म के प्रति जो नज़रिया बना, उसी तरह एक मौलिक विश्वास के सच्चे धार्मिक महत्त्व को गलत तरीके से प्रस्तुत करेंगे।

जयन्तिया धार्मिक मान्यता में भगवान

अलग-अलग धर्मों के अलग-अलग नाम हैं, जिसका श्रेय वे अपने ईश्वर को देते हैं। यहूदियों में ईश्वर को यहोवा, एलोहीम, ए शद्दै, एलोन इत्यादि के नाम से जाना जाता है। ईसाई अपने ईश्वर को औपचारिक रूप से पिता के रूप में बुलाते हैं। मुस्लिम अपने भगवान को अल्लाह कहते हैं। हिन्दू सर्वोच्च सत्ता को ब्रह्म कहते हैं। उसी तरह जयन्तियों के लिए 'उ ब्लै' शब्द 'ईश्वर' का समानार्थी शब्द है और वे अक्सर उन्हें 'यू ट्रे किरोट' के रूप में सम्बोधित करते थे। जयन्तिया भगवान से डरनेवाले लोग हैं और वे धार्मिक विश्वास की एकेश्वरवाद मत का पालन करते हैं। यह विश्वास स्वयं 'हिनीवट्रेप' लोगों या जयन्तिया समुदाय के पूर्वजों के लिए भगवान के रहस्योद्घाटन पर आधारित है। उनका मानना है कि 'यू ट्रे किरोट' जीवित शाश्वत प्राणी है जो सभी के जीवन का स्रोत हैं और जिसका जीवन अनन्त काल से है। वह स्वयं अस्तित्व में है और सभी चीज़ों का निर्माता और ब्रह्मांड में सभी घटनाओं का आरम्भकर्ता है। वह सृष्टिकर्ता है जो एक सर्वशक्तिमान, सर्वज्ञ और सर्वव्यापी है। वह ब्रह्मांड की पूर्ण शक्ति और उसके नियंत्रक हैं। वह शाश्वत और अमर है। वह ऊपर से शासन करता है। वह मानवीय समझ से परे है। वह अद्वितीय है। वह अच्छा, दयालु और भरोसेमन्द है। वह पवित्र है। वह पारलौकिक है, फिर भी वह निकट है। उनकी उपस्थिति प्राकृतिक दुनिया के भीतर, उनके आसपास के लोगों द्वारा और उनके और उनके परिवारों के साथ जो घटित होता है उसके द्वारा महसूस किया जाता है, हर जगह है। उन्हें लगता है कि ईश्वर उनके बीच या उनके भीतर वास करता है। वह लोगों का रक्षक के रूप में माना जाता है। उसकी पूजा बिना मन्दिर के की जाती है। ईश्वर उस नाम के अर्थ में निहित है जिसके द्वारा वे उनका उल्लेख करते हैं। वह 'यू ट्रे किरोट' है जिसका अर्थ है 'मालिक और भगवान'।

उन्हें 'यू सिएम ब्लै' के नाम से भी जाना जाता है जिसका अर्थ है 'राजा या देवताओं का प्रमुख'। ऊपर वर्णित भगवान को दिये गए गुण और नाम मिशनरी गतिविधियों के उत्पाद नहीं हैं। यह प्राचीन काल से ही जयन्तियों की सच्ची आस्था प्रदर्शित करती है कि ईश्वर उनके लिए कितने प्रामाणिक हैं।

जयन्तिया धार्मिक आस्था में देवत्व

माना जाता है कि 'यू ट्रे किरोट' में कई प्रतिनिधि हैं। इन प्रतिनिधियों को देवताओं के रूप में माना जाता है। वे सर्वोच्च ईश्वर द्वारा ब्रह्मांड की लोकतांत्रिक सरकार में पदाधिकारियों के रूप में सेवा करने के लिए बनाए गए थे। विभिन्न कर्तव्यों के साथ उनका विभाजन किया गया है।

सर्वोच्च शक्ति की इच्छा के अनुसार। उनके पास पूर्ण शक्ति नहीं है और उनका अस्तित्व सर्वशक्तिमान से निकला है। वे सभी मामलों में उनके अधीन हैं और उन्हें सर्वोच्च भगवान के गुणों की अभिव्यक्ति माना जाता है। वे मनुष्य और सर्वशक्तिमान के बीच 'मध्यस्थ' हैं। इसलिए, वे जरिया बन गए हैं जिसके माध्यम से पीठासीन देवता को बलिदान, प्रार्थना और प्रसाद प्रस्तुत किया जाता है। इस प्रकार, सर्वशक्तिमान के मध्यस्थों को प्रसन्न करके, मनुष्य अपने संकटों और समस्याओं के समाधान की आशा कर सकता है। हालाँकि, ये मध्यस्थ केवल साधन हैं, उनमें अन्त नहीं हैं। जयन्तियों के विश्वास के अनुसार इन देवताओं को दो प्रमुख समूहों में बाँटा जा सकता है, 'प्रमुख देवता' और 'मामूली देवता'। 'की वखरू वात्री' और 'द ग्रेट ओन्स' के रूप में जानी जानेवाली प्रमुख देवताओं को चीज़ों के मूल क्रम के हिस्से के रूप में माना जाता है और वे स्वयं भगवान के अधीन होते हैं, जिन्हें 'खों वाखरू वात्री' या 'भाई-बहन' के रूप में जाना जाता है।

पनारों का मानना है कि 4 (चार) प्रमुख देवता हैं : 1. का सयएम वबूह 2. यू सयएम पिरथत 3. का सयएम रमाव और 4. का सयएम संगी। 1. का सयएम वबूः सृजन, उर्वरता आदि से जुड़ी देवता है। वह 'द क्रिएशन क्वीन' है। 2. यू सयएम पिरथत बिजली, गड़गड़ाहट, तूफान आदि से जुड़े देवता है। वह 'द थंडर किंग' है जिसे 'द किंग ऑफ फायर' (यू सयएम दीन यू सिएम थेह) भी कहा जाता है। 3. का सयएम रमाव : पृथ्वी, जल, वर्षा, आदि से जुड़ी दिव्यता है और इसे अक्सर 'धरती माता' (का बेई रमाव) के रूप में जाना जाता है।

'पानी की रानी' (का सयएम उम का सयएम वाह) और 'मिट्टी की रानी' के रूप में भी (का सईम खयंदाव का सईम चियाप); 4. का सईम सांगी : सूर्य, चन्द्रमा और सितारों से जुड़ी हैं, और इन्हें 'द सोलर क्वीन' के रूप में भी जाना जाता है।

छोटे देवता 'या की खोन वखरू वात्री' हैं : 1. यू ठाकुर : का सैयम वबूह के अधीनस्थ। 2. यू खाद, का सिएम रयमाव के अधीनस्थ 3. यू बिस्कुरम यू

पा पिरथत के अधीनस्थ। 4. का नगी कायलुंग-उ नई किलुंग का सिएम संगी के अधीनस्थ। इन छोटे देवताओं को उनकी सेवा में कई अन्य छोटी आत्माओं द्वारा भगवान के सेवक या 'की चकरी ब्लै' अर्थात 'यू लकवांग', का 'लांगलियांग' के रूप में सहायता प्रदान की जाती है।

प्रकृतिक आत्माएँ : 'गार्जियन गॉड्स' या 'की ब्लाई चोंग ब्लै थव' प्राकृतिक आत्माएँ हैं जो प्रकृति में निवास करती हैं और उन्हें 'की रिंगकाव की समुन', 'की द्वार की लुटी', 'की तवियार की तकन' के रूप में पहचाना जाता है। वे जंगल, झाड़ी, जंगल, पत्थरों पवित्र नदियों में रहते हैं जो प्रत्येक गाँव के चारों ओर और गाँव के प्रवेश-द्वार पर होते हैं।

जयन्तिया धार्मिक मान्यता में प्राकृतिक और घरेलू आत्माएँ

प्राकृतिक आत्माएँ : प्राकृतिक आत्माओं को 'अच्छी आत्मा' माना जाता है और माना जाता है। ऐसा माना जाता है कि वे गाँव को नुकसान, दुर्भाग्य और बीमारी से बचाती हैं, बीमारी को ठीक करती हैं, और बच्चों को, फसलों के लिए बारिश, मछली और जंगली खेल प्रदान करते हैं। भगवान के स्वयं के निर्देशों के अनुसार, उन्हें गाँव की सुरक्षा के लिए किसी धार्मिक उत्सव के पहले प्रसाद चढ़ाया जाता है। जयन्तिया देशज धर्म चट्टानों, पेड़ों या नदियों की पूजा नहीं करते हैं, जैसा कि जीववाद में होता है और ईसाई मिशनरियों द्वारा गलत समझा या विश्वास किया जाता है। बल्कि, जैसा कि कहा गया है कि वे 'पहरेदार स्वर्गदूतों' या 'की ब्लै चोंग ब्लाई' में विश्वास करते हैं जो उनकी रक्षा करते हैं। प्रकृति की आत्माएँ अच्छी आत्मा, वास्तविक, सक्रिय और शक्तिशाली हैं। हालाँकि, वे उन लोगों के लिए बहुत खतरनाक और विनाशकारी हैं, जो अनुचित व्यवहार, अपमानजनक शब्द, थूकने, पेशाब करने आदि की अति करने का दुस्साहस करते हैं। इन गतिविधियों में शामिल व्यक्ति तब तक बीमार रहेंगे जब तक कि वह अपने कर्मों के लिए पश्चाताप नहीं कर लेते या बीमारी तब तक जारी रह सकती है जब तक कि अपराधी द्वारा मामलों के अनुसार जुर्माने का भुगतान नहीं कर दिया जाता। आवश्यक कर्मकांडों का ज्ञान रखनेवाला ही व्यक्ति को उस रोग से मुक्त करने का कार्य कर सकता है।

घरेलू आत्माएँ : 'घरेलू आत्माएँ' या 'की ब्लै लुंग-ब्लाई सेम' ऐसी आत्माएँ हैं जो किसी के घर में रहती हैं। उनकी पहचान 'उ बिस्कुरोम-उ वखरू उ था', 'का लद्रोपती-का पकोपति', 'का स्यम बोक-का सिएम नसीप', 'का रसोंग-का रचे' 'का कोपोंग-का पिरतोह', 'की ब्लै वनों-की ब्लाई सजोन', 'यू राम, यू लाखोन", 'का कोंगका का दुर्का', 'यू सैनिरियांगकसियार' आदि के रूप में की जाती है। वे घर के अन्दर और बाहरी कमरे में रहते हैं। माना जाता है कि यह परिवार के

सदस्यों को नुकसान, दुर्भाग्य और बीमारी से बचाते हैं, बीमारी को ठीक करते हैं। बच्चों और सम्पत्ति की सुरक्षा करते हैं। भगवान के निर्देशानुसार लोग भोजन करने से पहले, काम के लिए घर से निकलने से पहले और लम्बी यात्रा पर निकलने से पहले प्रतिदिन उनकी प्रार्थना करते हैं।

जयन्तिया धार्मिक मान्यता में बुरी आत्माएँ

जयन्तिया धार्मिक परम्पराएँ, इस्लाम, ईसाई धर्म, यहूदी धर्म और अन्य प्रमुख विश्व धर्मों की तरह, यह मानती है कि जैसे दुनिया में अच्छाई है, वैसे ही बुराई भी है। जयन्तिया धार्मिक परम्पराएँ मानती हैं कि जैसे 'अच्छी आत्माएँ' होते हैं वैसे 'बुरी आत्माएँ' भी हैं, उन्हें 'की सूद की खरेई' कहा जाता है। बुरी आत्माएँ उन व्यक्तियों के लिए बहुत कष्ट और दुर्भाग्य पूर्ण होती हैं जिन्होंने इनका शिकार या सामना किया होता है। माना जाता है कि ये बुरी आत्माएँ खास जगहों पर निवास करती हैं, जैसे गाँव की सड़कों का तिराहा या बरगद के पेड़, अँधेरे स्थान, या जंगल के अलावा वन क्षेत्रों के बड़े पेड़ों पर रास्ते के किनारे आदि ऐसे स्थानों पर। माना जाता है कि उनके अलग-अलग नाम हैं।

पहाड़ों और घाटी की असंख्य आत्माएँ जिन्हें 'केसुद लूम कुईद वाह' के नाम से जाना जाता है। यह जानने के लिए कि कि प्रभावित व्यक्ति को किसने पीड़ित किया, वे ग्रामीण को विभिन्न प्रकार के कष्ट देने के लिए जाने जाते हैं। एक व्यक्ति अपने शरीर के ताप, मिर्गी के मामले में झाग का शिकार हो सकता है या कोई व्यक्ति अपना मानसिक सन्तुलन खो सकता है या उसे जंगल में भागने या नदी में कूदने के लिए प्रेरित कर सकता है। अधिकांश जयन्तिया समाजों में विशेष रूप से प्रशिक्षित धार्मिक पेशेवर हैं जो विशेष दवाओं और संचार के माध्यम से ऐसी बीमारियों से प्रभावित व्यक्तियों की रक्षा और इलाज में मदद कर सकते हैं। एक परिवार के रूप में, एक कबीले, एक समुदाय के रूप में जयन्तिया लोग ऐसी आत्माओं की पूजा नहीं करते हैं और उन्हें कोई धार्मिक प्रसाद नहीं चढ़ाया जाता है। हालाँकि, विशेष रूप से प्रायश्चित बलिदान एक जैसा होता है।

'शान्ति की पेशकश' जो परिवार द्वारा पेश की जाती है, सख्ती से 'पा स्टेड' या 'कोबिराद' से प्राप्त निर्देशों के आधार पर होती है। यह कहावत उन लोगों के विश्वास और व्यवहार के लिए सही है जो पारम्परिक धर्म से जुड़ी बेहूदा कहावत को शैतान का पन्थ मानने के लिए संघर्ष कर रहे हैं।

जयन्तिया धार्मिक मान्यता में जीवन-मृत्यु के बाद पूर्वजों की आत्माएँ

जयन्तियों की धार्मिक मान्यता में, जीवन-मृत्यु के साथ समाप्त नहीं होता है, बल्कि दूसरी दुनिया में जारी रहता है। उनका दृढ़ विश्वास है कि लोगों की मृत्यु के बाद

भी उनकी आत्माएँ जीवित रहती हैं और उन्हें 'की लोंगछवा मंचवा', 'की वारिम वजाह' कहा जाता है या पूर्वजों की आत्मा को अक्सर 'की संगिया-सरेत' कहा जाता है। पूर्वज जो मर चुके होते हैं, ऐसा माना जाता है कि वे अज्ञात भूमि पर भगवान के निवास में रहते हैं जिसे 'का सोरकाप' कहा जाता है। मृत्यु, हालाँकि एक भयानक घटना है, जिसे एक व्यक्ति का भगवान के साथ गहरे रिश्ते की शुरुआत के रूप में माना जाता है। ऐसा माना जाता है कि दिवंगत आत्माओं को उनके सांसारिक कार्यों के आधार पर, उन्होंने पृथ्वी पर अपना जीवन कितना सही तरीके से जिया है, इस आधार पर उनके साथ न्याय किया जाता है और उन्हें भगवान के आकाशीय निवास में रहने के लिए जगह दिया जाता है। माना जाता है कि कई लोग केवल भगवान के निवास-द्वार तक ही पहुँच पाते हैं जिसे 'का द्वार उ ब्लै' कहा जाता है। कई अन्य लोग भगवान के दरबार में पहुँचकर सुपारी चबा रहे होंगे जिसे 'बम पथी हा लुंग यू बलाई' कहा जाता है। उनमें से कुछ के पास भगवान की तरफ पृथ्वी पर रहनेवाले लोगों के कल्याण के लिए कार्य करते हैं, जिन्हें 'च्रुह तिदियांग-तिमुन' कहा जाता है।

ये अच्छे पूर्वज हैं जिन्होंने अपना जीवन ईश्वर के निर्देशों के अनुसार सही तरीके से जिया है और ऐसा माना जाता है कि वे पृथ्वी पर जीवित वंशजों के लिए 'मध्यस्थता' यानी 'कसान निया' करने में सक्षम हैं। जीवन का भटकती हुई आत्मा के रूप में समाप्त होना सबसे घृणित माना जाता है। यही कारण है कि मरनेवाले प्रत्येक व्यक्ति का सही तरीके से अन्तिम संस्कार किया जाना चाहिए। यदि ऐसा नहीं किया जाता है, तो मृत व्यक्ति 'यू मिंडी' नामक एक भटकती हुई आत्मा बन सकता है। एक व्यक्ति जो एक आकस्मिक मृत्यु से मरा हुआ माना जाता है, वह अदृश्य दुनिया में एक 'माइंडर' के रूप में सक्रिय रहता है और कभी-कभी उसका उसकी मृत्युवाले स्थान पर उसकी चीख या कराह सुनकर उसकी उपस्थिति का पता चलता है। यह वर्षों तक जारी रह सकता है और माना जाता है कि जब तक ईश्वर द्वारा उसको दिया उसका सांसारिक जीवन-काल समाप्त नहीं हो जाता, तब तक वह वहाँ रुका रहता है। जयन्तिया धर्म में, पूर्वज देवता नहीं हैं और उनकी पूजा नहीं की जाती है। पूर्वज वे लोग हैं, जिन्होंने इसे न केवल आत्मिक भूमि में बनाया है, बल्कि परिवार या कबीले को आशीर्वाद देने, उनकी रक्षा करने के लिए स्वयं ईश्वर के पक्ष में भी हैं। उन्हें परिवार या कबीले के हमेशा जीवित सदस्यों के रूप में सम्मानित किया जाता है और जब कोई व्यक्ति 'का सियांग चितेन लुटी' के रूप में जाना जाता है। एक अनुष्ठान में वार्षिक 'बेहदीनखलम' उत्सव के पहले दिन के दौरान किसी की मृत्यु हो जाती है, तो उन्हें बलिदान के रूप में सम्मानित किया जाता है, जिसे 'का ई चिल्लप-ई चिलियांग' के रूप में जाना जाता है। इसलिए जीवन का लक्ष्य मृत्यु के बाद पूर्वज बनना है।

जयन्तिया धार्मिक मान्यता में पुनर्जन्म

लोग पुनर्जन्म के बारे में भी इस तरह से विश्वास करते थे कि एक मृत व्यक्ति की आत्मा दूसरे के शरीर में पुनर्जन्म लेती है। जब ऐसा होता है, तो जिस बच्चे में दिवंगत आत्मा का पुनर्जन्म होता है, वह आमतौर पर बीमारी का संकेत दिखाता है, उसे दवा से ठीक नहीं किया जा सकता है। ऐसे मामलों में परिवार के सदस्य एक ऐसे भविष्यवक्ता की मदद लेते हैं जो अपनी ओर से भविष्यवाणी के माध्यम से बीमारी के सम्भावित कारणों की खोज करता है। ज्यादातर मामलों में परिवार को सूचित किया जाता है कि परिवार के दिवंगत सदस्यों की आत्माएँ चाहती हैं कि बच्चे को उसके नाम से पुकारा जाए। उस नाम से पुकारे जाने पर बालक शीघ्र ही सामान्य जीवन जीने लगता है। इस प्रकार, अब तक कई व्यक्तियों को दिवंगत सदस्यों के नामों के साथ-साथ देवी-देवताओं के नाम जैसे राम, लाखोन, कोंगका और दुर्का आदि के नाम मिलते हैं।

निष्कर्ष

जयन्तिया पारम्परिक-धर्म जयन्तिया लोगों को भगवान का दिया गया एक विरासत है। वह सार्वभौमिक है और जिसे इन पहाड़ियों में ईसाई धर्म के आने से पहले से ही लोग जानते हैं। इस विदेशी धर्म की शुरुआत ने न केवल जयन्तिया पारम्परिक धर्म के विकास और अस्तित्व के लिए कई चुनौतियाँ खड़ी की हैं, बल्कि वास्तव में, कुछ प्रारम्भिक मिशनरियों ने इस धर्म के विलुप्त होने की भविष्यवाणी भी की थी। लेकिन ऐसा नहीं हुआ। आज इस धर्म के बारे में ज्ञान न केवल विभिन्न विश्वविद्यालयों के विद्वानों द्वारा बल्कि चर्च के नेताओं द्वारा भी माँगा जा रहा है। कुछ चर्चों ने पारम्परिक जयन्तिया धर्म के सिद्धान्तों को भी अपनाया है और जयन्तिया के सच्चे ईश्वर को मान्यता दी है जो कि 'यू ट्रे किरोट' है, जो कि यहूदियों के ईसाई देवता के बजाय उनके भगवान हैं। वे अब स्थानीय मान्यताओं से जुड़े देवताओं के नाम का उच्चारण करने के प्रति उदार हैं। Bei Rymaw, Blai wabooh wathoo आदि, बिना किसी डर और तिरस्कार के। उन्हें 'यू त्रे किरोट' के नाम से प्रार्थना करते हुए सुना जा सकता है और आब वे 'का बे रमाव' को संरक्षित करने की आवश्यकता के लिए चिल्ला रहे हैं। वैज्ञानिक ज्ञान के माध्यम से दिन का उजाला उन लोगों तक पहुँचा है, जिन्होंने 'की खोलो लंगदोह-खलू क्यंटंग' की उपस्थिति और उनसे जुड़े देवताओं को अन्धविश्वासी मान्यताओं के रूप में देखा है। जयन्तिया पारम्परिक धर्म में परिवर्तन और निरन्तरता है। मजबूत परिवार या कबीलेवाले लोग अपनी परम्परा को मजबूती से पालन करते रहेंगे, सतही ज्ञान वाले लोग इसे पुरानी संस्कृति के रूप में देखेंगे लेकिन जयन्तिया संस्कृति मर नहीं सकती,

क्योंकि यह एक जीवित संस्था है। धर्मान्तरित लोग धर्मान्तरित होंगे और वे बढ़ते रहेंगे। लेकिन अन्त में उनके पास दुनिया को अपनी पहचान के रूप में दिखाने के लिए कुछ भी नहीं होगा सिवाय इन विश्वासों और परम्पराओं के जो भगवान ने लिए नियत किये हैं। दूसरे शब्दों में, जयन्तिया पारम्परिक धर्म ईश्वर द्वारा मानव-जाति को दी गई प्रगति में भागीदार के रूप में विज्ञान और प्रौद्योगिकी के साथ सह-अस्तित्व में रहेगा।

सन्दर्भ सूची

1. Edward Norbeck, Religion in Primitive Society (New York : Harper and Brothers Publishers, 1961)
2. H.O. Mawrie, The Khasi Milieu (New Delhi : Concept Publishing Company, 1981)
3. Lamar, D, 2015. An Insight into Behdienkhlam festival, Jowai
4. Lamar, D, 2017. Landraces of Rice in Jaintia Hills, Jowai
5. Oral traditions as documented by the author since 1990's
6. U Hipshon Roy, Khasi Heritage—A collection of Essays on Khasi Religion and Culture (Umsohsun, Shillong : Ri Khasi Press, 1979)

देशज अनुपस्थिति : चेरोकी संस्कृति और दर्शन-काव्य

जेशुआ

सारांश

इस निबन्ध में, स्वदेशी-काव्य' के संक्षिप्त परिचय के बाद मैं चेरोकी संस्कृति के काव्य-दार्शन के प्रभावों पर प्रकाश डालूँगा, विशेष रूप से चेरोकी भाषा का काव्य-सार और चेरोकी संस्कृति से जुड़ी ऐतिहासिक व प्रागैतिहासिक मिथकों पर। पहला खंड चेरोकी भाषा के काव्य-सार, संरचना, विशेषताओं और ऐतिहासिक सन्दर्भों का विश्लेषण करता है, जो चेरोकी भाषा की पाठ्यपुस्तक 'बिगिनिंग चेरोकी पर आधारित है। दूसरे खंड में 'द चेरोकी नेशन : ए हिस्ट्री' का उपयोग करते हुए चेरोकी राष्ट्र के प्रागैतिहासिक और ऐतिहासिक काव्यात्मक पहलुओं पर प्रकाश डालूँगा। और तीसरा खंड 'द चेरोकी फुल सर्कल : ए प्रैक्टिकल गाइड टू सेरेमनी एंड ट्रेडिशंस' के माध्यम से चेरोकी कर्मकांडों के मिथकों की पृष्ठभूमि और इसके अस्तित्व-सम्बन्धी मनोवैज्ञानिक प्रभावों की जाँच करता है। सामूहिक रूप से, इन विश्लेषणों से पता चलता है कि, जिस तरह चेरोकी और अन्य जनजातियाँ उत्तरी अमेरिकी महाद्वीप के बदनाम, वंचित, दबे-कुचले हुए देशज लोग हैं, उसी तरह पोएट्री रिट लार्ज (स्वदेशी दर्शन सहित) पश्चिमी दर्शन में ढके बदनाम, वंचित, दबी हुई है। संक्षेप में, मैं यह तर्क दूँगा कि काव्य और स्वदेशी-संस्कृति दोनों को देशज अनुपस्थिति के रूप में समझा जा सकता है।

सामान्य रूप से देशज अमेरिकी विचार में काव्य की केन्द्रीय भूमिका का पता लगाने के बाद, वर्तमान निबन्ध में मैंने चेरोकी लोगों की भाषा, इतिहास और अनुष्ठानों में काव्य के समान महत्त्व पर करीब से नज़र डाला है। हालाँकि कई मूल अमेरिकी समाजों में, 'काव्य' के लिए कोई शब्द नहीं है और न ही काव्य अभ्यास का एक अलग क्षेत्र है, मेरा मानना है कि कविता, धर्म की तरह, किसी भी मानव-संस्कृति में खुद को महसूस करता है। चूँकि देशज अमेरिकी संस्कृतियों में सीधे काव्य की तलाश में नुकसान होता है (जैसा कि, यकीनन, कविता को सीधे

तौर पर देखना हमेशा गलत होता है), मैं इसके बजाय जेरोम रोथेनबर्ग की 'आदिम कविता' की उनकी प्रस्तावना के माध्यम से उन्हें समझने की कोशिश करूँगा। एन्थोलॉजी टेक्नीशियन ऑफ द सेक्रेड : ए रेंज ऑफ पोएट्रीज फ्रॉम अफ्रीका, अमेरिका, एशिया, यूरोप एंड ओशिनिया, जो कि देशज काव्य के प्रारम्भिक अर्थ तक पहुँचने के माध्यम हैं।

शुरू से ही, रोथेनबर्ग हमें यह हिदायत देते हुए कि 'काव्य के सन्दर्भ में आदिम का अर्थ जटिल है', 'आदिम' को 'अपरिष्कृत' से तुलना करने के खिलाफ चेतावनी देते हैं। (xxvi) उनका तर्क है, 'भाषा की तरह कविता भी शुरू से खुद ही हर जगह मौजूद, मजबूत और जटिल रूप में व्याप्त थी। (xvii) आदिम काव्य समकालीन काव्य की तरह अलग तरह की खास ढाँचे में नियमबद्ध नहीं थी बल्कि अपनी चचेरी बहन यानी कि पश्चिमी कविता की तुलना में बेहद व्यापक और अधिक समावेशी थी। उनका दावा है कि केवल वहाँ रहनेवालों के लिए नहीं बल्कि पूरी दुनिया में कविता एक सच्ची आवश्यकता के रूप में प्रकट हुई। (xvii)

यह तय करना बहुत कठिन है कि 'आदिम' कविता या 'आदिम कवित्व' की सीमाएँ क्या हैं। क्योंकि इनमें अन्तर नहीं होता। शब्द या शब्दार्थ का चयन एक लम्बी प्रक्रिया होती है, घंटों, दिनों तक, लगातार चल सकती है। जिसे हम संगीत और नृत्य और मिथक और पेंटिंग के रूप में अलग-अलग करके देखते हैं, ये भी इसी कार्य का हिस्सा है। यह 'हमारी' रुचि और पूर्व धारणाओं का सवाल है। (xxvi)

इस तरह के एक अस्पष्ट सन्दर्भ में, रोथेनबर्ग अनुमति देते हैं कि 'हमारे पास एक अलग तरह की कविता होगी, जहाँ हम गतिविधियों को समझते हैं और हम पूछ सकते हैं कि क्या इस काम में कुछ कविता है या पूरी कविता है? (xxvii) शायद यह अस्पष्टता समकालीन पश्चिमी लोगों/वैश्विक उत्तरदाताओं के लिए आवश्यक और सम्भावित रूप से शिक्षाप्रद है।

रोथेनबर्ग के अनुसार, आदिम कविता की तरह, आदिम कवि को भी बाँधना मुश्किल है। लेकिन वे निश्चित रूप से यह छन्दों को लैपटॉप में टाइप करने से भिन्न है। रचनाकार (जो गतिविधि की माँग के अनुरूप नर्तक, गायक, जादूगर भी हो सकता है) एक तकनिकी (विधा) में महारत हासिल करता है जो कई विरोधाभासों समाप्त कर सकता है। (xxvii) रोथेनबर्ग ने इन 'कवियों' को (एलियड के शब्दों में) सिद्धान्त की तरह 'पवित्र तकनीशियन' शीर्षक के रूप में सन्दर्भित किया है। (xxv) इन अस्पष्ट कार्यों और नृत्य, गायन, जादूगर-कवियों के सन्दर्भ में, रोथेनबर्ग की 'कविता' की परिभाषा 'जीवन की एकजुटता' के रूप में विचार और शब्द में 'कायापलट की ओर ले जाती हैं, चाहे ऐसी कविता बोली जाए, या गाई जाए। (xxviii, xxvi) रोथेनबर्ग भी कविता को 'आवेशित भाषा' (xx) के रूप में अधिक सरलता से परिभाषित करते हैं। अन्त में, रोथेनबर्ग आदिम 'कवि' और 'कविता'

की इस अवधारणा पर समकालीन पश्चिम में 'एक सार्थक परम्परागत अर्थपूर्ण जीवन' की ओर लौटने का आह्वान करते हैं। (xviii-xix) मैं 'देशज' कविता की इस अवधारणा के प्रति सचेत रहकर सम्मान करने का प्रयास करूँगा।

इस पृष्ठभूमि को ध्यान में रखते हुए देशज काव्य के सन्दर्भ में, इस निबन्ध के शेष भाग के लिए मैं खास उत्तरी अमेरिकी देशज संस्कृति के तीन विशिष्ट पहलुओं पर ध्यान केन्द्रित करूँगा, अर्थात चेरोकी लोगों की भाषा, इतिहास और रिवाज। विस्तारित करने के लिए, मैं (1) चेरोकी भाषा के काव्य-सार, संरचना, विशेषताओं और ऐतिहासिक सन्दर्भ (विशेष रूप से ओकलाहोमा बोली) का पता लगाऊँगा; (2) प्रागैतिहासिक काव्य और चेरोकी का इतिहास; और (3) सांस्कृतिक सन्दर्भ, मिथक की सत्तामूलक पृष्ठभूमि, और चेरोकी रिवाजों से जुडी सम्बन्धी मनोविज्ञानिकता।

इस प्रस्तावना को समाप्त करने के लिए, मैं अपनी पड़ताल के इन तीन पहलुओं को कविता के मुद्दे से जोड़ूँगा। पहला, चूँकि कविता मौखिक भाषा की सबसे पुरानी और सर्वोच्च कला है, इसलिए भाषा के असाधारण उद्‌भव को कवित्व कला के रूप में माना जा सकता है। दूसरा, इतिहास, मानव-समूह का बनना और भाषायी-काव्य-निर्माण का पाठ है। तीसरा कर्मकांड को व्यवहार और अभ्यास का काव्य के रूप में समझा जा सकता है। इसके अलावा, तीनों, एक-दूसरे सम्बन्धित हैं, और काव्यात्मक रूप से मिश्रित हैं। इतिहास और कर्मकांड दोनों ही प्रवचन या भाषाएँ बनाते हैं; भाषा और कर्मकांड दोनों ही गहरी ऐतिहासिक घटनाएँ हैं; और कर्मकांड, एक अर्थ में, किसी संस्कृति के इतिहास का भौतिक संरक्षण है जो उसकी भाषा के सन्निहित है।

चेरोकी भाषा : सहज काव्य

चेरोकी भाषा के चार तत्त्व जिन्हें मैं देशज काव्य-दर्शन के रूप में पड़ताल करूँगा। इनके संरचना, विशेषताएँ और ऐतिहासिक सन्दर्भ हैं। जैसा कि विख्यात चेरोकी इतिहासकार रॉबर्ट जे कॉनले ने पाया, "चेरोकी एक इरोक्वियन भाषा बोलते हैं, उनके निकटतम भाषायी ग्रेट लेक्स के आसपास के मोहाक्स, वनिडास, सेनेकास, ओनोंडागास और केयुगास के इरोक्वियन लोग हैं : (5)। चेरोकी भाषा खासियत है कि यह एक स्वत:स्फूर्त कला है, और चूँकि कविता भाषा की सर्वोत्कृष्ट कला है, इसके स्थान पर चेरोकी भाषा की स्वाभाविक कविताओं में गतिशील और विविध प्रकार की संज्ञाओं के आधार पर यह तर्क दिया जा सकता है कि पाठ्यपुस्तकों से शब्द उधार लेना चेरोकी भाषा का सार है।

इसी तरह ग्राफिक शब्द को लेखक रूथ ब्रैडली स्मिथ और बेट्टी शार्प स्मिथ ने 'एक आकर्षक, सहज कला प्रारूप का गठन' के रूप में जिक्र किया है।

(vi) जिन संज्ञाओं का वे उल्लेख कर रहे हैं, वे चेरोकी शब्द हैं (a) 'blossom' or 'flower,' namely 'it-opens out, blooms,' and (b) for 'grape (s),' namely 'twined along' (101).)। जैसा कि ये उदाहरण दिखाते हैं, और मैं आगे चर्चा करूँगा, ऐसी संज्ञाएँ भी कार्यात्मक रूप से लघु वाक्य हैं।

चार केन्द्रीय लक्षण हैं जो चेरोकी भाषा में काव्य के हृदय हैं। 'बिगिनिंग चेरोकी' से निम्नलिखित उद्धरण में लिया गया है : अभिव्यक्ति के लिए भाषा को व्यंग्यात्मक हास्य पूर्ण, सारगर्भित और सहज अक्सर तीनों एक साथ अपनाया जाएगा। पहली विशेषता, हास्य का कविता से गहरा जुड़ाव है, हालाँकि यह पहली नज़र में स्पष्ट नहीं है। जैसे दार्शनिकों ने संसार को अस्वीकार करने या इसकी पुष्टि करने के लिए अत्यधिक गम्भीरता को अपनाया है। वैसे ही ऐतिहासिक रूप से, कवियों ने दुनिया को गले लगाने, ताली बजाने, उपहास करने, सुधार करने और दुनिया को समझाने के एक तरीके के रूप में दुनिया पर हँसा है। दूसरी विशेषता, काव्य की अन्तर्दृष्टि, कविता व्यापक अर्थों में अन्तर्निहित सम्बन्ध के बारे में बताती है। तीसरी विशेषता, सरलता। सरलता को काव्य की गुणवत्ता के रूप में आसानी से समझा जा सकता है। कविता की विशेषता तात्कालिकता निरन्तरता और सरलता है। चौथा गुण, अन्त में तीनों गुणों का समायोजन है। एक सुन्दर अभिव्यक्ति में हास्य, अन्तर्दृष्टि और सरलता समायोजित होती है। यदि कलात्मक रूप से समायोजित अभिव्यक्ति नहीं है, तो सबसे संकीर्ण अर्थ में कविता क्या हो सकती है? चेरोकी भाषा, संक्षेप में, एक परिपक्व भाषा है, काव्य अभी इसके गर्भ में है।

अब मैं चेरोकी भाषा की संरचना की ओर चलता हूँ, जो कि बिगिनिंग चेरोकी की विशेषता है (1) सजग और किफायती (2) लचीला, सजग और बहुमुखी (3) सरलता पर कर लगाना और (4) समावेशी विवरण।

पहले बिन्दु पर निम्न प्रकार विस्तार से बताते हैं :

चेरोकी एक सूक्ष्म भाषा है, संरचना में आश्चर्यजनक रूप से किफायती है। इसका अधिकांश भाग सरल है। याद करने की कोई समस्या नहीं है, कोई लेख नहीं, व्याख्यात्मक वाक्यांश और वाक्यखंड नहीं है (v)।

कोई केस, लेख, प्रस्ताव, या व्याख्यात्मक वाक्यांश और खंड नहीं। इस प्रकार, अंग्रेजी वाक्य, 'He is the man from Nebraska who is going to the rally' चेरोकी में 'Nebraska man goes rally' में बदल जाएगा। बारह शब्दों से चार तक, दो उपवाक्य और एक पद से मात्र एक उपवाक्य तक, भाषा की सूक्ष्मता काव्य-शिल्प कौशल को ध्यान में रखती है।

दूसरी विशेषता की ओर मुड़ते हुए, लेखक बताते हैं कि "भाषा अत्यन्त लचीली है। इसमें प्रत्येक शब्द नाभिक (शब्द आधार) के संयोजन और विस्तार के लिए एक संक्षिप्त और बहुमुखी प्रणाली है (v)। एक अर्थ में चेरोकी वाक्य एक आन्तरिक

गति से बढ़ता है, खुद को अन्दर से बाहर तक बढ़ाता जैसे कि डेल्यूज़ियन राइज़ोम (अंग्रेजी वाक्य के विपरीत, जो विभिन्न छोटे स्वतंत्र और असतत कणों का एक संयोजन है)। यह गतिशील, रचनात्मक लचीलापन लिये हुए एक संक्षिप्त रूप से उत्पन्न एक विशेष काव्य है।

तीसरी विशेषता के लिए, होम्स और स्मिथ ने देखा कि, इसकी संक्षिप्त, बहुमुखी, लचीली प्रकृति के कारण, चेरोकी के लिए अंग्रेजी को स्मृति के लिए कर लगाने के लिए कहा जा सकता है (v) इस प्रकार भाषा की सरलता के कारण 'कर' लगना चेरोकी भाषा में निहित रचनात्मक शक्ति प्रकट करती है। शब्द, काल, नियमों और अपवादों की एक बड़ी संख्या को रटने के बजाय इस भाषा में काव्यात्मक सुधार करता है और नई रचनात्मकता का निर्माण कराता है।

अन्त में इन विशेषताओं के बावजूद, लेखकों का दावा है कि "चेरोकी प्रणाली की संक्षिप्त दक्षता अक्सर अंग्रेजी स्पीकर द्वारा छोड़े गए विवरणों को शामिल करना है। (v) यह समृद्धि काव्यात्मक अभिव्यक्ति के लिए भी उपयुक्त है। मूल शब्दों से जुड़ी छोटी विविधताएँ भाषा के साथ भाषण के पूरे वाक्यों को समृद्ध करती हैं, जिसे प्राथमिक रूप से संज्ञा और क्रिया आगे बढाती हैं, जिस पर मैं नीचे लौटूँगा।

अब मैं चेरोकी भाषा की संरचना की इन चार विशेषताओं की ओर मुड़ता हूँ। पाठ्यपुस्तकों के लेखकों द्वारा चेरोकी भाषा की अतिरिक्त विशेषताओं पर विचार करने के लिए इसकी पहचान की गई है। मैं चेरोकी वक्तव्य पर विचार करते हुए शुरू करता हूँ। जिसका प्राथमिक काव्यात्म गुण इसकी इकोनोमी है, और फिर व्याकरण पर नजर डालते हैं, जिसकी प्राथमिक काव्यात्मक विशेषता इसका संक्षेपण है। चेरोकी भाषण का पहला काव्यात्मक आर्थिक तत्त्व शारीरिक है। यहाँ तक कि जीभ जो कि भाषण का प्राथमिक भौतिक अंग है, चेरोकी बोलते समय एक आर्थिक प्रारूप को प्रदर्शित होती है। चेरोकी बोलने की स्थिति में जीभ कभी नहीं हिलती (10)। दूसरे, चेरोकी भाषण में भौतिक अभिव्यक्ति में विचारों में बदलाव भी एक आर्थिक रणनीति का अनुसरण करता है। 'बिगिनिंग चेरोकी' में, छात्र को सलाह दी जाती है कि विभिन्न शब्दों के लम्बे, आधिकारिक संस्करणों को याद करने के बाद वे लम्बा सोचें और छोटा बोलें (33)। दूसरे शब्दों में, चेरोकी में शारीरिक हाव-भाव चेरोकी में विचार का एक काव्यात्मक संस्करण है। चेरोकी भाषण में स्वरों का उतार-चढ़ाव एक अर्थपूर्ण कार्य है। हालाँकि, लेखकों के अनुसार, स्वर में अन्तर आमतौर पर अर्थ नहीं बदलता है, जैसा कि चीनी में होता है। कुछ शब्दों में, उनमें से कुछ बहुत सामान्य हैं जैसे कि 'दिन'...'नमक'...'पानी'...'गर्म'" (39)। और चूँकि पिच (स्वरों का उतार-चढ़ाव) व्यापक रूप से संगीत से जुड़ा हुआ है, और संगीत (कविता की तरह) भाषा से जुड़ा एक कला है, चेरोकी में अर्थ बदलने के लिए पिच का उपयोग संगीत में किया जा सकता है।

संक्षेपण के रूप में चेरोकी व्याकरण के काव्यात्मक चरित्र को तीन रूपों में विभाजित किया जा सकता है, उपस्थिति, अन्तर और अनुपस्थिति। उपस्थिति के उदाहरणों में सुनवाई मार्कर, आकार मार्कर या क्लासिफायरियर, और हरकत-सक्षम प्रत्यय शामिल हैं। अन्तर की श्रेणी में सापेक्ष (a) समान चीज़ों का वर्णन करने के लिए उपयोग किये जानेवाले शब्दों की संख्या, (b) भाषण के विभिन्न हिस्सों के बीच अन्तरंगता, (c) भाषण के कुछ हिस्सों का दैनिक रूपान्तरण, (d) क्रियाओं और संज्ञाओं की संरचना, और (e) सम्बन्ध और स्वामित्व के के लिए शब्दों की संख्या। और अनुपस्थिति की श्रेणी में यह तथ्य शामिल है कि चेरोकी में 'कृपया' के लिए कोई शब्द नहीं है। सरल वाक्यों में 'होने के लिए' क्रिया की कोई आवश्यकता नहीं है, 'ब्लीड' के लिए कोई खास क्रिया नहीं है। वाक्यांश 'मैंने यह किया', 'मैं करता हूँ' और 'मैं हूँ' में कोई अन्तर नहीं है।

चेरोकी व्याकरण में मौजूद संक्षेपण का पहला उदाहरण और अंग्रेजी व्याकरण से अनुपस्थित, हेर्सेज़ मार्कर जो इंकास के दक्षिण अमेरिकी साम्राज्य की भाषा क्वेशुआ में भी पाया जाता है। होम्स और स्मिथ बताते हैं कि हेरसे मार्कर, "व्यक्तिगत अवलोकन से बात को समझने के लिए प्रत्यय की तरह है। (vi) इस प्रकार, किसी भी कथन की उत्पत्ति, चाहे सीधे देखी गई हो या केवल किसी तीसरे पक्ष द्वारा रिपोर्ट की गई हो, चेरोकी में एक छोटे मार्कर के संक्षिप्त रूप में व्यक्त की जाती है। (पारम्परिक अंग्रेजी वाक्य के विपरीत)। उदाहरण के लिए, 'उसे नई नौकरी मिल गई' + [यह सीधे तौर पर नहीं देखा गया था] = 'मैंने सुना है कि उसे नई नौकरी मिल गई है।'

चेरोकी में मौजूद और अंग्रेजी से अनुपस्थित संक्षेपण के एक रूप का दूसरा उदाहरण आकृति चिह्न या वर्गीकारक है। "चेरोकी भाषा में क्रियाओं का उपयोग नहीं होता है। अंग्रेजी में विभिन्न आकृतियों और बनावटों के बजाय क्रिया शब्द का उपयोग किया जाता है जबकि चेरोकी में विभिन्न आकृति, चिह्न और रेखांकन का उपयोग किया जाता है। उदाहरण के लिए, अंग्रेजी में कोई कहेगा 'Pour the juice in the bowl' and 'Insert the disk into the computer, 'लेकिन ये कभी नहीं कहेगा कि 'Insert the juice into the bowl' या 'Pour the disk into the computer.' इसके विपरीत चेरोकी में इसका शाब्दिक अनुवाद होगा 'Put the juice-it-is-liquid in the bowl' and 'Put the disk-it-is-long in the computer.' होम्स और स्मिथ आगे आकृति मार्करों की संरचना की व्याख्या इस प्रकार करते हैं :

क्रियाओं को दो श्रेणियों में बाँटा गया है, सजीव और निर्जीव। एक आकृति चिह्न यह इंगित करता है कि वस्तु/इकाई जीवित है या नहीं। निर्जीव वस्तुओं को चार और वर्गीकरणों में उप-विभाजित किया गया है : लचीला, लम्बा, अनिश्चित, तरल (24)।

केवल बीस चेरोकी क्रियाओं को क्लासिफायर की आवश्यकता होती लेकिन वे रोजमर्रा के उपयोग में सबसे आवश्यक हैं (24)। जैसा कि अंग्रेजी में 'irregular verbs' के साथ होता है। ऐसा माना जाता है कि चेरोकी क्लासिफायर्स की महत्ता इस बात संकेत है कि वे वे भाषा और संस्कृति के मूल में वापस जाते हैं। इसके अलावा दिलचस्प बात यह है कि, उपर्युक्त वर्गीकृत क्रियाएँ जिनके लिए आकृति मार्कर या क्लासिफायर का उपयोग किया जाता है, सभी प्रत्यक्ष व्यक्तिगत सम्पर्क से सम्बन्धित हैं (24)। आकृति चिह्नक क्रियाओं का सीधा सम्पर्क से यह जुड़ाव उन्हें चेरोकी भाषा के प्रारम्भिक काल से जोड़ने के प्रति मजबूत करता है।

संक्षेपण का तीसरा रूप चेरोकी व्याकरण में मौजूद है और अंग्रेजी में अनुपस्थित है, वो है विशेष गति-सक्षम प्रत्यय। "सामान्य तौर पर, पाठ्यपुस्तक के लेखक बताते हैं, 'ni—are thought of as potent, capable of independent movement' (109)। इस प्रकार एक-अक्षर के प्रत्यय से संक्षिप्त रूप में गतिशीलता की एक अतिरिक्त भावना व्यक्त की जाती है। (हवा के लिए चेरोकी शब्दों के बीच एकमात्र अन्तर 'u-no-le' और 'u-no-le-hi' अन्त में उच्चरित अतिरिक्त शब्द है 'hih' या 'hee' जो हवा की गति की तरह लगता है।) (94)। दूसरी ओर, 'd—के साथ बहुवचन बनानेवाले शब्दों को निष्क्रिय माना जाता है (109)। इसलिए यह दिलचस्प है कि, होम्स और स्मिथ के अनुसार, 'all plants take living plural adjectives' (109)। हालाँकि, लेखक बाद में स्पष्ट करते हैं कि मानव, जीवित या निर्जीव के लिए शब्दों के प्रयोग में तभी अन्तर होता है जब वे बहुवचन हों (111)।

अब मैं चेरोकी (लेकिन अंग्रेजी नहीं) में मौजूद संक्षेपण के रूपों की ओर मुड़ रहा हूँ जो दोनों भाषाओं में मौजूद हैं लेकिन अलग तरह से कार्य करते हैं। इस तरह के पहले रूप में विभिन्न प्रकार की वस्तुओं का वर्णन करने के लिए आवंटित शब्दों की संख्या शामिल है।

अंग्रेजी में, घरेलू जानवरों के रोने के लिए कई विशेष शब्द हैं (mew, bleat, bray, crow, low, neigh) और कुछ जंगली जानवरों के लिए अलग खास शब्द हैं। चेरोकी में इसके विपरीत जंगली जानवरों के लिए कई वर्णनात्मक शब्द हैं (143)।

अंग्रेजी की तुलना में चेरोकी में अलग संक्षेपण का दूसरा रूप वक्तव्यों के कुछ हिस्सों के बीच सम्बन्ध को शामिल करता है। जैसे 'क्रिया, संज्ञा और विशेषण या क्रियाविशेषण' अंग्रेजी की तुलना में चेरोकी में एक-दूसरे से अधिक निकटता से सम्बन्धित हैं (vi)। इसके अलावा वक्तव्यों के सभी हिस्सों के बीच यह घनिष्ठ सम्बन्ध रूपान्तरण के रूप में जाना जाता है। "चेरोकी हर समय बड़े पैमाने पर रूपान्तरित होता है," होम्स और स्मिथ लिखते हैं, "खास तौर पर क्रिया अन्य शब्द-समूह" (42)। एक उदाहरण के लिए, अंग्रेजी वाक्य के निम्नलिखित शाब्दिक अनुवाद को देखें, 'The doors are shut tight': 'Closely closed closers' (vi)।

यह व्यापक रूपान्तरण अंग्रेजी के बिलकुल विपरीत है, जो केवल रोजमर्रा के उपयोग में बहुत सीमित होता है। केवल अंग्रेजी कविताओं में इसका उपयोग आम है। सामान्य शब्दों को ताकत देने के लिए हमेशा अंग्रेजी भाषा में कवियों द्वारा अभ्यास किया गया है (42)। दूसरे शब्दों में, जो काम इंग्लिश कवि अंग्रेजी भाषा को अधिक काव्यात्मक बनाने के लिए होशपूर्वक करते हैं, वही चेरोकी भाषा में स्वतः और हर समय होता है। चेरोकी को मौलिक रूप से काव्य-भाषा के रूप में देखने का यह एक और कारण है।

अंग्रेजी की तुलना में चेरोकी में अलग संक्षेपण का तीसरा रूप लघु-वाक्य के रूप में जाना जाता है, जिसमें भाषण के अलग-अलग हिस्सों में वाक्य की संरचना होती है। 'बाध्य सर्वनाम', होम्स और स्मिथ विस्तृत करते हैं, 'हर चेरोकी क्रिया' अपने-आपमें एक पूर्ण वाक्य बनाती हैं (99)। इसके अतिरिक्त, चेरोकी में, 'बाध्य सर्वनाम' हर क्रिया का एक आवश्यक हिस्सा हैं (99)। अन्त में, इस वाक्य शक्ति के कारण, 'चेरोकी क्रियाएँ' न केवल कुछ होने के बारे में बताती हैं, बल्कि यह भी बताती हैं कि कैसे हुआ (vi)। या 'कैसे' क्रियाओं को एक अतिरिक्त काव्यात्मकता प्रदान करता है, जिसके लिए अंग्रेजी में शब्द जोड़ने पड़ेंगे। संक्षेप में, एक चेरोकी क्रिया, अंग्रेजी की क्रिया, क्रिया-विशेषण, क्रिया-विशेषण-वाक्यांश, विशेषण, विशेषण-वाक्यांश, और अन्य वाक्यांशों और खंडों का काम कर सकती है।

यह संक्षिप्त संरचना चेरोकी संज्ञाओं में समान है। होम्स और स्मिथ के अनुसार न केवल ये 'संक्षिप्त, विशद और तथ्यात्मक' हैं, बल्कि औसतन चेरोकी संज्ञा में शाब्दिक या आन्तरिक अर्थ समाहित होता है। यह संज्ञा की कविता है, इसका अर्थ यह है कि जब एक चेरोकी व्यक्ति कहता है, "एक फूल वहाँ है" वह सही मायने में कह रही है 'यह वहाँ खिलता है' (vi)। फूल की तरह, एक चेरोकी संज्ञा अक्सर निर्दिष्ट वस्तु का एक संक्षिप्त विवरण होता है जो कि एक वाक्य के लिए प्रयोग हो सकता है। क्योंकि विवरण में आमतौर पर एक क्रिया होती है (vi)। इस प्रकार क्रिया दोगुनी हो जाती है 'bloom blooms' (vi)। इस प्रकार साधारण वाणी भी गत्यात्मकता और काव्य की जटिल और सघन परत बन जाती है। उदाहरण के तौर पर चेरोकी शब्द कब्रिस्तान, जिसका शाब्दिक रूप से अंग्रेजी में अनुवाद किया गया है, 'They are laid there by others, not finally' (vi)। इसके अलावा, सभी भाषाओं में संज्ञाओं की तरह ये संज्ञाएँ भी विकसित होती हैं। 'car' या 'automobile' के लिए चेरोकी शब्द 'it-stares' फिर बन गया 'it-goes-on-rubber-coverings' और फिर वही शब्द जिसे हमेशा 'carriages' के लिए इस्तेमाल किया गया 'to-ride-along-in' बन गया (vii)। चेरोकी वाक्य इस प्रकार सचमुच वाक्यों के फैलाव को समाहित किये हुए हैं।

वर्तमान लेख की रुचि के अनुरूप चेरोकी शब्द का उदाहरण है, 'digowelisgi kahnohetlvsgi', जिसका शाब्दिक अर्थ है 'writer-down of chants' (132)। यह शाब्दिक अनुवाद चेरोकी लोगों के लिए कविता (संकीर्ण, साहित्यिक शैली के अर्थ में) की भूमिका के बारे में दो महत्त्वपूर्ण बातें बताता है। सबसे पहले, कि 'कविता' के लिए अभिव्यक्ति दो-शब्द का लम्बा वाक्यांश है। दूसरा, वाक्यांश मंत्रों को सन्दर्भित करता है, जो उस मौखिक, सामाजिक और आम तौर पर कर्मकांडीय घटना के विशेषाधिकार का सुझाव देता है, जिसमें आमतौर पर नृत्य, संगीत, वेशभूषा आदि शामिल होते हैं। इस प्रकार, चेरोकी के लिए कविता आधुनिक गीत कविता की तुलना में पुरातन, बहुआयामी प्रदर्शन की तरह लगती है।

संक्षेपण का अन्तिम रूप अंग्रेजी की तुलना में चेरोकी में भिन्न है, होम्स और स्मिथ के शब्दों में, "स्वामित्व और सम्बन्ध अलग तरह से व्यक्त किये जाते हैं" (150)। इसके अलावा, "चेरोकी में स्वामित्व का एक 'मेरा' है" जबकि सम्बन्धों के कई 'मेरे' हैं (150)। इस प्रकार, सम्बन्ध और अन्य पर निर्भरता के अधिकार, नियंत्रण, प्रभुत्व और स्वामित्व पर प्राथमिकता दी जाती है, जिसे दार्शनिक साम्राज्यवाद पर काव्यात्मक सम्बन्ध के लिए वरीयता के रूप में वर्णित किया जा सकता है।

अब, अन्त में, मैं संक्षेपणों की बात करूँगा। जो चेरोकी और अंग्रेजी में अलग-अलग कार्य करते हैं, अंग्रेजी व्याकरण में मौजूद कई संक्षेपणों पर बात की जा सकती है, लेकिन चेरोकी व्याकरण से अनुपस्थित हैं। सबसे पहले, 'अपनी इच्छाओं को ज्ञात करना,' होम्स और स्मिथ ने जोर देकर कहा है, 'can be called an automatic 'please' in Cherokee' (23)। अंग्रेजी की तरह 'कृपया' शिष्टाचार की बनावटीपन या सतहीपन के लिए कोई जगह नहीं है। दूसरा, 'चेरोकी के पास 'a, an, the' जैसे कोई आर्टिकल नहीं हैं। किसी भी ठोस चीज़ का जिक्र करने के लिए केवल 'it' का उपयोग किया जाता है (41) यह अस्पस्टता को काफी कम करता है जो चेरोकी उपयोगकर्ताओं को सन्दर्भ पर बहुत अधिक भरोसा करने के लिए मजबूर करता है। जो कि अंग्रेजी के नीरस संयोजन की तुलना में अधिक काव्यात्मकता देती है। तीसरा, 'चेरोकी' को तथ्य के सरल कथनों में 'to be' क्रिया की आवश्यकता नहीं है, इसलिए अंग्रेजी में 'It is Cold,' चेरोकी में 'Cold' या 'Coldness' में स्पष्ट है (41)। 'Wittgenstein' के अर्थ में, चेरोकी में अक्सर 'shown' प्रयोग किया जाता है, जबकि कि स्पष्ट रूप से 'Said' होने का विरोध किया जाता है, जो यकीनन अंग्रेजी में अधिक सामान्य है। चौथा, 'bleeding' के लिए कोई विशिष्ट शब्द नहीं है, जो कि काव्यात्मक रूप से विडम्बनापूर्ण है। देशज लोगों के प्रति यूरोसेंट्रिक दृष्टिकोण अपनाते हुए बर्बरता और क्रूरता किया गया। बड़े पैमाने रक्तपात किया गया। जिसे चेरोकी सहित देशज लोगों ने झेला है (229)।

पाँचवाँ और अन्त में, 'I did it,' 'I do' और 'I am' चेरोकी में सभी के लिए एक ही वाक्यांश हैं : 'Ahyv' (92)। इसलिए होना और करना चेरोकी के लिए अंग्रेजी बोलनेवालों की तुलना में अधिक घनिष्ठ रूप से जुड़ा हुआ लगता है, जो अधिक काव्यात्मक लगता है, जहाँ स्वयं को करने का एक गतिशील रूप समझा जाता है।

स्वदेशी काव्य-दर्शन के प्रदर्शन के रूप में चेरोकी भाषा के सम्बन्ध में मेरी अन्तिम टिप्पणियों के लिए, मैं उस भाषा के ऐतिहासिक सन्दर्भ और विकास की ओर चलता हूँ। सबसे पहले, चेरोकी एक अर्थ में निम्नलिखित कारणों से सभी उत्तरी अमेरिकी देशज संस्कृतियों में सबसे अधिक साहित्यिक-काव्यात्मक हैं।

'केवल चेरोकी के पास यूरोपीय वर्णमाला के बराबर एक लेखन-प्रणाली है' (7) होम्स और स्मिथ के अनुसार पाठ्यक्रम दूसरा, मुद्दा है।

अंग्रेजी एक वर्णमाला है, जबकि जापानी और संस्कृत संशोधित शब्दांश हैं। चेरोकी एक अक्षर को छोड़कर पूरी तरह से एक शब्दांश है (8)।

चेरोकी भाषा की शब्दांश स्थिति काव्यात्मक रूप से महत्त्वपूर्ण है क्योंकि पाठ्यक्रम नियमित वर्णमाला की तुलना में अधिक ध्वनि-आधारित और कम सारगर्भित है, जो इसे दर्शन के अमूर्त क्षेत्र की तुलना में काव्य के ठोस क्षेत्र के करीब लाता है। तीसरा है शब्दांश की वर्तनी प्रणाली। "चेरोकी वर्तनी आसान है, हालाँकि यह मानकीकृत नहीं है," होम्स और स्मिथ के शब्दों में 'person spells as the word sounds to him' (8)। इस प्रकार एक काव्यात्मक लचीलापन और व्याख्या की रचनात्मकता भाषा के सभी उपयोगकर्ताओं के लिए लोकतांत्रिक रूप से खुली है, जो उच्चारण की अनिवार्य प्रणाली से बाध्य नहीं है। चौथा, चेरोकी अपनी बहुत सारी साहित्यिकता को एक व्यक्ति में समेटे हुए होने के लिए प्रसिद्ध है। केवल एक व्यक्ति, 'सिकोयाह' लेखक ने निस्सन्देह स्वयं वर्णमाला का आविष्कार किया है (8)। हालाँकि, अन्य विद्वानों ने इस एक-व्यक्ति सिद्धान्त पर सन्देह किया है, और कुछ ने सुझाव दिया है कि चेरोकी-लेखन की एक प्राचीन प्रणाली है जो अनुपयोगी और गोपनीय हो गई थी, जिसे सभी ने भुला दिया था (Conley 105)। पाँचवाँ तथ्य यह है कि सिकोयाह अन्य अक्षरों से नकल करने से बचते हैं (12)। हालाँकि आधिकारिक, समकालीन, मानकीकृत लिपि रोमन वर्णमाला की तरह दिखती है, यह बाद में व्यावहारिक कारणों से किया गया संशोधन था। डॉ. सैमुअल ए. पाठ्यपुस्तक के लेखक बताते हैं "वॉर्सेस्टर ने वर्तमान, आधिकारिक फांट' डिज़ाइन किया, जिससे चेरोकी सामग्री को प्रिंट करना है" (12)। लेकिन यह सिकोइया के सहयोग के बिना नहीं किया जा सकता था, जिन्होंने संशोधित फांट के काफी व्यावहारिक लाभों को पहचाना। (यह भी दिलचस्प है कि "चेरोकी में कोई कर्सिव नहीं है) (14)। मूल लिपि, जिसे संरक्षित किया गया है, बहुत सुन्दर है और वस्तुतः रोमन वर्णमाला से कोई समानता नहीं है,

जिससे चेरोकी शब्दांश और भी अधिक रचनात्मक और सौन्दर्यपूर्ण बन जाते हैं। छठे और अन्त में, कॉनले ने लिखा है कि, "1821 में एक प्रदर्शन के बाद यह दिखाने के लिए कि यह कैसे काम करता है, चेरोकिस ने 'लगभग रातोंरात' शब्दांश सीखना शुरू कर दिया" (105)।

चेरोकी भाषा के अपने सर्वेक्षण को संक्षेप में बताने के लिए, मैं संक्षेप में बताऊँगा कि कैसे इसके काव्यात्मक पहलू देशज अनुपस्थिति से सम्बन्धित हैं। चेरोकी भाषा में जो कमी है वह अंग्रेजी भाषा में है, जिससे अंग्रेजी भाषा विश्लेषणात्मक प्रकार के दर्शन के अनुकूल हो जाती है, जिसे मैं एक संयोजन संरचना कहूँगा। इस अर्थ में, अंग्रेजी एक संयोजन-संरचित भाषा है। दूसरी ओर, चेरोकी की शब्दावली बहुत छोटी है, और इसकी मूल इकाइयाँ इतनी आसानी से विभेदित नहीं हैं, न ही वे इतनी छोटी हैं, न ही एक-दूसरे से स्वतंत्र हैं, और न ही आमतौर पर उस सन्दर्भ से अलग होने में सक्षम हैं जो उन्हें उत्पन्न करता है।

इसके बजाय, चेरोकी के मूल तत्त्वों में एक संघनित, जटिल संरचना अधिक है, और आत्म-जटिलता के रचनात्मक, आन्तरिक गतिशीलता के माध्यम से अपने निर्माण का उत्पादन करते हैं। दूसरे शब्दों में, चेरोकी एक उलझी हुई भाषा है, न कि एक जुझारू भाषा। इसके अलावा, संयोजन संरचना की यह अनुपस्थिति आवश्यक है, और चेरोकी भाषा का सार निर्धारित करती है। यह चेरोकी की सटीक रूप से घनीभूत, ठोस, गतिशील संरचना है जो इसे अपनी काव्य-शक्ति का बहुत कुछ प्रदान करती है, जिससे उस तरह के काव्यात्मक स्वदेशी दर्शन की सुविधा मिलती है जिसे मैं खोज रहा हूँ। इसलिए मैं संक्षेप में तर्क दूँगा कि चेरोकी भाषा से संयुक्त संरचना देशज रूप से अनुपस्थित है।

द हिस्ट्री ऑफ द चेरोकी नेशन : गलतबयानी का एक काव्य

चेरोकी भाषा की काव्य विशेषताओं पर विचार करने के बाद, इस दूसरे खंड में मैं चेरोकी लोगों के प्रागैतिहासिक काल और ऐतिहासिक काल की पड़ताल करूँगा। इस उद्देश्य के लिए, मैं चेरोकी जनजाति के एक कानूनी सदस्य, रॉबर्ट जे. कॉनले द्वारा लिखे 'द चेरोकी नेशन : ए हिस्ट्री' (2005) के माध्यम से पहले प्रागैतिहासिक काल के रहस्यात्मक काव्य पर नजर डालूँगा। मैं चेरोकी संस्कृति के पूर्व-पौराणिक और पौराणिक चरणों के काव्यात्मक पहलुओं से शुरू करता हूँ। कॉनले के अनुसार, हाल के शोध से संकेत मिलता है कि "मॉडर्न मैन [कैप्स ओरिजिनल] उत्तरी अमेरिका में मौजूद थे, विशेष रूप से अब दक्षिणी कैलिफोर्निया में, कम-से-कम पचास हजार साल पहले, उस समय जब यूरोप और एशिया में निएंडरथल मैन की आबादी थी (2)। चेरोकी शब्द 'ayvwiya' जिसका शाब्दिक अनुवाद 'The Real People' के रूप में किया गया है, लगभग चेरोकी क्रिया (verb)

के समान शब्द है जिसका अर्थ है 'वह वास्तव में उत्पन्न होता है'। इस प्रकार, संस्कृतियाँ जो तर्कसंगत रूप से अधिक काव्यात्मक रूप से विकसित हुईं, जो इस उत्तरी अमेरिकी महाद्वीप के देशज संस्कृति है। यूरोप की तुलनात्मक रूप से अमूर्त-अनुकूल संस्कृतियों की तुलना में पुरानी और अधिक मूल हो सकती हैं, जैसे कविता हमेशा गद्य के विकास से पहले होती है।

चेरोकी के निर्माण में मिथकों की समानता दुनिया के विभिन्न अन्य मिथकों की तरह उल्लेखनीय हैं। उनका मूल ब्रह्मांड विज्ञान का स्पष्ट रूप से नॉर्स से समानता, जैसा कि निम्नलिखित अंश से सम्बन्धित है :

प्रारम्भिक चेरोकी लोगों का वैश्विक नज़रिया जो खुद को 'Ani-yunwi-ya' (असली लोग) या कभी-कभी 'Ani-yunwi-ya' (कीटोवा के लोग) कहते थे, ने तीन दुनियाँ का वर्णन किया है। स्काई वॉल्ट के ऊपर दुनिया थी, और उसके नीचे एक दुनिया थी जिस पर हम रहते हैं। ऊपर की दुनिया और नीचे की दुनिया दोनों शक्तिशाली आध्यात्मिक प्राणियों से आबाद थी, और वे दो आध्यात्मिक दुनिया एक-दूसरे के विरोधी थे। इस प्रकार हम जिस दुनिया में रहते हैं, उसे एक बहुत ही खतरनाक स्थिति में देखा गया है, और हमारे लिए सबसे महत्त्वपूर्ण बात यह है कि हमारे ऊपर और नीचे दो विरोधी ताकतों के बीच उचित सन्तुलन बनाए रखना है।

चेरोकी निर्माण कहानियों से एक और आकर्षक कथा है जिसे मैं 'द वेकफुलनेस टेस्ट' कहूँगा। कहानी के अनुसार, सभी जानवरों और पौधों को देवताओं द्वारा आज्ञा दी गई थी कि वे यथासम्भव लम्बे समय तक जागते रहें। हालाँकि सभी ने सम्भवतः अपनी पूरी कोशिश की, जैसे-जैसे दिन बीतते गए जागनेवालों की संख्या छोटी होती गई। अन्त तक, जैसा कि कॉनली ने कहा है, सातवीं रात को, सभी जानवरों में से केवल उल्लू, तेन्दुआ, और एक या दो और जानवर अभी भी जाग रहे थे। इन्हें देखने और अँधेरे में इधर-उधर जाने, और पक्षियों और जानवरों का शिकार करने की शक्ति दी गई। पेड़ों में से केवल देवदार, चीड़, स्प्रूस, होली और लॉरेल अन्त तक जागते रहे थे, इसलिए उन्हें हमेशा हरा रहने और दवा के लिए खास होने के लिए वरदान दिया गया था, लेकिन दूसरों के लिए यह कहा गया था, "क्योंकि आपने अन्त तक सहन नहीं किया है इसलिए आप हर सर्दियों में अपने बाल खो देंगे" (Conley 4-5, quoting Mooney 239ff). इस प्रकार, एक प्राचीन चेरोकी नज़रिये से रात के जीव उल्लू, तेन्दुआ, देवदार चेरोकी वनस्पतियों और जीवों में सबसे अधिक सम्मानित किया गया। 'वेकफुलनेस टेस्ट' इस मायने में भी दिलचस्प है कि यह डार्विन के प्राकृतिक चयन के सिद्धान्त को पूर्वनिर्धारित करता है, भले ही यह एक दैनिक समय-सीमा पर हो। इसके अलावा, मौलिक रूप से अलग दिशा में, कोई भी घटनात्मक रूप से सुझाव दे सकता है कि रात और दिन

एक-दूसरे के पूरक हैं। रात अधिक रहस्यमय, सौन्दर्यपूर्ण वहीं दिन की कार्यक्षमता और समृद्ध वातावरण के लिए पूरक है।

(इन) प्रसिद्ध बेरिंग स्ट्रेट सिद्धान्त के साथ, जिसे ऐनी वाटर्स पश्चिमी साम्राज्यवाद के एक निराधार युक्तिकरण के रूप में खारिज करते हैं, कॉनली निम्नलिखित, बेहतर प्रमाणित चेरोकी प्रवासन सिद्धान्त से सम्बन्धित है :

चेरोकी सम्भवत: दक्षिण अमेरिकी थे और मध्य अमेरिका और मैक्सिको के माध्यम से उत्तर में चले गए, अन्तत: पूर्वोत्तर में अन्य इरोक्वियन-भाषी जनजातियों के साथ रुक गए। फिर, उन लोगों और डेलावेयर के साथ युद्ध की लम्बी अवधि के बाद, वे फिर से दक्षिण की ओर चले गए, पुराने दक्षिणपूर्व (संयुक्त राज्य अमेरिका के) में बस गए (6)।

चेरोकी, यूरोपीय सम्पर्क से ठीक पहले का पूर्व-इतिहास भी काव्य रहस्य में डूबा हुआ है। 'मूनी को बताई गई एक कहानी के अनुसार, कॉनले बताते हैं :

एक समय था जब चेरोकी में केन्द्र सरकार थी, ये पुजारियों की सरकार थी। ये पुजारी, जिन्हें 'अनी-कुटानी' कहा जाता था, सभी शक्तिशाली हो गए और अन्तत: अपनी शक्तियों का दुरुपयोग करना शुरू कर दिया (11)। ऐसा माना जाता है कि चेरोकी लोगों ने विद्रोह किया और सभी पुजारियों को मार डाला। उसके बाद प्रत्येक शहर स्वायत्त हो गया। प्रत्येक नगर में लोकतांत्रिक सरकार बनी (11)।

यह कहानी प्रारम्भिक यूरोपीय व्यापारी दुभाषियों का समर्थन करती है, 'कितना ईर्ष्या होती है कि चेरोकी लोग हमेशा स्वतंत्रता रहे थे' (29, quoting Woodward 61)...कॉनली को इस सिद्धान्त से स्पष्ट रूप से यह निष्कर्ष निकलता है चेरोकी शायद कम-से-कम 1500 के दशक के शुरुआती समय में पुजारी-वर्ग के शासन-काल के दौरान एक धर्मतंत्र था (17)। इसमें, मैं यह जोड़ना चाहूँगा कि इन कहानियों व अन्य सभी चेरोकी मूल कहानियों और पूर्व-इतिहास के आसपास के रहस्य, किसी भी मानव-समाज के लिए एक भ्रामक और परिवर्तनकारी पौराणिक-काव्य आवश्यक हैं।

अब मैं रिकॉर्ड किये गए चेरोकी इतिहास से विभिन्न काव्य-तत्त्वों का सर्वेक्षण करूँगा, जो कॉनले के अनुसार, 'वर्तमान संयुक्त राज्य के दक्षिण-पूर्वी भाग' में रहनेवाले जनजाति को पाता है (6)। पहले उदाहरणों में यूरोपीय सम्पर्क के समय चेरोकी शहर का दोहरा नेतृत्व शामिल है।

शान्ति-प्रमुख घरेलू मुद्दों और शहर के औपचारिक कार्यों के प्रभारी थे। युद्ध-प्रमुख पर न केवल युद्ध बल्कि बातचीत, गठबन्धन, व्यापार और अन्य बाहरी मामले की जिम्मेदारी थी (6)।

इस व्यवस्था के बारे में जो काव्यात्मक है, वह है, सबसे पहले, प्रमुखों की उपाधियाँ, शान्ति प्रमुख को व्हाइट-चीफ भी कहा जाता था, सम्भवत: चूँकि उनकी

स्थिति शान्तिपूर्ण थी, जबकि युद्ध प्रमुख को रेड-चीफ भी कहा जाता था, सम्भवत: खूनी कर्तव्यों के कारण। चेरोकी महिलाओं के लिए समान नेतृत्व की स्थिति भी थी, और महिला शान्ति प्रमुख का शीर्षक भी काव्यात्मक है, जिसका नाम 'Pretty Woman' (सुन्दरी) था (6)।

रेड चीफ के बारे में भी दिलचस्प बात यह है कि उनका अधिकार व्यापार सहित सभी प्रकार के बाहरी सम्बन्धों तक फैला हुआ था। इस प्रकार चेरोकी के लिए व्यापार व युद्ध का पूर्व-सम्पर्क एक व्यक्ति के नेतृत्व में जुड़ा हुआ था। कॉनले के शब्दों में, "और अन्य गतिविधियों की तरह, इसमें बहुत सारे रिवाज और समारोह शामिल थे" (11)। कॉनले ने महत्त्वपूर्ण चेतावनी को जोड़ा, 'हालाँकि, स्वदेशी युद्ध को यूरोप में 'ब्रिगंडेंज' (यानी, दस्यु) कहा जाता था' (51)। चेरोकी युद्ध लगभग हर मायने में बहुत छोटे पैमाने पर संचालित होता था, और मुख्य रूप से लड़ाई में शामिल होते थे। कॉनले बताते हैं, "द क्रीक्स, चोक्टाव्स, चिकसॉ, शॉनीज़, डेलावेयर और यहाँ तक कि इरोकॉइस कॉन्फेडेरसी के सदस्यों के साथ कुल मिलाकर अधिकतर युद्ध गहरे बैठे विश्वास की अभिव्यक्ति थी कि सभी चीज़ों को सन्तुलन में रखा जाना चाहिए।" लाल और सफेद, जीवन और मृत्यु का सन्तुलन सब कुछ कर्मकांडों द्वारा शासित होता था (51)। रोज़मर्रा की ज़िन्दगी में भी कर्मकांड महत्त्वपूर्ण थे। व्यस्त औपचारिक चक्र के अलावा कॉनले लिखते हैं, "दैनिक जीवन छोटे-छोटे कर्मकांडों से भरा था, जिसके बारे में प्रत्येक व्यक्ति को लगातार जागरूक होना पड़ता था" (7)। मैं नीचे इस मुद्दे पर विस्तार से चर्चा करूँगा।

चेरोकी संस्कृति ने विभिन्न सामाजिक भूमिकाओं के एक महत्त्वपूर्ण काव्य सम्मिश्रण का भी प्रदर्शन किया। उदाहरण के लिए, 'माता पक्ष से एक चचेरा भाई, कबीले प्रणाली में, भाई या बहन कहलाएगा' (69)। जैसा कि मैं नीचे सम्बोधित करूँगा, 'काल्पनिक परिजनों' को अपनाना भी व्यापक रूप से होता था, जिसमें एक करीबी दोस्त को परिवार के सदस्य के रूप में अपनाया जाता था। इस काव्यात्मक सम्मिश्रण का एक और उदाहरण इस तथ्य का परिणाम है कि चेरोकी अपनी जीवन-शैली को साझा करनेवाले खुले और समान विचारधारा के पश्चिमी लोगों का बहुत स्वागत करते थे। यह प्रथा अठारहवीं शताब्दी के मध्य तक पर्याप्त रूप से सामान्य थी, कॉनले के शब्दों में, "चेरोकी लोगों के बीच मिश्रित-रक्त आबादी विकसित हो रही थी" (41)।

हालाँकि, चेरोकी इतिहास का सबसे प्रमुख काव्यात्मक पहलू है, जिसे मैं काव्यात्मक मिथ्या कहूँगा, जिसे इस प्रकार परिभाषित किया गया है : 'सत्ता में बैठे लोगों के अनुकूल वास्तविक घटनाओं का रचनात्मक पुनर्लेखन।' इस खंड के बाकी हिस्सों के लिए, मैं कुछ दबी हुई जानकारी को उजागर करने का प्रयास

करूँगा जो कि संयुक्त राज्य अमेरिका के चेरोकी लोगों के ऐतिहासिक तथ्य के रूप में प्रस्तुत कल्पना की सीमा और गहराई को प्रदर्शित करती है।

काव्यात्मक गलत बयानी के मेरे पहले उदाहरण के तौर पर, कॉनले ने लिखा है "मनुष्यों के किसी भी समूह का कोई ऐतिहासिक रिकॉर्ड नहीं है, जब कभी वे जंगलीपन की स्थिति में रहे हों" (43)। बर्बरता केवल तुलनात्मक निन्दा का एक शब्द है, जो श्रेष्ठ सद्‌गुण के मुखौटे के साथ एक संस्कृति द्वारा दूसरे के लिए महसूस किये जानेवाले भय को काव्यात्मक रूप से ढाका हुआ है। चेरोकी को 'जंगली' कहकर, यूरोपीय चेरोकी लोगों पर सभी तरह के अन्याय और पीड़ा को आसानी से खत्म करने में सक्षम थे, अपने स्वयं के मूल्य-प्रणाली के मानकों के अनुसार, किसी भी अन्य समाज के रूप में एक ऐसे लोग जो हमेशा सभ्य और परिष्कृत रहे हैं।

इस विचार की मान्यता है कि चेरोकी मूल रूप से बर्बर थे, यातना उनकी कथित प्रवृत्ति थी। कॉनले के अनुसार, "हालाँकि 1940 में नथानिएल नोल्स द्वारा प्रकाशित प्रारम्भिक सम्पर्क युग के दस्तावेज़ों की एक व्यवस्थित परीक्षा में, श्वेत सम्पर्क के लगभग 200 साल बाद तक दक्षिण-पूर्वी तट क्षेत्र के भारतीयों द्वारा यातना का कोई सन्दर्भ नहीं मिला। (65)"

संक्षेप में, चेरोकी मूल रूप से जंगली नहीं थे, लेकिन उन्होंने केवल यूरोप के हल्के-चमड़ीवाले जंगली जानवरों से क्रूरतापूर्ण व्यवहार करना सीखा।

चेरोकी लोगों की हैवानियत का अतिरिक्त कथित सबूत खानाबदोश शिकारी के रूप में सभी स्वदेशी जनजातियों के स्टीरियोटाइप में पाया जाता है। हालाँकि, चेरोकी के इतिहास की मूल बातें भी इस रूढ़िवादिता को नकारती हैं।

नीधम और आर्थर ने 1673 में ओवरहिल्स शहर छोटा, या एकोटा का दौरा किया, और आर्थर ने बाद में नदी के किनारे बने एक शहर का वर्णन किया, जिसमें नदी के विपरीत किनारे पर ऊँची चट्टानें थीं, और दूसरे के चारों ओर लकड़ी की बारह फुट ऊँची दीवार थी। शहर के तीन किनारे। दीवारों की रक्षा के लिए पैरापेट के साथ मचान थे। उन्होंने घरों को सड़कों के किनारे बनाए जाने के रूप में वर्णित किया है। संक्षेप में, उन्होंने कहा, 150 डोंगी थीं, जिनमें से सबसे छोटी में बीस आदमी होंगे (26)।

इसका मतलब यह है कि, कम-से-कम सत्रहवीं शताब्दी के मध्य तक, चेरोकी किलेबन्दी के साथ, बड़े पैमाने पर जल-यात्रा के साधन, और सड़क-मार्गवाले घरों में बड़े शहरों में रहते थे। यह शायद ही जंगल के माध्यम से यात्रा करनेवाले एक खानाबदोश लोगों का वर्णन है, कभी भी एक जगह पर इतने लम्बे समय तक बसने के लिए पर्याप्त नहीं है कि एक टीपी से अधिक स्थायी निर्माण का औचित्य हो।

मोटे तौर पर इन बर्बर गलतबयानी के परिणामस्वरूप, चेरोकी से बड़े पैमाने पर भूमि चोरी को माफ कर दिया गया, स्वीकार किया गया, प्रोत्साहित किया गया, और यहाँ तक कि बेहद लोकप्रिय और लाभदायक भी बताया गया। यहाँ तक कि (कम-से-कम) एक संगठन, 'द ट्रांसिल्वेनिया कम्पनी', जिसे कॉनले के शब्दों में न्यायाधीश रिचर्ड हेंडरसन और उत्तरी कैरोलिना के नथानिएल हार्ट द्वारा अवैध रूप से अधिग्रहण और फिर चेरोकी भूमि को पुनर्विक्रय करने के उद्देश्य से बनाई गई थी (62)।

पहले चेरोकी-यूरोपीय सम्पर्क से, चेरोकी के इतिहास में सचाई से छेड़छाड़ और झूठ का सबसे बड़ा स्रोत आधिकारिक रूप यूरो-अमेरिकी और चेरोकी के आर्थिक और राजनीतिक सम्बन्धों रहे हैं। चेरोकी राष्ट्र और यू.एस. के बीच कई सन्धियाँ प्रमुख हैं, जैसा कि कॉनले के निम्नलिखित विडम्बनापूर्ण उदाहरण में है :

सन्धि में सबसे बड़ी विडम्बना अनुच्छेद XIV में दिखाई देती है। "चेरोकी राष्ट्र ने शायद अधिक-से-अधिक सभ्यता का नेतृत्व किया और संयुक्त राज्य अमेरिका ने समय-समय पर उक्त राष्ट्र को चरवाहे और किसान बनने के लिए पशुपालन के उपयोगी उपकरण निःशुल्क उपलब्ध करवाया। दूसरे शब्दों में, वे ऐसे लोगों को किसान बनाने का प्रयास करेंगे जो केवल शिकारी रहे हैं और यह भाषा उन लोगों की ओर से आती है जो चेरोकी से उनकी फसलों को नष्ट करके और उनके बचे हुए खाद्य-आपूर्ति को चुराकर लड़ रहे थे।" (76)।

चेरोकी राष्ट्र के खिलाफ इस तरह के अपराधों को अंजाम देने के बाद, संयुक्त राज्य अमेरिका ने भी चेरोकी देशभक्तों की वीरता को काव्यात्मक रूप से कलंकित करना आवश्यक समझा, जिन्होंने यूरो-अमेरिकियों द्वारा किये गए इन अपराधों के खिलाफ खुले तौर पर विरोध और लड़ाई लड़ी, इन देशभक्तों को अपराधियों, डाकू और खलनायक के रूप में प्रस्तुत किया गया।

इन कलंकित किये गए चेरोकी नायकों में सबसे उल्लेखनीय है ड्रैगिंग कैनो (1740-1792), चेरोकी राष्ट्र के स्वयम्भू प्रथम राष्ट्रपति, अदागलकला का पुत्र। इन्होंने यूरो-अमेरिकियों द्वारा किसी भी भूमि को बेचने का पुरजोर विरोध किया। कॉनले के अनुसार, उन्होंने "खुले तौर पर (उनके पिता अडागल कला) और अगनस्टैट (दूसरा चेरोकी राष्ट्रपति) का विरोध किया" और जमीन की बिक्री के खिलाफ सख्ती से बात की (58)। एक साहसी और मुखर आलोचक, ड्रैगिंग कैनो ने भी पश्चिमी सम्बन्धों के मामले में कहा था, "आप (गोरे लोगों) ने एक उचित भूमि खरीदी है, लेकिन आप इसकी बस्ती को अँधेरा और खूनी पाएँगे" (58)। 'गोरे लोगों ने हमें लगभग घेर लिया है, हमें खड़े होने के लिए केवल एक छोटी-सी जगह छोड़ दी है, और यह एक राष्ट्र के रूप में हमें नष्ट करने का उनका इरादा लगता है' (59)। इन कठोर लेकिन सटीक बयानों को देखते हुए,

कोई भी आसानी से कॉनले के प्रश्न के प्रति सहानुभूति रख सकता है, 'क्या यह कोई आश्चर्य है कि इतिहास के श्वेत अमेरिकी रिकॉर्डर ने देशभक्तों को राक्षस बना दिया है?' (69)।

जिस तरह यू.एस. इतिहासकारों ने काव्यात्मक रूप से चेरोकी देशभक्तों को खलनायक में बदल दिया है, इसमें उन व्यक्तियों को भी शामिल किया गया जिनका चेरोकी राष्ट्र के प्रति राष्ट्रभक्ति अमेरिकी देशभक्तों से कम नहीं था। इन भूमिका में सबसे आश्चर्यजनक नाम थॉमस जेफरसन का है। उनकी नीतियों में निम्न कुख्यात थीं। 'लुइसियाना खरीद'।

चेरोकी से जमीन खरीदने के लिए जेफरसन की गुप्त रणनीतियों में से एक—फ्रांस से इसे खरीदने का नाटक करने के बाद-सरकारी 'कारखाना प्रणाली' थी। कॉनली इस प्रणाली के बारे में विस्तार से बताते हैं :

"विचार यह था कि भारतीयों को उन ऋणों को जारी रखने की अनुमति दी जाए जो वे सम्भवत: भुगतान नहीं कर सकते थे। उस समय, संयुक्त राज्य सरकार अधिक भूमि के बदले में ऋण का भुगतान करने की पेशकश करेगी।" (83)

'कारखाना प्रणाली' व्यापारिक चौकियों का एक समूह था, जिसके संचालकों को देशज व्यक्तियों को असीमित ऋण देकर को बेचने का निर्देश दिया गया था। चेरोकी के दक्षिण-पूर्वी अमेरिका से छुटकारा पाने के लिए यह एकमात्र जेफरसनियन की ही अनैतिक रणनीति नहीं थी।

जेफरसन की अन्य रणनीति : भूमि अधिग्रहण की सन्धियों के लिए उनके नाम पर हस्ताक्षर करने के लिए प्रमुखों को रिश्वत देना। जब संयुक्त राज्य अमेरिका ने फ्रांस से मिसिसिपी नदी से रॉकी पर्वत तक और मैक्सिको की खाड़ी से कनाडा तक की सारी भूमि अधिगृहीत की, जिसे 1803 में लुइसियाना खरीद के रूप में जाना जाने लगा, जेफरसन के पास चेरोकी और अन्य अवांक्षित पूर्वी भारतीय लोगों को भेजने के लिए एक जगह थी (83)।

फिर भी चेरोकी राष्ट्र की तुलना में एक और अमेरिकी राक्षसी जॉर्जिया राज्य की चिन्ता की जाती है। चेरोकियों को बर्बर घोषित करने की निन्दा करते हुए, कॉनले कहते हैं, "जॉर्जिया ने गरिमा और नैतिकता दोनों को त्याग दिया और उसकी सरकार, प्रेस और अदालतों के माध्यम से, 1820 में, चेरोकी पर एक शातिर हमला शुरू हुआ, जिसे अठारह साल तक जारी रखा गया।" (106) इन हमलों के सबसे कम समय में जॉर्जिया विधायिका ने अपने कुख्यात 'चेरोकी विरोधी कानून' पारित किये। (133) कई अन्य अनैतिक और असंवैधानिक प्रावधानों के जरिये विधायिका ने चेरोकी के लिए पश्चिम में प्रवास के खिलाफ बात करना अवैध बना दिया, जिससे जान-बूझकर संयुक्त राज्य की सीमाओं के भीतर भाषण की स्वतंत्रता को सीमित कर दिया गया। (133) जॉर्जिया में चेरोकी

की उपस्थिति को राज्य द्वारा पूरी तरह से विघटनकारी माना गया था। जॉर्जिया ने चेरोकी को हटाने के मुद्दे पर 1830 के दशक में संघ से अलग होने की धमकी भी दी थी (171)।

आँसुओं की भयानक सैलाब अवैध, अनैतिक और असंवैधानिक तरीकों से ही सम्भव हुई थी। कॉनली ने लिखा, "29 दिसम्बर, 1835 को ट्रीटी पार्टी ने न्यू इकोटा की सन्धि पर हस्ताक्षर किये, इस निष्कासन-सन्धि की पूरी प्रक्रिया अवैध थी। पूर्व में छोड़ी गई सभी चेरोकी भूमि की कीमत पाँच मिलियन डॉलर थी।" (141)।

चेरोकी के प्रस्थान से पहले, यू.एस. सरकार के 'एकाग्रता शिविर' (154) में कम-से-कम दो हज़ार चेरोकी मारे गए और ट्रेल ऑफ टियर्स की वित्तीय लागत1, 263, 338.38 डालर थी, जिसे पूर्व में भूमि के लिए चेरोकी को भुगतान की गई राशि से घटाया गया (157)।

चेरोकी को अवैध रूप से अपनी मातृभूमि छोड़ने और वर्तमान ओक्लाहोमा में फिर से बसने के लिए मजबूर करने के बाद भी, यू.एस. सरकार उन्हें छोड़ने तक के लिए तैयार नहीं थी। एक अभिनव और अत्यधिक प्रभावी शैक्षिक-प्रणाली सहित बड़े पैमाने पर सफलता के बावजूद, संयुक्त राज्य सरकार ने फैसला किया कि चेरोकी एक समस्याग्रस्त नि:स्वार्थ समाज था।

"चेरोकी प्रणाली का दोष स्पष्ट है। वे जहाँ तक जा सकते हैं, उन्हें मिल गया है, क्योंकि वे अपनी जमीन को साझा रखते हैं। कोई स्वार्थ नहीं है, जो सभ्यता के सतह पर है" (193, सीनेटर हेनरी डावेस के हवाले से)।

नि:स्वार्थता की एक ऐसी स्थिति को सुधारने के लिए जिसे स्पष्ट रूप से इतना अवांछनीय पाया गया, यू.एस. ने जल्द ही चेरोकी को व्यक्तिगत भूमि स्वामित्व को अपनाने के लिए कानूनी रूप से मजबूर करना आवश्यक समझा। जिसे यू.एस. अन्ततः उन्हें पर्याप्त स्वार्थ के लिए प्रेरित करता। 'दाऊस ऐक्ट', के बारे में तब कॉनले ने लिखा, "भारतीयों को अलग-अलग जमींदार बनाने के लिए पारित किया गया था, जो स्वार्थी और फिर अन्ततः सभ्य हो जाएँगे।" (193)। कानून को सख्ती से लागू किया गया था, और 'कांग्रेस के अधिनियम, 3 मार्च, 1893 द्वारा, एक तीन-सदस्यीय 'दावेस आयोग' बनाया गया था। चेरोकी समेत पाँच सभ्य जनजातियों में से प्रत्येक से निपटने के लिए उनकी भूमि के आवंटन के लिए अधिकार दिया गया था। कॉनले लिखते हैं, "उन्हें अपनी भूमि को तोड़ने के लिए सहमत होने के लिए मनाने की कोशिश करना, या सन्धियों को तोड़ने का एक तरीका निकालने का प्रयास करना यह आयोग का काम था" (194)। प्रत्येक चेरोकी नागरिक को एक निश्चित मात्रा में भूमि आवंटित की गई थी, और बची हुई भूमि को बसनेवाले बाहरी लोगों और संयुक्त राज्य अमेरिका द्वारा व्यवस्थित तरीके से लगभग पूरी तरह अवैध रूप से जब्त कर लिया गया था।

चेरोकी इतिहास में काव्यात्मक गलतबयानी का मेरा अन्तिम उदाहरण ओक्लाहोमा राज्य के उत्सव का है। 16 नवम्बर, 1907 ओक्लाहोमा क्षेत्र और भारतीय क्षेत्र को मिलाकर नया राज्य ओक्लाहोमा बनाया गया। (202)। इस घटना को याद करते हुए को कॉनले लिखते हैं, "अमेरिका ने मिस इंडियन टेरिटरी (एक भारतीय युवती के रूप में तैयार एक सफेद लड़की) और मिस्टर ओक्लाहोमा टेरिटरी (एक सफेद चरवाहा) के बीच एक नकली विवाह आयोजित किया (202)।"

इस प्रकार, चेरोकी राष्ट्र के उन्मूलन के कानूनी और राजनीतिक समापन पर, इसके शाही उपनिवेशवादी ने सहमति से संघ के रूपक का मंचन किया, जो कि उपनिवेशवादी और साम्राज्यवादी सदस्य था। यू.एस./चेरोकी सम्बन्धों के पूरे इतिहास के लिए एक काव्य रूप से उपयुक्त रूपक राजनीतिक मान्यता के बजाय, केवल एक अपमानजनक काव्यात्मक प्रहसन था।

यूरो-अमेरिकियों द्वारा चेरोकी के खिलाफ सभी भयानक अपराधों के बावजूद, यह याद रखना महत्त्वपूर्ण है कि सभी इन क्रूर और अन्यायपूर्ण प्रथाओं के प्रति सहानुभूति नहीं रखते थे। उदाहरण के लिए, अमेरिकी कवि-दार्शनिक राल्फ वाल्डो इमर्सन ने ट्रेल ऑफ टीयर्स की बात इस प्रकार की :

"सभी आस्थाओं और सद्गुणों का ऐसा अपमान, न्याय का ऐसा खंडन, और दया के लिए चीखने के लिए ऐसा बहरापन शान्ति के समय में और अपने ही सहयोगियों और वार्डों के साथ एक राष्ट्र के व्यवहार जब से पृथ्वी बनी थी कभी नहीं सुना गया था।"

बड़ी तसवीर पर एक और नज़र डालते हैं, इस इतिहास और देशज अनुपस्थिति के मेरे एकीकृत आँकड़े के बीच क्या सम्बन्ध है? चेरोकी इतिहास में सबसे स्पष्ट कमी तथ्यात्मक सटीकता की है। सत्य के पत्राचार सिद्धान्त के मानकों के अनुसार, इसमें सत्य का अभाव है। इसके स्थान पर, विभिन्न झूठ, अतिशयोक्ति और पूर्ण कल्पित कथाएँ हैं। (कुछ स्वीकार्य रूप से काफी सरलता और काव्यात्मक स्वभाव के साथ) लेकिन क्या चेरोकी इतिहास में सचाई का यह अभाव एक आवश्यक कमी है?

यह तर्क दिया जा सकता है कि चेरोकी राष्ट्र सम्भवत: बिना व्यापक विनाशकारी और अनैतिक कार्यों के ओक्लाहोमा राज्य में नहीं होता, जैसा की अभी है। चेरोकी आज राजनीतिक निर्भरता, और एक साम्राज्यवादी शक्ति की गुलामी की स्थिति में खड़ा होना है। यह साम्राज्यवादी शक्तियों द्वारा चेरोकी विरासत की काव्यात्मक गलत व्याख्याओं से सम्भव हुआ। इसलिए ऐसा लगता है कि, वास्तव में, चेरोकी राष्ट्र के संयुक्त राज्य द्वारा प्रस्तुत इतिहास से देशज उपस्थिति का अभाव है।

III. चेरोकी कर्मकांड : रसातल का विस्फोट

इस अन्तिम खंड में, मैं चेरोकी कर्मकांडों की मिथक-सत्तामूलक पृष्ठभूमि के संक्षिप्त विश्लेषण के साथ समाप्त करूँगा। अधिक विशेष रूप से, मैं इसके व्यापक विषय (एक कवि-कविता के रूप में दुनिया), इसकी केन्द्रीय अवधारणाओं (जीवन का सार्वभौमिक चक्र, चार दिशाएँ और चार आयाम), और इसकी त्रि-आयामी अभिव्यक्ति (पन्थवाद) पर चर्चा करूँगा, जिसे मैं पैन-पोएटिक्स कहता हूँ)। इस संरचना से, अन्त में, एक काव्य-रूप से परिवर्तनकारी अस्तित्ववादी मनोविज्ञान उभरता है, जो स्व-काव्य के रूप में चिकित्सा, चिकित्सा मार्ग और सौन्दर्य मार्ग की अवधारणाएँ कल्याण के विषय के आसपास आती हैं।

इस प्रयास में मेरा प्राथमिक स्रोत द चेरोकी फुल सर्कल : ए प्रैक्टिकल गाइड टू सेरेमनी एंड ट्रेडिशंस है, जिसे जे टी गैरेट और माइकल तल्लुस्टा गैरेट द्वारा लिखा गया है, जो पारम्परिक रूप से प्रशिक्षित मेडिसिन मेन के पिता और पुत्र की टीम है, जो चेरोकी संस्कृति के समानित जादूगर माने जाते हैं।

मैं चेरोकी सत्तामूलक-मिथ की तीन केन्द्रीय अवधारणाओं से शुरू करता हूँ, जो 'यूनिवर्सल सर्कल ऑफ लाइफ' से शुरू होता है। यह वाक्यांश, इक्कीसवीं सदी के पश्चिमी काल के नये युग के सिद्धान्त की तरह लगता है, यह एक प्राचीन संस्कृति की वास्तविक पौराणिक कथाओं की तुलना में घर में स्व-सहायता पुस्तक की तरह है। हालाँकि, यह प्राचीन संस्कृति वास्तव में नये युग की गतिविधियों के प्रामाणिकता का निर्धारण कारक थी। गैरेट इस अवधारणा को इस प्रकार स्पष्ट करते हैं :

"बीच में अग्नि है, विकास और परिवार की सुरक्षा के लिए जन्म-पूर्व की दिशा में होता है। जीवन का खेल समझने के लिए और प्रकृति में खेलों की निष्पक्षता सीखने के लिए फिर जीवन दक्षिण की दिशा की ओर बढ़ता है। लगभग सात साल की उम्र में हम पश्चिम की दिशा में हम काम के लिए प्रतिस्पर्धा और धीरज सीखते हैं और किशोरावस्था में खेलते हैं। फिर हम उत्तर दिशा की ओर बढ़ते हैं, जहाँ हम एक वयस्क के शिक्षक और अपनी क्षमताओं या व्यापार के स्वामी बनने के कौशल और ज्ञान को सीखते हैं। जब तक हम जीवन की पवित्र अग्नि में वापस नहीं आ जाते, तब तक हम घुमाते रहते हैं। यह तब तक होता रहता है जब तक कि हम अपने पूर्वजों के रूप में आत्मा की दुनिया में फिर से चले नहीं हो जाते (70)।"

दूसरे शब्दों में, द यूनिवर्सल सर्कल ऑफ लाइफ ब्रह्मांड द्वारा लिया गया पाठ्यक्रम है और साथ ही उस पाठ्यक्रम के माध्यम से इसकी गति है, जिसकी गतिशीलता चार दिशाओं की रचना करती है (जिसे मैं नीचे समझाऊँगा)। 'केन्द्र में अग्नि' चेरोकी के विश्वास को सन्दर्भित करता है कि जीवन और वास्तविकता "एक मूल कोशिका या सर्कल के गठन के साथ शुरू होती है जो आत्मा में है।

यह आत्मा महान होती है, जो पहले चेरोकी द्वारा वर्णित 'वज्र प्राणियों' की उपस्थिति में जीवन-रूप में आती है" (66)। अधिक सरलता से कहें तो, सर्वोच्च सत्ता मानव आत्मा या व्यक्ति बनाने के लिए प्रकाश देवताओं के साथ समन्वय में कार्य करती है। इन प्रकाश के देवताओं को शायद काव्यात्मक योजक के रूप में चित्रित किया जा सकता है।

गैरेट के अनुसार, यूनिवर्सल सर्कल को भी विभाजित किया गया है, जिसे चेरोकी 'द फोर डायरेक्शन' कहते हैं, जो मानव-जीवन की यात्रा के लिए गाइडपोस्ट के रूप में कार्य करता है। ये गाइडपोस्ट, 'चार आयामों' के आधार का गठन करते हैं, जिसे चेरोकी द्वारा शक्ति और प्रभाव के क्षेत्रों के रूप में समझा जाता है। इन दो मेडिसिन मेन के अनुसार, चार दिशाओं के नाम पुरानी भाषा में एक राज्य या व्यक्ति का वर्णन करते हैं, जो हमें प्रभावित करता है, जैसे उत्तर हमारी मानसिक स्थिति को प्रभावित करता है, दक्षिण हमारी प्राकृतिक अवस्था को प्रभावित करता है, पूर्व हमारी आध्यात्मिक स्थिति को प्रभावित करता है और पश्चिम हमारी भौतिक स्थिति को प्रभावित करता है (67)। विभिन्न जानवरों की प्रजातियाँ इन दिशाओं में से प्रत्येक के साथ जुड़ी हुई हैं, और महत्त्वपूर्ण लक्षणों का प्रतीक हैं। गैरेट इस प्रकार इसका विस्तार करते हैं :

सूर्य और चील पूर्व के प्रतीक हैं, वे स्पष्टता और ईमानदारी की भावना का प्रतिनिधित्व करते हैं। छोटे जानवर जैसे ऊदबिलाव या खरगोश दक्षिण के प्रतीक हैं जो मासूमियत और नवीनीकरण की भावना का प्रतिनिधित्व करते हैं। भालू पश्चिम का प्रतीक है जो आत्मनिरीक्षण और शक्ति की भावना का प्रतिनिधित्व करता है। हिरण, भेड़िया और बाज उत्तर के प्रतीक हैं, जो विश्वास और पवित्रता की भावना का प्रतिनिधित्व करते हैं। (72, boldface original)

इस प्रकार चार दिशाएँ विशेष मानवीय गुणों का भी प्रतीक हैं।

चेरोकी कर्मकांड के मिथ-आंटोलॉजी में अन्तिम केन्द्रीय अवधारणा 'द फोर डायमेंशन' है, जिसे माना जाता है कि यह सभी मानव-व्यवहार को सीधे प्रभावित करता है। गैरेट के अनुसार (90), "हमारे जीवन में चार आयामों के प्रत्येक का परिमाण हमारे अस्तित्व का प्रतिनिधित्व करता है। उत्तर दिशा केवल कहीं जाने का रास्ता नहीं है, या वह स्थान जहाँ से ठंड आती है, बल्कि हिरण द्वारा दर्शाई गई उदारता और ज्ञान की दिशा है। दक्षिण वह नहीं है जहाँ कोई उत्तर को छोड़कर जा रहा है, बल्कि इससे भी महत्त्वपूर्ण बात यह है कि एक अस्तित्व जिसमें खेल और खेल की पवित्रता सीखना है। चारों दिशाओं का धार्मिक महत्त्व भी है। गैरेट के अनुसार कई मूल अमेरिकी परम्पराओं में प्रार्थना करने के लिए प्रार्थना का अर्थ है प्रत्येक दिशा की भावना के लिए चार हवाओं को बुलाना, जहाँ से वह हवा हमारे लिए अपनी पवित्र शक्ति लेकर आती है (62)। मैं अपनी तरफ से जोड़ूँगा कि

इन हवाओं को गति में काव्यबद्ध हवा के रूप में माना जा सकता है, जो अपनी काव्य-शक्ति को हमें स्थानान्तरित करने में सक्षम है।

एक साथ विचार करने पर, चेरोकी मिथ-आंटोलॉजी (द यूनिवर्सल सर्कल, द फोर डायरेक्शन और द फोर डायमेंशन) की इन तीन केन्द्रीय अवधारणाओं के तीन प्राथमिक भाव मिलते हैं, अर्थात पैन-कविता, पन्थवाद और रामबाण। गैरेट लिखते हैं "सबसे पहले, धरती माता पर सब कुछ, जीवन के गीत और नृत्य का हिस्सा है (29)।" गीत काव्यात्मक वक्तव्य है, नृत्य काव्यात्मक आन्दोलन है। पृथ्वी पर सब कुछ उसकी अपनी कविता है, जिसके परिणामस्वरूप एक प्रकार का पैन-कविता, या सभी वास्तविकता की अन्तर्निहित कविता होती है। दूसरा, एक पुरानी कहावत है, जो कुछ भी चलता है वह पवित्र है, केवल इसे समझने से ही आप धरती माता की लय को महसूस कर सकते हैं, और इस तरह अपने पैरों को रखना समझते हैं।' (30)। जीवन का यह काव्य जो पृथ्वी का प्रत्येक प्राणी है, एक पवित्र और पवित्र काव्य है। जो कुछ भी चलता है, गति करता है, वह पवित्र है, जो कि सर्वेश्वरवाद की एक उत्कृष्ट परिभाषा है। और तीसरा, 'प्रकृति में सब कुछ दवा का एक रूप है, यदि कोई जानता है कि इसे कैसे पहचानना और इसका उपयोग करना है' (40)। पृथ्वी पर हर चीज़ का उपयोग पृथ्वी पर अन्य चीज़ों के लाभ, सुधार और बेहतर करने के लिए किया जा सकता है। अगर वह केवल यह जानकारी हो कि इसे उचित तरीके से कैसे उपयोग किया जाए, जो कुछ भी अनुभव होता है, जो कुछ भी मिलता है, उसे अच्छे उपयोग में लाया जा सकता है, यह स्वयं रामबाण के रूप में वास्तविक प्रकृति है।

यह ट्रिपल एक्सप्रेशन, विशेष रूप से तीसरा, चेरोकी मिथ-आंटोलॉजी के अस्तित्वगत मनोवैज्ञानिक पूरक का गठन करता है। उस मनोविज्ञान में केन्द्रीय अवधारणा, जैसा कि गैरेट लिखते हैं, "चिकित्सा शब्द से सभी जनजातियाँ परिचित हैं, जो जीवन के सर्कल में हर चीज़ को सन्दर्भित करता है, जो एक अमेरिकी भारतीय और अलास्का के जीवन के शारीरिक, मानसिक, आध्यात्मिक, और जीवन के प्राकृतिक पहलू परस्पर जुड़े हुए हैं उन्हें प्रभावित करता है।" (11)। इसलिए चिकित्सा दुनिया के अनुरूप आदर्श रूप से सन्तुलित जीवन के लिए एक प्रमुख अवधारणा है। यह, निश्चित रूप से, सभी महत्त्वपूर्ण मेडिसिन मैन की व्याकरणिक जड़ के रूप में भी कार्य करता है।

चिकित्सा एक अवधारणा है जिसमें काफी आन्तरिक भिन्नता है। एक अर्थ में, गैरेट मेडिसिन मेन के अनुसार, "हममें से प्रत्येक की अपनी चिकित्सा है" (75) हालाँकि, गैरेट मेडिसिन को कुछ अधिक सार्वभौमिक के रूप में वर्णित करते हैं, यहाँ तक कि हमारी प्रजातियों की सम्पूर्णता तक भी। जैसा कि एक चेरोकी बुज़ुर्ग ने कहा, 'जीवन की चिकित्सा को समझने के लिए मनुष्य होने के अपने उद्देश्य को समझना है' (11)।

चेरोकी अस्तित्ववादी मनोविज्ञान की इस केन्द्रीय अवधारणा का चिकित्सीय पूरक—चिकित्सा मार्ग—एक अस्तित्वगत उपचार है, जिसे मैं आत्म-काव्य के माध्यम से कल्याण के रूप में देखता हूँ। मेडिसिन मेन के शब्दों में 'हर इनसान को विश्वास करने के लिए कुछ चाहिए, यह हमारा 'चिकित्सा-मार्ग' है' (112)। मेडिसिन उस रास्ते पर ले जाता है जिसे किसी ने अपनी दवा तक पहुँचने के लिए चुना है, यह प्रत्येक व्यक्ति के लिए अलग है, जैसे सौन्दर्य (काव्य सहित) स्वाद भिन्न होता है।

इस तरह की भिन्नता के बावजूद, सभी व्यक्तियों को, अपने चिकित्सा मार्ग को खोजने में, मिथक-आंटोलॉजिकल तथ्यों से निपटना चाहिए, जिसमें यह तथ्य भी शामिल है, जो कि यूनिवर्सल सर्कल ऑफ लाइफ का प्रतीक है। जिसे हम अक्सर प्रगति या विकास के रूप में देखते हैं, वास्तव में यह चक्रीय के रूप में "सम्पूर्ण ब्रह्मांड चलता है। (86)। हालाँकि, ये वृत्त और चक्र पूर्ण और अपरिवर्तनीय नहीं हैं, क्योंकि जीवन स्वयं एक सर्पिल (स्पायरल) गति का अनुसरण करता है" (15)। सर्पिल गति एक प्रकार का वृत्ताकार चक्र होता है, जो एक उपन्यास पैटर्न बनाता है, विशेष रूप से जब क्रिया-रूप में उपयोग किया जाता है, जैसा कि अंग्रेजी अभिव्यक्ति नियंत्रण से बाहर सर्पिल रूप में होता है। वर्तमान निबन्ध के सन्दर्भ में कहें तो यह सर्पिल वृत्त का काव्य है।

गैरेट के शब्दों में 'हम खुद को मौन या शोर से बाहर रखते हैं, और अपनी सर्वोच्च लय चुनते हैं जिसके द्वारा हम भावनाओं और विचारों के विभिन्न रंगों के साथ आगे बढ़ते हैं। (116)।' इसलिए, हम ब्रह्मांड में समय के चक्र का वर्णन करनेवाली ध्वनित गीत या कविता है। (116)। हालाँकि, जैसा कि मेडिसिन मेन लेखक देखते हैं, हमारे पास स्पष्ट मार्गदर्शन की कमी है कि कैसे खुद को बनाया जाए। औपचारिक नेतृत्व की कमी के कारण, हम योजनाओं में सुधार करते हैं। यह हमारे मेडिसिन-वे का वर्णन करने का एक और तरीका है, यह कहने का कि हम अपने व्यक्तिगत जीवन को काव्यात्मक रूप से आकार देने में वास्तविक काव्य झुकाव का पालन करते हैं। इसमें, मैं यह जोड़ना चाहूँगा कि हम जीवन को जितना अधिक सुधार कर रहे हैं, उतना ही अधिक सक्षम बन रहे हैं और हम अपने से कम सक्षम लोगों की सहायता के लिए हैं। गैरेट कहते हैं, "परम्परागत रूप से, बच्चों की देखभाल करना और ज्ञान और कौशल के शिक्षकों के रूप में कार्य करना सभी वयस्कों का अस्पष्ट कर्तव्य था" (77)। गैरेट ने निष्कर्ष निकाला है, 'अतीत में कुछ नहीं हैं, लेकिन वे हमारे साथ हर विचार और हमारे शरीर के हर कोशिका में हमें अपना संगीत बनाने में मदद करने के लिए हैं' (57)।

अन्त में इस अस्तित्वगत मनोविज्ञान के बारे में, जब किसी ने अपनी चिकित्सा प्राप्त कर ली है, तो किसी के चिकित्सा मार्ग का अनुसरण करके, उसका जीवन

सन्तुलन, सद्भाव और सद्गुण का फैलाव करता है। एक ऐसी स्थिति जिसे चेरोकी 'सौन्दर्य मार्ग' कहते हैं। वे 'कुछ लोग' जो उस बिन्दु तक पहुँचते हैं, गैरेट समझाते हैं, 'उनके पास सद्भाव का एक तरीका है जो उन्हें अपने और अपनी दुनिया के साथ अधिक शान्ति' के रूप में अलग करता है (91)। सौन्दर्य मार्ग को प्राप्त करने में, जैसा कि देशज जीवन के अन्य सभी पहलुओं में पसन्द की अवधारणा केन्द्र में है। (93)। सौन्दर्य मार्ग को प्राप्त करने के लिए सबसे महत्त्वपूर्ण विकल्पों में विपरीत गुणों के बीच सन्तुलन बनाना शामिल है। स्वतंत्रता और अपनेपन, और उदारता और महारत। प्रत्येक गुण की सही मात्रा को खोजने के लिए आवश्यक चिकित्सीय प्रक्रिया में अस्वीकृति, विफलता, खेद और भेद्यता—ये चार केन्द्रीय भय के प्रति बचनेवाले, रक्षात्मक दृष्टिकोण पर काबू पाना शामिल है। इन आशंकाओं का सामना करने और इस पर काबू पाने से सन्तुलन मिलता है। और इस तरह, किसी के दवा की खोज करके, सौन्दर्य मार्ग को प्राप्त किया जा सकता है।

अब मैं चेरोकी कर्मकांड के पूर्वगामी विश्लेषण का एक संक्षिप्त विवरण प्रस्तुत करूँगा। अपनी अल्पसंख्यक स्थिति के बावजूद, देशज संस्कृति संयुक्त राज्य अमेरिका की विविधता को काव्यात्मक रूप से बढ़ाती है।

वैध सामाजिक सीमाओं को पहचानने के बावजूद, यह उन्हें काव्यात्मक रूप से नये प्रकार के सम्बन्धों को बनाने के लिए कल्पनात्मक रूप से उल्लंघन करता है। चेरोकी विशेष रूप से खुद को यह विश्वास दिलाता है कि एक काव्य रूप से रूपान्तरित मेडिसिन मैन ने काव्यात्मक रूप से सूर्य को चमकने के लिए राजी किया। वे पूरी दुनिया को एक आत्म-चिकित्सा, पवित्र काव्य बनाते हैं, जो व्यक्तिगत रूप से लगातार खुद को फिर से तैयार करती है। और वे व्यक्ति को यह विश्वास दिलाते हैं कि किसी के जीवन को एक ऐसी आत्म-रचनावाला काव्य बनाकर कल्याण पाया जाना है।

लेकिन आखिरकार, चेरोकी कर्मकांड और देशज अनुपस्थिति के मेरे आँकड़े के बीच क्या सम्बन्ध है? शायद, इसकी पूरी तरह से काव्यात्मक भाषा द्वारा, और बदले में अपने इतिहास को पूरी करनेवाली काव्यात्मक गलत व्याख्याओं को सुविधाजनक बनाने के लिए, चेरोकी कर्मकांड परिवर्तन के लिए एक उल्लेखनीय स्वभाव का प्रदर्शन करते हैं, जिसमें काव्यात्मक रूप से विश्वास करने की काफी क्षमता है। इसलिए, कोई यह तर्क दे सकता है कि चेरोकी अनुष्ठान से अनिवार्य रूप से जो कमी है वह वस्तुनिष्ठ वास्तविकता और इसकी सीमाओं की स्थिरता की भावना है। (हालाँकि, यह सामाजिक वास्तविकता और इसकी सीमाओं की निश्चितता में परम्परा और अभ्यास की सीमाओं को एक साथ रोकता नहीं है)। संक्षेप में, स्थिर अनन्त काल की भावना चेरोकी अनुष्ठान से देशज रूप से अनुपस्थित है।

चेरोकी संस्कृति की मेरी खोज को दोहराने के लिए, इसकी भाषा में अनिवार्य रूप से एक संयोजन संरचना की कमी, इसके इतिहास में निष्पक्ष रूप से निश्चित वास्तविकता इसके कर्मकांडों के तहत दिखाई देता है। तरलता, रचनात्मकता, सहजता और काव्यात्मक नवाचार की प्रवृत्ति, चेरोकी संस्कृति में इन तीनों क्षेत्रों की विशेषता है—क्योंकि यह सामान्य रूप से पारम्परिक चेरोकी संस्कृति की विशेषता है, और काव्य-विस्तार से, इस महाद्वीप के लिए देशीपना अन्य संस्कृतियों की विशेषता है। स्वदेशी अनुपस्थिति के बारे में इन अन्तर्दृष्टि को उन लोगों के साथ जोड़कर, जिन्हें मैंने कहीं और जिक्र किया है मैं निम्नलिखित निर्णय प्रदान करता हूँ: स्वदेशी दर्शन अनिवार्य रूप से अनौपचारिक और व्यवस्थित है, जो उलझी हुई भाषाओं और विकृत इतिहास पर आधारित है, और गतिशील और अस्थायीत्व को शामिल करनेवाले कर्मकांडों में खुद को व्यक्त करता है। दूसरे शब्दों में, स्वदेशी दर्शन, काव्य है।

जो देशज है वह अनिवार्य रूप से कहीं-न-कहीं मौजूद है। कम-से-कम, यह तब तक रहा है जब तक इस विषय के बारे में बात करनेवाला कोई भी व्यक्ति याद रख सकता है। जो अनुपस्थित है वह हमेशा खोई हुई उपस्थिति के सम्बन्ध में पहले से ही निश्चित है। जो अनुपस्थित है वह कभी भी एक साधारण कमी या अभाव नहीं हो सकता। मेढकों में पंखों की कमी होती है, लेकिन उनके पंख अनुपस्थित नहीं होते हैं। एक इनसान को सिर्फ एक शाम अपने जीवनसाथी की कमी नहीं होती है; उनका जीवनसाथी अपने घर से अनुपस्थित है। जो स्वदेशी रूप से अनुपस्थित है उसका एक स्थान है जिससे यह आवश्यक है कि वह सम्बन्धित है, लेकिन यह भी आवश्यक है कि वह तब तक अनुपस्थित रहा जब तक उसके बारे में बात करनेवाला कोई भी याद रख सके, और शायद हमेशा के लिए। समकालीन पश्चिम के दृष्टिकोण से, इस महाद्वीप के देशज लोग, जैसे कि चेरोकी, इस महाद्वीप के सम्बन्ध में (हालाँकि हममें से कई यहाँ रहते हैं)—और कविता, दर्शन के सम्बन्ध में (हालाँकि इसका अधिकांश हिस्सा यहाँ रहता है)—देशज अनुपस्थित जारी है।

इंडोनेशिया के पूर्वी जावा स्थित बन्युवांगी, समुदायों को स्थापित करने में देशज रीति-रिवाजों के साथ धर्म कैसे बढ़ता है?

सुरती हंडायानी

सारांश

ओसिंग समुदाय इंडोनेशिया के देशज समुदायों में से एक है, जो सैकड़ों साल से जावा द्वीप के पूर्वी छोर में बन्युवांगी रीजेंसी में रह रहे थे। हालाँकि वे अभी भी औपचारिक धर्म से जुड़ने से पहले तक देशज रीति-रिवाजों को मानते थे। हालाँकि शासन ने 1965 में उन्हें उनके रीति-रिवाजों पर रोक लगा दी थी क्योंकि साम्यवादी पार्टी का मानना था कि कर्मकांड एक ऐतिहासिक त्रासदी है, लेकिन समुदाय ने सरकार को यह समझाने की कोशिश की कि ये कर्मकांड सौ साल पहले से मौजूद हैं और वे इसे करना बन्द नहीं कर सकते क्योंकि न केवल देशज नेताओं ने बल्कि उनके पूर्वजों ने भी उन्हें स्वीकृति दी है।

पृष्ठभूमि

ओसिंग समुदाय पूर्वी जावा के बानुवांगी रीजेंसी के जनजातियों में से एक हैं, उनका अस्तित्व सैकड़ों वर्षों से है। वहाँ औपचारिक धर्म आने और उसके प्रचारकों द्वारा इंडोनेशिया में फैलाने से पहले वे अपने पारम्परिक रीति-रिवाजों को करते थे। यह गौरतलब है कि इंडोनेशिया में छह औपचारिक धर्मों, इस्लाम, ईसाई, कैथोलिक, हिन्दू, बौद्ध, और कन्फ्यूशीवाद को मान्यता दी गई है। लेकिन इंडोनेशिया में छह धर्मों में से इस्लाम बहुसंख्यकों का धर्म है जिसका पालन बानुवांगी रीजेंसी में लोगों द्वारा किया जाता है।

इस्लाम ने 8वीं शताब्दी में इंडोनेशिया में प्रवेश किया, जिसे बुडी सुलिस्टियोनो ने अपनी पत्रिका में 'हिस्ट्री ऑफ द एंट्री एंड डेवलपमेंट ऑफ इस्लाम इन द आर्किपेलगो' नामक शीर्षक से लिखे लेख में यह जिक्र किया है कि इस्लाम

इंडोनेशिया में फारस से व्यापारिक सम्बन्ध के दौरान वहाँ के व्यापारियों द्वारा लाया गया था। उस समय इंडोनेशिया में व्यापारियों का आगमन हुआ क्योंकि कृषि-उत्पादों की सम्पत्ति में उनकी बहुत रुचि थी। व्यापार करने के लिए फारस, अरब और गुजरात से व्यापारी इंडोनेशिया में सभी द्वीपों पर गए, वे सभी मुस्लिम थे। तब उन्होंने व्यापारिक सम्बन्धों के दौरान द्वीपसमूह में इस्लाम की शिक्षाओं का प्रसार किया।

इंडोनेशिया में इस्लाम के प्रवेश के बाद, इस्लाम धर्म 17वीं शताब्दी से 18वीं शताब्दी तक फैलता रहा और उपनिवेशवाद के युग में बान्युवांगी में प्रवेश किया, बान्युवांगी जिसे पहले ब्लैम्बंगन के रूप में जाना जाता था, जहाँ बहुसंख्यक जनता हिन्दू धर्म को मानती थी, जो कि जावा द्वीप के पूर्वी छोर पर है। यहाँ इस्लाम का प्रवेश इस्लामिक मातरम साम्राज्य के सुल्तान अमंगकुरत प्रथम के हमले से हुआ, 17वीं से 18वीं शताब्दी तक हमले की कहानी Vereennigde Oostindische Compagnie (VOC) के इतिहास में दर्ज है। उपनिवेशवाद के दौरान सदी का सबसे बड़े व्यापारिक जोड़ों में से एक बान्युवांगी में आया, जिसने बान्युवांगी में इस्लाम का प्रवेश कराया। बन्युवांगी में वहाँ के लोगों द्वारा इस्लामिक प्रवेश के ऐतिहासिक स्थल आज भी सहेजे हुए हैं।

समीक्षा

इंडोनेशिया में औपचारिक धर्म के प्रवेश व उसके विकास और बानुवांगी रीजेंसी में इस्लामी शिक्षाओं के प्रसार का ऐतिहासिक विवरण हमें धर्म और ईश्वर के बीच सम्बन्धों के बारे में और अधिक जानकारी प्राप्त करने के लिए प्रेरित करता है, हम जानते हैं कि जो ईश्वर में विश्वास करते हैं धर्म उन सबके जीवन का एक हिस्सा है। भगवान के बारे में मनुष्य की जो अवधारणा, सिद्धान्त या हठधर्मिता, है उसमें विरोधाभास है। यहाँ तक कि अच्छे स्वभाव के बीच एक बुरा चरित्र का विरोधाभास है। स्वयं ईश्वर की अवधारणा तीन रूपों में विभाजित है, अर्थात पारलौकिक (पहुँच से दूर), आसन्न (मनुष्यों के करीब), और संस्कृति से भी प्रभावित हो सकती है। इसलिए इसके विकास में विभिन्न प्रकार के विचारों का जन्म हुआ जिसे सम्प्रदाय कहा जाता है, जिसमें पारम्परिक सम्प्रदाय में भगवान (ईश्वर सर्वशक्तिमान की अवधारणा) को सुन्नत वाल्जामाह, सम्प्रदाय के विशेषज्ञों की समझ के अनुसार अनुयायियों द्वारा मानना शामिल है, ऐसे लोग भी हैं जो तर्कसंगत सम्प्रदायों में विश्वास करते हैं, जिसका अर्थ है कि न्याय ईश्वर द्वारा सभी के लिए निर्धारित है।

इसके बाद सरकार उन लोगों को मार्गदर्शन करने के लिए कानून बना रही है जो अभी भी अपने कर्मकांडों को अधिकार से कर रहे हैं। उदाहरण के लिए इस्लाम में, फिक कानून (कानूनी औपचारिक) जिसे मानक के रूप में माना जाता है, और ऐसा माना जाता है कि इसका उल्लंघन नहीं किया जा सकता है,

वैसे ही तस्सवौफ जिसका उपयोग एक अनुयायी के कार्यों और व्यवहार को परखने के लिए मानक के रूप में किया जाता है। मध्यम मार्गी सम्प्रदाय में ईश्वर की विविधता के कई रंग समाए हुए हैं, जिसमें ईश्वर 50% पारम्परिक और 50% तर्कसंगत रूप से सहभागी है।

ग्रीक युग के एक प्रसिद्ध दार्शनिक प्लेटो का 'ईश्वर के अस्तित्व' का सिद्धान्त के अनुसार ईश्वर का अस्तित्व है क्योंकि उनके लिए पूजा-पद्धति है और उसके अनुसार संस्कृति का अस्तित्व है (प्लेटो कानून, 887-888) ईश्वर के कुछ सम्प्रदाय और सिद्धान्त का जिक्र करते हुए, भगवान के अस्तित्व के बारे में, यह निष्कर्ष निकाला जा सकता है कि ईश्वर का अस्तित्व उन सभी के विश्वास पर आधारित है जो अपने-अपने धर्मों और आस्था का पालन करते हैं और उसे पीढ़ी-दर-पीढ़ी आगे बढ़ाते हैं।

ओसिंग समुदाय में पारम्परिक रीति-रिवाजों के साथ इस्लामी परम्परा का संवर्धन इस बात का उदाहरण है कि सांस्कृतिक परम्पराओं के साथ-साथ धर्म कैसे विकसित हो सकता है। यह भी गौरतलब है कि इस्लाम आया और संस्कृति से प्रभावित हुआ, अर्थात पारम्परिक रीति-रिवाजों का अस्तित्व जारी रहा। यह पीढ़ी-दर-पीढ़ी लगातार चलता रहा, भले ही सरकार ने 1965 में इन रीति-रिवाजों को करने से रोकने की कोशिश की। कम्युनिस्ट पार्टी का मानना था कि यह एक ऐतिहासिक त्रासदी थी। लेकिन समुदाय ने सरकार को यह समझाने की कोशिश की कि ये रीति-रिवाज वहाँ सैकड़ों सालों से हैं। और वे इसे करना बन्द नहीं कर सकते। क्योंकि उन्हें न केवल अपनी प्रथा के रहनुमाओं बल्कि पूर्वजों द्वारा भी प्रतिबन्धित नहीं किया गया है, जिसे 'अबंगन' नामक एक सांस्कृतिक प्रयास के रूप में समझा जा सकता है।

अबंगान धर्म का इतिहास क्लिफोर्ड ग्रीट्ज़ की यात्रा से उत्पन्न हुआ है, जिसे उन्होंने 'अबंगान जावानीस रिलिजन, सेंट्री, प्रियायी इन जावानीस कल्चर' नामक पुस्तक में लिखा है। जिसे 1950 के दशक में जावा पर शोध करने के लिए पूर्वी जावा क्षेत्र के मोडजोकुटो (क्लिफोर्ड ग्रीट्ज़ द्वारा जिक्र किया एक शहर) की यात्रा के दौरान लिखा। क्लिफोर्ड ग्रीट्ज़ का जन्म सैन फ्रांसिस्को, कैलिफोर्निया में 23 अगस्त, 1926 को हुआ। अपने शोध में मोडजोकुटो में तीन धार्मिक समूहों को विभाजित किया अबंगन, सन्तरी, और प्रियायी, जो जावा में विकसित हुए थे। अबंगन वे हैं जो अभी भी पूर्वजों को प्रसाद चढ़ाने का कर्मकांड करते हैं, लेकिन प्रशासनिक रूप से वे लोग इस्लाम को भी स्वीकार करते हैं, जबकि सन्तरी वे हैं जो इस्लामी बोर्डिंग स्कूलों में रहते हैं और पढ़ते हैं और इस्लाम का अध्ययन करते हैं। जबकि प्रियायी (समाज में उच्च वर्ग में से एक) वे हैं जो जावा में अभिजात वर्ग से आते हैं जिन्हें सामाजिक संरचना की एक हिन्दूवादी समझ होती है, उनके सामाजिक स्तर में दृढ़ता निहित होती है।

उनके पारम्परिक रीति-रिवाजों का उद्देश्य अपने पूर्वजों और प्रकृति को धन्यवाद देना है, जो कि उन्हें खेत और स्वास्थ्य के रूप में प्रचुर मात्रा में फसल दिये जाने के लिए आभार जताने का एक तरीका है। लेकिन धर्म के समुदाय में आने के बाद, हालाँकि कर्मकांडों ने स्वयं धार्मिक नियमों का उल्लंघन किया। ओसिंग समुदाय के देशज लोगों ने पारम्परिक रीति-रिवाजों और औपचारिक धार्मिक कर्मकांडों को अब तक किये जाने के लिए, जो सहमत हैं, रीति-रिवाओं का कार्यान्वयन हमेशा आधिकारिक प्रार्थनाओं के साथ होता है, जिसका पालन देशज लोगों द्वारा किया किया जाता है, जिनमें से अधिकांश इस्लाम के अनुयायी हैं, और उनके द्वारा अपनाए गए इस्लाम के अबांगन (प्रथागत पूजा) के रूप में इसे जाना जाता है।

सेबलांग नृत्य अनुष्ठान क्लिफोर्ड ग्रीट्ज़ द्वारा अपनी पुस्तक में वर्णित उदाहरणों में से एक है, जो एक पारम्परिक रिवाज है, जो ईद अल-कुर्बान के हर उत्सव को ठीक 10 धुलिजा (इस्लामी कैलेंडर) में किया जाता है। विशेष रूप से पूर्वी जावा में ओसिंग कम्युनिटी में अबांगन का एक रूप है, इस रिवाज में प्रसाद बनाने के लिए पारम्परिक भोजन, फूल और धूप आवश्यक है, और इसमें बूढ़ी महिलाओं द्वारा नृत्य किया जाता है, जिन्हें पैतृक आत्माओं के अनुष्ठानों के माध्यम से चुना जाता है। यह दिखाने के अलावा कि इस तरह से देशज लोग ब्रह्मांड को धन्यवाद देते हैं, यह अनुष्ठान यह भी दर्शाता है कि कैसे स्वदेशी लोगों का भगवान, मनुष्य और प्रकृति से सम्बन्ध है।

कालान्तर में और युग के विकास के साथ पारम्परिक अनुष्ठान को इस धर्म को पालन करनेवाले बहुसंख्यक लोगों द्वारा करने से इनकार कर दिया गया और सरकार इस अनुष्ठान को इस्लाम द्वारा निषिद्ध मानती है, क्योंकि इसे शैतान की पूजा करना माना जाता है। इसकी अस्वीकृति को स्वयं लेखक द्वारा अनुभव किया गया जो बानुवांगी रीजेंसी के बाकुंगन गाँव में सेबलांग प्रथा के प्रतिनिधि भी है। बार-बार उपेक्षा के बाद ओसिंग के देशज लोगों ने अनुष्ठान नृत्यों के इतिहास को बताना शुरू कर दिया, जिन्हें न केवल रहस्यमय नृत्य के रूप में देखा गया था, बल्कि दूसरों को सेबलांग के प्रथागत अनुष्ठान के अर्थ और दर्शन के बारे में जानने के लिए भी आमंत्रित किया गया।

साल में एक बार, सरकार, क्षेत्रीय से लेकर राष्ट्रीय स्तर तक, ओसिंग समुदाय के अस्तित्व का समर्थन करने के लिए हमेशा इस रिवाज की औपचारिकता मानती है और उसमें शामिल होती है। इस स्वीकृति के आधार पर, जिला सरकार ने आधिकारिक एजेंडे में सेबलांग रिवाजों को शामिल किया, जिसके कार्यान्वयन का समर्थन किया गया और यह ओसिंग लोगों के इतिहास, पारम्परिक ज्ञान और स्थानीय ज्ञान के बारे में जानने का स्थान बन गया जो दैनिक जीवन और सामुदायिक जीवन का मार्गदर्शन करता है। बानुवांगी में लोगों द्वारा इस रिवाज को करने में ओसिंग

स्वदेशी लोगों द्वारा देखी जानेवाली व्यावहारिकता, ओसिंग समुदाय के जीवित रहने और अभी भी द्वीप की छोर पर रीजेंसी में रहनेवाले जनजातियों की मूल पहचान के रूप में मौजूद हैं। जावा के, यह इस कलंक को खत्म करने के लिए किया जाता है जो यह मानता है कि ये उन लोगों का समूह हैं जो मूर्तियों या राक्षसों की पूजा करते हैं, और वे धार्मिक लोग नहीं हैं।

इस प्रयास को समुदाय और सरकार द्वारा व्यापक रूप से स्वीकार किया जा सकता है, ताकि बन्युवांगी में रीति-रिवाजों और संस्कृति के बीच एकजुटता हो सके, क्योंकि उनके द्वारा किये जानेवाले रिवाजों को सांस्कृतिक विरासत के रूप में देखा जाता है, साथ ही यह बन्युवांगी में इंडोनेशिया की विविधता को दिखाता है। संविधान भी धर्म और विश्वास के अधिकार को विनियमित करता है और 1945 के संविधान के माध्यम से पूरी तरह इसकी अनुमति प्रदान किया जाना शामिल हैं।

1945 के संविधान के अनुच्छेद 28E (1) में कहा गया है कि 'प्रत्येक व्यक्ति अपने धर्म के अनुसार पूजा करने, शिक्षा पाने, रोजगार चुनने, नागरिकता चुनने और देश के क्षेत्र में रहने के लिए जगह चुनने के लिए स्वतंत्र है और इसे छोड़ने का अधिकार है। 1945 के संविधान के अनुच्छेद 28E (2) में यह भी कहा गया है कि सभी को अपनी आस्था के प्रति स्वतंत्रता का अधिकार है। इसके अलावा, 1945 के संविधान का अनुच्छेद 28I (1) भी स्वीकार करता है कि धर्म का अधिकार एक मानव अधिकार है। इसके अलावा 1945 के संविधान के अनुच्छेद 29 (2) में यह भी कहा गया है कि राज्य अपने प्रत्येक निवासी को अपना धर्म अपनाने की स्वतंत्रता की गारंटी देता है। हालाँकि, इस अधिकार की भी सीमाएँ हैं, और इसे 1945 के संविधान के अनुच्छेद 28J (1) में विनियमित किया गया है, जिसमें कहा गया है कि सभी को दूसरों के अधिकारों का सम्मान करना चाहिए। 1945 के संविधान के अनुच्छेद 28J (2) में आगे कहा गया है कि इस अधिकार का प्रयोग कानून द्वारा सीमाओं के अधीन होगा।

अपने शोध में क्लिफोर्ड ग्रीट्ज़ ने लिखा है कि प्रत्येक देश जिसने धर्म को मानने के लिए भिन्न धर्म को माननेवालों के साथ, नागरिक समाज के अधिकार को विनियमित किया है, पूर्वी जावा उन्हें यह दिखाता है कि धार्मिक रिवाजों और पारम्परिक कर्मकांडों के बीच सामंजस्य कैसे होता है, यह बहुलवाद का प्रतीक है जो इंडोनेशिया की आजादी के पहले से मौजूद था। कर्मकांडों पर प्रतिबन्ध लगाने का प्रयास एक ऐसी गतिविधि है जो संविधान द्वारा निषिद्ध है। हालाँकि संस्कृति गतिशील रूप से विकसित हो रही है और जकार्ता के व्याख्याताओं में से एक यूआईएन सिरिफ हिदायतुल्ला अपनी पुस्तक 'द फेस' ऑफ द स्टडी ऑफ रिलिजन्स—द थियोसोफिकल स्टडी' में डैनियल एल. पाल्स द्वारा बताई गई 1870 के दशक में

जर्मनी के एक प्रोफेसर की कहानी बताते हैं, जो थी, फ्रेडरिक मैक्समूलर नाम के प्रोफेसर बहादुरी से धार्मिक मंच पर खड़े थे, वे प्राचीन वैदिक-भारतीय पुस्तक का अध्ययन के लिए कम उम्र में इंग्लैंड आए थे, उन्होंने प्राचीन हिन्दू धर्म के ज्ञान का भी पता लगाया, अपने भाषण में उन्होंने धर्म के एक नये अनुशासन अध्ययन या अधिक सटीक रूप से 'धर्म की विज्ञान' का प्रस्ताव दिया। हालाँकि उनके प्रस्ताव को उस समय दर्शकों के रूप में शामिल होनेवाले ब्रिटिश लोगों द्वारा इनकार की प्रतिक्रिया दी गई।

चार्ल्स डार्विन (1859 में प्रजातियों की उत्पत्ति) के सिद्धान्तकारों के कारण ब्रिटिश डेनियल द मूलर के प्रति प्रतिक्रिया हुई, जिसके परिणामस्वरूप विज्ञान और धर्म के बीच एक मजबूत बहस हुई, लेकिन उस समय, मूलर ने कहा कि धार्मिक वैज्ञानिक अध्ययन एक ही समय में धर्म और विज्ञान के अध्ययन में प्रमुख योगदान देता है, उनका यह भी विचार है कि यह पुराने धार्मिक अध्ययनों के उद्‌देश्य दृष्टिकोण में नयापन लाने का समय है, जहाँ ये विचार उन धर्मशास्त्रियों का परिणाम है जो केवल अपने-अपने धर्मों की सचाई दिखाते हैं, लेकिन बढ़ते युग के साथ, वैज्ञानिकों द्वारा विकसित किये गये तथ्यों, रीति-रिवाजों, और विश्वासों को इकट्ठा करके विकसित किये गये तथ्यों के संग्रह के करीब पहुँचकर धर्म का अध्ययन करना आवश्यक है। जो दुनिया-भर में फैले हुए हैं, बाद में इन निष्कर्षों के परिणाम नये धर्म के विषयों के अध्ययन के रूप में कार्य करते हैं।

विकासशील धर्म अध्ययन बहुत हद तक इंडोनेशिया की स्थिति के अनुसार ही हैं। हम यह भी जानते हैं कि इंडोनेशियाई लोग पूरे द्वीप में बिखरे हुए जनजातियों से मिलकर बने हैं, विभिन्न धार्मिक अनुयायियों, ब्रह्मांड और पूर्वजों में विश्वास विशेष रूप से देशज समुदायों जैसे कि ओसिंग के स्वदेशी लोगों में, यह बहुत हद तक मूलर के अनुरूप है। धर्म के अध्ययन के नवीनीकरण की आवश्यकता को देखते हुए जो न केवल एक धर्म के एक सिद्धान्त पर तय होता है, बल्कि दुनिया-भर में हर समुदाय में जीवन के सभी पहलुओं और विकास को देखता है।

विश्लेषण

इंडोनेशिया में इस्लाम के प्रसार में फारस, अरबी और गुजरात के व्यापारियों के नज़रिये का जिक्र करते समय, वे समाजशास्त्रीय दृष्टिकोण का उपयोग करते हैं, जिसका उद्‌देश्य सामाजिक रूप से धर्म को समझने के लिए सामाजिक वास्तविकता की जीवन्त शिक्षाओं के रूप में धर्म का अध्ययन है। इस मामले में शास्त्रीय और वर्तमान दोनों तरह के धर्म और सामाजिक मुद्‌दों के अभ्यास, संस्थागत रूपों का अध्ययन, और जो समाजशास्त्रीय दृष्टिकोण होता है वह यह है कि किसी क्षेत्र में संस्कृति कैसे विकसित होती है। तो प्लेटो की 'ईश्वर का अस्तित्व' का सिद्धान्त

और 1850 में जावा में सिफफोर्ड ग्रीट्ज़ शोध के परिणामों से लेखन, इस बात की एक वास्तविक तसवीर है कि इस्लाम कैसे देशज लोगों में पारम्परिक रीति-रिवाजों के साथ-साथ चल सकता है, और राज्य की भूमिका धर्म और विश्वास में विकल्पों को पहचानने और सम्मान करने में हो। पूरे इंडोनेशिया में समुदायों को इंडोनेशिया गणराज्य के संविधान में स्पष्ट रूप से नियमित किया जाता है, जिसका अर्थ है कि किसी को भी इंडोनेशिया में नागरिक समाज या स्वदेशी समुदायों द्वारा किये गए धार्मिक अनुष्ठानों और पारम्परिक अनुष्ठानों के जुलूस को प्रतिबन्धित करने या उसमें हस्तक्षेप करने की अनुमति नहीं है।

बदलते समय के साथ-साथ धार्मिक कर्मकांडों की सामाजिक परिप्रेक्ष्य में प्रासंगिकता पर गतिशील विचार के साथ-साथ धार्मिक कर्मकांडों के साथ सुसंस्कृत पारम्परिक कर्मकांडों पर भी विचार आते हैं, यह मान्यता के स्वरूप का एक उदाहरण है। बन्युवांगी रीजेंसी में नागरिक समाज द्वारा ओसिंग समुदायों को दिया गया, और अबंगन अब या सिर्फ कल्पना नहीं है बल्कि अभी भी मौजूद है। इससे यह देखा जा सकता है कि प्रत्येक व्यक्ति के बीच एक धर्म के साथ जो सम्बन्ध होता है, वह न केवल राज्य द्वारा मान्यता प्राप्त और प्रशासनिक रूप से लिखा जा सकता है, बल्कि संक्षेप में उनका अपने पूर्वजों के साथ घनिष्ठ सम्बन्ध हैं।

उस समय जब रस्में प्रस्तुत की जाती थीं, उन्हें हमेशा पथभ्रष्ट गतिविधियों के रूप में माना जाता था, मूल रूप से एक अर्थ यह है कि कैसे स्वदेशी लोगों की न केवल भगवान के साथ निकटता है क्योंकि वे बहुसंख्यक पंजीकृत मुसलमान हैं, बल्कि वे स्थानीय समुदायों के सदस्य मैत्रीपूर्ण सम्बन्ध स्थापित बनाए रखते हैं, और प्रकृति से निकटता रखते हैं, जिसने उनके अस्तित्व को बनाए रखा है। यह देखा जाता है कि खेतों में प्रचुर मात्रा में फसलों के लिए ब्रह्मांड को धन्यवाद देने के उद्देश्य से अनुष्ठान के दौरान उनके द्वारा बनाए गए प्रसाद, सभी खेतों से आते हैं।

निष्कर्ष

निष्कर्ष यह है कि मनुष्य और ईश्वर तथा मनुष्य और मनुष्य के बीच सम्बन्ध, जिसमें मनुष्य और प्रकृति के बीच सम्बन्ध शामिल हैं, कुछ ऐसा नहीं है जिसे वैज्ञानिक रूप से वर्णित या व्यापक समुदाय को समझाया नहीं जा सकता है, जिनका उद्देश्य धर्म और आस्था के सभी अनुयायियों को सम्मान देना है। इंडोनेशिया में, ओसिंग देशज लोग एक खास उदाहरण हैं, जो अभी भी धार्मिक रीति-रिवाजों की अनदेखी न करके अपने प्रथागत अनुष्ठान-जुलूस निकालते हैं, जिनमें से अधिकांश इस्लाम के अनुयायी हैं, बन्युवांगी रीजेंसी बहुलवाद के अस्तित्व का एक प्रमाण है।

ओसिंग समुदाय जिन पर ये लेबल लगाया जाता था कि वे गैर-धार्मिक समुदाय हैं जो अज्ञानता के कारण अपने पूर्वजों से जुड़ते हैं। लेकिन अब ओसिंग लोग प्रथा के बाहर नागरिक समाज से अपमान और नकारात्मक आरोपों का अनुभव नहीं करते हैं। समुदाय के पारम्परिक अनुष्ठान जुलूस से हम यह भी सीख सकते हैं कि ईश्वर के मानव-हित के अस्तित्व और प्रकृति के अस्तित्व और उसकी रचना को कैसे देखना है और एक-दूसरे के सम्मान को कैसे बनाए रखना है। क्योंकि उनके अनुसार सम्मान और देखभाल के बिना, उन्हें अपने जीवन में प्रतिदिन कठिनाइयों के अनुभव से गुजरना पड़ेगा।

इसलिए सभी लोग ओसिंग देशज समुदाय में अपने पारम्परिक रीति-रिवाजों की जीवन-शैली और दर्शन को सीखने के लिए आते हैं, जिसका उद्देश्य दैनिक जीवन में अपनाना होता है, अर्थात उन लोगों का सम्मान कैसे किया जा सकता है जो धार्मिक अनुष्ठानों और पारम्परिक अनुष्ठानों दोनों में समान नहीं हैं, और यह सिखाने कि ओसिंग में लोग कैसे भूमि, खेतों, और पौधों का सम्मान करते हैं, वे पौधे लगाते हैं ताकि रोपण चक्र और प्राकृतिक चक्र ईश्वर और ब्रह्मांड के अस्तित्व से मानव सभ्यता बिना अलग हुए सम्पूर्णता को प्राप्त करे।

वास्तव में बिलकुल यही विचार प्राचीन ग्रीस में दार्शनिक प्लेटो के युग से विकसित हुए धर्म के सिद्धान्तों और अध्ययनों में बताया गया था, और मूलर व अब तक के नये धार्मिक विचारकों का धार्मिक अध्ययनों में सिद्धान्त या विज्ञान का जिक्र किये बिना बहुत पहले से अस्तित्व में है, ओसिंग देशज लोगों ने वर्तमान समय में अपने पारम्परिक रिवाजों को जारी रखा है, इससे हम यह निष्कर्ष निकाल सकते हैं कि यह आज धार्मिक अध्ययनों की विविधता और बहुलवाद का प्रतीक है, जो दर्शाता है कि पारम्परिक और धार्मिक अनुष्ठानों के बीच एक-दूसरे के रीति-रिवाजों का सम्मान करते हुए हमें यह पहचानना पड़ेगा कि वे हमारे भाई हैं और एक-दूसरे के प्रति आभार और सम्मान का खयाल रखना पड़ेगा।

जैन्तिया लोगों का उत्पत्ति-मिथक या ब्रह्मांड सम्बन्धी मिथक

श्री ई.एम.एच. पासह

परिभाषाएँ

उत्पत्ति का मिथक या ब्रह्मांड सम्बन्धी मिथक इस बात का सांकेतिक विवरण है कि दुनिया की शुरुआत कैसे हुई और लोग पहली बार इस पर रहने के लिए कैसे आए। मिथक शब्द का आम इस्तेमाल अक्सर मिथक या काल्पनिक कहानियों की ओर इशारा करता है। पारम्परिक रूप में उत्पत्ति के मिथक को आमतौर से रूपान्तरित, प्रतीकात्मक और कभी-कभी ऐतिहासिक और साहित्यिक रूप से परम सत्य पहुँचानेवाला माना जाता है। हालाँकि हमेशा नहीं लेकिन आमतौर उन्हें ब्रह्मांड का मिथक माना जाता है। इसका मतलब यह कि वे अव्यवस्था या आकारहीनता की हालत से विश्व-व्यवस्था के क्रम का वर्णन करते हैं।

उत्पत्ति के मिथ अक्सर बहुत-सी विशेषताओं का आदान-प्रदान करते हैं। उन्हें अक्सर पवित्र विवरण माना जाता है और ये लगभग सभी ज्ञात धार्मिक परम्पराओं में मिल सकते हैं। वे प्लॉट और पात्रोंवाली कहानियाँ होती हैं जिसमें या तो देवी-देवताओं, मानवों या पशुओं जैसी आकृतियाँ होती हैं। यह अक्सर बातचीत करती हैं और आसानी से रूप बदल लेती हैं। उन्हें अक्सर अस्पष्ट और अनिश्चित विगत से जोड़ दिया जाता है जिसे धर्म के इतिहासकार मिरासिया एलिअड ने (उस वक्त) कुछ समय के लिए अशुभ कहा था। उत्पत्ति के मिथक उनका अनुकरण करनेवाले समाज के गम्भीर और अर्थपूर्ण सवालों को सम्बोधित करते हैं। सार्वभौमिक सन्दर्भ में उनकी केन्द्रीय विश्व-दृष्टि और संस्कृति और व्यक्तिगत आत्म-पहचान के लिए संरचना की रूपरेखा के बारे में बताते हैं। उत्पत्ति के मिथक मौखिक परम्पराओं में विकसित होते हैं इसलिए प्रतीकात्मक रूप से उनके कई विवरण होते हैं। वे पूरी मानव-संस्कृति में पाए जानेवाले मिथकों का सबसे सामान्य रूप होते हैं।

ईश्वर : 'देवी-देवताओं' और 'आत्माओं' की उत्पत्ति

जैन्तिया ईश्वर से डरनेवाले लोग होते हैं और धार्मिक विश्वास की एकेश्वरवादी प्रणाली को मानते हैं। यह विश्वास ईश्वर खुद को हाइनिवत्रेप लोगों या जैन्तिया समुदाय के पूर्वजों के रूप में प्रकट करने पर आधारित है। उनका विश्वास है कि यू त्रे किरोत जीवित अनन्त अस्तित्व है जो सभी जानदारों का स्रोत है और उसकी ज़िन्दगी का वजूद अनन्त अतीत से है। वह खुद से वजूद में आया और ब्रह्मांड में हर चीज़ का रचयिता सभी घटनाओं की आरम्भकर्ता है। वह रचयिता और महाशक्ति है। धरती पर सभी शक्तियाँ उसी से हासिल की गई हैं। अपनी शक्तियों से परम ईश्वर यू त्रे किरोत ने पहले देवी-देवताओं को बनाया जिसे लोग 'की वाखरू वातरी' या महान और 'की खोन वाखरू वातरी' या महान के सगे भाई-बहन के नाम से जानते हैं और सम्मान करते हैं। परम शक्ति की इच्छा के अनुरूप इन देवी-देवताओं को उनके सुपुर्द किये काम को अंजाम देने के लिए अलग-अलग शक्ति प्रदान की गई है। उनके पास असीम शक्ति नहीं है और अस्तित्व सर्वशक्तिमान से प्राप्त है की वाखरू वातरी या महान प्रमुख देवी-देवता हैं और मौलिक क्रम का भाग माने जाते हैं और स्वयं ईश्वर की पराधीनता में हैं। मान्यता है कि उनके पास ईश्वर द्वारा दी गई महान शक्ति है और की सू कूना कुंजून के रूप में भी जाना जाता है। प्नार्स मत में चार प्रमुख देवी-देवता हैं जिनका सम्मान लोगों द्वारा किया जाता है, जैसे—1. का सईम वाबूह, 2. यू सईम पईरथट, 3. का सईम रीमा और 4. का सईम स्नेगी।

1. **का सईम वाबूह :** सृजन और उर्वरता आदि से सम्बन्धित देवी। वह सृजन की रानी और जनक है और ईश्वर के फरमानों की अध्यापिका (का सईम सिंचार) और कमानदार (का नोंग हुकुम) भी है।
2. **यू सईम पईरथाट :** चमक, गरज और तूफान आदि से सम्बन्धित देवता। वह गरज का राजा है जिसका सन्दर्भ 'आग के राजा' (यू सईम दिन यू सईम थेह) के रूप में दिया जाता है।
3. **यू सईम रिमॉ :** धरती, पानी, बारिश आदि से सम्बन्धित देवी है और अक्सर 'धरती माँ' (का बाई रिमॉ) कहकर पुकारी जाती है। उसे जल की रानी (का सईम उम का सईम वाह) और मिट्टी की रानी (का सईम खिंदॉ का सईम चायप) के रूप में भी जाना जाता है।
4. **का सईम स्नेगी :** सूर्य, चन्द्रमा और नक्षत्रों से जुड़ी हुई देवी और सौर्य रानी कहकर भी सन्दर्भित किया जाता है। वह रानी जो गर्मी देती है और चमकती है (का सईम वचित का सईम वाचे)।

छोटे देवी-देवता जो की खोन वाखरू वातरी या महान के सगे भाई-बहन की वाखरू वातरी के मातहत हैं वे निम्न हैं :

1. यू ठाकुर : का सईम वाबूह के अधीन,
2. यू खाद : का सईम रिमॉ के अधीन,
3. यू बिस्कूरोम : यू पा पईरथाट के अधीन,
4. का नगी कईलुंग : यू नाइ कइलुंगः का सईम स्नेगी के मातहत।

इन छोटे देवी-देवताओं की सहायता ईश्वर के सेवक या की चकरी ब्लाई के रूप में बहुत-सी दूसरी छोटी आत्माओं द्वारा की जाती है। उनके नाम हैं : यू लकावंग, का लंगलिअंगा, यू निअंगपायरचित, यू निअंगसिआर, का सईम बोक, का कपोंग का पाइरतुह, का लदरोपती, का पाकोपती, का ब्लाई मइनसू, का कामर यू सतर, का रोनचिन्दी।

इसके अलावा पुरी ब्लाई या आत्माओं का भी अस्तित्व है। उनको सूरकाएप में ईश्वर और धरती पर मानवता की सेवा करने के लिए अलग-अलग ज़िम्मेदारियाँ आवंटित की गई हैं। वे धरती के अदृश्य क्षेत्र में ऊपर मौजूद हैं और नीचे मानवता के भौतिक संसार में भी उतरकर आती हैं। उन्हें की ब्लाई चनोंग ब्लाई थॉ या देवताओं के अभिभावक के रूप में और घरेलू देवताओं या की ब्लाई लुंग—ब्लाई सेम के रूप में जाना जाता है।

रचयिता द्वारा ब्रह्मांड की धर्म शासित सत्ता में पदाधिकारी के रूप में इन देवी-देवताओं के पदक्रम को ईश्वार द्वारा सौंपे गए कर्तव्यों से समझा जा सकता है।

"ब्रह्मांड" की रचना में ईश्वर

की वखरू वातरी (महान लोग) के लिए सर्वशक्तिशाली की इच्छा एक आदेश है कि वे ब्रह्मांड को त्रिस्तरीय ढाँचे की शकल दें। इसमें उसके आकाशीय निवास का अदृश्य क्षेत्र (का सूरकेप) और ऊपर स्वर्ग (ई बनीन) के अलावा नीचे सदृश्य भौतिक संसार (ई पयर्थाई) शामिल हैं। उसने की खोन वाखरू वातरी (महान के सगे भाई-बहन), क्रमशः दिन और रात में धरती को प्रकाश देनेवाले का स्नेगी (सूर्य) और यू ब्नाई (चन्द्रमा) को बनाया।

सर्वशक्तिशाली और प्रमुख देवी-देवता, अन्य देवी-देवता, पूर्वज और असंख्य अनाम अच्छी आत्माएँ की पुरी ब्लाई या की पुरी ब्लाई सूरकेप (आकाशीय निवास) में रहते हैं। जबकि यू खतीनरू त्रेप—यू खतीनरू सकूम (सोलह झोपड़ियाँ) स्वर्ग में रहती थीं। उस समय तक भौतिक संसार में अभी निवास शुरू नहीं हआ था।

उसकी इच्छा की पूर्ति के लिए यू निआवत्रेप—यू निआवसकूम ने (ऊपर की कुल सोलह झोंपड़ियों से) सात झोंपड़ियों की निशानदेही किया कि उन्हें नीचे आना चाहिए और धरती पर रहना चाहिए। उसने ऊपर स्वर्ग को नीचे पृथ्वी को जोड़ने के लिए ईयंगकीन कसिअर—लींगकीन रूपा (सुनहरे आकाशीय पुल) का तंगनूब का तंगिरी की रचना की।

यू निआवत्रेप—यू निआवसकूम (सात झोंपड़ियों) को धरती पर अपने निवास को तैयार करने की अपनी इच्छा पहुँचाने के लिए यू वोह लकरिअह का सन्देशवाहक के रूप में चयन किया जहाँ वह उनको पर्याप्त मात्रा में अशीर्वाद या वरदान देगा।

यू निआववास और धरती पर उसके कष्ट

जैसा कि यू वोह लकरिअह द्वारा बताया कि नियत दिवस को एक सांकेतिक इन्द्रधनुष यू सीन—थाइल्लीज यू निआवत्रेप—यू निआवसकूम सामने प्रकट हुई और उन्हें नीचे का तंगनूब—का तंगिरी पर धरती की ओर आने का संकेत दिया। भौतिक संसार (ई पयरथाई) पर पहुँचने के बाद पाया गया कि यह की मूसिअंग की मूथा या पिघली हुई चट्टान से बनी है। सब कुछ खालीपन से परिपूर्ण है जिसके आसपास एक दम स्थिरता और खामोशी थी। इस पर पानी, हवा और आग के अलावा कुछ नहीं था।

यू निआवत्रे—यू निआवसकूम हैरान और चकित था। यू त्रेप—किरोत ने धरती पर उसे वरदान देने का वादा किया था। लेकिन इसके विपरीत उसने पाया कि यह रहने योग्य नहीं थी। चट्टानों से निकलनेवाली गर्मी के कारण वह इस पर चल नहीं सकता था। वह गर्मी से स्वयं को बचाने के लिए का तंगनूब की शाखाओं के प्रयोग अलावा झोंपड़ी तक नहीं बना सकता था। अगर वह इसे सुबह में बनाता तो शाम में तेज हवा के झोंकों से उड़कर नीचे गिर जाती और अगर शाम को झोंपड़ी बनाता तो सुबह तक ऐसा ही होता।

उसे यह बहुत कठिन लगा क्योंकि व्यावहारिक रूप से धरती पर ऐसा कुछ नहीं था जो सम्भवत: उसके जीवन को बचा पाता। हर रोज़ काम करने और ऊपर स्वर्ग में काम करके अपनी आजीविका हासिल करने के लिए उसे ऊपर और नीचे तंगनूब—का तंगिरी से सम्पर्क करना पड़ता था।

यू त्रे किरोत और कष्टों को सम्बोधित करने में उसकी (ईश्वर की) आज्ञा

यू त्रे किरोत द्वारा उसकी तकलीफों को सुना गया। उसने वाखरू वातरी को धरती को यू निआवत्रेप—यू निआवसकूम के लिए रहने योग्य बनाने के लिए आवश्यक कार्यवाही करने का आदेश दिया।

नतीजे के तौर पर, यू सईम पयरथाट (गर्जना के राजा) ने खुद को प्रदान की गई विशुद्ध शक्ति से कठोर चट्टान की धुनाई शुरू किया। उन्हें मोड़ों और दरारों (की सारंग—की साजिन) से तोड़कर अलग कर दिया जिससे दर्रे (की थ्लू की सयार), धरती का ऊपरी और नीचला भाग (की चलेप—की तपर) बने।

का सईम रिमॉ (धरती माँ) ने तब अपने तौर पर धरती का ऊपरी और निचले भाग (की चलेप—तपर) को मिट्टी से लपेटते हुए, पहाड़ और घाटियाँ बनाकर

आधार को मिट्टी (खइन्दॉ लाथा—खइन्दॉ इआमन) से ढँक दिया। मोड़ों और दरों से तेज़ी से निकलता पानी ज़मीन के ऊपरी भाग से होता हुआ नीचले भाग में जमा हो गया। इससे नदियाँ, समुद्र और सागर बने। उसके बाद उसने मिट्टी को विविध प्रकार की घास जैसे यू लंगचरह यू लंगचरूइन, यू लंगसेर यू लंगसकाई से बाँध दिया। खुले जंगल (की खुलू की कजाम) और घने जंगल (की पनगम की पाजिह) बन गए। इस प्रकार धरती धीरे धीरे हरे स्वर्ग में बदल गई।

का सईम वबूह (जनक) ने उसके बाद जानवरों (की लेफॉ मराद—की लेफॉ मारेंग), चिड़ियों (की लेफॉ सिम—की लेफा दोह), कीड़ों (की लेफॉ वाहेर—की लेफा वापर) और मछलियों (की लेफॉ दोहूम—की लेफॉ दोहवह) की विभिन्न प्रजातियाँ बनाईं। इन सभी ने कई निवासों ज़मीन, जंगल और पानी में रहना शुरू कर दिया। धरती जो अब तक बिलकुल खामोश थी उसमें जानवरों के भौंकने, चीखने-चिल्लाने, मिमियाने, काँव-काँव करने, गुर्राने, फुसकारने, गरजने, फुत्कारने, चिल्लाने, चीखने, चिंघाड़ने, थरथराने और चिड़ियों के कड़कड़ाने, चहचहाने, कूकने, कुकरू कूँ करने, काँव-काँव करने, च्-च् करने, घुरघुराने, चहचहाने, चीखने और गाने और कीड़ों के भनभनाने और कराहने की आवाज़ों से जान पड़ गई।

वह धरती पर और उसके आसपास की जगहों पर मनुष्य के रक्षक के रूप में रहने के लिए अच्छी आत्माओं को भेजता है। जैसे प्रकृति की आत्मा और घरेलू आत्मा जिन्हें लोग क्रमश: की ब्लाई चोंग ब्लाई थॉ और की ब्लाई लंग ब्लाई सेम के रूप में जानते हैं।

यू त्रे किरोत और यू निआववासा को उसका वरदान

एक दिन सर्वशक्तिशाली ने यू निआवत्रेप—यू निआवसकूम को धरती पर वरदान दिया। उसने अपने दिशानिर्देश (की हुकूम) और परित्याग (की अदोंग) उनके सुपुर्द किये।

उसके दिशानिर्देश, उसके आदेश, आदेश-पत्र, नियम और फरमान हैं जिसे यू निआवत्रेप—यू निआवसकूम को धरती पर अपने निवास के दौरान कार्यान्वित करना है। इसमें उसका धर्म या का निआम शामिल है। मनुष्य के लिए धर्म ईश्वर के कानून (का निआम हा ब्रू ना की ऐन यू ब्लाई) हैं और लोगों द्वारा मनुष्य और ईश्वर के जानने का धर्म (का निआम तिपब्रू तिपब्लाई) के रूप में जाना जाता है।

उसके बहिष्कारों में कुछ निश्चित प्रतिबन्ध और अस्वीकृति, आदेश, मनाही, परित्याग और निषेध शामिल हैं। यह सब मिलकर यू निआवत्रेप—यू निआवसकूम के लिए धरती पर पालन किये जानेवाली 'जीवन-पद्धति' या संस्कृति और रस्मों (का दस्तूर) का निर्माण करते हैं। लोगों को यह का दुसतूर तिपकूर तिपखा (खुद के माता-पिता सम्बन्धी वंश को जानने की रस्म) के तौर पर भी मालूम है।

‘का लूतंग ब्लाई’ या ‘ईश्वर का प्रण’

जब धीरे-धीरे शाम होने लगी तो ईश्वर ने चिल्लाकर कहा : अब इनसानी आँखें मुझे इससे ज्यादा नहीं देख पाएँगी। मैं अब और ज्यादा तुम्हारे साथ आमने-सामने नहीं आऊँगा। लेकिन मैं तुम्हें भूलूँगा नहीं और न असहाय छोड़ूँगा। इसके बाद मैं तुमसे बातें करूँगा संकेतों में...अपनी दिव्य शराब की बूँदों में...दिव्य रक्त के रंगों में, अपने प्रेम के बीज (अंडाणु) के एकत्रीकरण में, और वास्तव में तुम्हारे ऊपर मेरे आधिपत्य के माध्यम से बौद्धिकता के निकले शब्दों में।

साल में मैं तुम्हारे पास एक बार आऊँगा और चार दिन तीन रात तुम्हारे साथ रहूँगा। अपने दर्शन पर मेरी तुमसे कुछ इच्छाएँ हैं, तुम मुझे क्या दोगे? मेरे आने पर मैं चाहता हूँ कि तुम नृत्य करो।

सुनो! तुम्हें उस समय नृत्य करना चाहिए जब तुम्हारा दिल साफ हो और देखो! तुम्हें नशे में नहीं नाचना चाहिए। इस मामले में, शान्ति से नाचो, कहीं भी नाचो, किसी भी स्थान पर जहाँ तुम अपना पैर रख सकते हो—कीचड़ और दलदल पर, पत्थरों और लकड़ियों पर, गन्दगी और कूड़ा पर और तुम्हें आशीर्वाद देने के लिए मैं वहाँ मौजूद रहूँगा!

‖ At the end He ordered the—Ïyngkieñ ksiar-Ïyngkieñ Rupa‖ or—The Golden Celestial Bridge‖ to be cut down severing the relationship of the Hynñiewtrep or The Seven Huts‖ below with the Khyndaitrep or—The Nine huts‖ above.

What remains is the ‘Ka Ïutang-Blai—or—The Covenant of God— laying a solid foundation for His own Wish and Will for the people to know and follow in their earthly sojourn.

This is also a foundation for—The way‖ and—The Truth‖ of His revelation to proceeds in the generation to come through the tenure of U Syiem Chyllong, U Syiem Synriang and by way of the prophesy of U Dongsaniriang.

This is the foundational base of the religious beliefs and practices practised by the Jaintias in continuation of their relationship with their Supreme God—U Tre Kirot‖ as per the Covenant of God ‘before His wish for the felling down of Ka Tangnoob-Ka Tangjri ‘or The Celestial Bridge’.

अन्त में उसने इयंगकीन कसिअर—इयंगकीन रूपा या सुनहरे आकाशीय पुल को आदेशित किया कि हीनिवत्रेप या नीचे सात झोपड़ियों और ऊपर खीनदइत्रेप या नौ झोपड़ियों से कटकर दोनों के सम्पर्क को खत्म कर दे।

जो कुछ बचा रह गया वह है 'का लूतंग—ब्लाई या ईश्वर का प्रण! अपनी इच्छाओं के लिए ठोस बुनियाद जिसकी लोग जानकारी हासिल करें और धरती पर अपने निवास के दौरान उसका पालन करें।

यह उसके पन्थ और सत्य के प्रकटीकरण की भी बुनियाद है जो यू सईम चिल्लोंग, यू सईम सिंरिआंग की निवास अवधि और यू डाँगसनीरिआंग के भविष्य सूचक शब्दों के माध्यम से आनेवाली पीढ़ियों तक पहुँचता रहेगा।

परम ईश्वर यू त्रे किरोत से अपने सम्बन्धों की निरन्तरता में जैन्तिया लोगों द्वारा जिन धार्मिक विश्वासों और प्रथाओं पर अमल किया जाता है यही उसका मूलभूत आधार है। ऐसा ईश्वर के प्रण के अनुसार है जो उसने तांगनूब—का तंगिरी या दिव्य पुल के गिराने की अपनी इच्छा से पहले किया था।

निष्कर्ष

सभी संस्कृतियों में उत्पत्ति की कहानियाँ होती हैं। अक्सर उन्हें मिथक अर्थात वास्तविक और काल्पनिक कहानियों का संग्रह के रूप में देखा जाता है जिसकी शब्दश: व्याख्या की ज़रूरत नहीं होती। इसके बावजूद उनमें जीवन के बारे सार्वभौमिक निहित अर्थ होते हैं। जिस पथ हम हैं उसे समझने के लिए अपनी मौलिकता की कहानियों का त्याग करना महत्त्वपूर्ण है। सभी संस्कृतियों की बुनियाद में कोई-न-कोई उत्पत्ति मिथक है जो बताता है कि धरती की अद्‌भुत वस्तुएँ कैसे पैदा हुईं। वे संसार और उनके निवास व आसपास की जगहों के ताल्लुक से दुनिया के बारे में लोगों पर उनकी सोच के मुताबिक प्रभाव डालते हैं। ब्रह्मांड सम्बन्धी मिथक में दुनिया के आरम्भिक क्रमीकरण किसी विशेष समूह या लोगों के समुदाय की संस्कृति की संरचना के रूप में काम करता है। जैन्तिया लोगों के लिए भी यही सारी बातें सत्य हैं। उत्पत्ति के मिथक या ब्रह्मांड सम्बन्धी मिथक देवकथाओं और लोगों के धर्म के लिए आधार हैं। वे मात्र लोक-कथाएँ या दन्तकथाएँ नहीं हैं क्योंकि उनका मज़बूत धार्मिक गठजोड़ है। सभी रस्में और कर्मकांड देवकथा अर्थात ईश्वर, देवी-देवताओं और आत्माओं से जुड़ी हुई हैं। माना जाता है कि यह सब ईश्वर की इच्छाओं की पूर्ति के लिए है। जैन्तिया पारम्परिक विश्वास में देवी-देवताओं के कर्मकांड उसकी इच्छा के अनुरूप किये जाते हैं। प्रार्थनाएँ उसी के लिए की जाती हैं ताकि सहयोग और सुरक्षा के लिए उसका आशीर्वाद प्राप्त किया जाए।

जनजातीय धर्म-दर्शन

प्रो. डॉ. माहेश्वरी गावित

आदिम का अर्थ है लोगों की जीवन-शैली का एक प्राचीन तरीका। आदिवासी प्रकृति की गोद में रहते हैं। आदिवासियों ने अपनी भौगोलिक स्थिति के कारण शहरी समाजों की तुलना में अपनी अलग संस्कृति बनाई है। आदिवासियों और प्रकृति के बीच एक जुड़ाव है।

आदिवासी धर्म प्रकृति-पूजक है। उनका मानना है कि पृथ्वी के हर तत्त्व में आत्मा है और इसलिए वे इस आत्मा की पूजा करते हैं। स्वदेशी धर्म में उपासनाएँ अस्तित्व में आईं जैसे प्रकृति-पूजा, पितृ-पूजा, देवी-देवताओं की पूजा, व्यक्ति और समाज की रक्षा करनेवाली देवी-देवताओं की पूजा, समृद्धि देनेवाले भगवान की पूजा आदि के बारे में मिथक भी बनाए गए थे। विशेष पूजा और अनुष्ठान भी प्रचलन में आए। पशु-पक्षी और पेड़ न केवल मानव-जीवन से जुड़े हैं बल्कि पृथ्वी के भौतिक तत्त्व भी हैं। इन मान्यताओं की पूजाएँ भी अस्तित्व में आईं। आदिवासी समाज में सूर्य, चन्द्रमा, तारे, नदियों, पहाड़ों और भूमि की पूजा शुरू हुई.

जीवात्मा, कुलदेवता, प्रकृति-पूजा और पूर्वजों की पूजा, ये सब आदिवासी धर्म के लक्षण हैं। आदिवासी धर्म में पुजारी (भगत) और जादू टोना की भूमिका भी महत्त्वपूर्ण है। एनिमेटिज्म यानी हर भौतिकवादी चीज़ में आत्मा होती है, आदिवासियों में यह मान्यता है कि पृथ्वी के हर तत्त्व में आत्मा है। आदिवासी पेड़ों, पहाड़ों, नदियों, जानवरों और पक्षियों की पूजा करते हैं। आदिवासियों में कुलदेवता की परम्परा है, यह परम्परा अवैदिक है। आदिवासियों में पेड़, लताएँ, शाखाएँ, फूल, सरीसृप, और पक्षी कुलदेवता हैं। कुलदेवता-जोड़े के विवाह की व्यवस्था करना जनजातियों में महत्त्वपूर्ण माना जाता है। वे हर जीव में आत्मा के अस्तित्व को मानते हैं। मनुष्य की मृत्यु के बाद मृतकों का शरीर पृथ्वी के पाँच तत्त्वों में विलीन हो जाता है। शरीर के घटक तत्त्व ऊर्जा के स्रोत हैं, वे हमेशा के लिए रहते हैं और कभी नहीं मरते हैं। ऊर्जा का यह स्रोत प्रकृति के तत्त्वों में मिले होते हैं। इसे आदिवासियों द्वारा हर जगह मौजूद 'आत्मा' माना जाता है। आदिवासी मान्यता के

अनुसार मृत व्यक्ति स्वर्ग या नर्क में नहीं जाता बल्कि वह अपने पूर्वजों की छाया के रूप में अपने घर वापस आता है, इसलिए, वे 'घर वापसी' की रस्म निभाते हैं। उनका मानना है कि पुनर्जन्म मनुष्यों का होता है अन्य जीवों का नहीं। यह पुनर्जन्म उनकी स्मृति के रूप में हो सकता है। मृत पूर्वज की स्मृति को स्थायी रूप से बनाए रखने के लिए नवजात शिशुओं को पूर्वज के नाम दिये जाते हैं।

प्रकृति से जुड़ाव आदिवासी धर्म की एक महत्त्वपूर्ण विशेषता है, उन्हें एक-दूसरे से अलग करना असम्भव होगा। आदिवासियों का धर्म उनकी दैनिक गतिविधियों जैसे परिवार, सामाजिक और आर्थिक गतिविधियों से जुड़ा हुआ है। धार्मिक कर्मकांडों का सम्बन्ध रोगों से बचाव, गाँव की रक्षा, वंश की वृद्धि, खेतों में अनाज उगाने में बढ़ोत्तरी, शत्रु को हराने तथा युद्धों में विजय प्राप्त करने जैसी क्रियाओं से है।

समाज में नैतिक अनुशासन और एकता को बनाने में धर्म महत्त्वपूर्ण भूमिका निभाता है, इससे सभी नैतिकता का पालन करते हैं और इस सबके बारे में शिक्षित होते हैं।

आदिवासियों के सामाजिक नियंत्रण और सामाजिक संगठन का मुख्य आधार धर्म है। जनजातियों के बीच धार्मिक अखंडता के कारण सामुदायिक परिषद समुदाय के सदस्यों को न्याय प्रदान करती है। धर्म सभी को भावनात्मक और मनोवैज्ञानिक सहारा देता है और सभी को सुरक्षा भी प्रदान करता है। धर्म व्यक्तित्व के विकास की प्रेरणा देता है। धार्मिक विचारों को मौखिक परम्परा द्वारा जनजातियों की अगली पीढ़ियों को हस्तान्तरित किया जाता है। संगीत, नृत्य और नाटक आदिवासी समाज में धार्मिक अनुष्ठानों से सम्बन्धित हैं इसलिए यह सभी को सामाजिक गतिविधियों में शामिल करने में मदद करता है। वित्तीय लेनदेन सभी के लिए आसान और सुलभ हो जाता है। धर्म अनुशासन बनाए रखने में महत्त्वपूर्ण भूमिका निभाता है और समाज में सामाजिक परिवर्तन लाने में भी मदद करता है।

हमें आदिवासियों को विश्व मानवता के प्रारम्भिक मानव-समूहों के रूप में देखना होगा। प्रकृति की संगति में रहने के लिए उनके मनोवैज्ञानिक व्यवहार से इसे स्वीकार किया जा सकता है और देखा जा सकता है। यदि हम आदिवासी देवताओं के महत्त्व को स्वीकार करते हैं तो यह आदिवासी समुदाय तक ही सीमित नहीं रहता है बल्कि इसे सम्पूर्ण मानवता के हजार साल के सांस्कृतिक विकास की मूल स्थिति से जोड़ा जा सकता है।

पृथ्वी, अग्नि, जल, वायु और आकाश इन पाँच तत्त्वों को आदिवासियों द्वारा देवताओं के रूप में पूजा जाता है। ऐसा माना जाता है कि पृथ्वी के ये पाँच तत्त्व हमें जीवित रखते हैं और इससे हमें मृत्यु का भय सताता है। इसलिए, इसे जन्म, जीवन और मृत्यु का कारण माना जाता है। इन पाँच तत्त्वों को माता-पिता के बराबर माना जाता है और उन्हें सर्वशक्तिमान माना जाता है। उन्होंने पृथ्वी के पाँच

तत्त्वों के सामने आत्मसमर्पण कर दिया। उन्होंने हर जगह आकाश के अस्तित्व को महसूस किया और उसी तरह उन्होंने पाँच तत्त्वों के साथ मानव-शरीर के सम्बन्ध का भी अनुभव किया। उन्होंने यह भी महसूस किया कि इस कक्षा से परे कुछ है जो इससे भी अधिक सर्वशक्तिमान है। उन्होंने उन सभी चीज़ों को देवत्व का दर्जा देना शुरू कर दिया जो सर्वशक्तिमानता दिखाते हैं और जो उन्हें धूप और हवा से पहाड़ों और घाटियों की तरह बचाते हैं। मानव मृत्यु के बारे में वास्तविकता का अनुभव करते हुए, पृथ्वी के पाँच तत्त्व उसके लिए महत्त्वपूर्ण हो गए। पृथ्वी के पाँच तत्त्वों में मानव-जीवन का जन्म और क्षय, उनके द्वारा देखा गया है और उन्हें मनोवैज्ञानिक स्तर पर अपने मृत पूर्वजों का भी अनुभव होने लगा। उन्होंने मानव जीवन की मृत्यु को भी महसूस किया और अनुभव किया जैसा कि यह पृथ्वी के पाँच तत्त्वों में है और वे इस निष्कर्ष पर पहुँचे कि पाँच तत्त्व निरन्तर परिवर्तन और स्थिर हैं, इसी तरह मानव-जीवन काम करता है। पृथ्वी के पाँच तत्त्व स्वाभाविक रूप से सभी जीवित चीज़ों की भलाई के लिए हैं, इस अर्थ में हमारे समुदाय का मृत व्यक्ति केवल मानवता के बारे में सोचता होगा, यह विश्वास मजबूत हुआ और इसका अस्तित्व पृथ्वी के पाँच तत्त्वों द्वारा मनोविज्ञान के स्तर पर मानव शरीर में अनुभव किया गया।

आदिवासी समुदायों में प्रतीकात्मक देवताओं को महत्त्वपूर्ण माना जाता है। डोंगरदेव को हर आदिवासी समुदाय में एक महत्त्वपूर्ण देवता माना जाता है। हालाँकि विभिन्न भौगोलिक स्थानों के कारण 'डोंगरदेव' के बारे में कहानियों और गीतों में भिन्नता है। लेकिन उनके बारे में विश्वास हर जगह एक जैसा है। इन प्राकृतिक प्रतीकात्मक देवताओं का कोई विशेष रूप या डिज़ाइन नहीं होता है। मूल अवधारणा आदिम पुरुषों के देवताओं की है। 'डोंगरदेव' के बारे में मान्यता है कि सूर्य और और चन्द्र उन्हीं की कृपा से उगते हैं, हवा उन्हीं के यहाँ रुकती है, 'डोंगरदेव' के भोजन की वजह से पृथ्वी है, उन्होंने आकाश को छुआ है, वे जलधाराओं के उद्गम हैं। आदिम लोगों ने इन्हें सर्वशक्तिमान ईश्वर के रूप में महसूस किया जो पृथ्वी के पाँच तत्त्वों के बारे में सब कुछ जानता है। भगवान के बारे में यह महत्त्वपूर्ण मान्यता आज तक जनजातियों के बीच दृढ़ता से देखी जा सकती है।

जनजाति के घर के पवित्र स्थान पर, गाँवों की सीमा पर और गाँवों के केन्द्र में भगवान की छवियों को पत्थरों के रूप में देखा जा सकता है। आदिवासी जीवन में खड़े पत्थरों या चपटे पत्थरों का कोई विशेष रूप नहीं होता। अपने चारों ओर विभिन्न दिव्य शक्तियों को पत्थरों के रूप में देखने की दिव्य-दृष्टि स्थिर जीवन का प्रतीक है। विभिन्न देवताओं जैसे सूर्य, चन्द्रमा, तारे, मातृशक्ति, पितृशक्ति और पूर्वजों को एक स्थान पर प्रतीकों के रूप में रखा जाता है और आदिवासियों द्वारा धार्मिक विश्वास व्यक्त किया जाता है।

अनेक अवसर पर वन देवताओं, परिवार के देवताओं, या मातृ या पितृ देवताओं के रूप में पेड़ की शाखाओं को ले जाया जाता है और पूजा जाता है। इन प्रतीकों के माध्यम से आदिवासियों की प्रकृति से जुड़ाव को व्यक्त होती है। महुआ का पेड़, आम का पेड़, अंजीर का पेड़, पीपल, बीड़ी का पेड़ और बेल का पेड़ ये कुछ उदाहरण दिये जा सकते हैं। हम औषधि के रूप में इन पौधों के बारे में सोचते हैं, तो इन प्रतीकों से आदिवासियों द्वारा आत्मा का अनुभव लिया जाता है।

स्तम्भों के रूप में देवताओं को भगवान शिव के तत्त्वों, वास्तुकला के तत्त्वों और पूर्वजों के तत्त्वों के रूप में अनुभव किया जाता है। दूसरी ओर देवताओं के इन स्तम्भों की भूमिका पारिवारिक जीवन, ग्रामीण जीवन और आदिवासी जीवन के लिए सहायक प्रतीत होती है।

आदिवासी जीवन में मूर्ति-पूजा होती है। जनजातीय घरों के पवित्र स्थानों में मातृ देवताओं, पैतृक देवताओं, पूर्वजों और पशु देवताओं या प्रतीकात्मक ताक (पैतृक छवियों के साथ विभिन्न धातुओं से प्लेट) की मूर्तियों को रखा जाता है। कुत्ते, घोड़े, बैल, बाघ, साँप और इगुआना की मूर्तियाँ या टाक भी देखे जाते हैं। कुछ देवताओं को मोर के पंख और विशेष पौधों का उपयोग करके बनाया जाता है। उदाहरण के लिए : वार्ली जनजाति में 'हिरवदेव' और कोलम जनजाति में 'भिवासन'।

शराब की पूजा आत्मा के रूप में की जाती है और इसे देवताओं को भी चढ़ाया जाता है। शराब का उपयोग पूर्वजों और देवताओं को प्रसन्न करने के लिए भी किया जाता है। मेहमानों के लिए इसका उपयोग किया जाना प्रतिष्ठित माना जाता है। जादू, टोना अनुष्ठान करते समय शराब की महत्त्वपूर्ण भूमिका होती है। शराब का उपयोग काले जादू में देवताओं को आकर्षित करने के लिए भी किया जाता है। आदिवासियों में आज तक यह मान्यता है कि शराब के बिना पूजा पूर्ण नहीं मानी जाती है और देवता भी प्रसन्न नहीं होते हैं।

"आदिमता का अर्थ है मनुष्य की प्राचीन प्रकृति-उन्मुख जीवन-शैली।" आदिवासी जीवन, आदिवासी समाज और आदिवासी साहित्य के प्रति अन्य लोगों का दृष्टिकोण मनोरंजक, सहानुभूतिपूर्ण और अजीब लगता है। इसलिए लोग यह मानने को तैयार नहीं हैं कि आदिवासी जीवन और आदिवासी साहित्य का विश्व-संस्कृति की उत्पत्ति से गहरा सम्बन्ध है। इसका एक कारण धर्म भी है क्योंकि आदिवासियों का अपना धर्म नहीं होता। अनेक आदिवासी विद्वान बताते रहे हैं कि आदिवासियों का जीवन प्रकृति-प्रधान होता है। देवताओं के रूप में, वे पृथ्वी के पाँच तत्त्वों, पेड़ों, जानवरों और पूर्वजों की पूजा करते हैं। इस तरह वे डोंगरीदेव के नाम पर पहाड़ की पूजा करते हैं, वाघदेव के नाम पर वे बाघ की पूजा करते हैं, गोवलदेव के नाम पर वे गाय की पूजा करते हैं, इंडोल के नाम पर वे कलाम के पेड़ की पूजा करते हैं। 'दियागोमेज' के नाम पर वे सूर्य की पूजा करते हैं,

‘रातोगोमेज’ के नाम पर वे चन्द्रमा की पूजा करते हैं, ‘कनासरी’ के नाम पर वे खेत के नये अनाज की पूजा करते हैं, ‘नागोबिज’ के नाम पर वे सर्प की पूजा करते हैं और ‘मावलय’ के नाम से वे नदियों और नालों की पूजा करते हैं। वर्षा के लिए वे ‘नारन्देव’ और ‘रानीकाजल’ की पूजा करते हैं, ‘धरित्री’ के नाम पर वे पृथ्वी की पूजा करते हैं और ‘खामदेव’, ‘वीर’, ‘उरस्कल’ और ‘मुंडा’ के नाम पर पूर्वजों की पूजा करते हैं।

वारली जनजाति धरती माता की पूजा के लिए विशेष रूप से चौकों का निर्माण करती है। वारली विवाह समारोहों में चौकों का आकार पृथ्वी माता के अतुलनीय प्रतीक हैं। उनमें धरती माता के प्रति अथाह आकर्षण और प्रेम होता है, चौकों की ये चार रेखाएँ उनके प्रेम और स्नेह को बढ़ाने में हमेशा मदद करती हैं और अटूट रिश्ता धरती माँ के प्रतीकात्मक रूप में आता है। सर्कल के भीतर मंडलियों का अर्थ अतुलनीय भगवान का मन्दिर है, जो बुरी ताकतों पर विजय प्राप्त करता है। ज़िगज़ैग रेखाएँ नदियों और नालों को दर्शाती हैं। नदी और धाराएँ जल भगवान से सम्बन्धित हैं। चित्र में वृत्त का अर्थ है सूर्य देव और उसके बगल में दूसरा चक्र चन्द्र देव है। वार्ली मान्यता के अनुसार सूर्य देव कुल देवता की छाया है और चन्द्रमा इनकी पत्नी है। इन संकेतों से भरपूर वार्ली पेंटिंग प्रकृति के साथ उनके मजबूत सम्बन्ध को दर्शाती है। वार्ली पेंटिंग का नवाचार वारली समुदाय में ‘गॉड्स स्क्वायर’ को चित्रित करने की प्रथा से उत्पन्न हो सकता है। वारली चित्रकला के विकास में वार्ली संस्कृति, परम्परा और आसपास के प्राकृतिक तत्त्वों ने महत्त्वपूर्ण भूमिका निभाई है। वार्ली पेंटिंग अपने चित्रों में कीड़े-मकोड़ों, जानवरों, मानव-छवियों और आसपास के प्राकृतिक तत्त्वों जैसे पेड़ों और लताओं के सुन्दर चित्रों को दर्शाती है। मनुष्य और प्रकृति का सम्बन्ध, वे मानव-जीवन की अपनी समझ के अनुसार अपनी पेंटिंग के माध्यम से चित्रित करते हैं। इस पेंटिंग की शुरुआत वारली महिलाओं ने की। वास्तव में प्राचीन काल में महिलाओं पर विभिन्न कार्यों की जिम्मेदारी होती थी। घर बनाने का काम महिलाएँ ही करती थीं। विवाह समारोहों में पुजारी और अन्य सभी महत्त्वपूर्ण कार्यों की भूमिका वारली और मल्हारकोली जनजातियों में महिलाओं द्वारा की जाती थी। यह काम ‘धवलेरी’ नाम की महिलाओं द्वारा किया जाता था। ये महिलाएँ उम्र में बड़ी और अनुभवी होती होंगी। ‘धवलेरी’ विवाह समारोह के अवसर पर गीत गाती हैं। विवाह की इस परम्परा ने वास्तव में महिलाओं की स्वतंत्रता का महिमामंडन किया। जनजातीय समुदाय में महिलाओं को समान दर्जा दिया जाता है, वास्तव में आदिवासी महिलाओं को पुरुषों से श्रेष्ठ मानते हैं। गारो, खासी और जयन्तिया में आज तक मातृसत्ता है। होली के त्योहार के अवसर पर भील समुदाय में ‘दिंडन’ नृत्य करने की परम्परा है, इस नृत्य को करते समय पुरुष महिलाओं के कपड़े और आभूषण पहनते हैं।

स्त्री और पृथ्वी के बीच रचनात्मकता की समानता को देखते हुए, पृथ्वी की पूजा विभिन्न रूपों में होती है। पृथ्वी की उपासना के रूप में 'दिंडन' नृत्य होता है। 'दिंडन' नृत्य का उद्देश्य है कि, यह पृथ्वी विभिन्न प्रकार के जीवों को जन्म देती है और जीवित रखती है। इस चमत्कार से चकित होकर उसकी महिमा करने के लिए, पुरुषों को कुछ नियमों का पालन करते हुए महिलाओं के प्रतीकात्मक रूप में नृत्य करना चाहिए। वार्ली जनजाति में 'धरतारी', 'कंसारी' और 'गवतारी' की पूजा एक ही कारण से की जाती है। इसके लिए जनजातियों की पौराणिक कथाओं को समझना चाहिए जो दुनिया की सभी संस्कृतियों का आधार है। अगर बाइबिल, कुरान, वेद और उपनिषद सभी को ध्यान में रखा जाए तो इन धर्मों में वही पूजा देखने को मिलती है। मुस्लिम धार्मिक लोग आसमान में चाँद देखकर ही तय करते हैं कि ईद मनानी है या नहीं। मिस्र में आज तक पिरामिड पूजा की जाती है, यह पूर्वजों की भी पूजा है। इन सबकी उत्पत्ति आदिवासी संस्कृति में देखी जा सकती है।

आदिवासियों के धार्मिक विचारों में प्रकृति-पूजा मुख्य रूप से देखी जाती है। वे पृथ्वी के प्रत्येक तत्त्व में आत्मा को मानकर उस आत्मा की पूजा करते हैं। आदिवासी लोकगीतों और लोककथाओं में सूर्य, चन्द्रमा, बादल, बिजली और बारिश का उल्लेख कई बार आता है। जनजातीय जीवन में किसी भी कार्य को शुरू करने से पहले देवी-देवताओं की पूजा का विशेष महत्त्व माना जाता है। आदिवासी संस्कृति में देवताओं की पूजा बुवाई से पहले, कटाई से पहले, अनाज को खेत से घर ले जाने से पहले और पेड़ काटने से पहले की जाती है। जनजातीय जीवन में मानवीय मूल्यों का हर जगह महत्त्व होता है। मानव-व्यवहार की यह अनुभूति जो प्रकृति और जीव के प्रति सहानुभूति रखती है। उन्होंने बचपन में ही यह सीख लिया होगा कि इस धरती पर मानव-जीवन जीते हुए जीवों के साथ उनका घनिष्ठ सम्बन्ध होना चाहिए। आदिवासी अपने नृत्य और नाटकों के माध्यम से मुखौटे पहनकर प्राकृतिक जानवरों के प्रति आभार व्यक्त करते हैं।

प्रकृति आदिवासी समुदायों की आस्था और विश्वास का केन्द्र है और उनकी शक्ति का भी केन्द्र है। आदिवासियों के सभी देवता प्रकृति में प्रतीकों के रूप में देखे जाते हैं। आदिवासियों का मानना है कि प्रकृति के हर तत्त्व में आत्मा है और वे इसकी पूजा करते हैं। आदिवासी प्रकृति की संगति में रहते हैं इसलिए उनकी धार्मिक गतिविधियाँ और दर्शन मनुष्य को सीधे प्रकृति से जोड़ते हैं। स्वतंत्रता, समानता, बन्धुत्व, न्याय, श्रम, सहयोग की भावना, सामूहिक जीवन और पशुओं के प्रति स्नेह, ये मानवीय मूल्य आदिवासी धर्म के मूल सिद्धान्त हैं। आदिवासियों के साथ-साथ पूरी मानवता को प्रकृति के करीब लाने का यह एक आसान तरीका है। स्वदेशी धर्म का भविष्य उज्ज्वल है। क्योंकि मनुष्य के सुख-दुख का इस धर्म से गहरा सम्बन्ध है। इस धर्म में चेतना है। इस धर्म में एक स्वाभाविक अनुभूति

और गत्यात्मकता भी है। इसमें ब्रह्मांड के प्रति करुणा है। यह धर्म मानवता को प्रकृति की चुनौतियों को स्वीकार करने की ऊर्जा देता है।

देवताओं और आदिवासी सामाजिक जीवन के बीच आज तक मजबूत सम्बन्ध है। क्योंकि आदिवासी जीवन ने अपने तत्त्वमीमांसा के अमूर्त दर्शन के सामने आत्मसमर्पण नहीं किया है। इसलिए, पर्यावरण से जुड़ी मान्यताएँ, प्रकृति उन्मुख जीवन-शैली और देवताओं को आदिवासी जीवन के साथ जोड़ा जाता है। इससे आदिवासियों पर लिखित शास्त्रों का प्रभाव देखने को मिलता है। आदिवासी देवी-देवताओं के मिथक और उससे जो धार्मिक मान्यताएँ निकली हैं, उन्हें तथाकथित आधुनिक संस्कृति के मूल स्रोत के रूप में देखा जाता है। आधुनिक स्थापित सांस्कृतिक समाजों ने उन चीज़ों को तुरन्त स्वीकार कर लिया है जिनका आविष्कार विज्ञान ने अपने जीवन को आरामदायक बनाने के लिए किया है। भौतिक जीवन की इस संस्कृति को आदिवासी समुदायों द्वारा धीरे-धीरे अपनाया जा रहा है। इसलिए हम इस तेजी से बदलती स्थिति में आदिवासियों के धार्मिक और सांस्कृतिक जीवन का अध्ययन कर सकते हैं और मानव-जीवन और संस्कृति के मूल स्रोतों को सीधे अनुभव किया जा सकता है।

हमें आदिवासियों को विश्व मानवता के प्रारम्भिक मानव-समूहों के रूप में देखना होगा। आदिवासी के अपने देवताओं के बारे में मिथक, मानव संस्कृति की उत्पत्ति हैं और आदिवासियों की धार्मिक मान्यताएँ मानवता की प्रमुख मान्यताएँ हैं।

आदिवासियों ने प्रकृति के सान्निध्य में रहकर मानवता, समानता, स्वतंत्रता, बन्धुत्व, न्याय, सहयोग की भावना और संवेदनशीलता जैसे गुणों को अपनाया है। प्रकृति उनका धर्म है। विश्व में कई आदिवासी समुदाय हैं, हालाँकि उनके पहनावे, रीति-रिवाज, भौगोलिक स्थान और भाषाएँ अलग-अलग हैं लेकिन उनका आन्तरिक सांस्कृतिक प्रवाह समान है। यदि आदिवासी सरना, आप और बिरसा जैसे विभिन्न धर्मों का पालन कर रहे हैं, तो आदिवासी समुदायों के बीच सांस्कृतिक अखंडता को ध्यान में रखते हुए, सभी आदिवासियों को एक छत के नीचे लाने के लिए स्वदेशी धर्म की आवश्यकता है। विज्ञान के इस युग में दुनिया पर्यावरण की समस्याओं की ओर ध्यान दे रही है। आदिवासियों का मानना है कि केवल वे ही पर्यावरण की रक्षा कर सकते हैं।

सन्दर्भ सूची

1. मुंडा, रामदयाल, आदिधरम, नई दिल्ली : राजकमल प्रकाशन, 2009
2. तुमराम, विनायक, आदिवासी और उनका धर्म, वर्धा : सुधीर प्रकाशन, 2016
3. गावित, माहेश्वरी, आदिवासी लोकपरम्परा, औरंगाबाद : चिन्मय प्रकाशन, 2015
4. गावित, माहेश्वरी, आदिवासी साहित्य विचार, अहमदनगर : याहमोगी प्रकाशन, 2018

जनजातीय धर्म का दर्शन

तरुण कुमार मुंडा

मूलनिवासी या जनजातीय दर्शन मूलनिवासी समुदायों का वह भाग है जो दुनिया की नज़रों से ओझल रहा है। मूलनिवासी समुदायों के पास वह सब कुछ है जिन चीज़ों या विशेषताओं या तत्त्वों से मिलकर दर्शन और मूलनिवासी धर्म बनता है। मूलनिवासी लोग ब्रह्मांड के आरम्भ से इन प्रथाओं पर अमल करते आए हैं और परम्पराओं को निभाया है। इस शोधपत्र में कुछ प्रमुख चीज़ों की व्याख्या करने की कोशिश की गई है। मूलनिवासी दर्शन और धर्म की सम्भावना पर चर्चा की गई है। इस बात पर भी विस्तार से चर्चा की गई है कि क्या मूलनिवासी धर्म को अपनाने की कोई ज़रूरत है। साथ-साथ मूलनिवासी धर्म की तुलना प्रमुख धर्म से की गई है।

प्रमुख शब्द : मूलनिवासी दर्शन, मूलनिवासी धर्म, मूलनिवासी समाज।

परिचय

दुनिया-भर में अपनी अनोखी संस्कृति, परम्पराओं, भाषाओं, आहारी स्वभाव, रस्मों, कर्मकांडों और इतिहासवाले कई मूलनिवासी समुदाय हैं। इस शोधपत्र में इन चीज़ों पर अलग परिप्रेक्ष्य में चर्चा की गई है। शब्द 'मूलनिवासी दर्शन या धर्म' के ढाँचे के निर्माण के लिए पूरे मूलनिवासी समुदाय और समाज पर चर्चा की गई है। चर्चा की शुरुआत में सबसे पहले जनजातीय धर्म के दर्शन पर बात की गई है। मूलनिवासी लोगों की आस्था और प्रथा के हिसाब से ईश्वर के अस्तित्व के विषय पर विस्तार से विमर्श हुआ है। मूलनिवासी समाज की बेहतरी के लिए इसमें देवता के नाम और उसकी सर्वोच्चता को जोड़ा गया। मूलनिवासी लोगों द्वारा की जानेवाली पूजा-पाठ, पूजा के तत्त्व, स्थान और उसके लिए ज़िम्मेदार व्यक्ति, ब्रह्मांड की उत्पत्ति पर व्यापक चर्चा की गई। जनजातीय धर्म के दर्शन, प्रमुख धर्म के कुछ हिस्सों और मूलनिवासी धर्म पर तुलनात्मक चर्चा की गई। जनजातीय धर्म और दर्शन की सम्भावना को मिसालों से स्पष्ट किया गया और अन्तिम चर्चा के बाद निष्कर्ष तक पहुँचा गया।

चर्चा

जनजातीय धर्म का दर्शन : यह स्पष्ट है कि ब्रह्मांड की उत्पत्ति के कारण और उद्देश्य पर विश्वास का नाम धर्म है। इसमें जीवन-शैली को बदल देने की क्षमता है और यह विचारों का अलग संसार और परिवेश बनाता है। ब्रह्मांड की उत्पत्ति के बारे में कुछ कल्पित कथाएँ जनज़ातीय समाजों में प्रचलित हैं। जनजातीय समाजों में ईश्वर के अस्तित्व को मान्यता प्राप्त है। जैसे, मुंडा और सन्ताल समाजों में सिंग बोंगा, मारंग बूरू, जाहेर, माँझी को ब्रह्मांड का रचयिता माना जाता है। वह पूरे ब्रह्मांड को नियंत्रित करने की सर्वोच्च शक्ति रखता है और हर तरह की अच्छाई व गुण-दोष उसके हाथ में है। जनजातियों को वह खतरे से बचाता है। जनजातीय लोग अपने पूर्वजों को धरती पर सुखी, सुरक्षित और प्रसन्न रखने के लिए उनकी पूजा करते हैं। जनजातीय लोगों का विश्वास है कि उनके पूर्वजों को पुकारने पर वे उनकी रक्षा कर सकते हैं।

जनजातीय लोगों को ईश्वर की पूजा के लिए किसी घर या मन्दिर की ज़रूरत नहीं होती। उन्हें किसी चिड़िया या छोटे जानवर के थोड़े से खून, कुछ जंगली फूल, पेड़ की कोमल शाखाएँ, पानी आदि की आवश्यकता होती है। कभी-कभी उन्हें एक मग घरेलू शराब उनकी ज़रूरत को पूरा कर देती है। मूलनिवासी धार्मिक उत्सवों या क्रिया-कलापों में यह तत्त्व बहुत आम हैं। धार्मिक क्रिया-कलापों के दौरान या बाद में मूलनिवासी समाजों की महिलाओं और बच्चों के लिए कुछ खास तरह के भोजन पर प्रतिबन्ध होता है। धर्म के दृष्टिकोण से कुछ करने को कहा जाता है और कुछ चीज़ें करने की मनाही होती है। जनजातीय समाजों के धार्मिक क्रिया-कलापों को धार्मिक भावना से अदा किया जाता है। उनको वेतनभोगी पूजा करानेवाले की ज़रूरत नहीं पड़ती है। किसी परिवार या वंश का सबसे वरिष्ठ सदस्य धार्मिक क्रिया-कलापों की जिम्मेदारी अपनी अगली पीढ़ी को हस्तानान्तरित करता है। मूलनिवासियों द्वारा पूजा किसी पवित्र स्थल पर की जाती है जैसे घर का कोई कोना या आँगन, या किसी बड़े पेड़ की नीचे या जंगल में या किसी नदी के किनारे पर।

जनजातीय समाजों में बुरी आत्मा के रूप में दुष्टता पर भी विश्वास किया जाता है जैसे भूत मूलनिवासी लोगों के जीवन में खतरा लेकर आता है। यह मूलनिवासी लोगों के लिए दुख और पीड़ा का कारण बनता है। फिर प्रभावित परिवार पीड़ा को दूर करने के लिए सिंग बोंगा को पुकारता है। जिस धर्म की उपासना मूलनिवासी लोग करते हैं उसमें दूसरों को आकर्षित करने या अपना अनुयायी बढ़ाने के लिए कभी प्रचार-प्रसार की ज़रूरत नहीं पड़ती है। यह काफी हद तक स्वाभाविक और आदिकालीन है। मूलनिवासी लोगों का मत है कि मानव-समाज में सिंग बोंगा या मारंग बूरू जानवर या उनके आसपास की किसी दूसरी चीज़ के रूप में रहते हैं।

रात में अगर कोई अनजान कीड़ा या जानवर उनके घर आ जाता है तो वे उसे दूत समझते हैं। वे मानते हैं कि उसका मकसद किसी उद्देश्य की पूर्ति करना या किसी सन्देश का प्रसार करना है या उनके पूर्वजों द्वारा नियुक्त किया गया है या आनेवाला कोई देवता भी हो सकता है। अगर घर में या आसपास किसी पालतू जानवर या चिड़िया में असामान्य सक्रियता दिखाई देती है मुंडा लोगों और अन्य मूलनिवासी समाजों के लिए वह सर्वोच्च देवता सूर्य है। सिंग बोंगा की तरह मुंडारी का मतलब सूर्य होता है। सिंग बोंगा के अनुसार 'सिंह' की उपाधि का इस्तेमाल पारिवारिक नाम के तौर पर भगवान सिंग बोंगा को सम्बोधित करने के लिए किया जाता है।

पृथ्वी उत्पत्ति, विकास और अन्तिम स्थिति का विवरण धर्म से प्राप्त होता है। संसार की उत्पत्ति और उसके बाद की प्रगति के बारे में भी मूलनिवासी समाज की कुछ कल्पित कथाएँ हैं। मुंडा समाज में ब्रह्मांड विज्ञान की एक कल्पित कथा बहुत आम है। परम ईश्वर ने पानी पर गम्भीरता से विचार किया और पहली जानदार चीज़ों में कछुआ, केकड़ा और जोंक पैदा हुए। इसी तरह से यह कहानी चलती रहती है और अन्त में एक चिड़िया आई जिसने एक अंडा दिया और उस अंडे से एक लड़का और लड़की निकले। इस मिथक के अनुसार सिंग बोंगा ब्रह्मांड में मानव-जाति का जनक है। सन्ताल मुंडा का हर इतिहास या मिथक के साथ करीबी सम्बन्ध है। सन्तालों की भी ब्रह्मांड और मानवजाति की उत्पत्ति का एक काल्पनिक कथा है। इसलिए मूलनिवासी समुदायों में इस तरह के मिथक पारम्परिक रूप से मिलते हैं और लोग अब भी उन पर भरोसा करते हैं।

मुख्यधारा के धर्मों की तरह मूलनिवासी धर्म लिखित रूप में नहीं है। सभी मूलनिवासी धर्म मौखिक हैं और प्रचलन में हैं। मूलनिवासी धर्म प्रकृति से जुड़ा हुआ है इसलिए उनके सभी अनुभव, सीख, नैतिकता और मूलनिवासियों के लिए सम्मान प्रकृति से जुड़े हैं। यह हज़ारों साल की प्रथा है। लेकिन कुछ बुनियादी नैतिकता प्रत्येक समाज और मूलनिवासी समाजों में एक जैसी है। मिसाल के तौर पर, झूठ न बोलना, चोरी करना बड़े पाप का काम है, जीव की हत्या महापाप है आदि (ब्रेन डेविस : 1993)। किसी व्यक्ति की मौत के बाद की अवस्था आत्मा की होती है जो पास के जंगल या पहाड़ी क्षेत्र में निवास करती है और उसकी आत्मा किसी पशु या पक्षी पर सवार रहती है। कभी-कभी अचानक आत्मा का वाहक पशु या पक्षी उस घर का चक्कर काटने लगता है जिसमें मृत व्यक्ति रहा करता था। अन्तिम संस्कार या अन्तिम सामाजिक कार्य वरिष्ठतम लोगों द्वारा स्वेच्छा से किया जाता है। इन सामाजिक कार्यों के लिए किसी को भुगतान नहीं किया जाता। (मंजूला पोइल : 2006)

जनजातीय धर्म का समायोजन : धार्मिक मूलनिवासी लोग हज़ारों साल से या आदिकाल से अब तक पारम्परिक तरीकों पर अमल करते आए हैं।

समाज और इसके नियम, प्रक्रिया और मूल्य सबका निर्माण धर्म करता है। लेकिन मूलनिवासियों द्वारा निर्मित धर्म हिन्दू धर्म जैसे मुख्यधारा के धर्म की तुलना में बहुत कमज़ोर है। प्रमुख धर्मों के उपखंड और विस्तृत विवरण हैं लेकिन मूलनिवासी धर्मों के साथ ऐसा नहीं है। मूलनिवासी धर्म के दर्शन के तर्क, इतिहास और साक्ष्य बहुत दुर्लभ हैं। प्रमुख धर्मों के पास अपने भगवानों और देवताओं की, पुण्य और पाप की, धार्मिक जीवन और प्रथाओं की, नीति और नैतिकता की स्पष्ट अवधारणा है। उनके पास तात्त्विक विद्या, ब्रह्मांड विज्ञान, बड़ी मात्रा में धार्मिक साहित्य और लेख और प्रतीक हैं। उनके पास धार्मिक उत्पत्ति का इतिहास, ईश्वर के दूत, संरक्षक सन्त, भक्त, धर्म के प्रोत्साहक, धार्मिक आचार संहिता आदि की अवधारणा है।

वेद, उपनिषद, महाकाव्य, भागवत गीता और चार्वाक जैसे प्राचीन हिन्दू दर्शन के बड़े स्रोत हैं (सक्सेना : 1970)। उनके पास अपने देवी-देवताओं के चमत्कार हैं जिनके माध्यम से वे अपने अन्दर की अलौकिक शक्ति का प्रदर्शन कर सकते हैं। प्रमुख धर्मों के नियम और सिद्धान्त होते हैं (रॉड हेमसेल : 2014)। हिन्दू समुदाय के समाज में भगवान के अनुभव का वजूद होता है। अधिकांश देवी-देवताओं की पूजा के अपने प्रतीक होते हैं। उनके जीवन के हर भाग में अदा करने के लिए रस्में और समारोह होते हैं। हिन्दू धर्म में पुरुष, महिला, विधवा, युवा, वरिष्ठ सबको व्यक्त करने के प्रतीक होते हैं। हिन्दू धर्म स्थापित और विश्व-स्तर पर मान्यता प्राप्त धर्म है। हिन्दू दर्शन का आधार उनकी प्राचीन लिपियाँ और धार्मिक साहित्य हैं (सक्सेना : 1970)।

लेकिन मूलनिवासी धर्म के पास साक्ष्य और विचार की कुछ सीमाएँ हैं। मूलनिवासी धर्म में तात्त्विक विद्या और ब्रह्मांड विज्ञान है लेकिन इतिहास का आधार मौखिक है। मूलनिवासी धर्म में ईश्वर के अस्तित्व को मुश्किल से प्रमाणित किया जा सकता है। मूलनिवासी धर्म का पालन करनेवाले भक्त को पहचानने की कोई खास तरकीब नहीं है। मूलनिवासी धर्म में सर्वोच्च शक्ति प्राप्त किसी के द्वारा किसी अलौकिक घटना को अंजाम नहीं दिया गया जिसके बारे में माना जाए कि ईश्वर ने सौंपा था। प्रकृति का अतिक्रमण करते हुए कोई ऐसा काम नहीं किया गया जिसे लोग दैवीय कृत्य कहें। मूलनिवासी धर्म के पास धर्मग्रन्थ, नियम, उपदेश, प्रचारक, भविष्य कथन और महापुरुष के प्रतीक नहीं हैं। इसलिए बेहतर होगा कि मूलनिवासी धर्म को समायोजित किया जाए।

जनजातीय दर्शन की सम्भावना : जनजातीय समाज अपने वजूद के लिए प्रकृति पर निर्भर पर है। मूलनिवासी लोगों जंगल में, नदी के किनारे, पहाड़ी क्षेत्रों में रहने में सुकून महसूस करते हैं। वे प्रकृति के साथ काम करते हैं और प्राकृतिक चीज़ों का उपभोग करते हैं। मूलनिवासी लोग अपने भोजन के लिए भी प्रकृति पर निर्भर करते हैं। बड़े मूलनिवासी त्योहारों के अवसरों पर पेड़ों, जानवरों, आत्माओं या पूर्वजों की पूजा की जाती है। मूलनिवासी लोगों द्वारा दैनिक जीवन में प्रयोग

किये जानेवाले कपड़े, आभूषण, औज़ार और हथियार भी लकड़ी या जानवरों के अंगों से तैयार किये जाते हैं। मूलनिवासी गीत, नृत्य, कला, रेखाचित्र और साहित्य भी जंगली जीवन की परिकल्पनाओं या प्राकृतिक तत्त्वों की अवधारणाओं से भरे होते हैं। व्यक्तियों के बीच के सम्बन्ध बहुत मज़बूत और संगठित होते हैं। नियम और प्रशासनिक व्यवस्था भी काफी हद तक लोकहित में और लोकतांत्रिक होती है। मूलनिवासी प्रशासकों द्वारा समुदाय के लोगों की सामूहिक राय और फैसलों पर सम्माजनक तरीके से विचार किया जाता है। मूलनिवासी समाज में कानून का उल्लंघन करने के लिए सज़ाएँ बहुत हल्की दी जाती हैं लेकिन समाज पर उसका बहुत व्यापक प्रभाव होता है। परम्पराएँ, संस्कृति, इतिहास, भोजन, भाषा, विश्वास, रस्में सब कुछ मूलनिवासी समाज में विकसित होती हैं। प्रत्येक समाज या समुदाय में इन सभी चीज़ों को धर्म के भाग के रूप में देखा जाता है।

मूलनिवासी समाजों में जन्म और मृत्यु को एक खास तरीके से स्वीकार किया जाता है। सिंग बोंगा और मारंग बूरू को परम देवता के रूप में माना जाता है। किसी बीमारी या दुख के दौरान मूलनिवासी समुदाय का उपचार के लिए अपना चिकित्सीय ज्ञान है। मूलनिवासी समुदाय को दर्शन के स्रोत के लिए धर्मग्रन्थ की ज़रूरत है। इसके मूल्य, आस्थाएँ और भावनाएँ साधारण और स्वाभाविक हैं। अपने जीवन, परिवार और समाज को चलाने के इनके कुछ नैतिक मूल्य हैं। उनके कर्मकांड, प्रथाएँ, विश्वास या नैतिकता कुछ खास तर्कों पर आधारित हैं। इसलिए मूलनिवासी समाजों और समुदायों में मूलनिवासी दर्शन के होने के सभी तत्त्व मौजूद हैं। ईश्वर पर धार्मिक आस्था और दुष्टता से लेकर दार्शनिक तर्क, विश्व-ज्ञान सम्बन्धी तर्क, नैतिकता, जीवन और मृत्यु सभी का मूलनिवासी समाजों में अस्तित्व है। इन सबको मिलाकर जनजातीय दर्शन या धर्म का नाम दिया जा सकता है।

जनजातीय धर्म की सम्भावना : इन तत्त्वों को जनजातीय धर्म का नाम देने के लिए जनजातीय समुदाय के पास कुछ प्रमुख तत्त्व मौजूद हैं लेकिन वे आंशिक रूप से हैं। वर्तमान धर्म में ऐसी बहुत-सी विशेषताएँ हैं जिनको लेकर इसे धर्म का दर्जा दिया जा सकता है। सभी धर्म में यह मान्यता है कि ब्रह्मांड में मौजूद सभी प्राणी जानदार हैं। मानव-धर्म का यह साझा अनुभव है कि वे अपनी भावनाओं को व्यक्त करते हैं। मूलनिवासी लोगों में पत्थर, वृक्ष, नदियों, पहाड़ों, जानवर और अन्य प्राकृतिक वस्तुओं की पूजा का चलन है। अन्य धर्मों की तरह मूलनिवासियों का विश्वास है कि ईश्वर प्रकृति को नियंत्रित करता है और अलौकिक शक्ति का अस्तित्व धर्म की सामूहिक विशेषता है। माना जाता है कि सिंग बोंगा और मारंग बूरू के पास मानव-कल्याण के लिए ब्रह्मांड की सभी चीज़ों को नियंत्रित करने की अलौकिक शक्ति है। कभी कभी सिंग बोंगा द्वारा बुराई या नुकसानदायक आत्माओं या देवताओं का नाश करने और भलाई लाने के लिए अलौकिक शक्ति का प्रयोग किया जाता है।

भविष्य कथन धार्मिक शक्ति का प्रतीक माना जाता है और मूलनिवासी लोग जानवरों के व्यवहार और उड़ती हुई चिड़ियों को देखकर ऐसा करते हैं। जिन पवित्र स्थलों पर पूजा की जाती है वहाँ आम लोगों के जाने की अनुमति नहीं होती। धर्म की शुद्धता को बचाए रखने के लिए कुछ मामलों में सभी पर पाबन्दी होती है। नवजात शिशु के लिए विशिष्ट जानवर, पौधे या देवता के अनुसार परिवार का नाम देने का मूलनिवासी समुदाय में प्रचलन उनके धर्म का हिस्सा है। परम देवता के सम्मान या विशेष समर्पण के लिए ये रस्में अदा की जाती हैं। देवी देवता या आत्मा के भोजन या सन्तुष्टि या उनसे खास जुड़ाव के लिए पशुओं की बलि दी जाती है। मूलनिवासी विश्वासों में संसार या मानव-जाति की उत्पत्ति की कुछ कहानियाँ हैं। इन कथाओं पर दैवीय सम्बन्ध के रूप में विश्वास किया जाता है। (अध्याय एक)। जन्म, विवाह, यौवनारम्भ या मृत्यु के अवसर पर जीवन के हर भाग को धार्मिक अर्थ देने के लिए खास कर्मकांड होते हैं। माना जाता है कि हर जानदार की अवश्य मौत आनी है। इसलिए यह सभी चीज़ें या विशेषताएँ शायद मूलनिवासी धर्म की चर्चा को शुरू करने सम्भावना बनाती हैं।

अरुणाचल प्रदेश के मुकलोमों में पारम्परिक धर्म का सुधार

सुनूमीचांगमी[1]

सारांश

मुकलोम तंग्सा जनजाति का एक उप-समूह है और वे अरुणाचल प्रदेश के दक्षिण पूर्वी क्षेत्र के चांगलांग नामक जिले के निवासी हैं। कुछ मुकलोमों ने ईसाई धर्म धारण कर लिया जबकि अन्य परम्परागत धर्म 'थाँग-किंग' को मानते रहे जिसका मतलब प्राचीन विश्वासों की प्रणाली है। वे रंगफरा में विश्वास रखते हैं। 'रंग' का अर्थ आकाश और 'फ्रा' का अर्थ सर्वशक्तिमान (ईश्वर) है। आरम्भ में ईश्वर का कोई रूप या शकल नहीं थी और अनदेखे ईश्वर से प्रार्थना की जाती थी। इसके अलावा, वे पूर्वजों की आत्मा, प्रकृति और समग्रता में ब्रह्मांड में यकीन रखते थे। किसी बीमारी या दुर्भाग्यपूर्ण घटना को आत्मा के काम से जोड़ा जाता था और इसलिए विगत में आत्माओं का सन्तुष्टिकरण किया जाना आम बात थी। प्रायश्चित्त या मनौती का काम गाँव में शमनों या परिवार के बड़ों द्वारा किया जाता था।

कुछ मुकलोमों को युगों पुराने पारम्परिक धर्म को बचाने की बहुत चिन्ता होती थी क्योंकि लोग ईसाई धर्म अपनाना चाहते थे। इसलिए पुरानी विश्वास प्रणाली का नई रोशनी में सुधार किया गया और जनजातियों में 'रंगफ्रावाद' स्थापित किया गया। हालाँकि यह पारम्परिक धर्म होने का दावा करता है लेकिन रंगफ्रावादी अनुयायियों के धार्मिक कर्मकांडों के अर्थ और अमल में बदलाव आया है। इसलिए मुकलोमों के पारम्परिक और सुधारयुक्त धर्म दोनों की विश्व-दृष्टि और मौत के बाद जीवन की अवधारणा का अध्ययन किया जाना दिलचस्प होगा।

मुख्य शब्द : मुकलोम; पारम्परिक धर्म; सुधार और रंगफ्रावाद।

---

1. एन्थ्रोपोलोजिकल सर्वे ऑफ इंडिया, सेंट्रल रिजनल सेंटर, नागपुर, महाराष्ट्र; email-sunumichangmii@gmail.com

परिचय

मुकलोम अरुणाचल प्रदेश के चांगलांग जिले में रहनेवाली तंग्सा समूह की छोटी-सी उप-जनजाति है। इनके बारे में मुश्किल से ही कोई साहित्य मौजूद है। मुकलोम का पारिवारिक ढाँचा पितृसत्तात्मक और पितृवंशीय है। वे ईसाई धर्म, रंगफ्रावाद और पारम्परिक प्रथाओं (जिसमें पशु-बलि शामिल है) को मानते हैं। इस अध्ययन में यथा उपलब्ध दूसरे दर्जे की सामग्री का प्रयोग किया गया है लेकिन मुख्य रूप से इसका आधार साक्षात्कारों और अवलोकनों के माध्यम से जुटाया गया प्राथमिक डाटा है। मुकलोम समुदाय के सदस्य होने की वजह से लेखक ने अपने व्यक्तिगत अनुभवों और विचारों का भी प्रयोग किया है। इस अध्ययन का उद्देश्य बदलते परिदृश्य और पुरानी परम्परागत विश्वास प्रणाली के नये स्वरूप में सुधार को समझना है जो भारत के अन्य धर्मों और उनकी प्रथाओं से ज्यादा मिलता-जुलता है।

मुकलोम तंग्सा की उप-जनजाति का नाम है। तंग्सा 35 अलग-अलग पटकई जातीय समूहों के लिए एक छत्र शब्द है जो निश्चित रूप से नागा से सम्बन्धित है। मुकलोम नाम के लिए शब्दों के अलग-अलग इतिहास पेश किये गए हैं। गैर-मुकलोम द्वारा मुक को 'मोक' भी पढ़ा जाता है। 'मुक' का मतलब 'मदहोश' और 'लोम' का मतलब 'स्नेह' है। इस प्रकार मुकलोम का मतलब 'स्नेह में मदहोशी' है। इसका कारण यह है कि आरम्भिक कालीन प्रवास की प्रक्रिया में समुदाय एक साथ रहने के लिए तरसता था। जब से उन्होंने एकजुट साथ में रहना शुरू किया तब से वे कभी टूटे या बिखरे नहीं। एक अन्य विवरण के अनुसार मुकलोम बर्मा (म्यांमार) में एक पहाड़ी से पलायन करके आए हैं जिसका नाम 'मोकलूम' है इसलिए वे 'मोकलम' के रूप में जाने गए। इसके अलावा एक और स्रोत से कहा गया कि मूल स्थान का नाम 'मोलोम-सोलोम' था जिससे शब्द मुकलोम लिया गया था (मटचा, 2005)। कुछ बाहरी लोग इसे 'मोकलम' या 'मोकलोम' बोलते थे। लेकिन मुकलोम लोग खुद 'मुकलोम' के रूप में पहचाने जाने को पसन्द करते थे।

पहचान, निवास और जनसंख्या

कुछ शताब्दी पहले मुकलोम बर्मा से पटकई पहाड़ियाँ पार करके तीरप में बसने के लिए आए जिसे अब अरुणाचल प्रदेश के जनपद चांगलांग के नाम से जाना जाता है (मइतरा, 1995)। मुकलोमों की मौखिक परम्पराओं के अनुसार उन्होंने अपने वर्तमान निवास तक आने के लिए तीन-चार पीढ़ी पहले पलायन किया था। वे भोजन और कृषि-योग्य उपयुक्त भूमि की तलाश में पूरब से आए थे। अपनी क्षेत्रीय या व्यापक पहचान के लिए खुद को तंग्सा कहकर पेश करते थे। हकीकत में, तंग्सा एक व्यापक शब्द है जिसमें चांगलांग जिले के पहाड़ी इलाके में रहनेवाले कई समुदाय आ जाते हैं, हावी, मुकलोम, जुगली, किमसिंग, लोंगचांग और संगवा इसके उदाहरण हैं।

पहले मुकलोमों को तंग्सा (नागा) के प्रजातिगत नाम से अलग अनुसूचित जाति के रूप में मान्यता प्राप्त हुई थी। लेकिन समुदाय लम्बे समय तक लापता रहा जिसकी वजह 'नागा' शब्द हटा दिया गया। इसे तंग्सा के रूप में अपनी पहचान मिल गई।

मुकलोम अरुणाचल प्रदेश के जनपद चांगलांग के पहाड़ी भू-भाग में इक्कीस गाँवों में रहते हैं। यह जनपद 26.40 से 27.40 उत्तरी अक्षांश और 95.11 से 97.10 पूर्वी देशान्तर के बीच पड़ता है (सरकार, 2002)। मुकलोम गाँव जिले के चांगलांग उपखंड के चांगलांग, खिमयोंग और खरसांग क्षेत्रों में स्थित हैं (क्री, 2010) और कुछ मिआओ ब्लॉक खंड में पाए जाते हैं। मुकलोम गाँव लगभग 4,662 वर्ग किलोमीटर क्षेत्र में फैला है। जिला मुख्यालय चांगलांग और एक छोटा कस्बा खरसांग दोनों प्रमुख व्यावसायिक और सामाजिक-सांस्कृतिक केन्द्र हैं।

1981 की भारत की जनगणना के मुताबिक मुकलोमों की संख्या 1,917 है। हालाँकि, 2011 की जनगणना में भारत ने उन्हें मोगलम तांग्सा के रूप में सूचीबद्ध किया और आश्चर्यजनक रूप से उनकी आबादी में बहुत बढ़ोत्तरी नहीं हुई। इससे गहन शोध की ज़रूरत मालूम पड़ती है ताकि मालूम हो सके कि पिछली जनगणना के 30 साल बाद भी इतनी कम बढ़त का कारण क्या हो सकता है। 2011 में उनकी कुल आबादी 2,606 थी जिसमें 2,312 लोग ग्रामीण क्षेत्रों में और 294 शहरी क्षेत्रों रहते थे। इससे यह भी संकेत मिलता है कि वे मुख्यत: ग्रामीण लोग थे। 2,606 मुकलोमों में 1,275 पुरुष और 1,331 महिलाएँ थीं। इस प्रकार लिंग अनुपात 1,044 है जो महिलाओं के पक्ष में है।

अर्थव्यवस्था

कृषि आजीविका का मुख्य साधन है। खरसांग क्षेत्र के मैदानी इलाकों में स्थायी खेती मुख्य व्यवसाय है और पहाड़ी इलाकों में झूम (चल या अस्थायी) खेती की जाती है। वर्तमान में, बहुत से मुकलोमों ने एक और तरह की खेती को अपनाया है। वे पहाड़ियों और मैदानों में दोनों जगहों पर चाय और इलाइची की खेती करते हैं। स्थायी खेती में वे बाहर के मज़दूरों जैसे नेपाली, बंगाली, कचारी, सन्ताली और अन्य से काम लेते हैं। लेकिन झूम खेती में वे पारम्परिक तरीके अपनाते हैं और गाँववाले पूरे कृषि चक्र में एक-दूसरे की मदद करते हैं। कृषि उत्पादों में मुख्य रूप से उनके अपने उपभोग के लिए खाद्य-वस्तुएँ होती हैं, अगर पैदावार ज़रूरत से कुछ अधिक हो जाती है तो उसे पैसों के बदले बाज़ार में बेच दिया जाता है।

दस्तकारीवाली चीज़ें आय का दूसरा साधन हैं लेकिन ऐसा बड़े पैमाने पर नहीं है। कभी-कभी महिलाएँ कपड़े बुनती हैं और पुरुष बाँस की चटाई और बास्केट बनाते हैं। इनमें से कुछ चीज़ों को वे स्थानीय बाज़ार में बेच देते हैं।

सूअर, गाय जैसे जानवरों और मुर्गी-पालन आदि का काम महिलाएँ देखती हैं जिसमें जानवरों के लिए चारा आदि लाना भी शामिल है।

ज़रूरत से अधिक कृषि-उत्पादों जैसे सब्जी, कन्द आदि के बेचने का काम महिलाओं द्वारा किया जाता है लेकिन मांस के बेचने का काम पुरुष करते हैं। सामान बेचने के बाद हासिल पैसा अक्सर महिलाओं के हवाले कर दिया जाता है। किराना का सामान खरीदना महिलाओं का काम होता है। उन्हें ज़रूरत के मुताबिक पैसे खर्च करने की अनुमति होती है। हालाँकि बड़ी चीज़ या सम्पत्ति खरीदने के लिए उन्हें पुरुषों की सहमति की ज़रूरत होती है। इस प्रकार, आमतौर से महिलाओं को खरीद-फरोख्त की आज़ादी हासिल है।

वर्तमान में कुछ मुकलोमों को विभिन्न सरकारी सेवाओं और अन्य निजी क्षेत्रों में काम मिला हुआ है। उनमें से कुछ चाय बगानों में दिहाड़ी मज़दूर के रूप में भी काम करते हैं। इसलिए कृषि पर निर्भरता दूसरे कामों और सेवाओं के पक्ष में धीरे-धीरे घट रही है। वर्तमान समय में शिक्षा को पहले से अधिक महत्त्व दिया जा रहा है।

साक्षरता और शिक्षा

2011 की जनगणना के अनुसार मुकलोमों की साक्षरता दर 68.98% थी जिसमें 76.87% पुरुष और 60.51% महिलाएँ साक्षर थीं। यह साक्षरता-दर अरुणाचल प्रदेश में रहनेवाली सभी जनजातियों की तुलना में बेहतर है। सभी जनजातियों की साक्षरता-दर 64.58% है जिसमें पुरुषों का प्रतिशत 71.48 और महिलाओं का 57.95% है। यह दर इस बात का संकेत है कि मुकलोम आधुनिक शिक्षा को गम्भीरता से लेने लगे हैं। हालाँकि, यह भी सच है कि वहाँ पढ़ाई छोड़ देनेवालों का दर भी अधिक है। यह समाज मादक पदार्थों की लत के खिलाफ लड़ाई में संघर्ष कर रहा है। विभिन्न आत्म सहायता समूहों (SHGs) की महिलाएँ जिला और गाँव स्तर पर सामाजिक जागरण पैदा करने और मादक पदार्थों के इस्तेमाल को रोकने के लिए बहुत अहम किरदार अदा कर रही हैं।

राजनीतिक संगठन

पारम्परिक ग्राम परिषद को 'खा-फुंग हिम' नाम से जाना जाता है और इसका नेतृत्व गाँव के बड़े या पुरुष सदस्य फो-खोवानो करते हैं। ज़मीन, सम्पत्ति, शादी, तलाक आदि से सम्बन्धित सभी विवादों का निपटारा ग्राम परिषद द्वारा किया जाता है। हालाँकि, परिषद और उसके विमर्शों में महिलाओं की कोई भूमिका नहीं होती। ऐसा कहा जाता है कि महिलाओं का काम घर-बार और घरेलू कामकाज देखना है। इसलिए पुरुष ही परिषद में फैसला लेते हैं। हालाँकि भारत के संविधान के 73वें संशोधन और पंचायती राज संस्थाओं के आरम्भ के बाद महिलाओं ने राजनीति

में भाग लेना शुरू कर दिया है। इस प्रकार, साफ जाहिर है कि आधुनिक संस्थान महिलाओं और उनकी भागीदारी को अधिक अवसर देते हैं।

धर्म का ज्ञान

धर्म को परिभाषित करना बहुत जटिल काम है। धर्म से जुड़े विचार, विश्वास और प्रथाएँ आदि इतनी तरह की और विविध हैं कि एक नियम में फिट नहीं बैठ सकतीं। कैमी के अनुसार जनजातीय धर्म स्थिर चीज़ नहीं है। बहुत से कारकों की प्रतिक्रिया में वे बनते और बदलते रहते हैं। इसी वजह से वे सामाजिक-राजनीतिक, सांस्कृतिक और आर्थिक हालात बदल जाते हैं जिनसे उनका उभार हुआ था। लम्बे समय तक दूसरी धार्मिक प्रथाओं (आईबीआईडी) के सम्पर्क में रहने की वजह से जनजातियों की धार्मिक प्रथाओं में समन्वयवाद बहुत अधिक देखा जाता है। यह सबसे अधिक दस्तावेज़ीकृत घटनाओं में से एक है। बहुत से जनजातीय धर्मों के अस्तित्व के लिए धर्म-परिवर्तन सबसे स्थायी खतरा है। बढ़ते हुए धर्म-परिवर्तन के खतरे के खिलाफ इनमें से कुछ जनजातीय धर्म स्वदेशी आस्था को मज़बूत और सुरक्षित करने के लिए एक केन्द्रीय संगठनात्मक ढाँच की ओर सचेत रूप से बढ़ते दिखाई देते हैं। कुछ जनजातीय समुदायों में ऐसे अनुकूल उपायों का दस्तावेज़ीकरण हुआ है; मिसाल के तौर पर अरुणाचल प्रदेश के आदियों और मेघालय में खासियों ने अपनी मूल संस्कृति को बचाने के लिए क्रमश: डोनी पोलो और सेंगखासी धर्म अपना लिया।

सोनोवाल (2014) ने अरुणाचल प्रदेश की जनजातियों के धर्म, जातीयता और पुनरुद्धारवाद का अध्ययन किया था। उसने आदियों, नईशियों और अपातानियों के धार्मिक पुनरुद्धारवाद पर चर्चा की थी। इस बात का उल्लेख किया गया था कि अरुणाचल प्रदेश की सरकार ने अरुणाचल प्रदेश फ्रीडम ऑफ इंडिजीनस फेथ बिल, 1978 (1978 का विधेयक संख्या 4) के अन्तर्गत एक विधेयक पारित करवाया है। इसमें अरुणाचल प्रदेश के मूल धर्म से किसी और धर्म में किसी प्रलोभन या धोखाधड़ी या इससे जुड़े किसी अन्य माध्यम से धर्म-परिवर्तन पर पाबन्दी का प्रावधान किया गया था। हालाँकि, विधेयक अरुणाचल प्रदेश की जनजातियों में धर्म-परिवर्तन को नहीं रोक पाया। ईसाई मिशनरियों ने बीच का रास्ता अपनाया। उन्होंने उनकी स्थानीय संस्कृति के गैर-विद्वेषी अंशों को ईसाइयत में शामिल कर लिया (सी.जे. सोनोवाल, 2014)।

वह आगे कहते ैं कि जनजातीय समाज में धर्म और सांस्कृतिक पहचान समान अर्थी शब्द हैं। उदाहरणस्वरूप, डोनी पोलो धर्म का नाम आदियों के मशहूर देवताओं डोनी (सूर्य) और (चन्द्रमा) की संयुक्त दिव्य आकृति डोनी पोलो की पहचान से लिया गया है। जाहिर है कि जनजातीय धर्म और आस्था का स्वाभाविक दर्शन हमेशा स्पष्ट नहीं रहा है। इसके बजाय कर्मकांड का भाग अधिक महत्त्वपूर्ण

माना जाता रहा है खासकर आम लोगों के बीच में। ईसाइयत जैसे विवेकपूर्ण धर्म से मुकाबला करने के लिए आदि बुद्धिजीवियों ने विश्वास-प्रणाली, धार्मिक नीतियों और डोली पोलो के दर्शन का निर्माण किया और इनको पुस्तिकाओं में प्रकाशित किया। इन पुस्तिकाओं में पेश किये गए विश्वास और सिद्धान्तों को लोगों ने अपनाया और अपने रोज़मर्रा के जीवन में अमल में लाए (आईबीआईडी)।

पारम्परिक धर्म का सुधार

धार्मिक समुदाय अक्सर दावा करते हैं कि उन्होंने वर्तमान प्रवृत्ति और प्रथाओं को बाहरी प्रभावों में समाहित या संलीन होने देने के बजाय अलग पहचान को बरकरार रखा। हालाँकि यह तय करने के लिए गहन अध्ययन की ज़रूरत है कि धार्मिक समुदायों ने वर्तमान बदलाव का प्रतिरोध किया या वास्तव में बदलाव बिना किसी प्रतिक्रिया के हो रहा है।

मुकलोम समाज में मामा की बहुत अहमियत है। मिसाल के तौर पर, जब कोई अहितकारी आत्मा बच्चे को अपने काबू में करती है तो मामा मंत्रों द्वारा उन आत्माओं को भगाता है। अपने भांजे और भांजी को बुरी आत्माओं से बचाने के लिए वह अकेला विशेषज्ञ होता है। मुकलोम के 'मोल' नामक मुख्य त्योहार के तीसरे दिन मामा पेड़ की छाल से बना धागा अपने भांजे और भांजी की सुरक्षा और हिफाज़त के लिए मंत्रोच्चार के साथ उनकी कलाई पर बाँधता है। इससे जाहिर होता है कि मामा को बहुत अहम भूमिका निभानी होती है। यह प्रथा पारम्परिक मुकलोम और रंगफ्राइयों (रंगफ्रा के अनुयायी) तक सीमित है।

मुकलोम ईसाइयों की उनके समकक्ष रंगफ्राइयों और पारम्परिक मुकलोमों द्वारा अपनी बहुमूल्य धार्मिक-सांस्कृतिक प्रथाओं को छोड़ने के लिए आलोचना की जाती है। नतीजे के तौर पर, इस मामले में देखा गया है कि विगत में जिन सांस्कृतिक मूल्यों का पालन किया जाता था उनकी पकड़ कमज़ोर हो गई है। कुछ को तो ऐसी नई प्रथाओं से बदल दिया गया है जिनको मुकलोम पहले जानते ही नहीं थे।

इसी तरह से ऐसे उदाहरण रंगफ्रावाद में भी देखे जा सकते हैं। रंगफ्रा के अनुयायी दुनिया के सबसे अच्छे धर्म को मानने का दावा करते थे जैसा कि बारकताकी—रुस्चेवेइह द्वारा उल्लेख किया गया है (2015)। हालाँकि बारकताकी—रुस्चेवेइह के उल्लेखों के मुताबिक रंगफ्रावाद में हिन्दू धर्म की मज़बूत पकड़ है। उन्होंने आगे कहा कि रंगफ्रा समाज की गतिविधियों को आरएसएस (राष्ट्रीय स्वंय सेवक संघ) और (वीएचपो) विश्व हिन्दू परिषद जैसे हिन्दू राष्ट्रवादी समूहों का सहयोग प्राप्त होता है।

विवेकानन्द केन्द्र द्वारा बहुत से कैलेंडरों और प्रकाशनों में रंगफ्रा को अरुणाचल प्रदेश में तांगसा और तुस्ता समुदायों के भगवान के रूप में प्रस्तुत किया गया है।

इसके अलावा, जोधपुर, राजस्थान (हज़ारों किमी. दूर पश्चिम भारत में) में रंगफ्रा की मूर्ति बनवाने में हिन्दू संगठनों ने बहुत सक्रिय भूमिका निभाई और भारत-भर से होते हुए उसे ट्रेन और सड़क यातायात के माध्यम से ले गए ताकि न्यु चांगलांग के प्रार्थना गृह में स्थापित की जा सके।

इसके अलावा, नये संशोधित परम्परागत धर्म के महासचिव या संस्थापक श्री खिमहुन और रंगफ्रा सोसाइटी के पदाधिकारियों का विवेकानन्द केन्द्र और अरुण ज्योति के अधिकारियों से करीबी रिश्ते हैं। वे अक्सर उनकी सलाह लेते हैं और उनकी सुविधाओं का इस्तेमाल करते हैं (आईबीआईडी)।

इससे साफ जाहिर होता है कि रंगफ्रावाद सीधे तौर पर पूजा-पद्धति के हिन्दू तत्त्वों से प्रभावित है जिसका ज़िक्र ऊपर किया जा चुका है। इसके अलावा वे देवता को फूल चढ़ाते हैं, अपनी मन्दिरों में दीया जलाते हैं और रंगफ्रा भगवान के सामने अगरबत्ती जलाते हैं। इसके अतिरिक्त, पवित्र जल का प्रयोग बहुत आम है जिसके बारे में माना जाता है कि प्रार्थना और साधना के माध्यम से भगवान से प्राप्त किया जाता है। यह पवित्र जल एक छोटे-से पीतल के बर्तन में रखा जाता है। इसमें तुलसी की पत्ती और छोटी टहनियाँ डुबाई जाती हैं और पूजा के दौरान मन्दिर के मुखिया द्वारा भक्तों पर इसका छिड़काव किया जाता है। मन्दिर के मुखिया को सचिव के रूप में भी जाना जाता है। ऐसा माना जाता है कि इससे पाप और बीमारी साफ हो जाएगी। इस बात पर भी ध्यान देना दिलचस्प है कि चिकित्सीय अंशवाली तुलसी को हिन्दू पवित्र मानते हैं और रंगफ्रावादियों द्वारा इसे भी अपना लिया गया है। यह पूजा के दस्तूर का हिस्सा बन गया है।

मन्दिर में पूजा के दौरान रंगफ्रावादियों द्वारा गाए जानेवाले पहले गीत में है कि "भगवान रंगफ्रा हिन्दुओं के भगवान शिव और ब्रह्मा के अवतार हैं।" इससे साबित होता है कि मुकलोमों का जनजातीय धर्म अखिल भारतीय धर्म या भगवानों से भिन्न नहीं है। बहुत से रंगफ्राइयों द्वारा अक्सर कहा जाता है कि हिन्दुओं के भगवान शिव भगवान रंगफ्रा के भाई हैं। इसलिए रंगफ्रा भगवान शिव हैं और भगवान शिव ही रंगफ्रा हैं।

जब रंगफ्रावादियों के पूरे ढाँचे पर चर्चा होती है तो धार्मिक पायदान पर महासचिव की हैसियत सबसे ऊपर है। वास्तव में, वह पथ-प्रदर्शक व्यक्ति है जिसने रंगफ्रा धर्म को नये प्रकाश में परिचित करवाया है। दूसरा बड़ा पद 'रंगसमल' का है जिसका मतलब होता है भगवान का चुना हुआ शमन या पुरोहित जो आध्यात्मिक शक्ति प्राप्त होता है। माना जाता है कि वह आस्था के मामले में मज़बूत होता है। इसके बाद 'मिंगकइचू' आता है जिसका मतलब विश्व पुरोहित होता है जिसने रंगफ्रा भगवान का पालन करने का वादा किया है या शपथ ली है। इसी प्रक्रिया में मिंगकइचू ने अपनी जीवन-शैली बदल दी, मांस या किसी जानवर को मारने से परहेज़ करने लगा।

वास्तव में, जो लोग मिंगकइचू का काम करने के लिए समर्पित हैं अपनी कमर पर सफेद धागा पहनते हैं जैसे हिन्दू पुरुषों द्वारा किया जाता है।

केचू-समल वह व्यक्ति है जो भविष्य या किसी आगामी घटना के बारे में बता सकता है। वे गैर-शाकाहारी भोजन में केवल मुर्गा और अंडा खा सकते हैं। मन्दिर के अन्दर सचिव प्रमुख होता है जो मन्दिर का कार्यवाहक भी होता है। उसके बाद आम जनता होती है। लिंग के एतबार से देखा जाए महिलाएँ केवल रंगफ्रा की मूर्ति के बायीं ओर अगरबत्ती जलाती हैं और पुरुष मूर्ति के दायीं ओर जलाता है।

'केचू नू' महिला प्रार्थी हैं, माना जाता है कि उनके पास बीमारों का उपचार करने की आध्यात्मिक शक्ति होती है और उनमें भविष्य में देखने की क्षमता होती है। वे भविष्य की घटनाओं या भक्तों के प्रसंग के बारे में पहले से बता सकती हैं। इसलिए लोगों को भगवान का आज्ञाकारी होना चाहिए या अप्रिय घटना से बचने के लिए आवश्यक उपवास रखना और प्रार्थना करना चाहिए। बुरी आत्माओं का अनुकूलन करने के लिए कोई पारम्परिक शमन अब मुकलोमों में नहीं है। केवल मिंगकइचू, रंगसमल या केचू नू हैं जो भविष्य के बारे में बताते हैं और बीमारों का उपचार करते हैं।

रंगफ्रा पूजा-पद्धति में बदलाव के सम्बन्ध में जनरल रंगफ्रा फेथ प्रोमोशनल सोसाइटी के सचिव श्री एल. खिमहुन (2006) ने अपनी किताब 'द सेकंड कमिंग ऑफ रंगफ्रा' में कहा है :

> हमारे पूर्वज चावल खाया करते थे। हमारे पूर्वज अपना भोजन बाँस के लट्ठ में पकाया करते थे। अब मुझे बताएँ क्या यह ज़रूरी है कि इस वैज्ञानिक युग में हमें अपना चावल बाँस के लट्ठ में पकाना चाहिए? अगर मैं अपना चावल प्रेशर कुकर में पकाता हूँ तो इससे किसी को क्या नुकसान है? अगर कोई नुकसान नहीं है तो कोई मेरी आलोचना क्यों करता है? वही मामला हमारी पूजा और प्रार्थना का है। हमारे पूर्वज रंगफ्रा की पूजा और प्रार्थना करते थे और हम भी रंगफ्रा की पूजा और प्रार्थना करते हैं। हमने केवल पकाने का तरीका बदल दिया है चावल नहीं। यह कहते हुए कि हमारे पूर्वजों द्वारा खाया गया चावल अच्छा नहीं है इसके बजाय हमें रोटी खाना चाहिए। इसी तरह धर्म को बदलना उतना ही अच्छा है जितना कि चावल के बदले में रोटी का इस्तेमाल करना (पेज 12)।

रंगफ्रा मुकलोम में विगत में मृत्यु के कर्मकांड मौजूदा प्रथा से अलग थे। पुराने समय में जो लोग दुर्घटना में मरते थे उनके लिए अलग कर्मकांड थे और जो लोग सामान्य मौत मरते थे उनके लिए अलग। लेकिन अब रंगफ्रावाद के विकास से कुछ निश्चित कर्मकांडों को बदल दिया गया है। ऐसा धर्म बदलकर लोगों को ईसाई धर्म

ग्रहण करने से रोकने के लिए किया गया है क्योंकि ईसाई धर्म में यह पुरानी प्रथा खत्म कर दी गई है। एक तरह से रंगफ्रा ऐसा धर्म है जिसने सभी धार्मिक प्रथाओं से अच्छी चीज़ें ग्रहण की हैं। लेकिन उसी के साथ इसने उन पारम्परिक विश्वास या प्रथाओं को छाँटकर निकाल दिया है जिसका पालन समुदाय युगों से करता चला आ रहा था। इसलिए ईसाई और रंगफ्रा मुकलोम दोनों में सांस्कृतिक और धार्मिक प्रथाओं में बदलाव देखा जाता है। मुट्ठी-भर लोगों ने पारम्परिक तरीका अपनाए रखा है। यह पारम्परिक तरीका भी रंगफ्रावाद या ईसाइयत जैसे स्थापित धर्म में विलीन हो जाने के कगार पर है।

पारम्परिक धर्म में बदलाव की प्रकृति इसकी प्रथाओं में बहुत बड़े बदलाव लेकर आई है। रंगफ्रा मुकलोम में मौत के बाद जीवन में विश्वास के मामले को लिया जाए तो पहले यह विश्वास था कि मौत के बाद जीवन है जिसे 'बालिम' कहा जाता था। यह मान्यता थी कि बालिम इसके बाद और इससे परे एक दूसरा संसार है। फिर मौत को भी मौत आती है और आमतौर से बाँस पर पीठ की तरफ से लिटाकर उसका अन्तिम संस्कार किया जाता है। यह मान्यता है कि मृत्यु का अपना संसार है और उनकी उसी तरह से अपनी खेती, पालतू जानवर हैं जैसे आम आदमी के होते हैं। लेकिन अब रंगफ्रा के अनुयायी के विचार ऐसे नहीं हैं। कुछ रंगफ्रा अनुयायी इस मत के हैं कि मौत के बाद कोई बालिम नहीं है बल्कि आत्मा स्वर्ग के ऊपर शक्तिमान रंगफ्रा के पास चली जाती है। इसलिए, मुकलोम की पारम्परिक प्रथा के विश्वास और मुकलोम रंगफ्रा विश्वास के नये अनुकूलन में विरोधाभास है।

अब रंगफ्राइयों का विश्वास है कि मौत के बाद आत्मा अमरत्व में चली जाती है। इस जगह के चारों तरफ फूल और खूबसूरती है। यहाँ तक कि दुर्घटना से मौत के मामले में भी अस्वाभाविक मौत के लिए पहले जो कर्मकांड किये जाते थे अब नहीं किये जाते। इन मौतों में भी उन्हीं कर्मकांडों के पालन किये जाते हैं जो स्वाभाविक मौत में किये जाते थे। इससे पहले अस्वाभाविक मौत में लोग उनके मृत पूर्वजों का नाम नहीं लेते थे क्योंकि उनका मानना था कि अस्वाभाविक मौत मरनेवालों का अपना अलग संसार होता है। हालाँकि, हालिया समय में अस्वाभाविक मौतों के मामले में भी वे उनके पूर्वजों को पुकारते थे ताकि वे उन्हें अपने साथ अपने संसार में ले जाएँ। मौत हो जाने के बाद कब्रिस्तान के अन्दर उनके इस्तेमाल के सामान भी रख दिये जाते हैं।

बहुत से रंगफ्रा महसूस करते हैं कि रंगफ्रा अपनी प्रथाओं में कई गुणा बदलाव कर चुके हैं। उदाहरणस्वरूप, विवाह और मृत्यु दोनों कर्मकांडों में रंग-शम-हिम या मन्दिर का सचिव कर्मकांडों और प्रथाओं को अदा करने का अधिकारी होता है। यह काम पहले उनके कुल के सदस्यों द्वारा किया जाता था।

निकट भविष्य में बहुत से बदलाव होने की सम्भावना है क्योंकि रंगफ्रा को थाँग-नाल भी कहा जाता है जिसका मतलब है नये सांस्कृतिक विश्वासों से पुराने को बदलना। इस प्रकार, नये को शामिल किया जाता है और पुराने को छोड़ दिया जाता है।

एक रंगफ्राई ने इस बात का भी जिक्र किया कि नई विश्वास-प्रणाली में कई बदलाव आए हैं। पहले हर छह महीने या साल में बीमारियों को दूर रखने के लिए पशु-बलि दी जाती थी लेकिन अब इसे सामूहिक प्रार्थना और उपवास से बदल दिया गया है। अब पशु-बलि को प्रोत्साहित नहीं किया जाता है। पशु-पालन बुनियादी तौर पर उनकी आर्थिक सहायता के लिए है। रंगफ्रावाद लगभग ईसाई धर्म जैसा है जहाँ अब पशु-बलि और बुरी आत्मा की आराधना का चलन बाकी नहीं है।

हालाँकि, इस मामले में चर्चा का मूल बिन्दु यह है कि इन बदलावों का स्वागत किस हद तक किया जाना चाहिए। स्वस्थ बदलाव और ऐसा बदलाव जो समुदाय की मूल पहचान के खत्म होने का कारण बन सकता है दोनों के बीच सीमा-रेखा कैसे खींची जानी चाहिए। यह सच है कि विगत में मुकलोम समाज का हिस्सा रहे युगों पुराने रीति-रिवाज आज के सन्दर्भ में हो सकता है कि प्रासंगिक न हों। उदाहरण के लिए, मुकलोम समाज में जुड़वाँ बच्चों की हत्या करना अपराध नहीं माना जाता था। ऐसा इसकी प्रथाओं में मज़बूत आस्था के कारण था। यह प्रथा अब स्वीकार्य नहीं है। इसलिए, सांस्कृतिक प्रथाओं में बदलाव या सुधार आवश्यक है और कभी-कभी यह अपरिहार्य हो जाती है। फिर भी, सांस्कृतिक प्रथाओं में अनियंत्रित बदलाव मुकलोम लोगों की पहचान के बारे में चिन्ता पैदा कर सकता है। इसी तरह, पारम्परिक मुकलोम प्रथा का एक पुरुष अनुयायी कहता है :

इससे कोई मतलब नहीं कि आप किस धर्म को मानते हैं लेकिन आपके मूल को भुलाया नहीं जाना चाहिए। अगर आप ईसाई मुकलोम या रंगफ्रा नहीं हैं तो आपको अपनी संस्कृति को बचाने की ज़रूरत है। धर्म और संस्कृति का घालमेल नहीं किया जाना चाहिए। ईसाई मुकलोमों को अपने मशहूर गीतों और भाषा को नहीं भूलना चाहिए क्योंकि अगर वे अपने मूल के बारे में नहीं जानते तो किसी दिन यह गुमशुदा समुदाय की तरह हो सकता है। हम नहीं जानते कि शादियों के मंत्र क्या हैं या हमारे पूर्वजों की कहानियाँ क्या हैं।

उपर्युक्त में उल्लिखित के अलावा एक पारम्परिक धार्मिक पुरुष राजनेता कहता है :

> रंगफ्रा अनुयायियों में मैंने एक बहुत अजीब चीज़ देखी है। लोग कुछ खास दिनों या महीनों में मांस खाने से परहेज़ करते हैं और मांस पकाने के लिए अलग रसोई रखते हैं। यह रसोई मुख्य आवास से अलग होती है। मुख्य आवास में वे नहीं पकाते क्योंकि प्रत्येक रंगफ्रा भक्त का व्यक्तिगत मन्दिर होता है।

इसके अलावा, एक पारम्परिक अनुयायी ने यह कहते हुए ध्यान आकर्षित करवाया :

> रंगफ्रा अनुयायियों में भ्रम की हालत लगती है क्योंकि कुछ लोग पुरानी प्रथाओं को छोड़ने की कोशिश कर रहे हैं कुछ लोगों का प्रयास है कि कर्मकांडों के पूरे समुच्चय को न छोड़ा जाए। मिसाल के तौर पर, हाल ही में पास के एक गाँव में मृत्यु के कर्मकांड को लेकर विवाद हो गया। मृतक का परिवार मृतक का अन्तिम संस्कार पारम्परिक तरीके से करना चाहता था। लेकिन चूँकि उन्होंने रंगफ्रावाद की नई आस्था को स्वीकार कर लिया था इसलिए कुछ लोगों ने कहा कि उन्हें रंगफ्रा के नियमों का पालन करना है। अन्ततः सचिव को कर्मकांड का नेतृत्व करने की अनुमति नहीं दी गई क्योंकि वंश के सदस्य ऐसा करने के लिए राज़ी नहीं हुए। यही सब फसलों का त्योहार मनाते समय देखा गया है।

एक और पारम्परिक आस्थावान अपने विचार साझा करती है :

> ईसाई मुकलोमों ने अपने त्योहार और संस्कृति को पूरी तरह से छोड़ दिया है और यही बात रंगफ्रावाद के साथ भी है। हम समझते थे कि इसका मूल संस्कृति से कुछ नाता होगा लेकिन नहीं, यह फिर से पारम्परिक प्रथाओं से पूरी तरह अलग है।

उपर्युक्त साक्षात्कारों से यह स्पष्ट है कि मुकलोमों को सांस्कृतिक और पारम्परिक प्रथाएँ बहुत प्रिय हैं। साथ ही इससे भी इनकार नहीं किया जा सकता कि कोई संस्कृति स्थिर नहीं होती क्योंकि समय के साथ ये विकसित होती रहती हैं। इस बात को समझना महत्त्वपूर्ण है कि मुकलोम (तंगसस) के जीवन में बहुत बड़े बदलाव आए हैं। यह बदलाव खासकर सामाजिक—धार्मिक और सांस्कृतिक प्रथाओं के क्षेत्र में आए हैं। कभी-कभी वहाँ भ्रम की स्थिति लगती है कि सही मायनों में मुकलोमों द्वारा मौलिकता को किस हद तक लुप्त होने से बचाया जा सका है। ईसाइयत और रंगफ्रावाद दोनों किसी-न-किसी तरह पुरानी पारम्परिक और सांस्कृतिक प्रथाओं की यह कहते हुए उपेक्षा करते रहे हैं कि ये पुरानी हो चुकी हैं और आधुनिक प्रथाओं से मेल नहीं खाती हैं।

निष्कर्ष

मुकलोम समाज में धार्मिक प्रथाओं में तेज़ बदलाव देखे गए हैं। ऐसा कहा जा सकता है कि अगर धर्म का अस्तित्व बिना किसी सहायता या समर्थन के है तो यह अमान्य या निरस्त होने के कगार तक पहुच सकता है। लेकिन हम जानते हैं कि

सांस्कृतिक और सामाजिक प्रथाओं का धर्म पर अपने हिस्से का प्रभाव होता है और उसी तरह इसके विपरीत धर्म का प्रभाव उन पर भी होता है। यही चीज़ें सभी तत्त्वों को जोड़कर रखती हैं। इसका प्रभाव उन चीज़ों पर पड़ सकता है जिसे अनुयायी निरन्तर खारिज करते रहते हैं और साथ ही उन पर भी जिसे वे अपनी आस्था और प्रथाओं के रूप में समाहित कर सकते हैं और ऐसा प्रभाव धर्म की स्थापना से ही निरन्तर होता रहता है। चर्चा से यह जाहिर है कि दोनों ईसाई और रंगफ्रा मुकलोमों ने बाहरी प्रभाव की वजह से नई प्रथाओं को स्वीकार किया है। मुकलोम समाज में बदलाव की अवधि स्पष्ट दिखाई देती है। उनकी धार्मिक प्रथाओं में बदलाव से कुछ लोग भ्रमित दिखाई देते हैं। मुकलोमों में पुरानी पारम्परिक प्रथाओं का रंगफ्रावाद की पूजा-पद्धति के साथ समन्वय भी देखा गया है। कुछ लोगों ने ईसाई धर्म अपना लिया है जबकि दूसरों ने पूर्वजों की पूजा-पद्धति को जारी रखा है। यह दर्शाता है कि बदलाव लगातार चलती रहनेवाली प्रक्रिया है और ऐसा होना जारी रह सकता है। फिर भी, कुछ पारम्परिक सांस्कृतिक प्रथाओं को वर्तमान सन्दर्भ में ईसाई और रंगफ्रा मुकलोमों दोनों में देखा गया है। हालाँकि, मुकलोमों की सांस्कृतिक पहचान को गँवाए बगैर किस हद तक बदलाव की अनुमति दी जा सकती है इसकी सीमा को निर्धारित किया जाना ज़रूरी है।

---

i. Meenaxi Barkataki-Ruscheweyh. 2015. Internationals Asien forum, Vol. 46, No. 1-2, pp. 149-167

दोनी-पोलोवाद के कुछ मौलिक सिद्धान्त

श्री ज्ञाती ताजो
ज्ञाती तामिंग और
हागे हलयंग

संकलन और अनुवाद
ज्ञाती राणा

अरुणाचल प्रदेश के मूलनिवासी समूह में अपातानी, अदी, गालो, नईशी, तागिन आदि जनजाति शामिल हैं। उनका दावा है कि वे पहले मानव अबोतानी के वंशज हैं। उनकी अपनी जीवन-शैली और धर्म है जिसे दुनिया दोलई-पोलोवाद या दैनई-पूलोवाद के नाम से जानती है। इन जनजातियों के पास कोई लिखित धर्मग्रन्थ नहीं है लेकिन उनके पास बड़ी मात्रा में मौखिक साहित्य है। अपातानी भाषा में इसे मिजी-मिगुन कहा जाता है। केवल शमन ही (नईबू) इस मौखिक परम्परा के भंडार हैं।

जनजातीय धार्मिक सिद्धान्त एक ईश्वरवादी है हालाँकि अपने तौर-तरीके, अवधारणा और व्यवहार में यह बहु ईश्वरवादी है। उनकी मौखिक परम्पराओं के मुताबिक ब्रह्मांड में जानदार और बेजान दोनों तरह की चीज़ें अनन्त निदेशक शक्ति उई की अभिव्यक्ति हैं। इस अवधारणा को समझने के लिए हमें ब्रह्मांड, धरती, खगोलीय निकायों, आत्माओं, पेड़-पौधों, जानवरों और मनुष्यों की रचना के मौखिक इतिहास को जानना होगा। मनुष्य के अन्य तत्त्वों, आत्माओं के साथ सम्बन्ध, अन्य जीवित वस्तुओं के प्राकृतिक आवास, जन्म, जीवन और मृत्यु की अवधारणा को समझना होगा। खुद ब्रह्मांड की तरह यह विषय बहुत व्यापक है फिर भी इस लेख के माध्यम से मैं आपको डोनई-पोलोवाद की एक झलक दिखाने की कोशिश करूँगा।

I. महान आत्मा उई

1. सृजन

निम्नलिखित आरम्भिक छन्द/लाइनें अपातानी की मौखिक परम्परा मिजी-आखा या ग्यूची-मिजी के सृजन अध्याय से ली गई हैं। यह महान आत्मा उई के अस्तित्व

के बारे में बताती हैं। उई क्या और कौन है? अवधारणा के एतबार से, प्रसंग के आधार पर, और दार्शनिक एतबार से यह उपनिषद के ईश और हेबरिव ओल्ड टेस्टामेंट के एल या अल के समान है। जीवन और सृजन की ब्रह्मांडीय निदेशक शक्ति उई :

"कोलयुन जिमी डू, कोलयुन जामा डू, कोलयुन जी-रारा, अर्रा-ग्यागया उई कोंतू डू,
कोलयुन डोनू मी जिमा डोन मी,
कोलो डोनू मी गोमा, डोनो मी, उई जिडू हूलू, गोंडू ल्यायू, हू गोरी गूला'
कोलयुन लोडू का दूतू दूरी नुन न, अंचन लोडू मी दूतू ला,
कुदी लोडू मी दूतू दोह। कोलो लोबिन का बेरो बेनून हू
अंडो लोबिन मी बेन्तू ला, मुदो लोबिन मी बेरो चादो
हो उचेर हुबयान हो तेकर हूलिन, उरे हुबयान हो तर्सी हूलिन,
जोरतू हुबयान हो दानई, जोरमा हुबयान हो पूलो हूलिन
ल्यूनसी हुबयान हो याशी, ल्ईमू हुबयान हो यामू...।"

सार

"आरम्भ में या कोलयुन के युग में पूर्ण शून्यता थी। गहरी खामोशी में जीवन की अनन्त शक्ति उई के अलावा कुछ नहीं था, न प्रकाश था और न ही अन्धकार। उई का अन्तर्विवेक तेज़ी से बढ़ने लगा और तीव्रता के उस बिन्दु पर पहुँच गया जहाँ उई के अन्तर्विवेक के एकीकरण से सृजन की शुरुआत हो गई। इसकी शुरुआत बहुत तेज़ आवाज़ और कम्पन्न के साथ होती है जिसे क्रमशः लोडू और लोबिन कहा जाता है और अपने तमाम तत्त्वों और खगोलीय निकायों के साथ ब्रह्मांड वजूद में आ गया। उसके बाद जोरतू की छाती से सूर्य जोरमा की छाती से चाँद विकसित हुआ। लाइयुंसी की छाती से याशी (पानी) और लाइमू की छाती से यामू (आग) पैदा हुई...इसी प्रकार सभी तत्त्व और आत्माएँ उई की विभिन्न छातियों से पैदा हुईं।

2. धरती का निर्माण और जानदार चीज़ों का जन्म

हुक कुलिन हो,
उई पोपी कोलयुन पोपी पा, उई सरमिन कोलयुन सरमिन पा,
उई पिनू कोलयुन पिनू पा, उई सियो कोलयुन सियो पा, दूलिन ला।
ज्योतू-रादू, मिडे-प्यारा दूज्यू पा हूला
कुद्दी दोला मी सन्नू ता किन मूदो डोला मी चनको बारकिन हो जी लिन

...हो, नगुरू अन्नू दूलिन सं योरबू-यासी दगुनबू
उनगुनगुनतू अन्नू दूलिन ला मियू-मिमा, अचू-अमयू मी नगुमबू...।

सार

"उसके बाद, उई ने अपनी रचना मनुष्य, जानवर, पेड़-पौधों को जीवित रखने के लिए खुद को पोपी—सरमिन और पिनू—सीयो के रूप में जाहिर किया। उन्होंने इस धरती को दिव्य मिट्टी और पानी से गूँध दिया। उसके बाद उई नगुरू अन्नू के रूप में जाहिर हुई और धरती के विभिन्न भौगोलिक रूप बनाए और एक बार फिर उनगुनगुनतू अन्नू के रूप में खुद को व्यक्त किया और इस धरती पर सभी जानदारों को बनाया"।

3. बुज़ुर्ग आत्माओं/महामानवों का जन्म

"...हो,
प्योनू साबेर बारपयो यत्तू, उई अबन पा उई तादू, नतन अबन पा उरुन तज्ञान। पायोनू अबन पा पयोकी ताजी, उनू अबन पा उमा पिलया। मिखू अबन पा मिखू कारू, ज्ञालन अबन पा ज्ञालन होले, ईयू अबन पा तूरू तुंकर, हर्नयान अबन पा ग्यूत पादा, मयोरू अबन पा मयोतो राधे, शू अबन पा सुत्तो राधे, दोजी अबन पा दोजी बयोई, एमपर अबन पा परबो तालो, ल्याकुन अबन पा ल्याकू बयालो, चूतू अबन पा चूनू तूनू, खारू अबन पा खारू खापे दूलिन...।"।

सार

और मनुष्य के जन्म से पहले, सभी दयालु आत्माओं के जन्म लेनेवालों में उई में सबसे बड़े उई-तादू थे, पयोनू में सबसे बड़े पयोकी-ताजी, मिखू में सबसे बड़े मिखू-कारू, इयू में सबसे बड़े तूरू-तुंकर, मयोरू में सबसे बड़े मयोतो राधे, शू में सबसे बड़े सूत्तो राधे...और इसी तरह आगे और आगे महान आत्मा ने खुद को अभिव्यक्त किया और उई की अलग विधा के रूप में जन्म लिया। उसके बाद निश्चित कार्यक्षेत्र का प्रभार विशेष गुणों और शक्तियों के साथ सँभाल लिया।

4. पहले मनुष्य का जन्म

यह छन्द 'तानी साबरे' के अध्याय मौखिक परम्परा से लिया गया है :

"...नगूनूका अब्रा-अपा अबोतानी मी साबरे बरदूपा, उई हू चन्तू कोचुन हो हिला अब्बू सोका तू, अहा चंगी का चंगी हिला, अहा चापू का चापू हिला,

अहा चाल्यू का चाल्यू हिला, हू निमू तानी अदिन पा साबरे ला, तानी साबरे बारदर लामा।
अहा चारूह चरे का चारूह चरे हिला सोलू नून हू, निकिन तानी मी हेरे हेन्दू पा, उजान-हाइ मी हेम्पा दोपा, नगूनूका अबा-अपा अबोतानी मी साबरे बरतू... ।"

सार

"...मनुष्य की रचना करने के लिए पूर्वज अबोतानी, महान आत्मा अहा चांगी, अहा चापू, अहा चाल्यू आदि विभिन्न तत्त्वों में प्रकट हुए और अपने वीर्य चन्तू अर्थात धरती माँ के जननांग में टपकाए। लेकिन जिन्होंने इससे जन्म लिया वे अपूर्ण तानिस थे और सर्वशक्तिमान की पसन्द के अनुरूप नहीं थे। उसके बाद विवेक और ज्ञान के भगवान अहा चारे चारून के रूप में प्रकट हुए और अपना वीर्य धरती माँ चन्तू और निकिन तानी के जननांग में टपकाया। इससे हमारे पूर्वज अन्धकार से प्रकाश, गलत से सही में फर्क करके पहचानने की शक्ति (चारे-दोरे) के साथ पैदा हुए। इसके साथ ही वे चेतना, जीवन इच्छा, अभिलाषा, अन्तर्दृष्टि, विचार, समझदारी, बुद्धि, बोध, समझ, अकलमन्दी, याददाश्त आदि से भी लैस थे...।

5. उई और दो सूर्य जनतर और जमपिन दानई

मौखिक परम्परा का निम्न छन्द शुरुआती समय में दो सूर्य जनतर दानई और जमपिन दानई का ज़िक्र करता है।

"...कोलयून अरू जनतर दानई हू पिबो पेलन मी बेमपा ला, बायो पेलन मी बेमपा ला नूशिन खेदू, नूजी खेदू रूदू गूदो पा हूमी अहा ग्योले, ग्योले ग्योपू इ पा लो, जनतर जरखू मी ग्योपू पा पुलिंकू...कोल्यून जमपिन दानई, कोल्यून करपिन, करपिन पूलो, चन्तू—दोतू मी बयोबू ला, कुद्दी—मूदो मी बयोबू ला नूशिन तूमू मी, नूजी तूमू मी, बूनई तूमू मी बुआ तूमू मी, मियू तूमू मी मुरपयो गूदो पा... ।"।

सार

"...आदिकालीन जनतर दानई और जमपिन दानई दोनों अलग-अलग दिशाओं से निकलते थे। जनतर दानई इतना ताक़तवर था कि इसकी किरणों के नीचे कुछ बच नहीं पाता था। यह धरती पर हर चीज़ को जला डालता था और जमपिन दानई इस धरती पर उई की रचना, पेड़-पौधे, जानवर और इनसान को जीवन प्रदान करता था।

जब उई ने इसे देखा तो उसने जनतर दानई को नष्ट करने का फैसला किया और कोलयून के जनतर दानई को मार गिराने के लिए एक आदिम उल्कापिंड अहा ग्योले ग्योपू को भेजा। बाद में जनतर के मृत देह को विभिन्न एस्ट्रोआइट्स (छेद वाले मूँगा रत्न) में बदल दिया।

6. प्रहरी अभिभावक; सूर्य और चन्द्रमा (दानई-पूलो)

दानई कर्मकांड के निम्न भजन जाहिर करते हैं कि दानई-पोलो अनन्त और सारभौमिक महान आत्माओं का रूप है और उई की विभिन्न रचनाओं के दरम्यान सबसे ऊपर है।

> *"...दानई-पूलो नो चारून लोमा का हूलू पाखू, कनकू लोमा का सूबी भीखू, कोलयून अन्नू का नूतू नूरी, कोलो अन्नू का हातू हानयो, उजी कुआ का गरतू दानई, मुरता कुआ का लूतू पूलो, उजी दुइन का दूपित दानई, गमबू ता तू बो, मुरता लूतू का लूपिन पूलो, गंदा ता रो बो, जमपिन दानई, करपिन पूलो...।"*।

इसका मतलब है "...ऐ दानियो-पूलो! सभी जानदारों को ज्ञान और बुद्धिमत्ता प्रदान करने के बाद तुम ज्ञान और बुद्धिमत्ता के देवता चारुन के साथ ज्ञान के अवशेष हो। ब्रह्मांड की रचना के बाद बची हुई सामग्री ब्रह्मांड के रचयिता काकू के पास है। तुम समय की देवी कोलयून और कोलो की देखभाल करनेवाली आँख और दयालु दिल हो। तुम शक्तिशाली सूर्य हो जिसका अधिकार-क्षेत्र ऊजी है, मुरता का महान चन्द्रमा सर्वविवेकी, सर्वशक्तिमान और सर्वव्यापी है। तुम महान आत्मा की देखभाल करने और सँभालनेवाले, सुरक्षा करने और मार्गदर्शन करनेवाले सहज गुण की अभिव्यक्ति हो, दयालु और प्रिय सूर्य और चन्द्रमा...।"

इस प्रकार दोनई-पोलो उई की अभिव्यक्ति और वही देवता है जिसका वर्णन अन्य भारतीय और पूर्व के धार्मिक ग्रन्थों में किया गया है। इस प्रकार, इसे सृजन के प्रहरी अभिभावक के तौर पर उई की अभिव्यक्ति समझा जाता है और उस वैचारिक सम्प्रदाय को "दोनई-पोलोवाद" का नाम दिया गया है।

अतः, पूरा ब्रह्मांड जीवन की अनन्त निदेशक और सृजन-शक्ति उई से पैदा हुआ है। हर पदार्थ और तत्त्व और हमारे आसपास की एक एक रचना स्वयं महान आत्मा की अभिव्यक्ति है। यह सभी वस्तुओं का स्रोत है। इससे कुछ छुपा हुआ नहीं है। मूर्ति, छवि या पूजा के लिए कोई तय जगह जैसे मन्दिर, मस्जिद और गिरजाघर न होने के लिए उनका तर्क है कि आप ब्रह्मांड को एक छोटी-सी जगह में कैद नहीं कर सकते।

II. जन्म, मृत्यु और जीवन

1. जन्म की अवधारणा और महान आत्मा उई से सम्बन्ध के बारे में अपातानियों का मानना है कि महान आत्मा जुड़वाँ जन्मदाता देवियों पीनू-यपयान और सियो-ताने के रूप में प्रकट हुईं जो अपने मंच ज़िकेर-ला पान और ज़िरे-ला पान पर हमारी रचना करती हैं। हमें बनाते हुए वे ज्ञान, भाषा आदि के रूप में विभिन्न क्षमताओं के बीज डालती हैं जिन्हें तापयू, ताबयो, आरे-अमयो कहा जाता है। बनाने का काम पूरा करने के बाद हमें धागों के गुच्छे या 'सायू' के सामने रख दिया जाता है। इन धागों में अलग-अलग संख्या में गाँठें होती हैं जो वर्ष को दर्शाती हैं। और उनमें से हमें किसी एक के चयन की अनुमति होती हैं। जो अधिक गाँठों का चयन करता है वह लम्बा जीवन पाता है।

उसके बाद वे मौत का माध्यम चुनने के लिए हमारे सामने कई तत्त्व और पदार्थ रखते हैं। इस प्रकार, "पिनू हेंची हेनको पूची पूडू, हेम्बी हेनको पूबी पूडू" कहा जाता है जिसका अर्थ है कि रचयिता तुम्हें विचारों और प्रवृत्तियों के साथ पैदा करता है।

उसके बाद, हमें आशीर्वाद अर्थात 'ला' के लिए अयो दानई के सुपुर्द कर दिया जाता है। यहाँ पर अयो दानई 'मूरता तापू' नामक दिव्य मिथुन राशि की बलि देता है और इसके मांस को हमारे सामने ला, मुलायम, वसायुक्त मांस के रूप में रख दिया जाता है। यह भौतिक समृद्धता जिसे मिंगो-ला कहा जाता है, ता मो अर्थात शारीरिक शक्ति, मिजी-मिगुन ला अर्थात ज्ञान आदि अच्छे और सकारात्मक वरदान (देनकी ला) में बदल जाती है। सभी स्नायु, हड्डियाँ, चमड़ी आदि नकारात्मक (डेमा ला) बदकिस्मती, अभाव, अज्ञानता, कमज़ोरी आदि के रूप में होती हैं। अपनी प्रवृत्ति के एतबार से हम उसके वरदान (ला) का चयन करते हैं।

उसके बाद, हमको मानव विकास-क्रम की प्रारम्भिक अवस्था में सांसारिक देवता शू-मयोरो या मयोरू-शू की देखरेख में भेज दिया जाता है। घुमन्तू जीवन के दौरान हम शू-मयोरो या मयोरू-शू के बहुत निकट थे जैसे हमारे पूर्वज बड़े पेड़ के नीचे, गुफाओं आदि में रहते थे जो शू-मयोरो या मयोरू-शू का निवास था। बाद में जब हमारे पूर्वजों ने व्यवस्थित जीवन की शुरुआत किया तो सर्व शक्तिशाली ईश्वर ने चन्तुन-बयोरे के रूप में खुद को व्यक्त किया और हमारी रक्षा करने और सँभालने के लिए हमारे साथ हमारे अवासीय मकानों में रहता है।

इन सबके बावजूद, शक्तिमान ने देखा कि अपने जीवन-काल में हमें अपनी भौतिक ज़रूरतों के लिए बाहर जाना पड़ता है। इस तरह कहीं हम संयोग से दूसरी आत्मा के क्षेत्र में दाखिल हो जाएँ तो भौतिक नुकसान से बचाने के लिए यह हमारे शरीर में 'गूनू-पिलया' के रूप में रहता है। यह आत्मा हमारे शरीर के अन्दर ऊर्जा और शक्ति का संचार करती है।

2. मृत्यु और मृत्यु के बाद जीवन

नैतिक शब्दावली में मृत्यु को 'तूरन-दरनूह' कहा जाता है जिसका अर्थ रूपान्तरण या बदलाव है। मृत्यु अन्त नहीं है, अनन्त सृजन जारी है और मृत्यु इसका एक भाग है। महान आत्मा उई के खंड के रूप में यालो के नाम से ज्ञात आत्मा जब तक भौतिक शरीर में रहती है व्यक्ति ज़िन्दा रहता है। जब यालो या आत्मा शरीर छोड़ देती है यह उई बन जाती है और शरीर विभिन्न तत्त्वों में तब्दील और एकीकृत हो जाता है।

दोनई-पोलोवाद के दर्शन में भारत की दूसरी पुरानी दार्शनिक विचारधाराओं की तरह पूनर्जन्म की अवधारणा बहुत स्पष्ट नहीं है। इनके यहाँ पाप या स्वर्ग और नर्क की कोई अवधारणा नहीं है जहाँ आत्माओं को इनाम या सज़ा दी जाती है। बल्कि मात्रा और तीव्रता के एतबार से मनुष्य द्वारा अच्छे और बुरे काम के हो जाने को वे स्वीकार करते हैं और उसमें विश्वास करते हैं।

वे सख़्ती के साथ "पेरुन मल्ली सू अगुन, तप्पे मल्ली सूबू अगुन, इंगीन चितू रन्नू अगुन, इंगी चोतो तुन्नू अगुन" के सिद्धान्त पर विश्वास करते हैं। इसका मतलब है "जैसा तुम बोओगे वैसा काटोगे"। न केवल इस संसार (नेहा) में बल्कि यह सिद्धान्त अन्य आत्मिक क्षेत्र नेली में भी प्रचलित है। नेली ज़मीन के नीचे की वह दुनिया है जहाँ स्वाभाविक मौत मरनेवाले की आत्मा जाती है और एक अन्य संसार तालू है जहाँ अपरिपक्व और अस्वाभाविक मौत मरनेवालों की आत्मा जाती है। माना जाता है कि यह स्थान आसमान में कहीं है।

नेली या तालू में जीवन हमारे अच्छे या बुरे कर्मों पर निर्भर नहीं करता है। हर कर्म और क्रिया-कलाप का हिसाब उसके क्षेत्र में रखा जाता है। इस तरह विभिन्न क्षेत्रों में जाना केवल पहले से तय मौत पर निर्भर करता है जिसका चयन उसने अपने निर्माण के दौरान किया था। यह दोनों क्षेत्र स्वर्ग और नर्क की तरह नहीं हैं बल्कि यह केवल धरती के अक्स हैं। यह जगहें ऐसी नहीं हैं जहाँ कोई सज़ा काटने या इनाम के

तौर पर मज़े करने जाता है। बल्कि वैसा ही जीवन बिताने जाता है जैसे वह धरती (नेहा) पर बिताता था।

अगर आप अच्छे आदमी थे और धरती पर आपने सीधा सादा और समृद्ध (नेहा) जीवन बिताया है तो आप नेली पर वैसा ही जीवन गुज़ारना जारी रखेंगे। और अगर आप बुरे, अनैतिक व्यक्ति थे और विध्वंस और पाप से भरा जीवन व्यतीत किया था तो आपको नेली में भी कोई राहत नहीं मिलेगी।

3. जीवन और इसका दर्शन

इसलिए हम अबोतानी और खासकर अपातानी के वंशजों का मानना है कि हर किसी को प्रदान की गई विशेष शक्ति और विवेक द्वारा प्रदत्त विशेष मार्गदर्शन से धरती पर अच्छा और नैतिक जीवन बिताने का लक्ष्य रखना चाहिए। पारम्परिक कानून से भी यह स्पष्ट है जो सज़ा के निर्धारण के मुकाबले में विवेक को अधिक सम्बोधित करता है। इसलिए, वे अच्छा जीवन जीने का प्रयास करते हैं ताकि नेली या तालू में फिर उन्हें दयनीय जीवन न बिताना पड़े।

इस प्रकार, नैतिक रूप से ज़िन्दगी गुज़ारने का प्रोत्साहन स्वर्ग या नर्क के विचार से नहीं मिलता। यह सामूहिक विवेक है जो पूर्वजों और गुरुजनों द्वारा जीवन और इसकी समस्याओं को न्यायिक शक्ति से सुलझाने के अनुभव से हासिल हुई थी। ऐसे ज्ञान को नितिन-होरमिन के रूप में संकलित किया जाता है। इसे बचाकर रखा जाता है और मौखिक रूप से हस्तानान्तरित किया जाता है। यह हमारे व्यवहार का मार्गदर्शन करता है।

यह जनजातियाँ खासकर अपातानी बहुत करीबी बन्धन में बँधे हुए समाज हैं और इसका मज़बूत सामुदायिक बन्धन है। इसलिए इनकी नैतिकता मानव-कल्याण के विचारों से शुरू होती है जिसे दानई-शू लेंडा के रूप में जाना जाता है। यह ऐसा सीधा रास्ता है जिसकी राह पूर्वजों के जीवन के अनुभवों के माध्यम से दिखाई गई है दैवीय फरमान के माध्यम से नहीं। यह जनजातियाँ एक तरह की 'संचार आचार नीति' की वकालत करती हैं जो उच्चतम मूल्य के रूप में मानव-कल्याण के इर्द-गिर्द घूमती है। और कोई भी कार्य जो इसके लिए खतरा है उसे समाज में 'बुरा' माना जाता है। किसी मानव-समाज में यह सद्भाव पूर्ण और सहयोग पूर्ण जीवन जीने का स्वयं का अक्स है जो इस आचार-नीति की उत्पत्ति की वजह बना।

एक अन्य महत्त्वपूर्ण और विचित्र सिद्धान्त दोनई-पोलोवाद के दर्शन को प्रकृति के साथ 'सगे भाई-बहन के सम्बन्ध' का दर्शन बनाता है। उनके ब्रह्मांड विज्ञान के अनुसार उनगू नगून्तू अन्नू ने पौधों, मनुष्यों समेत सभी जानदारों को जन्म दिया। ये सर्वश्रेष्ठ रचनाएँ हैं लेकिन मनुष्यों के अलावा बहुत से जानवरों को भी पहले मानव अबोतानी का वंशज माना जाता है। इसलिए हम सब सगे भाई-बहन हैं। परिणामस्वरूप, मनुष्य को विश्व-क्रम में उच्च स्थान प्राप्त नहीं है। इसके विपरीत, वे दुनिया में अन्य रचनाओं के बराबर हैं। इसलिए न केवल अपने आसपास की रचनाओं से प्रेम और सम्मान की आशा की जाती है बल्कि उनकी देखभाल की ज़िम्मेदारी भी है।

पिनू पूनू, लयानू गोनू, दानई-पूलो
शू-मयोरो, लयामपिन चनतून, गूनू पिलया,
नगूनू मूलन रूमी बूनू पूलयी, मिलो लेला पा,
तूमित तुग्गू, रूमिन रुग्गू ला हूबू जिनजिन,
मेलो कोको ला हापू बूलू, हबया बूला कूने तोपे।

नोट/आभार : यह लेख हरी गाँव ज़ीरो घाटी के श्री ज्ञाती ताजो, श्री ज्ञातो तामिंग और श्री हागे हलयंग के परामर्श और मौखिक परम्पराओं पर आधारित है। इसे वाइस रिकॉर्डर के माध्यम से रिकॉर्ड किया गया है। हालाँकि अनुवाद और सम्पादन लेखक द्वारा किया गया है।

पर्यावरण-धर्मी (ईकोरेलिजियस) सेंगर समुदाय

ममती आई
किंग एसिया
ओमारे साइमन गिसेज और
एमिली चोगे

सेंगवर समुदाय का सामाजिक-ऐतिहासिक विवरण

ब्लैकबर्न (1970, पृ. 3) ने ओगीक लोगों के बारे में व्यापक अध्ययन किया है। वह संक्षेप में कहते हैं कि "ओगीक केन्या में सबसे व्यापक रूप से फैली जनजातियों में से एक है, जो हाल के दिनों में, केन्या के लगभग सभी उच्च वन क्षेत्रों में रह रहे हैं। परम्परागत रूप से वे शिकार करने और संग्रह करनेवाली जनजाति हैं।" वह केन्या में पाए जानेवाले ओगीक की विभिन्न श्रेणियों जैसे चेरांगनी, डिगिरी आदि पर प्रकाश डालते हैं। उनका कहना है कि केन्या के लिए कुल मिलाकर 30 ओगीक समूह हो सकते हैं। वह मऊ ओगीक के आधार पर अपने अध्ययन में एक क्षेत्रीय नज़रिया अपनाते हैं, यह दृष्टिकोण प्रकृति में सामान्य है जो ओगीक लोगों की विभिन्न श्रेणियों की एकरूपता को चित्रित करता है। वह आगे कहते हैं कि प्रत्येक ओगीक समूह खुद को अन्य समूहों से अलग सामाजिक एकता के रूप में मानता है। ओगीक केन्या और तंजानिया में पाए जानेवाले सभी प्रकार के शिकारियों और संग्रहकर्ताओं को सन्दर्भित करने के लिए इस्तेमाल किया जानेवाला सामान्य शब्द है। इस अध्ययन ने ओगीक के एक विशिष्ट श्रेणी समूह का अध्ययन करने की माँग की, जो सेंगवर हैं जिन्हें आमतौर पर चेरांगनी भी कहा जाता है। इस अध्ययन में कहा गया है कि सेंगवर ओगीक समूह का हिस्सा होने के बावजूद, उनके पास धर्म, इतिहास, भौगोलिक, सांस्कृतिक बातचीत पर विशिष्ट विशेषताएँ हैं जो अन्य ओगीक समूहों से अलग हैं।

सेंगवर देशज लोग एक जातीय अल्पसंख्यक हैं जो परम्परागत रूप से शिकारी और संग्रहकर्ता हैं, जिनकी पुश्तैनी भूमि पश्चिमी केन्या में रिफ्ट वैली प्रान्त में चेरांगनी हिल्स के जंगलों में और उसके आसपास स्थित है। वर्तमान में उन्हें एक देशज,

हाशिये पर, पीड़ित, कुपोषित, अच्छी तरह से शिक्षित नहीं, गरीब, शक्तिहीन और भेदभाव ग्रस्त के रूप में चित्रित किया गया है। केन्या सरकार द्वारा इस समुदाय का जंगल से जबरन विस्थापन और बेदखली के माध्यम से स्पष्ट है कि संविधान में निहित उनके मूल मानवाधिकारों की अवहेलना की जा रही है (यतोर, पर्सनल कम्युनिकेशन, अगस्त 27, 2016)। यतोर आगे कहते हैं कि सेंगवर की आजीविका, स्वास्थ्य व्यवस्था और संस्कृति पूरी तरह से जंगलों में पाए जानेवाले प्राकृतिक संसाधनों पर निर्भर करती है, इसलिए जंगल न केवल उनकी आजीविका के लिए बल्कि उनके अस्तित्व के लिए भी बहुत महत्त्वपूर्ण है। चूँकि वन उन्हें आध्यात्मिक संरक्षण प्रदान करते हैं और उनकी सांस्कृतिक और पारम्परिक प्रथाओं का समर्थन करते हैं, इसलिए वे चौकसी से जंगल की रक्षा करने के लिए बाध्य हैं।

केन्याई संविधान सेंगवर को अल्पसंख्यक और हाशिये के समूह के रूप में मान्यता देता है। उनके अधिकार अनुच्छेद 56 में निहित हैं। केन्या में आन्तरिक रूप से विस्थापित व्यक्तियों के पुनर्वास पर संसदीय चयन समिति की रिपोर्ट ने सेंगवर समुदायों को 18वीं शताब्दी के बाद से चेरंगनी पहाड़ियों में रहनेवाले देशज आदिवासी के रूप में मान्यता दी है।

सेंगवर को किमाला के रूप में भी जाना जाता है, ये एम्बोबट के देशज लोग हैं जो पूरे एम्बोबट जंगल में फैले हुए हैं। एम्बोबट जंगल में सेंगवर लोगों के एक हजार पाँच सौ छियालीस (1546) घर हैं। यह समुदाय 18वीं सदी से इस जंगल में रह रहा था और जिस जमीन पर उनका कब्जा था वह उनकी पुश्तैनी जमीन थी। औपनिवेशिक सरकार के आने के बाद भी उन्हें उस जमीन पर रहने के लिए परमिट जारी किये गए थे। (पीएससी रिपोर्ट, 2012)

उन्होंने जंगल और वहाँ पाए जानेवाले प्राकृतिक संसाधनों का उपयोग अपने पूर्वजों और दादा-परदादाओं के लिए लंगर डालने के रूप में किया। इसने उन्हें अपनी पैतृक-भूमि के रूप में जंगल से लगाव के कारण जंगल से बेदखल करने के प्रयासों को सख्ती से खारिज करने के लिए प्रेरित किया है। संयुक्त राष्ट्र की देशज लोगों के अधिकारों पर घोषणा के अनुसार, हाशिये पर पड़े समुदाय के रूप में सेंगवर के अधिकारों के सम्बन्ध में केन्याई सरकार संविधान और उसके अन्तरराष्ट्रीय दायित्वों का पालन करने में विफल रही है।

सेंगवर को मासाई द्वारा चेरांगनी उपनाम दिया गया था, जो उनके पड़ोसी थे, जिसका अर्थ है 'जिन लोगों के पास कोई मवेशी नहीं था' (किबेट, पर्सनल कम्युनिकेशन, अगस्त 28, 2016)। किबेट ने आगे बताया है कि उन्हें उनके पड़ोसियों द्वारा डोरोबो के रूप में उपनाम दिया गया था क्योंकि वे औपनिवेशिक आकाओं द्वारा उनकी सीमाओं को बदल दिये जाने के बाद चारों ओर बिखर गए। डोरोबो का मतलब यह भी था कि लोगों का एक समूह जो शिकार और मधुमक्खी पालन पर निर्भर था,

इस शब्द का इस्तेमाल अन्य समुदायों द्वारा एक शिकारी जनजाति के बारे में बताने के लिए भी किया गया था। यह आरोप लगाया जाता है कि सेंगवर एक अलग जातीय समूह है, 'हम मारकवेट नहीं हैं, बल्कि सेंगवर...अरापकामुसेन, (केन्या भूमि आयोग, 1932)।

अन्य कलेंजिन उप-जनजातियों की तरह सेंगवर मिस्र से अपने जड़ की तलाश करते हैं (साम्बु, 2007)। इनकी उत्पत्ति मिश्री से हुई थी जिसे वर्तमान मिस्र माना जाता है। अपने प्रवास के दौरान उन्होंने नील नदी का अनुसरण किया और पहले एल्गॉन पर्वत की ढलानों पर और बाद में उसिनगिशु के मैदानों पर बस गए। मिथकों की उत्पत्ति उनके महान पितृसत्ता से 'सेंगवर' नाम के एक व्यक्ति के रूप में हुई है। सेंगवर ने सिरिकवा और मित्या नाम के दो बच्चों को जन्म दिया। माउंट एलगॉन के बाद, वे उसिनगिशु के मैदानी इलाकों में चले गए जहाँ उन्होंने उसिन में रहनेवाले मासाई के सम्पर्क में आए (यतोर, व्यक्तिगत संचार, 27 अगस्त, 2016)।

प्रारम्भ में, सेंगवर दो स्थानों (सोई, और मोसोप) के बीच आना-जाना करते थे। ठंड के मौसम में वे सोई तराई क्षेत्रों में रहते थे लेकिन शुष्क मौसम के दौरान मोसोप हाइलैंड्स में रहते थे। मित्या के वंशज हाइलैंड्स से प्यार करते थे और वे वहीं बस गए थे, जबकि सिरिकवा की सन्तान वर्तमान ट्रांस नज़ोइया काउंटी, उसिनगिशु काउंटी और काकमेगा काउंटी के मैदानी इलाकों में बस गए थे। सिरिकवा के पहले बेटे का नाम चेपकॉयल था। पहले के लोग बताते हैं कि मैदानी इलाकों को कपचेपकोइल क्यों कहा गया है। औपनिवेशिक सरकार के खिलाफ लड़ाई के दौरान अफ्रीकियों को आगे जंगल में ले जाया गया, क्योंकि उन्होंने गोरे बाशिन्दों के लिए रास्ता बनाया (किप्टम, पर्सनल कम्युनिकेशन, अगस्त 26, 2016)।

मित्या और सिरिकवा के वंशजों ने सेंगवर लोगों के विभिन्न कुलों का गठन किया, जिनमें कपटेटेक, किप्सिरट, कमेंगेटियोनी (कोपोच और कपकोटेट), कपलेमा, कामेसीउ, कपचेपोरोवो, कपचेपर (कप्तोयोई), कपम्पो, कप्टोगोम, कपचेरोप, काकी-सांगो, किमारिच), कप्सोमेई (कपसेटो) शामिल हैं। सेंगवर के लिए पैतृक क्षेत्र उसिनगिशु काउंटी में किपोरुम नदी से शुरू होता है (किप्रुटो, पर्सनल कम्युनिकेशन, अगस्त 26, 2016)। यह ज़ीवा (सिरिकवा) केन्द्र, मोइबेन पोस्टा और उसिनगिशु में कोस पहाड़ियों के माध्यम से काप्सुम्बेवेट नदी के साथ फैली हुई है। कोस की पहाड़ियों से यह मोइबेन नदी में मिल जाती है। किप्रूटो आगे बताते हैं कि सीमा मोइबेन नदी और कोन्गिप्से और किमोवो धाराओं के संगम तक फैली हुई है। यह पूर्व की ओर मुड़कर मारकवेट जिले में एम्बोपुट स्थान में मैरोन उप-स्थान के क्षेत्रों को कवर करती है। पश्चिम की ओर यह मारकवेट/पश्चिम पोकोट और मारकवेट सीमा के साथ कामोलोकोन तक फैली हुई है। यहाँ से यह सेबिट, सोमोर, फिर कोंगेलाई और स्वोम नदी तक फैली हुई है। स्वोम नदी से स्वोम और चेप्टेंडेन नदी के संगम तक।

चेप्टेंडेन नदी और मोइबेन नदी के संगम तक जहाँ ये दोनों नदियाँ किबूरोम से मिलती हैं। सेंगवर लोगों ने इस क्षेत्र के भीतर हाइलैंड्स और तराई दोनों पर कब्जा कर लिया। इन क्षेत्रों का उपयोग सेंगवर द्वारा जंगली जानवरों के शिकार, संग्रह, फल, मधुमक्खी के छत्ते बनाने और दवा एकत्र करने के लिए किया गया था (चेबी, पर्सनल कम्युनिकेशन, 25 नवम्बर, 2016)।

जब औपनिवेशिक सरकार आई, तो उन्होंने तराई पर कब्जा कर लिया और भूमि को कृषि भूमि में बदलकर गेहूँ और मक्का का उत्पादन किया। सेंगवर जंगल के भीतर रहे जो उनके आध्यात्मिक संरक्षण का घर था। चूँकि सेंगवर लोग अलग-अलग कुलों से बने थे, इसलिए उन्होंने चेरांगनी पहाड़ी के विभिन्न हिस्सों को विभाजित किया। प्रत्येक कबीले का अपना क्षेत्र था जहाँ उन्हें शिकार करना, शहद इकट्ठा करना और अन्य सभी गतिविधियाँ करनी थीं। एक व्यक्ति को अपनी सभी गतिविधियों को दूसरे क्षेत्रों के भीतर करने के लिए प्रतिबन्धित किया गया था। यदि कोई शिकार करना चाहता था, किसी अन्य क्षेत्र से शहद की दवा और फल एकत्र करना चाहता था, तो उन्हें उस विशेष क्षेत्र के बुजुर्गों से अनुमति लेनी होती थी। इस प्रणाली ने सामुदायिक संसाधनों को नष्ट करनेवाले अपराधियों को दंडित करके संसाधनों का स्थायी उपयोग किया जाना सुनिश्चित किया। (किमेली, पर्सनल कम्युनिकेशन, 25 नवम्बर, 2016)।

सेंगवर धर्म

ईसाई धर्म और उपनिवेश के एजेंटों के आने से पहले सेंगवर लोगों की एक मजबूत धार्मिक व्यवस्था थी। यह धार्मिक व्यवस्था ईसाई धर्म, इस्लाम और बौद्ध धर्म जैसे प्रमुख विश्व-धर्मों के विपरीत थी, जो एक संस्थापक से अपनी उत्पत्ति को जोड़ते हैं। सेंगवर धर्म में न तो संस्थापक और न ही लिखित ग्रन्थ हैं। अन्य अफ्रीकी धर्मों की तरह, सेंगवर विश्वास-प्रणाली एक पीढ़ी से दूसरी पीढ़ी को मौखिक रूप से सौंपी जाती है। जॉन एमबीटी (1976, पृ. 115) के अफ्रीकी धर्म से सम्बन्धित दावे की ओर इशारा करते हैं कि अफ्रीकी धर्म हमारे पूर्वजों की सोच और अनुभवों की उपज है। उन्होंने धार्मिक विचारों का निर्माण किया, उन्होंने धार्मिक विश्वासों का निर्माण किया, उन्होंने धार्मिक समारोहों और अनुष्ठानों का पालन किया, उन्होंने कहावतों और मिथकों को बताया जो धार्मिक अर्थ रखते थे, और उन्होंने ऐसे कानूनों और रीति-रिवाजों को विकसित किया जो व्यक्ति और उसके समुदाय के जीवन की रक्षा करते थे।

अफ्रीकी पारम्परिक धर्म के अन्तर्गत सेंगवर धर्म पर अफ्रीकी विद्वानों ने व्यापक रूप से लिखा है (अवोलालू एट अल 1979, इडोवु और बोलाजी 1962)। उदाहरण के लिए ए.सी. लियोनार्ड (1966, पृ. 429) स्पष्ट रूप से कहते हैं कि

इन मूलनिवासियों का धर्म (अफ्रीकी) उनका अस्तित्व है और उनका अस्तित्व ही उनका धर्म है, यह उस सिद्धान्त का पूरक है जिस पर उनका कानून लागू होता है और नैतिकता का निर्णय होता है। उनके सामान्य जीवन का पूरा संगठन इससे इतना गुँथा हुआ है कि वे इससे दूर नहीं हो सकते। हिन्दुओं की तरह वे धार्मिक रूप से खाते हैं, धार्मिक रूप से पीते हैं और धार्मिक रूप से गाते हैं। मेरा मतलब है कि सेंगवर का जीवन उनके धर्म से जुड़ा हुआ है, धर्म उनके जीवन और अस्तित्व के लिए अर्थ प्रदान करता है।

सेंगवर लोगों का मानना है कि वे सेंगवर नामक एक सामान्य पूर्वज से उत्पन्न हुए थे जिसे असीस ने बनाया था। असीस पर ब्रह्मांड के सभी प्राकृतिक संसाधनों के निर्माण का दायित्व है। यह देखा जाता है कि प्राकृतिक पर्यावरण संरक्षण में भाग लेना और प्राकृतिक पर्यावरण संसाधनों की देखभाल करना अलौकिक प्राणी के प्रति कृतज्ञता को पूरा करने का एक तरीका है। शोध के दौरान, यह नोट किया गया था कि, सेंगवर के पास इस बात की कोई निर्णायक कहानी नहीं है कि पृथ्वी का निर्माण कैसे हुआ (तेरेकोई, पर्सनल कम्युनिकेशन, 15 नवम्बर, 2016)।

यह ध्यान दें योग्य है कि, वह अलौकिक प्राणी जिस पर सेंगवर विश्वास करते हैं उसका सम्बन्ध सूर्य से है (किपकोरिर, पर्सनल कम्युनिकेशन नवम्बर 18, 2016)। सेंगवर का विश्वास है कि सूर्य ही जीवन है, सूर्य के बिना सब व्यर्थ होगा। सूर्य असीस की आँख है जो सभी को देखता है, इसलिए उसकी आज्ञा अनिवार्य है अन्यथा वह उन लोगों को दंडित करेगा जो पृथ्वी पर उसके व्यक्तित्वों जैसे कि पुजारी, भविष्यवक्ता जैसे लोगों की शिक्षाओं के खिलाफ जाएगा। इसलिए, प्राकृतिक पर्यावरण संरक्षण पर असीस के कानूनों का पालन करना सभी के लिए आवश्यक है। सभी प्रार्थनाएँ असीस को की जाती हैं। सेंगवर ने दिन में तीन बार, सुबह, दोपहर और शाम को प्रार्थना करके इसे एक परम्परा बना दिया। दैनिक प्रार्थना के अलावा, उन्होंने शिकार से पहले, सुरक्षा और इलाज के दौरान आशीर्वाद के लिए प्रार्थना की। जॉन एमबीटी (1976, पृ. 3) बताते हैं कि पहले की अन्य अफ्रीकी धर्मों की तरह 'अधिकांश प्रार्थनाएँ सीधे और विशेष रूप से भगवान को सम्बोधित की जाती हैं। उनका आमतौर पर उनके व्यक्तिगत या गुणवाचक नाम से उल्लेख किया जाता है, लेकिन कभी-कभी उन्हें केवल उनके निहितार्थ से ही सम्बोधित किया जाता है। अफ्रीकी धर्म में प्रार्थनाओं के सम्बन्ध में एमबीटी ने भी इस नज़रिये का समर्थन किया है, वे कहते हैं, "अधिक नहीं, दस प्रतिशत से अधिक देवताओं, आत्माओं, जीवित मृतकों और प्राकृतिक व्यक्तित्व (पेड़, नदियों, पृथ्वी आदि) को सम्बोधित हैं। कुछ मामलों में हमारे पास राष्ट्रीय नायकों और संस्थापकों को सम्बोधित प्रार्थनाएँ हैं (ibid : 3)।" प्रार्थना के दौरान, यह सभी का कर्तव्य था कि वे असीस द्वारा दिये गए प्राकृतिक पर्यावरण संसाधनों के लिए प्रार्थना करें।

असीस को सर्वव्यापी (हर जगह मौजूद), सर्वशक्तिमान (सभी शक्तिशाली) और सर्वज्ञ (सभी जाननेवाला) माना जाता है।

भगवान अपने मुख्य एजेंट इल्लत के माध्यम से अपनी शक्तियों का प्रयोग करते हैं, इन्हें प्रकाश और बारिश के माध्यम से देखा जाता है। इल्लत (गड़गड़ाहट के देवता) बारिश से जुड़े हुए हैं। गर्मी के मौसम के दौरान, बारिश लाने के लिए खुश करने के लिए इल्लत को बलि चढ़ाई जाती है। वह क्रोध और प्रतिशोध से भी जुड़े हैं जिससे वह सूखे का कारण बनते हैं या क्रोधित होने पर लोगों पर बिजली से प्रहार करते हैं। इस विश्वास ने समुदाय को प्राकृतिक पर्यावरण संसाधनों को अच्छी तरह से संरक्षित करके हमेशा आध्यात्मिक दुनिया के साथ और सद्भाव में रहने का प्रयास करने के लिए प्रेरित किया। उनका मानना है कि ईश्वर अपने मुख्य प्रतिनिधि इल्लत का उपयोग ब्रह्मांड में व्यवस्था लाने और लोगों को चेतावनी देने के लिए करता है। इल्लत ईश्वर और सेंगवर के बीच मध्यस्थ के रूप में भी कार्य करता है। एमबीटी (1989, पृ. 70) का मानना है कि अफ्रीकी मानते हैं कि भगवान ने विशेष रूप से आत्माओं को उनके और आदमियों के बीच मध्यस्थ के रूप में कार्य करने के लिए बनाया है। सेंगवर आत्माओं को खुश करने के लिए अपने वातावरण में पाए जानेवाले प्राकृतिक संसाधनों का उपयोग करके आत्माओं का आह्वान करते हैं और इल्लत के माध्यम से भगवान को बलि चढ़ाते हैं और प्रार्थना करते हैं। इल्लत मुख्य प्रतिनिधि होने के नाते बलिदानों को स्वीकार या अस्वीकार करने के लिए जिम्मेदार थे।

किप्रोनो ने खुलासा किया कि सेंगवर ने विशेष रूप से पैतृक आत्माओं को सम्मानित किया (पर्सनल कम्युनिकेशन, 11 नवम्बर, 2016)। पूर्वजों में विश्वास आन्तरिक रूप से सेंगवर धर्म से जुड़ा हुआ है। ए.ई. ओरोबेटर (2008, पृ. 107) के अनुसार एक पूर्वज एक जीवित समुदाय का रक्त-सम्बन्धी होता है। यह सम्बन्ध साझा वंशावली की हो सकती है। पूर्वजों में विश्वास समुदाय के जंगल से घनिष्ठ लगाव से जुड़ा हुआ है, क्योंकि उनका मानना है कि पैतृक आत्माएँ जंगल में रहती हैं, इसने सेंगवर को जंगल और प्राकृतिक पर्यावरण संसाधनों के संरक्षण के लिए प्रेरित किया।

सेंगवर धर्म ने प्राकृतिक संसाधन संरक्षण पर उनके विश्व-दृष्टि का आधार बनाया जो उनके सामाजिक सम्बन्धों और शासन के तरीकों से मेल खाता है, जिसे बाद के खंड में प्रस्तुत किया गया है।

सेंगवर समुदाय की शासन-व्यवस्था

सेंगवर समुदाय के शासन का पारम्परिक तरीका कुलों से बना था। प्रत्येक कबीले के पास अपने पैतृक क्षेत्र का अपना हिस्सा था जिसकी सीमाओं को नदियों, पहाड़ियों, पेड़ों और पत्थरों द्वारा चिह्नित किया गया था। जंगल का प्रबन्धन जैसा कि बाद

में चर्चा की जाएगी, विभिन्न कुलों से प्राप्त बुज़ुर्गों की परिषद के तहत किया गया था। प्रत्येक कबीले के पास मैदानी इलाकों और जंगल का एक हिस्सा था, जिससे चेरांगनी पहाड़ियों का निर्माण हुआ है। शिकार और संग्रह करना कुलों द्वारा अच्छी तरह से व्यवस्थित किया गया था। इसलिए, एक निश्चित कबीले के सदस्य को शिकार करने, शहद लाने और अन्य कुलों के क्षेत्रों में फल इकट्ठा करने की अनुमति नहीं थी (किप्टू, पर्सनल कम्युनिकेशन, अगस्त 26, 2016)।

प्रत्येक कबीले का नेतृत्व 'ओरकोई' के रूप में जाने जानेवाले बुज़ुर्गों द्वारा किया जाता था, जिसका अर्थ है पर्यवेक्षक, जिसके ऊपर कबीले के सदस्यों के सामंजस्यपूर्ण जीवन की जिम्मेदारी होती थी। प्रत्येक कबीले के बुज़ुर्ग समुदाय को नियंत्रित करनेवाले नियमों के लिए जिम्मेदार थे। प्राकृतिक पर्यावरण संसाधनों के सतत उपयोग को सुनिश्चित करने में बड़ों ने महत्त्वपूर्ण भूमिका निभाई। सेंगवर का सामाजिक जीवन धार्मिकता पर आधारित था, व्यक्तिवाद को उनकी धार्मिक, सामाजिक और आर्थिक गतिविधियों जैसे शिकार और शहद इकट्ठा करने के माध्यम से अत्यधिक हतोत्साहित किया गया था।

लिमो, (पर्सनल कम्युनिकेशन, 26 नवम्बर, 2016) का दावा है कि प्रत्येक कबीले पर समुदाय की ओर से अपने क्षेत्र के भीतर सभी संसाधनों की देखभाल करने की जिम्मेदारी थी।

एम्बोबट वन के संरक्षण और सेंगवर समुदाय

क्षेत्र के काम के दौरान, यह स्थापित किया गया था कि, सेंगवर समुदाय के लिए प्राकृतिक पर्यावरण संसाधन महत्त्वपूर्ण थे, क्योंकि उनका जीवन, संस्कृति, आहार, आर्थिक और औषधीय दोनों उद्देश्यों के लिए पूरी तरह से इस पर निर्भर था।

यह महसूस किया गया कि सेंगवर लोग दुनिया को एक धार्मिक चश्मे से देखते थे, इसलिए ब्रह्मांड को बड़े पैमाने पर धार्मिक ब्रह्मांड के रूप में देखा जाता था, इसी मान्यता के अनुसार व्यवहार किया जाता था। इसलिए सेंगवर धर्म ने पर्यावरण और उसमें मौजूद प्राकृतिक संसाधनों के प्रभावी और टिकाऊ उपयोग को प्रभावित करने और सुनिश्चित करने में महत्त्वपूर्ण भूमिका निभाई। यह वर्जनाओं (प्रतिबन्धों) और कुलदेवताओं के उपयोग के माध्यम से सम्भव हुआ जो जंगल में पौधों और जानवरों से जुड़े थे।

इससे पता चला कि सेंगवर लोगों के बीच पाई जानेवाली मौखिक परम्पराएँ जैसे कि कहावतें, पहेलियाँ, गीत और कहानी सुनाना, पर्यावरण की रक्षा सुनिश्चित करने में महत्त्वपूर्ण थे। मौखिक साहित्य ने भी पर्यावरण के सौन्दर्य की सराहना की। इसका उपयोग समुदाय के सदस्यों के बीच पर्यावरण जागरूकता पैदा करने और पर्यावरण ज्ञान के साथ युवाओं को प्रभावित करने के लिए भी किया जाता था।

इसलिए, मौखिक साहित्य के उपयोग के माध्यम से समुदाय के सदस्यों में पर्यावरण के प्रति सकारात्मक नज़रिया को कम उम्र में ही विकसित किया जाता था।

यह अनुमान लगाया गया था कि सेंगवर धार्मिक विश्व-दृष्टि प्राकृतिक पर्यावरण संरक्षण को प्रभावित करती है और अभी भी इसका उपयोग बड़े पैमाने पर एम्बोबट वन और चेरांगनी जलग्रहण टावर में पाए जानेवाले प्राकृतिक संसाधनों के संरक्षण को सुनिश्चित करने के लिए किया जा सकता है। इसलिए, सेंगवर धार्मिक विश्व-दृष्टि में आधुनिक समाज में प्रकृति प्रबन्धन का एक नियम है।

सेंगवर द्वारा अपने महत्त्वपूर्ण संसाधन, एम्बोबट वन के संरक्षण की कोशिशों के बावजूद, शोध के निष्कर्षों से पता चला कि धर्म के सामने कुछ चुनी गई चुनौतियाँ हैं। अध्ययन ने चुनौतियों की पहचान की जैसे : औपनिवेशिक और उत्तर-औपनिवेशिक सरकारी उत्पीड़न, आधुनिक धर्म, जनसंख्या वृद्धि, विकास की पहल और सांस्कृतिक अन्तर। शोध-पत्र ने आगे खुलासा किया कि ऐसे कई तरीके हैं जिनसे सेंगवर ने जंगल के संरक्षण में उसके सामने आनेवाली चुनौतियों का जवाब देने की कोशिश की है। उनकी संस्कृति और धार्मिक प्रथाओं की रक्षा और संरक्षण के लिए कपोलेट में सेंगवर सांस्कृतिक और सूचना केन्द्र (एससीआईसी) और पारम्परिक 'कोपसेंगवर' घरों की स्थापना करनेवाले सेंगवर लोगों द्वारा उनसे मुकाबला किया गया है। दूसरी ओर, सेंगवर ने अपनी पुश्तैनी भूमि पवित्र-वन से बेदखल करने के खिलाफ सरकार पर कानूनी कार्रवाई की है। वे जंगल के भीतर अपनी पहचान और अस्तित्व की रक्षा करने की माँग करते हुए स्थानीय और अन्तरराष्ट्रीय दोनों अदालतों में अपना मामला ले गए हैं (कांगोंगो जे, व्यक्तिगत संचार, नवम्बर 16, 2016)। सेंगवर समुदाय के कई सदस्य किसी-न-किसी ईसाई चर्च (जैसे कैथोलिक चर्च, सेवेन्थ-डे एडवेंटिस्ट और अफ्रीकी अन्तर्देशीय चर्च) से जुड़े हुए हैं, उनमें से अधिकांश अभी भी अपने देशज धर्म का पालन करते हैं। जंगल में पाए जानेवाले प्राकृतिक संसाधनों के उपयोग और उपयोग से जुड़े मामलों पर समुदाय को दिशा प्रदान करने में, बुज़ुर्गों की परिषद ने सक्रिय भूमिका निभाना जारी रखा है। अन्त में, सेंगवर ने देशज पर्यावरण ज्ञान और उनकी धार्मिक प्रथाओं को एक पीढ़ी से दूसरी पीढ़ी तक अनौपचारिक शिक्षा के माध्यम से स्थानान्तरित करना जारी रखा है, जो शाम को घर पर होती है और समुदाय में होनेवाली विभिन्न सांस्कृतिक प्रथाओं जैसे दीक्षा समारोहों के दौरान होती है।

इस शोध-पत्र का तर्क है कि सेंगवर समुदाय अभी भी चरित्र में धार्मिक है और उसके पास एक मानक आचार संहिता, भाषा, विश्वास, प्रथाएँ, नैतिकता और विश्व-दृष्टि है जो पर्यावरण के अनुकूल है। उनका मानना है कि मानव समुदाय गैर-मानव समुदाय से सम्बन्धित है। इसका अर्थ है जीवित, निर्जीव, अजन्मा, पूर्वज, आध्यात्मिक प्राणी और भगवान पर्यावरण से सम्बन्धित हैं।

सेंगवर लोगों में मनुष्य पारिस्थितिक तंत्र के सबसे बड़े लाभार्थी हैं क्योंकि वे इस पर बहुत अधिक निर्भर हैं। यह इस समझ से परे है कि सेंगवर लोगों के प्राकृतिक संसाधनों के साथ सद्भाव में रहने की आवश्यकता की जाँच की जाती है। धार्मिक विश्वासों और प्रथाओं ने प्रकृति पर निर्भरता के साथ एक सन्तुलित सम्बन्ध पाने में एक प्रमुख भूमिका निभाई।

यह ध्यान देने योग्य है कि सेंगवर लोग प्राकृतिक पर्यावरण को महत्त्व देते हैं और यह चिन्ता वर्जनाओं, विश्वासों और प्रथाओं, रस्मों और बुज़ुर्गों के निर्देशों के पालन के माध्यम से होता है, जो प्राकृतिक संसाधनों के सतत उपयोग का मार्गदर्शन करती है। पर्यावरण पर सेंगवर लोकाचार का समुदाय के लिए धार्मिक, सामाजिक और आर्थिक महत्त्व था।

यह बताना सबसे खास है कि पूरी दुनिया को सेंगवर समुदाय से सीखना चाहिए, सेंगवर धर्म प्राकृतिक वातावरण के साथ गहराई से जुड़ा हुआ है। प्रकृति के द्वारा ही उनका धर्म अपनी अभिव्यक्ति पाता है। इस धार्मिक व्यवस्था ने अपने इलाके में पाए जानेवाले प्राकृतिक संसाधनों और पारिस्थितिक विशेषताओं के संरक्षण में मदद की है। सेंगवर देशज धर्म में नियम और प्रतिबन्ध हैं जो प्राकृतिक संसाधनों के दुरुपयोग और अधिक उपयोग को रोकने में मदद करते हैं। इससे पता चलता है कि लोगों के इस समूह के पास पर्यावरण के प्रति जागरूक दिमाग था, जिसे मौखिक साहित्य के विभिन्न माध्यमों से पीढ़ी-दर-पीढ़ी पहुँचाया गया था। यह सेंगवर धर्म को आन्तरिक रूप से पर्यावरण के अनुकूल बनाता है। पारम्परिक अधिकार प्राप्त लोगों ने बुज़ुर्गों की परिषद, धार्मिक विश्वासों, वर्जनाओं और पवित्र और सांस्कृतिक प्रथाओं की एक विस्तृत शृंखला के माध्यम से संसाधनों का प्रबन्धन किया जो समुदाय के विश्व-दृष्टि का निर्माण करते हैं। प्राकृतिक संसाधनों के प्रबन्धन और संरक्षण की ये देशज व्यवस्थाएँ जो समय के साथ उपयोग की गई हैं, प्रभावी साबित हुई हैं। यह निष्कर्ष निकाला जा सकता है कि सेंगवर प्राकृतिक संसाधनों के उपयोग का नियम बनाकर और पर्यावरण संरक्षण के ज्ञान को समाज में प्रसारित करके एम्बोबट वन का संरक्षण करते हैं।

सेंगवर के अनुभव के माध्यम से, यह तर्क दिया जा सकता है कि अफ्रीकियों ने अपनी आध्यात्मिकता के लिए अपने पर्यावरण का उपयोग विभिन्न रूपों में किया। अपनी आध्यात्मिकता को सम्प्रेषित करने की प्रक्रिया में, अधिकांश केन्याई समाजों ने पृथ्वी के नीचे, पृथ्वी पर, पृथ्वी और स्वर्ग के बीच और स्वर्ग में हर वस्तु की पूजा की (ओमारे, एट अल, 2012)। अधिकांश अफ्रीकी समुदायों का मानना था कि पर्यावरण पवित्र है क्योंकि यह आत्माओं, जीवित, मृतकों और पूर्वजों का निवास स्थान है। प्राकृतिक पर्यावरण में अदृश्य प्राणी हैं जिनका सम्बन्ध मनुष्य और प्रकृति से है, जो एक-दूसरे से जुड़े हुए हैं और स्वतंत्र हैं।

इस प्रकार वर्जनाएँ, धार्मिक मान्यताएँ, पवित्र संस्कार और कुलदेवता उपयोगिता की रूपरेखा प्रदान करते हैं।

शोध-पत्र से पता चलता है कि पर्यावरण के उपयोग को नियम के तहत बाँधने के विभिन्न तरीके हैं। इनमें वर्जनाओं, (प्रतिबन्धों) कुलदेवताओं का उपयोग, पवित्र और अपवित्र का ज्ञान, रहस्यवादी शक्तियाँ, धार्मिक विशेषज्ञों का प्रभाव, कर्मकांडों और दीक्षा-संस्कार, आदि शामिल हैं। यह इस पत्र के लेखकों के विचार में है कि एक पर्यावरणीय संकट वह है जो औद्योगिक प्रदूषण, संसाधन की कमी और जनसंख्या विस्फोट के विभिन्न इंटरलॉकिंग संकेतकों में सबसे अच्छा महसूस किया जाता है। यह तर्क दिया जा सकता है कि, अफ्रीकी आध्यात्मिकता के लिए समकालीन चुनौतियों में से एक यह है कि भौतिकवाद और धर्मनिरपेक्षता के विशाल अतिक्रमण द्वारा बनाए गए पर्यावरणीय संकटों का जवाब कैसे दिया जाए। उनकी राय है कि नीतिगत उद्देश्यों के लिए, स्थायी पर्यावरण संरक्षण में स्थानीय समुदायों को जमीनी स्तर पर समग्र रूप से शामिल किया जाना चाहिए, जहाँ उनके साथ नीति-निर्माताओं, पेशेवरों, कार्यकर्ताओं, शोधकर्ताओं, शिक्षकों और छात्रों को पर्यावरण संरक्षण प्रक्रिया में शामिल किया जाना चाहिए। यह इस पत्र के लेखकों की इच्छा है कि, पर्यावरणीय स्थिरता के अफ्रीकी पारम्परिक तरीकों को पुनर्जीवित किया जाना चाहिए और उसी के अनुसार उपयोग किया जाना चाहिए। पर्यावरण संरक्षण के बारे में देशज ज्ञान को वर्तमान औपचारिक शिक्षा पाठ्यक्रम में शामिल करके इसका उपयोग किया जाना चाहिए। प्राकृतिक खतरों की समझ और उनके प्रभाव को कम करना, प्राकृतिक संसाधनों के प्रबन्धन, जैविक विविधता के संरक्षण जैसे क्षेत्रों में संस्कृति, पर्यावरण और विकास जैसे विषयों को जोड़कर बहुमूल्य ज्ञान को परियोजनाओं से जोड़ा जाना चाहिए।

पर्यावरणीय स्थिरता के लिए सीखा हुआ सबक

एक स्वस्थ वातावरण को कायम रखते हुए सभी लोगों के लिए रहने की स्थिति में सुधार करने की निरन्तर आवश्यकता है। स्वस्थ पर्यावरण से हमारा आशय ऐसी स्थिति से है जिसमें प्राकृतिक संसाधनों का अत्यधिक उपयोग न हो और अत्यधिक प्रदूषण पैदा न हो। प्राकृतिक पर्यावरण संरक्षण में देशज समाजों की भूमिका को अपना के इसे प्राप्त किया जा सकता है। सेंगवर समुदाय के अनुभव से, प्राकृतिक पर्यावरण संसाधनों के संरक्षण में स्वदेशी समुदायों की भूमिका है। यह प्राकृतिक संसाधनों के अस्तित्व पर जागरूकता पैदा करके और संसाधनों के उपयोग को विनियमित करके किया जाता है। सेंगवर मौखिक परम्पराओं जैसे पहेलियों, कहानियों, मिथकों, गीतों और कहावतों के माध्यम से जागरूकता पैदा करते हैं। यह प्रतिबन्धों को लागू करने, कुलदेवता के विचार और पवित्र और

अपवित्र के ज्ञान और संस्कारों के माध्यम से किया जाता है। पर्यावरण संरक्षण पहले के लोगों के माध्यम से प्राप्त किया गया है क्योंकि अफ्रीकी देशज विश्वास अफ्रीकियों के जीवन का हिस्सा है।

सतत विकास के तहत मानव-जीवन के मूल्य में वास्तविक प्रगति को बढ़ावा देना चाहिए। एक स्थायी समाज के निर्माण और उसे बनाए रखने के लिए, हमें उत्पादक प्राकृतिक प्रणालियों को संरक्षित करना आवश्यक है। ये स्थानीय समुदाय स्तर पर व्यक्तिगत नज़रिये और प्रथाओं को बदलकर किया जा सकता है। ग्रामीण समुदायों से उपलब्ध महत्त्वपूर्ण जानकारी प्राप्त करना उन्हें यह महसूस कराने के लिए आवश्यक है कि वे सम्पूर्ण वैश्विक मामले का एक हिस्सा है। पर्यावरण संरक्षण में अपने लक्ष्यों को प्राप्त करने के लिए दुनिया के लिए प्राकृतिक पर्यावरण संसाधन ई-संरक्षण के मामलों में स्थानीय देशज समुदायों को शामिल करना आवश्यक है।

प्राकृतिक पर्यावरण संसाधन संरक्षण पर नीतियों के साथ आने में स्थानीय देशज समुदायों को शामिल करना प्राकृतिक संसाधनों के प्रबन्धन पर सन्देह के माध्यम से उठाए गए नज़रिये को बदल सकता है। पर्यावरण संरक्षण स्थानीय समुदायों के धार्मिक विश्वासों से शुरू होना चाहिए क्योंकि वे लोगों के मूल्यों, नज़रिये और प्रथाओं को प्रभावित करते हैं।

भगवान की सृष्टि के अस्तित्व की जिम्मेदारी मनुष्य की है। अफ्रीकी धर्म सिखाता है कि यह सृष्टि हमारी नहीं बल्कि ईश्वर की है। ईश्वर के स्वामित्व को मान्यता देकर, देशज धर्म जो भी ईश्वर से सम्बन्धित है न केवल उसका सम्मान करते हैं, बल्कि अपनी प्राकृतिक सीमाओं से भी मुक्त हो जाते हैं और जीवन का वाहक बन जाते हैं। इसलिए अफ्रीकियों द्वारा पर्यावरण संरक्षण को एक पवित्र कर्तव्य माना जाता है क्योंकि इसका सम्बन्ध ईश्वर से है, इस प्रकार आध्यात्मिक दुनिया और भौतिक दुनिया अविभाज्य है।

स्थानीय समुदायों को अपने तात्कालिक प्राकृतिक पर्यावरणीय संसाधनों के संरक्षण के लिए सशक्त बनाना एक मजबूत और प्रभावी शक्ति ला सकता है, भले ही सम्पत्ति के मामले में वे अमीर हों या गरीब। स्थानीय समुदाय शासन और आध्यात्मिकता के मामले में अच्छी तरह से संगठित हैं, इसलिए प्राकृतिक पर्यावरण संसाधनों के संरक्षण के प्रयासों को बढ़ावा देने के लिए कम संसाधनों का उपयोग किया जा सकता है। समग्र सफलता प्राप्त करने के लिए यह एक आवश्यक तत्त्व है। प्रत्येक समुदाय को अपने स्थानीय पारिस्थितिक तंत्र की देखभाल करना सीखना चाहिए। विभिन्न सरकारों को स्थानीय समुदायों को शिक्षा और प्रशिक्षण तक पहुँच और निर्णय लेने में भागीदारी का अधिकार देकर सशक्त बनाना चाहिए। अगर राष्ट्र इन तरीकों से समुदायों को अधिकार देते हैं, तो उनके स्थानीय समुदाय अच्छी तरह से काम करेंगे और पूरी दुनिया भी ऐसा ही करेगी।

IUCN ने ध्यान दिया कि, अफ्रीकी धर्म नये मूल्यों का निर्माण करके दिशा और प्रेरणा प्रदान करने में मदद कर सकता है जो पर्यावरण के पोषण के लिए व्यक्तिगत जिम्मेदारी को प्रेरित करेगा। यह प्रस्ताव करता है कि पर्यावरण की योजनाओं में राष्ट्रीय पर्यावरण संसाधन प्रबन्धन के सम्बन्ध में खास समुदायों के विश्वासों और प्रथाओं को देखते हुए समुदाय के सदस्यों को शामिल किया जाना चाहिए, जो इसके प्रति उनके नज़रिये को प्रोत्साहित करता है। अफ्रीकी धर्म को नजरअन्दाज नहीं किया जाना चाहिए, क्योंकि यह लोगों के नज़रिये और उपभोक्तावाद के ढाँचे में गहरी पैठ रखते हैं।

अफ्रीकियों के धर्मवादियों का मानना है कि पर्यावरण संरक्षण ईश्वर की ओर से एक आदेश है। प्राकृतिक संसाधनों के संरक्षण में विफलता आध्यात्मिक दुनिया से अभिशाप का कारण बन सकती है, जो सूखा जैसे आपदाओं के रूप में होती है। अफ्रीकियों का मानना है कि प्रकृति और मानवता जुड़े हुए हैं और एक-दूसरे पर आश्रित हैं, इस प्रकार वे स्पष्ट करते हैं कि क्यों मानवता को प्रकृति संरक्षण के प्रति चिन्तित होना चाहिए।

सेंगवर अनुभव की सिफारिशें

पर्यावरण संकट से निपटने में मदद करने के लिए देशज सेंगवर ज्ञान प्रणालियों को पुनर्जीवित करने की आवश्यकता है। इसलिए, सरकार को आधुनिक समकालीन कानूनों को सेंगवर लोगों की देशज मान्यताओं और प्रथाओं के साथ जोड़ने की आवश्यकता है। यह एक समग्र और टिकाऊ प्राकृतिक संसाधन संरक्षण का नज़रिया सुनिश्चित करेगा। कुल मिलाकर, सरकारों को ऐसे कानूनों और नीतियों के साथ आगे आने की आवश्यकता है जो पारम्परिक संस्थानों से गहराई से जुड़े हों, ये पर्यावरण की रक्षा में पारम्परिक सेंगवर संस्थानों को मजबूत करेंगे। सेंगवर लोगों की देशज मान्यताओं और प्रथाओं का उपयोग समावेशी नीति बनाने के लिए किया जाना चाहिए जो प्रदेश स्तर, राष्ट्रीय स्तर और अन्तरराष्ट्रीय स्तर पर लागू करने योग्य हो। प्राकृतिक पर्यावरण संसाधनों के संरक्षण में आधुनिक तरीकों के साथ देशज धर्म को कैसे जोड़ा जा सकता है, नीतियाँ इसके लिए एक प्रारूप प्रदान करेंगी। इससे अनावश्यक झगड़ों और समुदाय को जंगल से बेदखल करने से बचा जा सकेगा।

सरकार को एम्बोबट वन और चेरांगनी पहाड़ियों में बड़े पैमाने पर पाए जानेवाले प्राकृतिक संसाधनों के संरक्षण, रखरखाव और संरक्षण के लिए ऐसे महत्त्वपूर्ण क्षेत्रों को सेंगवर पारम्परिक संस्थानों को सौंप देना चाहिए। इस पहल के माध्यम से पर्यावरण संरक्षण के पारम्परिक और पूर्वजों के तरीकों को पुनर्जीवित किया जाएगा। उपर्युक्त तर्क मिल्टन (1996, पृ. 53) पर आधारित है,

जो स्पष्ट रूप से कहते हैं कि "यदि स्थानीय संस्कृतियों की समझ से पर्यावरण नीतियों को बनाया जाए, तो स्थानीय आबादी को अलग-थलग करने का जोखिम कम हो जाता है, जिनके सहयोग पर नीतियों की सफलता निर्भर हो सकती है।

References

Achebe, Chinua. Things Fall Apart (London: Heinemann Educational Books Ltd., 1958).

Awolalu, Omosade J. The Encounter Between African Traditional Religion and other

Religions in Nigeria, J.K. Olupona (ed.), African Traditional Religion in Contemporary

Society (Paragon House, St. Paul, MN, 1991).

Awolalu, Omosade J. and Dopamu, Adelumo P. West African Traditional Religion (Ibadan : Onibonoje, 1979).

Barker, Robert L. The Social Work Dictionary (Washington, DC: NASW Press), 1999.

Idowu, Bolaji. E. Olodumare: God in Yoruba Belief (London: Longman, 1962).

Kenya Land Commission Report, 1932.

Kenyatta, Jomo. Facing Mount Kenya (London: Heinemann, 1978).

KiptumYator, Sengwer forest indiginious peoples of Kenya 2015, https://www.forestpeoples.org/sites/fpp/files/news/2015/12/Sengwer%20Presentation%20-%20COP21%20PARIS_final.pdf

Leonard, Arthur G. The Lower Niger and its Tribes (London: Macmillan and Co. Ltd.), 1906.

Mbiti, John S. African Religions and Philosophy (London: Heinemann Educational Books, 1969).

—Introduction to African Religion (London: Heinemann, 1978).

—African Religion and Philosophy, 2nd Ed. (Oxford: Heinemann Educational Publisher Oxford Ltd., 1989).

—Introduction to African Religion (Portsmouth: Heinemann Educational Books, 1991).

—Africa Religions and Philosophy (Harlow: Heinemann, 2008).

Omare, S. etal. Communicating African Spirituality through Ecology: Challenges and Prospects for the 21st Century. (www.mdpi.com/journal/religions, 2012).

Omare GS 'The Role of Isukha Religious Beliefs and Practices in Mitigating Deforestation in Kakamega Forest' in International Journal of Current Research. ISSN: 0975-833x.Vol. 33, Special issue June 2011, 6, pp.308-315.

Omare G.S. and Susan Kilonzo and Sussy Gumo. Role of taboos in the conservation of Kakamega forest for peace building in Africa Peace and Conflict Journal. ISSN: 1659-944. University for Peace Africa. Addis Ababa. Vol: 2 No 1. June 2009 Page 39.

Omare G. S. and Kennedy Onkware.The role of African religion in the conservation of Kakamega Forest' in Maseno University Faculty of Arts and Social Sciences (MUFASS) Journal. ISSN:189-6977, Vol: 1 No.2.2007 Page 49

Republic of Kenya. The Constitution of Kenya (Nairobi: Government Printer, 2010).

Phelps, Jamie. "Black Spirituality" in Spiritual Tradition for the Contemporary Church, Eds.

Robin Maas and Gabriel O' Donnell (Nashville: Abingdon, 1990).

Sambu, Kipkoech. Was Isis Asis? The Kalenjin People's Egypt Origins: A Study in Comparative Religion (Nairobi: Longhorn Publishers, 2007).

Senghor, Leopold S. "Negritude: A Humanism of the Twentieth Century." I Am Because We Are: Readings in Black. Eds. Fred Lee Hord and Jonathan Scott Lee (Amherst: University of Massachusetts Press, 1995).

Sengwer Indigenous Peoples of Marakwet District—Kenya, 2007. https://www.ipacc.org.za/images/reports/humanrights/Sengwer_Indigenous_Peoples_.pdf

शाद सुक मिन्सीम—शान्तिपूर्ण हृदय का नृत्य

(नृत्य, संगीत, गीत और कविता के माध्यम से व्यक्त दर्शन)

बिजोया सवैंया

रीति-रिवाजों के अलावा, नृत्य मेघालय के सभी धार्मिक त्योहारों का एक अभिन्न अंग है। यह उन लोगों के बीच सामुदायिक पूजा का एकमात्र रूप है जो अभी भी देशज धर्म, निआम खासी में विश्वास करते हैं। अन्यथा प्रार्थना मनुष्य और भगवान यू ब्लेई के बीच, कहीं भी किसी भी समय सबसे सरल भाषा में एक व्यक्तिगत संचार है। खासी लोगों का मानना है कि हर घर एक मन्दिर है और पृथ्वी का हर इंच प्रार्थना के लायक है और हर अच्छा शब्द, विचार और अच्छा कर्म यू ब्लेई को एक भेंट है और यह एक नायाब पूजा का एक रूप है। यू ब्लेई महान देवता, सर्वव्यापी, सर्वज्ञ, सर्वशक्तिमान और निराकार हैं। केवल तीन मुख्य समारोह होते हैं जो प्रत्येक परिवार करता है—नामकरण, विवाह और मृत्यु (अन्तिम संस्कार)। प्रमुख त्योहार, वार्षिक, फसल के बाद का नृत्य, का शाद सुक मिन्सीम, शान्तिमय दिलों का नृत्य है, केवल उस समय जब पूरी जनजाति एक साथ पूजा और नृत्य करती है।

नृत्य किसी समुदाय की अभिव्यक्ति का सबसे सच्चा रूप है। लोगों को समझने के लिए उनके त्योहारों का हिस्सा बनना चाहिए और उनके नृत्य को देखना और समझना चाहिए। मेघालय में महत्त्वपूर्ण त्योहारों में जयन्तिया हिल्स के पनार के चिपिया नृत्य और बेहदींखलम, खासियों के शाद नोंगक्रेम और शाद सुक मिन्सीम, गारोस के वांगला त्योहार हैं। यह लेख खासियों के शाद सुक मिनसिएम पर केन्द्रित है।

यह शानदार नृत्य हर साल अप्रैल और मई के महीनों में शिलांग और पूरे राज्य में मनाया जाता है। पहला नृत्य शिलांग में, लिम्पुंग वीकिंग में आयोजित किया जाता है। युवतियाँ पारम्परिक तरीके से भव्य रूप से सजती हैं, ढोल, बाँसुरी और झाँझ के संगीत पर नृत्य करती हैं। उनकी गति धीमी होती है और उनकी आँखें नीचे की ओर झुकी होती हैं, उनके पैर जमीन पर मजबूती से पकड़ बनाए रहते हैं, उनके चेहरे सौम्य और शान्त होते हैं। यह पूजा का नृत्य है।

नृत्य करनेवाली सभी कुँवारी लड़कियाँ होती हैं जिन्हें पवित्रता का प्रतीक माना जाता है। यह हमारे सांसारिक जीवन के हर क्षेत्र में सबसे महत्त्वपूर्ण पहलू है। पुरुषों के रूप में भव्य पोशाक में युवतियों के चारों ओर नृत्य करती हैं, उनकी गति आत्मविश्वास से भरे और ऊर्जावान होती है। वे अपनी याक की पूँछ को हिलाती हैं और तलवारें लहराती हैं। यह सम्पूर्ण जाति की पवित्रता और सुरक्षा का प्रतीक हैं। 'का जिंगिम का बा खुद का बा सूबा', यानी स्वच्छ और बेदाग जीवन हर खासी का सर्वोच्च लक्ष्य है। युवतियों को 'थेई सोट्टी' कहा जाता है—इसका का अर्थ है लड़की और सोट्टी शुद्ध हैं। यह हमें मासूमियत और सचाई के युग की याद दिलाता है, सोट्टी जुक, मानव जाति के इतिहास में एक अवधि है जो यह बताता है कि अपनी सर्वश्रेष्ठ क्षमता को पुनः प्राप्त करने का प्रयास करना चाहिए। हममें से प्रत्येक को अपने अन्दर देवत्व का पोषण करना चाहिए जो कि सम्मान और सत्यनिष्ठता का जीवन जीने के लिए आवश्यक है। यह इस नृत्य 'का शाद सुक मन्सीम' के इस वार्षिक उत्सव का सार है। इस नृत्य को देखने से पूरे समुदाय का दर्शन समझा जा सकता है।

संगीत समय-समय पर बदलता रहता है, जो दर्शाता है कि जीवन में हमेशा अलग-अलग रंग बदलते रहते हैं। यह ध्यान में रखते हुए कि इस नृत्य का अपना समय और महिमा है, नृत्य-कर्ता पूरे सम्मान और ईमानदारी के साथ शान्ति और समझ से प्रदर्शन करती हैं। नृत्य जीवन को समाहित करता है जहाँ हर व्यक्ति अपने जीवन के अच्छे और बुरे अनुभव से गुजरता है और इसे अनुग्रह और विनम्रता के साथ स्वीकार करना पड़ता है, क्योंकि यह सब कुछ सर्वशक्तिमान, यू ब्लाई से मिलता है जो सर्वशक्तिमान, सर्वज्ञ, सर्वव्यापी और निराकार है। पहने जानेवाले चमकीले रंग खुशी और सकारात्मक ऊर्जा को दर्शाते हैं। जो कुछ भी अच्छा और सत्य है उस पर हमेशा ध्यान केन्द्रित करना चाहिए। एक अच्छी आत्मा हमेशा आनन्दित रहती है क्योंकि उसे ईश्वर में पूर्ण विश्वास होता है।

त्योहार के तीन दिनों के दौरान लोग 'यू ब्लाई' के प्रति, जो उन्होंने पूरे वर्ष-भर फसलों की प्रचुर उपज, नृत्य के दौरान पहने गए कपड़े, सोना और चाँदी की कृपा बरसाई हैं, उसके लिए आभार प्रकट करते हैं। उनका मानना है कि प्रत्येक वस्तु, उनके प्रेम और उदारता का प्रतीक है, यह उनके कठिन और ईमानदार कार्य और प्रयासों से मिलता है। यही कारण है कि सबसे अच्छे आभूषण और कपड़ों का असाधारण और भव्य प्रदर्शन देखा जाता है। परम्परागत रूप से, खासी अपनी भौतिक सम्पदा को प्रदर्शित करने के लिए अभ्यस्त नहीं होते हैं। यह परम्परागत रूप से, उनकी संस्कृति और जीवन-शैली और विचार का हिस्सा नहीं है। यह नृत्य उन्हें भगवान के प्रति सम्मान और कृतज्ञता के प्रतीक के रूप में ऐसा करने का अवसर देता है।

त्योहार की शुरुआत मेघालय की राजधानी शिलांग के मावखर में सेंग खासी हॉल में एक बुज़ुर्ग द्वारा की गई प्रार्थना के साथ होती है। नृत्यांगनाएँ अपनी तलवारों के साथ एक पंक्ति में खड़ी होती हैं। सेंग खासी के वरिष्ठ सदस्य उनके दोनों ओर खड़े होते हैं। अन्य बुज़ुर्गों के साथ प्रार्थना करनेवाले बुज़ुर्ग नर्तकियों के सामने होते हैं, संगीतकार और ध्वजवाहक बायीं ओर खड़े होते हैं।

संक्षेप में प्रार्थना इस प्रकार है, "हे भगवान, गुरु, निर्माता/आज आनन्दित होने के लिए, नृत्य करने का निर्धारित समय आ गया है/हे भगवान निर्माता, शान्ति और सन्तोष से भरे दिलों से हम आपको नमन करते हैं/हम नमन करते हैं साल-भर आपके प्यार और दया, आशीर्वाद और देखभाल के लिए, हम कृतज्ञ हैं/हम सत्य और धार्मिकता पर आधारित अपने धर्म और संस्कृति के अनुसार नृत्य करने के लिए तैयार हैं/हम प्रार्थना करते हैं कि हम केवल अच्छे और सच्चे कार्यों में संलग्न हो सकें ताकि हमारी भूमि परम्परा के अनुसार समृद्ध, प्रगति और विकास कर सके/ताकि हम आपकी इच्छा के अनुसार ज्ञान और विद्या, धन और समृद्धि, प्रतिष्ठा और सम्मान, शिष्टाचार और अनुकरणीय व्यवहार प्राप्त कर सकें/हम सभी को आशीर्वाद दें—नर्तक, संगीतकार, हमारे परिजन और हमारे मित्र और शुभचिन्तक और वे सभी जो हमारे साथ आएँगे और हमारे साथ रहेंगे,/अपना आशीर्वाद दें, ताकि शान्ति और वैभव, आनन्द और सद्भाव का त्योहार हो।"

इसके बाद सामूहिक प्रार्थना होती है जिसमें वहाँ एकत्रित प्रत्येक व्यक्ति खुद को एक अच्छा खासी घोषित करता है 'जो अपने ज्ञात और अज्ञात' के बारे में अच्छी तरह से वाकिफ हैं, और जो परम्परा के नियमों का पालन करते हैं, श्रद्धा और उल्लास के नृत्य में यू ब्लाई की पूजा करते हैं। शिलांग के मावखर में इइंग सेंग, सेंग खासी हॉल में त्योहार के सभी तीन दिनों में प्रार्थना की जाती है।

प्रार्थनाएँ भी, भगवान के साथ मनुष्य के गहरे सम्बन्ध के आधार पर खासी के दर्शन को समाहित करती हैं क्योंकि वे अपने सभी विचारों, अपनी आशाओं, लक्ष्यों और उपलब्धियों को सरल भाषा में निर्माता के सामने व्यक्त करते हैं। यह उनके सच्चे विश्वास को दर्शाता है कि सर्वशक्तिमान और उनका प्रेम सर्वव्यापी है। यह इस विश्वास के आधार पर सर्वशक्तिमान के प्रति मनुष्य की गहरी कृतज्ञता का उदाहरण है कि सब कुछ उसी की ओर से आता है और उसे साझा किया जाना चाहिए। इसलिए, दर्शकों सहित, उत्सव में दूर और निकट से आनेवाले सभी लोगों पर आशीर्वाद की वर्षा होती है। वे इस अवसर पर उनकी उपस्थिति से भी धन्य हैं और निर्माता के लिए प्रार्थना के साथ कृतज्ञता प्रकट करते हैं।

उपस्थित सभी लोगों द्वारा सामूहिक प्रार्थना के बाद, ध्वजवाहक जुलूस का नेतृत्व करते हैं, संगीतकार नर्तक के रूप में केसिंग लिंटी बजाते हैं और बाकी मौजूद लोग, कार्यक्रम स्थल तक, लिम्पुंग वीकिंग तक, ध्वज और संगीतकारों के

पीछे चलते हैं, जो डेढ़ किलोमीटर दूर होता है। जब वे लिम्पुंग वीकिंग पहुँचते हैं तो जुलूस मैदान के पूरे तीन चक्कर लगाती है, जिसके बाद प्रार्थना की जाती है और सेंग खासी झंडा फहराया जाता है। संगीतकार तब धुन बजाते हैं, केसिंग लुम पेड की घोषणा की जाती है कि नृत्य शुरू होने के लिए तैयार है। इसके बाद कासिंग मस्तीह के रूप में पुरुष नर्तकों द्वारा नृत्य किया जाता है, जबकि युवतियाँ अपनी पोशाक, बालों और मेकअप को अन्तिम रूप देने में लगी होती हैं, और फिर धीरे-धीरे अपना रास्ता बनाते हुए आती हैं। इसके बाद नृत्य की शुरुआत राजा पदिया से होती है। छह अलग-अलग प्रकार की धुनें हैं, केसिंग नलाई, किसिंग पदिया, किसिंग दम-दम, किसिंग क्लैंग, किसिंग मस्तीह और केसिंग लिंटी।

नृत्य के आगे बढ़ने के साथ कौन-सी ताल बजाई जाए यह कंडक्टर-यू नोंगलम किंग पर निर्भर करता है। वह बीट को बदलता रहता है, जो अन्त में लड़कों और आदमियों द्वारा किये गए मस्ती के साथ समाप्त होता है। आनन्द, उल्लास और जीत का यह नृत्य सफलता और बेहतरीन दिन के उत्सव का प्रतिनिधित्व करता है। यह यू ब्लेई के प्रति श्रद्धा को दिखाता है, जिनके आशीर्वाद के बिना कुछ भी सम्भव नहीं है।

नर्तकियों द्वारा पहने जानेवाले परिधान और आभूषण लोगों के इतिहास का हिस्सा हैं। जटिल और विस्तृत डिजाइन उन प्रभावों को दिखाते हैं जो इन पहाड़ियों के पार से आए हैं। मूँगे के साथ सोने और चाँदी का प्रयोग किया जाता है। मूँगा एकमात्र ऐसा पत्थर है जिसका उपयोग शायद इसकी कठोरता और कथित गुणों के कारण नकारात्मक प्रभावों और बाँझपन को ठीक करने सहित अन्य औषधीय लाभों के लिए किया जाता है। लड़कियाँ लम्बी बाजू, ऊँची गर्दनवाले मखमली ब्लाउज, रेशमी आवरण और धरा पहनती हैं। आभूषण के मुख्य टुकड़े पंसंगैट हैं, मुकुट पारम्परिक रूप से सुगन्धित कैक्टस फूल, टाई लसुबोन से सजाया जाता है। इस फूल का खिलना दुर्लभ है जो पवित्रता की तरह इसकी सुन्दरता और विशिष्टता को इंगित करता है। अपनी गर्दन पर वे एक चोकर, खोनोपद पहनते हैं और बाँहों और कलाई पर, ताड़ और मोहू, लम्बे, बहु-तारवाले चाँदी के सैश शरीर को कन्धे से कमर तक लपेटते हैं। चिगोन बन में स्टाइल किये गए उनके बालों पर, साई खाइलोंग सीधे पीठ के नीचले हिस्से में लटकता है। वह हृदय और आत्मा से पूजा करने के लिए सिर से पाँव तक अच्छे कपड़ों और गहनों से ढँकी होती है।

पुरुष एक सुन्दर कढ़ाईवाली बिना आस्तीन का जैकेट (जैनफोंग), एक धोती (जैनबोह) और एक पगड़ी (जैनस्पांग) पहनते हैं। उसकी पगड़ी को थुइया, पक्षियों के पंखों से सजाया जाता जाता है, यह इस बात पर निर्भर करता है कि नर्तक किस क्षेत्र से आता है। आमतौर पर यह माना जाता है कि यह मर्दानगी का प्रतीक है। इससे भी महत्त्वपूर्ण बात यह है कि पक्षी सत्य, सम्मान, शक्ति और स्वतंत्रता का प्रतीक हैं।

पक्षी ऊपर आकाश के सबसे करीब हैं, यही उनका क्षेत्र है, यह मनुष्य को सर्वशक्तिमान के साथ संवाद करने में सक्षम बनाता है और पूजा में नृत्य करते समय पृथ्वी पर अपना कर्तव्य पूरा करने के लिए दिव्य ज्ञान और शक्ति प्राप्त कराता है। तीन तीर के साथ गहनों का एक अद्भुत हिस्सा के रूप में तरकस भी होता है। 'नाम ब्लेई', 'नाम थवलंग', 'नाम इवाबेई'। यह उनके जीवन के तीन सबसे शक्तिशाली प्रभावों की त्रिमूर्ति का प्रतिनिधित्व करता है, पहला पैतृक पूर्वज, दूसरा मातृ पूर्वज, और तीसरा तीर उनके परिवार, उनके कबीले और समुदाय, उनके हिमा (राज्य) और देश की रक्षा के लिए हैं।

शिलांग में शाद सुक मिनसिएम के बाद सभी पहाड़ियों पर गाँव की हरियाली में नृत्य किया जाता है। हालाँकि ये नृत्य छोटे पैमाने पर होते हैं, लेकिन प्रतिभागियों की खास और सुरम्य सेटिंग्स और आकर्षक सादगी से उत्साह को और विशेष बना दिया जाता है। वे ऐसे नृत्य करते हैं 'मानो जैसे कोई नहीं देख रहा है/जैसे कोई नहीं सुन रहा है/जैसे उन्हें कभी चोट नहीं पहुँची है/जैसे इस पृथ्वी पर स्वर्ग है।' हम नृत्य में परमात्मा से पूरी तरह से जुड़े जाते हैं। धर्म टिप ब्रिएव-टिप ब्लाई पर आधारित है। इसका शाब्दिक अनुवाद है मनुष्य को जानो-ईश्वर को जानो जिसका वास्तव में अर्थ है कि ईश्वरत्व भी हमारे भीतर है और हमें इसे जानना चाहिए, और हर समय इसके साथ जुड़ना चाहिए ताकि हम जीवन को सही तरीके से और सद्‌गुण के साथ जीने में सक्षम हो सकें।

धर्म और दर्शन परम-सत्य की तरह सत्य पर आधारित है, ऊँचे पर्वतों से लेकर छोटे-छोटे नालों तक, विशाल वृक्षों और पौधों से लेकर घास के सबसे छोटे टुकड़े तक, सभी आकार के जानवर और पक्षी, सभी रंगों और सुगन्ध के फूल और जाति, पन्थ, रंग और वर्ग की परवाह किये बिना दुनिया के सभी लोगों का, ईश्वर की सभी जड़ और चेतन रचनाओं के प्रति सम्मान करते हैं। हम जीववादी (एनिमिस्ट) नहीं हैं। हम प्रकृति में हर वस्तु के प्रति सम्मान दिखाते हैं क्योंकि हम निर्माता यू ब्लेई का सम्मान करते हैं।

यह शिष्टाचार सम्मान से भी जुड़ा हुआ है। खासी के लिए यह केवल सामाजिक कृपा नहीं है, यह हमारे जीवन के तरीके और दर्शन का एक अभिन्न अंग भी है। रंगबा राधोन सिंग बेरी खारवानलांग की लिखित किताब 'एटीक्वेट्स एंड एथिक्स' (शिष्टाचार और नैतिकता) एक साहित्यिक कृति है, 'का जिंगसनेंग टाइममेन' को पहली बार 1901 में मेरे नाना यू जीबोन रॉय मैरोम ने अपने प्रिंटिंग प्रेस री खासी प्रेस में प्रकाशित की थी, जिसे देशज साहित्य के प्रकाशन के खास उद्‌देश्य से स्थापित किया गया था। मुझे 1997 में इसका अंग्रेजी में अनुवाद करने का सौभाग्य प्राप्त हुआ था और यह उसी प्रेस में प्रकाशित हुआ था और अब बाद के संस्करण विवेकानन्द संस्कृति संस्थान, गुवाहाटी द्वारा प्रकाशित किये गए हैं।

प्राचीन काल से बड़ों की शिक्षाओं को मौखिक परम्परा के माध्यम से आनेवाली पीढ़ी को सौंप दिया जाता था। यह प्रक्रिया 1843 तक थी जब वेल्श मिशनरी रेवरेंड थॉमस जोन्स ने रोमन वर्णमाला की शुरुआत की। एल्डर्स की शिक्षाओं में एक सौ नौ श्लोक हैं जिनमें बेहतरीन कविता खासी में लिखे गए हैं। मैं कुछ पंक्तियों को उद्धृत करता हूँ :

अब आप जो कुछ भी हासिल करते हैं,
सत्य से हासिल नहीं है तो यह बेकार है।
बहुत अमीर हैं तो भी
अगर कोई आपकी इज्जत नहीं करता,
तो फिर ढोंग का क्या फायदा?

सभी सतही चकाचौंध और दिखावा,
सत्य को कमज़ोर करता है और विनाश की जड़ है।
एक बार आपका चरित्र नष्ट हो गया,
तो आप जो कुछ भी हासिल करेंगे,
उसकी कोई सराहना नहीं करेगा।

मैं गीत की इन पंक्तियों के साथ समाप्त करता हूँ, सेंग खासी गाने की किताब, 'की जिंजरवाई सेंग खासी', जो जीवन और जीवन के खासी-दर्शन को गहराई और सुन्दरता के साथ व्यक्त करती है। 1899 में सेंग खासी की स्थापना के तुरन्त बाद यह बीसवीं शताब्दी की शुरुआत में रंगबा नालक सिंग इयांगब्ला द्वारा लिखी गई थी।

'ला दुक ते लेई, शा! ला शितोम ते लेई?
बुरोम काबा तम हैंगने हा पिरथी।'
'यदि आप गरीब हैं तो भी क्या,
कष्ट सहते हुए भी क्या फर्क पड़ता है?
हमारे इस जीवन में सम्मान सर्वोपरि है।'

आदिवासी दर्शन की जाँच-पड़ताल

डॉ. आयशा गौतम

परिचय

दर्शनशास्त्र एक विषय के रूप में वास्तविकता, सत्यता, अस्तित्व, ज्ञान, भाषा, कारण, सौन्दर्य और जीवन-मूल्यों से सम्बन्धित मूलभूत प्रश्नों से जुड़ा है। जनजातीय दर्शन पर किसी भी सार्थक वक्तव्य के लिए इन मूलभूत प्रश्नों की एक खास जाँच-पड़ताल आवश्यक है। लेकिन इन सवालों की जाँच-पड़ताल करने से पहले, आदिवासी दर्शन की प्रासंगिकता के बारे में बात करना उचित होगा।

दुनिया-भर के सामाजिक लोग पर्यावरण के बिगड़ने, प्राकृतिक संसाधनों में कमी, ऊर्जा की कमी, प्रदूषण, बढ़ती आबादी और यातायात की भीड़ जैसे मुद्दों पर बातें कर रहे हैं। दुनिया-भर में वर्तमान संकट मानव और विभिन्न प्रकार की रचनाओं के बीच टूटे हुए आन्तरिक-सम्बन्धों का परिणाम है। देशज समुदायों का जीवन-संसार मानव और जीवन के विभिन्न रूपों के बीच एक सामंजस्यपूर्ण सम्बन्ध का एक मॉडल प्रस्तुत करता है। पिछले दो दशकों में, देशज ज्ञान-प्रणालियों के अध्ययन के प्रयासों में तेजी आई है। ऐसा माना जाता है कि जनजातीय विश्व-दृष्टि में निहित ज्ञान का उपयोग करके मानवता वर्तमान संकट से बाहर आ सकती है। देशज विश्वास-प्रणालियों और जीवन जीने के तरीकों की समकालीन प्रासंगिकता के बावजूद, देशज/आदिवासी ज्ञान को किसी तरह दार्शनिक ज्ञान का दर्जा नहीं दिया गया है। इसे संस्कृति या इतिहास के रूप में माना गया है। इसलिए वाजिब सवाल यह उठता है कि हम देशज/आदिवासी दर्शन के बारे में एक सार्थक विचार-विमर्श कैसे कर सकते हैं?

शायद इसकी खासियत और विशेष प्रकृति के कारण देशज दर्शन मुख्यधारा के दर्शन का हिस्सा नहीं बन सका। यह मुख्यधारा के दर्शन द्वारा निर्धारित मानकों में कभी फिट नहीं हो सका। एक ओर जनजातीय दर्शन और भारतीय दर्शन, दूसरी ओर जनजातीय दर्शन और पश्चिमी दर्शन के बीच एक तुलनात्मक अध्ययन से स्पष्ट रूप से पता चलता है कि जनजातीय दर्शन, भारतीय दर्शन और पश्चिमी दर्शन

के बीच सतही स्तर पर कुछ समानताएँ हैं, लेकिन कुछ गहरे मतभेद भी हैं जिन्हें नजरअन्दाज नहीं किया जा सकता है। जब मैं जनजातीय विश्व-दृष्टि के चश्मे से दर्शन के मूलभूत सवालों की जाँच-पड़ताल करूँगी, तो मैं उन भिन्नताओं और समानताओं को उजागर करने का प्रयास करूँगी जो जनजातीय विश्व-दृष्टि अन्य विश्व-दृष्टि के साथ साझा करते हैं।

जनजातीय दर्शन पर किसी भी सार्थक वक्तव्य को जनजातीय दर्शन के विशेष नज़रिये के लिए जगह रखनी होगी। यहाँ यह ध्यान रखना महत्त्वपूर्ण होगा कि आदिवासी ज्यादातर प्रकृति द्वारा शासित होने के लिए जाने जाते हैं जिसे जनजातीय प्रथागत कानून कहा जा सकता है, वो ज्यादातर अलिखित हैं और पीढ़ियों-दर-पीढ़ियों तक मौखिक रूप से सम्प्रेषित किये गए हैं। आदिवासियों का अस्तित्व संगीत और नृत्य, रीति-रिवाजों और समारोहों से जुड़ा हुआ है। हर अवसर के लिए नृत्य और गीत होते हैं, धार्मिक-नृत्य, कृषि-नृत्य, शिकार-नृत्य, विवाह-नृत्य और त्योहार-नृत्य। देशज समुदायों के लोकगीत दार्शनिक रूप से समृद्ध हैं। जनजातीय लोगों के लोक-कथाओं, संस्कृति और जीवन के तरीके की जाँच-पड़ताल हमें वास्तविकता, सत्यता, अस्तित्व, ज्ञान, भाषा, कारण, सौन्दर्य और जीवन-मूल्यों से सम्बन्धित प्रश्नों के बारे में एक बहुत अनोखे परिप्रेक्ष्य में आन्तरिक नज़रिया प्रदान करती है।

जनजातीय तत्त्वमीमांसा, सत्तामीमांसा (आंकोलॉजी) और ब्रह्मांड विज्ञान

जनजातीय तत्त्वमीमांसा : तत्त्वमीमांसा दर्शन की एक शाखा है जो अस्तित्व और वास्तविकता से सम्बन्धित प्रश्नों से सम्बन्धित है। तत्त्वमीमांसा में, ऐसे प्रश्नों की जाँच की जाती है, जैसे—इसका क्या अर्थ है और किस तरह के अस्तित्व को वास्तविक माना जाना चाहिए। प्रकृति और चेतना के सार से सम्बन्धित प्रश्न, पदार्थ और मन के बीच सम्बन्ध, वास्तविकता और क्षमता के बीच, और पदार्थ और उसके गुण भी तत्त्वमीमांसा के दायरे में आते हैं। दुनिया की प्रकृति के बारे में विभिन्न दृष्टिकोण हैं जो तत्त्वमीमांसा पर विभिन्न कार्यों में सामने आते हैं। सिद्धान्त जिसे 'यथार्थवाद' नाम से जाना जाता है, उसका तर्क है कि यथार्थ या दुनिया मन और पदार्थ से स्वतंत्र रूप से मौजूद है, सरल शब्दों में वास्तविकता (यथार्थ) को एक विषय या स्वतंत्र-द्रष्टा माना जाता है। यथार्थवाद के विरोधियों के अनुसार, यथार्थ या दुनिया विषय या द्रष्टा के दिमाग के अन्दर विचारों के रूप में मौजूद है। कांट जैसे कुछ दार्शनिक 'संसार' यानी विचारों की आन्तरिक दुनिया और वस्तुओं की बाहरी दुनिया दोनों को महत्त्व देते हैं। तार्किक प्रत्यक्षवादी विज्ञान के प्रभाव में

आध्यात्मिक यथार्थवाद को पूरी तरह से खारिज करते हैं और इसे अर्थहीन और असत्यापित मानते हैं। तत्त्वमीमांसा को अस्वीकार करनेवाले अधिकांश विद्वानों का मानना है कि तत्त्वमीमांसा वास्तविकता की प्रकृति के बारे में एक निराधार धारणा पर आधारित है और इसे दूर करने की आवश्यकता है। जहाँ तक एक जनजातीय विश्व-दृष्टि का सम्बन्ध है, उन्हें उपर्युक्त किसी भी दृष्टिकोण या सिद्धान्त के तहत वर्गीकृत करना मुश्किल है। जनजातीय विश्व-दृष्टि में, एक वैचारिक योजना के लिए कोई जगह नहीं है जिसमें विषय-केन्द्रित या वस्तु-केन्द्रित प्रतिमानों के साथ-साथ भेद-भाववाले सोच को बढ़ावा दिया जाता है। इसके अलावा, यह ध्यान दिया जाना चाहिए कि जनजातीय विश्व-दृष्टि को विषय-केन्द्रित या वस्तु-केन्द्रित नहीं माना जा सकता है। ऐसा लगता है कि जनजातीय विश्व-दृष्टि में किसी भी प्रकार के अधिनायकवाद, तर्कवाद, या पदानुक्रम के प्रति घृणा है। अधिनायकवादी, तर्कवादी ढाँचे पदानुक्रम को बनाए रखने के लिए जाने जाते हैं और खुद को ऐसी योजना में शामिल होने से नहीं रोक सकते हैं जो अधीनता के विभिन्न रूपों की तरफ ले जाते हों। सत्तावादी, तर्क-केन्द्रित ढाँचे में निहित पॉवर-प्ले वास्तव किसी भी चीज़ या हर चीज़ को किसी अन्य रूप में व्यक्त करता है जिसे हीन माना जाता है। जनजातीय विश्व-दृष्टि में तत्त्वमीमांसा से दूर रहने को उसी अर्थ में नहीं समझा जाना चाहिए जिस अर्थ में इसे तार्किक प्रत्यक्षवादियों के विश्व-दृष्टि में समझा जाता है। आदिवासी विश्व-दृष्टि किसी भी कठोर आध्यात्मिक प्रतिबद्धता को सत्यापन के अभाव के कारण नहीं, बल्कि समतावादी भावना की अनुपस्थिति के कारण करने से मना करती है। इस अर्थ में, जनजातीय विश्व-दृष्टि उत्तर-आधुनिकतावाद की वैचारिकता की तरह है। हालाँकि, चेतना की प्रकृति और सार, पदार्थ और मन के बीच सम्बन्ध, वास्तविकता और क्षमता के बीच, और पदार्थ और इसकी विशेषताओं से सम्बन्धित सवालों पर बात करने का प्रयास किया जा सकता है। जनजातीय विश्व-दृष्टि के नज़रिये से इन अवधारणाओं की समझ केवल जनजातीय जीवन-शैली की जाँच-पड़ताल करके ही हो सकती है। 'चेतना' शब्द आम तौर पर एक मानसिक घटना से जुड़ा होता है जिसके बारे में सभी जानते हैं। पारम्परिक दर्शन में हमारे सामने आनेवाले अधिकांश विश्व-दृष्टि तर्ककेन्द्रित हैं। या तो वे एन्थ्रोसेंट्रिक (मानव-केन्द्रित) हैं या थियोसेंट्रिक (ईश्वर-केन्द्रित)। थियोसेंट्रिक ढाँचे में ईश्वर केन्द्र में होता है। मानव-केन्द्रित ढाँचे में मनुष्य केन्द्र में होता है। विभिन्न प्रतिमानों और वैचारिक योजनाओं के केन्द्र में मनुष्य को रखे जाने का कारण मनुष्य में चेतना या जागरूकता और तर्कशीलता के गुण को माना गया है। इसी कारण मनुष्य को अन्य संस्थाओं से श्रेष्ठ माना जाता है। जब आदिवासी विश्व-दृष्टि की बात आती है, तो यह अपने जीववाद के सिद्धान्त के लिए जाना जाता है। हर सम्भव इकाई के लिए चेतना, जागरूकता या जीवित आत्मा का गुण,

चाहे वह पौधे हों, निर्जीव वस्तुएँ हों, या प्राकृतिक घटनाएँ हों, उन्हें जीववाद के अन्तर्गत माना जाता है। जनजातीय विश्व-दृष्टि में, वनस्पति, जीव, पत्थर, नदियाँ, पहाड़ और जंगल सभी को चेतन या सचेत माना जाता है और किसी भी इकाई को दूसरों से कम या ज्यादा श्रेष्ठ नहीं माना जाता है। पदानुक्रम के हर रूप को पूरी तरह से समाप्त कर दिया गया है।

जनजातीय दर्शन में मन और पदार्थ के बीच के सम्बन्ध को अद्वैतवाद या द्वैतवाद के चश्मे से नहीं समझा जा सकता है। अद्वैतवाद को किसी प्रकार के न्यूनीकरण की आवश्यकता है जो आदिवासी विश्व-दृष्टि की समतावादी भावना के विरुद्ध है। द्वैतवाद के लिए मन और पदार्थ की पूर्ण स्वतंत्रता की आवश्यकता होती है जो फिर से अन्तःसम्बद्धता या अन्योन्याश्रयता (एक-दूसरे पर आश्रित) के विचार के विपरीत है। इसलिए द्वैतवाद (दो पदार्थों में विश्वास, मन और पदार्थ) या अद्वैतवाद (एक पदार्थ में विश्वास) के बजाय ऐसी योजना के बारे में बात करनी होगी, जहाँ न केवल व्यक्तिगत रूप से मनुष्य के मन और शरीर के बीच परस्पर सम्बन्ध है, बल्कि हर सम्भव इकाई का भी है कोई सोच सकता है। यथार्थ (वास्तविकता) और क्षमता से सम्बन्धित प्रश्नों के बजाय आदिवासी विश्व-दृष्टि में प्रकृति और हर सम्भव इकाई के साथ सामंजस्यपूर्ण सम्बन्धों को सुरक्षित करना महत्त्वपूर्ण है। यदि प्रश्न उठता है तो यह ध्यान दिया जा सकता है कि बेहतर टिकाऊ भविष्य के लिए सब कुछ वास्तविक और सम्भावित दोनों रूपों में माना जाना चाहिए।

जनजातीय सत्तामीमांसा (ओंटोलॉजी) : ओंटोलॉजी दर्शन की वह शाखा है जो अस्तित्व, अस्तित्व बनने और वास्तविकता जैसी अवधारणाओं का अध्ययन करती है। 'होने' के विज्ञान को ओंटोलॉजी कहा जाता है। मूल प्रश्न और स्वयं, प्रकृति और आत्मा की प्रकृति/सार/अस्तित्व से सम्बन्धित मुद्दे, दर्शन के लिए एक बारहमासी समस्या रही है। दर्शनशास्त्र में अधिकांश प्रमुख वक्तव्य न्यूनतावादी रहे हैं। स्वयं को या तो विचार या शरीर में कम करने का प्रयास देखा जा सकता है। इसके अलावा, यह ध्यान दिया जा सकता है कि खुद के बारे में बात करते हुए, दार्शनिक सिद्धान्त शरीर पर विचार को प्राथमिकता देते हैं। भौतिकवादी चार्वाक जैसे कुछ सिद्धान्तों को छोड़कर अधिकांश भारतीय दार्शनिक शाखाओं में, आत्मा को शरीर पर प्राथमिकता दी जाती है। पाश्चात्य दर्शन के सन्दर्भ में विशेषताओं की अपेक्षा सार्वभौमिकता को प्राथमिकता दी जाती है। यह एक सामान्य सूत्र है जिसे हम भारतीय और पश्चिमी दर्शन दोनों के प्रमुख वक्तव्यों में देखते हैं। यद्यपि इस विचार का महाद्वीपीय दर्शन, विशेषकर उत्तर-आधुनिकतावादी परम्परा में विरोध किया गया है, फिर भी यह प्रमुख दृष्टिकोण बना हुआ है। इस सन्दर्भ में, यह बताया जा सकता है कि ऐसे दार्शनिक शाखाएँ हैं जो आदर्शवाद के प्रति निष्ठा रखते हैं और भौतिकवाद के प्रति निष्ठा रखनेवाले अन्य दार्शनिक स्कूल भी हैं।

आदर्शवादी मानते हैं कि हर चीज़ को विचारों में घटाया जा सकता है जबकि भौतिकवादियों का मानना है कि हर चीज़ को पदार्थ में बदला जा सकता है। इस प्रकार यह स्वाभाविक है कि मन, शरीर या प्रकृति, सब कुछ या तो विचारों में पदार्थ में बदल जाता है। दूसरा विकल्प जिसे कुछ दार्शनिकों ने चुना है वह एक ऐसा ढाँचा है जिसमें विचार और पदार्थ दोनों, सामान्य और विशेष दोनों को एक साथ लाया जाता है।

जब जनजातीय दर्शन की बात आती है, तो इसे किसी भी सैद्धान्तिक प्रतिमान में वर्गीकृत करना वास्तव में कठिन है। ऐसे कई कारण हैं जिनके कारण जनजातीय दर्शन को किसी भी सैद्धान्तिक प्रतिमान में वर्गीकृत करना मुश्किल हो जाता है। जनजातीय विश्व-दृष्टि में, स्वयं की पहचान न केवल अपने शरीर से होती है, बल्कि प्रकृति के शरीर से भी होती है, यानी जिस भूमि पर रहते हैं और जिस समुदाय से सम्बन्धित हैं। भूमि को कभी भी सम्पत्ति के रूप में नहीं बल्कि किसी के अस्तित्व के अभिन्न अंग के रूप में देखा जाता है। यदि इतिहास में पीछे मुड़कर देखा जाए, तो आदिवासी प्रकृति (जल, जंगल, जमीन) के साथ सहजीवी सम्बन्ध को समझना मुश्किल नहीं होगा। जल, जंगल और जमींन के संरक्षण के लिए अधिकांश आदिवासी-अधिकार आन्दोलन और क्रान्तियाँ हुई हैं। स्वयं एक आदिवासी के रूप में जयपाल सिंह मुंडा आदिवासी विश्व-दृष्टि में भूमि के महत्त्व से अवगत थे। भूमि को जनजातीय जीवन का एक अभिन्न, पवित्र पहलू माना जाता है। जयपाल सिंह मुंडा, एक भारतीय राजनीतिज्ञ, हॉकी खिलाड़ी और एक लेखक, जो संविधान सभा में आदिवासी प्रश्न उठाने के लिए जाने जाते हैं, उनका मानना था कि 'भूमि आदिवासी जीवन का आधार है और होनी चाहिए।' जपल सिंह के अनुसार भूमि पर अधिकार को एक अहस्तान्तराणीय अधिकार के रूप में देखा जाना चाहिए और भूमि से विस्थापन के बचाव को मौलिक अधिकार का दर्जा दिया जाना चाहिए।

जनजातीय विश्व-दृष्टि में, 'स्व' प्रकृति, विभिन्न प्राणियों के साथ-साथ पूर्वजों के संग एक बहुत ही अनूठा सम्बन्ध साझा करता है। जल, जंगल, और जमीन के अस्तित्व के बिना और जिस समुदाय से वे सम्बन्धित हैं, जनजातीय घरों में परिवार के हिस्से के रूप जानवरों, पक्षियों, वनस्पतियों और जीवों सहित अन्य सभी जीव के बिना आदिवासी अपने अस्तित्व की कल्पना नहीं कर सकते। आदिवासी अपने पूर्वजों की आत्माओं के अस्तित्व को ध्यान में रखे बिना भी अपने अस्तित्व के बारे में सोचने में विफल रहते हैं, जो उनके साथ इस दुनिया में केवल उनके पवित्र उपवनों में निवास करते हैं। जनजातीय दर्शन में आत्मा की अवधारणा भी नहीं है। 'स्व' के लिए कुछ आदिवासी समुदायों में जीव शब्द का प्रयोग किया जाता है। जनजातीय विश्व-दृष्टि में सब कुछ एक जीव या चेतन है। जनजातीय विश्व-दृष्टि में पत्थरों,

नदियों, पहाड़ों और जंगलों को भी चेतन या जीव माना जाता है। यह ध्यान रखना उचित होगा कि जैन तत्त्वमीमांसा में भी जीव शब्द आता है। लेकिन जिस तरह से जैन तत्त्वमीमांसा में जीव को समझा जाता है वह आदिवासी तत्त्वमीमांसा से बहुत अलग है। यह ध्यान दिया जा सकता है कि जैन तत्त्वमीमांसा में जीव आत्मा या चेतना का स्थान है। एक आदिवासी विश्व-दृष्टि में, हालाँकि, स्वयं के सार के बारे में बात करते समय स्वयं के भौतिक पहलू को त्याग नहीं किया जाता है। आत्मा या जीव को प्रत्येक इकाई के लिए जिम्मेदार ठहराने की इस धारणा को जीववाद कहा जाता है। कई विद्वान जीववाद की इस धारणा को आदिवासी विश्व-दृष्टि के साथ अपमानजनक मानते हैं। मेरी समझ के अनुसार, जीववाद की अवधारणा के बारे में कुछ भी अपमानजनक नहीं है। प्रत्येक इकाई के लिए आत्मा को जिम्मेदार ठहराने के कार्य को किसी भी प्रकार के श्रेणीक्रम या पदानुक्रम को दूर करने के प्रयास के रूप में देखा जाना चाहिए।

जहाँ तक जीवन और मृत्यु की धारणा का सम्बन्ध है, यह ध्यान देने योग्य है कि मृत्यु के बाद एक जीवन की अवधारणा के तहत एक व्यक्ति खुद को एक पारलौकिक दुनिया में पाता है, ऐसा आदिवासी तत्त्वमीमांसा में नहीं पाया जाता है। हालाँकि पुनर्जन्म की अवधारणा कुछ आदिवासी समुदायों के वैचारिक ढाँचे में बनी हुई है। इसके अलावा, यह ध्यान दिया जाना चाहिए कि आदिवासी विश्व-दृष्टि में मुक्ति/कैवल्य/मोक्ष की कोई अवधारणा नहीं है। स्वर्ग और नर्क की भी कोई अवधारणा नहीं है। आदिवासियों के मृत्यु समारोहों में, एक कर्मकांड होता है जिससे आत्मा या छाया को फिर से घर में प्रवेश करने के लिए कहा जाता है। छाया (छाया) सूर्य की किरण से बनती है और काले रंग की होती है, जिसे जीवन का रंग माना जाता है। जब कोई व्यक्ति गतिहीन हो जाता है, तो उसकी छाया नहीं बनती है। जीवन का रंग चित्रित नहीं होता है, यही उनकी मृत्यु का प्रमाण माना जाता है। मृत्यु के समय, एक इकाई मिट्टी या वायु के रूप में प्रकृति के साथ एक हो जाती है। शायद यही वजह है कि लाशों को मिट्टी में दबा दिया जाता है। एक इकाई की छाया (छाया) अमर है। मृत्यु के समय छाया अशरीरी हो जाती है। जनजातीय जीवन-शैली में जन्म, विवाह और मृत्यु की अवधारणाओं का अपना प्रतीकात्मक महत्त्व है। जन्म एक नये जीवन की शुरुआत या सम्भावना है। विवाह व्यक्ति के दूसरे व्यक्ति के साथ सहजीवी सम्बन्ध की शुरुआत है। मृत्यु समाज के साथ सहभागिता के रूप में साझा जीवन की शुरुआत है। जनजातीय विश्व-दृष्टि में मनुष्य सदैव सामाजिक प्राणी बना रहता है, मृत्यु के बाद भी उसकी सामाजिकता समाप्त नहीं होती है।

इसके अलावा, यह ध्यान देने योग्य है कि आदिवासियों में आध्यात्मिक जागृति किसी साधना या समाधि के कार्य से नहीं होती है, बल्कि यह प्रकृति के साथ एक

होने और अपने समुदाय/समाज के साथ एक होने और स्वयं में एक होने से होती है। इस्लाम, हिन्दू धर्म, ईसाई धर्म जैसे किसी अन्य धर्म को माननेवाले शायद उन आदिवासियों की विश्व-दृष्टि के बारे में सवाल उठा सकता है। मेरी राय में जो आदिवासियों की मूल विश्व-दृष्टि नहीं हैं और धर्म जैसे विविध कारकों के प्रभाव में थोपी गई या अपनाई गई हैं, उसे आदिवासियों की विश्व-दृष्टि मानने की गलती नहीं करनी चाहिए।

यह भी ध्यान देने योग्य है कि आदिवासी विश्व-दृष्टि में, ईश्वर की दिव्य धारणा के लिए कोई जगह नहीं है जिसमें कुछ कृत्रिम निर्माण को सर्वशक्तिमान के निवास के रूप में माना जाता है। कृत्रिम निर्माणों को प्राथमिकता देने के बजाय, प्रकृति के विभिन्न रूपों जैसे पहाड़ों, नदियों, जंगलों आदि की प्राथमिकता दी जाती है (रामदयाल मुंडा, आदि धर्म)। आदिवासी केवल एक ईश्वर की पूजा करते हैं और वह है प्रकृति और उसकी विभिन्न अभिव्यक्तियाँ। बारूक स्पिनोज़ा की यह कहावत आदिवासी दर्शन के लिए भी सच है कि सब कुछ प्रकृति और प्रकृति ही सब कुछ है। आदिवासी जीवन के हर पहलू में स्वतंत्रता और समतावादी भावना प्रकट होती है। व्यक्ति को प्रकृति के साथ अपनी इच्छानुसार सम्बन्ध रखने के लिए स्वायत्तता दी जाती है। प्रकृति के साथ अपने सम्बन्ध को बनाए रखने के लिए पवित्र धाम में जाने के लिए कोई सख्त कठोर और सख्त कर्मकांड नहीं हैं। यदि कोइ व्यक्ति आदिवासी दुनिया में प्रकृति के सार को समझने की कोशिश करे तो वह यह देख सकता है कि 'प्रकृति भौतिक और आध्यात्मिक दोनों एक साथ और अन्त:क्रियात्मक रूप से है' (एकिनहेड और ओगावा, पृ. 557)।

जनजातीय ब्रह्मांड विज्ञान या ब्रह्मांड विज्ञान : ब्रह्मांड विज्ञान तत्त्वमीमांसा की शाखा है जो ब्रह्मांड की उत्पत्ति से जुड़े प्रश्नों से सम्बन्धित है। ब्रह्मांड विज्ञान ब्रह्मांड की उत्पत्ति से जुड़े सवालों, कारण और आवश्यकता और ब्रह्मांड के अस्तित्व के उद्देश्य से सम्बन्धित सवालों का जवाब बताने की कोशिश करता है। आदिवासियों की सृजन कहानियों का अध्ययन करने पर, यह देखना मुश्किल नहीं होगा कि कहानियाँ पौराणिक के बजाय अधिक यथार्थवादी प्रतीत होती हैं। उदाहरण के लिए झारखंड के कुछ आदिवासी समुदायों (मुंडा, सन्ताल, हो, उराँव) की निर्माण कहानियों में, कोई भी देख सकता है कि ब्रह्मांड के निर्माण की प्रक्रिया में, 'केंचुआ' को मिट्टी लाने का महत्त्वपूर्ण कार्य सौंपा गया है। समुद्र और यही मिट्टी पृथ्वी का निर्माण करती है। यह स्पष्ट रूप से इस बात का संकेत है कि आदिकाल से आदिवासियों को प्रकृति के विभिन्न पहलुओं और उसके कामकाज के बारे में गहन ज्ञान रहा है। प्रकृति के साथ घनिष्ठता में रहने के कारण, आदिवासी हमेशा मिट्टी की उर्वरता बनाए रखने में केंचुओं के महत्त्व से अवगत थे। यह एक ज्ञात तथ्य है कि केंचुए मिट्टी में रिसनेवाली हवा और पानी की मात्रा को बढ़ाने

में महत्त्वपूर्ण भूमिका निभाते हैं। वे घास और पत्तियों जैसे कार्बनिक पदार्थों को उन चीज़ों में तोड़ने के लिए भी जाने जाते हैं जिनका पौधे उपयोग कर सकते हैं। इसके अलावा, यह भी एक सर्वविदित तथ्य है कि जब केंचुए खाते हैं, तो वे अपने पीछे ऐसी मिट्टी छोड़ जाते हैं जो अत्यन्त मूल्यवान उर्वरक होती है। सम्भवत: केंचुओं द्वारा निभाई गई इस महत्त्वपूर्ण भूमिका के कारण ही उन्हें आदिवासियों की ब्रह्मांड सम्बन्धी कहानियों में पृथ्वी के निर्माण के लिए स्वीकार किया जाता है। कुछ नैतिक सबक भी हैं जो आदिवासियों की ब्रह्मांड सम्बन्धी कहानियों से लिये जा सकते हैं। जब लोग एक-दूसरे का सम्मान करने में असफल होते हैं, अत्यधिक लालच करते हैं, या प्रकृति/पर्यावरण का अत्यधिक दोहन करते हैं, पेड़ों को बेवजह काटकर या कोई अन्य क्रिया करता है जो प्रकृति को नुकसान पहुँचाती है, तो सिंगबोंगा/धर्मेश (प्रकृति को सर्वोच्च इकाई के रूप में व्यक्त किया जाता है) अपना क्रोध दिखाते हैं और इसका परिणाम प्राकृतिक होता है, जैसे किसी प्रकार की आपदा या विपदा। दुनिया-भर में जनजातीय ब्रह्मांड सम्बन्धी कहानियाँ पृथ्वी, सूर्य, चन्द्रमा, जल, वायु, अग्नि आदि के निर्माण के बारे में कुछ महत्त्वपूर्ण नज़रिया प्रदान करती हैं। आदिवासियों की ब्रह्मांड सम्बन्धी कहानियों में पर्यावरणीय शोषण और हानिकारक प्रभावों के बारे में भी अन्तर्दृष्टि है। ग्लोबल वार्मिंग या कोविड 19 के रूप में महामारी जिसका अभी दुनिया सामना कर रही है, निश्चित रूप से प्रकृति के अत्यधिक दोहन का परिणाम है। जनजातीय विश्व-दृष्टि उनकी ब्रह्मांड सम्बन्धी कहानियों के रूप में वास्तव में पर्यावरण और पारिस्थितिक न्याय के बारे में काफी व्यावहारिक हैं।

जनजातीय ज्ञानमीमांसा

जनजातीय तत्त्वमीमांसा का संक्षिप्त विवरण देने के बाद, मैं आदिवासी ज्ञानमीमांसा के बारे में बात करने का प्रयास कर रही हूँ। ज्ञानमीमांसा दर्शनशास्त्र की वह शाखा है जो प्रकृति, स्रोत और ज्ञान के औचित्य से जुड़े प्रश्नों से सम्बन्धित है।

जनजातीय ज्ञानमीमांसा को एक बहुत ही अनोखा ज्ञानमीमांसा का रूप माना जा सकता है, जिसमें ज्ञाता और ज्ञेय के बीच भेद नहीं रखा जाता है। इस अर्थ में, जनजातीय ज्ञानमीमांसा यूरोसेंट्रिक ज्ञानमीमांसा से भिन्न है लेकिन भारतीय दर्शनशास्त्र के कुछ सिद्धन्तों के समान है। इसके अलावा यदि जनजातीय विश्व-दृष्टि में ज्ञान के अर्थ को जानने की कोशिश की जाए तो यह देखा जा सकता है कि ज्ञान की तुलना कभी भी प्रस्तावात्मक ज्ञान से नहीं की जाती है, बल्कि सम्बन्धित समुदाय के व्यावहारिक कौशल के साथ की जाती है। वास्तव में जनजातीय ज्ञानमीमांसा में उसे जानने (प्रस्तावात्मक ज्ञान) और कैसे जानने (क्षमता ज्ञान) के बीच कोई अन्तर नहीं है। हर आदिवासी समाज में, उराँव में धूमकुड़िया, सन्तालों में गीती ओरा, कोइतुर में घोटुल जैसी संस्थाएँ हैं, जहाँ बुज़ुर्ग या तो लोकगीतों और लोक-कथाओं

को सुनाकर या किसी के जीवन के प्रबन्धन के लिए प्रासंगिक व्यावहारिक कौशल सिखाकर युवाओं को ज्ञान प्रदान करते थे। जनजातीय विश्व-दृष्टि में ज्ञान केवल एक सामूहिक प्रस्तावों की जानकारी प्राप्त करने तक सीमित नहीं है, बल्कि ज्ञान समझ प्राप्त करने के बारे में है जिसके माध्यम से व्यक्ति अपनी दिन-प्रतिदिन की समस्याओं को हल कर सकता है। इस प्रकार समस्या-समाधान का व्यावहारिक पहलू आदिवासी विश्व-दृष्टि में प्रमुख है। जनजातीय ज्ञान को ज्ञान का दर्जा नहीं दिया गया है क्योंकि यह वैज्ञानिक समुदाय द्वारा निर्धारित ढाँचे या मानक में फिट नहीं लगता है। हालाँकि, इन मानदंडों की वैधता पर बहुत अच्छी तरह से सवाल उठाया जा सकता है। वर्तमान समय में, वैश्विक समुदाय सतत विकास हासिल करने में देशज ज्ञान के महत्त्व को महसूस कर रहा है।

जनजातीय नैतिकता

जब मूल्य-प्रणाली या नैतिक आचार संहिता या मानकों की जाँच की बात आती है, जो आदिवासी पालन करते हैं, तो यह कहा जा सकता है कि आदिवासियों के अनुष्ठानों और लोक-कथाओं की जाँच महत्त्वपूर्ण नज़रिया प्रदान करती है। जनजातीय समुदायों के पास अपनी लोकगीतों और लोक-कथाओं के माध्यम से युवा पीढ़ियों तक नैतिक और सांस्कृतिक विचारों को प्रसारित करने के प्रभावी तरीके हैं। आदिवासियों की अधिकांश लोक-कथाओं से संकेत मिलता है कि आदिवासी जीवन प्रकृति से जुड़ा हुआ है। वे जिन वनस्पतियों और जीवों में निवास करते हैं, वे उनके अस्तित्व का एक महत्त्वपूर्ण हिस्सा हैं। आदिवासी प्रकृति के साथ जो घनिष्ठ सम्बन्ध साझा करते हैं, वह उनकी प्रथाओं में भी प्रकट होता है। उदाहरण के लिए, छोटा नागपुर (जो वर्तमान में झारखंड है) के आदिवासी कुलों में प्रकृति (पेड़ों, जानवरों, पक्षियों) से अपना उपनाम लेने की प्रथा है। जनजातीय जीवन शैली में जानवरों की कहानियाँ व्यापक रूप से फैली हुई हैं। वास्तव में बौद्ध धर्म की जातक कहानियों को याद किया जा सकता है जहाँ पशु-कथाओं के माध्यम से बौद्ध शिक्षा प्रदान की जाती है। लोक-कथाएँ न केवल मनोरंजन के लिए होती हैं, बल्कि सामाजिक और नैतिक मानकों का पालन करने और ब्रह्मांड के विभिन्न पहलुओं को समझाने का एक माध्यम होती हैं।

यह ध्यान देने योग्य है कि आदिवासी नैतिकता में, अच्छे और बुरे की अवधारणा को समाज से जुड़ाव के सन्दर्भ में समझा जाता है। कोई भी कार्य जो समाज को ध्यान में रखकर किया जाता है, चाहे वह समाज के मानक हों या समाज को होनेवाले लाभ हों, वह पुण्य या धर्म का कार्य है। जो कुछ भी असामाजिक है या समाज के लिए आपत्तिजनक समझा जाता है उसे एक बुरा कार्य माना जाता है (राम दयाल मुंडा, आदि धर्म)।

आदिवासी नैतिकता को कुछ प्रथाओं के माध्यम से भी समझा जा सकता है। ऐसी ही एक प्रथा है मदत। यह एक ऐसी प्रथा है जिसमें हर कोई ज़रूरत पड़ने पर समुदाय के हर दूसरे व्यक्ति की मदद करता है, वह भी बिना एक पैसा लिये। उदाहरण के लिए, यदि किसी परिवार में विवाह समारोह होता है, तो समुदाय का प्रत्येक व्यक्ति सहायता करता है। इसी प्रकार यदि कोई विशेष परिवार बुवाई और कटाई में लगा हुआ है, तो उस समुदाय का प्रत्येक सदस्य उस व्यक्ति की सहायता के लिए आता है। मदत सौहार्द्रपूर्ण सम्बन्ध का प्रतीक है जिसे आदिवासी एक-दूसरे के साथ और समग्र रूप से समुदाय के साथ साझा करते हैं। मदत यह भी दर्शाता है कि जनजातीय जीवन-शैली में एकजुटता और साझा करने का गुण कितना महत्त्वपूर्ण है। यह ध्यान दिया जा सकता है कि मदत झारखंड के आदिवासी समुदायों में आमतौर पर इस्तेमाल किया जानेवाला शब्द है, लेकिन दुनिया-भर के लगभग सभी आदिवासी समुदायों में ऐसी प्रथाएँ देखी जाती हैं।

इसके अलावा, यह ध्यान दिया जाना चाहिए कि एक समतावादी भावना आदिवासी जीवन-शैली के मूल में है और यह भावना उनके जीवन के विभिन्न पहलुओं में प्रकट होती है। आंकोलॉजी (सत्तामीमांसा) के उपखंड में, मैंने पहले ही बताया है कि कैसे एक आदिवासी दुनिया के नज़रिये में मनुष्यों, गैर-मनुष्यों, प्रकृति और ईश्वर के बीच सम्बन्धों में कोई पदानुक्रम नहीं है। यहाँ यह ध्यान देने योग्य है कि दुनिया-भर में आदिवासी समुदाय लैंगिक समानता बनाए रखने के लिए जाने जाते हैं। आदिवासी विश्व-दृष्टि में शिशु-हत्या, सती, दहेज जैसी प्रथाओं का कोई स्थान नहीं दिया जाता है। आदिवासी समुदायों के विविध रीति-रिवाजों और जीवन के तरीके से यह भी पता चलता है कि जनजातीय विश्व-दृष्टि में किसी भी तरह से भेद-भाव के प्रति घृणा है। किसी भी और हर इकाई को उचित सम्मान देने का प्रयास किया जाता है। उदाहरण के लिए, जनजातीय समुदायों में ऐसे अनुष्ठानों और त्योहारों (जैसे सोहराई) को देखा जा सकता है, जहाँ जानवरों के सम्मान के लिए उत्सव होते हैं। इन त्योहारों में जानवरों के साथ सम्मानित व्यवहार किया जाता है, इन जानवरों की उचित स्वीकृति है जो मनुष्यों के लिए कड़ी मेहनत करते हैं, और एक महत्त्वपूर्ण भूमिका निभाते हैं। जब आदिवासी अपने घरेलू सहायिकाओं के साथ सम्बन्ध साझा करते हैं, तो 'परायेपन' की अनुपस्थिति को भी देख सकता है। कुछ आदिवासी समुदायों के बीच कुछ त्योहार ऐसे भी होते हैं जहाँ उन्हें घरेलू सहायिकाओं को सम्मानित करने की रस्म भी होती है। इस तरह के रस्मों के पीछे का कारण उनके योगदान को स्वीकार करना है। इस तरह के रस्मों में, घरेलू काम करने के मामले में उनकी सहमति ली जाती है।

यह कहा जा सकता है कि आदिवासी वास्तव में इस तथ्य से अवगत हैं कि उनकी सुरक्षा और खुशी एक समुदाय और प्रकृति में प्रत्येक इकाई की खुशी और

सद्भाव पर निर्भर है। यह कहना गलत नहीं होगा कि प्रकृति और समुदाय का प्रेम आदिवासी जीवन-शैली में प्राथमिक कारक है।

आदिवासी दर्शन का सामाजिक-राजनीतिक पहलू

जनजातीय दर्शन के सामाजिक पहलू के बारे में बात करते समय, यह ध्यान देने योग्य है कि सहयोग, सामूहिकता, पारस्परिकता, सन्तुलित सह-अस्तित्व, परस्पर जुड़ाव का उत्सव, पदानुक्रम की कमी और भेदपूर्ण सोच की कमी जैसे गुण सामाजिक जीवन के हर पहलू में प्रदर्शित होते हैं, चाहे वह परिवार हो, समुदाय हो या राष्ट्र। विभिन्न प्रथाओं, रस्मों, लोक-कथाओं, त्योहारों और जीवन के तरीकों का गहन विश्लेषण स्पष्ट रूप से इसका संकेत देता है। स्वशासन (स्वराज) या स्वायत्तता, सामूहिक निर्णय लेना, कार्य करने का लोकतांत्रिक तरीका और सतत विकास की अवधारणा को आदिवासी जीवन के राजनीतिक पहलू का मूल माना जा सकता है।

जब उनके अनुकूल शासन मॉडल का चुनाव करने की बात आती है, तो आदिवासियों ने हमेशा स्वशासन या स्वराज को चुना है। वास्तव में कई विद्वानों के कार्यों में यह दावा किया जा सकता है कि, आदिवासी स्वतंत्रता सेनानी धरती आबा बिरसा मुंडा से महात्मा गांधी को स्वराज की अवधारणा के लिए प्रेरणा मिली थी। धरती आबा बिरसा मुंडा को जल, जंगल और जमीन की सुरक्षा के लिए अपनी लड़ाई में 'अबुआ दिशुम अबुआ राज' का नारा लगाने के लिए जाना जाता है, जिसका अर्थ है 'मेरा देश मेरा शासन'। आदिवासी जीवन-शैली में स्वतंत्रता, लोकतंत्र, गणतंत्र जैसी अवधारणाओं को अत्यधिक मूल्यवान माना जाता है। आदिवासी राजनेता और खिलाड़ी जयपाल सिंह मुंडा के अनुसार, आदिवासी जीवन-शैली में स्वतंत्रता आदिवासी गणराज्य में वापसी का संकेत देती है। जयपाल सिंह मुंडा का मत था कि यदि किसी को गणतंत्र का सही अर्थ सीखना है तो उसे आदिवासियों से सीखना चाहिए। जनजातीय विश्व-दृष्टि में एकरूपता लाकर कोई एकता प्राप्त नहीं करता बल्कि विविधता का उत्सव मनाकर और प्रत्येक आदिवासी समूह की स्वायत्तता का सम्मान करके एकता प्राप्त करता है। जयपाल सिंह के अनुसार स्वतंत्रता को राष्ट्र-राज्य से आदिवासियों के अलग होने के सन्दर्भ में नहीं समझा जाना चाहिए, बल्कि इसे 'निर्णय लेने में स्वायत्तता और सम्मान और पारस्परिकता पर आधारित सम्बन्ध' के सन्दर्भ में समझा जाना चाहिए। जनजातीय दर्शन के अनुसार, समस्या समाधान और निर्णय लेना केवल बहुमत के मामले में संख्या प्राप्त करने का मामला नहीं होना चाहिए, बल्कि प्रत्येक व्यक्ति का सिर और आवाज मायने रखता है। जनजातीय विश्व-दृष्टि में, यह सब एक-दूसरे के साथ-साथ चलने के बारे में है, लेकिन प्रत्येक समूह से अपने नियमों और शर्तों को मानने के अपेक्षा की जाती है।

इसके अलावा, यह ध्यान दिया जाना चाहिए कि जहाँ तक राजनीतिक विचारधारा का सम्बन्ध है, आदिवासी विश्व-दृष्टिकोण हमें एक बहुत ही अनोखी अवधारणा के साथ प्रस्तुत करता है। जनजातीय विश्व-दृष्टि को न तो व्यक्तिवादी और न ही समुदायवादी के रूप में वर्गीकृत किया जा सकता है। इस तथ्य से इनकार नहीं किया जा सकता है कि जब व्यक्तियों और पूरे समुदाय के बीच संघर्ष होता है तो जनजातीय विश्व-दृष्टि में, एक समुदाय के निर्णय को प्राथमिकता दी जाती है। लेकिन यह ध्यान देने योग्य है कि किसी समुदाय के निर्णय को आगे बढ़ाने का कारण यह नहीं है कि इस समुदाय में केवल मनुष्यों का एक समूह होता है, बल्कि इसे प्राथमिकता दी जाती है क्योंकि सम्बन्धित समुदाय में इनसान, गैर-इनसान प्रकृति और प्रत्येक इकाई सोच सकती है।

यदि कोई यह कहे कि आदिवासी जीवन-शैली और जनजातीय दर्शन हमें एक ऐसे मॉडल के रूप में प्रस्तुत करता है जो केवल प्रतीकात्मक नहीं है, बल्कि इसका डिजाइन किया गया है, तो यह गलत नहीं होगा। यह नीति (सैद्धान्तिक) और न्याय (प्रक्रियात्मक) दोनों स्तरों पर न्याय सुनिश्चित करता है।

जनजातीय तर्क और तर्कसंगतता

यह ध्यान देने योग्य है कि आदिवासी तर्क और तर्कसंगतता अरस्तु के औपचारिक तर्क से अलग हैं। जनजातीय तर्क टू-वैल्यू तर्क नहीं है जहाँ द्विभाजन बनाया जाता है और चीज़ों को सत्य और असत्य की कठोर श्रेणियों में विभाजित किया जाता है। ये कठोर श्रेणियाँ सामाजिक निर्माण के उत्पाद हैं और किसी दिये गए समाज में शक्ति-संरचना को दर्शाती हैं और जीवन के विभिन्न क्षेत्रों में विभिन्न प्रकार के संघर्षों से जुड़ी हैं। सुसंगतता और निरन्तरता का जश्न मनाने के बजाय, आदिवासी रहस्यों का जश्न मनाते दिखते हैं, और इन रहस्यों के साथ सन्तुलन बनाते हैं।

जनजातीय भाषा और अर्थ

भाषा एक ऐसा माध्यम है जिसके द्वारा हम दुनिया का प्रतिनिधित्व करते हैं। आदिवासियों की भाषा आदिवासी-जगत में एक बहुत ही महत्त्वपूर्ण भूमिका निभाने के लिए बनी है क्योंकि वे उनके पूर्वजों द्वारा सौपे गए ज्ञान के भंडार हैं। दर्शन में शब्द या भाषा के अर्थ के बारे में बात करते समय, आम तौर पर दो सिद्धान्त होते हैं जिन्हें व्यापक रूप से स्वीकार किया जाता है। पहला अर्थ का चित्र सिद्धान्त है और दूसरा अर्थ का उपयोग सिद्धान्त है। लुडविग विट्जस्टीन के कार्यों में इन सिद्धान्तों को अच्छी तरह से उल्लेख किया गया है। पहले सिद्धान्त के अनुसार, भाषा का अर्थ निश्चित होता है और वस्तु या वास्तविकता को ठीक वैसे ही प्रस्तुत करता है या दिखाता है। दूसरे सिद्धान्त के अनुसार अर्थ एक सामाजिक निर्माण है

और यह शब्द के उपयोग से तय होता है। जब जनजातीय भाषा की बात आती है, तो यह विशेष रूप से जे.एल. ऑस्टिन और जे.एल. सर्ल द्वारा प्रतिपादित उपयोग सिद्धान्त के अधिक करीब लगता है। जनजातीय भाषाओं को वक्तव्य क्रियान्वयन के रूप में समझा जाना चाहिए जहाँ किसी भाषा में शब्दों और वाक्यों का उपयोग किसी जानकारी को प्रस्तुत करने के लिए नहीं बल्कि कार्यों को करने के लिए किया जाता है।

निष्कर्ष

निष्कर्ष के तौर पर यह कहा जा सकता है कि आदिवासी दर्शन अपने-आपमें समृद्ध और खास है। केवल यूरोसेंट्रिक या भारतीय दर्शन के ढाँचे में इसका अध्ययन करने का कोई भी प्रयास इसके साथ न्याय नहीं कर पाएगा। इसका अध्ययन किसी अन्य वैश्विक नज़रिये के बजाय आदिवासी दृष्टिकोण से किया जाना चाहिए। जनजातीय दर्शन की कुछ प्रमुख अवधारणाओं को समझने के लिए इस शोध-पत्र में एक विनम्र प्रयास किया गया है, लेकिन इस ढाँचे की विशेषता को देखते हुए, और भी बहुत कुछ खोजा जाना बाकी है।

सन्दर्भ

1. Munda, Ram Dayal. Adi-dharma: Religious beliefs of the Adivasis in India. Kolkata : Sarini, BIRSA and adivaani, 2014
2. Aikenhead, Glen S., and Masakata Ogawa. "Indigenous knowledge and science revisited." Cultural Studies of Science Education 2.3 (2007): 539-620.
3. Thakur, Devender, and Thakur, D.N., "Introduction: Tribes in India" in Tribal Life and Forests, 2nd edition, New Delhi: Deep & Deep Publications PVT. LTD, 2009
4. Miri, Mrinal ed. Continuity and Change in Tribal Society. Simla: Indian Institute of Advanced Study, 1993.
5. Xalxo, Prem, S.J. Current Ecological Crisis and its Moral Dimensions: A Tribal Perspective, Ranchi: Xavier Publications, 2008.
6. Vidyarthi, L.P., B.K. Ray. The Tribal Culture of India. 2nd ed. New Delhi: Concept Publishing Co., 1985.
7. Wautischer Helmut, Tribal Epistemologies: Essays in the Philosophy of Anthropology, Burlington VT: Ashgate Publication Ltd, 1998
8. World Bank, Indigenous knowledge: Local pathways to global development Africa Regional Office, World Bank.2004
9. Parmar, P. (2011). Undoing Historical Wrongs: Law and Indigeneity in India. Osgoode Hall LJ, 49, 491.

समय की धारणा और स्वदेशी सौन्दर्यशास्त्र जीवन के आदिवासी दर्शन का एक अध्ययन

पदमाजा सेन

परिचय

झारखंड के प्रमुख आदिवासी समूहों मुंडा, सन्ताल, हो, और ओराँव के पास मिथकों, लोक-कथाओं, मानकों और रीति-रिवाजों की समृद्ध परम्परा है। इनमें उनकी धार्मिक आस्थाएँ, प्रथाएँ और अनूठी विश्व-दृष्टि शामिल हैं। चूँकि निकट अतीत तक इन मूलनिवासी लोगों का सम्बन्ध स्थानीय बोली आधारित समाज से था इसलिए यह सब पीढ़ी-दर-पीढ़ी मौखिक रूप से चला आया है। हालाँकि, ब्रिटिश काल से शुरू करें तो मूलनिवासियों के इतिहास, राजनीति, अर्थव्यवस्था, समाज और संस्कृति पर हमें विशाल नृजातीय साहित्य मिलता है। हालिया समय में आदिवासी शोधकर्ताओं द्वारा किये गए कुछ अध्ययन सामने आए हैं जो उनके धर्म की आत्म समझ में अन्तर्दृष्टि विकसित करने में मदद करते हैं। आदिवासी जीवन के दर्शन और उनकी विश्वास-प्रणाली की समझ और पुनर्निर्माण के लिए यह कार्य अमूल्य स्रोत है। इसके बावजूद, बदकिस्मती से विचार और आदिवासी दर्शन की अलग से स्वदेशी प्रणाली स्पष्ट कारणों से अब तक विकसित नहीं हुई है।

उपर्युक्त स्रोत मूलनिवासी विश्व-दृष्टि और धार्मिक विश्वासों और प्रथाओं को कुछ हद तक दर्ज तो करते हैं लेकिन इन विचारों को विचार-प्रणाली में शामिल करने की कोशिश उनका लक्ष्य नहीं रहा है। उनका नज़रिया धार्मिक विचारों और मानकों पर मुख्य रूप से अपने सामाजिक कार्य को रेखांकित करना रहा है। यह इस बात को स्पष्ट करने के लिए है कि कैस कोई खास धार्मिक विश्वास और विश्व-दृष्टि लोगों की पहचान सम्बन्धी खोज का ध्यान रखती है या किसी व्यक्ति या समाज की आर्थिक-सामाजिक गतिविधि को तर्कसंगत या वैध बनाती है। लेकिन धार्मिक विश्वासों और प्रथाओं को मात्र सामाजिक, मनोवैज्ञानिक या सांस्कृतिक ढाँचे के गौण लक्षण तक संकुचित करने की प्रवृत्ति उनकी आवश्यक प्रकृति और स्वायत्त

स्थिति को नज़रअन्दाज़ करने की तरफ ले जाती है। यह धारणाएँ आदिवासियों के अपने अनूठे तरीके से सच की तलाश को भी दर्शाती है। इसीलिए वे इस मामले में खास उपचार की अपेक्षा रखते हैं।

हम दूसरी वास्तविकता को भी नजरअन्दाज नहीं कर सकते। किसी विधा के रूप में अपनी सार्वभौमिकता और शानदार परम्पराओं और दर्शन के प्रति पूर्वाग्रह के कारण आदिवासी जीवन-पद्धति, उनकी विश्व-दृष्टि, विश्वास-प्रणाली और जीवन के सौन्दर्य-बोध का गम्भीर अध्ययन शुरू नहीं किया जा पाया है। आदिवासी जीवन-दर्शन, तत्त्व-विज्ञान, वास्तविक ज्ञान के अध्ययन या उनके धार्मिक विश्वासों और प्रथाओं के सामान्य सिद्धान्तों के पुनर्निर्माण और व्यवस्थित विन्यास के मकसद से उपलब्ध डाटा भंडार का, दार्शनिक क्रिया-प्रणाली का उपयोग करते हुए, विश्लेषण करने का प्रयास बहुत कम किया गया। इसके नतीजे में विशाल जातीय-धार्मिक आँकड़ों की दार्शनिक व्याख्या में कमी आई। इसलिए, यह समय की माँग है कि दर्शन, खासकर धार्मिक दर्शन को अपने-आपको केवल ईसाई, यहूदी, हिन्दू, इस्लाम या बौद्ध धर्म आदि की भव्य परम्पराओं के अध्ययन तक सीमित नहीं रखना चाहिए जैसा कि चलन रहा है। इसके बजाय, जीवित छोटी परम्पराओं के बारे में उपर्युक्त स्रोतों द्वारा उपलब्ध कराए गए गम्भीर जातीय-धार्मिक आँकड़ों की सत्यता पर गम्भीरता से विचार करना चाहिए।

मूलनिवासी विश्वासों और प्रथाओं के साथ-साथ जीवन के सौन्दर्य-बोध का दार्शनिक व्यवस्थापन केवल इसलिए ज़रूरी नहीं है कि आदिवासी भारत की आबादी का एक बड़ा हिस्सा है। ऐसा इसलिए भी नहीं है कि उनकी सांस्कृतिक पहचान की उचित मान्यता के लिए आग्रह बढ़ता जा रहा है। बल्कि ऐसा इसलिए है कि यह आकदमिक रूप से बेहद फायदामन्द होगा। एक तरफ यह अभ्यास अनुभव से प्राप्त आँकड़ों का दोहराव मात्र होने और दूसरी ओर केवल आस्था पर अनुरोध होने से बचने में मददगार होगा। स्रोतों का गहराई के साथ अध्ययन उनकी आस्थाओं, मिथकों, रीति-रिवाजों, प्रथाओं और विश्व-दृष्टि के बीच पारस्परिक और जैविक सम्बन्धों में अन्तर्दृष्टि प्रदान करेगा। ये आदिवासी दर्शन के मुख्य ढाँचे और बुनियादी तत्त्वों को मूर्त-रूप देते हैं। यह प्रयास दार्शनिक रूप से कई महत्त्वपूर्ण अवधारणाओं को काफी हद तक खोलकर रख देगा जैसे जन्मदाता, विनाशकारी और पालनहार के रूप में सर्वोच्च देवता, हितैषी और दुर्भावनापूर्ण आत्माओं के कुलदेव, रीति-रिवाजों, प्रार्थनाओं और प्रायश्चितों, ज्ञान के स्रोतों और प्रक्रियाओं और बहुत हद तक विश्व-ज्ञान और सौन्दर्य-बोध। इनमें से हर एक का अगर ढंग से विश्लेषण किया जाए तो जीवन के मूलनिवासी दर्शन की गहरी समझ और रचनात्मक पुनर्निर्माण की ओर हमारी रहनुमायी कर सकता है। इस परियोजना को आगे बढ़ाने के लिए वर्तमान शोधपत्र समय की मूलनिवासी

अवधारणा से शुरुआत करता है जो आदिवासियों के जीवन के अनोखे सौन्दर्य-बोध को खोलता है।

समय सामाजिक जीवन का हमेशा रहनेवाला अंग है। वस्तुएँ और घटनाएँ समय के साथ बदलती/घटित होती रहती हैं। इसलिए इनको आमतौर पर हो चुका मान लिया जाता है और अपने-आप शोध के विषय के रूप में इसको अनदेखा कर दिया जाता है। फिर भी, निर्विवाद रूप से समाज की संस्कृति को समझने के लिए समय सबसे अहम चीज़ों में से एक है। इसलिए यह शोधपत्र खासतौर से मूलनिवासी सामाजिक-सांस्कृतिक परिप्रेक्ष्य में समय और सौन्दर्य-बोध की धारणाओं का अध्ययन करना चाहता है। यह समय के उस व्यक्तिपरक अर्थ को रेखांकित करने का प्रयास करता है जो समुदाय इसे सौंपता है। बदले में यह उन्हें सामयिक प्रकृति के वर्तमान केन्द्रित तरीके की ओर खास रवैया अपनाने के लिए प्रेरित करता है। ध्यान रहे कि इसका सन्दर्भ झारखंड के आदिवासी हैं। शोधपत्र का तर्क है कि सामयिक प्रकृति के लिए किसी खास तरीके को प्राथमिकता देने से लोगों के सौन्दर्य-बोध को आकार मिलता है। शब्द 'सौन्दर्य-बोध' (Aesthetics) का प्रयोग यहाँ सामान्य अर्थ में किया गया है क्योंकि जीवन के प्रति मूल्य उन्मुख रवैया झारखंड के आदिवासियों के दर्शन की खासियत को जाहिर करता है।

शोध के आठ हिस्से हैं। दूसरा हिस्सा पारिस्थितिक समय की मूलनिवासी धारणा की रूपरेखा प्रदान करता है। इसके बाद टाइम साइकिल शीर्षकवाला भाग सामयिक चक्र की उनकी समझ को उजागर करता है। चौथा अध्याय प्रेजेंट सेंट्रिक टेम्पोरैलिटी (Present Centric Temporality) मिथकीय जड़ों की खोज करता है। टाइम एज़ नाउ (Time as Now) की अवधारणा के लिए अपनाई गई ज्ञानात्मक प्रक्रिया पाँचवें खंड का विषय है। एस्थेटिक्स एंड आदिवासी फिलॉसफी ऑफ लाइफ नामक निम्न खंड वर्तमान केन्द्रित सामयिक प्रकृति के आदिवासी दृष्टिकोण का वर्णन करता है। यह चिन्तामुक्त, आनन्द की चाह रखनेवाले और आरामपसन्द सौन्दर्य-बोध और अनन्त अविनाशी वर्तमान में अस्तित्व की ओर ले जानेवाली वर्तमान की संस्कृति पर खत्म होता है। निष्कर्ष अकादमिक और व्यावहारिक दोनों उद्‌देश्यों के लिए वर्तमान केन्द्रित सौन्दर्य-बोध की ओर ले जाने की गम्भीर ज़रूरत को रेखांकित करता है।

समय की अवधारणा का गठन

समय की अवधारणा गढ़ने में वास्तव में समस्या वहाँ होती है जहाँ हम केवल समय पर होनेवाली घटनाओं को देख सकते हैं स्वयं समय को नहीं। इसके बावजूद, सामयिक प्रकृति के तीन बुनियादी तरीकों के आधार पर हम इसकी अवधारणा बनाने में सक्षम हैं। उनके नाम हैं अवधि, अनुक्रम और समकालीनता।

हम सामयिक सम्बन्धों जैसे उससे पहले, उसके साथ-साथ या उसके बाद के आधार पर तुरन्त समय के लिए सचेत हो जाते हैं। हम इन निश्चित घटनाओं पहले या अब अर्थात अतीत या वर्तमान के अपने अनुभव से पहचानने में सक्षम होते हैं। इस आधार पर, हम कुछ निश्चित मामलों का अच्छी तरह अन्दाज़ा लगा सकते हैं कि जो घटना हमारे अनुभव में है वह किसी और घटना के बाद या पहले या एक ही समय में हुई थी। ऐसा हम फौरन उसी तरह कर सकते जैसे हम किसी कथित वस्तु का अन्दाज़ा करते हैं कि वे एक-दूसरे के बाएँ हैं या दाएँ। सामयिक प्रकृति के यह तरीके हमारे अनुभव के सबसे बुनियादी गुणों में से हैं। वस्तुओं में कथित बदलाव के ज़रिए से अवधि के प्रति जागरूकता के साथ यह समय के हमारे ज्ञान का आधार बनता है। इस प्रकार अनुभवजन्य रूप से बात करते हुए, समय की धारणा इन्द्रियों को दिये गए सामयिक सम्बन्धों से निर्मित होती है।

1877 में, डब्लू.डब्लू. हंटर ने देखा कि 'जिले (पूर्व सिंहभूमि) के ग्रामीण क्षेत्रों जैसे कोल्हान और परहट में समय का कोई पैमाना नहीं है और किसान से समय पूछा जाए तो बस वह सूरज की स्थिति की तरफ इशारा करेगा'। कोल्हान की टिप्पणी समय को घड़ी या कैलेंडर के माध्यम से मापने के सन्दर्भ में थी। यह आकलन आज भी प्रासंगिक है। कोल्हान के दूरदराज़ के गाँवों के लोग समय का संकेत करने के लिए अब भी सिंगी या सूरज की ओर इशारा करते हैं। यह बात बहुत असामान्य नहीं है कि पूर्व साक्षर अवस्था के लोगों में समय की किसी स्पष्ट धारणा का अभाव था। साफ है कि कमोबेश खेती से जुड़ा हुआ, अपेक्षाकृत अनिपुण और पूर्व औद्योगिक काल के आदिवासी समाज में समय के आधुनिक पैमानों की जानकारी की कमी थी। हालाँकि मैं तर्क देना चाहूँगा कि वे सामयिक प्रकृति को समझते थे और खुद अपने खास अन्दाज़ में समय को मापने का तरीका विकसित कर लिया था। उन्होंने समय की धारणा सीधे प्राकृतिक घटनाओं और खेती-बाड़ी की प्रक्रियाओं के माध्यम से बना लिया था। इस चीज़ ने उन्हें पारिस्थितिक समय की धारणा बनाने के लिए प्रेरित किया। खेती-बाड़ी की प्रक्रियाएँ इस अवधारणा में सहायक थीं। कृषि-सम्बन्धी स्वभाव में महत्त्वपूर्ण कारक होने की वजह से सूर्य खेती से सम्बन्धित उनकी गतिविधियों को नियंत्रित करता था। यह कृषि-सम्बन्धी घटनाओं के क्रम में होने का कारण बन गया। यह सब उनके अनुभव के हिसाब से था। इस प्रकार, यह समय के बारे पूछे गए किसी सवाल के जवाब में सूरज की ओर उनके संकेत की व्याख्या करता है। उनकी संवेदनशीलता की एतबार से सूरज और चाँद की स्थिति अवश्य ही समय की सूचक होनी चाहिए। साफ है कि घड़ी के अभाव में उन्होंने समय को मापने के लिए बार-बार पेश आनेवाली प्राकृतिक घटनाओं जैसे सूरज, चाँद, कृषि प्रक्रियाओं, प्रकृति में परिवर्तनों आदि का प्रयोग किया। केवल आदिवासी समाज

ही नहीं बल्कि कृषि से जुड़े अधिकांश लोग ऐसे प्रत्यक्ष अनुभवों के माध्यम से सामायिक प्रकृति के जानकारी रखते हैं।

'समय' शीर्षक के अतर्गत हो बोली के कई तरह के समय और अवधि की खास अभिव्यक्तियों को रिकॉर्ड करते हुए लेफ्टीनेंट एस.आर. टिकेल शायद उपर्युक्त तथ्यों से अवगत थे। समय शीर्षक के अन्तर्गत दिन के चरणों का संकेत ऐसे शब्दों द्वारा किया गया है जैसे सीमको रार (नर कौवा), मारसल (प्रकाश), जेते (धूप), सिंगी (दिन का प्रकाश), नूबा या हेंडे (अँधेरा)। आदिवासी समाज में यह सब सामयिक प्रकृति की अभिव्यक्तियाँ हैं जो रोज़ किसी-न-किसी दिनचर्या के पालन के लिए होती है। सबसे दिल्चस्प यह है कि यहाँ तक कि मुर्गा कहने के लिए भी (सिमको रार) को समय के सूचक के तौर पर लिया गया है जैसे अलार्म के रूप में इस्तेमाल किया जाता हो। दिन के चरणों के लिए अन्य अभिव्यक्तियाँ हैं जैसे ईडंग बो (बहुत सवेरे), सेट्टा (सुबह), टिकिन (दोपहर), तारा सिंगी (दोपहर बाद), आलोब (शाम), नींडा (रात), टाला नींडा (आधी रात)। दिन, महीना/साल के शीर्षक से उसके शब्दकोष में शामिल हैं : लिसिंग (आज), गप्पा (कल), होला (बीता हुआ कल), होलाटर (बीता हुआ परसों), मिआंग (आनेवाला परसों), इन्द्री (आनेवाले कल के दो दिन बाद), टरट्री (आनेवाले कल के तीन बाद), मा (कोई दिन), मूसिंग (एक दिन) बारसिंग (दो दिन), अप्पे मा (तीन दिन), कोला मन (दूसरे दिन)। महीना और साल : चंडू (एक महीना), सिरमा (एक साल), मिस्सड (इस साल), कलोम (अगली साल), टर कलोम (साल बाद) और मा (पिछले साल)।

समझने लायक बात यह है कि हालाँकि कल से पहले वाले दिन से लेकर कल के तीन दिन बाद वाले दिन तक लगातार सात दिनों की अवधारणा है। हमें उनके शब्दकोष में न तो एक सप्ताह के समान अर्थ का कोई शब्द पाते हैं और न ही दिनों के नाम। एक वर्ष में महीनों के नाम या संख्या की भी गणना नहीं की गई है। हालाँकि एक हो बुद्धिजीवी हो कैलेंडर (लिथ गोरगोंडी) के बारे में बताता है। वह यह भी बताता है कि साल बारह महीने का होता है। हर महीने में तीस दिन होते हैं। पन्द्रह-पन्द्रह दिन के दो पक्ष (पखवाड़ा) होते हैं। उनके नाम पुनाई (पूर्णिमा) और निरसंडी (अमावस्या) हैं। सप्ताह में सात दिन होते हैं—रुईहर (रविवार), सुमिहर (सोमवार), मुंगरूहर (मंगलवार), बुधुहर (बुधवार), गुरूहर (गुरुवार), शुकहर (शुक्रवार) और शनिहर (शनिवार)। हालाँकि कि जाहिर है कि यह सब हालिया विकास हैं।

हंटर का एक लेखांश स्थान, समय और परिवर्तन की आदिवासी अवधारणा को उल्लेखनीय ढंग से व्यक्त करता है। प्रस्तुत है 'कोल्हान का स्थानीय कोस वह दूरी है जो एक व्यक्ति एक ताज़ा तोड़ी गई शाखा लेकर चल सकता है यहाँ तक कि वह मुरझा जाए'। यह देखा जा सकता है कि एक कोस की स्थानिक दूरी

(लगभग दो मील) स्थानिक उपकरण जैसे टेप से मापी गई हो। यह किसी व्यक्ति द्वारा ताज़ा तोड़ी गई शाखा के साथ पैदल तय की गई दूरी में लिये गए समय की अवधि से भी मापी जा सकती है यहाँ तक कि वह मुरझा जाए या बदलने लगे। इससे जाहिर होता है कि वे स्थानिक दूरी को सामयिक अवधि के समरूप और उसके विपरीत क्रम को समझते हैं।

एक और मुंडारी अभिव्यक्ति 'रुआरा सिरमारे, रुआरा कुटुइउलरे' का अर्थ है कि जब साल बीत जाता है, जब समय चक्कर लगा चुका होता है भी उपर्युक्त धारणा का समर्थन करता है। कुटुइउल खेत की उस भाग की लम्बाई है जिस हल एक पूरा चक्कर लगाता है। यहाँ साल की अवधि को सांकेतिक रूप से हल की स्थानिक दूरी के माध्यम से व्यक्त किया जा रहा है। उपर्युक्त उदाहरण इस निष्कर्ष का संकेत देते हैं कि आदिवासी समाज स्थान को सामयिक अवधि की शब्दावली में और समय को स्थानिक प्रतीक की शब्दावली में समझने में संगत है। इसलिए उनकी सामयिक भाषा स्थानिक रूपकों के रहस्य से भरी हुई है। उनकी अवधारणा में, स्थान और समय प्रेक्षक और उनके द्वारा प्रयोग की जानेवाली माप-प्रणाली से भी जुड़ा हुआ मालूम पड़ता है। शायद आदिवासी यह भी समझते थे कि अवधि घटना की शुरुआत और अन्त के बीच की सामयिक दूरी को दर्शाती है। समय की अनुभवजन्य और व्यावहारिक अवधारणा बनाने की कोशिश कर रहे उनके दिमाग के कामकाज में यह अन्तर्दृष्टि प्रदान करती है। हालाँकि साफतौर पर यह स्वीकार करना होगा कि उनमें समय की धारणा के विचार का अभाव था।

समय चक्र

हम आमतौर पर 'समय के बीतने' के मिथक में विश्वास रखते हैं। हम समय को धारा के रूप में मानते हैं जो भविष्य से वर्तमान और अतीत में बहती है। यह समय की रैखिक धारणा है। ईसाइयत के उभार से ही यह पश्चिम की प्रमुख अवधारणा रही है जिसे बाद में लगभग पूरी दुनिया में स्वीकार कर लिया गया। फिर भी इसे सार्वभौमिक स्तर पर मज़बूती नहीं मिल पाई। समय की चक्रीय अवधारणा यह है कि समय सीधी दिश में नहीं बहता बल्कि चक्र के रूप में घूमता है। यह समय की समस्या का एक और महत्त्वपूर्ण दृष्टिकोण रहा है। यह दृष्टिकोण यूनान और रोम की प्राचीन संस्कृतियों में, हिन्दू और बौद्ध परम्पराओं में और कुछ मूलनिवासी समाजों में भी चलन में रहा है। हालाँकि, यहाँ इस बात का उल्लेख किया जाना चाहिए कि स्वयं समय रैखिक या चक्रीय नहीं है बल्कि सामयिक प्रक्रिया को देखने का तरीका अलग हो स्कता है।

झारखंड के आदिवसी भी समय के चक्रीय धारणा की तस्दीक करते हैं। दिन और रात के दोहराव र्क अवधि, मौसम, प्रमुख घरेलू कार्य और खेती-बाड़ी के

काम उनके अन्दर सामयिक चक्र की समझ पैदा करते हैं। समय मापने के लिए आवर्ती प्राकृतिक घटनाओं के प्रयोग करने की प्रथा ने भी उनको रैखिक के बजाय चक्रीय धारणा के विकल्प को प्राथमिकता देने के लिए प्रेरित किया। महत्त्वपूर्ण बात यह कि प्रकृति में होनेवाले बदलावों के माध्यम से मुंडाओं द्वारा समय की चक्रीय धारणा को व्यक्त किया गया है। जैसा कि वे कहते हैं "जब पेड़ों पर नई पत्तियाँ और फूल दिखते हैं तो हम जान जाते हैं कि एक साल पूरा हो गया"। पेड़ या प्रकृति में यह परिवर्तन घूम रहे हैं। इसलिए समय रैखिक नहीं है। यह ऐसे घूमता है जैसे चक्र। हम मुंडारी को यह कहते हुए सन्दर्भित कर सकते हैं : 'रुअरा सिरमारे, रुअरा कुटुइउलरे' के समर्थन में जैसे, कुटुइउलरे पर समय की चाल को हम उस बिन्दु तक एक पूरा चक्कर लगाते देख सकते हैं जिस बिन्दु से इसकी शुरुआत हुई थी। दो चक्र समय की चक्रीय धारणा की बेशक बहुत अच्छी मिसाल पेश करते हैं। पहला चक्र उनकी दिनचर्या का है और दूसरा उनके कृषि-कार्यों और सम्बन्धित त्योहारों का वार्षिक चक्र है।

रोज़ की दिनचर्या का चक्र सूरज के चारों तरफ घूमता है। जैसे हरम के मिथकीय आदेश में कहा गया है, "मैंने रात बनाई है, अब तुम जानते हो यह क्या है। आज से जब प्रकाश हो तो काम करो और रात को आराम करो। कल फिर काम करो और जब अँधेरा हो जाए, फिर आराम करो" और ऐसा बार-बार करते रहो। कृषि-सम्बन्धी दैनिक कार्यक्रमों के लिए सूर्य की स्थिति के कारण बने चरण महत्त्वपूर्ण हैं। ब्यौरा यह है : सीमको रार बिस्तर छोड़ने के लिए; सेट्टा सिंगी (सूर्योदय) खेत या घरेलू काम में लग जाने के लिए। हम झारखंड के उराँव समुदाय को लगभग बिलकुल ऐसी ही दिनचर्या पर अमल करते हुए पाते हैं। कृषि-कार्यों और झारखंड के हो, मुंडा, ओराँव और सन्ताल समुदाय से सम्बन्धित त्योहारों के लिए वार्षिक चक्र भी समय की चक्रीय धारणा का उदाहरण प्रस्तुत करता है। हालाँकि इस निष्कर्ष पर पहुँचना बेबुनियाद होगा कि आदिवासी केवल समय की चक्रीय धारणा को प्रमाणित करते हैं। यह बहुत असामान्य बात नहीं है कि एक प्रभावी नज़रिये के साथ-साथ उसी संस्कृति में समय की अन्य अवधारणाएँ भी प्रचलित थीं।

समय की चक्रीय अवधारणा में यह स्वाभाविक लगता है कि वर्तमान पर कुछ अतरिक्त बल दिया जाना चाहिए। चक्रीय ढाँचे में अतीत, वर्तमान और भविष्य जैसे सामयिक मॉडल का वैसा ही अर्थ नहीं होता जैसा कि रैखिक सन्दर्भ में होता है। वर्तमान एक विस्तारित वर्तमान है, रैखिक अवधारणा की तरह अनोखा और अपरिवर्तनीय नहीं है। समय भविष्य से अतीत में रैखिक रूप में प्रवाहित नहीं होता। यह कभी भी उसी बिन्दु पर वापस नहीं लौटता है। इसके बजाय यह चक्कर लगाता है और दिन के वही क्षण, महीने और साल की वही अवधि बार-बार वापस लौटती है। इसलिए अगर समय भविष्य से अतीत की ओर प्रवाहित नहीं हो रहा है।

उसे फिर कभी नहीं लौटना है तो निश्चित रूप से वर्तमान 'अब' भूत और भविष्य के बीच अवधि विहीन नहीं है। शायद यह विस्तारित वर्तमान के बजाय 'दिखावटी वर्तमान' है, 'एक आसन' जिससे समय के भीतर हम दो दिशाओं में झाँकते हैं।' जैसा कि विलियम जेम्स इसे बताते हैं कि आदिवासी सन्दर्भ में यह एक विस्तारित वर्तमान है जो अतीत और भविष्य दोनों को ढँक लेता है।

वर्तमान केन्द्रित सामयिक प्रकृति : जड़ें

वर्तमान केन्द्रित सामयिक प्रकृति की चेतना की जड़ें समय के विभाजन-सम्बन्धी मिथक में प्रतीत होती हैं जो मूलनिवासियों के बुनियादी मिथकों का हिस्सा है। हम इन मिथकों में विभिन्न सामयिक अभिव्यक्तियों को समझते हैं। उदाहरण के लिए मुंडा मिथक बताता है कि भूमि और समुद्र का अलगाव ऐसी ही एक अभिव्यक्ति का वर्णन करती है 'जब आकाश सितारों से खाली था और पूरी धरती पानी से ढँकी हुई थी 'बूढ़े ने' केवल जानवर बनाए थे जो पानी में रहते थे'। मिथक का बाकी भाग आनेवाले समय में एक क्रम में सृजन की घटनाओं का वर्णन पहले मानव को को बनाए जाने और खेती के लिए उसे पहला हल दिये जाने तक करता है। शुरुआती पानी और सूखी ज़मीन, पौधों और जानवरों, पहले आदिमी और हल, चाँद और सूरज के सृजन से सम्बन्धित युगों का ताल्लुक आदिकालीन समय मुनूरे से थे। लेकिन आदिकालीन समय कैलेंडर द्वारा पेश किये गए दिन और रात, सप्ताह, महीना और साल पर आधारित कालक्रम के अनुसार नहीं है। यह निरन्तर वर्तमान है।

समय के विभाजन के बारे मिथक इस बात की जानकारी देता है कि जब चाँद नहीं बनाया गया था तो सूरज आकाश में अकेला था और यह डूबता नहीं था। इसलिए समय मनुष्य के लिए एक स्थिर वर्तमान है। इसलिए उसने जो कुछ भी किया वह स्थायी था। ऐसा इसलिए था कि उसके लिए कोई दूसरा समय वजूद में ही नहीं था। न अतीत का कल था और न ही भविष्य का कल। ईश्वर ने फिर सोचा कि इनसान ऐसे हालात में फल-फूल नहीं पाएगा। इसलिए उसने इनसानों की भलाई के लिए समय को दिन और रात में बाँटने का फैसला किया। उसने इनसान के आराम करने के लिए रात बनाई और समय को आज और कल में बाँट दिया। दिलचस्प बात यह है कि इस योजना में 'बीता हुआ कल' पूरी तरह अस्तित्व-विहीन था जो तसवीर को कुछ अधूरा छोड़ देता है।

सृजन मिथक के उराँव संस्करण ने इसके साथ सप्ताह जोड़ा। यह कहानी निम्न रूप में चलती है :

> धर्मेस ने (तब) केवल एक दिन बनाया (तब तक रात नहीं बनाई गई थी)। तब धर्मेस ने पूछा कि किस दिन तुम लोगों ने इसे (खेत) बनाया? उन्होंने कहा आज। सात दिनों और रातों के बराबर (जैसा कि अब है) समय के बाद,

धर्मेस ने (उनसे) पूछा तुमने इसे किस दिन बनाया? उन्होंने कहा आज। तब धर्मेस ने कहा, ओह! संसार अभी वैसा नहीं है जैसा इसे होना चाहिए। वहाँ दिन और रात होने दो। दिन और रात अस्तित्व में आ गए। अगले दिन धर्मेस ने (उनसे) पूछा तुम लोगों ने इसे कब बनाया? उन्होंने कहा, कल। फिर सूरज अस्त हो गया और अगले दिन धर्मेस ने (उनसे) पूछा तुमने इसे कब बनाया? उन्होंने कहा कल से पहलेवाले दिन (परसों)। इस तरह धर्मेस (उनसे) सात दिनों तक (लगातार) पूछता गया। फिर जो काम होना बाकी रह गया था उसके सन्दर्भ में उसने उनसे पूछा, यह काम तुम कब करोगे? उन्होंने कहा इसे (हम करेंगे) आज, इसे कल और वह कल के बाद वाले दिन (परसों)। तक धर्मेस ने कहा कि अब मनुष्यों का संसार जैसा होना चाहिए वैसा है।

हालाँकि मिथक चीज़ों या अवधारणाओं की तर्कसंगत और समझने योग्य व्याख्या प्रस्तुत नहीं करते फिर भी ये उन लोगों द्वारा किसी धारणा की सांकेतिक समझदारी पर कुछ प्रकाश डाल सकते हैं जिससे उनका सम्बन्ध था। इन मिथकों का निचोड़ यह है कि समय की आदिवासी धारणा उनकी खेती-बाड़ी की गतिविधियों के आसपास बुनी गई है। यह मान्यता भी है कि खेत की जुताई करते समय दिन और रात बनाए गए, दिन जुताई करने के लिए और रात आराम करने के लिए। उपर्युक्त मिथकों से यह भी प्रतीत होता है कि आदिवासियों की सामूहिक मानसिकता में वर्तमान पर अतिरिक्त जोर देना दिमाग में गहराई तक बैठा होता है। मिथकीय आज की यह आलसी छवि अब उस रूप में सामने आनेवाली है जिसे मैं वर्तमान की संस्कृति के रूप में दिखाना चाहता हूँ। यहाँ मुझे साफ कर देना चाहिए कि जब मैं आदिवासियों के सन्दर्भ में वर्तमान की संस्कृति की बात करता हूँ तो मेरा मतलब यह होता है कि वे केवल समय की चक्रीय अवधारणा को ही मानते हैं। शिक्षा और आधुनिकता के फैलने की वजह से दूरदराज़ के गाँव में रहनेवाला कोई अनपढ़ आदिवासी भी आज व्यावहारिक मकसदों के लिए कैलेंडर केन्द्रित जानकारी रखता है। जिस तथ्य को रेखांकित करने का मैं प्रयास करता रहा हूँ वह सामान्य मूलनिवासी रवैया है जो वर्तमान पर अतरिक्त बल देता है।

आज के समय में : ज्ञानशास्त्र

हालाँकि सामयिक प्रकृति किसी निश्चित विधा जैसे अतीत, वर्तमान या भविष्य पर जोर देने का नज़दीकी ताल्लुक समय की अवधारणा के लिए अपनाई गई ज्ञानात्मक प्रक्रिया से है। जैसा कि पहले कहा गया कि मौखिक समाजों में ज्ञान का मूल स्रोत वास्तविक अनुभव होता है। आदिवासी समाज में भी वर्तमान पर अधिक बल दिये

जाने का आधार उनके द्वारा प्रयोग में लाया गया ज्ञान का स्रोत है। समय के मामले में उनकी समझ प्राकृतिक और सामाजिक प्रक्रियाओं में अवधि और स्वाभाविक अनुक्रम के वास्तविक अनुभव पर आधारित है। समय की अवधारणा जानी-पहचानी गतिविधियों के दौरान इन्द्रियों को भेजे गए सामयिक रिश्तों के आधार पर बनती है। इसी के साथ सामयिक रिश्ते इन्द्रियों में खुद वर्तमान में भेजे जाते हैं। बदले में यह एक और अधिक सचेतन वर्तमान की ओर ले जाता है जिससे कोई तात्कालिक अनुभव के आधार पर अवगत होता है।

दूसरी ओर अतीत और भविष्य के बारे में हम कैसे जानते हैं? किसी मौखिक समाज में, तात्कालिक अनुभवों के अलावा ज्ञान जुटाने के लिए याददाश्त बहुत अहम किरदार निभाती है। लेकिन यहाँ एक वास्तविक दिक्कत है, याददाश्त केवल अतीत की ओर चलती है भविष्य की ओर नहीं। अगर याददाश्त को जानकारी का ज़रिया मान लिया जाता तो अतीत का कुछ ज्ञान अवश्य मिल जाता लेकिन भविष्य की झलक असम्भव हो जाती। इसलिए कि हमारे अनुभव में ऐसा कुछ नहीं है जो भाविष्य की समृति के बराबर हो। हमारी स्मृति में भविष्य की कोई दीवार, पदचिह्न या कोई निशान नहीं है। हालाँकि विज्ञान या बौद्ध विश्व-ज्ञान इस सामयिक असमानता का कोई समाधान प्रदान कर सकता है, फिर भी सांसारिक स्तर पर यह सामयिक असमानता भविष्य के धुँधली दृष्टि की ओर ले जाती है। आधुनिक शिक्षा का अभाव और विज्ञान द्वारा की गई प्रगति से अनभिज्ञता इसे और बढ़ा देती है।

जहाँ तक अतीत के बारे में जानने का सम्बन्ध है एक बार फिर यहाँ स्मृति की अपनी सीमाएँ हैं। हमें इस बहस में नहीं पड़ना चाहिए कि क्या स्मृति को ज्ञान का वैध स्रोत माना जाना चाहिए। तब भी कई दिक्कतें हैं। हमारी स्मृति का भंडार लगातार बदलता रहता है। हम पहले की यादों को भूलते हैं और उसी समय नई ग्रहण करते हैं। इसलिए काफी पहले की चीज़ों को याद रख पाने की सम्भावना बहुत अधिक नहीं है। वनसिना कुशलतापूर्वक टिप्पणी करते हैं :

> पारिस्थितिक समय दिन, चाँद, मौसम और साल जैसी आवर्ती प्राकृतिक घटनाओं को सम्बोधित करता है। लेखन के अभाव में या जब स्मृतिवर्धी माध्यमों का प्रयोग नहीं किया जाता था ऐसी इकाइयों की वास्तविक गणना बहुत अलग नहीं होती थी। दोहराव की अवधि और स्मृति उनके संख्यांकन का मुकाबला नहीं कर सकती।

स्मृति मुश्किल से तीन-चार पीढ़ी पीछे का सफर कर सकती है। इसके अलावा, जहाँ तक आदिवासी समाज का सम्बन्ध है स्मृति की कुछ और सीमाएँ हो सकती हैं : जैसे विकसित स्मरण तकनीकों की गैर-मौजूदगी, विगत की कोई अप्रिय याद, अतीत की रणनीतिक भूल और मौखिक संस्कृति में अविश्वास।

अन्ततः इसका नतीजा विगत के प्रति अपने रवैये को वर्तमान की अस्तित्ववादी अनिवार्यता के रूप में ढालने में होता है। समय के माप के रूप में आवर्ती प्राकृतिक घटनाओं की अनिश्चितता, समय सम्बन्धित महत्त्व की कमी ने भी स्मृति के घनीकरण को बढ़ा दिया है। इसलिए बहुत पहले के बारे में जान पाना बिलकुल नामुमकिन हो जाता है।

यह तब वर्तमान केन्द्रित दृष्टिकोण के लिए ज्ञानवादी आधार बनता है। इस प्रकार आदिवासी समाज वर्तमान की विलम्बित समझ के साथ पीछे रह जाता है जो अतीत को खोखला करने और भविष्य में दूरदर्शिता के अभाव की ओर ले जाता है। हालाँकि, इसे हमें इस निष्कर्ष की ओर नहीं ले जाना चाहिए कि जनजातीय समाज में अतीत और भविष्य का वजूद नहीं है या ये असत्य हैं। एक मात्र तार्किक निष्कर्ष यह प्रतीत होता है कि वहाँ वर्तमान पर अतरिक्त जोर दिया जाता है।

सौन्दर्य-बोध

अब हम देख सकते हैं कि सामयिक प्रकृति की वर्तमान विधा पर जोर देने का मतलब कलात्मक पसन्द कैसे निकलता है और मूलनिवासी समाज के मूल्य-अनुकूलन को प्रभावित करता है। आदिवासी सन्दर्भ में हम यह देख चुके हैं कि वर्तमान केन्द्रित सामयिक प्रकृति का यह रवैया वर्तमान की संस्कृति में परिणत होता है। इसमें वर्तमान को एक तरह से सत्य के रूप में सोचना शामिल है जिसमें अतीत या भविष्य नहीं है। सुदूर अतीत की याददाश्त अत्यन्त असम्भाव्य है और अतीत की दृष्टि अन्धकारमय है। अतीत का वजूद खत्म हो गया और भविष्य अभी आना बाकी है। इसलिए अउरी गे का सुझाव है, रुको, और हमें आनन्द लेना, शराब पीना और खुश होना चाहिए। इस प्रकार हो शब्द अउरी गे सौन्दर्य-बोध की व्याख्या अनोखे ढंग से करता है।

मूलनिवासी सौन्दर्य-बोध के गहन अध्ययन से आदिवासियों के निश्चिन्त और शान्त स्वभाव का पता चलता है। अपने सांसारिक जीवन की कठिनाइयों और सीमाओं के बावजूद वे अपने उत्साहपूर्ण जीवन के लिए तत्परता और जोश बनाए रखते हैं। मानव-जाति अध्येताओं के इस रवैये ने प्रभावित किया है। डी.एन. मजूमदार ने टिप्पणी किया 'हो लड़के और युवा परिवार की सहायता के लिए अपेक्षित व्यवसाय की तुलना में दमा, दुमंग और सुसंग (ड्रम, नृत्य और गीत) पर अधिक ध्यान देते हैं...एक हो युवा की सुबह से देर रात तक की दैनिक दिनचर्या का निचोड़ निम्न वाक्यों में पेश किया जा सकता है, खाना, खेलना, खाना और नाचना जब तक कि तारे अपनी जगह न बदल दें और रात का अँधेरा सुबह के धुँधले प्रकाश में फीका न पड़ जाए। एस.सी. रॉय ने 'उराँव लोगों का पुराना नस्लीय गम्भीरता रहित हल्कापन, बेफिक्री और आराम पसन्द स्वभाव' कह कर रेखांकित किया।

उन्होंने छोटा नागपुर के मुंडाओं को 'एक हद तक आवेगशील, प्यार में उतना ही मज़बूत जितना नफरत में, आत्म-सम्मान की ज़बरदस्त भावना और प्रकृति में मौजूद खूबसूरती को देखनेवाली नज़र...कभी मेहनती और कभी आलसी... शराब के इन्तेहा दर्जे का शौकीन और अत्यन्त अदूरदर्शी के रूप में चित्रित किया है'। इसी प्रकार, एल.ओ. स्क्रेफस्रुड ने उल्लेख किया कि नाचना, गाना, ढोल बजाना, नाचना, केतली ढोल बजाना, बाँसुरी और हॉर्न बजाना, वायलिन बजाना, लोक-कथाएँ, कहानियाँ और पहेलियाँ, जंगल में शिकार करना, मछलियाँ पकड़ना और बियर पीना सन्तालों के लिए आनन्द और खुशी हासिल करने और फिक्र और चिन्ता को भूलने का अहम ज़रिया है। उन्होंने देखा कि सन्ताल युवा और युवतियों को त्योहारों और कई दूसरे अवसरों पर नाचने में बहुत मज़ा आता है, वे पूरी रात नाचते हैं जब तक कि मुर्गा न बोलने लगे (सुबह न हो जाए)। इस प्रकार वर्तमान पर बल देना उनको बेफिक्री, आनन्द साधना और शान्त सौन्दर्य-बोध को अपनाने के लिए प्रेरित करता है।

जीवन का आदिवासी दर्शन

हमने देखा है कि चक्रीय समय के ढाँचे के भीतर अस्मरणीय अतीत में समय गँवाने का कोई मतलब नहीं है। समय हमारी उँगलियों से रेत की तरह फिसल रहा है। चूँकि समय नष्ट नहीं होता इसलिए रैखिक अवधारणा की तरह इसका अनुभवजन्य मूल्य नहीं होता। हिन्दू और बौद्ध धर्मों में यह दृष्टिकोण अनुभवजन्य सामयिक संसार को मूल्यह्रास की तरफ ले गया। नतीजे के तौर पर, इन परम्पराओं में जीवन का आदर्श समय-चक्र के बाहर तय किया गया। यूनानी परम्पराओं में यह उत्कृष्ट विचार के रूप में प्रतिबिम्बित होता था। जैसा कि नीधम टिप्पणी करते हैं :

> मोक्ष...केवल समय की दुनिया से बच निकलने के रूप में समझा जा सकता था और यह आंशिक रूप से जैसा कि कुछ लोग मानते हैं यूनानी आकर्षण के निगमन ज्यामिति के अनन्त रूप और प्लेटो के विचारों के सिद्धान्त के सूत्रीकरण की ओर बढ़ाया...।

लेकिन आदिवासी सन्दर्भ में, समय के प्रति यह दृष्टिकोण अनन्त अविनाशी वर्तमान की ओर ले जाता है। स्पष्ट रूप से, वे सामयिक संसार से उच्चतम मूल्यों के लिए कभी मोक्ष नहीं चाहते। उनकी सबसे प्रिय इच्छा समुदाय, प्रकृति और अलौकिक शक्तियों के साथ आदर्श सद्भाव और शान्ति के साथ रहना है। यह इच्छा तब पूरी होती है जब मौत के बाद उम्बुल अदेर के संस्कार के माध्यम से मृत को पुनः स्थापित किया जाता है। अन्त में, परिवार के अदिंग में हमेशा पूर्वजों के साथ रहने के लिए परिवार और समुदाय में जोड़ा जाता है।

तब तक उनके लिए केवल वर्तमान अस्तित्व ही वास्तविकता होता है। इसके अलावा उनकी जानकारी में कोई अन्य संसार नहीं होता। वे न स्वर्ग या नर्क में और न ही पुनर्जन्म के चक्र में विश्वास रखते हैं। इसलिए चिन्ता से कुछ प्राप्त नहीं होना है, जीवन का आनन्द लेना चाहिए।

दार्शनिक एतबार से कहा जाए तो सीमित अर्थ में यह वर्तमान केन्द्रित स्वभाव उन्हें चार्वाक के दर्शन के निकट लाता है। इस निकटता को चार्वाक की विचारधारा से इस हो गीत की तुलना करके स्पष्ट किया जा सकता है।

मेरे प्रिय हमें खुश रहना चाहिए,
जब तक यह जीवन है हम खुश रहें
हम नहीं पाएँगे
हमें ऐसा आनन्द नहीं मिलेगा,
मेरे प्रिय हम हमेशा नहीं रहेंगे।
पृथ्वी की तरह हम स्थायी नहीं हैं,
पत्तियों की तरह हम नई पत्तियों में नहीं फूट सकते।
चार्वाक से तुलना करें:
यावत जीवत सुखम जीवत रिनम कृत्वा घृतम पीवत
भस्मिभूतस्य देहस्य पुनारागम कूतह।

जब तक तुम जीवित हो जीवन का आनन्द लो, खुशी किसी कीमत पर हासिल करो क्योंकि दोबारा कभी वापस नहीं आना है अर्थात इस शरीर के राख हो जाने के बाद पुनर्जन्म।

हम चार्वाक और जनजातीय विश्व-दृष्टि में वर्तमान और जीवन के आनन्द के मामले में एक जैसी अहमियत पाते हैं। हालाँकि यह पूरी तरह से एक जैसा नहीं है। चारवाक की सुखवादी नैतिकता एक विकसित तर्क और सत्य ज्ञान पर आधारित है जबकि वर्तमान की आदिवासी संस्कृति बहुत सचेत और तार्किक रूप से नहीं उभरी है बल्कि समय के प्रति एक खास नज़रिया अपनाने के नतीजे में हुई है। जीवन के आनन्द के पीछे का तर्क बेशक वर्तमान केन्द्रित सौन्दर्य-बोध है। लेकिन आदिवासी दर्शन चार्वाक की किसी भी कीमत पर आनन्द पाने की विचारधारा का समर्थन नहीं करता है। हालाँकि टकी महसूस करता है : "हो अच्छे किसान नहीं हैं। वह इसके लिए अधिक तकलीफ उठाने के मामले में आलसी हैं और अगर वह अपनी ज़मीन से अपने और अपने परिवार के लिए पर्याप्त हासिल कर ले तो वह और बेहतरी की कोई चिन्ता नहीं करता है। इसके बजाय यह कहना अधिक ईमानदारी भरा होगा कि वे सन्तुष्ट लोग हैं। उनकी परम्परा और रीति-रिवाज प्राकृतिक संसाधानों के नियंत्रित और दीर्घकालिक आधार पर उपयोग का समर्थन करते हैं।

उनके लिए जीवन का आनन्द समुदाय, प्रकृति और अलौकिक शक्तियों के साथ पूर्ण सद्‌भाव और शान्ति के साथ रहने का स्वाभाविक नतीजा है।

निष्कर्ष

जब मैं आदिवासी समाज की बात करता हूँ तो मेरे मन में होता है कि उनमें से ज्यादातर अब भी गाँवों में रहते हैं और कमोबेश जीवन के पारम्परिक तरीकों से जुड़े हुए हैं। इसमें वे लोग शामिल नहीं हैं जो अपनी शिक्षा और शहरी वातावरण के कारण अर्जनशील संस्कृति के प्रभाव में आ गए हैं। मैं यह भी जानता हूँ कि आदिवासी गाँव अपनी मूल विश्व-दृष्टि से विचलित हुए हैं फिर भी जो कुछ वे पहले थे उसके प्रति लालायित रहने का रिश्ता अभी बचा हुआ प्रतीत होता है। यह दर्शाता है कि पहचान का संकट आदिवासियों को दोराहे पर खड़ा कर देता है।

हालाँकि, वर्तमान केन्द्रित सौन्दर्य-बोध मूलनिवासियों पर से अतीत और भविष्य दोनों का बोझ कम करता है। हालाँकि यही वर्तमान संस्कृति कभी-कभी उनकी नैतिक और भौतिक तरक्की और समूचे विकास के निवारक के रूप में भी दिखाई देती है। इसके विपरीत समय की रैखिक धारणा को आमतौर पर वैज्ञानिक विकास के लिए अनुकूल होने के तौर पर देखा जाता है। संकट तब गहरा हो जाता है जब सुख चाहने की उनकी विश्व-दृष्टि को आमतौर से आधुनिकता और विकास विरोधी कहा जाता है। हालाँकि उनका विशिष्ट वर्तमान केन्द्रित सौन्दर्य-बोध अकादमिक और व्यावहारिक दोनों उद्‌देश्यों के लिए विशेष ध्यान देने की माँग करती है।

सन्दर्भ सूची

1. भारतीय जनजातियों को ऐसी शब्दावली से जाना जाता है जैसे जनजातीय, आदिवासी, आदिकालीन, स्वदेशी आदि। लेकिन इस निबन्ध के लिए स्वयं जनजातियों द्वारा इनकी प्राथमिकता को प्रमाणित करते हुए शब्द आदिवासी और स्वदेशी को उनको मूलनिवासी दर्शाने के लिए चुना गया है।
2. उदाहरण के लिए सन्ताल और हो समुदायों ने हाल ही में साक्षर समाज का स्तर प्राप्त करने के लिए क्रमशः ओलचिकी और वारन शिटी लिपि विकसित की है।
3. डब्ल्यू.डब्ल्यू. हंटर, ए स्टैटिस्टिकल एकाउंट ऑफ बंगाल भाग, XVII, कंसेप्ट पब्लिशिंग कम्पनी, दिल्ली, 1976(1877), 86
4. उदाहरण के लिए देखें वनसना, एबसोलूट मेजरमेंट्स ऑफ टाइम ऑन ए यूनिफॉर्म स्केल एक्जिस्टेड नो व्हेअर इन ओरल सोसाइटी। जे. वनसिना, ओरल ट्रेडीशन एज़ हिस्ट्री, लन्दन, जेम्स करी, 1985, 174, अरिज़ोना के प्यूबलो संस्कृति के दक्षिण अमरीकी भारतीय होपी पर व्होर्फ की टिप्पणी भी '(इस प्रकार होपी के पास)...सहज प्रवाहित सातत्य के रूप में समय की कोई सामान्य धारणा या सहज ज्ञान नहीं है जिसमें दुनिया में सब कुछ समान रफ्तार से वर्तमान के माध्यम से अतीत की ओर जाता है। बी.एल. व्होर्फ, लैंगुएज, थॉट एंड रियल्टी :

सेलेक्टेड राइटिंग्स ऑफ बी.एल. व्होर्फ, जे.बी. कैरल, सी.आर. हालपाइक में उद्धृत। द फाउंडेशन ऑफ प्रिमिटिव थॉट, क्लेयरेंडन प्रेस, ऑक्सफोर्ड, 1979, 82।

5. इसका अनुमान आसानी से लगाया जा सकता है कि मौखिक समाजों में समय को मापने के लिए अन्य सामान्य तरीके अपनाए गए होंगे जैसे याददाश्त, प्रमुख घटनाएँ, व्यक्तियों की आयु, सामाजिक घटनाएँ आदि। मिसाल के लिए देखें, ए.के. सेन, 'रीकंस्ट्रक्टिंग एन इवेंट : द ग्रेट रिबेलियन ऑफ 1857-58 एंड द सिंहभूमि इंडिजेनीस', डी.जे. राइक्रॉटफ्ट और एस. दासगुप्ता, द पॉलिटिक्स ऑफ बिलांगिंग इन इंडिया : बिकमिंग आदिवासी, राउटलेज, इंग्लैंड, 2011, 87-88, हालाँकि इस शोधपत्र के उद्देश्य से मैं अन्य खंड में कुछ हद तक केवल स्मृति का वर्णन करूँगा।
6. लेफ्टीनेंट एस.आर. टिकेल, 'वोकैबुलरी ऑफ द हो लैंगुएज', जर्नल ऑफ द एशियाटिक सोसाइटी ऑफ बंगाल, खंड IX, भाग II, जुलाई से दिसम्बर, 1840, न्यु सीरीज़ कोलकाता, 1840, 1063-90।
7. हो भाषा वारंकशिती टीचर्स ट्रनिंग एंड रिसर्च सेंटर के पूर्व अध्यक्ष श्री चरन हंसदह, बारा झिंकपानी, टोंटो ब्लॉक, पश्चिम सिंहभूमि।
8. हंटर, ए स्टैटिस्टिकल एकाउंट ऑफ बंगाल, 86।
9. इसी तरह का कथन हमें एम.जी. हालेट की 'बिहार एंड ओडिशा जिला डिस्ट्रिक्ट गज़ेटियर्स, में मिलता है, सुप्रिंटेंडेंट गवर्नमेंट प्रिंटिंग बिहार एंड ओडिशा, 1917,173-4।
10. होफमन और इमेलेन, इनसाइक्लोपीडिया मुंडारिका, ज्ञान पब्लिशिंग हाउस, नई दिल्ली, पुनः प्रकाशन 1998, खंड 8, 2547.
11. विकासात्मक मनोवैज्ञानिक लूरिया ने मध्य एशिया के अनपढ़ उज़बेक किसानों के बीच किये गए अपने प्रयोगों में से एक में दर्शाया था कि ऐसे समाज मुख्य रूप से अपने अनुभव पर निर्भर होते हैं। उन्होंने पाया कि वे तार्किक समस्याओं को शुद्ध रूप से काल्पनिक मानने से इनकार कर देते थे। ऐसा वे उन समस्याओं के विपरीत करते थे जो केवल वास्तविक अनुभव के आधार पर हल की जा सकती थीं। जब अनुमान के आधार पर समस्याओं की बात की जाती थी तो वे कोई निष्कर्ष निकालने से यह कहते हुए इनकार कर देते थे कि 'हम हमेशा सिर्फ उसी पर बात करते हैं जो देखते हैं, जो हम नहीं देखते उस पर बात नहीं करते', हालपाइक, द फाउंडेशंस ऑफ प्रीमिटिव थॉट, 117-19।
12. समय की रैखिक और चक्रीय अवधारणा को कभी-कभी अपवित्र और पवित्र समय के रूप में भी पेश किया जाता है। देखे, 'बुनियादी तौर पर जहाँ अपवित्र समय ऐतिहासिक है और रैखिक रूप में बेहतर दर्शाया जा सकता है, पवित्र समय अनिवार्य रूप से अनैतिहासिक है और चक्रीय रूप में बेहतर पेश किया जा सकता है', ई. जेरूबावेल, हिडेन रिदम्स, शिकागो विश्वविद्यालय प्रेस, शिकागो, 1981, 112, 'धार्मिक व्यक्ति दो प्रकार के समय का अनुभव करता है—अपवित्र और पवित्र। एक क्षण स्थायी अवधि है, दूसरा 'अनन्तकाल का उत्तराधिकार'...। पवित्र समय चक्रीय समय के विरोधाभासी पक्ष के अन्तर्गत लगता है, परिवर्तनीय और पुनर्प्राप्ति योग्य, एक तरह के अविनाशी मिथकीय वर्तमान जो समय समय पर संस्कारों के माध्यम से फिर से समाहित हो जाता है' एलियडे, सैक्रेड एंड द प्राफेन, ई. ज़ेरूबावेल में उल्लिखित, हिडेन रिदम्स, 112-13।
13. जैसा कि सी.आर. हालपाइक टिप्पणी करते है : 'यह सोच रखना सरासर भ्रम है कि रैखिक प्रक्रिया का प्रतिनिधित्व एक प्रकार का समय है, प्रत्यावर्तन का प्रतिनिधित्व करना दूसरा है,

चक्रो का प्रतिनिधित्व करना तीसरा और इसी प्रकार आगे भी। समय केवल एक है', "द फाउंडेशंस ऑफ प्रीमिटिव थॉट", 343।

14. होफमन एंड इमेलेन, इनसाक्लोपीडिया, खंड II, 383।
15. समय एक गैर-स्थानिक चीज़ है जिसमें चीज़ें बदलती रहती हैं और अनुवर्ती की स्थिति में कुछ परिवर्तन दर्शाती हैं जिसमें समय के साथ बदलाव आता है, इसलिए परिवर्तन चक्रीय होते हैं समय के रूप में समय नहीं, साफ तौर पर उनके लिए यह समझना मुश्किल था।
16. होफमन एंड इमेलेन, इनसाक्लोपीडिया, खंड 8, 2547।
17. होफमन एंड इमेलेन, इनसाक्लोपीडिया, खंड II, 3985-88।
18. श्रीचरन हंसदा के साथ साक्षात्कार
19. एस.सी. रॉय, द ओराँव ऑफ छोटा नागपुर, राँची, मैन इन इंडिया ऑफिस, 1984, 117-19।
20. रॉय को देखें, द ओराँव; डी.एन. मजूमदार, ए ट्राइब इन ट्रांज़ीशन, ग्रीन एंड कम्पनी लिमिटेड, कोलकाता 1937; होफपन एंड इमेलेन; इंसाइक्लोपीडिया; जे ट्रोइसी, ट्राइबल रेलिजन (रेलिजस बिलीफ्स एंड प्रैक्टिसेज़ अमंग द सन्ताल्स); मनोहर, 1978।
21. 'सामान्य रूप से समय की अवधारणा अनन्त काल की, चक्रीय समय की और रैखिक समय की हो सकती है, लेकिन कोई संस्कृति इनमें से केवल एक प्रयोग करता है। बहुत सभी तीनों का प्रयोग करते हैं। जे. वंसिना, ओरल ट्रेडीशनए 128। यह भी देखें 'यद्यपि पश्चिमी संस्कृति में रैखिक चेतना का वर्चस्व हो सकता है लेकिन यह एक मात्र नहीं है, कई अवसरों पर चक्रीय मॉडल का भी प्रस्ताव किया गया है और अक्सर आबादी के एक वर्ग द्वारा स्वीकार किया गया है ठीक वैसे ही जैसे इंडो–हेलेनिक सभ्यताओं में रैखिक अवधारणा का चलन जारी था'। जे.एच. बार्न्सली' द स्कूल रियल्टी ऑफ एथिक्स : द कम्परेटिव एनालसिस ऑफ मोरल कोड्स, रूटलेज एंड केगन पॉल, लन्दन/बोस्टन, 1972, 64।
22. द इनसाइक्लोपीडिया ऑफ फिलॉसफी, भाग 8, मैकमिलन पब्लिशिंग कम्पनी इंक, न्यूयॉर्क, 1972, 135।
23. सिरमा लिबीलिबी ओटे लियालाई डिपिली हारम डारेन जिनजोंगटूको बारिल बारियाकडको टाइकेना। होफमन एंड इमेलेन, इनसाइक्लोपीडिया, भाग 13, 3981।
24. मिथक के विस्तृत विवरण के लिए देखें हॉफमन और इमेलेन, इनसाइक्लोपीडिया, 3985, 88।
25. एस.सी. रॉय, द ओराँव्ज़, 267। इसमें कोई जोड़ सकता है कि कल, आज और कल की अवधारणा मोटे तौर पर अतीत, वर्तमान और भविष्य के रूप में त्रिपदी की मशहूर अवधारणा से मेल खाती है।
26. वनसिना टिप्पणी करता है : 'समुदाय में लोग बहुत से विचार, मूल्य, और तसवीरें साझा करते हैं, प्रतिनिधित्व उनके लिए सामूहिक है। फिर भी सामूहिक प्रतिनिधित्व पढ़े-लिखे और अनपढ़ दोनों तरह के लोगों दिमागों में बहुत अहम होता है। ओरल ट्रेडीशंस, 124-25।
27. वंसिना, ओरल ट्रेडीशन, 174।
28. ए.के. सेन, 'रीकंस्ट्रक्टिंग एन ईवेंट', 87।
29. हो में अउरी का मतलब होता है इन्तज़ार करो, जब तक कि न और जे उस शब्द पर जोर देने के लिए आता है जिससे यह जुड़ा होता है। जे.डीनी, एसजे., हो—इंग्लिश डिक्शनरी, चाइबासा : ज़ैवियर हो पब्लिकेशंस, 1975,16,110

30. मैं इस जानकारी के लिए अपने स्वर्गीय ससुर सुनील कुमार सेन का आभारी हूँ, जो एक अधिवक्ता और ट्राइबल स्ट्रगल फॉर फ्रीडम : सिंहभूमि के लेखक थे, 1820-58।
31. मजूमदार, ए ट्राइब इन ट्रांज़ीशन, 82-83।
32. रॉय, द ओराँव्ज़, 246।
33. एस.सी. रॉय, द मुंडाज़ एंड देअर कंट्री, एशिया पब्लिशिंग हाउस, कोलकाता, 1970, 292।
34. एल.ओ. स्क्रेफस्रूड, ट्रेडीशंस एंड इंस्टीच्युशंस ऑफ द सन्ताल्स, पी.ओ. बोडिंग द्वारा अनुवादित, बहुमुखी प्रकाशन, नई दिल्ली, पहला प्रकाशन 1942, पुनर्मुद्रित 1994, 116-7।
35. जे.नीधम, टाइम एंड नॉलेज इन चाइना एंड द वेस्ट, बार्नस्ली की द सोशल रियलिटी, में उद्धृत, 63।
36. पी. सेन, 'वैल्यू, वैलूएशन एंड ट्राइबल सोसाइटी' पी. सेन (सम्पादकीय) चेंजिंग ट्राइबल लाइफ : एक सोशियो फिलॉसोफिकल पर्सपेक्टिव, कंसेप्ट पब्लिशिंग कम्पनी, नई दिल्ली, 2003, 118।
37. पी.सेन और ए.के. सेन, 'रेलिजन एंड आइडेंटिटी : इवोलूशन ऑफ रेलिजस आइडियाज़ अमंग द आदिवासीज़ ऑफ झारखंड' विशेषांक : फिलासॉफिकल ट्रेडीशंस इन द इंडियन लैंगुएजेज़, जर्नल ऑफ इंडियन कौंसिल ऑफ फिलासॉफिकल रिसर्च, (नई दिल्ली, 2002), 247-258।
38. मजूमदार, ए ट्राइब इन ट्रांजीशन, 82-3।
39. ए.डी. टकी, फाइनल रिपोर्ट ऑन द रीसेटिलमेंट ऑफ द काल्हान गवर्नमेंट एस्टेट द डिस्ट्रिक्ट ऑफ सिंहभूमि 1913-18, अधीक्षक, गवर्नमेंट प्रिंटिंग, बिहार एंड ओडिशा, पटना, 1920, 6।

कुलदेववाद और प्रकृति : जनजातियों में अवधारणा, आध्यात्मिक विश्वास और प्रथाओं का एक अध्ययन

दीपावोली कुर्मी

परिचय

जनजातीय जीवन का निर्माण कई तरह की अवधारणाओं, विश्वास और इसकी प्रथाओं से मिलकर हुआ है। आदिवासी लोगों का विश्वास है कि कुछ पौधों और जानवरों से उनका रहस्यपूर्ण सम्बन्ध है। इसलिए वे न तो कभी ऐसे पौधों को जुटाने या उपभोग करने जाते और न ही जानवरों की हत्या करते और खाते हैं। इसके अलावा वे उन खास पौधों या जानवरों से अपने कबीले का नाम निकालते हैं जो अन्त में उनके कुलदेवता के पिंड बन गए। उनका मानना है कि कुलदेवता सम्बन्धी लिपि, चिह्न, प्रतीक, अक्षर, भावलेख या कोई अन्य पहचान आदि उनकी वंश-परम्परा या मिथकीय अतीत की याद दिलाते हैं। यह कुटुम्ब या वंश और चिड़िया, जानवर या प्राकृतिक परिघटनाओं के बीच आध्यात्मिक, धार्मिक, सामाजिक और सांस्कृतिक जुड़ाव को दर्शाता है।

जनजातियों के धार्मिक और सामाजिक-सांस्कृतिक तथा आध्यात्मिक जीवन में कुलदेवतावाद महत्त्वपूर्ण रहा है। जनजातीय आबादी की एक आम खासियत यह है कि सभी जनजातियाँ मानती हैं कि कुलदेवता के पौधों या जानवरों ने उनकी सहायता की है या उनके वंश के पूर्वजों की रक्षा की है या उनसे कुछ असामान्य उपयोग या सेवा देना साबित है। लोग कुलदेवता के पिंड के प्रति आदर-भाव दिखाते हैं और उनको नष्ट नहीं करते। वे उनके फल खाने या फूल तोड़ने से भी परहेज़ करते हैं (विद्यार्थी और राय 1958)।

टोटेम और टोटमिज्म की अवधारणा

'टोटेम' शब्द का इस्तेमाल पहली बार फ्रांसीसी समाजशास्त्री, सामाजिक मनोवैज्ञानिक और दार्शनिक एमिल दुर्खीम द्वारा किया गया था। इसकी उत्पत्ति उत्तरी अमरीका की

एलगोंकुइन जनजाति के ओजिबवे शब्द से हुई। यह शब्द किसी पौधे या जानवर का संकेत करता है (बोंगो, 2008)। कुछ विशेषज्ञों का विश्वास है कि टोटेम शब्द का मूल ओजिबवा के शब्द ओटोटेमैन से है जिसका अर्थ होता है 'किसी भाई-बहन के करीबी रिश्तेदार' (लेनटन 2013)। व्याकरण के हिसाब से ओटे एक ही माँ से होनेवाले भाई और बहन के रक्त-सम्बन्ध को भी दर्शाता है। दोनों के बीच शादी की अनुमति नहीं है। नातेदारी और वंश-परम्परा में अगर किसी वंश का शीर्षस्थ पूर्वज अमानव है तो इसे कुलदेवता (टोटेम) कहा जाता है।

वेब्स्टर के शब्दकोष के मुताबिक टोटेम का मतलब है 'कोई प्रकृतिक पदार्थ, आमतौर से कोई जानवर जो विशेष सेवा देता है और प्राय: पूज्यनीय प्रतीक या संकेत है। यह व्यक्तिगत या आध्यात्मिक पहचान का ज़रया है'।

फ्रायड (1919) ने टोटेम को सामान्य रूप से जानवर की शकल में परिभाषित किया है जो या तो खाने योग्य और निरीह है या खतरनाक और डरावना है। शायद ही कुलदेवता कोई पौधा या प्राकृतिक ताकत (बारिश, पानी) है जिससे पूरे वंश का कोई खास सम्बन्ध है।

मानव विज्ञान के मशहूर प्रोफेसर ई.ए. होबेल ने कुलदेवता को वस्तु के रूप में परिभाषित किया है जो प्राय: कोई जानवर या पौधा होता है। इसे सामाजिक समूह के सदस्यों द्वारा खास सम्मान दिया जाता है। वे महसूस करते हैं कि कुलदेवता और उनके बीच भावनात्मक पहचान का एक अनोखा बन्धन है।

इसलिए, कुलदेवतावाद आस्था की एक प्रणाली है जिसमें माना जाता है कि इनसानों का जानवर या पौधे जैसी आत्मा के साथ भाईचारा और आध्यात्मिक रिश्ता है। मान्यता यह है कि वह अस्तित्व या कुलदेवता उनके करीबी लोगों या व्यक्ति से बातचीत करता है और उनके प्रतीक के रूप में काम करता है। यह प्रकृति से हासिल किये गए विश्व दृष्टिकोण पर आधारित अलग-अलग विचारों और व्यावहारिक तरीकों की जटिलता है। सामाजिक समूहों या खास लोगों की जानवरों या प्राकृतिक वस्तुओं के साथ वैचारिक, आध्यात्मिक, भावनात्मक, श्रद्धापूर्ण और वंश-सम्बन्धी रिश्ते हैं, इसी लिए उन्हें कुलदेवता कहा जाता है।

कुलदेवता में आस्था की उत्पत्ति

समाजशास्त्रियों और मानवविज्ञानियों द्व.रा अलग-अलग नज़रिये से कई सिद्धान्त सामने रखे गए हैं जिसके ज़रिए कुलदेवतावाद के सिद्धान्त के विकास के सम्बन्धों पता किया जा सकता है। यह हैं :

1. **नामोथेटिक (नियमान्वेषी) सिद्धान्त**—समाजशास्त्री हर्बर्ट स्पेंसर द्वारा दिये गए इस सिद्धान्त के अनुसार प्राचीन काल में बच्चों के नाम पौधों, जानवरों और दूसरी प्राकृतिक चीज़ों के नाम पर रखे जाते थे।

बाद में लोग उन पौधों और जानवरों साथ अपने पूर्वज जैसा बर्ताव करने लगे और पवित्र समझकर पूजना शुरू कर दिया।

2. **सामाजिक सिद्धान्त**—इस सिद्धान्त का सम्बन्ध मशहूर समाजशास्त्री एमाइल दुर्खीम से जुड़ा हो सकता है। उन्होंने आस्ट्रेलियाई लोगों के बीच कुलदेवतावाद की व्यवस्था का अध्ययन किया जो सभी धार्मिक और सामाजिक संस्थाओं का स्थान लेती है। आस्ट्रेलियाई जनजातियों में हर एक अपने कुलदेवता के नाम पर छोटे कुल या वंश में बँटी हुई हैं। उनके अनुसार कुलदेवता पहली पवित्र चीज़ थी जिसका वे आदर करते थे और फिर कुलदेवता के नाम पर कबीले की व्यवस्था शुरू हुई।
3. **फ्रायडियन सिद्धान्त**—सिगमंड फ्रायड ने अपने शोध 'टोटेम एंड टैबू' में बताया है कि कुलदेवतावाद में आस्था का विकास ओएडिपस काम्पलेक्स (मातृरति) पर आधारित यौन-इच्छाओं के माध्यम से हुआ। कुलदेवता की शुरुआत पौधों और जानवरों को मारने और खाने के निषेध के कारण हुई। वे ही उनके भविष्य के प्रतिनिधि थे।
4. **अवधारणावाद**—ब्रितानवी मानव विज्ञानी सर जेम्स फ्रेज़र ने आस्ट्रेलिया और मेलानेसिया के मूल निवासियों के बीच किये गए अपने अध्ययन में कुलदेवतावाद की शुरुआत को गर्भधारण और बच्चों के जन्म की व्याख्या से जोड़कर देखा। उनके अनुसार काल्पनिक संस्कृति बताती है कि जब किसी जानवर की आत्मा या आत्मिक फल महिलाओं के गर्भाशय में दाखिल होता है तो वे गर्भवती हो जाती हैं। चूँकि बच्चे जानवर या पौधों के स्वभाव में भागीदार होते हैं इसलिए फ्रेज़र ने समझा कि गर्भधारण होने के नतीजे में कुलदेवता के कबीले की शुरुआत किसी खास प्राकृतिक के जीव से हुई।
5. **आध्यात्मिक विश्वास**—ब्रितानवी मानव विज्ञानी ई.बी. टेलर के अनुसार प्राचीन लोग मानते थे कि मरे हुए लोगों की आत्मा पौधों, पेड़ों, चिड़ियों, जानवरों आदि में निवास करती है। चूँकि उनके मृत पूर्वज उनमें रहते हैं इसलिए उनके द्वारा सभी प्रजातियों की रक्षा की जाती है और उन्हें पूजा जाता है।
6. मैकलेनन के अनुसार कुलदेवतावाद की शुरुआत जादू-टोना में विश्वास और बहिर्विवाह के मिलाप से हुई।
7. भारतीय मानव विज्ञानी एस.सी. रॉय ने भारत में कुलदेवतावाद के विकास का आधार संयोजन, विखंडन और सामान्यीकरण की प्रक्रिया को बताया। संयोजन का मतलब परिवारों का एक साथ आना और अपनी पहचान के

लिए एक तरह के नाम अपनाना है। विखंडन का मतलब कबीला छोटे समूहों में बँट सकता है और उन्हें उनके काम आनेवाले जानवर या पेड़ के सम्मान की ओर ले जा सकता है। बाद में उनकी सन्तानें सामान्यीकरण की प्रक्रिया के माध्यम से एक खास तरह का आध्यात्मिक सम्बन्ध विकसित करते हैं और उनका सम्मान करते हैं। यही चीज़ें कुलदेवतावाद के उभार का कारण बनती हैं (मदन एंड मजूमदार, 2011)

जनजातीय जीवन के कुलदेवता का महत्त्व

दुनिया-भर में कई जनजातियों का विश्वास है कि कबीले का कुलदेवता पशु-ज़िन्दगी के हर मैदान में उनकी रहनुमाई करता है। वे मानते हैं कि जीवन की अलग-अलग स्थितियों में कुलदेवता सम्बन्धी पशु उन्हें ज्ञान देते हैं और उनकी रक्षा करते हैं। दुनिया के अधिकांश मूलनिवासियों के लिए कुलदेवता-सम्बन्धी विचार के साथ ज़िन्दगी गुज़ारना ज़रूरी है। खाने-पीने की आदतों, शादी के तरीकों में मनाही समेत उनके धार्मिक और सामाजिक-सांस्कृतिक जीवन भी कुलदेवता की आस्था से निर्धारित होते हैं।

कुलदेवतावाद और धर्म

दुनिया-भर में जनजातियों के बीच धर्म की शुरुआत को समझने के लिए कोई अलग या सर्वमान्य सिद्धान्त नहीं है। लेकिन कुलदेवता-सम्बन्धी आस्था, निषेध की अवधारणा, पुनर्जन्म का दर्शन और आत्मा का अमरत्व जिस किसी रूप में भी मौजूद थे या प्रचलित हैं, पूरी दुनिया के आदिवासी धर्मों में समान रूप से पाए जाते हैं।

कुलदेवतावाद, जीववाद, प्राणवाद और निषेध आस्था में धर्म के प्राचीन स्वरूप का पालन किया जाता है। ऐसी आस्थाओं का पूरी दुनिया की जनजातीय आबादी पर बहुत असर होता है। वे अपना वजूद मुख्य रूप से जानवर और पौधे जैसी चीज़ों में तलाश करते हैं। चूँकि आदिवासी लोग मानते हैं कि मरे हुए लोगों की आत्मा पौधों, जानवरों या अन्य चीज़ों में निवास करने चली जाती है इसलिए उन प्रजातियों को आध्यत्मिक पूर्वज और पवित्र माना जाता है। इसलिए पूरी प्रजाति का सम्मान किया जाता है और उनकी सुरक्षा और पूजा की जाती है।

प्रत्येक जनजाति के लिए कुलदेवता बहुत पवित्र होते हैं। आदिवासी जीवन में कुलदेवता का धार्मिक महत्त्व होता है। बहुत-सी जनजातियाँ कुलदेवता के प्रतीक या तसवीर को अपने शरीर पर खास जगहों या अपने घरों या प्रार्थना के कमरे में गोदवाते या छपवाते हैं। यहाँ तक कि कुलदेवता के आकार या तसवीर को विकसित किया जाता है और उनको पवित्र स्थलों पर रखा जाता है। ऐसा माना जाता है कि

कुलदेवता पशु का आशीर्वाद जनजातीय लोगों की मुश्किल हालात और कठिन समय में रक्षा करता है। यह सदस्यों को आनेवाले समय के किसी सम्भावित खतरे से आगाह करता है (गोस्वामी, 2018)।

धर्म के रूप में कुलदेवतावाद पर अपनी विशेष व्याख्या में फ्रेज़र इस तथ्य पर बल देते हैं कि जनजाति के सदस्य अपने कुलदेवता का नाम धारण करते हैं और कुलदेवता-सम्बन्धी नियम के अनुसार मानते हैं कि वे उनके वंशज हैं। इस आस्था के कारण वे कुलदेवता पशु का शिकार नहीं करते या मारते या खाते हैं। अगर कुलदेवता जानवर नहीं है तो उनके किसी अन्य इस्तेमाल से अपने को विरत रखते हैं। कुलदेवता को मारने या खाने का प्रतिबन्ध ही केवल ऐसी मनाही नहीं है जो इसे प्रभावित करती है। कभी-कभी इसे छूने और यहाँ तक कि देखने की भी मनाही होती है। बहुत से मामलों में अनिवार्य है कि कुलदेवता को उसके सही नाम से न पुकारा जाए। कुलदेवता की रक्षा करनेवाले निषेध का उल्लंघन करनेवाला अपने-आप गम्भीर बीमारी या मौत की सज़ा पाता है (फ्रेज़र)।

कुलदेवता की प्रजातियों को बढ़ाने की प्रार्थना करने के लिए कुलदेवता के समारोह भी आयोजत किये जाते हैं।

कुलदेवता और वंश

सबसे पहले कुलदेवता कबीले का जनजातीय पूर्वज होता है और साथ ही वह इसकी संरक्षक आत्मा और रक्षा करनेवाला भी होता है। इसलिए कुलदेवता के सदस्यों का यह पवित्र कर्तव्य होता है कि अपने कुलदेवता की हत्या न करें, इसका मांस खाने या किसी प्रकार का आनन्द लेने से परहेज़ करें। इन पाबन्दियों का किसी प्रकार उल्लंघन करनेवाला अपने-आप दंडित होता है। कुलदेवता का यह चरित्र न केवल एक जानवर या एक जानदार में बल्कि उस प्रजाति के सभी सदस्यों में पैदाइशी तौर होता है। समय-समय पर कुलदेवता के समारोहों का आयोजन किया जाता है। कुलदेवता के सदस्य रीति के मुताबिक नृत्य में अपने कुलदेवता की गतिविधियों और गुणों का प्रतिनिधित्व और अनुकरण करते हैं (फ्रॉयड, 1919)।

वंश कुलदेवतावाद में यह स्पष्ट है कि कुलदेवता किसी कबीले के सदस्यों के लिए समान पूर्वज के प्रतीक होते हैं। इन विशेषताओं की कारण अक्सर बहुत बड़ी संख्या में ऐसे लोग शामिल होते हैं जिनकी पहचान सह-वंशज के रूप में की जाती है। ऐसा बहुत पहले मर चुके समान पूर्वज से पीढ़ी-दर-पीढ़ी चलते आए समान वंश नाम की वजह से होता है।

समान वंश नामवाले व्यक्तियों के एक-दूसरे के साथ बर्ताव करने के कुछ निश्चित पारम्परिक तरीके तय होते हैं। हालाँकि, इस तथ्य पर अधिक ध्यान देने की वजह से अक्सर व्यक्तियों द्वारा दूसरे वंश नामवाले उन सम्बन्धियों की पहचान करने

के अतरिक्त तथ्य अस्पष्ट हो जाते हैं। इन गैर-वंशीय रिश्तेदारों के प्रति व्यवहार करने के रवायती तरीके भी हैं।

कुलदेवता और सामाजिक आचरण

वंश का पता लगाने में सहायक होता है—कुलदेवता माता की ओर से या पिता की तरफ से पैतृक होता है (शायद हमेशा से माँ की तरफ से प्रसार को प्राथमिकता हासिल थी बाद में उसका स्थान पिता ने ले लिया)। किसी आस्ट्रेलियाई के लिए कुलदेवता से सम्बन्ध सभी सामाजिक कर्तव्यों की बुनियाद है। एक तरफ यह पैतृक सम्बन्धों से परे जाता है और दूसरी ओर खूनी रिश्तों को भी पीछे छोड़ देता है। कुलदेवता किसी जिला या स्थान तक सीमित नहीं है। एक ही कुलदेवता के सदस्य एक-दूसरे से अलग और अन्य कुलदेवता को माननेवालों से दोस्ती के साथ रह सकते हैं।

एकतरफा वंश नामों का इस्तेमाल उन व्यक्तियों की पहचान के लिए किया जा सकता है जिनके वंश का नाम निकट सम्बन्धी के रूप में बोहन्नन (1958) द्वारा उपलब्ध कराए गए हैं। वह बताते हैं कि पितृवंशीय टिव में उसके अपने वंश के नाम के सभी व्यक्तियों के अलावा कोई व्यक्ति अपने निकट सम्बन्धी के रूप में उन लोगों की पहचानकर सकता है जो 'स्वयं उसके पितृवंशी नहीं' हैं। इसमें उसकी माता, उसके पिता की माता, उसके पिता के पिता की माता और उसकी माता की माता शामिल हैं।

"कुलदेवता का बन्धन हमारे परिवार के उस बन्धन से अधिक मज़बूत होता है जिसके साथ वे पूरी तरह से मेल नहीं खाते। चूँकि नियम के मुताबिक कुलदेवता का तबादला मातृ विरासत के माध्यम से होता है इसलिए लगता है कि शुरुआत में पितृ विरासत को महत्त्व नहीं दिया जाता था" (फ्रॉयड, 1919)।

विवाह को नियंत्रित करता है—प्रत्येक जनजाति जहाँ कुलदेवता का चलन है वहाँ कानून भी मौजूद है कि एक ही कुलदेवता के सदस्यों को एक-दूसरे के साथ सम्भोग करने की अनुमति नहीं है। इसलिए वे एक-दूसरे से शादी नहीं कर सकते। यह बहिर्विवाह को दर्शाता है जो कुलदेवता के साथ जुड़ा हुआ है।

दुर्खीम ने अपने लेखों में बताया है किस तरह से एक ही कुलदेवता की किसी महिला के यौन उपयोग के खिलाफ मनाही अनिवार्य होनी चाहिए। इनसानों की तरह कुलदेवता एक ही रक्तवाले हैं इस वजह से रक्त प्रतिबन्ध (कौमार्यभंग और मासिक धर्म के सन्दर्भ में) एक ही कुलदेवता की महिला के साथ सम्भोग की मनाही करता है। एंड्रिव लाँग जिन्होंने दुर्खीम के विचार का समर्थन किया यहाँ तक मानते हैं कि एक ही जनजाति की महिलाओं के प्रतिबन्ध के मामले में रक्त निषेध की आवश्यकता नहीं थी।

कुलदेवता और संस्कृति

जनजातीय संस्कृति और साहित्य में पौराणिक कथा और दन्तकथा के अलौकिक प्राणी के रूप में शामिल सभी कुलदेवता पशु का खास अर्थ, विशेषता और महत्त्व था। सदृश्य जनजातीय कला और नृत्य, नाटक, रूपांकन, हस्तशिल्प, कलाकृतियाँ, पेंटिंग आदि में कुलदेवताओं को खास महत्त्व दिया जाता है (गोस्वामी, 2018)।

कुलदेवता की तसवीर टैटू द्वारा शरीर को सजाने और कुलदेवता के प्रतीक को आकर्षण के तौर पर पहनने में कुलदेवता मदद करता है। कुलदेवता का चित्रण करने के लिए एक सामान्य तरीका कुलदेवता का स्तम्भ खड़ा करना है जिस पर कुलदेवता की तसवीर तराशी या पेंट की जाती थी।

कुलदेवता और टैबू

टैबू का अर्थ है प्रतिबन्ध या निषेध। कुलदेवता की आस्था से बहुत से निषेध जुड़े हुए हैं। ऐसे ही एक निषेध में एक ही वंश के सदस्यों की एक-दूसरे के साथ शादी या एक-दूसरे से किसी तरह के यौन-सम्बन्ध की मनाही शामिल है। कुलदेवतावाद के साथ इसका प्रसिद्ध और गहन बहिर्विवाह सम्बन्ध है।

खास या पवित्र अवसरों के अलावा आदिवासी लोग अपने कुलदेवता पशु को खाते, मारते या छूते नहीं हैं। कुछ जनजातियों में कभी-कभी निषेध इन्तेहाई दर्जे तक बढ़ा दिया जाता है। उनका विश्वास है कि उनको खाने, मारने या नष्ट करने से जनजाति को ऐसा नुकसान होता है जिसकी भरपाई नहीं हो सकती क्योंकि इससे उनके पूर्वजों को नुकसान पहुँचता है। यहाँ तक कि वे अपने कुलदेवता का नाम भी नहीं ले सकते। महत्त्वपूर्ण अवसरों पर इस्तेमाल के दौरान इनकी खाल घिस जाती और सावधानी के साथ इस्तेमाल की जाती है। कुछ जनजातियाँ कुलदेवता के सम्मान के तौर पर अपने कुलदेवता पशु की मौत के बाद शव-यात्रा निकालते हैं।

डच इतिहासकार और धर्म के दार्शनिक जी. वैन डर लीव ने कुलदेवता की अवधारणा और परिभाषा का सार इस तरह प्रस्तुत किया है :

(क) समूह कुलदेवता का नाम धारण करता है

(ख) कुलदेवता अपने पूर्वज का द्योतक होता है

(ग) कुलदेवता निषेध में यह शामिल हैं, जैसे

- (i) विशिष्ट परिस्थितियों या खास हालात को छोड़कर कुलदेवता को मारने या खाने की मनाही,
- (ii) एक ही कुलदेवता के भीतर अन्तर्विवाह के खिलाफ पाबन्दी। (लीव, 2014)

कुलदेवता और पहचान

कुलदेवतावाले कबीले का नाम कुलदेवता के नाम पर रखा जाता है। कुलदेवता में आस्था जनजातीय लोगों को एक ही पूर्वज की रहस्यवादी आस्था के माध्यम से एकजुट करती है। यह पौधा, जानवर या कोई अन्य वस्तु हो सकती है। मृत पूर्वजों या आत्मा में विश्वास के कारण जनजातीय लोगों की समान धार्मिक पहचान होती है। उसी प्रकार, कुलदेवता वंश निषेध और बहिर्विवाह के नियमों के माध्यम से जनजातीय लोगों के व्यवहार को भी नियंत्रित करता है। बहिर्विवाह की प्रक्रिया द्वारा वैवाहिक रिश्ते भी कायम होते हैं और एक कबीले के कुलदेवता को दूसरे से अलग पहचान मिलती है। जनजातीय लोग देह पर कुलदेवता का टैटू गोदवाकर या कुलदेवता का प्रतीक पहनकर कुलदेवता की पूजा भी करते हैं। कुलदेवता में इस आस्था के माध्यम से जनजातीय या मूलनिवासी लोग सामाजिक एकजुटता साझा करते हैं और समान पहचान का प्रसार है।

कुलदेवता और प्रकृति

आदिवासी लोगों का प्रकृति से अटूट सम्बन्ध होता है। चूँकि वे प्रकृति से बहुत करीब रहते हैं इसलिए उनकी जीवन-शैली, सामाजिक-धार्मिक आस्था और साथ-साथ सांस्कृतिक पहचान भी उसी प्राकृतिक माहौल पर निर्भर करती है जिसमें वे रहते हैं। कुलदेवता में आस्था की उत्पत्ति का कुछ मतलब प्रकृति से भी है। कुलदेवता लोगों द्वारा अपनाए गए सांस्कृतिक तौर-तरीकों को भी व्यक्त करता है। यह बताता है कि कुछ वनस्पतियों या जीवों की रक्षा की जानी है या एक-दूसरे के जीवन में हस्तक्षेप किये बिना समानान्तर जीवन बिताया जाना है। इस प्रकार यह पर्यावरण सम्बन्धी सन्तुलन बनाए रखने में मदद करता है और इनसान और पर्यावरण के बीच सहानुभूतिपूर्ण सम्बन्ध बनाए रखता है।

कुछ मानव विज्ञानियों ने चार्ल्स डारविन द्वारा प्रतिपादित सिद्धान्त से कुलदेवता की आस्था के विकासवादी महत्त्व को बताने का प्रयास किया है। कुलदेवतावाद प्राकृतिक चयन का नतीजा हो सकता था (बॉयर, 1996)।

जंगल और पर्यावरण जनजातीय जीवन का अभिन्न अंग हैं। आदिवासी जंगल के संसाधानों का इस्तेमाल कई तरीकों से करते हैं, जैसे—भोजन, दवाएँ, ईंधन, हस्तशिल्प, घरेलू और धार्मिक प्रथाओं आदि के लिए साधन के रूप में। तीमंग और सिंह ने 2016 में असम के कार्बियों के बीच एक अध्ययन किया और पाया कि परम्परागत करबी संस्कृति, धार्मिक प्रथाएँ और विश्वास-प्रणाली वन पर्यावरण को बिलकुल भी अलग नहीं किया जा सकता। उनके जीववादी धर्म का वन देवताओं, आत्मा और प्रेत आत्मा से सकारात्मक सह-सम्बन्ध है और बहुत से पौधों और

जानवरों को सांस्कृतिक रूप से कुलदेवता पिंड के तौर पर मान्यता प्राप्त हो गई है। कार्बियों का कुलदेवता में विश्वास उनके बहुत से मिथकों और दन्तकथाओं में दिखाई देता है। ऐसी विश्वास-प्रणाली किसी-न-किसी तरह से जैव-विविधता के संरक्षण का तरीका है। संरक्षण के इस तरीके को सभी जातीय समूहों में मजबूती से प्रोत्साहित किया जाना चाहिए। जैव विविधता के संरक्षण के साथ-साथ उनके जीववादी विश्वास और समृद्ध सांस्कृतिक विरासत के अस्तित्व के लिए ऐसी विश्वास-प्रणाली के दस्तावेज़ीकरण की प्रबल अनुशंसा की जाती है। मूलनिवासी विश्वास-प्रणाली की भूमिका को नज़रअन्दाज़ नहीं किया जा सकता क्योंकि जैव-विविधता को बचाने लिए यह बड़ी हद तक किरदार अदा कर सकता है।

भारतीय जनजातियों में कुलदेवता की आस्था का अस्तित्व

कुलदेवता या कुलदेवतावाद में विश्वास जनजातियों के बीच बहुत दूर तक फैला हुआ है। यह अमरीका, आस्ट्रेलिया, मेलानसिया, अफ्रीका और भारत में पाया जाता है। 2011 की जनगणना के अनुसार भारतीय जनजातियों की संख्या 8.6% है। उनमें से अधिकतर कुलदेवता में विश्वास रखते हैं। मध्य भारतीय राज्य मध्य प्रदेश और छत्तीसगढ़, पूर्वी भारतीय राज्य ओडिशा और झारखंड समेत पश्चिमी भारत के राज्य महाराष्ट्र और राजस्थान में जनजातीय आबादी सबसे अधिक है। यहाँ कुछ जनजातियों में कुलदेवता में विश्वास रखनेवालों का ज़िक्र असम में रहनेवाले जनजातीय लोगों के सन्दर्भ में किया जाता है। खासतौर से उन लोगों के लिए जो ब्रितानवी शासन के दौरान चाय की खेती के लिए असम पलायन कर गए थे।

64 से अधिक कुलदेवताओं में झारखंड, ओडिशा और असम में मुंडा जनजाति के कुछ मशहूर कुलदेवता पिंड हैं, जैसे सोल मछली, नाग (साँप), हस्सा (हंस), जिसे मूरा (कछुआ) कहा जाता है, सारेन (चट्टान या पत्थर), समद (एक प्रकार का हिरन), करलिहा (एक फल), चरहा (एक चिड़िया), हंसदा (बाम मछली), मैल (धूल), किरो (बाघ) और टोपनो (एक चिड़िया)। उसी तरह सन्तालों में 100 से अधिक कुलदेवता हैं। इसमें कुछ मशहूर कुलदेवता मुर्मू (जंगल में रहनेवाली गाय), चंडे (छिपकली), मार्डी और बोयर (एक मछली) हैं।

ओराँव आदिवासियों के कुलदेवता के वंश में टोप्पो (एक छोटी चिड़िया), करकेट्टा (कोयल), खालको (एक मछली), एक्का (कछुआ), गिधि (बाज़), टटेंगा (छिपकली), धिदमा (एक चिड़िया), करखा (गाय), टिरकी (छोटी चुहिया), लकरा (बाघ), किन्दू (सऊर मछली), लापूंग (एक छोटी चिड़िया), मिंज़ (बाम मछली), बरवा (खस्सी सूअर), कछप (कछुआ), काक्सा (कौवा), एक्सेस (अनाज), बकुला (बगुला), बंडो (लोमड़ी), टीगा (खेत का चूहा), आलिया (कुत्ता), हरतू (बन्दर), रवना (गिद्ध), ओरगोडा (बाज़ पक्षी), गोडो (पानी के एक जानवर का नाम),

कूहू (कोयल), कन्नहार (गिद्ध चिड़िया), बघवार (बाघ), बेशरा (एक पेड़ का नाम), किगालो (गीदड़), खोया (गीदड़) आदि हैं।

झारखंड, ओडिशा और असम के महत्त्वपूर्ण समूह में एक कुर्मी या खुदमी है। यह समुदाय अब भी अपने कुलदेवता के नाम कुर्म से जाना जाता है जिसका मतलब है कछुआ (दास, 1984)। खुर्मियों के पूरे भारत में 1500 से अधिक उप-समूह हैं। उनके बीच 81 कुलदेवता पाए जाते हैं। उनमें से कुछ नाम जैसे—कच्छावर (कछुआ), चिलूहर (बाज़), बनसियार (बाँस), चिलबिंधुआर (बाज़ से सम्बन्धित), बनूवर (शिकारी), जलबनूवर (मछली पकड़ने का जाल), मुतरूवर (मकड़ी) आदि महत्त्वपूर्ण हैं।

पनतन्ती, तन्तूबाई और चिकबराइक नामों से जाना जानेवाला घुमक्कड़ समुदाय बहुत से कबीलों में बँटा हुआ है। कबीले जानदार और बेजान कुलदेवता के पिंडों से जुड़े हुए हैं (सिंह, 2003)।

गोंड बहुत बड़ी संख्या में कबीलों में बँटे हुए हैं। इन्हें चार वर्गों में बाँटा जा सकता है। गोहा (छिपकली), टेकम (टीक का पौधा), लोहा, तिरगम (आग) जैसे कुछ कबीले कुलदेवतावाले समूह हैं।

कामर के भी कुछ कुलदेवता सम्बन्धी जुड़ाव हैं। उनके कुलदेवतावाले कबीलों के नाम हैं—जगत (उनके पूर्वज पूरी दुनिया में घूमते थे); नेतम (कछुआ); मारकम (मगरमच्छ के शत्रु); सोरी (जंगली लता); वाघ सोरी (बाघ); नाग सोरी (साँप); कुंजम (बकरी); माराराई (मुर्दा जानवर खानेवाले) और चेदैहा (बच्चे)। इन कुलदेवतावाले नामों की व्याख्या करने के लिए मिथक हैं। नेतम बाढ़ के समय कछुआ द्वारा बचाए गए थे।

झारखंड की हो जनजाति अपने जीवन के हर क्षेत्र में कुलदेवता के महत्त्व में विश्वास रखती है। प्रत्येक किल्लीस, जिसका उनकी भाषा में मतलब होता है कबीला, का कुलदेवता पिंड होता है। यह उनके लिए पवित्र होता है। उनके 50 से अधिक किल्लीस हैं जिनमें हंसदा (जंगली हंस), बागे (बाघ), जमूदा (बसन्त) और टीयू (लोमड़ी) शामिल हैं। हो जनजाति के प्रत्येक कबीले को इसके कुलदेवता पिंड की पूजा करने के लिए व्रत रखना पड़ता है (गोस्वामी 2018)।

निष्कर्ष

उपयुक्त चर्चा से यह कहा जा सकता है कि कुलदेवतावाद से हमारा मतलब एक जनजाति है जिसकी वंश-व्यवस्था और जातीय आदर्श के साथ-साथ अपनी सामाजिक व्यवस्था है। यह एक तरह के अतिप्रकृतिवाद से जुड़ा है। इसमें जानवरों या पौधों की प्रजातियों या प्राकृतिक वस्तुओं के एक वर्ग के प्रति कुछ अलग तरह का रवैया होता है। धार्मिक, आध्यात्मिक और सामाजिक-सांस्कृतिक प्रवृत्ति, कबीला, वंश या

प्राकृतिक घटनाएँ कुलदेवता में विश्वास द्वारा व्यक्त की जाती हैं। प्रत्येक जनजाति को कुलदेवता के आधार पर विभिन्न भागों में बाँटा जाता है और इसके आधार पर जनजातीय व्यवहार में भी फर्क किया जा सकता है।

आधुनिक मानव विज्ञानियों ने कुलदेवतावाद पर विभिन्न आदिवासी समूहों और प्राकृतिक संसार के बीच सम्बन्धों की अवधारणा को पुनरावर्ती रूप में गढ़ने पर बल दिया है। यह प्रकृति के प्रति उनके प्रेम और सम्मान और अपने आसपास के वातावरण, पशुओं, चिड़ियों को बचाने के उनके प्रयास को दर्शाता है। कुलदेवता वाले जानवरों के अलावा बहुत-सी भारतीय जनजातियाँ खासकर आदिवासी पेड़ों को अपने कुलदेवता की आत्मा के रूप में मानते हैं। प्रकृति के साथ कुलदेवतावाद की इतनी मज़बूत एकता पर्यावरण में सन्तुलन बनाए रखने और साथ ही जैव-विविधता से साम्य कायम रखने में सहायक होती है।

आध्यात्मिकता से जुड़े कुलदेवता के प्रति विश्वास जनजातीय लोगों की आत्मा या प्रेत आत्मा के अस्तित्व में आस्था को बयान करता है। आत्मा या प्रेत आत्मा के सम्बन्ध में जनजातियों की अवधारणा यह है कि वे न केवल मानवों में बल्कि जानवरों, पौधों, पेड़ों, चट्टानों और प्राकृतिक तत्त्वों में भी मौजूद होती हैं। यह जनजातियों के उनके आसपास मौजूद जानवरों और पौधों के प्रति मजबूत एकत्व को भी दर्शाता है। लेकिन समय आगे निकल चुका है। संचार माध्यम के विस्तार के साथ मनोरंजन और जानकारी साझा करने के बहुत से ज़रिये आसानी से उपलब्ध हैं। इसकी वजह से जनजातीय समूहों की नई पीढ़ी में कुलदेवता में विश्वास धीरे-धीरे कम हो रहा है। वह जनजातीय लोग जो कुलदेवता पिंडों से अब भी वैचारिक, आध्यात्मिक, भावनात्मक, सम्मानजनक और वंश-विषयक सम्बन्धों से जुड़े हुए हैं, वे अपने-आपको आत्मकेन्द्रित समकालीन तकनीकी संसार से दूर रखते हैं। इसके अलावा, कुलदेवता में विश्वास केवल उनके सामाजिक-सांस्कृतिक, धार्मिक और आध्यात्मिक व्यवहारों का अभिन्न अंग ही नहीं है बल्कि प्रकृति के साथ मिलकर रहने का सन्देश भी है।

आदिवासी/स्वदेशी कथाएँ और धार्मिक विशेषज्ञ
दक्षिणी ओडिशा से एक दृश्य

रूसेलीव रफायल[1]

भारत में आदिवासियों/स्वदेशी लोगों की परम्पराओं और भाषा के मूल को लेकर काफी भिन्नता है। लेकिन सामाजिक नज़रिये से वे जनजाति की परिभाषा के बारे में जानकारी साझा करते हैं। यह कुलों और वंशों में बँटा हुआ एक सामाजिक समूह है जिसके सदस्य एक समान पूर्वजों के वंशज होने पर फख्र करते हैं और प्रचलित कानून के खिलाफ कबीले के बाहर शादी को (कबीलाई बहिर्विवाह) अशुद्ध मानते हैं। भारत में आदिवासी ज्यादातर खेती करते थे (उनमें से कुछ अब भी करते हैं) लेकिन ज़रूरत पड़ने पर सैनिक की भूमिका भी निभाते हैं। इस एतबार से, वे आमतौर पर जातियों से भिन्न होते हैं, उनके अपने भी गोत्र होते हैं लेकिन पेशेवराना/ सामाजिक हैसियत के हिसाब से विशेषज्ञता और पदक्रम के अनुसार ऐसा होता है।

वंश से जुड़ाव आंशिक रूप से बताता है कि अधिकतर आदिवासी मिथकों के निर्माण की दो स्थितियों में समान कथानक क्यों साझा करते हैं।

मध्य भारत में सबसे अधिक स्वीकार्य कथाओं का सारांश

1. पहला चरण एक सर्वोच्च देवता से शुरू होता है जो सूर्य की तरह सर्वव्यापी माना जाता है। उसे अक्सर धर्मा/धरम देवता (दक्षिणी ओडिशा का कोंध जोदिया), धर्मेश (उराँव) के अलावा महाप्रभु/महापूरू, ठाकुर (सन्ताल), उयुंगसुम (सोरा) भी कहा जाता है (एल्विन 1950, 59; विटेब्स्की, 1993, 9)। यही भगवान दुनिया और इनसान को बनाता है या उन्हें ज़मीन से बाहर प्रकट होने (कोंध, जोदिया) में मदद करता है। लेकिन वह अक्सर पश्चाताप करता है और इसके लिए बाढ़ (सन्ताल) से या गुफा (गोंड) में बन्द करके तबाही मचाने की कोशिश करता है।

---

1. रूसेलीव रफायल स्विट्जरलैंड के रहनेवाले एक अध्येता हैं।

दक्षिणी ओडिशा में धर्म देवता को अक्सर मौत के हिन्दू देवता यमराज के रूप में माना जाता है लेकिन यहाँ भी उसे पत्नी यामिनी—रानी के साथ 'सौर' राजा के रूप में देखा जाता है जो मानव और दैवीय समाज पर राज करता है। यमराज को मृत व्यक्तियों की मौत के बाद परीक्षा के साथ-साथ नवजात शिशुओं की किस्मत के लिए ज़िम्मेदार माना जाता है। ये जोदिया उसी वंश में और आमतौर पर मरनेवाले के भाई या भतीजा के घर में फिर से जन्म लेते हैं। आमतौर से, मध्य भारत के आदिवासी पुनर्जन्म में विश्वास रखते हैं लेकिन हिन्दू मत के कर्म के सिद्धान्त और 'उच्च' जाति में पुनर्जन्म में विश्वास नहीं रखते (फेफर 2004)

2. फिर मिथक का दूसरा चरण आता है वर्तमान मानवता की रचना का : दो भाई और बहन की, जिन्हें कभी-कभी सूरज और चाँद से जोड़ा जाता है, देवताओं द्वारा (एक तरह की चाल चलकर जिसकी वजह से वे एक-दूसरे को पहचान नहीं पाते) शादी कराई जाती है। वे अलग-अलग जनजातीय वंशों और कभी-कभी अन्य स्थानीय समूहों के पूर्वज बन जाते हैं। यह दूसरी रचना भी वंश के बाहर शादी करने के नियमों की व्याख्या करती है और प्रमुख मौसमी त्योहारों के दौरान उन कहानियों का अब भी पाठ किया जाता है।

सामान्य मिथकों की तरह यह कहानी एक रूपक जैसी व्याख्या है कि एक आरम्भिक जोड़े से इतने सारे लोग कैसे आए। मैं एक मिथक के कथानक को संक्षेप में प्रस्तुत करता हूँ जिसे मैंने दक्षिण ओडिशा के जोदिया पोर्जा के बीच जुटाया था :

जैपोर (कोरापुट जिले के नन्दापुर—जैपोर साम्राज्य की पूर्व राजधानी) के पास देसी बाती/राजी बाती नामक स्थान पर लोग एक बड़े नगर में रहा करते थे। एक दिन मूसलाधार बारिश होने लगी और एक भाई और बहन को छोड़कर बाकी सभी लोग डूब गए। उनकी माँ का नाम मतन देई/बिदुम देई ("दीमक के टीले की देवी") था जो बाजरा की स्थानीय देवी नन्दी देवता हैं। यह बच्चे (चुलचुलिया/कुलकुलिया और सन सुन्दरी/पीला सुन्दरी) कामर लोहार द्वारा बनाई गई एक नाव में बच गए। इशोर महापुरू (शिवा) ने लिटी बारी नामक एक कौवा (बारिका) को बच जानेवालों को तलाश करने के लिए भेजा। अन्त में उस चिड़िया ने उक्त भाई-बहन का पता लगा लिया। इशोर उन्हें अपने साथ ले गया और केंचुआ राजा और देन्दुआ रानी (खेती में लाभकारी केंचुआ और धान के खेत में पाया जानेवाला एक उभयचर जन्तु) से मिट्टी पैदा करने के लिए कहा जिसका इस्तेमाल ईश्वर ने धरती (माटी) को बढ़ाने में किया।

इस पर पेड़ और जानवर स्थापित किये गए जबकि रामेश्वर या भीमा ने पत्थरों का निर्माण किया।

देवताओं ने एक दीमक टीला का भी निर्माण किया और भाई और बहन वहीं बस गए। लेकिन भगवान को हैरत थी कि 'उनसे सन्तान कैसे पैदा कराई जाए क्योंकि वे भाई-बहन है?' अधिकांश संस्करणों में ईश्वर उन्हें शराब पीने के लिए आमादा करता है या उनको चर्मरोग भेजता है ताकि वे एक-दूसरे को पहचान न पाएँ और एक साथ मिलन हो सके। उन्होंने बारह लड़कियों को जन्म दिया जिससे जातियाँ बनीं: परेंगा, रेड्डी, कामर, कोबाडी, गदाबा, पोराजा, ब्रह्मण, कर्ण, सुंधी...मोती खोरा का निष्कर्ष यह है कि इस प्रकार "हम सभी एक माँ की सन्तान हैं! गुरूमाई में से एक ने मुझे यह कहानी सुनाई थी।

पहाड़ी क्षेत्र में रहने और बाजरा और चावल की खेती करनेवाले जोदिया पोर्जा के बारे में आपको विस्तार से बताने से पहले यह जानना ज़रूरी है कि पराजा/पोर्जा एक छत्र वर्ग है। इसमें कई उप समूह शामिल हैं जो दक्षिणी ओडिशा (पूर्व अविभाजित कोरापुट जिला) और छत्तीसगढ़ क्षेत्र (बस्तर) क्षेत्र में रहते हैं। 1981 की जनगणना के अनुसार उनकी संख्या 2,47,000 है। इस वर्ग के लोग पूर्व नन्दपुर—जैपोर साम्राज्य से आते हैं। औपनिवेशिक दौर में जुटाए गए कुछ मिथकों में बोंडो, गदाबा, कोंड, परेंगा, दिदाई (और बरोंग झोडिया, सोदिया?) का हवाला दिया गया है, जबकि समकालीन लोग ज्यादा तर बड़े (बोडो) पोर्जा को और छोटे (सानो) या झोदिया पोर्जा को जानते हैं। इन्हें या तो पेंगों के साथ पहचाना जाता है या फिर बोंडो के साथ (जिसे आस्ट्रो-एशियाई भाषा 'रेमो' कहते हैं)।

जोदिया (या झोदिया) पोर्जा अधिकांश गदाबा परेंगा के करीब कोरापुट के पठारों पर रहते हैं (यह दो भागों में बंटे हुए हैं : ओलर जो द्रविण भाषा बोलते हैं और गुतोब आस्ट्रो-एशियाइ भाषा बोलते हैं)। इनका नाम जोदी से लिया गया है जिसका मतलब "नदी के लोग" जैसा कुछ है क्योंकि वे नदी के तल में चावल उगाने के लिए खेती करते हैं। मूल रूप से वे द्रविण भाषा बोलते थे लेकिन अब ज्यादातर उड़िया भाषा की एक क्षेत्रीय बोली देसिया बोलते हैं जिसमें द्रविण और ऑस्ट्रिक/मुंडा भाषा के शब्द शामिल हैं।

जिस तरह से इस क्षेत्र में भाषाओं ने एक-दूसरे को बहुत अधिक प्रभावित किया उसी तरह जोदिया, गदाबा (खासकर ओलर), परेंगा और यहाँ तक कि बोंडो गाँवों में सामान्य विशेषताएँ दिखाई देती हैं। पूर्वज पत्थर, स्थापना स्थल, पृथ्वी देवी आदि ऐसी आकृतियाँ है जो भूमि से उनके मज़बूत रिश्तों को दिखाती हैं।

गाँवों में सबसे शानदार मुख्य केन्द्रीय बैठक स्थल या सदर है जिसके चारों ओर खड़े और समतल पत्थरों से बैठने के लिए बड़े आसन बने हुए हैं।

जोदिया में हर आसन किसी पूर्वज के नाम पर है। किसी व्यक्ति की मौत के बाद उसके पवित्र शरीर का दाह-संस्कार किया जाता है और कुछ समय बाद दासा कर्मकांड के दौरान उन मृतकों के नाम का 'पत्थर का स्तम्भ' उनकी पहचान के साथ लगाया जाता है जिनकी याद उनके सम्बन्धियों को विगत में बार-बार तंग करती रहती थी। यह समारोह उस भूत (डूमा, शायद धूमा या धआँ से लिया गया है) को पत्थर की तरह बेजान बना देता है और वंश के पूर्वजों के साथ मिलाकर शान्त कर देता है। पत्थरों को सदर में वंशक्रम के मुताबिक ढंग से सजा दिया जाता है। निर्माण समारोह के बाद उस स्थल पर कोई पूजा नहीं की जाती है लेकिन यह गाँव के उस चौराहे से घिरा होता है जहाँ त्योहार मनाए जाते हैं, नृत्य होता है और अहम फैसले लिये जाते हैं। इस प्रकार सदर में ग्रामवासियों की सभा जीवित लोगों को पत्थरों की सभा और पुश्तैनी नियम के अधिकार क्षेत्र में दे देती है।

जैसा कि आपको मालूम है कि कुटुम्बीय और महापाषाण पूर्वज ऑस्ट्रो-एशियाई लोगों में भी आम परम्परा है परन्तु द्रविण समूहों (हो, मुंडा, सोरा, गोंड, गदाबा, जोदिया) में भी यह सामान्य बात है।

अक्सर करीब में ही एक तरह के पत्थर का भंडार होता है जिससे हुंडी देवता का मन्दिर बनाया जाता है। यहाँ इसका मतलब केन्द्रीय स्थल है जहाँ त्योहारों के लिए धन जमा किया जाता है। यहाँ 'माता और पिता' के नाम के साथ गाँव के सभी पूर्वजों, गाँव के देवी-देवताओं और खासकर पत्थर के अन्दर रहनेवाले निशानीमुंडा से सहायता माँगी जाती है। नरसिंहमुंडा का अनुवाद 'स्तम्भ चिह्न' या 'शीर्ष संकेत' किया जा सकता है। शब्द मुंडा का प्रयोग घर के मुख्य स्तम्भ के लिए भी किया जाता है। इसे डोरोन डेली या घर का नाम पट्ट भी कहा जाता है। इस प्रकार नरसिंह मुंडा गाँव का प्रमुख और जनक स्तम्भ है। उसी तरह डोरोन डेली घर का मुख्य सहायक स्तम्भ होता है बिलकुल वैसा ही जैसे मानव शरीर के लिए रीढ़ की हड्डी. पत्थर की तिजोरी के अन्दर सिन्दूर का पाउडर मिली हुई मिट्टी के ढेर के नीचे दफन की गई यह वास्तव में एक सुरक्षात्मक पेड़ की शाखा है। यह शाखा हुंडी पुजारी के पूर्वज द्वारा गाँव की नींव रखने की रस्म के दौरान लगाई जाती थी। पत्थर की तिजोरी चट्टान की दीवारों से घेर दी जाती है जहाँ कभी-कभी पेड़ उग जाते हैं।

जैसा कि आप जानते हैं कि झारखंड और ओडिशा में सबसे महत्त्वपूर्ण स्वदेशी धर्म पवित्र कुंज धर्म या सरना धोरोम है। पवित्र कुंज को मुंडा में सरना, सन्ताल में जाहेर और हो द्वारा देसउली कहा जाता है। यह कृषि अनुष्ठानों (करिन, दामोदरन, दास गुप्ता) के दौरान पूजी जानेवाली आत्माओं के पत्थरों की रक्षा करता है। जहाँ महुआ (मधुका लोंगीफोली) और साल (शोरिया रोबस्टा, एल) के पेड़ उगते हैं उस कुंज को गाँव के संस्थापकों से जोड़कर देखा जाता है। अगर दक्षिणी ओडिशा के

समूहों में कोई पवित्र कुंज नहीं है परन्तु गदाबा, कोंध और जोदिया गाँवों में स्थापना स्थल का विचार मौजूद है। जोदिया में संस्थापक वंश का वरिष्ठ उत्तराधिकारी हुंडी और निशानीमुंडा का पुरोहित भी होता है। इसलिए पत्थरों का मन्दिर भूमि के अधिकार का जीता-जागता सबूत पेश करता है।

हकीकत यह है कि वे सभी समूह स्थानीय क्षेत्र में सबसे पहले बसने और किसान 'धरती पुत्र' होने का दावा करते हैं। यह दावा कभी-कभी स्वस्थानिक होने या 'मिट्टी से उपजे होने' के मिथक के माध्यम से किया जाता है (जोदिया पोर्जा, कुट्टिया कोंड आदि)।

अन्य जोडिया देवी-देवताओं में हम सामरिक पाटा देवता का ज़िक्र कर सकते हैं जो गाँव को पहाड़ी या गंगामा से बचाता है। इसका मन्दिर गाँव की नदी के पास होता है क्योंकि यह पानी, महिलाओं की जनन-क्षमता और चावल की फसल की समृद्धि से जुड़ी है। बिना स्थायी मन्दिरों के दो अन्य देवताओं की सहायता ली जाती है। पृथ्वी देवी या धरती माता (दासमती या धरतनी माता) जिनका गुणगान कर्मकांडों के शुरू में धर्मा देवी के साथ किया जाता है। नन्दी देवता का जुड़ाव चींटियों के टीले से है और उन्हें 'बाजरा की रानी' (मंडिया रानी) कहा जाता है। जोदिया के मामले में बाजरा और पृथ्वी की माता एक ही देवी प्रतीत होती हैं।

अन्त में, जनजातीय/स्वदेशी कथाओं का आधार मौखिक परम्परा है लेकिन इसे प्रतिबन्ध की शकल में नहीं देखा जाना चाहिए। ऐसा मज़हबी विशेषज्ञों और ईश्वर के प्रति उनके अनुभव के कारण ज्यादा है।

जोदिया में निम्न कर्मकांडी विशेषज्ञों को अलग से पहचाना जा सकता है :

हुंडी पुजारी या सीसा (कभी-कभी जानी कहा जाता है) गाँव के संस्थापक के वंश का वारिस होता है। वह कर्मकांडी और सबसे बड़ा मुखिया माना जाता है जो धर्मनिरपेक्ष मुखिया से श्रेष्ठ होता है। परन्तु वह केवल हुंडी देवता के लिए (चैत्रा परब पर) गाँव के मुख्य अनुष्ठानों में अपना किरदार अदा करता है और कृषि-सम्बन्धी कर्मकांडों और कार्यों की भी शुरुआत करता है। हुंडी पुजारी बलिदान का संरक्षक होता है। वह 'धरती पुरुष' (भूमिया के समान मटिया), संस्थापक का वंशज होता है और भूमि पर श्रेष्ठता के आधार पर स्थानीय पदानुक्रम के अनुसार उसे 'वरिष्ठ' (बोडो) माना जाता है (फेफर 2004)।

सामान्य पुजारी या दिसारी सामूहिक त्योहारों में और कुछ व्यक्तिगत उपचारात्मक कर्मकांडों में पुरोहित के रूप में अपना काम करता है। कोरापुर क्षेत्र में उसका पद मौरूसी होता है। माना जाता है कि कर्मकांड की प्रक्रिया और छोटी कुर्बानियों (चावल, सब्ज़ी, मुर्गा, सूअर) के मार्गदर्शन के लिए उसे प्रचलित प्रभावी सूत्रों के बारे में जानकारी होती है। वह स्थानीय जंत्री (पंजी) का उपयोग कर सकता है लेकिन ऐसा वह ज्यादातर शुभ तारीखें तय करने के लिए करता है।

गुरु या गुरुमाई/गुरुमानी में शामन और भूतग्रस्त व्यक्ति की मिली-जुली खासियत होती है। वे लिंग के मामले में पुरुष या स्त्री हो सकते हैं। वे व्यक्तियों के लिए विभिन्न आत्माओं को वश में कर बातचीत (कभी सीधे सम्बोधित करके और कभी पहचान छुपाकर) द्वारा उपचार सम्बन्धी कर्मकांड करते हैं। इनमें से कुछ आत्माएँ बीमारी और बदकिस्मती के लिए ज़िम्मेदार होती हैं। गुरु या गुरुमाई की प्रतिभा आमतौर पर संकट के व्यक्तिगत अनुभव से मालूम होती है। इसका श्रेय किसी देवता या प्रेत आत्मा को दिया जाता है जिसने उनसे स्वप्न के माध्यम से सम्पर्क किया होता है। अगर वे देवता या आत्मा द्वारा उन पर लागू किये गए खास सम्बन्ध को स्वीकार करते हैं तो वे (पुराने विशेषज्ञों से) बेहोशी की हालत में लोगों का मार्गदर्शन और उपचार करना सीखते हैं। अदृश्य संसार (नीचे देखें) को देखने और बात करने में सक्षम होने पर उन्हें मौरुसी पुजारियों के मुकाबले में निर्वाचित ऋषि या माध्यम माना जा सकता है।

अन्त में, गुनिया वह व्यक्ति होता है जो प्रभावी सूत्र जानता है। उसे वह निजी दिलचस्पी या दूसरे गुरुओं से प्राप्त करता है। अक्सर जब उसकी पिछली कोशिशें नाकाम हो जाती हैं तो कभी-कभी उपचार के अनुष्ठानों में वह अपने करतब दिखाता है। उसमें हिन्दू तांत्रिकों के कुछ लक्षण दिखाई देते हैं।

पूरे क्षेत्र में, उपचार-सम्बन्धी कर्मकांड माध्यमों और/या ज्योतिष पुजारियों द्वारा किये जाते हैं। इनमें से दोनों अपने क्षेत्र में विशेषज्ञता के अनुसार काम करते हैं। स्वास्थ्य समस्याओं को दो भागों में बाँटा गया है, पहला पीड़ित की भावनाओं पर और दूसरा भूदृश्य की उन जगहों में जहाँ वे उन्हें महसूस कर रहे हैं। स्थानों और संवेदनाओं को जोड़ दिया जाता है और उन्हें पीड़ा के लिए ज़िम्मेदार अदृश्य अस्तित्व की पहचान का संकेत माना जाता है। आमतौर पर ये सोनी (हिन्दू शनि से), कामिनी (हिंसक और ईर्ष्यालू महिला आत्माएँ) और भूत (डूमा) होते हैं। चूँकि उनको उन तकलीफों के माध्यम से पहचाना जाता है जिनके वे कारण होते हैं या स्वप्नों के माध्यम से पता लगाया जाता है। यह सूची स्थानीय माध्यम चिकित्सकों के साथ बदलती रहती है।

आमतौर पर भारत में, वंश आधारित कर्मकांड पुरोहितों (जो अक्सर ग्राम संस्थापक के उत्तराधिकारी होते हैं) और चुने हुए भूतग्रस्त/ऋषि या शामन के बीच परस्पर विरोध रहता है (फ्युरर-हैमेडोर्फ 1966 : 322, दस्तावेज़ 1959)। इसके अलावा दक्षिण एशिया में शामनवाद और स्ववश के बीच की रेखा धुँधली हो गई है। एक तरफ स्ववश का इस्तेमाल अधिकतर ब्रह्मणों के सन्दर्भ में किया जाता है वहीं भयानक देवता या देवियाँ अक्सर दलित व्यक्तियों पर उनकी इच्छा के विपरीत सवार हो जाते हैं।

दूसरी ओर, विशुद्ध मायनों में शामनवाद साइबेरिया के शामन और पशुओं की संरक्षक आत्मा के बीच सम्बन्ध पर आधारित टंगुज़ समुदाय की एक संस्था है। वे व्यक्तिगत माध्यम के तौर पर उसका चयन करते हैं। उन्हें अदृश्य दुनिया से संवाद करने और ऐच्छिक अवचेतना की हालत में सफर करने की क्षमता प्रदान करते हैं। यह सम्बन्ध विवाह के रूपक के माध्यम से व्यक्त किया जाता है और अक्सर व्यक्तिगत दीक्षा संकट के माध्यम से थोपा जाता है। हाल ही में एक फ्रांसीसी मानव-जातिवेत्ता सी.एच. स्टेपानोफ (2019) ने दो प्रकार के शामनवाद को अलग-अलग करने का प्रस्ताव दिया। पहले को वह पदानुक्रमित कहता है और उसने असाधारण माने जानेवाले शामनियों को पूर्वजों द्वारा अर्जित एक तयशुदा स्थिति से जोड़ा है। दूसरा विषमतावादी कहा जाता है जो बहुत सहज और समतावादी है क्योंकि उक्त समाजों में हर कोई माध्यम बन सकता है।

मैं आदिवासी माध्यमों (जोदिया, गुरु/गुरुमाई, सोरा, कुरान/कुरनबोई, कोंड, कुट्टका या बीजू) को विषमतावादी शामनवाद के इस दूसरे वर्ग में शामिल करने का प्रस्ताव करता हूँ। ऐसा इसलिए क्योंकि वह व्यक्ति शुरुआत संकट से करता है और एक सन्दिग्ध आत्मा के साथ विवाह या काल्पनिक गठजोड़ के साथ समाप्त करता है। यह विवाह या गठजोड़ उसे अपने-आप अवचेतनावस्था की तरफ ले जाने का किरदार अदा करने की अनुमति देती है और मानव तथा अदृश्य अस्तित्व (पूर्वजों की दिव्य आत्माओं) के बीच माध्यम की भूमिका निभाती है। उन आदिवासी समाजों में 'कल्पना की तकनीक' (स्टेपानोफ 2019) में महारत हासिल कर के कोई भी माध्यम बन सकता है। इसका मकसद लोगों का उपचार करना या बदकिस्मती से बचने में उनकी मदद करना है। ईश्वर से इस प्रकार का सम्बन्ध अधिक लोकतांत्रिक है और कल्पना-शक्ति की खोज के लिए अधिक अवसर प्रदान करता है जिसे आधुनिक विज्ञान आज खोज रहा है।